Roland Faber
Der Selbsteinsatz Gottes

Studien zur systematischen und spirituellen Theologie

16

Herausgegeben von
Gisbert Greshake, Medard Kehl
und Werner Löser

Roland Faber

Der Selbsteinsatz Gottes

Grundlegung einer Theologie des Leidens und der Veränderlichkeit Gottes

echter

Die Deutsche Bibliothek – CIP-Einheitsaufnahme

Faber, Roland:
Der Selbsteinsatz Gottes : Grundlegung einer Theologie des Leidens und der Veränderlichkeit Gottes / Roland Faber. –
Würzburg : Echter, 1995
(Studien zur systematischen und spirituellen Theologie ; 16)
Zugl.: Wien, Univ., Diss., 1992
ISBN 3-429-01689-4
NE: GT

Umschlag: Ernst Loew
Druck und Bindung: Echter Würzburg
Fränkische Gesellschaftsdruckerei und Verlag GmbH
ISBN 3-429-01689-4

Vorwort

In dieser Arbeit soll es nicht so sehr um die Leidensfrage gehen. Denn die Frage nach dem Leiden ist keine Frage, der man sich zuerst oder nur oder vor allem von der intellektuellen Seite her stellen kann. Leiden überfällt Menschen und trifft sie mitten im Leben. Leiden ist keine Frage, die man stellen könnte; Leiden stellt sich ein.
Trotzdem oder vielleicht gerade deshalb nach Gott zu fragen, weil Menschen leiden, bedeutet nach dem Gott zu fragen, der sich an die Welt wegschenkt. Es geht nicht so sehr um die Leidensfrage als vielmehr um die des Berührtseins Gottes vom Leiden in der Welt. Es soll nicht so sehr die Theodizee, die *Rechtfertigung* Gottes angesichts des Leidens, zur Frage stehen als vielmehr die *Betroffenheit* Gottes. Die Betroffenheit Gottes in seinem Schaffen und von seiner Welt. Und so zu fragen bedeutet dann auch, den Einsatz Gottes für diese Welt zu bedenken und wie dieser ihn selbst betrifft. »Ein Gott mit Herz« ist das theologische Problem, das mich grundsätzlich beschäftigt. Und von dieser Ausgangsbewegung her werden die weiteren Denkbewegungen bedacht, die nach einer »Leidenschaftlichkeit«, einem »Pathos« Gottes, die nach seiner »Veränderlichkeit« und die nach einer angemessenen Rede von der Betroffenheit Gottes angesichts heutiger Bestreitung der Relevanz einer Gottesrede überhaupt.
Die vorliegende Arbeit wurde im Sommersemester 1992 von der Katholisch-Theologischen Fakultät der Universität Wien als Dissertation angenommen und für diese Veröffentlichung erheblich gekürzt. Daß sie dennoch umfangreich geblieben ist, werden Sie, geschätzter Leser, hoffentlich der Komplexität der Sache zumessen.
Mein Dank gilt den fördernden Institutionen: *der Österreichischen Forschungsgemeinschaft*, die einen erheblichen Beitrag für die Drucklegung geleistet hat, sowie dem *Fond zur Förderung wissenschaftlicher Forschung* für seinen Beitrag zu den Druckkosten.

Weiters gilt mein Dank den Mitgliedern der Fakultät, die diese Arbeit unterstützt haben, vor allem Professor Dr. Raphael Schulte, der mir die Zeit ließ, und Professor DDr. Johann Reikerstorfer mit seinem Interesse, sowie beiden für ihre Bewertung meiner Arbeit.
Besonders danke ich den Professoren Dr. Gisbert Greshake, Dr. Medard Kehl SJ und Dr. Werner Löser SJ für ihre Bemühungen um die Veröffentlichung dieser Arbeit.
Danken möchte ich an dieser Stelle schließlich meiner Mutter, die mir alles ermöglichte, und meiner Frau für ihre Langmut in schwierigen Zeiten während der Arbeit an diesem Buch.

Wien, Winter 1995 *Roland Faber*

Inhaltsverzeichnis

ERSTER TEIL

Erkenntnistheoretische und methodologische Erschließung der Rede vom »Leiden« Gottes

ZWEITER TEIL

Die Rede vom »Leiden« Gottes im Raum biblischer Gotteserfahrung

Einleitung

In der zeitgenössischen Theologie ist, wenn sie sich mit der Gotteslehre beschäftigt, die Frage nach der »Veränderlichkeit« Gottes und die nach dem »Leiden« des liebenden Gottes nicht mehr wegzudenken. Das bedeutet zum einen: Wie immer die konkrete Einstellung und die sachlich-begründete Stellungnahme eines Theologen dazu ausfallen mag (und auch tatsächlich ausfallen wird), - an dem Thema und der damit gestellten Problematik kommt keine Theologie heute vorbei, solange sie den Anspruch nicht aufgeben will, die wesentlichen Probleme christlicher Gotteslehre und Trinitätstheologie behandeln zu wollen, und solange sie sich ihrer unaufgebbaren Aufgabe bewußt bleibt, Gott sowohl der Zeit mit ihrem je-eigenen Problembewußtsein vermitteln als auch der biblisch-befreienden Botschaft *unter* und *in* dem jeweiligen geistesgeschichtlichen Horizont christlich entsprechen zu sollen. Zum anderen hat gerade diese Problematik an die Grundlagen der Theologie selbst herangeführt, ist der Versuch ihrer Bewährung unter Offenlegung aller systematischen Reserven an den Nerv christlicher Gotteslehre gegangen, ja hat ihre Bewältigung schließlich das christliche Bekenntnis des trinitarischen Gottes *neu* zu begreifen anfangen lassen als *die* Entfaltung des Gottesgeheimnisses, in der Gott sich-selbst als den, der er ist und als der er sich zum Gott-mit-uns gemacht hat, zu erkennen gibt.
Nun wird es sich hier nicht um ein bloß akademisches Problem handeln, das man »abhandeln« und dann »ablegen« könnte. Die Frage nach *Gottes* Leiden muß sich vielmehr schon im Kontext der real erfahrbaren Leiden in dieser Welt deuten lassen. »Die *Gottesfrage und die Leidensfrage gehören...zusammen.*«[1] Über das Leiden der Men-

[1] *Kasper* (1982) 102. Vgl. *Wiederkehr*: MySal. Erg.bd (1981) 11-43. Alle

schen darf nicht mit einem Strich hinweggegangen werden, und aus christlicher Sicht ist die damit verbundene »Theodizeefrage« immer eine offene und offen zu haltende, eine Frage des Menschen an Gott, die Gott selbst in seinem Eschaton beantworten wird müssen. »Mit der Auferweckung des durch Kreuzigung ermordeten Christus durch Gott beginnt ein universaler *Theodizeeprozeß*, der nur eschatologisch durch die Auferweckung aller Toten und die Vernichtung der Todesmacht und also durch die neue Schöpfung aller Dinge vollendet werden kann.«[2] Zugleich ist der Versuch, angesichts der Zuwendung Gottes in Jesus Christus auch vom Leiden Gottes zu sprechen und damit einen Verständnishorizont für das Leiden in der Welt zu finden, sorgsam, nicht reales Leiden überspielend, schon eingebettet in die Frage, wie Leid überhaupt sein kann. Man hat von einer »Theologie nach Auschwitz« gesprochen, von einer »Theologie nach dem Tode Gottes« - und wollte darin immer den Stachel des Leides im Fleisch der Religion gewahrt wissen. Kann der liebende Gott vom Leiden in der Welt wirklich unbetroffen sein? Kann er *sein* ohne Betroffenheit von dem, was in seiner Welt geschieht? - Ist nicht gerade der Weg des Kreuzes Jesu ein Hinweis auf das lebendige Sich-Hingeben Gottes unter den Bedingungen dieser konkreten Welt, so daß er selbst dieses Leid trägt? Wo ist, wenn Gott *dieser Welt* gegenwärtig ist und bleibt, der Ort »in« Gott selbst, das Herz, der Sinn, daß Gott leiden könne? Und kann dieses Mit-Leiden Gottes mit der Welt, um sie darin zugleich zu befreien, wirklich unser Leiden erreichen, kann Gott darin wirklich *erlösend* wirken? Auf welche Weise ist Gott von dem über die Gemeinschaft von Gott und Mensch Verfügten und damit auch von seinem Heilswirken »in sich« berührt?
So steht unsere Frage im doppelten Kontext 1. des realen Leidens in dieser Welt und 2. des Heilshandelns Gottes in Christus als dessen Annahme von Leiden und Tod: Zum einen geht es um die Ernstnahme der (ganzen) Wirklichkeit, in der der Glaube sich vollzieht, und um eine (angemessene) Reaktion auf die Niederträchtigkeit und die Würde menschlichen Leidens und damit um eine Reaktion auf die

---

Vollzitate finden sich im Literaturverzeichnis; in der Arbeit selber wird nur kurzzitiert.

2 *Moltmann* (1989) 205.

unauslöschliche Leidensproblematik. Die Forderung an eine Theologie, welche sich als Nach-Denken der (noch unabgeschlossenen) Totalität der Wirklichkeit *sub ratione Dei* verstehen darf, muß, will sie anders der Wirklichkeit im Ganzen entsprechen und nicht hinter ihren bedrängenden Fragen zurückbleiben, sein und bleiben, auch die Leidensfrage ungeschminkt stellen.[3] Zum anderen ist, insofern der biblischen Überlieferung und somit der Offenbarung in Christus entsprochen werden muß, dem Leiden und Sterben Christi nicht zu entkommen. Und gerade mit der Auferweckung Jesu und der Erwartung einer erlösten, universalen Gottesgemeinschaft wird die Leidensfrage um so mehr als theologische aufbrechen.

Als der Horizont, der die Leidensfrage sinnvoll als eine theologische stellen und zu einem entsprechenden Gottesverständnis gelangen läßt, wird sich die Trinitätslehre erweisen. Sie eröffnet der (christlichen) Gotteslehre eine »Struktur« zum Verständnis Gottes, die es ermöglicht, die Leidens-Frage nicht aussparen zu müssen, vielmehr sie als integrierbar aufzuweisen, was nicht bedeutet, ihre Unbegreiflichkeit auszulöschen, sondern sie vielmehr für eine Antwort des christlichen Gottesverständnisses freizugeben. Dazu soll ein Beitrag geleistet werden, und alle Überlegungen stehen letztlich in diesem Kontext.

Zur konkreten Durchführung dieses Vorhabens wird es notwendig sein, zuerst einmal in einer *Grundlegung* den heutigen Stand der Leidensproblematik auf der einen und der Trinitätstheologie auf der anderen Seite auf dem Hintergrund ihrer Geschichte zu bedenken, insofern sich in einer solchen Problematisierung die Themenfülle zu er-

---

[3] *Pannenberg* (1987) bes. 290-348. *Pannenberg* entwickelt 1. einen wissenschaftstheoretisch begründbaren Ort von Theologie im Rahmen heutigen Vernunfts- und Wissenschaftsanspruchs aus der unersetzbaren Aufgabe, der (geschichtlich unabgeschlossenen) Totalität der Wirklichkeit nachdenken zu müssen *sub ratione Dei*, und 2. Falsifikationskriterien für theologische Hypothesenbildung unter solchem allgemeinen wissenschaftstheoretischen Anspruch: Theologische Hypothesen sind dann *nicht* bewährt, wenn sie a) sich nicht als Implikationen der biblischen Überlieferung ausweisen lassen, b) sich im Rahmen gegenwärtiger Erfahrungen und philosophischen Problembewußtseins nicht auf die Wirklichkeit im ganzen beziehen lassen, c) nicht zur Integration der zugeordneten Erfahrungsbereiche fähig sind und schließlich d), wenn ihre Erklärungskraft zurückbleibt hinter dem bereits erreichten Stand theologischen Problembewußtseins. Die kommenden Überlegungen versuchen diesen Kriterien zu entsprechen.

schließen gibt, innerhalb derer sinnvoll vom »Leiden« Gottes und seiner »Veränderlichkeit« als Probleme *christlicher* Gotteslehre zu sprechen aufgegeben sein kann. Diese, die Vernetztheit der vielfältigen Problembereiche, die zum Verständnis des Leidens-Problems gerade in ihrer Vielfalt in der Theologiegeschichte beigetragen haben, wahrnehmende Grundlegung des Themas stellt zugleich schon die über diese Arbeit hinausgehenden Aufgaben dar, die es noch zu bewältigen gelten wird.

In einem *I. Kapitel* sollen vorerst die für unsere Poblematik unerläßlichen »Strukturen« einer trinitätstheologischen Argumentation erschlossen werden, woraus sich dann methodologische Forderungen für eine weitere Durchdringung der Thematik ableiten lassen werden: Wenn Leidens-Problematik und Trinitätstheologie einen engen Zusammenhang haben - was sich in der Arbeit noch erweisen soll -, dann wird in einer solchen methodologischen Reflexion zum einen die »Struktur« einer unserem Thema angemessenen Gotteserkenntnis zu erschließen sein und zum anderen gilt es, Desiderata gegenwärtiger Versuche des Verständnisses trinitätstheologisch differenzierter Leidens-Theologien für eine »künftige«, das Leidens-Problem integrierende Trinitätstheologie kritisch aufzudecken. Diesem Kapitel kommt fundierende Bedeutung für die weitere theologisch-*sachliche* Argumentation zu, insofern nur in einer bewußten und reflektierten Wahrnahme der Grundprobleme der Gotteserkenntnis, ihrer Struktur und der daher geforderten Erkenntnis*form* sowie den daraus folgenden inhaltlichen Argumentations*weisen* dem Leidens-Problem als einem Problem (christlicher) *Gottes*lehre hinreichend nahegekommen werden kann. Auf diesem Weg stellen sich genug Fallen; und es gilt daher, die Gründe des »Scheiterns« theologischer Argumentation aufgrund solcher Fallen auch *methodologisch* (als die Argumentations*struktur* betreffende) ans Licht zu bringen, weil ja weder die »Verweigerung« der Rede vom Leiden *Gottes* noch eine (trinitäts-) theologisch fundierte »Annahme« einer solchen Rede *von sich aus* (nur aus ihrer jeweils anderen *inhaltlichen* Argumentation) eine Ablehnung oder Annahme dieser Rede verbürgen, wenn nicht zugleich ein hinreichendes Bewußtsein der hermeneutischen und methodologischen Eigenart der Gottesrede - als sowohl einer trinitarischen als auch einer vom »Leiden« und der »Veränderlichkeit« gezeichneten -

und der jeweiligen *formalen* Voraussetzungen, aufgrund derer jeweils *inhaltlich*-theologisch anders argumentiert wird, vorhanden ist.
Im *II. Kapitel* soll dann - unter der Hinsicht des bisher Erschlossenen - nach Herkunft, Sinn und Bedeutung der Rede vom »Leiden« *Gottes* gefragt und die entsprechende (trinitäts-)theologische Relevanz dafür ermittelt sowie umgekehrt der Stellenwert einer trinitätstheologischen Erschließung für die Rede vom »Leiden« Gottes verständlich werden. Ebenso, wie das I. Kapitel die hermeneutischen Voraussetzungen für eine »künftige«, entsprechende trinitätstheologische Erfassung des Leiden-Problems als Element der Gotteslehre offenlegen sollte, werden demnach jetzt die hermeneutischen Voraussetzungen der Rede vom »Leiden« Gottes (auf dem Hintergrund des schon Erschlossenen) zu analysieren sein, um den Weg zur Wahrnahme des in der Offenbarungsgeschichte tatsächlich als leidenden erfahrenen Gottes freizumachen.
Das abschließende *III. Kapitel* kann dann einer Analyse der Anforderungen, Probleme und Implikationen einer heutigen trinitätstheologischen Grundlegung der Rede vom »Leiden« Gottes nachgehen, um darin kritisch auf die Desiderata heutiger Entwürfe aufgrund des methodologisch und theologisch-inhaltlich Erarbeiteten hinzuweisen und sie für den weiteren Weg zu einer Lösung des Fragenkomplexes freizulegen. Die Leidensfrage soll sich dabei als fundamentale Gottesfrage herausstellen können, aber als Thema der christlichen Gotteslehre auch schon aus sich selber den Weg zu einer »Überwindung« aufzeigen. Denn: Das Leiden mag der *Weg* Gottes sein, auf dem er befreiend und erlösend wirkt, doch das »Ziel« ist in jedem Fall die Befreiung *vom* (überwindbaren) Leiden und die Erlösung *aus* dem (menschlich-unüberwindlichen) Leiden, aber *in* der Ernstnahme dieser Leiden.[4]

---

4 Wenn im kommenden vielfältig vom »Leiden« die Rede sein wird, so soll nicht vergessen werden, daß, von der Auferweckung Jesu her gesehen, die Geschichte des *befreienden* Gottes auch zur *Überwindung* der überwindbaren Leiden auffordert. Nie ist im folgenden also einem (totalen) »Sich-Ergeben« tatsächlicher Leiden oder von einem »Erliegen« all der Leiden, die wir gerade von der Leidenschaftlichkeit Gottes her zu überwinden aufgefordert sind, die Rede. Der leiden*überwindende* Gott fordert uns vielmehr geradezu heraus, *selbst* »Leiden« zu *überwinden* und auf das Reich Gottes hin zu *verändern*. Das darf aber andererseits nicht darüber hinwegtäuschen, daß die »Überwindung«

Die Arbeit stellt zunächst einmal einen *einzigen* Gedankengang in all den notwendigen Verästelungen und Argumentationsschritten dar; dieser formuliert sich - von seiner Gesamtstruktur her gesehen - gewissermaßen in der »Umkehrung« des tatsächlich zu erwartenden Ganges der Argumentation: Nicht wird zuerst von heute tatsächlich trinitätstheologisch fundierten Versuchen ausgegangen, um dann nach deren Fundierung in der Offenbarungsgeschichte Gottes rückzufragen und so schließlich die Voraussetzungen ihrer Berechtigung zu erheben. Vielmehr sollen im Lichte der weitaus größeren Themenvielfalt, die es für eine hinreichende theologische Fundierung zu klären gilt, und im Horizont der äußerst komplexen Verflechtung von wichtigen Aspekten in der tatsächlichen heutigen theologischen Diskussion die Voraussetzung der Gottesrede und die Bedeutung ihrer »Strukturen« für eine trinitätstheologisch erschlossene Gotteslehre den Ausgangspunkt bilden und das Fundament legen, auf dem die biblische Rede verständlich werden kann und heutige Versuche einer trinitätstheologischen Fundierung der Leidens-Frage in der Gotteslehre ihre Kritik erfahren können. Auf diesem Wege mag es nicht nur gelingen, die Leidensfrage zu fundieren, sondern die Grundlage zu schaffen, um sie gewissermaßen als »Katalysator« für eine durch sie veränderte trinitätstheologisch erschlossene Gotteslehre und einer ihr (dann) inhärenten Struktur wirken zu lassen. Deshalb wird diese Arbeit über sich hinausweisen (müssen) auf eine systematische »Wende« der Fragestellung, in der nämlich die trinitätstheologische Fundierung der Leidens-Frage zu einer Grundlegung und theologischen Erarbeitung einer »künftigen« Trinitätstheologie aufgrund der hier erarbeiteten formal-methodologischen und inhaltlich-theologischen Voraussetzungen führen kann.

---

des Leidens dieses selbst in seiner realen »Existenz«, daß die Auferweckung Jesu sein Sterben *voraussetzt*, daß Sündigkeit und Tod, daß unüberwindbares Leiden nicht aufhören zu sein, daß die Leidensfrage und ihr »Ziel«, nämlich die Überwindung auch des (für uns, für die Welt) unüberwindlich erscheinenden Leids, gerade dann noch, wenn Gott es überwinden kann, als solche Thema der Gotteslehre werden (können) müssen, weil nur so Gott selbst ernst genommen wird.

GRUNDLEGUNG

Problemstand heutiger Trinitätstheologie als Horizont der Rede vom »Leiden« Gottes

Die im Titel angedeutete Verbindung von zuerst vielleicht gar nicht zusammenhängend Erscheinendem, nämlich dem »Leiden« Gottes und gar einer »Veränderlichkeit« desselben Gottes auf der einen Seite, dem Entfalten christlicher Gotteslehre als *trinitarisch-strukturierter* (und ohne eine solche Struktur eben gar nicht christlicher) Gotteslehre auf der anderen Seite, wird als unmittelbarer Bezug freigelegt werden müssen, in welchem vom Leiden Gottes gar nicht ohne die trinitarische Liebes-»struktur« Gottes gesprochen werden kann, wie umgekehrt eine solche göttliche »Struktur« von sich her zur Frage des Leidens Gottes hinführt, solange immer bedacht bleibt, daß Gott sich in Jesus Christus aus so großer Liebe, die er selbst *ist* (*1 Joh 4,9-10.16*), aus Liebe zur Welt (*Joh 3,16*) »hingegeben« hat: In dieser seiner Liebe zeigt Gott sich uns zum einen schon als »*leidender*« (wenngleich in noch undifferenziertem und näher zu bestimmendem Sinne), denn das »*Eintreten* des *Gottes*sohnes in die menschliche Geschichte war wirklich schon ein *Von-Gott-Weggehen*-Müssen des Sohnes, ein Entäußern-Müssen des Gott-gleich-Seins, ein anfanghaftes, auf das Äußerste hingerichtetes Ergreifen der gott*fernen* Existenz der Menschen unter dem Sündenfluch.«[1] Und mit dem *Blut* des Vaters hat er uns zu Leben neu erworben (*Apg 20,28*) im Leiden und Auferwecktwerden

---

1 *Schulte*: MySal III/2 (1969) 23-57; hier: 31.

seines Sohnes. Zum anderen ist er (wie unmittelbar einsichtig wird) in diesem seinem Selbst-Engagement schon als der *trinitarische* Gott und nur als solcher zugänglich und offenbar.[2] Auf einen treffenden, wenngleich pointierten, Nenner gebracht hat den Zusammenhang von Leidens-Frage und Trinitätslehre bereits 1920 *W. Steffen*: »Nicht die spärlichen trinitarischen Formeln des Neuen Testaments, sondern das durchgehende...Zeugnis vom Kreuz ist der Schriftgrund für den christlichen Glauben an den dreieinigen Gott, und der kürzeste Ausdruck für die Trinität ist die göttliche Kreuzestat.«[3]

Unsere Erkenntnis der Offenbarung Gottes als die des *trinitarischen* ist schon und sogleich im Kontext göttlichen *Heils*handelns, mithin des Kreuzesgeschehens, also im Kontext konkreten göttlichen *Leidens* zu sehen. Unmittelbarer kann der Konnex zwischen Trinitätsoffenbarung und Gottesleiden gar nicht verstanden werden. - Für einen ersten Einblick soll somit an dieser Stelle schon der innere Zusammenhang zwischen dem Heilshandeln Gottes, in welchem Gott sich in die Sünde und das Leiden der Menschen begibt und sie leidend wegträgt[4] (und gerade *so* aufbricht auf eine neue Wirklichkeit zu), *und* der *trinitarischen* Fülle und Radikalität *dieses* Handelns hingewiesen werden; denn indem Gott zum einen *dies* tut, vollzieht er es zum anderen immer schon in radikalem Selbst-Engagement *mit seinem Leben selbst* als eben eines *trinitarischen*.

Ist der Zusammenhang in unserer Thematik einmal erkannt und anerkannt (oder jedenfalls in seiner Möglichkeit als berechtigt angesehen), so werden sich unausbleiblich Folgen für die Fragestellungen ergeben, die zuerst, wollte man diese je für sich behandeln (oder berechtigterweise nur *so* als zu stellende ansehen), gar nicht in den Blick treten würden.

---

2 *Schulte*: MySal II (1967) 49-84; hier: 50.

3 *Steffen* (1920) 152. Vgl. *Moltmann* ([5]1987).

4 Vgl. *Hoffmann* (1981) bes. 54-67. Im Weg-Tragen der Sünde als ihr Zu-Ende-Bringen wird Sünde in das »Leid der Sohnesliebe« umgewandelt.

I. Der trinitarische Horizont einer Erschließung von »Leiden« und »Veränderlichkeit« Gottes

In den heutigen, heilsgeschichtlich orientierten Begründungen der Trinitätslehre als angemessenen Verstehenshorizont und Ausdruck des Christusereignisses besteht zwar eine gewisse Übereinkunft, daß der Ausgangspunkt einer theologischen Begründung der Frage nach dem Leiden Gottes (in seinem Heilshandeln) kreuzestheologisch vermittelt werden muß, weil faktisch auch schon das Trinitätsdogma selbst christologisch und näherhin durchaus kreuzestheologisch begründet ist, insofern Gott sich in Tod und Auferstehung Jesu Christi als Gott *definiert* hat.[5] Neben diesen Versuchen, vom Leiden Gottes im Kontext des Christusereignisses (genauer des Kreuzes) zu sprechen und damit die Leidens-Frage a priori unter christologisch-trinitätstheologischen Voraussetzungen zu entwickeln, mangelt es nicht an (auch tiefgreifenden) Versuchen, der Frage nach dem Leiden Gottes ohne Rücksicht auf die trinitarisch zu verstehende Gottesoffenbarung nachzudenken und - unter Anerkennung göttlichen Leidens - eine theologisch sinnvolle Lösung und Begründung der sich damit aus der Tradition und dem theologischen Problemstand heute stellenden Problemkomplexe anzustreben.[6]

Es wird sich allerdings zeigen, daß solche Versuche, das Leiden Gottes begreifen zu wollen, noch zu kurz greifen in ihren Vermögen, ein geeignetes Fundament für ihre vorausgesetzte bzw. biblisch aufgewiesene Annahme göttlichen Leidens angeben zu können, weil ja schon biblisch Leiden Christi immer in trinitarischem Kontext stehen.[7] Wenn also das Christusereignis selbst und also der Christusglaube nur im Rahmen der Trinitätslehre als ihrem Sinnhorizont aufleuchten, wird auch die Möglichkeit göttlichen Leidens in diesem Horizont zu stehen kommen und mithin in ihm seine Deutung und Sinn-

---

5 Vgl. *Jüngel*: ZThK 72 (1975) 353-364; hier: 356.

6 Vgl. dafür einen der prominentesten Versuche der letzten Jahre: *Kitamori* (1972). Vgl. auch *Pittenger* (1977) bes. 117; vgl. *Schulte*: *Scheffczyk* (Hg.) (1989) 315-366; hier: 345.

7 *Forte* (1989) 42; *Vobbe* (1976) 75. Weiter: *Schelbert*: *Casett/Keel/Schenker* (Hg.) (1981) 395-447.

haftigkeit finden müssen. Die innere Problematik solcher nicht-trinitarischer Versuche über das »Leiden« Gottes werden somit von selbst über sich hinaus verweisen in den Raum voll ausgewerteter christlicher Gottesoffenbarung.
Zugleich machen solche nicht-trinitarischen Versuche des Redens vom »Leiden« Gottes schon auf ein Schlüsselproblem einer möglichen Sinnhaftigkeit einer solchen Rede aufmerksam, daß nämlich die Zuordnung der Trinitätslehre zur zugleich (und von alters her) entwickelten Lehre von der *Einzigkeit*, der *Einheit* und dem *ewigen Wesen* Gottes (als einer im Christus- und Gottesbekenntnis unaufgebbaren, wenngleich in ihrer konkreten Gestalt durchaus umstrittenen Wahrheit) ein problematisches für die theologische Reflexion (geblieben) ist. Das Verständnis dieses Bekenntnisses zum einen Gott wird daher auch für die trinitätstheologischen Entwürfe des »Leidens« Gottes entscheidende Bedeutung gewinnen.

II. Die Bedeutung des je-unterschiedlichen Problemhorizonts

Neben der expliziten Frage nach dem »Leiden« Gottes, wird in heutiger christlicher Gotteslehre auch das Thema der »Veränderlichkeit« Gottes verhandelt.[8] Der Kontext dieser Fragestellung ist aber ein auf den ersten Blick gar nicht mit der anderen Frage zusammenhängender, denn gemeinhin wird von Veränderlichkeit nur auf der Negativfolie der sogenannten Eigenschaften Gottes, näherhin der »Unveränderlichkeit« Gottes, gesprochen, also im Kontext des Traktates *De Deo uno* und mithin im Rahmen der Entfaltung des einen Wesens Gottes. In der klassischen Ordnung der zentralen Traktate christlicher Gotteslehre wurde *De Deo uno* aber *»vor« De Deo trino* abgehandelt, so daß, wenngleich in den letzten Jahren diesbezüglich eine Änderung eingetreten ist, noch vor dem eigentlich heilsgeschichtlichen Kontext über Gott »in sich« diskutiert werden konnte, für die Leidens-Frage in metaphysischen *Voraus*-Überlegungen damit

---

[8] Vgl. dafür etwa schon den frühen Versuch von *Mühlen* (1969).

eine Weiche gestellt wurde, die dann wiederum den Spielraum eindimensional einschränken mußte, unter dem überhaupt noch vom »Leiden« Gottes gesprochen hätte werden können.[9] Tatsächlich wurde (schon im Altertum) die heilsgeschichtlich orientierte Frage nach dem *Leiden* Gottes durch die metaphysischen Voraussetzungen der Rede vom *Wesen* Gottes als eines »unveränderlichen« weitgehend verhindert. In einer Zusammenführung dieser (getrennten) Argumentationslinien und Begründungszusammenhänge, so darf einmal vorweg behauptet werden, kann eine solche *Vernetzung* nur genauer und schärfer und mithin tiefer zu einer in sich konsistenten und einer der tatsächlichen Offenbarung Gottes und deren Wahrheit je-mehr entsprechenden Gotteslehre beitragen. Jetzt erst wird die Frage nach der »Veränderlichkeit« Gottes sich primär in heilsgeschichtlichem Kontext verstehen lassen müssen und zu bewähren aufgegeben sein. Jetzt erst ist einer »Leidens«-Theologie vollends aufgegeben, sich tatsächlich nicht nur im Horizont der Heilsgeschichte legitimiert zu sehen, sondern sich vielmehr aus letzten Gründen *innergöttlich* in Struktur und Inhalt zu fundieren.

---

[9] Die Auseinandersetzung um die innere sinnvolle Ordnung der Traktate *De Deo uno* und *De Deo trino* und mithin um die Bedeutung, die einer solchen Ordnung zukommt im Hinblick auf heutige zentrale Fagen der Gotteslehre, kann in etwa mit dem dann permanent rezipierten Beitrag von *K. Rahner* zeitlich angesetzt werden: *K. Rahner,* Der dreifaltige Gott als transzendentaler Urgrund der Heilsgeschichte: MySal II (1967) 317-401. Vgl. neben der erst zu diskutierenden Problematik der inneren Struktur die klassischen Traktate der Gotteslehre (etwa bei *Thomas von Aquin* in seiner *Summa theologica*) in ihrer Einteilung bis hin zu den Dogmatik-Handbüchern von: *Diekamp* ($^{3-5}$1921); *Ott* (^{10}1981); oder *Schmaus* (^{6}1960) und *ders.* (^{6}1979) in den jüngsten Jahren. Wenngleich im einzelnen schon ein Bewußtsein für die Problematik der Ordnung der Traktate in den Handbüchern an manchen Überschriften und Einteilungen sichtbar wird, ist grundsätzlich die Aufeinanderfolge (mit allen inneren Konsequenzen) beibehalten

III. Der Zusammenhang von Einheit und Dreifaltigkeit Gottes

Ein weiterer bereits implizierter Zusammenhang muß jetzt ausdrücklich in die Reflexion geholt werden: In der Zusammenführung der Fagen nach der »Veränderlichkeit« und dem »Leiden« Gottes wird die grundsätzliche Stellung und das innere Verhältnis der beiden Traktate *De Deo uno* und *De Deo trino* akut zur Frage stehen. Angesprochen ist damit zuerst einmal das prinzipielle Verhältnis von Einheit und Dreifaltigkeit Gottes. Die Bestimmung dieses Verhältnisses, welches in sich mehrere komplexe Sachverhalte zu klären hätte, wurde in jüngerer Zeit (nach dem *II. Vatikanischen Konzil*)[10] virulent durch die Einsicht in die Notwendigkeit einer Korrektur überkommener Denkschemata, die ihre Wurzeln schon in der altkirchlichen *Durchdringung* von christlich bezeugter Gottesoffenbarung *und* mittel- und neuplatonischen Philosophumena hatten, etwa mit der Ausbreitung arianischer Gruppen, die die Einheit Gottes im Zeichen der platonischen Einheitsspekulation meinten denken zu müssen.[11] In den christologischen und trinitätstheologischen Auseinandersetzungen der ersten Jahrhunderte und mit den Grundentscheidungen von *Nikaia* und *Konstantinopel* wurden nun zugleich zur Klarstellung und Abwehr die Denk-Kategorien der Zeit und ihre Sprache und damit Elemente von Form und Inhalt griechischer Metaphysik mitübernommen, um *in* ihnen den Glauben rechtens zum Ausdruck bringen zu können. Daraus folgte, daß zugleich mit der entscheidend neuen, die philosophischen Traditionen durchaus sprengenden Botschaft des Christentums *faktisch* »die Korrekturen am antiken Denken vorerst mehr oder weniger punktuell [blieben]. So konnte es kommen, daß im Gefolge des *homoousios* von Nikaia das metaphysische Wesensdenken in die Theologie seinen Einzug hielt und das eschatologisch-

---

[10] Zuerst stand mit und nach dem *II. Vatikanischen Konzil* die Ekklesiologie im Mittelpunkt, dann folgte in innerer Logik das Interesse an Christologie und schließlich das an der sie wieder begründenden Trinitätstheologie. Vgl. *Löser*: *W. Breuning* (Hg.) (1984) 19-44; hier: 19-20.

[11] *Löser*: *Breuning* (Hg.) (1984) 20-23.

heilsgeschichtliche Denken der Schrift schließlich noch weiter verdrängte«[12].

Zwar konnte in diesem Kontext nun nicht mehr nur »das dreieine Handeln Gottes in und an der Welt, sondern auch Gottes dreieines ewiges Wesen und Leben Gegenstand des christlichen Bekenntnisses und des theologischen Nachdenkens«[13] werden und damit berechtigt und abgesichert die Frage nach der immanenten Trinität gestellt werden. Zugleich aber war eine Entfaltung des innergöttlichen Trinitätsgeheimnisses immer nur auf dem Hintergrund der metaphysischen Voraussetzungen und also in griechisch-metaphysischer Färbung der Begriffe und Befangenheit des Denkens möglich - als »Zusatz« zu den Überlegungen über das eine Wesen Gottes. »Die unmittelbare Folge war, daß das Gottesbild der Tradition im Grunde gegen die Intention von *Nikaia* und Konstantinopel geprägt blieb durch die griechische Vorstellung von der Unveränderlichkeit, der Leidens- und Leidenschaftslosigkeit (*apatheia*) Gottes. Die Mensch*werdung* Gottes und erst recht das Leiden und Sterben Gottes wurden so zum Problem.«[14] Deshalb konnte die Frage nach dem Leiden Gottes gar nicht ausdrücklich in einem heilsgeschichtlichen Ansatz zu Verständnis gelangen, um dann durch eine Reflexion auf mögliche Begründungen des Leidens in der *immanenten* Trinität und mit der prinzipiellen Konstitution Gottes in seinem Wesen *als* Liebe eine Entsprechung und Bestätigung zu finden, denn die »Vor-Stellungen« vom einen Wesen Gottes waren schon a priori vom Axiom der Unveränderlichkeit und Leidensunfähigkeit Gottes so geprägt, daß jeder Versuch einer Korrektur auf heilsgeschichtlicher Basis nur akzidentell hinzutreten konnte, nicht aber Grund zu einer wesentlichen Neubestimmung des (als unerschütterlich vorausgesetzten) Vorverständnisses und also einer vollständigen systematischen Durchdringung werden durfte. In

---

12 *Kasper* (⁷1978) 212. Hier soll nicht das Phänomen der »Inkulturationmmen können in seiner Interpretation der Sachverhalte, ja es wird vielmehr auch heute berechtigt eine solche Neu-Interpretation in heutigem Verstehenshorizont nicht nur möglich, sondern (und mit den genannten Einschränkungen) berechtigt erfolgen.

13 *Löser*: *Breuning* (Hg.) (1984) 21.

14 *Kasper* (⁷1978) 212.

der Folge trat nicht nur zunehmend die *oikonomia* der Offenbarung und Erlösung *äußerlich* zum ewigen Wesen Gottes hinzu[15], es kam zugleich damit zu einer nur *schwachen* Ausprägung der Lehre von der *immanenten* Trinität; schwach insofern, als das Verständnis der immanenten Trinität immer schon die *vorher* erhobenen Axiome der Lehre vom einen Wesen voraussetzte und nicht eigenständig und umgekehrt das Wesensverständnis verändern konnte.[16] Wenngleich also die Entscheidungen von *Nikaia* und *Konstantinopel* eine entscheidende Veränderung der griechisch-metaphysischen Kategorien implizierten, die geradezu als Revolution im Denken bezeichnet werden können, weil die »Relation« denselben ontologischen Rang wie die »Substanz« erhielt[17], führte diese (selbst metaphysische) Implikation faktisch zu keiner Neufassung und Vernetzung der Aussagenkomplexe im Sinne einer *Reziprozität* ihrer inhaltlichen Bestimmungen.

Erst in neuerer Zeit und durch geänderte Verstehensvoraussetzungen wird in heutiger theologischer Reflexion auf diese Fragenkomplexe ein neuer Horizont eröffnet, der es erlaubt, »Leiden« und »Veränderlichkeit« in einen solchen »vernetzten« Zusammenhang zu setzen, der schon auf einer neu verstandenen (wenngleich im einzelnen noch umstrittenen) Zuordnung von *theologia* und *oikonomia* beruht. Prinzipiell ist nämlich das christliche Gottesverständnis gegenüber der griechisch-metaphysischen *unüberwindlichen* Trennung des »*hen*« von der Welt (samt all der dann noch zulässigen göttlichen Wirklichkeiten) durch Gottes Selbst-*Mitteilung* in der Geschichte, aber auch schon in der Schöpfung, auf die Überwindung dieser Dia-

---

15 *Löser*: *Breuning* (Hg.) (1984) 22.

16 »Die eigentlichen Schwierigkeiten der spezifischen westlichen Trinitätslehre kommen von daher, daß ihr Begründer *Augustin*, Gedanken der anderen großen Afrikaner Tertullian und Cyprian nutzend, *nicht* wie die Griechen *von der Dreiheit der Personen, sondern von der Einheit der göttlichen Natur ausging*. Worin Augustin nicht nur die Griechen und im Westen etwa Hilarius von Portier, sondern auch das Neue Testament gegen sich hatte. Für die griechischen Väter war die Quelle ('arche') der Einheit zwischen Vater, Sohn (Wort) und Geist nicht die eine Natur. Vielmehr der eine Gott und Vater als der Ursprung, der sich durch das Wort (Sohn) im Geist offenbart.« Küng (^{7}1985) 580.

17 Vgl. *Ratzinger* (^{3}1977) 127: »Darin verbirgt sich eine Revolution des Weltbildes: Die Alleinherrschaft des Substanzdenkens wird gebrochen, Relation als eine gleichrangige Urweise des Wirklichen entdeckt.«

stase verwiesen. »Die moderne Theologie will eine Theologie der Heilsgeschichte sein und erhebt darüber hinaus den Anspruch, eine *Theologie der Wirklichkeit* zu sein, die den metaphysischen Dualismus Gott - Welt übersteigt«[18] und gerade damit in Hinblick auf ein Denken, in dem sich alles durchdringen kann, freigibt. Für unsere Fragestellung ist also ausdrücklich auf die mögliche Bedeutung überkommener metaphysischer Kategorien für die Bestimmung göttlichen Lebens unter den geänderten Voraussetzungen zu reflektieren. Schließlich kann man *schon* über das Faktum nicht ernsthaft genug nachdenken, daß wir uns heute *erstmals* in einer geschichtlichen Situation befinden, die es erlaubt, die *Frage* nach der Verschmelzung von »Theologie« und »Metaphysik« in der christlichen Theologie ernsthaft zu stellen.[19] - Wie sind demnach heute die Elemente der Grundformel christlicher Gotteslehre »una substantia - tres personae« (*Tertullian*) einander zuzuordnen und wie beeinflussen sie sich gegenseitig in ihrem Verständnis? Welchen neuen (möglicherweise nichtmetaphysischen) Sinn hat dann die Rede von der Einheit des einen Wesens Gottes? Wie verhielte es sich schließlich unter einer Neubestimmung dieses Verhältnisses aufgrund heilsgeschichtlicher Rücksicht mit der Beziehung von Trinitätslehre zur »natürlichen Gotteslehre« und zur Metaphysik überhaupt?[20]

IV. Das Verhältnis von ökonomischer und immanenter Trinität

Nicht nur die Zuordnung von Einheit und Dreifaltigkeit Gottes ist in dem eben Gezeichneten fraglich geworden, sondern, in ausdrücklich trinitarischem Kontext gedacht, auch schon das Verhältnis von öko-

---

18 *Geffré* (1973) 57-58.

19 Vgl. *Geffré* (1973) 80.

20 Vgl. zum Versuch einer *analogia trinitatis* als aus der »natürlichen« Theologie sich ergebender *analogia entis* vorerst: *Oeing-Hanhoff*: *Breuning* (Hg.) (1984) 143. Auf dieser Basis wurde dann auch eine umfassende Bibliographie einschlägiger Publikationen erstellt: *Schadel* (Hg.) (1984). Die Probleme einer solchen »trinitarischen Ontologie« werden noch zu berühren sein.

nomischer und immanenter Trinität. In der Tradition unter den genannten Bedingungen konnte eine geschlossene Lehre von Gottes ewigem dreieinigem Wesen und Leben entwickelt werden, die nicht in einem lebendigen Rückbezug zur Lehre von der dreieinen *oikonomia* stand[21], so daß die heilsgeschichtlich erhobene Mensch*werdung* und der Kreuzestod des Sohnes zu keiner Rückwirkung auf das Verständnis des innertrinitarischen *Seins* Gottes führen konnten. Unter heutigen Verstehensbedingungen, die ein heilsgeschichtlich orientiertes Denken fordern, hat sich dies grundlegend gewandelt: Wie sind dann aber Zusammengehörigkeit und Differenz von dreieinigem heilsgeschichtlichem Handeln Gottes einerseits und ewigem dreieinem Leben zu beurteilen? Welche Rückwirkungen hat eine derartige Neubestimmung dieses Verhältnisses auf die Leidens-Frage durch die vollgültige Auswertung der Mensch-*Werdung* des Sohnes Gottes? Wenn Gott sich »für uns« in seiner Offenbarung in Christus so zeigt, wie er »in sich« ist, und nur im Für-Uns ist sein In-Sich erreichbar[22], wird dann nicht davon Gottes immanentes Leben selbst *betroffen* von seinem Handeln in der Welt? Und wird dann nicht dieses *Werden* auch Gott in seiner Göttlichkeit (wie auch immer und wie noch näher zu bestimmen sein wird) betreffen und nicht mehr *nur* auf die Seite der Geschöpflichkeit zu schlagen sein?

Es ist also eine umfassende Umgestaltung und Neustrukturierung der Trinitätslehre gefordert, welche die Fehlentwicklungen korrigieren kann und in der Lage ist, den neuen (und doch eigentlich alten) Fragen Raum für Entfaltung und Bewährung zu eröffnen. Mit einer solchen »durchaus auf deren Anfängen zurückgehenden Umgestaltung«[23], die sich ganz aus der Ur-Tradition (d.h. auch, aus dem Bewußtsein von der Heilbedeutung der Passion und dem Kreuz Christi) versteht »und damit dem exegetischen Problemfeld gerechter

---

21 Vgl. *Löser*: *Breuning* (Hg.) (1984) 22.

22 Vgl. *Geffré* (1973) 57.

23 *Jüngel*: ZThK (1975) 355. Damit ist nicht ein geschichtsphilosophisch und hermeneutisch bedenkliches »Zurück hinter« gemeint, sondern es geht um die Ausfaltung von *immer schon* angelegten und von der *Sache* her geforderten Implikationen des Heilsmysteriums, die es gilt, jetzt unter neuen Verstehensbedingungen aufzugreifen und zu entfalten.

wird als das der klassischen Trinitätslehre möglich war«[24], wird gerade der auf breiter Ebene rezipierte und umfassend diskutierte »Grund-Satz«, wie er von *K. Rahner* 1967 programmatisch ins Gespräch gebracht wurde, als Basis aufzugreifen und auf unsere Fragestellung hin zu gestalten sein: *»Die 'ökonomische' Trinität ist die 'immanente' und umgekehrt.«*[25] Dieser axiomatisch formulierte Ansatz zum Verständnis des Verhältnisses Gottes als »Für-uns-Seienden« und zugleich »In-sich-Seienden« hat einen großen Schritt über die bisherige Trinitätstheologie hinaus getan[26] und die weitgehend getrennten Argumentationslinien in der Trinitätstheologie in einem überraschend unmittelbar verbundenen Sinn erhellt. Wie immer man den genauen Inhalt und Stellenwert, die Bedeutung und Tragweite dieses »Axioms« beurteilen mag, wird doch festzuhalten sein, daß auf seiner Grundlage (und im Hinblick auf die unmittelbare heilsgeschichtliche Relevanz dieser Formulierung) die Leidens-Frage neu gestellt werden konnte und zugleich ein unmittelbarer Bezug von Trinitätslehre und Leidens-Frage als Frage nach *diesem* trinitarischen Gott unmittelbar einsichtig werden konnte, wenngleich die Art des Zusammenhangs sich noch erst erhellen lassen muß und damit die genaue Bedeutung der »unmittelbaren Einsichtigkeit« noch zu prüfen sein wird.

V. Zur innergöttlichen Fundierung des Verhältnisses Gottes zur Welt

Nun werden aus den bisherigen Fragenbereichen noch jene erwachsen, die in unmittelbarem Zusammenhang mit der Trinitätslehre und ihrer inneren Struktur stehen und die uns vollends an die Wurzeln christlichen Gottes-Denkens führen werden. Ohne diese Fragen angegangen zu sein oder sie mindestens wahrgenommen zu haben als wesentliche, auch dann noch, wenn man weiterhin um ihre Beantwor-

---

24 *Jüngel*: ZThK (1975) 356.

25 *Rahner*: Mysal II (1967) 328.

26 Vgl. *Löser*: *Breuning* (Hg.) (1984) 24.

tung und Zuordnung ringen wird müssen, kann unser Thema nicht zu einer genügend fundierten Antwort kommen:

1. Der Konnex zwischen der »Geschichtlichkeit« des trinitarischen Gottes und seiner Geschichte mit der Welt

1. Die Erkenntnis des Fundierungszusammenhangs von Christologie und Gotteslehre führt uns zur Frage, wie das heilsgeschichtliche Handeln Gottes mit dem darin offenbaren äußersten Selbst-Engagement unter den Bedingungen der Welt- und Menschengeschichte in Gottes ewigem Leben gründet, so daß es aus diesem Leben heraus (umgekehrt) verständlich werden kann. Wenn Gott in Geschichte sich offenbart und handelt, wenn die Freiheits (und Unfreiheits-) *Geschichte* gewissermaßen der »Ort« göttlicher Selbstoffenbarung ist, wenn »sich Gott in Christus in unübersteigbarer Weise an die Welt [bindet], so sehr, daß Gott nicht nur etwas Entspringendes 'nach außen' setzt, wovon er selbst nicht tangiert wird, sondern daß das Entspringende Eingang findet in den personalen Bereich Gottes selbst«[27], dann bewahrt nur »*eine* Antwort...die Geschichte davor, durch ontologische Rücknahme in einen über- (= un-)geschichtlichen Grund sich als das Uneigentliche, Abgeleitete und somit Aufzuhebende zu erweisen, die Antwort nämlich, daß Geschichte nicht gründet in einem übergeschichtlichen Dekret Gottes, Geschichte zu machen, sondern daß sie 'gründet' in der *Geschichte, die Gott selbst ist*«[28]. Gründet Geschichte nicht einfach in einem göttlichen Dekret, sondern ist sie als eine Kategorie göttlichen Lebens selbst zu denken - in welcher Weise kann dann von »Geschichte in Gott« oder »Geschichtlichkeit« Gottes in unserem Zusammenhang, und das heißt, im Zusammenhang mit dem Leiden dieses Gottes, gesprochen werden? Und wie läßt sich diese Geschichte innergöttlich deuten, ohne Gott damit ins Werden, ins Gott-Werden, zu stürzen? Mit der Behandlung dieser Fragen werden ja unsere Fragen nach dem Leiden und der Veränderlichkeit unmittelbar betroffen und erhalten einen neuen Denk-Horizont ihres Verständnisses. Zugleich wird eine Begründung der Rede von der

---

27 *Greshake* (1969) 344.

28 *Greshake* (1969) 347.

»Geschichtlichkeit« Gottes, die sein *Sein* betrifft, selbst ob der Gefahren einer solchen Rede nicht ohne trinitarische Kategorien zu einer Klärung kommen können. Denn der geschichtlich *seiende* »Gott beschließt nicht, aus seinem 'Sein' ins 'Werden' zu treten, Geschichte ins Werk zu setzen, frei zu geben und zu empfangen, sondern er *ist* Geschichte, Freigebender und Empfangender. Er beschließt nicht, einen Dialog der Liebe zu eröffnen, sondern er *ist* dieser Dialog. Das heißt: Nur ein trinitarischer Gott ('in sich') kann den Gott der Geschichte *denkbar* machen...«[29]

2. Unter diesen Voraussetzungen ist hier der Ort, grundsätzlich auf das Verhältnis von *Geschichte und Ontologie* zu sprechen zu kommen sowie *Freiheit und Souveränität* Gottes in ihrem Bezug zu erhellen:

a) Deutlich ist der Paradigmenwechsel von (ungeschichtlich-) metaphysischem zu geschichtlichem Denkhorizont[30] wahrzunehmen, der geistesgeschichtlich eine neue Reflexion auf die innertrinitarischen Grundlagen göttlicher Selbstoffenbarung eröffnet hat[31], so daß die Frage nach dem (innergöttlich-)*ontologischen* Rang der Geschichte ausdrücklich gestellt werden kann, der dann wieder über den Sinn einer Rede vom »leidenden Gott« mitentscheiden wird. Entweder kann die Geschichte von der Lebendigkeit Gottes selbst her gedacht wer-

---

29 *Greshake* (1969) 347-348.

30 Vgl. *Kasper* (⁵1977) 34-42.134-151: »Der christliche Glaube ist seinem ganzen Inhalt nach geschichtlicher Glaube...Nicht die Natur und nicht die Tiefen der menschlichen Seele, sondern die Geschichte ist die Dimension, in der wir als Christen Gott begegnen. Die christliche Verkündigung hat deshalb nicht einen anonymen Tiefengrund der Wirklichkeit, auch nicht den Gott der Philosophen, ein höheres oder höchstes Wesen, zu lehren, sondern den Gott Abrahams, Isaaks und Jakobs (B. Pascal) zu bezeugen.« (S. 138) »Geschichte und Geschichtlichkeit sind Grundkategorien des christlichen Glaubens. Der christliche Glaube ist geschichtlich seinem Inhalt, seinem Akt, seiner Vermittlung und seinem Gesamthorizont nach. Die Kategorie der Geschichte wurde sogar erst im Raum des biblischen Glaubens entdeckt.« (S. 145) Konzentrierter und in seiner Unausweichlichkeit ausgeprägter kann man den unmittelbaren Bezug von Christentum und Theologie zu Geschichte und zu Geschichtlichkeit gar nicht mehr zum Ausdruck bringen. Ohne die theologische Klärung der geschichtlichen Kategorien, mithin ohne Grundlegung einer Geschichtstheologie, wird daher auch unser Fragenkomplex gar nicht auf dem Stand heutigen Problembewußtseins stehen.

31 Vgl. *Greshake* (1969) 347-348.

den, so daß sie in ihm, seinem *ewigen Sein* gründet und aus ihm verständlich (zu machen) ist, oder ihr kommt kein *ontologischer* Rang zu und sie stände damit ganz (und *nur*) auf seiten des Menschen.[32] Es wird in der Entscheidung dieser Frage also nicht genügen, die Geschichtlichkeit Gottes als inneres Erfordernis trinitarischen Gottesbekenntnisses (mehr oder weniger als transzendentale Bedingung einer *letzten* Sinnhaftigkeit von Geschichte) zu »postulieren« - dann wäre »Geschichte« der Denkhorizont und nicht Gott selbst in seiner Geschichte mit dem Menschen -, vielmehr muß sie selbst als innertrinitarisch verankerte Grundaussage der Gotteslehre verdeutlicht werden können.

b) Dies führt zum anderen damit verknüpften Problemkomplex, denn von der Klärung des Verhältnisses göttlicher Allmacht und Souveränität zu seiner Freiheit, welche Geschichte als bleibend Neue konstituiert, wird die Tragweite der Rede von der »Geschichte *in* Gott« fundamental bestimmt werden.[33] Nur dann nämlich, wenn Gott in seinem Geschichte-Sein und Der-Welt-Geschichte-Eröffnen, Gott zu bleiben in der Lage ist, kann sinnvoll auch von einer innertrinitarischen »geschichtlichen« Freiheit und einer Freigabe der Welt in ihre Geschichte (mit Gott) aus Gottes Geschichte-Sein gesprochen werden, in welcher Geschichte Gott nicht untergeht, sich verliert, alles aus der Hand gibt oder an der Welt in seinem Leiden zerbricht.[34] Wie ist überhaupt *neben* der Allmacht Gottes noch eine nicht-göttliche Freiheit *denkbar*, die von Gott in ihrem Freisein respektiert werden müßte? Setzt Gott sich dann aber nicht ins »Werden« und kann er dann noch zugleich der Herr dieser Geschichte der Freiheit sein, ohne

---

32 Vgl. *Pannenberg*: KuD 23 (1977) 76-92; hier: 80.

33 Vgl. *Kasper* (⁵1977) 134: »Wir erfahren in der Gegenwart eine radikale Vergeschichtlichung aller Wirklichkeitsbereiche. Alles ist im Umbruch und im Wandel begriffen; es gibt kaum mehr etwas Festes und Beständiges.« Hier wird der Zusammenhang zwischen Geschichte und Freiheit als ein »Systeme auflösendes Geschehen« deutlich, das die Frage nach der Souveränität in umfassender Freigabe und »Sich-aus-der-Hand-genommen-Sein« bereits impliziert. Ist also, anders gefragt, Gott noch der Herr der Wirklichkeit bzw. kann er es bleiben, wenn mit »Geschichte« auch verbunden ist, sich in die Freiheit eines anderen Geschichtssubjektes zu begeben, sich an es zu binden?

34 *Greshake* (1969) 345.

sie doch insgeheim aufzuheben? Und weiter: Mußte nicht gerade unter den Voraussetzungen neuzeitlichen »Subjektivitäts- und Autonomieverständnisses« die Alternative akut werden: Entweder ist Gott alles und die Geschöpfe sind »nichts« oder Gott ist nicht souverän seinen Geschöpfen gegenüber?[35] Und führte nicht in Folge die Reaktion auf diesen so fern erscheinenden, in seiner Transzendenz und Souveränität teilnahmslosen Gott in einen geradezu christlich motivierten »Atheismus«?[36] Schließlich wird sich auch hier zeigen, daß nur eine trinitätstheologische Konzeption der Frage der Souveränität gewachsen ist, weil durch sie vermieden ist, Gott in seiner *Differenz* zur Welt immer noch in *Abhängigkeit* zur Welt zu deuten. Wenn Gott als Vater nicht primär im Gegenüber zur Welt, sondern im Verhältnis zum Sohne gedacht werden kann, so ist das Verhältnis Gottes zur Welt ja umgekehrt als durch die trinitarische Selbstbeziehung Gottes ermöglicht und in sich vorgebildet.[37] Von einer genaueren Bestimmung dieses Problemkomplexes hängt mithin nämlich im weiteren die Bedeutung der Welt für Gott unmittelbar zusammen und so gewissermaßen ihr »Ort« in Gott.

2. »Freiheit« und »Notwendigkeit« des Weltbezugs Gottes

Damit also unmittelbar zusammenhängend wird demnach *grundsätzlich* das Verhältnis von Schöpfer und Geschöpf in die Auseinandersetzung eingebracht werden müssen: Einer der strittigen Punkte bei der Klärung, ob und wie verantwortbar von der »Veränderlichkeit« und »Geschichtlichkeit« Gottes die Rede sein darf, ergibt sich aus der inhärenten Problematik, wie nämlich unter der Annahme eines (in sich) geschichtlichen Gottes Freiheit oder Notwendigkeit der Weltschöpfung zu beurteilen sind. Während in der klassischen scholastischen Theologie die Beziehung der Welt zu Gott als eine »gedachte« verstanden wurde, weil somit die Freiheit und Unabhängigkeit (und so-

---

35 Vgl. die Auseinandersetzung um die speziell neuzeitliche »anthropologische Alternative zwischen Theismus und Atheismus bei *Moltmann* (^{5}1987) 236-243.

36 Vergleiche die Auslegung und theologiegeschichtliche Herleitung der Motive einer »Gott-ist-tot-Theologie« bei *Brantschen*: FZPhTh 27 (1980) 224-246; hier: 226.

37 Vgl. *Pannenberg*: KuD 23 (1977) 25-40; hier: 27.

mit die Souveränität) Gottes gewahrt werden konnten[38], mußten mit der Annahme einer Geschichtlichkeit Gottes sowie mit der Leidens-Frage und mit dem Hinweis auf eine *Betroffenheit* Gottes von der Welt diese Freiheit und Unabhängigkeit Gottes selbst in Frage gestellt sein und folglich neu definiert werden. Dies ist in sich noch einmal in zwei aufeinander verwiesene Fragenkomplexe zu zerlegen:

1. Die Möglichkeit (oder Notwendigkeit) einer *»realen Beziehung«* des (trinitarischen) Gottes zur Welt als Grundlage einer (möglichen) Leidens*fähigkeit* Gottes: Ein Gott, der sich von der von ihm geschaffenen Welt *betreffen* läßt, der ihr aus seinem Geschichte-Sein Geschichte mit ihm eröffnet, an die Gott sich selbst *bindet* (insofern sie für ihn Gültigkeit hat), in der er sich schließlich auch selbst engagiert, muß die Frage aufwerfen, inwiefern er nicht von eben dieser Welt »abhängig« ist und ob dann weiter eine solche Abhängigkeit nicht seiner Souveränität und (»absoluten«) Freiheit allem Nicht-Göttlichen gegenüber eindeutig Abbruch tut. Kann also über eine »gedachte« Beziehung Gottes zur Welt hinaus überhaupt rechtens von einem Sich-Einlassen Gottes auf die Welt gesprochen werden? Würde nicht dadurch eine »reale Beziehung« Gottes zur Welt behauptet, die wiederum in sich eine »Veränderlichkeit« in Gott voraussetzt? Und würde nicht eine solche »Veränderlichkeit« wiederum bedeuten, daß Gott »von außen« zum Werden gezwungen würde, also doch erst *Gott*

---

38 Aufbauend auf die Aussagen von *Thomas von Aquin* (davon später) kann auch heute noch folgendes (oder ähnliches) gelesen werden: »*Die Relation zwischen Schöpfer und Schöpfung* gründet in der schöpferischen causalitas efficiens oder productio e nihilo, ist aber dennoch eine *relatio non mutua*, mithin realis allein auf einer Seite, auf der Seite der Geschöpfe. Denn Gott ist *actus purus*, reinstes Wirklichsein und keinerlei Wirklichwerden. Gottes Wirklichkeit und Wirken ist keine Selbstverwirklichung. Gottes Schöpfung ist keine Selbstverwirklichung, sondern Verwirklichung, Mitteilung, Setzung eines Seins, das zwar ganz von Gott her und ganz zu Gott hin besteht, aber nicht aus Gottes Wesen west und wirkt. Schöpfung als relatio non mutua bedeutet die schlechthin unberührbare Selbstherrlichkeit des Schöpfergottes und die völlige Abhängigkeit der Kreatur von ihrem Schöpfer und Erhalter. Gott ist kein Partner, kein Teil*nehmer* seiner Geschöpfe; aber er ist Teil*geber*, Geber der Partnerschaft, durch die seine Geschöpfe in ihrem ganzen Sein und Wesen und Wirken Partner Gottes sind und sein sollen. Gott ist selbst nicht teil*nehmender*, sondern einzig teil*gebender* Urgrund jener Partnerschaft, die das allerinnerste Sein und Wesen des *ens creatum* als *ens per participationem* ausmacht.« *Söhngen* (^{2}1964) 16.

werden müßte?[39] Diesem Dilemma wird man sich stellen müssen, wenngleich schon vorab konstatiert werden kann, daß im Kontext heutiger Theologie das Denken in diesen eindeutigen Alternativen gehörig ins Wanken geraten ist. Denn wenn wir »auf das Verhalten Gottes zum Nichtgöttlichen schauen, führt kein Weg daran vorbei, Potentialität in Gott anzunehmen«[40].

2. Die Notwendigkeit der Weltschöpfung für eine liebende, *leidenschaftliche* Beziehung (des geschichtlich verstandenen) Gottes zur Welt: Die Annahme eines leidenschaftlichen Gottes führte mitunter zur Kritik eines Souveränitäts- und Freiheitsverständnisses, welches *J. Moltmann*[41] so charakterisiert hat: Gott benötigt niemanden, er genügt sich, er bringt durch *freie* Liebe die Schöpfung hervor. Aber kann Gott sich in seiner »unangerührten Herrlichkeit« wirklich genügen? Braucht Gott wirklich nicht den, den er im Leiden seiner Liebe unendlich liebt? Wenn aber Gott die Wahrheit insofern ist, daß er sich ganz *entspricht*, dann kann seine Offenbarung nur wahr sein, wenn er sich *in ihr* ganz entspricht: »Also müßte er sich in seiner Nichtoffenbarung, in der er sich mit seiner unangerührten Herrlichkeit genügen läßt, widersprechen.«[42] Impliziert aber nicht andererseits eine solche »Notwendigkeit als Liebe« schon die Forderung, Gott müsse *um seines Seins willen als Liebe* schaffen - dies als Argument a posteriori, insofern Gott ja tatsächlich geschaffen hat - und dies aus Liebe? Wie kann dann aber noch von der Freiheit Gottes berechtigt gesprochen werden, welche ja zugleich meint, daß Gott durch nichts »außer ihm« abhängig sein könne, auch nicht durch den »bloßen« Gedanken einer Schöpfung? Und müßte dann nicht geradezu von einer »Ewigkeit« der Schöpfung gesprochen werden? Ist unter solchen Bedingungen noch von einer *creatio ex nihilo* zu sprechen?[43] - In dem Moment, in dem

---

[39] Vgl. *Mellert*: Conc(D) 13 (1977) 196-199; hier: 197.

[40] *Vorgrimler*: ThG 30 (1987) 20-26; hier: 24. Vgl. auch: *ders.* (1985).

[41] *Moltmann* (1980) 68-69. Dieses für unser Thema zentrale Buch wird noch (und das durchgängig) ausführlich zu diskutieren sein.

[42] *Moltmann* (1980) 69.

[43] Hier wäre auch auf die Prozeßtheologie einzugehen: *Brown*: Ev. Komm. 10 (1977) 595-597; *Cobb*: EvTh 32 (1972) 372-388; *Cobb/Griffin* (1979); *Jung*: ZPhF 19 (1965) 601-636; *Ogden* (1970); *Pannenberg*: KuD (1977) 83; *Reitz*:

Liebe, und zumal göttliche Liebe, als leidenschaftliche verstanden wird, ist das Freiheitsproblem auch als Problem einer Freiheit dieser Liebe gegenüber akut geworden und damit die Auseinandersetzung um eine adäquate Annäherung an den ewig währenden Charakter dieser Liebe: Ist nun aber jeder nominalistische Ausweg, für den (wie auch immer getarnt) Freiheit letztlich doch aus einer dunklen, unerforschlichen, unvertrauten Willkür erwächst, versprerrt, dann muß grundsätzlich der *Weltbezug* Gottes neu *aus dieser Liebe* bestimmt werden.

VI. Der Personbegriff als Schnittpunkt trinitätstheologischer Modelle

Ein weiteres, die bisher erhobenen Elemente einer trinitätstheologischen Erfassung des Leidens, der Veränderlichkeit, der Geschichtlichkeit und Freiheit Gottes berührendes Problemfeld muß an dieser Stelle genannt sein - wenngleich es in der Arbeit nur an entsprechenden Stellen berührt, nicht aber in extenso ausgeführt werden kann -, weil in und mit ihm die heilsgeschichtliche und innertrinitarische Fundierungsproblematik trinitarischer Theologie unmittelbar angesprochen ist: Wie ist vom trinitarischen Gott als von dem Drei*persönlichen* zu sprechen? Was heißt (und kann heißen) »Person« in trinitätstheologischem Kontext? Wie soll heute mit diesem Begriff umgegangen werden, da seine geschichtlichen Wandlungen eine Fülle von Zusatzproblemen mit sich gebracht haben?[44] Schließlich ist den heutigen Trinitäts-Konzeptionen gemeinsam, daß sie sich über den Person-Begriff konstituieren in ihren Ansätzen und zugleich die großen Problemkomplexe hier noch einmal zusammenlaufen, so daß (wenigstens) durch die Kenntnis dieses Zusammenhangs Perspektiven für unmittel-

KuD 16 (1970) 78-104; *Udert*: ZPhF 21 (1967) 409-430; *Welker* (1981). »...the existance of God *necessarely* requires the existence of *some* world« Robertson Jr. (1968) 168.»

44 Vgl. für einen Überblick und eine Problemdifferenzierung: *Fuhrmann* u.a.: HWP 7 (1989) 269-338.

bare Themen unserer Frage nach dem Leiden in ihrer trinitätstheologischen Begründung eröffnet werden, die es gilt bewußt zu halten:
1. Das Problemfeld der Konstitution Gottes als *drei*persönlichen und doch *einen* Gott wird in der Auseinandersetzung von *K. Rahner* und *K. Barth* auf der einen Seite und den Konzeptionen von *J. Moltmann* und *H. U. v. Balthasar* auf der anderen Seite deutlich hervortreten als Frage nach der Angemessenheit eines »*intra*personalen« *oder* eines »*inter*personalen« Modells[45] für das Verständnis (inner-)trinitarischen Lebens. In prinzipieller Skepsis gegen den Begriff »Person« als adäquaten Begriff trinitätstheologischer Erschließung göttlichen Lebens hat *K. Rahner* vorgeschlagen, von »distinkten Subsistenzweisen« zu sprechen[46], um damit dem Problem zu entkommen, daß, wer »heute 'drei Personen' hört,...mit diesem Wort fast zwangsläufig die Vorstellung von drei verschiedenen Bewußtseins- und Aktzentren [verbindet], was zu einem häretischen Mißverständnis führt«[47]. Ähnlich hat *K. Barth* von den »drei Seinsweisen« gesprochen, in denen Gott sich offenbart als der Offenbarer, der Offenbarte und die Offenbarung.[48] Beiden gemeinsam ist ein *intra*personales Modell, in dem der »eine Gott...als der Herr, also 'als Person zu verstehen [ist]..., d.h. aber als in und für sich seiendes Ich'«[49] lebt. Dagegen hat man zum einen den Einspruch erhoben, daß unter Rücksicht des neuzeitlichen Personbegriffs »Barth und Rahner den modernen Personbegriff nur scheinbar als unbrauchbar zurückgewiesen [haben], in Wirklichkeit haben sie ihn in hohem Maße rezipiert«[50] und konnten ihm so gerade nicht vollends gerecht werden. Zum anderen hat man in umfassender Rezeption der Entwicklung des Personverständnisses von der Frühzeit bis heute den Weg zu einem relationalen Personverständnis

---

45 Vgl. die sehr fundierte Einführung in die Problematik durch *Krenski* (1990) 149 ff.

46 Vgl. *Rahner*: MySal II (1967) 389.

47 *Rahner*: MySal II (1967) 353.

48 *Barth*, KD I/1 (^{5}1947).

49 *Pannenberg*: KuD (1977) 29.

50 *Kasper* (1982) 351.

gewiesen und ein *intra*personales Modell entwickelt.[51] In diesem Zusammenhang stehen wiederum die Konzeptionen etwa von *J. Moltmann* und *H. U. v. Balthasar*.

2. Weiter hängen von der Interpretation des Personbegriffs auch ein Verständnis von Geschichte und Geschichtlichkeit unmittelbar ab, insofern ja erst ein trinitarisch-*personaler* Gott einen geschichtlichen und mithin »ewig« sich im *Neuen* und bleibend *Freien* der Geschichte vollziehenden Gott *denk*bar macht. »Ohne es durchschauen zu können, müssen *wir* die innertrinitarische Liebe Gottes denken als eine Weise von 'Geschichte', nicht als 'ewige Wiederkehr des gleichen', sondern als stete Neuheit, Wachstum, Zukunft.«[52]

3. Von hier aus wird sich auch noch einmal die Frage nach der heutigen Relevanz der (einer) Metaphysik neu stellen. »Denn spätestens ab dem Konzil von Nikaia ist grundsätzlich klar geworden,...daß die personale Differenzierung Gottes nicht auf der Ebene unterhalb des göttlichen Wesens liegt, sondern mit seinem göttlichen Sein und Wesen selbst identisch ist. Das eine göttliche Sein und Wesen *ist* dreipersönlich, *ist* in drei Personen.«[53] Wie kann demnach von den göttlichen Personen gesprochen werden als wirklich *ursprüngliches* Reden von dem einen Gott, dem kein »personloses« Reden vom »Wesen« Gottes vorausliegt? »Nimmt man das ernst, dann dürfte man keine Betrachtung der 'göttlichen Eigenschaften' anstellen, die, nur vom Wesen oder absoluten Sein ausgehend, die innergöttlichen Prozessionen ausklammert (was in den Traktaten *De Deo uno* geläufig erfolgt).«[54] Dies wird wiederum zu einer grundlegenden Veränderung der metaphysischen Grundkategorien führen, denn wenn »neben der Substanz der Dialog, die Relation, eine gleichermaßen ursprüngliche

---

51 *Krenski* (1990) 169.

52 *Greshake* (1969) 348. Vgl. *Balthasar*, TD II/1 (1976) bes. 155-393. Diese Frage, ob in Gott aufgrund des inkommunikablen Sich-Eröffnens der Personen zueinander eines ewigen »Neuseins, Überrascht- und Überwältigtwerdens« (S. 234) kein Ende sei, hängt wiederum mit der Möglichkeit eines *inter*personalen (wenngleich als solches noch genauer zu bestimmenden) Person-Modells für das Leben der göttlichen Personen zusammen.

53 *Greshake*: *Heitger* (Hg.) (1987) 3-19; hier: 6.

54 *Balthasar*, TD IV (1983) 57.

Form des Seins«[55] ist, wenn anders schon das *Sein* Gottes selbst aus dem Liebesbezug der göttlichen Personen als *Liebe* zu verstehen ist, dann kann jede Metaphysik und ihre Begrifflichkeit sich schließlich nur in dieser Form »relationaler Liebe« beschlossen sehen.[56]

4. Für das *Verhältnis Gottes zur Welt* wird der Personbegriff dann nach dem eben Gesagten Bedeutung erlangen, weil mit ihm die Frage nach dem Erfahrungszugang zu Gott und zugleich die Frage der Konstitution des Menschen als Geschöpf Gottes selbst aufgeworfen sind. Jetzt war der ausreichende Grund für die Frage der »schöpfungstheologisch-ontologischen« Konstitution des Menschen als Person gelegt und damit auch schon die Grundlage für die Frage nach der »Relation« Gottes, *dieses* Gottes, zur Welt geschaffen. Denn nun mußte jede Beziehung Gottes zur Welt als zuletzt trinitarische gedeutet werden, selbst eine Ontologie konnte (dem Prinzip nach, wenngleich nicht in jeder Zeit gleichermaßen) als »trinitarische Ontologie« verstanden werden. Wenngleich dieser Sachverhalt erst in den letzten Jahren ausdrücklich in den Problemhorizont trat mit der allgemeinen Aufwertung der Trinitätstheologie[57], war dies schon in der bekannten Formel »una substantia in tribus personis« grundgelegt. »In dieser Formel ist nun aber der vorgegeben griechische Substanzbegriff gegenüber seinem metaphysischen Ursprung tiefgreifend verändert«[58], so daß eine neue Ontologie der »Relation« und des »Personalen« im Raum christlicher Gottesoffenbarung eröffnet war. Schließlich wird von hier aus auch schon der Blick nach der Bedeutung der *analogia entis* zu werfen sein, weil jetzt für sie das trinitarisch weiterentwickelte Personverständnis bestimmend werden konnte. Die Grundthese trinitarischer Ontologie wurde daher, die *analogia entis* als *analogia trinitatis* zu entwerfen[59]; dieser wichtige Sachverhalt

---

55 *Ratzinger* (³1977) 126.

56 *Löser*: *Breuning* (Hg.) (1984) 33.

57 Vgl. für eine Übersicht zu dieser Problematik: *Oeing-Hanhoff*: *W. Breuning* (Hg.) (1984) 143-182.

58 *Greshake*: *Heitger* (Hg.) (1987) 6.

59 Vgl. *Oeing-Hanhoff*: *Breuning* (Hg.) (1984) 143. Auf dieser Basis wurde dann auch eine umfassende Bibliographie einschlägiger Publikationen erstellt: *Schadel* (Hg.) (1984). Die Probleme einer solchen »trinitarischen Ontologie« wer-

wird uns später als Frage nach der hinreichenden *Analogie* (und damit der erkenntnistheoretischen Berechtigung) der Rede vom trinitarischen und gar vom leidenden Gott führen.

den noch zu berühren sein. Hier ist nur auf den bemerkenswerten Zusammenhang mit dem Personbegriff (besser: überhaupt schon seiner Existenz) und damit auf seine universale Bedeutung hinzuweisen.

ERSTER TEIL

Erkenntnistheoretische und methodologische Erschliessung der Rede vom »Leiden« Gottes

Erstes Kapitel

Die »Reziprozität« theologischer Argumentation

Im Lichte heutiger Trinitätstheologie und ihrer Desiderata werden sich Forderungen ergeben, denen jetzt nachgegangen werden soll. Es sind methodologische Folgerungen aus der eben gezeichneten Situation zu ziehen, und es wird ein Instrumentarium zu entwickeln sein, das dem heute geänderten Bewußtsein von der Bedeutung und dem Stellenwert der Trinitätslehre im Rahmen der Gotteslehre und der Theologie überhaupt entspricht. Im gesamten Bogen der Arbeit werden solche »Axiome« und Horizonte dann ihre Relevanz finden und sich bewähren müssen, bevor sie am Ende noch einmal einer sachlichen Prüfung zu unterziehen sind. Zugleich ergeben sie sich schon aus dem eben Gesagten als innere Konsequenz und müssen somit nur einmal ausdrücklich gemacht werden.

I. Der systematische Ort der Trinitätslehre

Mit der ersten Umsicht und Durchsicht durch die reichen Problemfelder, die unser Thema berühren, ist der Rahmen abgesteckt oder vielmehr in seiner unübersehbaren Fülle eröffnet, innerhalb dessen die Frage nach einer zukünftigen Trinitätslehre gestellt werden kann, die dann insofern »zukünftig« zu nennen sein wird, als sie fähig sein soll, diese Problemfelder *in sich* aufzunehmen und Hinweise für ihre Lösung geben oder Wege dahin aufzeigen zu können. Der Stellenwert solcher Überlegungen im Rahmen theologischen Nachdenkens wird sich dabei schon aus der zentralen Bedeutung der Trinitätslehre selbst ergeben müssen: »Sie ist...*die Summe des ganzen christlichen Heilsmysteriums* und zugleich dessen Grammatik. Sie ist die *Grammatik*, denn sie ist die innere Möglichkeitsbedingung der Heilsgeschichte.«[1] Im Sinne der heutigen Diskussion um die Einheit und Struktur Systematischer Theologie und also eines dogmatisch-fundamentaltheologischen Diskurses[2], wird somit gerade der Trinitätstraktat sich der prinzipiellen Relevanz einer (auch für heute) *heils*geschichtlichen Betrachtungsweise als »Ausgangspunkt« einer Reflexion auf die transzendentalen Bedingungen der Möglichkeit der Heilsgeschichte bewußt bleiben müssen.[3] So wird die Trinitätslehre heute dadurch einer fundamentaltheologischen Betrachtungsweise unterzogen, daß »mit der Besinnung auf die 'Oikonomie', also auf das Heilswerk des dreieinen Gottes und seine Durchführung in geschichtlichen Phasen...die Trinitätslehre...auf die Heilsbedürftigkeit des Menschen in all seinen Dimensionen«[4] bezogen ist. Gerade in diesem Kontext hat die Leidensfrage auch als Frage nach Gott eine Schlüsselfunktion erhalten, denn in ihr wird der *oikonomia* Gottes nachgegangen *und* der Leidensfrage des Menschen, die ihn in seiner Heilsbedürftigkeit prägt, im Wissen darum, daß »Gottes Heilshandeln...das Handeln des dreieinen Gottes [ist], und [es] nur als Handeln des drei-einen Gottes...Heilshandeln«[5] ist. Dieser geänderte Ansatz bei der *oikonomia* im Kontext der Leidensfrage des Menschen wird wiederum zu *Rück-*

---

1 *Kasper* (1982) 378. Vgl. auch *Fritzsche*: ThLZ 107 (1982) 1-12.

2 Vgl. *Greshake*: *Heitger* (Hg.) (1987) 3-19; hier: 18.

3 Vgl. *Löhrer*: MySal II (1967) 291-316; hier: 313: »Der drei-faltige Gott ist der Urgrund der ganzen Heilsgeschichte und genau dies muß zum Ausdruck kommen...« Vgl. Pesch: ders. (1987), 18-50; hier: 39.

4 *Pesch*: *ders.* (1987) 43.

5 *Pesch*: *ders.* (1987) 43.

wirkungen auf die Trinitätslehre als Möglichkeitsbedingung der Heilsgeschichte Gottes mit dem Menschen (also der *theologia*) haben.
Die Einsicht in diese zentrale Bedeutung der Trinitätslehre ist aber nicht so selbstverständlich, wie das heute scheinen mag. Noch 1967 konnte *K. Rahner* feststellen, daß die Trinitätslehre zunehmend »ortslos« in Theologie und Glaubensbewußtsein geworden sei. So konnte es kommen, »daß der Traktat über die Heilige Dreifaltigkeit im Gefüge der ganzen Dogmatik ziemlich isoliert dasteht. Einmal grob...gesagt: Wenn dieser Traktat in der Dogmatik einmal abgehandelt ist, kommt er später dann auch nicht mehr vor.«[6] Eine Änderung dieser Situation hängt aber zwingend mit einer neuen Stellung der Trinitätslehre in bezug zur Lehre vom einen Gott zusammen. In der Tradition bildete sich nämlich unter Einfluß des augustinischen Denkens auf die abendländische Theologie ein systematisches Schema heraus, das man meinte, *sachlich* berechtigt so ansetzen zu müssen. So »liegt ein a-trinitarischer Traktat De Deo uno wie selbstverständlich vor dem Trinitätstraktat. Dadurch muß aber die Trinitätslehre erst recht den Eindruck erwecken, es könne in ihr von den göttlichen Personen nur absolut Formales...gesagt werden, und selbst dieses betreffe nur eine absolut in sich geschlossene und in ihrer Wirklichkeit nicht nach außen geöffnete Dreifaltigkeit...«[7] Diese *splendid isolation* gründete wieder in der (abendländischen) Auffassung, man müsse vorerst und »zunächst einmal bei dem einen, einwesentlichen Gott im

---

6 *Rahner*: MySal II (1967) 322. Wenngleich *Rahner* mit diesem Beitrag die Diskussion um den Stellenwert der Trinitätslehre im Rahmen der Dogmatik kräftig angestoßen hat, wie aus der breiten Rezeption sichtbar wird und wie die zahlreichen Berufungen anderer Autoren auf seinen Beitrag zeigen können, ist der merkwürdige Sachverhalt zu würdigen, daß *Rahner* selbst zugleich die umfassende »Reform« der Trinitätslehre (bewußt oder nicht bewußt) empfindlich in Schranken gewiesen hat: 1) Indem er selbst sich nie zu einer umfassenden Neugestaltung der Traktate im Lichte der fundamentalen Bedeutung des Trinitätstraktates durchringen konnte. 2) Dadurch, daß er mit seiner Konzeption der »drei distinkten Subsistenzweisen« (im selben Artikel!) hinter seinem Impuls zurückblieb, weil damit eine *grundlegende Neugestaltung* der Trinitätslehre in die überkommene »Vorherrschaft« des Traktates *De Deo uno* zurückgezwungen wurde. (Dazu später) Nichts desto trotz muß sein Anstoß voll gewertet und vielleicht sogar gegen seine unmittelbare Absicht in seiner universalen Bedeutung verteidigt werden.

7 *Rahner*: MySal II (1967) 325.

ganzen [sein] und konstituiert ihn erst *danach* als dreipersönlich (so sehr man sich dann doch auch wieder gegen die Ansetzung der 'essentia' als in den drei Personen vorausliegendes 'Viertes' wehrt und wehren muß). Biblisch und griechisch wäre auszugehen von dem einen, schlechthin ursprungslosen Gott, der auch der *Vater* ist«[8], so daß gar nicht vom einen Gott gesprochen werden kann, ohne daß im Prinzip und *in concreto* schon vom trinitarischen Gott die Rede ist. Dann würde es sich »bei Geltendmachung der griechischen Trinitätstheologie eher empfehlen, zuerst vom Vater zu handeln und bei diesem ersten Kapitel der Gotteslehre auch das 'Wesen' Gottes, die Gottheit dieses Vaters, mitzubehandeln«[9]. Zu entwickeln ist eine Trinitätslehre als »Grammatik der gesamten Theologie, [woraus] folgt, daß *ein präludierender Traktat 'De Deo trino' am Anfang der Dogmatik unerläßlich ist*«[10] und darin erst vom Wesen Gottes gesprochen werden kann. Wie aber vermag die Trinitätslehre voll in einen (und den *einen*) Traktat über Gott integriert zu werden, wenn sie nicht auch ausdrücklich Rückwirkungen auf Struktur, Form und Inhalt eines zukünftigen Traktates über das eine Wesen Gottes hätte? Dieser Problematik muß man sich im kommenden bewußt bleiben, und es wird von Bedeutung sein, einen Weg dahin zu öffnen.
Durch diese zentrale Funktion, in der die Trinitätstheologie alle Bereiche der Theologie neu durchdringen muß, um ihrem systematischen »Ort« innerhalb der Theologie entsprechen zu können, nämlich *das* eine Thema in den vielen dogmatisch-theologischen Themen selbst zu thematisieren[11], ist es ihr a priori immanent zu nennen, daß ihre Fundierung, Strukturierung und Erhellung alle anderen Themen und Traktate systematischer und dogmatischer Theologie bestimmen wird, gegebenenfalls Veränderungen in ihnen evozieren kann, wie sie selbst in ihrem Bezug zu den anderen Traktaten sich verändern mag. So darf es nicht nebensächlich sein, die heutigen, oben gerade entworfenen Fragen im Zusammenhang mit der Trinitätslehre, und

---

[8] *Rahner*: MySal II (1967) 324.

[9] *Rahner*: SzTh IV (1960) 103-133, hier: 110. Vgl. *Ruh*: HerKorr 36 (1982) 187-192.

[10] *Kasper* (1982) 380.

[11] Vgl. *Kasper* (1982) 378-381.

schon gar nicht so in ihr Herz vordringende Fragen wie die nach dem Stellenwert von Gottesaussagen (und -erfahrungen) des »Leidens«, der »Veränderlichkeit« und »Geschichtlichkeit«, aufzugreifen und abzutasten, inwieweit sie im Ganzen des Trinitätstraktates tragen, ja vielleicht ihn selbst sich zu verändern zwingen werden, damit der Wirklichkeit im Ganzen und dem Gott der Christusoffenbarung je-mehr entsprochen werden könnte. Die zentrale Bedeutung des Trinitätstraktates wird somit die Bedeutung der Leidens- und Veränderlichkeits-Frage beleuchten und umgekehrt.

II. Zu einem »Reziprozitätsaxiom« theologischer Argumentation

Gegen die Isolation des Trinitätstraktates in der Tradition einmal durch den Verlust der heilsgeschichtlichen Relevanz der Überlegungen über die immanente Trinität und zum anderen durch die Isolation von den vorgängigen Überlegungen zum Wesen Gottes (und das in Form metaphysischer Vor-Entscheidungen) konnte in der ersten Problematisierung unseres Themas seine eigentümliche paradoxale Gestalt und Reziprozität offengelegt werden: Zum einen ist gerade theologiegeschichtlich im Rahmen einer allgemeinen heilsgeschichtlichen Betrachtungsweise mit der *Leidens*-Frage die Trinitätslehre selbst wieder in den Mittelpunkt der Auseinandersetzung gerückt. Sie konnte aus ihrer Isolation in Theologie und Glaubensbewußtsein herausgeführt und auf ihren zentralen Stellenwert innerhalb der Theologie zurückgeführt werden.[12] Zum anderen wird erst eine hinreichend

---

[12] Damit ist noch nichts über die »Stellung« der Trinitätslehre im Ganzen der Dogmatik gesagt - im Sinne der Ordnung, in der man sich dem christlichen Glauben theologisch je der Zeit entsprechend und aufgrund wissenschaftstheoretischer Überlegungen nähert. So ist es auch denkbar, »die Trinitätslehre nicht, wie in den klassischen mittelalterlichen Summen und in den modernen Handbüchern, als das erste Wort der theologischen Synthese zu stehen kommen [zu lassen], sondern als deren letztes Wort, so wie der Glaube an den drei-einen Gott ja auch das zusammenfassende letzte Wort des Glaubens ist.« So *Pesch*: *ders*. (1987) 44. Daß dies kein Widerspruch zu der zentralen Bedeutung der Trinitätslehre sein muß, wird klar, wenn *Pesch* die Gotteslehre *Kas-*

umseitig fundierte Trinitätstheologie die Leidens-Frage sowie die damit zusammenhängenden Problemkreise in Bedeutung und Tragweite ausreichend *als* theologisch berechtigte Anliegen verdeutlichen und begründen können. Es besteht also ein gegenseitiger Begründungs- und Erhellungszusammenhang, der in seiner Bedeutung und Tragweite nicht unterschätzt werden darf. Wir haben es hier mit einem *Faktum* der bisherigen Forschungen auf diesem Gebiet in den letzten Jahrzehnten zu tun, welches uns zu den *prinzipiellen* erkenntnistheoretischen Voraussetzungen der Theologie führen kann:

1. Reziprozität als formales Prinzip

Alle Einzelfragen sind nur in ihrer gegenseitigen *Vernetzung* betrachtbar, jede Isolation führt in unüberwindliche Schwierigkeiten und Aporien, die für sich immer nur in die Ausweglosigkeit und in den Widerspruch zum Christusglauben führen können. Dies ist schon mit dem faktischen Prinzip der (vorerst noch vage bestimmten) *analogia fidei* theologischer Entfaltung der Offenbarung Gottes (und damit in einer theologischen Evidenz) gegeben, die besagt, daß alle Offenbarungswahrheiten im Kontext und in »Ähnlichkeit« zu allen anderen zu betrachten und zu verstehen sind[13], so daß die »innere Rhythmik des Offenbarungsganzen« gewahrt werden kann.[14] Erst mit der Erkenntnis der Durchdringung aller Aussagenkomplexe und in der *konsequenten* Durchführung dessen, kann ein Fundament zu einer möglichen, alles im Zusammenhang sehenden Antwortrichtung (wenn nicht schon einer »Lösung« selbst) gelegt werden, die sich als tragfähig erweisen

---

pers als Beispiel neuerer Arbeiten nennt, in denen eine solche »Verlegung« des Trinitätstraktats an das »Ende« der Dogmatik schon vollzogen sei (S. 44, Anm. 66), *Kasper* aber zugleich die zentrale Bedeutung der Trinitätslehre betont als *das Thema aller dogmatischer Themen* (vgl. *Kasper* (1982) 378ff), ja sogar einen präludierenden Traktat *De Deo trino* »am Anfang der Dogmatik« für unerläßlich hält (vgl. *Kasper* (1982) 380). So wird die »Stellung« des Traktates über die Trinität innerhalb der dogmatischen Traktate nicht schon an sich methodologisch bedeutsam sein, wenn dies nicht zugleich inhaltliche Konsequenzen auf alle Traktate hat.

[13] So versteht *E. Przywara* unter *analogia fidei* »den schwebenden Zusammenhang aller Offenbarungsaussagen«: Track: TRE II (1978) 625-650; hier: 639.

[14] Vgl. *Przywara*: LThK I (^{2}1957) 473-476.

mag. Das aber bedeutet - gewissermaßen schon als ein »Axiom« formuliert: Alle Teilbereiche und Einzelfragen müssen in ihrer Zuordnung aufeinander *kommunikabel* gemacht werden; *jeder* Blickwinkel der Betrachtung muß zu *Rück*wirkungen auf die je-anderen führen dürfen, die in einer isolierten Betrachtung nicht möglich und erkennbar sein würden.

2. Reziprozität als formal-inhaltliche Entsprechung

Die Forderung nach Durchdringung, Entsprechung und »Ähnlichkeit« aller Aussagenkomplexe theologischer Reflexion wird nun selbst zur Frage einer Entsprechung der formalen Forderung zu den inhaltlichen Gegebenheiten der Offenbarung führen müssen: Form und Inhalt selbst sind in die *analogia fidei* einzubeziehen und stehen so in »Reziprozität«. Konkret: Die formale, erkenntnistheoretische Forderung nach »Reziprozität« wird sich nun selbst sachlich-thematisch begründen und fordern lassen aus dem *Inhalt* der Tinitätslehre, die Gott als dem liebend-dreipersönlich-offenbaren nachdenkt, der sich selbst als solchen offenbart hat und in dessen Selbst-Offenbarung sich als den zu erkennen gibt, *in dem alles sich durchdringt.* [15]
Die *formale* Forderung nach »Reziprozität« und »Relativität« in theologischer Argumentation, noch dazu, wenn diese Argumentation den zentralen Inhalt der Theologie selbst betrifft, *entspricht* den *inhaltlichen* Gegebenheiten des Gegenstandes selbst (und hat ihm zu entsprechen): Mit der Offenbarung Gottes als des trinitarischen Gottes zeigt er sich als *so lebender,* daß (per definitionem) sich in ihm die Personen vollkommen durchdringen und aufeinander hin »relativ« sind, so daß von diesem unaufgebbaren, weil andernfalls die Grund-Lage christlicher Rede von Gott bestreitenden, theologischen Axiom der *vollkommenen Perichorese* der göttlichen Personen her die *formale* Forderung einer *dem* entsprechenden theologischen *Argumentation* unmittelbar verlangt und gleichzeitig bestätigt wird.

---

[15] »Gott ist konkret nur als Trinität, d.h. als interpersonaler Vollzug der drei Personen zu verstehen, deren Einheit aus ihrer gegenseitigen Hingabe und ihrer absoluten Korrelativität, also als Perichorese besteht und lebt.« *Salmann*: MThZ 35 (1984) 245-261; hier: 245.

Das Bemerkenswerte an diesem Sachverhalt einer *formal-inhaltlichen* Entsprechung ist nun gerade, daß eine Voraussetzungsreflexion auf die »formale Struktur« *dieser* Entsprechung selbst wiederum die »Reziprozität« der Elemente (»formales« Element und »inhaltliches« Element) aufzeigen kann, so daß die Bedingung der Möglichkeit eines »Reziprozitätsaxioms« theologischer Argumentation als das einer *Entsprechung* und *Durchdringung* aller Elemente und Blickwinkel wiederum die *Reziprozität* und *Entsprechung* der Elemente des Axioms darstellt. So kann sich ein solches Axiom in sich als *konsistent* erweisen, weil es sich in seiner Voraussetzung noch entspricht.

3. Reziprozität und logische Struktur

Ein solches konsequentes »Reziprozitätsaxiom« könnte nun den Eindruck erwecken, daß in seiner Durchführung nicht mehr auf die innere Logik eines Sachverhaltes Bezug genommen werde, gewissermaßen kein logisches »Prae« eines Sachverhaltes in bezug zu einem anderen mehr veranschlagt werden könne. So als wäre jede Logik und damit die Möglichkeit jeglicher Struktur als ein Phänomen der Über- und Unterordnung von Sachverhalten aus ihrem *inneren* Zusammenhang in eine »diffuse Dialektik« der Elemente geraten, in eine Art »amorphe A-Struktur«. Dem ist aber nicht so, wenn man schon Bedachtes hier einbringt: Mit der formal-inhaltlichen Entsprechung ist aus dem Inhalt der Trinitätstheologie sogleich eine innere logische Struktur gefordert, in der sich diese Entsprechung der Sachverhalte zu vollziehen hat. Denn wie in Gott von der Perichorese der göttlichen Personen nur in der *gleichzeitigen* Entfaltung der Ursprungsbeziehungen von Vater, Sohn und Geist gesprochen werden kann, so wird für die Reziprozität theologischer Aussagen die innere logische Strukturiertheit *als* ein der Reziprozität inhärentes Element der Strukturbildung genannt werden müssen. Wenngleich also unbestritten bleibt, daß Vater und Sohn in einem *unumkehrbaren* Ursprungsverhältnis stehen, so ist doch zugleich festzuhalten, daß sich der Vater nicht ohne den Sohn als Vater verstehen läßt, ja sich als solcher in dieser Beziehung konstituiert, nach der er (und der Sohn) auch benannt wird.[16] Das »logische Prae« des Vaters hindert gerade nicht die gegenseitige lebendige Durchdringung von Vater und Sohn und die Wechselseitigkeit ihrer Beziehungen; vielmehr läßt sich die »logische Struktur« in Gott als *mit*begründendes Element der Durchdringung einsehen.

Dieser Sachverhalt kann das formale Prinzip der Reziprozität theologisch präziser erheben helfen, und in dieser Form hat es auch in die theologische Diskussion um die Zuordnung der Offenbarungswahrheiten Eingang gefunden. In konzentrierter Form spricht das *II. Vatikanische Konzil* davon, wenn es betont: »Beim Vergleich der Lehren miteinander soll man nicht vergessen, daß es eine Rangordnung oder 'Hierarchie' der Wahrheiten innerhalb der katholischen Lehre gibt, je nach der verschiedenen Art ihres Zusammenhangs mit dem Fundament des christlichen Glaubens.«[17] Mit dem Prinzip einer »Wahrheitshierarchie« ist theologisch gegen jede Nebenordnung (und quantifizierbare Auflistung) von Glaubenswahrheiten ihre inhaltliche und qualitative Zu-Ordnung betont; und damit ist sowohl eine Struktur von Proportionen als auch eine gegenseitige Durchdringung der einzelnen Wahrheiten im Ganzen der Offenbarung Gottes gefordert.[18] Das Entscheidende für unsere Fragestellung wird damit bleiben, daß mit der logischen Struktur einer Gotteslehre *zugleich* die gegenseitige Durchdringung der Einzelaussagen und Aspekte in einer Weise erfolgen wird müssen, in der die logische Form keine Durchdringung hindert, vielmehr noch in und mit ihrer Anerkennung eine gegenseitige *Rück*wirkung der jeweiligen Aussagenkomplexe auf die je anderen möglich, ja sogar notwendig und sachgerecht ist. *Die logische Struktur selbst ist (theologisch) als »reziproke« konstituiert.*[19] Damit

---

16 Vgl. zu diesem Sachverhalt: *Hoffmann* (1981) 50: Das souverän setzende (ursprungslose) Prinzip (der Vater), das den Sohn setzt, wird »gegenüber der setzenden Person doch gerade dadurch konstituiert..., daß es ganz und gar von ihr her und auf sie hin verweist.«

17 Dekret über den Ökumenismus *Unitatis redintegratio* 11; zit. n.: LThK XIII, ^{2}1967, 87.89.

18 Vgl. *Kasper* (^{5}1977) 91-94.

19 Daß es hier vermieden wurde, von »Dialektik« zu reden, und statt dessen von »Reziprozität« gesprochen wird, obwohl man meinen könnte, eben der Inhalt von »Dialektik« werde hier transportiert, nur nicht so benannt, liegt daran, daß

kommt es zugleich zu einer »Dynamisierung« in der theologischen Reflexion auf die Offenbarung Gottes, die selbst wieder der heute erhobenen Forderung einer Systematischen Theologie entspricht, dem Menschen in seiner Heilsbedürftigkeit nachzugehen und in diese Situation des Menschen die befreiende, erlösende Botschaft hineinzusprechen, denn so wird das »System« wieder »offen für die neue geschichtliche Situation des Glaubens in der Moderne«[20] und so kann Trinitätstheologie wieder ihre Heilsbedeutsamkeit zu erweisen trachten.

III. Zum Verhältnis »ökonomischer« und »theologischer« Argumentationsformen in der Trinitätslehre

Nicht um die Entfaltung der Thematik des Verhältnisses von »ökonomischer« und »immanenter« Trinität als solcher soll es hier gehen, sondern um die *formale Struktur* der Argumentationsweisen, deren Bedeutung und Grenzen im Kontext des eben erhobenen »Reziprozitätsaxioms«. Welche konkrete Auswirkungen wird ein sol-

---

mit dem Begriff der »Dialektik« ein ganz bestimmter geistesgeschichtlicher Kontext, nämlich der neuzeitlich-idealistischer Subjekt-Philosophie und damit der seiner Herkunft aus dem Verständnis *Hegels* ins Spiel kommen würde, was hier gerade nicht intendiert ist. Denn *ob* und gegebenenfalls *wie Hegels* »Dialektik«, die sich ja noch dazu schon in trinitarischem Zusammenhang entfaltet, ein geeignetes Modell für eine Trinitätstheologie sein kann, wird an entsprechender Stelle noch zu berühren sein. Vorerst jedenfalls ist dem gegenüber »neutral« das Prinzip einer »Reziprozität« zu erheben und in dem Sinne zu deuten, der *hier* und aufgrund des Ausgeführten gemeint ist. Vgl. zur Kritik eines dialektischen Erkenntnisprinzips gegenüber einem reziproken.

20 *Kasper* (^{5}1977) 92. Gerade die »Quantifizierung« der Wahrheiten und ihre »Nebenordnung« hat »aus dem lebendigen christlichen Glauben ein geschlossenes System von Sätzen« (S. 92) werden lassen. »Das einseitige Beharren auf verbaler und formaler Orthodoxie ist mitschuldig daran, daß der Glaube die Menschen in der Neuzeit immer weniger erreichte.« (S. 93) Dem gegenüber hat der Rückbezug auf die Offenheit und Lebendigkeit Gottes selbst den Weg zu einer »offenen« Durchdringung der Offenbarungswahrheiten und zu einer dynamischen Bezugnahme auf sie geführt, mithin eine neue *Relevanz* des christlichen Glaubens eröffnet.

ches Axiom also auf die Struktur und Form eines Trinitätstraktates haben, der sich im Kontext der *Geschichte* auf der einen und dem *ewigen Sein* Gottes auf der anderen Seite entfaltet? In welcher Weise kann das »Reziprozitätsaxiom« hier in Anwendung kommen und in welcher Bedeutung?

1. Geschichtliche Herkunft und Bedeutung »ökonomischer« und »theologischer« Argumentationsweisen

Bei »den griech[ischen] Vätern taucht gegen Ende des 4. Jh. die Unterscheidung zwischen 'theologia' (als Lehre von der Göttlichkeit der drei Personen) u[nd] 'oikonomia' (als Lehre vom Logos im Geheimnis seiner Inkarnation) auf, die zur klass[ischen] Distinktion für die byz[antinische] Theologie wurde.«[21] Auf diesem Hintergrund ist dann die Überwindung dieser Krise durch die Konzilien der Jahre 325 und 381 zu verstehen, insofern nämlich in das vorliegende, trinitarisch formulierte Taufsymbol Aussagen eingefügt wurden, die nicht mehr nur die Selbstmitteilung des drei-einen Gottes, also die ökonomische Trinität, meinten. Mit dem *homoousios* wurde auch Gottes dreieiniges Wesen, die immanente Trinität, Gegenstand des Bekenntnisses.[22] Wenngleich damit im Kontext der Zeit *gegen* die griechische Meta-

---

21 *Metz*: LThK X, ²1965, 62-71; hier: 63. Vgl. auch *Geisser*: ZThK 65 (168) 231-255; hier: 234: *theologia, theologein* - das meint jetzt die Rede von der göttlichen Wesenstrinität im Unterschied zur *oikonomia*, zur dreifachen geschichtlichen Heilsoffenbarung Gottes. Vgl. weiter: *Ebeling*: RGG VI, ³1962, 754-769; hier: 757. Vgl. auch *Blum*: OstKSt 33 (1984) 281-301; *Wohlmuth*: ZKTh 110 (1088) 139-162. Vgl. *Kasper* (⁷1978) 208: »Gott ist unaussprechlich, ungezeugt, ungeworden, ursprungslos und unveränderlich. Das Grundproblem war deshalb...die Vermittlung dieses ungewordenen und unteilbaren Seins mit der Welt des Gewordenen und Vielfältigen.« Diese Auseinandersetzungen kulminierten im 4. Jahrhundert in den Versuchen des Arius, eine Vermittlung der biblischen und tradierten Gotteslehre mit der Philosophie seiner Zeit zu bewerkstelligen.

22 *Löser*: *Breuning* (Hg.) (1984) 20-21. Was nicht heißen soll, daß in den vorausgehenden Diskussionen und Streitigkeiten oder besser: durch die Kontaktnahme mit griechischer Philosophie nicht *eo ipso* dieser Horizont eröffnet war. In den Konzilsentscheidungen wurde dies allerdings *spätestens* als eigentlich christliches Thema der Glaubensreflexion öffentlich. Vgl. auch: *de Margerie*: Div. 18 (1974) 5-39; *Schachten*: FS 61 (1979) 8-27.

physik das Bekenntnis zum heilsgeschichtlichen, trinitarischen Gott gewahrt werden konnte, war nun deutlich die Frage nach dem Gott »in sich« in den Reflexionshorizont gerückt als notwendige Frage; oder umgekehrt: Der bezeugte alt- und neutestamentliche Gott konnte in seinem Heilshandeln nur eindeutig zum Ausdruck gebracht werden, wenn Gott selbst »in sich« so ist, wie er sich in seiner Geschichte gezeigt hatte. So wurde nicht nur »eine eindeutige Bereinigung der Gottesidee und eine Absage an die Konzeption einer gestuften Gottheit«[23] ganz im biblischen Sinne herbeigeführt und damit also die *Einzigkeit* Gottes bekenntnishaft in neuem Kontext zum Ausdruck gebracht, sondern auch schon zugleich der heilsgeschichtliche Gott, wie er sich als dreifaltiger offenbarte, als *letzter Horizont* der Einheit Gottes bekannt (ohne daß die Folgen und Implikationen schon abzuschätzen gewesen wären). Oder anders: *Daß* Gott »in sich« schon als trinitarisch-einer zu bekennen war, gründete in seiner Offenbarung in Jesus Christus so, daß nur der *unhintergehbar* dreifaltige Gott *als* der einzige zu verstehen war.

2. Die Isolation von »oikonomia« und »theologia«

In der Entwicklung der ersten vier Jahrhunderte war damit ein Weg vorgezeichnet, an dem schon die Relevanz einer *theologia* als notwendige Reflexion und Begründung der Heilsgeschichte sich aufweisen läßt, weil umgekehrt ohne sie das Bekenntnis zum biblischen Gott nicht als letztlich begründbar und damit *heils*bedeutsam auszuweisen gewesen wäre. Der weitere *tatsächlich*-geschichtliche Denkprozeß hat jedoch entgegen der Intention und entgegen den Implikationen dieses Sachverhalts mehr als berechtigt die *Einzigkeit* Gottes in den Mittelpunkt der Überlegungen gestellt und damit bloß *einen* »Teil« der an

---

[23] *Grillmeier*: *Balthasar* u.a. (1976) 60-82; hier: 75. »Nikaia ist bewußt nicht Ergebnis der Philosophie, sondern Glaubensbekenntnis. Es wählte dabei die 'schwierigere Lösung'...In den Augen der Hellenisten wäre es richtiger gewesen, im Ringen um den Monotheismus den Siegespreis an die arianische 'Monade' zu vergeben. In den Augen der Väter aber hatten die Arianer beim Rennen im Stadion die falsche Wendemarke umfahren, nämlich das von den Judaisten und Hellenisten ausgemessene Ziel, nicht aber das vom Glauben gezeigte, in unendlicher Verborgenheit liegende Mysterium des einen und doch dreifaltigen Gottes der Christen« (S. 75-76).

sich gegenseitig bedingten Aussagen vom *drei*-einen als dem *einen* Gott forciert, ja schließlich diesen *vor* den anderen »Teil« gestellt und »in sich« abgehandelt.[24] Während demnach aufgrund schon der biblischen Gegebenheiten der ursprünglich mit der Entscheidung von *Nikaia* eröffnete Horizont zwei Elemente in einem implizierte, nämlich 1. den heilsgeschichtlich-ökonomischen Ausgang der Überlegungen über Gott »in sich« und 2. das konsequente Durchhalten eines trinitarischen *Letzt*horizontes aller Begründungen der Heilsgeschichte »in« Gott, wurden mit dem Übergewicht der metaphysischen Einheitsvorstellung diese Elemente *isoliert*, so daß sie schließlich ihre Relevanz verlieren mußten.

Die »Revolution« der Entscheidung von *Nikaia*, von der Gleichwesentlichkeit des Sohnes mit dem Vater zu sprechen, die *gegen* jede Isolierung in der Gotteslehre gerichtet ist, kann ja vollends erst auf der Folie des damaligen kulturellen Hintergrundes ersehen werden: In der Zeit von 100 vor Christus bis zum Konzil von *Nikaia* hatte der Mittel- und Neuplatonismus das Sagen. »Immer deutlicher bildete sich das dualistisch-platonische Weltbild in jene Sicht um, mit der das Christentum konkurrieren mußte, um von dieser Intelligenz überhaupt ernst genommen zu werden: Es ist das Bild einer hierarchisch gestuften Welt, deren oberste Spitze das 'Eine', das 'Hen' bildete, jenes absolut 'Eine', das schließlich als Prinzip, als arché, über allem Sein schwebte. Darunter kam der schon depotenzierte, die Vielheit in sich enthaltende Logos oder Nous...Zwischen diesem Nous und der Hyle, dem Inbegriff der ungeformten Vielheit, stand an dritter Stelle die Psyche, die Weltseele. Wenn die griechische Philosophie der damaligen Zeit gegen etwas empfindlich war, dann gegen dies: als oberstes Prinzip, als arché etwas anderes zu setzen als das exklusiv-absolute 'Hen'...Nous und Psyche sollten im Grunde gar nicht sein. Eine göttliche Einheit in Dreifaltigkeit an die oberste Stelle als absolute arché zu setzen, war also für die Mittelplatoniker und die Neuplatoniker reine Torheit. Dies aber bedeutete die Annahme eines im Vater präexistenten Logos und Sohnes und des Pneumas.«[25] Das absolut »in sich« undifferenzierbare »Eine« ist so sehr Ur-Grund der Welt, daß diese sich in keiner Weise *wirklich* auf es beziehen können: Logos und Nous sind »unerwünschte«, wenngleich tatsächliche Erscheinungsformen in

---

[24] »Sowenig bestritten werden soll, daß das biblische Zeugnis im Ganzen Lehre von Gott - und zwar durchaus in dem strikten Sinne von Gottes Sein - impliziert, liegt ihm doch das Nacheinander von *theologia* und *oikonomia* völlig fern.« *Ebeling: ders.* (1969) 257-286; hier: 262.

[25] *Grillmeier*: *Balthasar* u.a. (1976) 68.

der *Vielheit der Welt*, die mit der absoluten Einheit »nichts« gemein haben können. »Im griechisch-mittelplatonischen Gottes- und Weltbild war kein Platz frei für einen präexistenten, gleichewigen, wesensgleichen Sohn des Vaters. Von den griechischen Philosophen her war Nikaia einfachhin unmöglich.«[26] Wenngleich dieses absolute, »über« aller Differenzierbarkeit stehende »Eine« zum Leitbild christlichen Verständnisses der göttlichen Wesenseinheit wurde und damit *immer* schon einer Trinitätslehre *vor*gelagert wurde, war doch die eigentliche Sinnspitze des *homoousios* eindeutig *gègen* ein solches Einheitsverständnis gerichtet. Die »Revolution« eines trinitarischen Gottesverständnisses ist von *Nikaia* her gerade darin zu sehen, daß der *letzte Horizont* der Gotteslehre der *trinitarische* Gott ist; dies ist er unhintergehbar so, daß jedes »anders« begründete Einheitsverständnis dem gegenüber als äußerliches zurückbleiben muß. Wenn aber der »Vielheit« selbst unbedingt ein *ontologischer* Rang zugesprochen werden muß, so ist von der Gottesoffenbarung in Christus her eine neue und neustrukturierte Ontologie gefordert, die für eine solche Gotteslehre (und für das mit ihr gegebene neue Weltbild und Wirklichkeitsverständnis) geeignet erscheint. Im Prinzip war mit jener Glaubensentscheidung von *Nikaia* eine Metaphysik der »absoluten Einheit« (als dem letzten Horizont der Gotteslehre) bereits aufgehoben und so gesehen »veraltet«; daß eben ein solches Verständnis sich trotzdem weitgehend durchgesetzt hat, kann in diesem Lichte als die eigentliche Tragik der weiteren theologie- und geistesgeschichtlichen Entwicklung angesehen werden.

1. Mit der Behandlung der Dreifaltigkeit Gottes im Horizont der griechischen Metaphysik, also unter Einfluß des Axioms von Gottes Unveränderlichkeit, wurde der Trinitätstraktat vom Traktat über das »inkarnierte Wort« (und damit von seiner heilsgeschichtlichen Grundlage) isoliert. »Dies impliziert aber, daß die zweite Person im dreieinen Gott in ihrer Eigenart umschrieben werden kann, ohne daß dabei auf die Geschichte Jesu Christi zurückgegriffen werden muß. So bleiben das Leben, Werk und Geschick Jesu Christi dem ewigen Leben des dreieinen Gottes weitgehend äußerlich.«[27] Deutliches Zeichen dafür, daß die konkrete Geschichte Gottes in Jesus keine unmittelbare innertrinitarische Begründung und Erhellung mehr erfahren konnten,

---

[26] *Grillmeier*: *Balthasar* u.a. (1976) 69. Vgl. *Wucherer-Huldenfeld*: WissWeltb 15 (1962) 352-361.

[27] *Löser*: *Breuning* (Hg.) (1984) 22.

ist schließlich, daß - so etwa für *Thomas von Aquin*[28] - jede der göttlichen Personen hätte Mensch werden können; es gibt lediglich eine »Angemessenheit« für die Menschwerdung der Zweiten Person in Gott.[29]

K. Rahner hat massiv gegen eine solche Isolierung einer immanenten Trinität von ihrer Heilsökonomie Stellung bezogen mit dem Hinweis auf die ungeklärten Voraussetzungen einer solchen These: »Allein aus der Tatsache, daß eine bestimmte göttliche Person Mensch geworden ist, läßt sich dieselbe 'Möglichkeit' für eine andere nicht ableiten.«[30] Dies setzt nämlich 1. voraus, daß von den »Hypostasen« im Sinne eines *univoken* Begriffs gesprochen werden könne - was aber falsch ist; und 2., daß der *analoge* Personbegriff in Gott *gleichmäßig* auf alle »drei« Personen angewandt werden könnte - was schlechthin unbewiesen sei. »In der Tat, wenn die hier bekämpfte These recht hätte und wenn sie dabei nicht nur einmal am Rand eines theologischen Denkens geäußert, sondern wirklich ernst genommen würde, brächte sie eigentlich die ganze Theologie durcheinander. Zwischen 'Sendung' und dem innertrinitarischen Leben bestände dann überhaupt kein wirklicher Zusammenhang mehr. Unsere Sohnschaft in Gnade hätte in Wahrheit mit der Sohnschaft des Sohnes schlechthin nichts zu tun, da sie als absolut dieselbe ja ebensogut durch eine andere inkarnierte Person begründet werden könnte. *An dem, was Gott für uns ist, wäre in keiner Weise zu erfahren, was er - drei-faltig - in sich ist.*«[31] H. Küng sagt daher mit Recht: »*Die* Schlüsselfrage *zur Trinitätslehre ist nicht die als undurchdringliches 'Geheimnis' deklarierte trinitarische Frage, wie drei eins sein können, sondern die* christologische *Frage, wie vernunft- und schriftgemäß das Verhältnis Jesu zu Gott zu bestimmen ist.*«[32] In der heilsgeschichtlichen Bestimmung und mithin der christologischen Bestimmung wird die Frage der immanenten Trinität theologisch zugänglich, wie umgekehrt so der unmittelbare Zusammenhang zwischen der Menschwerdung des Sohnes und dem Trinitätstraktat allererst gewahrt wird.

---

[28] Vgl. *Thomas v. Aquin*, STh III q.3 a.5.

[29] Vgl. *Geisser*: ZThK (1968) 238-239; *Jüngel*: ZThK (1975) 359-360; *Löser*: *Breuning* (Hg.) (1984) 22; *Rahner*: SzTh IV (1960) 103-133.

[30] *Rahner*: MySal II (1967) 333.

[31] *Rahner*: MySal II (1967) 333. Hervorhebung nicht im Text.

[32] *Küng* (^{7}1985) 581-582.

Schließlich treten innertrinitarisches Denken und ökonomisches Denken in solcher Weise auseinander, daß zum einen über das trinitarische Leben ohne »Erfahrungsbasis« im Offenbaren Gottes und seiner Lebendigkeit »spekuliert« werden kann, zum anderen die Frage nach dem »Sinn« der Menschwerdung und der Geschichte Jesu (ja überhaupt der Geschichte Gottes mit dem Menschen) in *diesem* Kontext keine Auswirkungen auf das trinitarische *Sein* Gottes mehr haben kann. Bemerkenswert ist nun, daß beide Denkstränge *in dieser Weise* wieder zusammentreten (wie am Beispiel des *Thomas v. Aquin* gezeigt) mit all den daraus sich ergebenden Konsequenzen.
2. Mit diesem ersten Element von Isolation ist sogleich das zweite zu nennen, welches mit dem ersten unmittelbar zusammenhängt, jedoch von diesem zu unterscheiden ist: Gemeint ist die Isolation der Trinitätslehre *innerhalb* des Gottestraktates von den Überlegungen zur (metaphysischen) Einheit Gottes. Nicht nur die *oikonomia* tritt immer bedenklicher »äußerlich« zur *theologia* hinzu[33], sondern *innerhalb* der »Theologie« kommt es zu einer Isolation der Dreifaltigkeit Gottes durch die *Nachordnung* hinter die Überlegungen zur *Einheit*, zum *ewigen Wesen* Gottes. Nicht mehr die Dreifaltigkeit Gottes ist nun der *letzte unhintergehbare* Horizont der Rede von Gott als des »In-sich-Seienden«, sondern das eine Wesen Gottes. Dadurch aber, daß Trinitätslehre nun ausdrücklich und in Einschränkung der Entscheidungsimplikationen von *Nikaia* unter dem Vorrang der metaphysischen Einheit steht, d.h. »unter dem Anstoß der Vorstellung, die das Absolute als das dem Vielen entgegengesetzte Eine versteht«[34], kann sie nun weder ihre letzte Heilsrelevanz verständlich machen noch eigentlich einen Beitrag zur Metaphysik leisten. Wenn aber nicht mehr der biblische Gott, wie *er* sich als der *einzige* zeigt, im Mittelpunkt steht - und diese *Einzigkeit* ist die des *trinitarischen* Gottes - dann können metaphysische Einheitsüberlegungen eine Bedeutung gewinnen, die sich nicht mehr aus der Offenbarung Gottes selbst ergeben und legitimieren lassen, dann kann ein philosophisch übernommener Begriff vom »Wesen« eine Bedeutung erlangen, die sich nicht mehr aus der Einheit verständlich machen kann, die Gott *ist* als *drei*-einiger Gott.

---

[33] Vgl. *Löser*: *Breuning* (Hg.) (1984) 22.

[34] *Forte* (1989) 68.

M.a.W.: Hätten (mindestens prinzipiell, der Anlage nach, wenn vielleicht auch nicht unter den tatsächlich gegebenen geistesgeschichtlichen Voraussetzungen) die großen Lehrentscheidungen des vierten Jahrhunderts in ihrer Sprengkraft wirken können, wäre auch das griechisch-metaphysische Einheits- und Wesensverständnis unter dem Bekenntnis des »*wesentlich*« trinitarischen Gottes prinzipiell verändert worden im Hinblick auf die »Relation als gleichrangige Urweise des Wirklichen«[35]. Für unseren Zusammenhang ist wichtig, die Einlinigkeit der Argumentation zu sehen, in der es ein eindeutiges logisches »Prae« des Traktates »über das Wesen Gottes« über die Trinitätslehre gibt, in dem schließlich alle Grund-Entscheidungen fallen, die dann folgerichtig im Trinitätstraktat nicht mehr korrigierbar sind; es gibt keine »Reziprozität« der Argumentation mehr.

3. Konsequenzen für eine heutige »reziproke« Bestimmung

Für die heutige Theologie wird es daher von Bedeutung sein, diese doppelte Isolation aufzuheben hin auf eine wieder in der Lebendigkeit der Offenbarung Gottes grundgelegte *analogia fidei* und damit auf eine »Reziprozität« aller Aussagenkomplexe. Dies geschieht heute auf breiter Basis:
1. Einmal ist »die gleichsam 'von unten' ansetzende Frageweise, die die Antwort nicht deduktiv von dogmatischen Gegebenheiten, sondern induktiv vom Weg des Verstehens aus sucht«[36], (wieder) aufzugreifen und damit die heilsgeschichtliche Herkunft der trinitätstheologischen Reflexion neu zu entdecken aufgegeben, d.h. der Zusammenhang mit der Christologie neu zu entfalten gefordert. In diesem Zusammenhang wird dann die Unterscheidung zwischen dem Erfahrungsgrund der Rede von Gott als im Christusereignis gegebener und seiner »ontologischen« Begründung Platz greifen können, insofern die Trinitätslehre eben eine theologische Reflexion auf eben dieses Christusereignis darstellt.[37] Damit ist der hermeneutische Zirkel in den Überlegungen

---

[35] *Ratzinger* (^{3}1977) 127.

[36] *Pesch*: *ders.* (1987) 44.

[37] *Kasper* (^{5}1977) 96: »Man kann nämlich unterscheiden zwischen den Glaubensaussagen selbst und der Reflexion über diese Glaubensaussagen. Die Glaubens-

gesichert und somit von Trinität gar nicht ohne Christus zu sprechen, wie umgekehrt der dreifaltige Gott als der (notwendige) Verstehenshorizont für das Christusereignis und den Christusglauben aufgedeckt wird.

2. Diese heilsgeschichtlichen Glaubensaussagen können demnach erst in einer Reflexion auf die grundsätzlichen Bedingungen ihrer Möglichkeit zu einer grundlegenden Fundierung kommen.[38] Letztlich ist eine innergöttliche und mithin innertrinitarische Begründung der Heilsgeschichte ja gerade deshalb gefordert, weil - um es pointiert zu sagen - ohne eine solche Begründung diese (gar) nicht erkenn*bar* wäre.

Dieser Sachverhalt ergibt sich zum einen *theologisch* schon daraus, daß nicht nur die konkrete, heilsgeschichtliche Selbstmitteilung Gottes in Christus uns den Zugang zu Gott selbst »in sich« eröffnet, wie er sich mitteilen wollte als Vater, Sohn und Heiliger Geist, sondern umgekehrt gerade auch daraus, daß diese Offenbarung *Selbst*offenbarung ist, Gott sich in ihr selbst zu seinem *Verständnis* öffnet, *aus* welchem Öffnen somit umgekehrt sein *reales* geschichtliches Präsentsein (als *konkret* in Christus und seiner Geschichte ablesbar) *erkennbar* wird. Bemerkenswert ist, daß die *Notwendigkeit* einer solchen Rückbezüglichkeit heilsgeschichtlicher Argumentation auf *innergöttliche* Begründungen und Erhellungen auch im christlichen Altertum eigentlich unbestritten war, wenngleich die geistesgeschichtlichen Voraussetzungen zu ganz anderen Konsequenzen geführt haben, als heute mit der Forderung einer Reziprozität von anabatischem und katabatischem Denkweg gefordert sind. So läßt sich diese Notwendigkeit auch noch in ihrer konkreten *Negation* als darin vorausgesetzte einsehen: Vom »Leiden Gottes« konnte man beginnend mit der christlichen Antike deswegen nicht sprechen, weil man aufgrund des Gottes*begriffs*, wie er vom griechisch-metaphysischen »Unveränderlichkeitsaxiom« geprägt war, nicht von einer »Veränderlichkeit« Gottes *in sich* reden konnte (oder nur dann hätte reden können,

---

aussage selbst ist das Bekenntnis zum Heilshandeln Gottes in Jesus Christus durch den Heiligen Geist. Dieses Bekenntnis zur heilsökonomischen Trinität ist zu unterscheiden von der immanenten Trinität. Die Aussagen über die immanente Trinität oder die Präexistenz Christi sind nicht unmittelbare Glaubensaussagen, sondern theologische Reflexionsaussagen.«

38 *Löhrer*: MySal II (1967) 313: »Wenn auch die ganze Gotteslehre...immer schon von der heilsgeschichtlichen Erfahrung des Menschen herkommt, so muß doch in theologischer Reflexion von da her der Weg wieder zurückgeschritten werden, d.h. es ist zu zeigen, wie die Heilsgeschichte samt der Schöpfung als ihrer Voraussetzung im dreifaltigen Gott den letzten Grund hat.«

wenn man die eigenen Voraussetzungen revidiert hätte).[39] Insofern man aber zugleich um das geschichtliche und in Christus gipfelnde *Pathos* Gottes wußte, zeigt die Reflexion auf die *Unveränderlichkeit* Gottes, die zur Ablehnung einer Vorstellung vom »Leiden Gottes« führen mußte, daß *nur* mit einer *innergöttlichen* Begründung die Fage zu entscheiden war, ob oder ob nicht von einem *Leiden* Gottes gesprochen werden könne. Das *formale* Vorgehen ist somit *faktisch* das einer *Rückbezüglichkeit* heilsgeschichtlich erhobener Gegebenheiten auf eine innergöttliche Begründungsargumentation. Auch dann noch also, wenn *mit* einer innergöttlichen Begründungs*notwendigkeit* der Leidens-Frage ihre Ablehnung verbunden war, kam die Ablehnung erst aufgrund der Notwendigkeit einer solchen Begründung zustande. Die formale Struktur ist somit eine *rückbezügliche* (wie hier gefordert), aber - in diesem Zusammenhang - noch keine *»reziproke«*, sonst hätte mit der *formalen* Vorgangsweise die *inhaltliche* Revision des (griechisch) bestimmten Gottesbegriffs erfolgen müssen.

3. Das Kennzeichen heutiger trinitätstheologischer Entwürfe ist nun, daß sie die Lehre von der immanenten Trinität und die Lehre von der ökonomischen Trinität zueinander ausdrücklich und neu in Beziehung setzen.[40] Damit ist der hermeneutische Prozeß freigelegt und eröffnet, in dem die gegenseitigen Begründungszusammenhänge auch zu einem steten Verstehens*prozeß* führen werden, in dem je eine Aussage je die anderen Aussagen »verändern« wird. Die logische Beziehung von Geschichte und Ontologie wird zugleich in »reziproken« Aussagen zu entfalten sein. Der katabatischen Argumentationslinie wird die anabatische zugeordnet; jeder Weg wird den anderen bestimmen. Ein Entkommen aus diesem »Zirkel« gibt es dann nur auf Kosten einer neuerlichen Isolation der Argumentationsstränge und Denkwege.

4. In diesen Zirkel der »Reziprozität« treten nun schließlich auch die Überlegungen über das Verhältnis von Einheit und Drei-faltigkeit Gottes (bzw. dieses *immer schon* geltende Verhältnis wird neu freigelegt). Die Einheit Gottes wird dann »weder als homogene Substanz noch als identisches Subjekt vorausgesetzt, sondern aus dieser trinitarischen Geschichte heraus gefragt und darum auch trinitarisch ent-

---

39 Vgl. zum inneren Zusammenhang zwischen der Ablehnung des »Leidens Gottes« und des »Unveränderlichkeitsaxioms«: Zwick (1978) 32-46.

40 *Löser*: *Breuning* (Hg.) (1984) 23.

wickelt.[41] In diesem Zusammenhang werden dann die Voraussetzungen für das metaphysische Einheitsdenken aus der griechischen Philosophie aufzugreifen sein, um sie hinsichtlich eines trinitarischen Letzthorizontes einer »göttlichen Ontologie« in bezug auf die Welt neu zu bestimmen: Wenn nämlich das (vorerst) der Vielfalt im Sein entgegengesetzte und ihr vorausgesetzte Eine *in sich* schon als Vielfalt und unendlicher Reichtum der Relationen neu und umfassend zu denken aufgegeben ist, wird sich umgekehrt - und gemäß der hermeneutischen Durchdringung der Denkwege - auch das Verständnis der metaphysischen Einheit, die dann wieder für Gottes Wesen und Einheit angesetzt würde, entsprechend verändern, so daß sich auch die Fragen nach der »Veränderlichkeit« des ewigen Gottes und die des »Leidens« des heilsgeschichtlich wirkenden Gottes, welcher ein und derselbe ist, neu ins Gespräch miteinander bringen lassen, weil wieder ein (unhintergehbarer) heilsgeschichtlich fundierter, theologisch-trinitarischer *Letzt*horizont erreicht wird. Auch hier kann sich das »Reziprozitätsaxiom« theologischer Argumentation als fruchtbar erweisen.

5. Zuletzt: Die in geschichtlichem Horizont stehende Trinitätslehre wird auch die Frage nach einer Geschichtstheologie stellen müssen. »Das geschichtliche Denken der Trinität offenbart hier seine heilbringende wesentliche Fruchtbarkeit...Die Trinität im Horizont der Geschichte versetzt die Geschichte in den Horizont der Trinität und bereitet so den Weg zu erlösendem Dasein, einer versöhnten Gemeinde, einem gesunden und verwirklichten Bezug zur ganzen Schöpfung.«[42] Damit wird - gemäß unseres »Reziprozitätsaxioms« - eine Durchdringung von Trinitätstheologie und Eschatologie gefordert, denn wie der Geschichte ihre Vollendung in Gottes Eschaton verheißen ist, ist um-

---

[41] »Die abendländische Tradition begann mit der Einheit Gottes und fragte dann nach Dreiheit; wir beginnen mit der Dreiheit der Personen und fragen dann nach der Einheit. Es ergibt sich dann ein differenzierter Weg und tragfähiger Begriff von der göttlichen Einheit als der *Einigkeit* der Dreieinigkeit«: *Moltmann* (1980) 34-35. Wenngleich im Laufe der Untersuchung noch zwischen der biblisch bezeugten *Einzigkeit* und der metaphysischen *Einheit* Gottes zu unterscheiden sein wird, ist hinsichtlich der metaphysischen Einheitsspekulationen dies eine adäquate Antwort.

[42] *Forte* (1989) 89.

gekehrt die eschatologische Bedeutung der Geschichte *für Gott selbst* aufzuwerfen. Inwiefern wird Gott *selbst*, insofern er sich in die Geschichte mit der Welt einläßt, von ihr betroffen, noch dazu, wenn er Geschichte nicht einfach »dekretiert« hätte, sondern schon »in sich« Geschichte wäre? Und müßte dann nicht eine Unterscheidung statthaben zwischen dem ewigen Sein Gottes *als* Geschichte und einer Geschichte, in die Gott mit seinem heilsgeschichtlichen Wirken tritt im Christusereignis? Und wie hängen dann diese Geschichts*weisen* in Gott zusammen? Schließlich: Wie ist dann eine »Vollendung« von Geschichte im Eschaton, in dem Gott zuletzt »neu« auf diese Geschichte in ihrer Vollendungsgestalt »zukommen« müßte, zu beurteilen im Kontext der *ewigen* »Geschichtlichkeit« des personal-gefüllten Lebens Gottes?[43]

IV. Die dreifache Sinnspitze einer »Reziprozität« ökonomischer und theo-logischer Argumentationsformen

Prinzipiell hat der Durchgang durch den Forderungskatalog heutiger Trinitästheologie schon eine »Reziprozität« der Argumentation als formales Grund-Muster aufzeigen und schon in der formalen Erfordernis einer *analogia fidei*, eines hermeneutischen Zirkels allen Denkens und einer »Hierarchie der Wahrheiten« begründen können. Dennoch können mit einem konsequent durchgeführten *Reziprozitätsaxiom* in theoretischer Reflexion (und um der Wahrheit des Gegenstandes willen) Sachverhalte aufgedeckt werden, die ihre eigentliche Bedeutung erst in seiner *strengen* Durchführung der »Reziprozität« von ökonomischer und theo-logischer Aussageformen erhalten.

1. Die »innere« Zirkelbewegung theologischer Argumentation

Mit der strengen Durchführung einer Reziprozität von ökonomischem und theo-logischem Denkweg wird die Forderung erhoben, daß die

---

[43] Vgl. zur Entfaltung der eschatologischen Bedeutung einer »Geschichtlichkeit« Gottes: *Faber* (1985).

auf *einem* Weg erhobenen Gegebenheiten sich am je-*anderen* messen lassen müssen und zugleich im Prozeß einer lebendigen »Zirkelbewegung« sich und damit die je-andere Seite verändern werden. Für eine Gotteslehre wird es daher unerläßlich sein, die Trinitätslehre (schon in heilsgeschichtlichem Kontext gedacht) sich ganz und gar auf die Lehre vom einen Wesen Gottes auswirken zu lassen: Dieses Verhältnis ist - aufgrund theologiegeschichtlichen Herkommens - eines der entscheidenden Felder der Auseinandersetzung um eine Leidens-Theologie und um die »Veränderlichkeit« Gottes. Die kommenden Kapitel werden die entsprechenden Überlegungen gegenwärtiger Theologien dazu erheben und auf die Durchführung (oder eben Nicht-Durchführung) der Reziprozität ihrer Aussageformen prüfen müssen. Zuletzt wird dann aus dem Erhobenen die Konsequenz für eine »zukünftige« Trinitätstheologie zu ziehen sein bzw. die hier erhobene, *formale* Forderung inhaltlich ausgeführt und begründet werden müssen.

Die erste Sinnspitze eines konsequent durchgeführten Reziprozitätsaxioms im Kontext der Traktate *De Deo uno* und *De Deo trino* ist es folglich, 1. *keine Aussage des einen oder anderen Traktates ohne die gleichzeitige Wirkung auf den je-anderen zu betrachten* und 2. *keine Aussage a priori aus dieser Durchdringung »herauszuhalten«*. Und dies ist keineswegs selbstverständlich - wie sich erweisen wird. So kann man von einer *inneren* Unhintergehbarkeit und Unausweichlichkeit der »Reziprozität« theologischer Argumentation sprechen, insofern anders ein Ausbrechen aus diesem Zirkelprozeß ihn zerbrechen würde, so daß »Teile« *eines* Zusammenhangs *innerhalb* desselben in der Argumentation und Erkenntnis »herausgelöst« würden.

2. Die »äußere« Zirkelbewegung ökonomischer und theo-logischer Argumentation

Im Hinblick auf die Auslegung des Grund-Axioms neuerer Trinitätstheologie - die ökonomische Trinität ist die immanente Trinität und umgekehrt - wird besonders darauf geachtet werden müssen, daß ein »Reziprozitätsaxiom« nicht zu einem möglichen Mißbrauch führt, wodurch das je-eigene Gewicht von Transzendenz und Immanenz Gottes in bezug zu seiner Welt nicht mehr in »Schwebe« und

»Gleichgewicht« gehalten würde.[44] Eine solche Auflösung dieses theologisch unkündbaren Zusammenhangs würde entweder zu einer Aufhebung der Immanenz in die unnahbare Transzendenz Gottes führen oder aber die innere Transzendenz Gottes der Welt und seiner Geschichte mit ihr gegenüber bestreiten. »Reziprozität« bedeutet nicht eine naiv-unmittelbare »Umsetzung« heilsökonomischer Aussagen über den trinitarisch sich offenbarenden Gott in Aussagen über die immanente Trinität (und umgekehrt); dies ist für eine Klärung offen zu halten. Aber im Horizont eines *konsequent* durchgeführten »Reziprozitätsaxioms« werden die Aussagen über die immanente und die ökonomische Trinität nicht mehr in *der* Form auseinandertreten können, daß ein *nicht* aus dem Denkzirkel begründetes und also *von »außen« und zuvor* vorausgesetztes Verständnis von Einheit und Differenz, von Immanenz und Transzendenz Gottes in bezug zu seiner Selbst-Offenbarung an diese Aussagen-Durchdringung herantragbar oder in sie eintragbar wird, um dann *vorweg* Einheit oder Differenz zu bestimmen. Dies bedeutet zweierlei:

1. Es müssen in einem hermeneutischen Zirkel Zusammenhang und Differenz von heilsgeschichtlichen und innergöttlichen Aussagen gewahrt werden in einer solchen Form, die es *nicht* erlaubt, *prinzipiell* über die Heilsgeschichte und damit die Selbst-Mitteilung Gottes *hinausgehende* Angaben *als theo-logisch* begründete oder begründ*bare* auszugeben.[45]

---

[44] Vgl. *Schulte*: MySal II (1967) 59-60. An der tatsächlichen Geschichte der Offenbarung ist deutlich immer eine *gleichzeitige* Entwicklung des Verständnisses von Immanenz und Transzendenz Gottes erkennbar.

[45] Der *Ansatz* jeglicher Trinitätslehre muß daher in der *bezeugten* Heilsgeschichte liegen als Geschichte von Vater, Sohn und Geist; vgl. die entsprechenden methodologischen Überlegungen von *Moltmann*: *Breuning* (Hg.) (1984) 97-113; hier: 100. Mit der Annahme einer *prinzipiell* über die (übernatürlichen) Offenbarungsaussagen urteilenden und *so* »allgemeinen« Vernunft, schwindelt sie sich in der Anmaßung solcher Maß-stäblichkeit aus dem hermeneutischen Zirkel *geschichtlich* wechselnder und sich differenzierender Denk- und Problem-Horizonte heraus. Dagegen versucht ein »Reziprozitätsaxiom« auch in dieser Hinsicht *epoché* zu üben, insofern (vorerst) *das* als theologisch-vernünftig begründbar zugelassen wird, was sich im Selbst-Offenbaren Gottes als seiner Selbst-*Mitteilung* als begründbar *ausweisen* läßt. Im übrigen ist in heutiger wissenschaftstheoretischer Reflexion die »allgemeine« Vernunft als eine *kommunikative* ins Gespräch gelangt, so daß unabhängig von der *Geschichtlichkeit*

Die Forderung nach »äußerer« Unhintergehbarkeit der Reziprozität kann deshalb auch so formuliert werden: Es kann berechtigt von der immanenten Trinität als dem *transzendenten Ur-Grund der Heilsgeschichte*[46] gesprochen werden, der seine Notwendigkeit aus dem hermeneutischen Zirkel des Sinnverstehens bezieht, weil ohne diesen Horizont des Gottes-in-sich kein hinreichendes Verständnis der heilshaften Geschichte Jesu zu gewinnen ist und kein adäquater *Letzt*horizont, in dem das Verstehen dieser Heilsgeschichte eine letzte Sinntotalität erlangt, ohne die wieder der christliche Glaube sich nicht als intelligibel ausweisen ließe. Das *Interesse* an einer solchen »Funktion« der Trinitätslehre und mithin an der theo-logischen Dimension einer solchen ist letztlich ein *negativer:* (Immanente) Trinitätstheologie ist der »(Denk-)Horizont, ohne den *nicht...*«. - Ein solches Verständnis der Trinitätslehre hat für ihre Ausfaltung den unbestreitbaren Vorteil, daß der prinzipielle Geheimnischarakter Gottes, das *mysterium stricte dictum* der Trinität[47], gegen jede Mythologisierung gewahrt werden kann, weil jede innergöttliche und innertrinitarische theologische Aussage sich so nicht primär als *positive* Einsichtnahme in das »innerste« Leben Gottes verstehen wird, sondern als Versuch, die innere Sinnhaftigkeit christlichen Gottesbekenntnisses auszumessen und schließlich gegen die Bestreitungen als intelligibel und vernunft-*gemäß* (wenngleich an sich *über*-vernünftig, weil *über*-natürlich) auszuweisen. Geht dieser Kontext einer »Gerichtetheit« innertrinitarischer Aussagen verloren, dann besteht akut die Gefahr einer *Gnosis*[48], einer

---

der Vernunft ihre Allgemeinheit nicht mehr als auf der Höhe heutigen Problembewußtseins zu behandeln ist. Dies wird schließlich nicht ohne Einfluß auf die Problematik einer »natürlichen« Theologie und ihrer damit implizierten *Geschichtlichkeit* bleiben können, die dann a priori gar nicht in Widersprüchen zu der hier erhobenen Reziprozitätsforderung stehen wird. Vgl. zum Thema »Freiheit als Strukturelement theologischer Vernunft«: *Faber* (1992) 103-126. Vgl. zur eschatologischen und zugleich auf das Eschaton hin »offenen« Gottesrede: *Schulte*: *Luyten* (Hg.) (1986) 223-256; hier bes. 254 ff.

46 Vgl. *Löhrer*: MySal II (1967) 291-316; *Rahner*: MySal II (1967) 317-401; *Kasper* (^{5}1977) 95-97; *Pesch*: *ders.* (1987) 41-44.

47 Trinität ist als solches Geheimnis eben nicht aus »natürlichen« Gegebenheiten »erschließbar« und also ebenso *strikt* an den Charakter göttlicher Offenbarung als *Selbst*-mitteilung in Christus gebunden.

48 Vgl. etwa eine zusammengefaßte Darstellung des Gnosis-Vorwurfs *K. Rahners*

den hermeneutischen Zirkel menschlichen Erkennens überschreitenden und damit aus ihm heraustretenden, unbegründbaren Gottesschau bzw. eines - wo auch immer herkommenden, die Unübersehbarkeit Gottes auflösenden - Gott-*Wissens*. Dieses »Zu-viel-Wissen« kann wieder in zwei Richtungen verstanden werden:

a) Zunächst ist darunter die Gefahr einer »metaphysischen« Überbestimmung des Gottesbegriffs zu verstehen, eine Gefahr, wie sie sich als tatsächliche in den vergangenen Jahrhunderten schon gezeigt hat. In der Trennung der Traktate der Gotteslehre und der Trennung von der heilsgeschichtlichen Bestimmung dieser sowie darüber hinaus in der prinzipiellen Bestimmtheit des Verständnisses Gottes aus griechisch-metaphysischen »Axiomen«, die christlich-theologisch *so* gar nicht aufrechterhaltbar sind, ergab sich ja die Isolierung des Trinitätstraktates und der Verlust seiner *Heils*bedeutsamkeit. Über die göttlichen Personen konnte so nur mehr in »hermetischen«, zur Heilsgeschichte nicht geöffneten, *formalen* Bestimmungen gesprochen werden, die wieder nur Gott betreffen.[49] Diese metaphysische »Überbestimmtheit« christlichen Gottesverständnisses hatte wieder ihren Grund in der unhinterfragten Aufnahme griechischer (und nicht biblischer) *Wirklichkeitsdifferenzierung*, in welcher die Welt in ihrer verwirrenden Vielfalt und Mobilität in krassem Gegensatz zum *in-sich-ruhenden Einen* verstanden werden mußte.[50] Wenngleich durch die biblische Offenbarungsgeschichte der Theologie schon ein anderes Wirklichkeitsverständnis eröffnet war, konnte dieses metaphysische Verständnis in der Gotteslehre weitertransportiert werden. Das metaphysische »Zu-viel-Wissen« über Gott ergibt sich damit letztlich aus der *Durchbrechung* der »äußeren« Reziprozität, wodurch es möglich wurde, die Verstehensbedingungen, mithin die Wirklichkeitserfassung und -differenzierung, *ungeklärt* mitübernehmen zu können und in das Gottesbild einzutragen, ohne daß sie sich *aus diesem* rechtfertigen würden. So sagt das *Formelhafte* der metaphysischen Überbestimmung christlicher Theologie *zu wenig* über Gott aus, insofern das

---

an *H. U. v. Balthasar*, der uns später noch beschäftigen wird, bei *Löser*: *Breuning* (Hg.) (1984) 26-29; bes: S. 28-29, Anm. 19.

[49] Vgl. *Rahner*: MySal II (1967) 325.

[50] Vgl. *Forte* (1989) 68; *Kasper* (^{7}1978) 208; *Ratzinger* (^{3}1977) 127.

Nur-*Formale* die tatsächliche Lebendigkeit Gottes in seiner Selbst-Mitteilung nicht erreichen kann, und *zu viel*, insofern die »von außen« übernommenen, ungeklärten Voraussetzungen nicht in den hermeneutischen Verstehensprozeß von Gottes Offenbarung einbezogen sind. Dagegen wird eben die »Negativität« der Lehre von der immanenten Trinität schützen können, insofern sie alle Verstehensbedingungen auf die tatsächliche Offenbarungsgeschichte hin aufzubrechen auffordert *und* sich zugleich aus ihr *streng* versteht als *Klärung* der *Voraussetzungen* und *Bedingungen* der Heilsgeschichte, als notwendiger Horizont ihrer Erkennbarkeit.

b) Bemerkenswert und geradezu paradox muß uns andererseits die geistesgeschichtliche Tatsache erscheinen, daß gerade die heutige, den hermeneutischen Zirkel der Reziprozität ökonomischer und theologischer Aussagen aufweisende Trinitätstheologie just in der Wiedereinbringung der heilsgeschichtlichen Basis trinitätstheologischer Aussagen neuerlich der Gefahr einer diesmal *»mythologischen«* Gnosis zu erliegen droht, während umgekehrt die metaphysisch argumentierenden Trinitätstheologien früherer Jahrhunderte dieser Gefahr mit ihren *formalen* »Spekulationen« immer entkommen konnten. Das Problematische einer solchen Gnosis ergibt sich mit dem Versuch, das Weltdrama *als Gottesdrama* zu deuten und damit göttliches Leben an die Bedingungen dieser Welt a priori zu binden.[51]

---

[51] Den Beweis dafür kann man *per negationem* erbringen, wenn man den in einzigartiger Weise aus dem üblichen metaphysischen Kontext heraustretenden und ihn überschreitenden trinitätstheologischen Entwurf *Joachims v. Fiore* und seine Rezeption (bzw. Ablehnung) betrachtet: »Joachim von Fiore denkt Trinität geschichtlich: Die Offenbarungsdynamik der göttlichen Personen ist für ihn die Erscheinung der ewigen Bewegung des immanenten göttlichen Lebens im Ablauf der Zeit.(...)Wenn die Trinität von der Offenbarungsgeschichte her gedacht wird, wird sie als fruchtbare Dynamik der göttlichen Personen in ihrer transzendenten Einheit erfaßt, gebunden an die Geschichte, welche in ihr Sinn erhält, nicht jedoch in der Geschichte aufgegangen«, *Forte* (1989) 82-83. In den drei Welt-Reichen, den *stati*, legt Gottes inneres Leben sich in der Geschichte aus, faßt Gott gleichsam Geschichte noch einmal in sich als »seine« trinitarische »Geschichte«. Hier sah man schließlich (und kann man sehen) die Gefahr einer »Mythologisierung« innertrinitarischen Lebens, insofern damit die Geschichtlichkeit der Welt zu der Gottes selbst gemacht würde, »die Trinitätsauffassung hier von einer Geschichtstheologie abhänge« (S. 85), schließlich Geschichte in Gott so eingetragen wird, daß Gott selbst nur mehr im geschichtlichen Kontext der Welt zu Verständnis kommt. *Forte* kann das

Offenbar befinden sich die Trinitätskonzeptionen, die den engen Bezug von Geschichte und innergöttlicher Begründung derselben sehen, viel näher an der Gefahr der mythologischen Gnosis als Konzepte, die entgegen einer Forderung heilsgeschichtlicher Relevanz und Begründung ihrer innertrinitarischen Aussagen in einem metaphysischen Kontext verbleiben. Dieser merkwürdigen Gegebenheit wird man sich in folgendem bewußt bleiben müssen, wenn es gilt, vom »Leiden« und der »Geschichtlichkeit« Gottes zu sprechen, und es wird unbedingt gefordert sein, die Grenzen zur »Mythologisierung« der Trinität und also des Lebens Gottes zu erforschen und abzustecken. Dennoch wird im Hinblick auf die Reziprozität theologischer Argumentationen die Trinitätslehre unter Inkaufnahme der Gefahr eines Gnostizismus an den heilsgeschichtlichen Bedingungen des Redens Gottes festhalten und *neu* festhalten müssen, weil nur so über die im *Formalen* erstarrende nur-metaphysische Reflexion[52] hinaus der Lebendigkeit der Gottesoffenbarung je-mehr entsprochen zu werden vermag. »Man könnte geradezu sagen: Je weniger eine Trinitätslehre sich scheut, heilsökonomisch zu sein, um so mehr hat sie Aussicht, von der immanenten Trinität das Eigentliche zu sagen.[53]
Gleichzeitig wird man nicht vortäuschen dürfen, über die bleibende »Negativität« hinaus in der sich aufgrund heilsgeschichtlicher Bezugnahme jetzt *lebendig* entfaltbaren immanenten Trinitätslehre *schon* ein Gottes-*Wissen* über sein Leben bekommen zu haben, das nicht mehr unter der *Vorläufigkeit* menschlicher Erkenntnis auf der einen und (damit auch schon) unter dem eschatologischen Vorbehalt auf der anderen Seite zu stehen hätte; ein *Wissen* schließlich, das den prinzipiellen Geheimnischarakter des göttlichen Lebens, und das gerade *in*

Konzept der geschichtlichen *stati*, der drei »Reiche« Gottes in der Welt, bei *Joachim* durchaus in orthodoxem Sinne deuten, jedenfalls seiner Sinnspitze nach.

52 Vgl. *Rahner*: MySal II (1967) 341. Gerade wenn ein a-trinitarischer Traktat der Trinitätslehre vorausgesetzt wird, »muß die Trinitätslehre den Eindruck erwecken, es könne in ihr von den göttlichen Personen nur absolut Formales...gesagt werden, und selbst dieses betreffe nur eine absolut in sich geschlossene und in ihrer Wirklichkeit nicht nach außen geöffnete Dreifaltigkeit...« (S. 325).

53 *Rahner*: MySal II (1967) 341.

der Offenbarkeit Gottes, nicht wahren müßte, als wäre Gottes Leben zu »*be*greifen« oder zu »*um*greifen«. Jeder trinitätstheologische Entwurf wird sich in seiner methodischen Gültigkeit daran messen müssen, inwiefern er in der Lage ist, sich dieser Grenzen bewußt zu bleiben, und sozusagen nicht »*zu viel*« zu wissen.

2. Die Reziprozität in der Bestimmung von Zusammenhang und Differenz heilsgeschichtlicher und innergöttlicher Aussageweisen fordert nun über das Gesagte hinaus eine *restlose* Bestimmung der Gotteslehre als trinitarisch differenzierter, so daß die immanente Trinität nicht nur in ihrer *negativen* Funktion und Bedeutung hervortreten kann, sondern auch in ihrer *positiven* Bedeutung. Wenn es stimmt, daß Gott in seiner Selbst-Mitteilung *sich selbst* wirklich »gibt«, wie er ist, dann ist die Erkenntnis des trinitarischen Gottes in seinem Sich-Mitteilen *auch schon* die Erkenntnis Gottes *selbst* in der Lebendigkeit seines Seins und nicht »bloß« die transzendente Bedingung der Möglichkeit seines heilsgeschichtlichen Handelns. Ohne den hermeneutischen Zirkel zu durchbrechen oder in einer »Kurzschlüssigkeit« des Denkens *unmittelbar* in Gottes Sein und Geheimnis »eingebrochen« zu sein, wird man daher sagen können: Das »Für-Uns« Gottes in seiner Offenbarkeit ist *nicht* ein defizienter Modus seines »In-Sich-Seins«. Indem Gott sich für-uns zeigt, ist er in-sich *so*, wie er sich zeigt. Die immanente Trinität ist damit nicht nur eine »theologische Reflexionsaussage«[54], sie erreicht (und *muß* erreichen können) Gott selbst in seinem Sein. Wenngleich es also stimmen mag, daß nur »die drei göttlichen 'Personen' als solche...biblisch bezeugt« sind, »eine Trinitäts*lehre* indes...das Ergebnis einer (mehrhundertjährigen) Reflexion der Kirche«[55] ist, so wird der Gott-mit-uns den Gott-in-sich erreichen, weil Gott in seinem In-sich-Sein sich als der Für-uns-Seiende definieren wollte und daher *ohne* sein Für-uns-Sein gar nicht mehr als In-sich-Seiender zu erkennen sein wird.

Dies müßte nicht nur für unsere Erkenntnis von Gott, sondern letztlich *für Gott selbst* gelten, denn wenn er sich an der Welt »definiert« hat *als* Gott-für-uns, dann will Gott sich selbst »in sich« nicht mehr als der »Ohne-uns-

---

54 *Kasper* (⁵1977) 96.

55 *Pesch*: *ders*. (1987) 41.

Seiende« verstehen.[56] Nur unter dieser Voraussetzung wird man weiterhin daran festhalten können, daß Gott wirklich *heil*sam auf uns in seiner Geschichte mit der Welt zukommt und zukommen *will*; nur so kann stimmen, daß Gott *Liebe* ist (*1 Joh 4,8.16*). Das Bemerkenswerte an dieser biblischen »Definition« von Gottes *Sein* ist ja, daß sie eine Art »*Selbst*-Definition« Gottes ausspricht, denn die Liebe Gottes als sein Sein definiert sich gerade darin, »daß er seinen einzigen Sohn in die Welt gesandt hat, damit wir durch ihn leben« (*V. 9*). Im *Heils*handeln Gottes als des trinitarischen wird Gottes *Sein* als Liebe offenbar. Gott »konstituiert« sich in Christus nicht erst zur Liebe, sondern im Heilshandeln ist Gott in seinem *inneren* Sein »offenbar«! Dies besagt ja in aller Schärfe: Gott ist »in sich« *nicht anders* Liebe als in seinem Für-uns-Sein in Christus. - Anderenfalls, d.h. sollte dieser Aspekt der Bestimmung der immanenten Trinität nicht zutreffen können, würde Gott gar nicht *wirklich* in sich erreicht und damit gar nicht erreicht. Wir könnten dann überhaupt nicht berechtigt von einer immanenten Trinität sprechen, sie wäre eine *reine* Spekulation, über die man in der Interpretation des Christusereignisses denken könnte, wie man wollte. Träfe es zu, daß nicht die innere Dynamik des Christusereignisses uns zu Gottes Sein selbst vordringen lassen würde, weil Gott *so* »in sich« sein will, wie er sich »für uns« heilshaft einsetzt, dann träfe ohne weiteres auch der *Zweifel* an der ursprünglichen Berechtigung der Rede von der *immanenten* Trinität zu, wie *H. Küng* sie hegt: »Die triadischen Formeln des Neuen Testaments zielen nicht auf eine 'immanente', sondern auf eine 'ökonomische' Trinitätstheologie, nicht auf eine innergöttliche (immanente) wesensmäßige Dreieinigkeit an sich, sondern auf eine heilsgeschichtliche (ökonomische) Einheit von Vater, Sohn und Geist in der Begegnung mit uns. Nicht um den Gott an sich, sondern um den Gott für uns, wie er durch Jesus selbst im Geist an uns gehandelt hat, woran die Wirklichkeit unserer Erlösung hängt.«[57] Während bei *Küng* das undifferenzierte Denkschema spürbar ist, die *Sache* selbst (immanente Trinität) mit der *konkreten Erscheinungs*form eines Sachverhaltes (»wesens«-mäßige Dreieinigkeit als spezifisch griechisch-metaphysische Voraussetzung) zu identifizieren und dann das eine gleich mit dem anderen zu beseitigen, welches Mißverständnis ja prinzipiell aufklärbar wäre, hat *P. Schoonenberg* bereits eine Position der *Bezweiflung* der immanenten Trinität erreicht: »Die Frage, ob Gott abgesehen von seiner heilsgeschichtlichen Selbstmitteilung trinitarisch ist...bleibt unbeantwortet

---

[56] Vgl. *Gerken* (1963) 86-87: »...im Menschen 'exegetisiert' sich Gott (vgl. Jo 1,18), d.h. er erscheint uns gerade als der, der er 'an sich' ist, so daß es nicht nur berechtigt, sondern verpflichtend erscheint, von der Offenbarung im menschgewordenen Sohn auf die Dreifaltigkeit zu schauen.«

[57] *Küng* (^{7}1985) 580-581.

und unbeantwortbar und scheidet somit als sinnlos aus der Theologie aus.«[58] - In dieser Frage gibt es keine Kompromisse. Entweder ist Gottes Sein in seinem *Heils*handeln, welches »eo ipso auch die offenbare Selbstmitteilung Gottes«[59] ist, erreichbar *oder* das Reden von Gott als Vater, Sohn und Geist erübrigt sich *ganz*. Dann wird man sich aber auch fragen müssen, ob tatsächlich noch von einem liebenden Gott und seinem »Für-Uns« gesprochen werden kann, wenn er sich in seinem Sein »zurückhält« und unzugänglich »verbirgt«, denn die Liebe des biblischen Gottes ist *in sich* schon eine »exzentrische«, sich *ganz einsetzende,* alles aufs Spiel setzende, sich nicht zurückhaltende Liebe, die auch das Kreuz nicht »für uns« scheut (vgl. *1 Kor 15,3*).

In dieser Hinsicht soll die Lehre von der immanenten Trinität einer *positiven* Bestimmung (aber ohne die negativ-kritische Funktion zu vergessen oder vielleicht insgeheim doch zu bestreiten) zugeführt werden, in der der trinitarische Gott *als* transzendenter Urgrund der Heilsgeschichte *zugleich* der *lebendig*-offene Urgrund der Heilsgeschichte genannt werden kann. Die *strenge* Durchführung des »Reziprozitätsaxioms« in der Gotteslehre wird um so mehr aus der Positivität der »Offenheit« und »Zugänglichkeit« Gottes »in sich« mit seiner Offenbarung eine unhintergehbare trinitätstheologische *Letzt*begründung der Gotteslehre fordern, in der das heilsgeschichtlich Erhobene als wirklich *in Gott Gründendes* aufgezeigt werden muß. - Die Denkrichtung hat sich gegen die Bedeutung einer negativen »Funktion« der Lehre von der immanenten Trinität umgekehrt: Nicht mehr ist jetzt der kritische Horizont der Begründung der Heilsgeschichte angezielt gegen die über die Heilsgeschichte hinausgehenden gnostisch-mythologischen und gnostisch-metaphysischen Gefahren; vielmehr ist jetzt die immanente Trinitätslehre *selbst* der kritische Horizont für das Verständnis der Heilsgeschichte. Die »äußere« Unhintergehbarkeit der Reziprozität ist in diesem Kontext gewahrt, wenn das Wirken Gottes in der Geschichte *in* Gott *trinitarisch verankert* werden kann, denn nur dann ist sichergestellt, daß das heilsgeschichtliche Wirken Gottes *wirklich* Gott selber *ist* und betrifft. Ist es - in unserem Kontext - also schlechterdings nicht möglich, »Geschichte«

---

[58] *Schoonenberg*: Orien. 37 (1973) 115-117; hier: 115.

[59] *Schulte*: MySal II (1967) 53.

und »Leiden«, insofern diese im Wirken Gottes selbst erhoben werden, innertrinitarisch zu erhellen und zu begründen, dann bleibt das Wirken Gottes *in* Geschichte und *im* Leiden Christi Gott »äußerlich«, erreicht Gott nicht *wirklich*, hat keinen *Real*grund in Gott, so daß durch diese Diastase nicht nur eine Gotteserkenntnis als die seines Seins, sondern *auch* als die seines *erlösenden* Handelns und Sich-Offenbarens in Frage gestellt wäre. Die »äußere« Unhintergehbarkeit der Zirkelbewegung immanenter und ökonomischer Rede von Gott ist dann durchbrochen, wenn die Kriterien dessen, was von Gott aufgrund seines Offenbarseins in der Geschichte selbst »in sich« zukommt oder zukommen kann, ungeklärt »von außen« in den Verstehenszirkel hineingepreßt werden, so daß sie *als* von Außen kommende Kriterien der Gotteserkenntnis (mindestens implizit) »behaupten«, den von Gott selbst eröffneten Verstehenszirkel seiner selbst noch einmal umfangen zu können.

Daß natürlich auch dieses Element reziproker Argumentation der Gefahr der »Mythologisierung« ausgesetzt ist, ist unmittelbar dadurch einsichtig, daß die Grenzen der Begründung weltlichen Geschehens *als* göttlich begründeten Geschehens nicht ohne weiteres auszumachen sind, woraus sich etwa die Gefahr der »Auflösung« der immanenten Trinität in die heilsökonomische ergibt (als Auflösung der Transzendenz Gottes in seine Immanez in der Welt); Gott somit *nur* mehr aus dem Kontext der Welt zu denken möglich wäre. Dieser Vorwurf wird heutigen Trinitätsmodellen, die von der Geschichte aus versuchen, Gott zu denken, auch gelegentlich unterstellt. Ist man sich dieser Gefahr bewußt, so wird diese »Funktion« der Rede von der immanenten Trinität selbst aus sich die Möglichkeit einer *epoché* eröffnen: Zeigt die *negative* Bestimmung der »Funktion« einer immanenten Trinitätslehre sich vor allem wegen der *Vorläufigkeit* und Endlichkeit menschlichen Denkens als kritisches Potential und Begrenzung »unübersehbar wuchernden« Wissens über Gott, so wird die *positive* Bestimmung die *Vor-Läufigkeit* der Offenbarungsgeschichte Gottes[60]

[60] Damit soll hier nicht die - schon betonte - *Endgültigkeit* der Gottesoffenbarung in Christus zu einer »bloß« vorläufigen Gottesoffenbarung rück-verwandelt werden, sondern vielmehr auf den Sachverhalt der *lebendigen* Fülle des göttlich-trinitarischen Lebens selbst aufmerksam gemacht werden, die sich ja auch dadurch ausdrückt, daß die Geschichte durch das Christusereignis in der

selbst als kritisches Potential der Gottesrede hervorheben, womit 1. die Offenheit der Geschichte auf das göttliche Eschaton hin sowie 2. die innere Fülle göttlichen Seins selbst angesprochen ist, das in seiner Unübersehbarkeit gerade *positiv* »Geheimnis« bedeutet. Und nur in der Wahrung dieser Vorläufigkeit darf dann ein solcher Weg der Begründung »in« Gott als Element der Rede vom trinitarischen Gott auch gegangen werden.

3. Der Konnex zwischen »Ontologie« und »Geschichtlichkeit«

Wenn es stimmt, daß der christliche Glaube im Horizont der Geschichte zu bestimmen sein wird, weil der Gott der Offenbarung sich selbst als der *geschichtliche* Gott gezeigt hat, wenn also mit dem biblischen Gott die »Geschichte« in ihrer Eigenwertigkeit aus der Vorstellung von einer »werdenden Welt«, wie dies durchaus als *common sense* der Weltsicht der Antike verstanden werden kann, herausgetreten ist, wenn schließlich der christliche Glaube *wesentlich* geschichtlich ist »seinem Inhalt, seinem Akt, seiner Vermittlung und seinem Gesamthorizont nach«[61], dann wird der Bestimmung der Bedeutung der Geschichte *für Gott* selbst ein entscheidender Stellenwert im Rahmen unserer Fragestellungen zukommen müssen.

1. Es konnte schon geklärt werden, und gehört zu den heute unbestrittenen Einsichten der Geistesgeschichte, daß mit der biblischen Gotteserfahrung ein neuer Verstehenshorizont der Gottesbegegnung eröffnet wurde: »Offenbarung geschieht *in* der Geschichte und *ist* Geschichte.«[62] So antwortete Israel nicht mit einem starren System von Glaubenssätzen auf die Offenbarung Gottes, sondern mit dem Erzählen von Geschichten der Begegnung von Gott und Mensch, in der es bekannte, »die Führung und Treue Jahwes erfahren zu haben. Nur weil Gott zuerst in der Geschichte Israel begegnet war, konnte Israel

grundlegenden Erlösung *als* Geschichte neu eröffnet wurde auf die endgültige Erfüllung im *Eschaton* hin, wobei dieses nicht einfach die »Ratifizierung« von schon lange Feststehendem sein wird, sondern, insofern die Geschichte mit den Menschen für Gott selbst Bedeutung besitzt, ein »Neues«, wie dies *1 Kor 15,20-28* lehren kann. Vgl. dazu *Faber* (1985) 18-133.

61 *Kasper* (^{5}1977) 145.

62 *Schulte*: MySal II (1967) 53.

sich auch im Glauben zu ihm bekennen«[63]. Jahwe erweist sich als der »Befreier Israels« (im Exodus als Grundereignis), indem »Gott Israel eine Geschichte des Lebens ein[räumt], auf daß Israel in der Lebensgemeinschaft mit ihm Geschichte mache. Die Geschichte besteht mithin im unableitbaren Wechselspiel zweier, nicht gleichwertiger und doch wirklicher Freiheiten«[64], in welchem Gott sich *in* seinen Geschichtstaten je ausdrücklich als Gott *neu* erweist und seine Geschichtsmächtigkeit erfahren wird als *lebensspendende.* Dieses Ur-Wissen Israels findet im Gottesnamen *Jahwe* seinen Ausdruck: »Israel hat diesen Namen entgegengenommen nicht als Aussage über das, was Gott ist, sondern wie er sich Israel erweisen wird: Ich werde für euch da sein, helfend, rettend.«[65] Das im Horizont der Gotteserfahrung Israels sich bildende Geschichtsverständnis bleibt von daher immer durch *diesen Gott Jahwe* geprägt. In ihm kommen die entscheidenden Elemente schon ans Licht: das Wechselspiel unhintergehbarer Freiheiten auf je zu gestaltende Zukunft hin. Der Modus der *Zukunft* im Vollzug freien Geschichtshandelns bleibt daher immer auch mit Gottes dynamischem Je-Größer selbst verbunden, »sein Feld ist die *ganze* Wirklichkeit, in der er sein 'Wesen', nämlich das geschichtsmächtige Da-Sein und Mit-Sein bei und mit den Menschen immer größer und umfassender erweisen wird...«[66]

---

63 *Kasper* (^{5}1977) 86-87.

64 *Greshake* (1969) 183.

65 *Greshake* (1969) 183.

66 *Greshake* (1969) 184. Für den geistigen Rahmen der Umwelt Israels konnte *Eliade* (1953) nachweisen, daß in den archaischen Kulturen Geschichte als *zyklische Wiederholung* verstanden wurde, in der die *Stetigkeit* gegenüber dem »zufällig Einbrechenden«, dem »Historischen« und damit der Veränderung in der Zeit als Bollwerk entgegengesetzt wurde. Indem man das konkrete geschichtliche Geschehen auf über-geschichtliche Archetypen zurückführte, konnte die Zeit als periodischer Wechsel des Gleichen und damit als stete Wiederkehr derselben, zeitlich sich auslegenden Vorgänge gedeutet werden. Die konkrete Zeit erhielt ihren Sinn erst durch die Kontinuität der Wiederholung mythisch-übergeschichtlich reduzierter *Muster*, in denen die Welt gegen jede unvorhergesehene Veränderung und gegen die Bedrängnisse der Zeit als in der Wiederkehr bleibend-gehaltene vorgestellt werden konnte. Dem gegenüber erfuhr Israel Geschichte nicht als Stetigkeit, sondern als permanente Neuheit und Zukunftsträchtigkeit. »Der Gott des jüdischen Volkes war keine

2. Dieser Forderung steht der schon erhobene *metaphysische* Kontext christlicher Gotteslehre gegenüber: »Das antike Denken ging aus von einem Kosmos mit ewigen Wesensgesetzlichkeiten. Natürlich gab es auch hier Bewegung und Veränderung; aber sie wurden gleichsam als Oberflächenerscheinungen eines ewigen Wesensgrundes, als akzidentelle Veränderungen an einer bleibenden Substanz aufgefaßt. Das Phänomen der Geschichte und des geschichtlichen Wandels wurde nie

---

Gottheit, die den 'archetypischen Gestus' vollzog, sondern eine Person, 'die unaufhörlich in die Geschichte eingreift und ihren Willen durch die Ereignisse kundtut'. 'Gefüllte Zeit', das war nicht der Zyklus der Jahreszeiten, das Geborenwerden und das Sterbenmüssen, sondern die unableitbaren, freien Geschichtstaten Jahwes, der dem Volk das Leben zuteilte. (...) Das Leben wird je neu angeboten, je neu ist die Wahl zwischen Leben und Tod angesichts der konkreten Geschichte zu vollziehen und eben in dieser Entscheidung wird über die Vergangenheit positiv oder negativ mitentschieden...Wer Gott als den Gekommenen in der Vergangenheit bekennt und seine Führung bis zum heutigen Tag preist, der ist auch offen für den je neu kommenden Gott, der weiterführt«: *Greshake* (1969) 191-192. Im Lichte dieses Geschichtsverständnis wird vom ersten Ansatz an Gott selbst als der Motor der Geschichte vorgestellt, in dessen Anwesenheit und Wahr-Nahme die Geschichte der Welt allererst verständlich wird in ihren Charakteristika. Mit dieser unmittelbaren Bindung des Geschichtsbewußtseins an den Gott der Geschichte, muß sich die Frage nach der Bedeutung der »Geschichtlichkeit« für Gott selbst stellen, weil im Abwehren dieser Frage das »Wesen« Gottes als des geschichtsmächtigen Gottes selbst betroffen wäre und darüberhinaus Geschichte nicht mehr begriffen werden könnte in (jedenfalls der theo-logischen Dimenion) ihrer Begründung. Vgl. auch *Dumas*: Conc(D) 8 (1972) 434-443; hier: 440, der in einem überraschenden Gedankengang den geschichtlichen Gott als den daher »kontingenten« Gott, als den Festgefahrenes »aufsprengenden« zeichnet, wo der Mensch nach »Sicherheit« und »Notwendigkeit« sucht: »...so stellt Gott sich...dar als derjenige, der die alten Gegebenheiten sprengt und neue schafft...Gott ist der Schöpfer der Kontingenz. - Unter Kontingenz verstehe ich das, was unvorhersehbar und irregulär ist, was unvermutet hinzukommt im Zusammenspiel der Determinationen und organisatorischen Maßnahmen. Nun ist das überraschende Merkmal des Gottes der Bibel, daß er im Unterschied zu den Göttern der Religionen...eben nicht einfach die Regelhaftigkeiten der gesellschaftlichen Praxis reproduziert. So ist er z.B. weder der Gott der negativen Zyklen noch der Fruchtbarkeitsrhythmen...« Vgl. weiter: *Greshake*: *ders*. (1983) 207-225; hier: 210: »...Gott erscheint an einem bestimmten Ort, zu einer bestimmten Zeit, in bestimmten geschichtlichen Ereignissen als Immanuel, d.h. als Heilsgott, der die Menschen je persönlich anspricht und sie rettend begleitet.« Gottes »kon-tingentes« Erscheinen ist zugleich heilend-befreiend, indem es falsche »Stabili-sierungen« aufbricht.

ausdrücklich zum Problem.«[67] Ja, Geschichte erscheint vielmehr, so schon bei *Aristoteles,* als das Feld des Zufalls, das nicht einfach als sinn*los*, sondern als schlicht sinn*widrig* erfahren wird.[68] Wie schon das geistesgeschichtliche Umfeld der Entstehung eines Geschichtsbewußtseins in Israel zeigt, ist das *Bewußtsein* von der »Geschichtlichkeit« der Welt, die man sehr wohl wahrnahm, nur in einer *Negation* zu ertragen, nämlich durch die Suspendierung und Auflösung von Geschichte in den Mythos hinein. Geschichtlichkeit hat als Verständniskategorie dieser Welt somit »von Anfang an« mit Endlichkeit, Zufall, Werden, Zerfall und Leid zu tun. Es ist nicht zuletzt die Erfahung des Leidens in dieser Welt, die mit der Anerkenntnis der Geschichtlichkeit in aller Schärfe ans Licht dringt, und es ist zuletzt die Erfahrung, *in* der Geschichte keinen Sinn angesichts der Leiden finden zu können, die zu ihrer »Verdrängung« führen konnte, gegen die man sich (wenigstens in der Wirklichkeitsdifferenzierung) zu *schützen* trachtete. Wenn im griechisch-metaphysischen Kontext alles Werden und Sich-Verändern zwar wahrgenommen wird, aber zu einem bloßen Akzidens (am substanziellen Sein) »degradiert« zu werden vermag, so wird darin eben diese *Schutzfunktion* eines unberührbaren und unbewegten Ur-Grundes der so verletzlichen Welt im Hintergrund stehen.[69] Im Gewande der antiken Metaphysik, in der das Christentum seine Gottesvorstellungen entfaltete, mußten nun Geschichte und Geschichtlichkeit nicht nur den Charakter der *Uneigentlichkeit* haben, sondern, insofern sie ganz auf die Ebene der Endlichkeit der Welt und im Kontext ihres Leidens zu stehen kamen, zur Welt der Sündigkeit und des Todes gerechnet werden, die der Erlösung bedarf und

[67] *Kasper* (^{5}1977) 135.

[68] *Pannenberg*: KuD (1977) 76.

[69] »Für die Metaphysik ist das Wesen des göttlichen Seins durch seine Einheit, Unteilbarkeit, seine Anfangs- und Endlosigkeit, seine Unbeweglichkeit und Unveränderlichkeit bestimmt. Da das Wesen des göttlichen Seins um des endlichen Seins willen gedacht wird, muß es alle Bestimmungen des endlichen Seins umschließen und die gegen das Sein gerichteten Bestimmungen ausschließen, anders könnte das endliche Sein im göttlichen Sein nicht Grund und Bestand gegen das bedrohliche Nichts in Tod, Leiden und Chaos finden. Tod, Leiden und Sterblichkeit müssen darum vom göttlichen Sein ausgeschlossen werden«: *Moltmann* (^{5}1987) 199.

dessen Ende in Christus angebrochen ist.[70] Geschichte konnte dann auch nicht mehr als *Zukunft* auf das Eschaton Gottes hin gedacht werden, sondern nur als *Ende*. Mit der Suspendierung und der Rücknahme der Geschichte in den ewig unbeweglichen Ur-Grund der Wirklichkeit als eigentlichen »Ort« der Gottesbegegnung (in der Auslegung Gottes in der Welt), wurde ihre *Vollendung* als Rücknahme der leidenden Welt in den erlösenden Gott und damit im Modus der *Vernichtung* gedacht.

Mit dem Ansatz des apokalyptischen Denkens (gegen ein prophetisches Geschichtsverständnis, welches für Israel eine Offenbarungs*geschichte* verständlich werden ließ) wird ein *umfassendes Wirklichkeitsverständnis* zum Ausdruck gebracht, das noch dem Geschichtsverständnis des hellenistischen Raumes, in das das Gottes-Denken des Christentums eintrat, entspricht. Dieses umfassende Wirklichkeitsverständnis ist gewissermaßen ein »Denk-Typus«, der »weit vor der Zeit der Apokalyptik etwa schon für das Denken des kanaanäischen Kulturlandes vorauszusetzen ist. Dieses dringt prägend in die priesterlichen, weisheitlichen und apokalyptischen Vorstellungen der Schrift ein und ist vor allem über das ähnlich geartete griechische Denken, das seit der Alexanderzeit die alt- und neutestamentlichen Schriften sowie die nachkanonische Tradition maßgeblich beeinflußte, geistesgeschichtlich bis heute wirksam geworden. Dieses 'Wirklichkeitsverständnis kann...so charakterisiert werden: Zeit und Geschichte sind in ihrer Kontingenz das 'Uneigentliche'. Sie finden nur dann 'Eigentlichkeit', Sinn und Ziel, wenn sie rückbezogen werden auf ihr mythisch überzeitliches Gegründetsein im 'Eigentlichen', d.h. in einer bleibenden, vom Göttlichen garantierten Ordnung, welcher die Geschichte in fester Ordnung (z.B. als Wiederkehr des Gleichen) folgt. So aber ist die Geschichte als geschehende, sich frei auf eine offene Zukunft hin ausstreckende Wirklichkeit aufgehoben. Indem sie in ihren übergeschichtlichen Grund zurückgenommen wird, geht sie als Geschichte zugrunde. - Bei aller Differenz im einzelnen kommt der Grund*tenor* platonischen Denkens diesem gleich:...So ist Geschichte eine abkünftige Wirklichkeit; ihr Telos ist das protologisch im göttlichen Nous anwesende Proton; ihre Vollendung ist ihr Ende.«[71] Dieser Zeitbegriff wird die Philosophie bis Hegel bestimmen, insofern das (göttliche) Subjekt bei Hegel als ewig bewegtes dialektisches Geschehen gedacht ist.[72] - »Das andersge-

---

[70] Vgl. *Pannenberg*: KuD (1977) 78.

[71] *Greshake* (1969) 331.

[72] Vgl. *Anz*: *Dinkler* (Hg.) (1964) 531-555; hier: 552. Vgl. weiter *Greshake* (1969) 44.

artete, positive und zukunftsoffene Geschichtsverständnis des Biblisch-Prophetischen wurde somit nicht nur durch die apokalyptische Neuinterpretation arg bedrängt, sondern fand darüber hinaus in dem an die Apokalyptik anknüpfenden griechisch-platonischen Verständnis erneut einen geschichtsfeindlichen Auslegungshorizont.«[73]

Dies muß zu einer »Enteschatologisierung«[74] der *Zukunfts*perspektive göttlichen Handelns mit der Welt führen, so daß die Geschichte der Freiheit (in Christus) auf die Zukunft Gottes hin, in der die Zukunft des Menschen für Gott selbst Bedeutung haben könnte, zu einem »Stockwerkdenken« im Rahmen der Metaphysik verwandelt wurde, in deren Kontext das »Ende« nur mehr als »Enthüllung« des »schon« anwesenden Gottesreiches erwartet werden konnte. Geschichte kann in diesem Kontext keine Relevanz für das Eschaton Gottes und also für Gott (und folglich eine Gotteslehre) selbst haben.[75]
Diese Situiertheit eines nicht- (oder sogar gegen-)geschichtlichen Weltverständnisses, des Horizontes, in dem Welt den Menschen auf- und einleuchtete, änderte sich, wenn man so will, *grundlegend* in der Neuzeit. »Das traditionelle metaphysische Wirklichkeitsverständnis wird abgelöst durch das geschichtliche Wirklichkeitsverständnis.«[76]

---

73 *Greshake* (1969) 331.

74 Vgl. *Conzelmann*: RGG II, ^{3}1958, 665-672; *Kraft*: RGG II, ^{3}1958, 672-680.

75 Vgl. *Greshake* (^{4}1979) 27: »Bis zur Neuzeit wurde die Wirklichkeit vornehmlich im Schema zweier Welten, Diesseits und Jenseits, verstanden. Man begriff das Diesseits als einen Raum, der von Gott dem Menschen vorgegeben und vorgeordnet und in seinen wesentlichen Strukturen unveränderlich, statisch ist. Innerhalb dieses Raums vollzieht sich menschliche Geschichte als ein ständiges Werden und Vergehen, das in sich selbst keinen Sinn und keine Zielstrebigkeit hat. Der Sinn der Geschichte erschöpft sich darin, Bewährungszeit für den Menschen zu sein, ihm nämlich die Vorbereitung dafür zu bieten, sich durch sittlich-religiöses Handeln für die jenseitige Welt zu bereiten. Diese jenseitige Welt wird vorstellungsmäßig als ein zweites Stockwerk über der diesseitigen gedacht.« Ein solcher Formalhorizont eines theologischen Geschichtsverständnisses und folglich »der Eschatologie war bereits in der mittelalterlichen Theologie vorbereitet, da sich der theologische Traktat 'De novissimis' im Horizont einer vom aristotelischen Wissenschaftsideal geprägten kosmologischen Ontologie konstituierte und sich...isolierte«: *Greshake: ders./Lohfink* (^{4}1982) 11-37; hier: 12-13.

76 *Ebeling* (^{2}1963) 2.

Der Stellenwert der Geschichte ist jetzt ein fundamental anderer: »Die Wirklichkeit *hat* hier nicht eine Geschichte, sondern *ist* zutiefst Geschichte.«[77] Jetzt kommt es nicht zuletzt mit dem neuen »Subjekt«-Verständnis zu einer Erfassung der *ganzen* Wirklichkeit als einer geschichtlichen, mithin einer nicht mehr in einem bleibenden Grund fundiert verstandenen, sondern *relativen* Wirklichkeit.[78] Daher kann es zur Ausbildung einer Geschichts*philosophie* kommen, als deren bedeutendster Exponent *Hegel* genannt werden muß. In der Entwicklung einer Geschichtsphilosophie im Horizont der neuen Stellung des »Subjektes« in der Neuzeit suchte man nicht mehr, sich in einem theologischen Horizont zu denken, sondern man verstand den Menschen als autonomes Subjekt und die Geschichte als eine rein menschliche und damit als menschlich-*autonomen* Vorgang in sich. Vollendung der Geschichte - das bedeutete jetzt: Vollendung der Geschichte in ihr selber als eine Leistung des Subjektes der Geschichte.[79]

Wenngleich Geschichte jetzt in ihrem profanen Verständnis als autonomer Geschehens- und Ereigniszusammenhang begriffen werden konnte, ist es doch bemerkenswert, daß die Geschichtsphilosophie und die Begründung des in ihr frei handelnden autonomen Subjektes nach wie vor in einem theo-logischen Begründungszusammenhang stehen. Die Selbstvergewisserung des Menschen durch radikalen (methodischen) Zweifel hindurch war für *Descartes* nicht ohne gleichzeitige Rückbindung an ein Gottesbewußtsein (als *idea innata)* möglich.[80] *Kant* postuliert Gott für eine praktische Philosophie, wel-

---

77 *Kasper* (^{5}1977) 135. Hervorhebungen nicht im Text.

78 »Wurde im vor-neuzeitlichen Denken die Welt primär als ein von Gott dem Menschen vorgegebener 'heiliger' Raum (Kosmos) begriffen, *inner*halb dessen sich menschliche Geschichte vollziehe, so beginnt mit der Neuzeit in einem allmählichen Prozeß der Umschichtung die *Geschichte selbst*, der umgreifende Horizont des Wirklichkeitsverständnisses zu werden«: *Greshake: ders./Lohfink* (^{4}1982) 23.

79 *Moltmann* (^{4}1965) 242: Es geht den neuzeitlichen säkularisierten Geschichtskonzepten um »die 'Beendigung der Geschichte in der Geschichte'...«

80 Vgl. *Descartes*: *Adam/Tannery* (1905) 1-348; hier: 38 (= Pars I, § 75; vgl. auch § 12 ff): »Bei dieser Betrachtung werden wir zuerst beweisen, daß wir existieren, sofern wir denkender Natur sind, und zugleich, daß auch ein Gott

cher somit als regulative Idee praktischer Vernunft die ethische Autonomie des Subjektes »ermöglicht«. Und es war schließlich *Hegel*, der (den trinitarischen) Gott ausdrücklich zum *Zentrum* seiner Überlegungen machte: »Diese ewige Idee ist denn in der christlichen Religion ausgesprochen als das, was die heilige *Dreieinigkeit* heißt; das ist Gott selbst, der ewig *dreieinige.*«[81] Und *Hegel* wird es in seinem trinitarisch differenzierten Gottesbegriff ermöglicht, - wohl als erstem - auch von einer »*Geschichte Gottes*« selbst zu sprechen[82], die er als »Prozeß«, »Bewegung«, »Leben« und »Liebe« verstehen kann.[83] In der Geschichte des endlichen Geistes tritt das Göttliche demnach so für ihn hervor, daß diese Geschichte »den Charakter äußerliche Geschichte zu sein [verliert]; sie wird *göttliche* Geschichte, die Geschichte der Manifestation Gottes selbst«[84].
Mit jener geistesgeschichtlichen Entwicklung ging eine Kritik der bisherigen metaphysischen Grundlagen einher, d.h. die bisher »zukunftslose«, nicht-geschichtliche Gesetzlichkeit, in der der *Anfang* schon das *Ende* in sich enthält, wird verwandelt in eine von der Freiheit des Geschichtssubjektes bestimmte Gesetzlichkeit einer geöffneten und folglich *offenen* Zukunft. Zukunft ist jetzt das, »was allererst entstehen muß, das absolut Neue, *das noch nicht ist.* Gerade aber als utopos, als das, was noch ortlos ist, wird sie zum Stimulans menschlicher Aktivität«[85].
3. Die mit der Kritik der Metaphysik einhergehende Neukonstitution der Wirklichkeit im Horizont der *Geschichte* hat auch die Theologie im 20. Jahrhundert gerade in der Neuentdeckung der heilsgeschichtlichen Grundlage allen theologischen Redens und der Neuentdeckung

---

ist, von dem wir abhängen, und das aus der Betrachtung seiner Eigenschaften die Wahrheit aller übrigen Wesen erforscht werden könne...« (Quod agentes, inprimis advertemus nos existere, quatenus sumus maturae cogitantis; et simul etiam, et esse Deum, et nos ab illo pendere, et ex eius attributorum consideratione caeterarum rerum veritatem posse indagari...).

81 *Hegel* ($^{11-12}$1975) 222. Vgl. *Huber* (1984).

82 *Pannenberg*: KuD (1977) 84.

83 Vgl. *Hegel* ($^{11-12}$1975) 221.

84 *Hegel* ($^{11-12}$1975) 217.

85 *Greshake*: *ders./Lohfink* (^{4}1982) 23.

der Bedeutung der Geschichte als Ort der Gottesbegegnung im alttestamentlichen Israel (und der Geschichte Jesu) für sich wirksam werden lassen. Wenn Gott gelobt werden muß, weil er in der Geschichte seines Handelns sich treu bleibt (vgl. *Ps 33*), wenn in der Perspektive »der biblischen Überlieferung von Geschichte in einem theologisch relevanten Sinne nur im Hinblick auf das Handeln Gottes in den Begebenheiten gesprochen werden kann«[86], dann ist mit der Selbst-Offenbarung Gottes immer schon die Verheißung (in) einer Geschichte verbunden, in der der Mensch zur Freiheit *in* der Geschichte mit Gott freigegeben und durch sie gefordert ist.[87] Dann ist die »volle Offenbarung der Gottheit Jahwes...an die eschatologische Zukunft seines Reiches als Vollendung seines Geschichthandelns gebunden«[88]. Gerade im neuen Verständnis der biblischen Gottesoffenbarung als einer geschichtlichen wird die »Bedingtheit« Gottes durch die für den Menschen noch ausständige Zukunft als Vollendung von Gottes heilshaften Geschichtshandelns deutlich. Der Mensch in seiner von Gott eingesetzten Freiheit ist Geschichts*subjekt* der gottmenschlichen Geschichte so, daß Gott selbst vom menschlichen Handeln *betroffen* werden kann.[89] »Denn Gottes Gottheit selber steht in der Geschichte auf dem Spiel«, er selbst »muß sich endgültig noch erweisen in der Zukunft seines Selbsterweises.«[90] Wird nicht darin gerade Gott selbst so betroffen, daß es in ihm »Geschichte« geben muß? Ist Gott dann selbst in der Geschichte seiner Taten werdend zu denken? Inwiefern sind es dann noch seine Taten? Welches Verhältnis Gottes zur Welt

---

86 *Pannenberg*: KuD (1977) 79.

87 Vgl. *Greshake* (1969) 206: »Diese im Wort Gottes gegebene Spannung zwischen *Zusage* (seiner jetzt wirkmächtigen Gegenwart) und *Ansage* (einer noch ausständigen Zukunft) weist bestätigend nochmals auf eine Dialektik hin, die wir bereits als typisch für das hebräische Geschichtsverständnis herausstellten: Das lebenspendende Wort Gottes ist als jetzt wirksame Zusage seiner Gegenwart *Gabe* - als nicht dekretorisch verfügtes, sondern den Menschen freimachendes Wort muß es von diesem angenommen werden: *Frei-Gabe* - als nicht erfüllte 'utopische' Ansage provoziert es den Einsatz des Menschen zur Verwirklichung: *Auf-Gabe*.«

88 *Pannenberg*: KuD (1977) 82.

89 Vgl. *Greshake* (1969) 346.

90 *Pannenberg*: KuD (1977) 82.

ist darin vorausgesetzt, wenn sich die Selbstidentität Gottes erst im Prozeß der Geschichte von ihrem *Ende* her herausstellt? *W. Pannenberg* hat die daraus folgende Paradoxie treffend so zusammengefaßt:

»Würde sich durch die Inkarnation für Gott nichts ändern, so daß er im gleichen Sinne Gott wäre ohne Inkarnation wie er es ist in seiner Inkarnation, dann wäre der Begriff einer Inkarnation Gottes selber aufgehoben und zugleich der einer geschichtlichen Selbstoffenbarung Gottes; damit wäre gesagt, daß das so bezeichnete Geschehen der Gottheit Gottes äußerlich bliebe, sie nicht berühre. Wenn aber umgekehrt der Gedanke der Inkarnation ernst genommen werden soll, dann ist das Sein Gottes nicht schlechthin von Geschichte ablösbar. Der Unterschied zwischen dem Vorher und Nachher zumindest dieses *einen* geschichtlichen Ereignisses trägt dann etwas aus für die Gottheit Gottes selber, und damit wird ein Moment geschichtlichen Werdens in den Gottesgedanken eingeführt.«[91]

Mit diesem Paradoxon muß es zu einem deutlichen Konflikt mit den überkommenen metaphysischen Gottesvorstellungen kommen:
Die Kritik richtete sich zum einen gegen die sogenannten »Eigenschaften« Gottes, die dem einen Wesen Gottes (als mit ihm real-identische) zugeschrieben werden und von ihm her sich gestalten, im besonderen gegen die »Unveränderlichkeit« des göttlichen Wesens, die dem heilsgeschichtlich erkannten Handeln Gottes offensichtlich zu widerspechen scheint:

»Wenn schon der Gedanke eines Schöpfergottes, der die Welt und ihre Geschichte ermöglicht, im Widerspruch zur starren Transzendentalität eines unveränderlichen Gottes steht, dann muß der Gedanke, der Unveränderlich-Ruhende, nur sich unbeweglich Erkennende solle 'Fleisch' werden und den Tod erleiden, noch ganz anders auf Widerstand stoßen.«[92]

Zum anderen ist auch der Einheits-Gedanke selbst und damit das Herzstück des klassischen Gottestraktates ins Kreuzfeuer der Kritik geraten. So, wie dieser Einheits-Gedanke sich selbst aus metaphysischem Denken, d.h. aus dem griechischen »Hen«-Gedanken (inhalt-

---

91 *Pannenberg*: KuD (1977) 83-84.

92 *Zwick* (1978) 38.

lich) in seiner konkreten Form herleitete, und wie er *so* auf Gott selbst angewandt wurde, so daß von ihm her sich alles (auch die Trinitätslehre) bestimmte:

> »Zugleich verdeutlicht sich damit auch, daß gerade im Verständnis der Einheit des trinitarischen Gottes die eigentliche Problematik anzusetzen ist. - Bedingt durch die Priorität griechisch-hellenistischer Denkschemata tritt nämlich die perichoretische Einheit der Koinonia der Personen gegenüber der Uniformität einer monadischen Einheit zurück...«[93]

Zuletzt aber und eigentlich ist der *neuralgische Punkt* der theologischen Metaphysikkritik das vereinnahmende *grundlegende* Denk-Schema allen metaphysischen Denkens: Die *Bedürftigkeit* der vergänglichen Welt soll aus einem vollkommenen Grunde »begriffen« werden zum Halt und Schutz des Menschen, um diese Bedürftigkeit darin noch einmal zu beherrschen.[94] »Vom Grunde her [= aus dem Sein] wird das Seiende begriffen, damit es als begriffenes unter die Herrschaft des Menschen komme.«[95] Das darin wirksame Denkschema ist die undurchbrochene »Verzweckung« göttlichen Seins für die Bedürfnisse des Menschen *so*, daß *Gottes* Sein immer schon (hermeneutisch) im Horizont des aus menschlicher Projektion der Bedürftigkeit gedachten und *dann* auf Gott übertragenen *Seins des Seienden* verstanden wird, ohne die Reziprozität von *Oikonomia* und *Theologia* zu beachten. Der metaphysische Gott ist der an der Welt und der an ihren Bedürfnissen des Sich-begründet-wissen-Wollens entworfene Gott, der daher »nur« im Horizont eines »an der Welt« entworfenen Seinsgedankens perspektivisch erfaßt wird:

> »Das 'Ipsum Esse subsistens' wird zum hermeneutischen Prinzip der gesamten Theologie. Selbst wenn es sich um das Sein Gottes handelt, wird dieses Sein noch gedacht als das Sein des Seienden.«[96] Oder: Das »Wesen des göttlichen Seins [wird] um des endlichen Seins willen ge-

---

93 *Zwick* (1978) 192.

94 Vgl. *Moltmann* (^{5}1987) 199.

95 *Geffré* (1973) 80.

96 *Geffré* (1973) 82-83. Hervorhebung nicht im Text.

dacht...«[97] Und: »Man war - der Grundfehler der Metaphysik - am welthaft Seienden orientiert.«[98] Schließlich: »Abgesehen davon, daß uns heute ein vorkritisches Sprechen von Gott und seinem Sein, welches die subjektiven und geschichtlichen Vermittlungen überspringt, unmöglich ist, hat die Metaphysik selbst...das Sein funktionalisiert. Sie hat nur nach dem Sein des Seienden gefragt und die Frage nach dem Sinn von Sein selbst vergessen.«[99]

Die Konsequenz einer berechtigten, radikalen Metaphysikkritik innerhalb der Gotteslehre konnte so selbst zu einer extremen Ablehnung eines berechtigten ontologischen Denkens führen und somit in einer dialektischen Pendelschlagbewegung zu neuerlichen Verengungen. In dem Zusammenhang ist *J. Moltmanns* spezifische Rezeption von *Luthers* theologia crucis ebenso zu nennen[100] wie *K. Barths* bekannte Ablehnung der *analogia entis* im Zusammenhang mit einer christologischen »Engführung« der Wirlichkeitserkenntnis[101] und somit die Ablehnung der Möglichkeit einer »natürlichen Theologie« und Gotteserkenntnis überhaupt. Zugleich eröffnet sich durch eine Verwerfung der griechisch-metaphysischen Denkmuster die Gefahr der Auflösung der immanenten Trinität in die ökonomische, d.h. (formal-strukturell formuliert) die Gefahr, *Ontologie* in *Geschichte* (vollständig) aufzuheben. Der Auflösung der Geschichte in (griechisch-metaphysisch geprägte) Ontologie in der Theologie früherer Jahrhunderte entspräche

---

97 *Moltmann* (^{5}1987) 199. Hervorhebung nicht im Text.

98 *Selvatico*: FZPhTh 27 (1980) 265-275; hier: 273. Hervorhebung nicht im Text.

99 *Kasper*: *Ratzinger* (Hg.) (1972) 143-161; hier: 154. Hervorhebung nicht im Text. Wir können daher »die metaphysische Frage nach dem Sein Gottes heute freilich nur kritisch aufgreifen« (S. 154).

100 Vgl. *Moltmann* (^{5}1987) 193-204. Diese zu überwindende Form wird in der Metaphysikkritik »Theismus« genannt, der dialektisch auch auf den neuzeitlichen »Atheismus« bezogen wird, durch den eben *diese* Form christlicher Gottesvorstellung, die aber als geistes- und theologiegeschichtliche Fehlentwicklung gedeutet wird, abgelehnt wird, nicht aber die eigentlich christliche Gotteslehre, die Gott im Horizont von Kreuz und Leiden Gottes trinitarisch denkt.

101 Vgl. Analyse und Kritik des *Barthschen* Entwurfs des Gott-Welt-Verhältnisses *innerhalb* der Christologie: *Balthasar* (^{2}1962). Vgl. dazu auch: *Gutwenger*: ZKTh 75 (1953) 82-97; *Theis*: FZPhTh 24 (1977) 251-290.

jetzt der Verlust einer neu zu stellenden Frage nach einer heutigen Bedeutung ontologischer Fragestellungen und damit eine Verengung auf den geschichtlichen Denkhorizont.

4. Dagegen wird eine im methodischen Kontext eines Reziprozitätsaxioms entworfene Trinitätstheologie (und also Gotteslehre) die eminente Bedeutung der Geschichte (auch in Kritik klassischer metaphysisch-ungeschichtlicher Kategorien) mitvollziehen können, ohne die Frage nach dem *Sein* suspendieren zu müssen, wenngleich diese nicht mehr im Horizont der Substanz, der Idee, der Natur, sondern im Horizont der Geschichte und der Eschatologie zu denken sein wird.[102]

a) *Das Verhältnis von Ontologie und Geschichte ist in dem Maße unkündbar, als ökonomische und immanente Trinität ineinander (für die menschliche Erkenntnis) nicht restlos auflösbar sind.*[103] Auch dann noch, wenn Gott von seinem Geschichts- (und mithin *Heils*-)Handeln selbst betroffen ist, selbst wenn von einer »Geschichte in Gott« gesprochen werden müßte (was ja noch genauer zu untersuchen sein wird), kann Gottes *Sein* nicht einfach in die konkrete Heilsgeschichte aufgehoben werden, weil damit die Heilsgeschichte selbst ihren transzendenten Ur-Grund verlieren würde und darin den Gott, der sich aus sich selbst frei selbst-offenbart hat. Wird die Spannung zwischen ökonomischer und immanenter Trinität nach einer Richtung hin aufgehoben, geht eo ipso die je andere Seite mit-verloren. Das Verhältnis von Geschichte und Ontologie ist daher die *strukturelle* Formulierung des Verhältnisses von ökonomischer und immanenter Trinität: Es impliziert eine zweifache Richtung der Verhältnis*bestimmung*: 1. Wie ist die Geschichte (Gottes mit und in der Welt und zu ihrem Heil) auf Gottes Sein zu beziehen? - Der Ausgangspunkt ist gemäß dem Reziprozitätsaxiom die (Heils-)Geschichte, von der her nach Gottes *Sein* zurückgefragt werden muß (= anabatische Fragerichtung). Wenn Gott so ist, wie er sich offenbart, dann kommt der Ge-

---

[102] *Geffré* (1973) 90.

[103] Es ergibt sich mithin die Notwendigkeit einer ontologischen Option *ohne* Gebundenheit an die klassischen metaphysischen Kategorien: »Selbst wenn die Theologie nicht auf die ontologische Tragweite ihrer Aussagen verzichten kann, so bleibt sie doch frei bezüglich der Kategorien und der Bewegungsrichtung des traditionellen metaphysischen Denkens«: *Geffré*: Conc(D) 8 (1972) 443-450; hier: 448.

schichte ein *ontologischer Rang* zu. Dieser ist zu erhellen. 2. Wie muß von Gottes *Sein* gedacht werden, damit die Geschichte (seine Geschichte) *möglich* ist, da sie *tatsächlich* passiert (ist)? - Gemäß des Reziprozitätsaxioms wird jetzt von Gott her auf die Welt hin zurückgefragt und damit das Sein Gottes »in sich« selbst thematisiert als »notwendige« (transzendentale) Voraussetzung zum Verständnis der realen Heilsgeschichte (= katabatische Fragerichtung).
Nur in der *Reziprozität* beider Fragerichtungen ist daher in Zukunft von Ontologie zu sprechen im Sinne der Frage nach dem *Sein* Gottes selbst; außerhalb dieses Kontextes besteht dagegen (die schon erhobene) Gefahr einer Gnosis, deren ungeklärte Quellen des Gotteswissens sie selbst disqualifizieren in einer kritisch-theologischen Vernunftkonzeption. Aber *innerhalb* des reziproken Horizontes ist dann tatsächlich und ausdrücklich der *Ontologie* ihre Existenzberechtigung, ihr Rang und ihre Bedeutung zuzuerkennen. Auch und gerade wenn sie sich nicht mehr in herkömmlich metaphysischen Denkmustern vollziehen wird, bleibt durch ihre theologische Fundierung das Anliegen der Metaphysik, Gott in seinem Sein zu denken, noch gewahrt.
b) *Das Verhältnis von Ontologie und Geschichte ist unkündbar, weil sich erst im Spannungsfeld dieses Verhältnisses die Frage nach dem Ur-Grund der Welt (= »die« ur-ontologische Frage) als Frage nach dem Sein der Welt stellen läßt.* Wenn und solange gilt, daß der trinitarische Gott der Geschichte der Schöpfer der Welt im ganzen, der ihr gegenwärtig seiend, sie zu *Sein* freigibt, ist und bleibt, und der Gott der Vollendung, in dem die Welt als ganze sich sammeln wird im Eschaton - wie dies beides zum biblischen Urzeugnis gehört -, kann die Frage nach dem *Sein des Seienden* nicht prinzipiell ausgeschlossen werden aus einem theologischen Diskurs der Gotteslehre.

Dies wird auch von Metaphysik-»Stürmern« letztlich nicht geleugnet. So hat etwa *J. Moltmann* in seinem Buch »Der gekreuzigte Gott« die eine heilsgeschichtlich orientierte Hermeneutik überspringende Metaphysik zugunsten einer radikalen trinitarischen Kreuzestheologie zu destruieren versucht: »Endlich findet er [= der Glaube] in ihm [= dem gottverlassenen und verfluchten Gekreuzigten] den Widerspruch zu dem Gott, der sich durch seine Werke in Schöpfung und Geschichte indirekt offenbart. Denn Jesus starb in Gottesverlassenheit...Er [= der Mensch] sucht, Gott in den Werken und Ordnungen des Kosmos oder dem Gang der Weltgeschichte zu erkennen, um kraft der Erkenntnis selbst göttlich zu werden.«[104] Zugleich aber sieht er die *Notwendigkeit* einer Ontologie, wenngleich einer völlig anders ansetzenden, ein: »Wer...'Gott' sagt und nicht auf die 'Auferstehung der Toten' und eine neue Schöpfung aus der Gerechtigkeit Gottes hofft, hat nicht 'Gott' gesagt... - Christliche Theologie ist nicht das 'Ende der Metaphysik'. Gerade weil der metaphysische Theismus auf sie nicht anwendbar ist, ist sie ihrerseits frei, Metaphysik als Aufgabe der Theologie zu übernehmen.«[105] Aber ein Christentum (und das gilt auch für eine christliche Theologie), »das nicht ganz und gar und restlos Eschatologie ist, hat mit *Christus* ganz und gar und restlos nichts zu tun«[106]. Eine »neue« Metaphysik (aus genuin theologischem Horizont) wird dann aber im Horizont einer Kreuzestheologie und unter Einbezug des Kosmos in die universal-eschatologische Geschichte Gottes mit der Welt zu entwerfen sein, wie dies eigentlich schon aus den altkirchlichen Entscheidungen sich hätte herleiten lassen. - Ähnliche Ansätze finden sich innerhalb der klassisch geprägten Metaphysik, die über sich schon hinausweisen: Denn wenngleich zugestanden wird, daß »Metaphysik als 'System'...jedenfalls erledigt zu sein [scheint]«[107], so wird einer geschichtlich strukturierten Vernunft eine Zukunft zuerkannt und eine dementsprechend differenzierte plurale Metaphysik zugeordnet. So »sind verschiedene Denkweisen der Metaphysik einfach deswegen notwendig, weil das Woraufhin der Denkbewegung sich nur in Horizonten, nie aber in seiner Totalität kundtun kann«[108]. Auf diese Weise wird die innere Struktur der Vernunft schon als eine geschichtliche hin auch auf ein neues Verständnis für eine *neue* »natürliche«, geschichtlich-strukturierte Theologie freigelegt.

So wird neuerdings mit der Erkenntnis der Bedeutung der Trinitätslehre für eine Ontologie der Welt die Frage nach dem Sein der Seienden als *trinitarisch*-ontologische entwickelt. »Das Neue der neuen Ontologie ist ihr Ansatz in einer Tiefe, die sich von unten nicht auf-

---

[104] *Moltmann* (^{5}1987) 71.

[105] *Moltmann* (^{5}1987) 203-204.

[106] *Barth* (^{9}1954) 298. Wenngleich *Barth* selbst diese radikale Geschichtlichkeit und Zukunftsoffenheit auf das Eschaton Gottes hin selbst relativieren wird, indem er die Ewigkeit der Zeit als gleich-zeitig zuordnet (vgl. S. 481-482), wird in dieser Erkenntnis sich auch die Frage nach dem *Sein als eines geschichtlichen* neu stellen als zum christlichen Ur-Bestand gehörig.

[107] *Möller*: *Muck* (Hg.) (1989) 29-41; hier: 29.

[108] *Möller*: *Muck* (Hg.) (1989) 31.

schließen läßt: beim dreifaltigen Geheimnis Gottes, das uns im Glauben offenbar ist.«[109] Damit ist neuerlich die *Möglichkeit* einer philosophischen, einer »natürlichen« Theologie, und diesmal noch bedrängender, zur Fage gestellt: *Wenn die Sinnspitze der Reziprozität trinitätstheologischer Argumentation strukturell als Reziprozität von Ontologie und Geschichte zum Ausdruck zu bringen ist, dann muß der Geschichte selbst ontologischer Rang so zukommen, so daß vom Sein und seiner Erkenntnis (= Ontologie) selbst geschichtlich gesprochen werden darf.* Ist dann eine philosophische, »natürliche« Theologie noch als eine allgemeine, immergleiche und *so* jedem Menschen (sei er Glaubender oder Nicht-Glaubender) durch eine dem entsprechende allgemeine *»natürliche« Vernunft* zugängliche denkbar? In der Tat, in der einer ungeschichtlichen Metaphysik entsprechenden Form ist eine natürliche Theologie nicht mehr möglich, denn dafür müßte Geschichte wieder zur *uneigentlichen* Wirklichkeit, zum Akzidens des sich immer gleichen Seins erklärt werden. Wenn also das Sein selbst in *geschichtlicher Bewegung zu erfassen ist*, weil es selbst geschichtlich *ist*, dann wird tatsächlich die Geschichtlichkeit und Offenheit der Erkenntnis hin auf die eschatologische Erfüllung der Geschichte (als sich dann in ihrer Vollendung in Totalität gegenwärtige) der auch für die Erkenntnis »normative« Interpretationshorizont der Wahrheit des Seins.

Immerhin könnte der Vorwurf, hier erläge man der Gefahr einer Verengung bzw. eines Kurzschlusses des hermeneutischen Zirkels noch bestehen. Er könnte etwa lauten: 1. Wenn nur das aus heilsgeschichtlicher Perspektive Gewonnene *rechtens* Auskunft über Gottes Sein in sich geben könne, dann gäbe es nicht mehr die Möglichkeit einer allgemeinen und philosophischen *Vermittlung* der Gotteslehre, also keine natürliche Theologie mehr; mithin bedeutete dies die Unmöglichkeit eines Traktates über das eine Wesen Gottes (in klassischer Form), welcher in seiner herkömmlichen Form ausdrücklich (und deshalb noch *vor* einem Trinitätstraktat stehend) als mit dem natürlichen Licht der Vernunft erhoben und daher allgemein vermittelbar verstanden werden möchte.[110] 2. Besteht nicht ein Widerspruch in diesem An-

---

[109] *Hemmerle* (1976) 54. Vgl. auch: *ders.* (1979); *ders.*: *ders.* (Hg.) (1989) 119-133; *ders.* (²1979).

[110] »Die nächstliegende und gebräuchliche Einteilung der Gotteslehre wird daher genommen, daß die Substanz Gottes nur Eine ist, aber in drei Personen subsis-

satz, insofern gerade in der strengen *Wahrung* eines (heils-)geschichtlichen Ansatzes der Gottesrede der hermeneutische Zirkel selbst noch einmal durchbrochen wird, da der je *vorausgesetzte* Verstehenshorizont für Geschichte schon notwendig einen theoretischen Vor-Entwurf fordert, von dem her Geschichte konkret gedeutet werden kann? Wird also nicht in einem streng heilsgeschichtlich orientierten Denken dann »Welt« schon übersprungen und also eine falsche *Unmittelbarkeit* impliziert? - Dagegen ist darauf hinzuweisen und festzuhalten, daß die Erkenntnis vom ontologischen Rang der Geschichte und also von der Geschichtlichkeit des Seins das Verständnis einer *allgemeinen Vernunft* (als Voraussetzung natürlicher Gotteserkenntnis) selbst verändert hat, insofern dann - d.h. in *An*erkenntnis dieses Sachverhaltes - die Gotteserkenntnis geradezu wieder in ihre (eschatologische) Vorläufigkeit eingesetzt wird. Ist nämlich die Erkenntnis des Seins selbst »wesenhaft« eine geschichtliche, dann wird damit die Pluralität möglicher Vor-Verständnisse im hermeneutischen Verstehensprozeß konstituiert, die ihre Berechtigung und ihre Grenzen haben. Theologisch formuliert: Die Versuche der Begründung göttlich-geschichtlichen Handelns in Gott selber haben *Modell*charakter, sie erschließen den Sinnhorizont trinitarischen Handelns als einen in der immanenten Trinität gründenden *so, daß* sie sich in ihrer Vorläufigkeit verstehen werden und um ihr Bescheiden im Rahmen je anderer (vielleicht gelegentlich je tieferer) Modelle wissen müssen.[111]

---

tiert. *Weil nämlich die gemeinschaftliche Substanz unabhängig von der Dreiheit der Personen erkannt werden kann und in der Tat auch schon vor dem Glauben durch die natürliche Vernunft erkannt wird«*, kommt es nicht zufällig zur Einteilung und tatsächlichen Folge der Traktate *De Deo uno* und *De Deo trino*. So stellvertretend für eine allgemeine Ansicht: *Scheeben* ([3]1948) 1; Hervorhebung nicht im Text.

[111] Vgl. *Schilson/Kasper* (1974) 11: »Dieser knappe Überblick zur erstaunlichen Vielfalt und Beweglichkeit der neutestamentlichen Christologie zeigt sehr deutlich, daß das Christusbekenntnis seine Identität und Wahrheit nur im steten Wandel bewahren kann. Gerade die innerste Mitte des christlichen Glaubens, das Festhalten an einer Zeit und Raum übergreifenden Bedeutung der Gestalt und Botschaft Jesu Christi, drängt auf eine je neue Auslegung in unterschiedlichen Verstehenshorizonten.« Vgl. auch *Kasper* ([7]1978) 16-20. Diese grundsätzlich legitime Vielfalt ist in einem geschichtlichen Vernunftverständnis und folglich dem geschichtlichen Erkenntnisprozeß die einzige Form von Erkenntnis; sie ist nicht reduzierbar. So gilt dieser Modellcharakter auch für heutige Theologie, wie an den heutigen Konzepten einzusehen ist. Die *Kritik* solcher Konzepte (aneinander) gehört damit wesentlich zur Geschichtlichkeit der Vernunft und Erkenntnis, sie ist ihr immanent, ohne daß in der Kritik schon ein »endgültiges« Konzept hervorgebracht werden könnte.

Abschließend: Die dritte Sinnspitze des Reziprozitätsaxioms hat sich als *strukturell-formale* Entfaltung der anderen zwei Sinnspitzen, nämlich der »inneren« und »äußeren« Unhintergehbarkeit der Zirkelbewegung ökonomischer und theologischer Denkbewegung, formulieren lassen. Alle drei Sinnspitzen fordern einander gegenseitig und stützen sich in Sinn und Tragweite. Die Reziprozität von Geschichte und Ontologie ist gewahrt, wenn die »innere« und »äußere« Unhintergehbarkeit der Rede von ökonomischer und immanenter Trinität gilt, wie umgekehrt diese sich in ihrer Bedeutung in jener erschließen lassen.

In diesem Zusammenhang kann noch einmal auf die an sich schon erschlossene Bedeutungsspitze der Entscheidung von *Nikaia* im Horizont der kulturellen Bedingungen hingewiesen werden[112]: 1. Die Rede vom drei-einen Gott *als dem »einen«* bedeutet schon einen unhintergehbaren *Letzt*horizont, *den die Trinitätslehre* für die Rede vom einen Gott bedeutet (= *innere Unhintergehbarkeit des Verstehenszirkels*). 2. Das *Revolutionäre* dieses neuen Gottesverständnisses im Kontext des unnahbaren, absoluten und hermetischen »Hen« ist die heilsgeschichtliche Rückbindung der Frage nach dem Sein Gottes »in sich«; oder umgekehrt: die Veränderung der (vorausgesetzten) Ontologie im Hinblick auf den erfahrenen heilsgeschichtlichen Gott. Anders wäre das Bestehen auf das *homoousios* gegen den Widerstand der (damaligen) »Vernunft« gar nicht erklärbar (= *äußere Unhintergehbarkeit des Verstehenszirkels*). 3. In der Hypostase des Sohnes wird exemplarisch das Verhältnis von Ontologie und Geschichte als ein reziprokes deutlich, denn mit dem *homoousios* ist die Heils-*Geschichte* schon in ihrer *ontologischen* Relevanz aufgedeckt, wie umgekehrt die Ontologie gezwungen war (über kurz oder lang) sich in bezug zur Heilsgeschichte Gottes zu verändern. Dem Hellenismus stand nämlich keine Ontologie zur Verfügung, die einzigartige Bedeutung Jesu Christi auszudrücken.[113] - Der Versuch einer

---

112 Daß dies natürlich als in einem in sich sehr komplexen Prozeß eingefaßt zu verstehen ist, der erst aus der Entfernung der geschichtlichen Distanz eine gewisse Eindeutigkeit erlangt, und daß viele in sich verschachtelte Fragen und Probleme mit der Entscheidung von *Nikaia* verbunden waren, soll hier nicht verschwiegen werden. Vgl. dazu: *Lonergan* (1976).

113 *Grillmeier*: *Balthasar* u.a. (1976) 67 ff. In diesem Kontext ist der Übergang des christlichen Gottesdenkens vom hebräischen in den griechischen Kulturraum nicht einfachhin als »Hellenisierung« zu begreifen, vielmehr als prinzipielle Sprengung des Hellenismus innerhalb seiner eigenen Form; wenngleich es stimmt und festzuhalten bleibt, daß in der *tatsächlichen* geistesgeschichtlichen Entwicklung dieses Neue christlichen Gottesverständnisses von der grie-

konsequenten Reziprozität ökonomischer und theologischer Argumentation ist damit (wenngleich dies erst heute in geändertem geistesgeschichtlichem Kontext in vollem Umfang und ganzer Tragweite erfaßt werden mag) durchaus nicht nur an den Grund-Entscheidungen des geschichtlich sich entfaltenden christlichen Glaubens orientiert, sondern schon in ihnen *begründet; das Reziprozitätsaxiom ist die explikative Ausfaltung der Glaubensentscheidungen der ersten christlichen Konzilien.*

Weiter wird die Reziprozität von Geschichte und Ontologie zum letzten Schritt einer methodologischen Erschließung der Problematik hinführen: Jede Gotteserkenntnis ist als analoge innerhalb *dieses* Horizontes und als *analoge* innerhalb dieses Horizontes zu denken aufgegeben.

Zweites Kapitel

Das »Analogie«-Problem

In den vorausliegenden Überlegungen zur Struktur theologischer Argumentation sind die grundlegenden Probleme der Rede vom trinitarischen Gott, deren Berechtigung und Tragweite, die Fragen nach dem Wahrheitszugang zur immanenten Trinität und der Berechtigung und Form, wie von Gott als dem trinitarischen gesprochen werden könne, ohne darin in eine Gnosis zu verfallen, schon aufgebrochen, die eine erste Antwort in der strengen Durchführung des Reziprozitätsaxioms erhalten haben. Ganz im Sinne dieses Axioms ist nun die Entsprechung von erkenntnistheoretischen Grundlagen der Rede von Gott *und* ihrer inhaltlich-theologischen Berechtigung zu ergründen, in welchem Rahmen nun nach den Bedingungen *jeglicher Gottesrede* gefragt werden muß. Denn die *Möglichkeit* einer solchen wurde bisher immer vorausgesetzt, so daß sie jetzt ausdrücklich in den Blick kommen soll. Die Frage nach den *Bedingungen* der Gotteserkenntnis (und mithin der Rede von Gott als einem trinitarischen) stellt sich als Frage der

---

chisch-metaphysischen *Form* der Erscheinung dieses Neuen weitgehend bestimmt blieb.

Analogie dar. Gottesrede ist *analoge Rede.* Dies wird in der Literatur zu unserem Thema nicht nur vorausgesetzt, sondern auch mitunter reflektiert, weil mit dieser erkenntnistheoretischen Grund-Voraussetzung oder ihrer Ablehnung, jedenfalls mit ihrer je nuancierten Bestimmung oder offenbleibenden Unbestimmtheit, die Grundfragen der Arbeit und ihre Beantwortung unmittelbar mitbestimmt werden: Wie kann von Gott als der immanenten Trinität überhaupt gesprochen werden, so daß eine Rede von ihr wirklich etwas sagt? Wie ist es um eine »innertrinitarische« Begründung des heilsgeschichtlich Erhobenen bestellt? Kann in Gott berechtigterweise von »Personen« gesprochen werden, und was ist damit genauer zu verbinden? Sagt die Rede vom »Leiden«, von der »Geschichtlichkeit« und »Veränderlichkeit« etwas über Gott aus? Wo ist der »Ort« der Gotteserkenntnis zu finden: im Christusereignis, näherhin: im Kreuzesereignis? Oder in der Schöpfung Gottes im Sinne einer »natürlichen« Gotteserkenntnis, aus der dann wieder die Berechtigung einer metaphysischen Gottesrede folgen würde? Wie ist die Reziprozität von Geschichte und Ontologie zu deuten: im Sinne der Möglichkeit einer trinitarischen Ontologie? Diese und ähnliche Fragen haben als *formale* Voraussetzung ihrer (möglichen) Beantwortung die nähere Bestimmung der *Struktur* von Gotteserkenntnis sowie die Auswirkungen ihrer näheren Bestimmung für die Fragen dieser Arbeit genauer zu klären.

I. Das Analogie-Problem als Frage nach der Grundlage der Gotteserkenntnis

Die Gotteserkenntnis ist eine *analoge.* In den vielfach vernetzten Fragenkomplexen, denen sich eine heutigen Trinitätstheologie zu stellen hat, war dies jedenfalls immer vorausgesetzt. Gott ist unter und in den Bedingungen dieser Welt erkenn*bar,* indem er *sich* zu erkennen gibt. Das Erkennen seines Offenbar-Seins ist damit immer ein Erkennen *in* seinem Offenbar-Sein. *In seinem Geist* ist dem Menschen Gott als der, der er »in« sich ist, »erkennbar«, *weil* er sich zu erkennen gibt; *in Gottes Geist* ist die Gotteserkenntnis eine in der *analogia fidei*: »die Entsprechung des Erkannten im Erkennen, des Gegenstandes im Denken, des Wortes Gottes im gedachten und gesprochenen Menschenwort...Diese *analogia fidei* ist doch wohl auch der Sinn der merkwürdigen paulinischen Stellen, in denen das menschliche Erkennen Gottes umgekehrt wird in ein Erkanntwerden des Menschen durch Gott. (...) Dieses Erkanntwerden, die göttliche Möglichkeit, bleibt aber...von der menschlichen Möglichkeit des Erkennens unterschieden: diese kann jene nicht erschöpfen, es bleibt bei der Ähnlichkeit, bei der Analogie. Gott zu sehen von 'Angesicht zu Angesicht' ohne Unähnlichkeit, das bleibt auch für den Christen der ewigen Vollendung vorbehalten.«[114] Dieses Offenbaren Gottes, welches uns eine analoge Erkenntnis seines Seins »in sich« ermöglicht, ist konkret in und als *Geschichte* geschehen, als *Heils*geschichte im *Für-uns*-Sein Gottes. Die Erkenntnis Gottes als des *trinitarischen* ist in der Geschichte Jesu offenbar geworden, *indem* Gott heilshandelnd in Kreuz und Auferstehung Jesu geschichtlich wirkte: In diesem gott-menschlichen Erkenntniszirkel ist die Frage einer angemessenen Analogie trinitarischer Gotteserkenntnis ebenso eingefangen, wie die Frage, *ob* und gegebenenfalls *wie* von einem »Leiden« Gottes gesprochen werden muß. Oder anders: die Erkenntnis Gottes als des trinitarischen ist eine analoge Erkenntnis aus der Offenbarung Gottes selbst, und nur, indem Gott *sich* als trinitarischer offenbart, *ist* die Erkenntnis Gottes eine Erkenntnis des trinitarischen Seins Gottes. Sie ist, solange ein Offenbaren Gottes nicht geschieht, keine Erkenntnis, und wenn es geschieht, Erkenntnis aus der Freiheit und Uneinholbarkeit Gottes, seiner *Unähnlichkeit*, die nur Gott selbst zu einer Erkenntnis öffnen kann, die dann eine von der Unähnlichkeit des Erkannten mit dem Sich-zu-erkennen-Gebenden »umschlossene« *ähnliche* wird. Gott ist in der Offenbarung seiner selbst in seinem trinitarischen Leben nicht so erkannt, daß diese Erkenntnis je einmal ohne die *bleibende* Öffnung Gottes *vom Menschen her*, gewissermaßen als in der Macht des Menschen liegend, möglich wäre. Gott bleibt die uneinholbare Quelle der Offenbarung seines *innersten* Lebens, so daß die menschliche Erkenntnis nie *von sich her* Gott zur Erkenntnis bringen könnte, wenn Gott sich nicht *je immer zuvor* im Erkennenden die Bedingungen dieser Erkenntnis schafft. Als solchermaßen strukturierte Erkenntnis ist die Trinitätserkenntnis *analoge* Erkenntnis. Weil der Mensch in sei-

---

[114] *Barth*: KD I/1 (^{5}1947) 257.

nem Erkennen nie die *Bedingungen* seines Erkennens und die des Gegenstandes seiner Erkenntnis einzuholen vermag, ist die Erkenntnis eine *bleibend unähnliche*, denn sie ist im Erkennen nie in eine mit dem Erkennen *identische, univoke* Erkenntnis aufzuheben. Sie ist eine aus der Unähnlichkeit heraus eröffnete *ähnliche,* weil ein Erkennen aus der Eröffnung der Bedingungen des Erkennens und darin des Erkenntnisgegenstandes *im* konkreten Eröffnetsein von Erkenntnisakt und -gegenstand (durch Gott selbst) *wirklich* Erkennen und Erkennen des Gegenstandes der Erkenntnis wird. Analoge Erkenntnis Gottes als Trinität *ist* Erkenntnis, in der sich Gott wirklich als der, der er ist, zu erkennen gibt; und sie ist *Erkenntnis*, keine Zurückhaltung eines dunklen Geheimnisses. Deshalb ist sie als *analoge Erkenntnis* die einzig angemessene Form von Gotteserkenntnis *und darin ist sie wahrhaftig* Gotteserkenntnis, d.h. keine *defiziente* Form von Erkennen, die von einer anderen »eigentlicheren« Form als vorläufige und also in eine »eigentliche« aufzuhebende zu verstehen oder von einer anderen Form her einmal als abzulösende zu erweisen wäre.

Die Äußerung *Barths*[115], in der ewigen Vollendung könne eine solche Aufhebung der analogen Erkenntnis vor sich gehen, die sich auf *1 Kor 13,12* (nicht ähnlich, analog, sondern »gleich wie«) stützt, ist 1. als *Hinweis* auf die biblisch öfter und im Zusammenhang mit der eschatologischen Vollendung zu findende Hoffnung auf eine universale »Verwandlung« der Seins*bedingungen* und also die *Änderung* auch der Erkenntnis*bedingungen* zu deuten. Davon ist aber keineswegs die *prinzipielle* Unaufhebbarkeit der *göttlichen Bedingt*heit der geschöpflichen Erkenntnis Gottes berührt; und *diese* Form der Erkenntnis konstituiert Erkenntnis letztlich als *analoge.* 2. *1 Kor 13* spricht von der *Endlichkeit* menschlicher Erkenntnis, ihrer Fragmentarität *unter den Bedingungen dieser Welt.* In diesem Horizont würde Analogie allerdings als *weltlich-defiziente Erkenntnisweise* verstanden, der dann immer, d.h. solange die Welt unter den gegenwärtigen Bedingungen besteht, ein gewisser peiorativer und also »aufzuhebender« Charakter eignen müßte. *Dies* würde sich mit dem Eintritt der Welt in das Eschaton Gottes ändern, *von daher* könnte man berechtigt von einer dann nicht mehr in *der* Weise »endlichen« und fragmentarischen

---

115 *Barth*, KD I/1 (^{5}1947) 257.

Erkenntnisweise sprechen. Grundsätzlich steht aber *analoges Erkennen* in einem Horizont der prinzipiellen Struktur von Gotteserkenntnis, die nicht aufgrund ihrer (auch für sie geltenden) »Endlichkeit« und »Fragmentarität« schon analoge Erkenntnis ist, sondern wegen der bleibenden, konstitutionellen Bedingtheit des Gotteserkennens durch Gott selbst *analoge Erkenntnis* genannt wird. - Es ist wichtig das zu sehen, weil damit der Horizont der weiteren Rede von Analogie bestimmt wird. 3. Daß in *1 Joh 3,1-3* auch von einem »Sehen des Vaters, wie er ist«, im Eschaton gesprochen werden kann, widerspricht dem Gesagten nicht im mindesten, weil der Kontext dieser Äußerung den des Neu-Zukommens Gottes im Eschaton meint, in welchem er unter den neuen Bedingungen des Eschatons und als dann von der Vollendung der Geschichte betroffener uns in solcher Weise verwandelt konstituieren wird in unserem *Sein* (jetzt sind wir Kinder Gottes - dann werden wir ihm »ähnlich« sein), daß wir unter neuen Bedingungen Gott erkennen werden, unter den neuen *Bedingungen* unseres *Dann*-Seins; nicht wird dadurch die prinzipielle *Bedingtheit* unseres Seins und Erkennens durch Gott selbst, unser »Von-ihm-her-und-auf ihn-hin-Sein« (vgl. *1 Kor 8,6*), als aufgehoben betrachtet.[116] Das, was auf Erkenntnisebene mit »Analogie« zum Ausdruck gebracht werden soll, kann auf »ontologisch«-geschöpflicher Ebene des Geschöpf-*Seins* mit *1 Kor 8,6* verstanden werden. Der Mensch wird an dieser Schriftstelle in seinem Eigensten als unvertretbares Geschöpf vor Gott aus der *Relation Gottes zu diesem Innersten* heraus verstanden, welche Relation eine *bleibend* den Menschen in seinem Sein konstituierende genannt werden muß; er ist *so* oder andernfalls *nicht* Mensch. Das *Eigenste* des namentlichen Menschen *ist* sein *»pros-ton-theon«* (*Joh* 1,3) oder sein *»ex hou...kai...eis auton«*.[117] Diese bleibende *Bedingtheit des Seins* eröffnet dieses Sein als relational begründetes und zugleich *analoges*: Das *Sein* der Geschöpfe Gottes ist ein

---

[116] Vgl. dazu *Faber* (1985) 133-194; bes. 182 ff.

[117] Wohlgemerkt: *Nicht* Gott »konstituiert« die Person, in der Weise etwa, daß er ein »Teil« von ihr wäre (mit all den daraus sich ergebenden Konsequenzen), sondern die *Relation Gottes* zum (aus dem »Nichts«) in Liebe »beim Namen gerufenen«, unvertretbaren Menschen, so daß der (individuelle) namentliche Mensch als Person diese Relation Gottes zu ihm *ist* und also in ihr *definiert* zu nennen wäre.

analoges. Die *Geschöpflichkeit* selbst begründet weltliches Sein als unaufhebbar analoges. In der damit sich eröffnenden universalen Perspektive ist nicht nur der Mensch und nicht nur der Mensch unter der Offenbarung Gottes in Christus als *analoges Ex-sistieren*[118] erfaßt, sondern die Schöpfung Gottes schlechthin, wenngleich dies erst unter der Offenbarung Gottes im vollen Sinne *erkannt* werden mag. »Alles Geschaffene ist in einem besonderen, im verwirklichten und offenbaren Schöpfungsmysterium auch entsprechend offenkundigen Sinn *aus Gott Vater*. Er ist die *arché*, der *ex hou ta panta* (1 Kor 8,6) schlechthin.«[119] In diesem unkündbaren Ursprungsverhältnis ist das Geschaffen-*Sein* immer schon in sein je *eigenes* Von-Gott-her-Sein als *Ex-sistenz* freigegeben, indem es bleibend die Manifestation dieses Verhältnisses, welches biblisch als *Liebesverhältnis* bezeichnet wird[120], *ist*. Die *analogia fidei* führt folgerichtig zur Frage der ontologischen Grundlage der so gegebenen analogen Struktur menschlichen Gott-Erkennens und somit zur *analogia entis* im Horizont der Geschöpflichkeit der Welt. »Auch schon das Geschaffene 'rein als solches', die 'Natur', ist schon absolut nicht-notwendig, d.h. ungeschuldete, gratis gegebene Realität, also *Geschenk* Gottes. Geschaffenes Sein ist in seiner von Gott (Vater) her seienden Wirklichkeit reales Geschenk, das dieses sein Aus-göttlicher-Liebe-Geschenk-Sein

---

118 Hier wird der Begriff der »*existentia*«, wie er von *Richard v. St. Viktor* verwendet wird, aufgegriffen, denn er ist 1. schon in ausdrücklich trinitätstheologischem Horizont der Bestimmung trinitarischen Personseins entwickelt (*persona est divinae naturae incommunicabilis existentia*) und 2. im besonderen in der Bestimmung des Von-her-Seins im »*ex*« der Existenz *als* Ausdruck der erhobenen Struktur analogen Seins und Erkennens besonders geeignet. Vgl. etwa *Greshake*: *Heitger* (Hg.) (1987) 7-8; *Krenski* (1990) 160 ff; *Mühlen* (^{2}1967) 40: *Richard* geht nicht vom Begriff der (durch-sich-seienden und in-sich-seienden) Substanz aus, sondern »von dem Begriff der Ex-sistenz. Dieser enthält über das mit 'Substanz' Gemeinte hinaus das Moment des *unde*, der jeweiligen Ursprungsbeziehung der Substanz...Das Verhältnis der Person zu jenen Personen, welche ihr Ursprung sind, gehört mit zur Wesensbestimmung der Person«!

119 *Schulte*: MySal IV/2 (1973) 122.

120 Vgl. das in *Eph 1,5* emphatisch vorangestellte Schöpfungsmotiv (das im übrigen dort gleich in heilsgeschichtlichem Kontext und mithin trinitarisch entfaltet wird): *aus Liebe*!

auch *kundtut* und auf diese Weise Gottes *agape* (schon anfanghaft) vermittelnd sich auswirken und manifestieren läßt.«[121] Das *Sein* der Geschöpfe ist ein *analoges*. In der Uneinholbarkeit der Bedingung des Seins als eines geschöpflichen Von-Gott-her-Seins ist es ein Gott *unähnliches* Sein; es *ist* nur im Zum-Sein-frei-gegeben-Sein und solange es dies ist. *Insofern* Gott dieses Sein bleibend eröffnet, ist geschöpfliches Sein ein ihm *ähnliches* zu nennen, das ein stets *nicht-gleiches* zu Gott bleibt, weil es die Bedingungen seines Seins nie einzuholen vermag. So ist geschöpfliches Sein *als* analoges ein *ex-sistierendes*, bleibendes In-Relation-zu-Gott-Sein, bleibendes Von-ihm-her-Sein aus Liebe. Wieder gilt: Dies ist keine *defiziente* Form geschöpflichen Seins, sondern die *einzige*.
Theologisch kann Analogie als Erkenntnis- und Seinsanalogie aus der unaufhebbaren *Grundstruktur* des bleibenden »*Von-Gott-her-je-selbst-Seins*« verständlich werden. *Analog* ist diese Grundstruktur durch 1. die bleibende *Uneinholbarkeit* der Bedingungen dieses Seins durch das *so* Seiende und 2. die unmittelbar *relationale* Struktur des so Seienden in bezug zu seinem So-Sein: beides als *ein* Zusammenhang und als Zusammenhang von *Unähnlichkeit* und *Ähnlichkeit*. Im Eröffnetsein des So-Seienden *ist* das Seiende bleibend aus der *je größeren Unähnlichkeit* des in seinem Eröffnen uneinholbaren, das Sein eröffnenden Gottes. Im Eröffnetsein des So-Seienden ist es *im* Unähnlichsein in die *Ähnlichkeit* geholte und in ihr zu je Selber-Sein freigegebene Ex-sistenz.
Diese Form der Rede von der Analogie und ihrer Notwendigkeit in theologischen Zusammenhängen hat sich schon im Kontext unserer speziellen Problematik, nämlich der Erkenntnis Gottes als eines trinitarischen als *analogia fidei* und ihrer Struktur ergeben und sich *von da aus* als *analogia entis*, genauer: als Analogie des *geschöpflichen Seins* selbst erschließen lassen. *Analoge Ex-sistenz* ist im Raum der Offenbarung Gottes keine defiziente, sondern die Grundstruktur *geschöpflichen* Seins und Erkennens. Analogie wird so als universale *Form* des Seins und Erkennens im Horizont des offenbaren Gottes zu begreifen aufgegeben, so daß die Rede vom trinitarischen Gott und

---

[121] *Schulte*: MySal IV/2 (1973) 123.

die (mögliche) Rede vom »Leiden« Gottes sich nur als *analoge* Rede verstehen lassen werden.

Die Frage nach der Bedeutung und Tragweite der *analogia entis* ist eine in der theologischen Auseinandersetzung durchaus umstrittene.[122] Im philosophischen Sinne ist damit der Wandel eines Sinngehaltes in der Beibehaltung derselben Begriffe bei der Anwendung auf verschiedene Seinsbereiche angesprochen. »Im analogen Begriff bleibt einerseits (gegenüber der Äquivozität) derselbe Begriffsinhalt gewahrt, der aber anderseits (gegenüber der Univozität) einen inneren Bedeutungswandel erfährt, so daß die Elemente der Gemeinsamkeit u[nd] der Verschiedenheit, der Ähnlichkeit u[nd] der Unähnlichkeit der gemeinten Dinge im Begriffsgehalt selbst eine logisch nicht mehr trennbare Einheit ausmachen.«[123] Der Grund aller Verschiedenheit und Gemeinsamkeit wird als in einer umfassenderen Einheit gründend verstanden, welche eben eine analoge ist. Diese Begriffsanalogie ist selbst wieder in der Grundstruktur des *Seins*begriffs begründet, der alle kategorial univoken Begriffe analog umgreift und begründet, »weil alles Seiende schlechthin im Sein übereinkommt, sich zugleich aber im Sein unterscheidet, jedoch nicht durch Merkmale, die v[on] außen z[um] Sein hinzutreten, sondern, da sie selbst Seiende sind, einer Selbstauslegung des Seins entspringen.«[124] So gründet die Begriffsanalogie selbst wieder in der Analogie des *Seins selbst*, »d.h. in der analogen Gemeinsamkeit u[nd] Verschiedenheit alles Seienden in seinem Sein.«[125] - Die Auseinandersetzungen um die formal-logischen Verdeutlichungen dieses Sachverhalts, ob und in welchem Umfange und in welcher Form sie zur Auslegung der Seinsanalogie bzw. der Erkenntnisanalogie eine Anwendung finden können, ist theologiegeschichtlich umstritten.[126] Allerdings handelt es sich dabei um *»sekundäre*

---

[122] Vgl. dafür nur die zueinander äußerst kontrovers formulierten Artikel zum Thema in evangelischen und katholischen Lexika: *Klein*: RGG I (^{3}1957) 348-350; *Pannenberg*: RGG I, (^{3}1957) 350-353; *Przywara*: LThK I (^{2}1957) 468-473.

[123] *Przywara*: LThK I (^{2}1957) 468.

[124] *Przywara*: LThK I (^{2}1957) 468.

[125] *Przywara*: LThK I (^{2}1957) 468-469.

[126] Verdeutlichungen wie die Analogie der *Attribution* (= der Begriffs*gehalt* wird von einem auf das andere Analogat übertragen) oder die Analogie der *Proportion* (= Übertragen einer Proportion von einem auf das andere Analogat, wobei einerseits nur das *Verhältnis* der Proportionen die Analogie ergibt oder in der Proportionalität das Verhältnis selbst beiden Analogaten *eigentlich* zu-

Verdeutlichungen«[127], die nicht die Absicht haben, daß damit Gott »begriffen« und »umgriffen« werden könne, denn der ursprüngliche Ort der Analogie bleibt das Verhältnis des Seienden zum Sein bzw. das Verhältnis der (bestimmten) Erkenntnis zum unumfaßbaren Horizont der Erkenntnis. - Sorgfältig muß in einer Anwendung auf die Gotteserkenntnis beachtet werden, daß das in der Seinsanalogie erfaßte Sein nicht schon einfachhin »Gott« genannt werden kann, denn es ist das *Sein der Seienden* angesprochen; dieses ist aber nicht der umfassende Horizont einer (auch ontologischen) Gottesrede, wie die bisher durchgeführte Metaphysikkritik aufzeigen konnte. »Dementsprechend ist die analoge Aussage über Gott eine einmalige Redeweise sui generis. Die A[nalogie] als Form des religiösen Sprechens u[nd] Denkens ist darum kein logischer Trick, durch den die menschliche Erkenntnis sich Gott bemächtigt, sondern die Umschreibung der Urtatsache dieser Erkenntnis, daß sie nämlich überall u[nd] von vornherein ausgerichtet ist auf etwas, was ihr *als* das absolute *Geheimnis* ungegenständlich gegeben ist, ohne daß der Geheimnischarakter diese Gegebenheit oder diese Unbegreiflichkeit Gottes aufhebt.«[128] - Mit der Analogie (des Glaubens) in der Gotteserkenntnis selbst muß *die Grundstruktur* des geschöpflichen Seins genannt werden, die *unaufhebbar (auch für das Eschaton) gelten wird müssen*, in der dann aber nie Gott *ohne ihn selbst*, ohne sein *bleibendes Sich-Schenken*, zu erkennen sein wird. Analoge Ex-sistenz bedeutet: die Welt als *Schöpfung* Gottes zu verstehen, die nie ohne seine begründende Anwesenheit (in welcher Form diese auch noch näher zu bestimmen sein wird) *Gottes* Schöpfung genannt werden könnte, so daß die ontologische Grundlage, wie sie aus dem Horizont der Gottesoffenbarung erhoben wird, a priori nie ohne diese Offenbarung Gottes gedacht wird, damit auch nicht zu einer *eigenständigen* Quelle der Gotteserkenntnis *neben* der Offenbarung Gottes werden kann: 1. Gott ist schon in seinem (schließlich bleibend aktuellen) Schaffen der *offenbare*, *sich*-engagierende, *sich*-mitteilende Gott, so daß »natürliche« Erkenntnis schon immer im Kontext des Offenbarungsgottes steht. In der Reziprozität von Ontologie und Geschichte erfüllt sich dieser Sachverhalt nämlich, insofern das Sein als Aus-Gott-*Sein* in sich auf Geschichte hin von Gott angelegt ist, wie umgekehrt sich das Sein aus der Be-

---

kommt) werden entsprechend der konkreten Situation einmal beide anerkannt, ein anderesmal nur teilweise, und das in je nuanciertem Sinne. Vgl. dazu die Beiträge von *Klein*: RGG I (^{3}1957) bes. 349 und *Pannenberg*: RGG I (^{3}1957) bes. 350-351.

127 *Przywara*: LThK I (^{2}1957) 469: *Przywara* spricht von *nur* sekundären Verdeutlichungs*hilfen*, in denen das Frühere durch das Spätere verdeutlicht wird, nicht der ursprüngliche allgemeine Analogiebegriff auf einen *besonderen Fall* angewendet würde.

128 *Przywara*: LThK I (^{2}1957) 469.

troffenheit Gottes von seiner konkreten Geschichte mit der Welt und einer (möglichen, wie auch immer noch näher zu bestimmenden) Geschichtlichkeit Gottes selbst *geschichtlich* bestimmt, ebenso die »Natürlichkeit« der Vernunfterkenntnis als Gotteserkenntnis.[129] Die Gotteserkenntnis ist in der Geschichte Gottes mit seiner Welt nicht ohne die *geschichtliche Bestimmtheit* von dieser Gottes- und Heils-Geschichte zu verstehen, weil Schöpfung selbst nicht mehr ohne die tatsächliche Heilsgeschichte und damit der Christusoffenbarung *un*-geschichtlich »in sich« zu verstehen ist. 2. Wenn die Analogie sich aus letzter Gott-Bestimmtheit des Seins und *folglich* des Erkennens ergibt, dann wird analoge Ex-sistenz selbst die bleibende Ur-Form geschöpflichen Seins sein müssen, in die hinein Gott sich als heilsgeschichtlich offenbarender allererst (aber auch nicht anders) verständlich machen kann: *Die analogia fidei fordert eine Analogie der Geschöpflichkeit aus sich heraus*. 3. Schließlich wird im Neuen Testament tatsächlich im Horizont der Offenbarung selbst der universale Horizont als Grundstruktur der Geschöpflichkeit eröffnet (siehe *1 Kor 8,6*).

Insofern sich aus der Einsicht in die Struktur der *analogia fidei* die notwendige Rückfrage nach der »ontologischen Grundlage« dieser als Form der Gotteserkenntnis ergeben hat (was ja aufgrund der Reziprozität theologischer Argumentation auch gefordert erscheint), wird von

---

[129] *K. Rahner* hat in seiner Bestimmung von *geschichtlich-konkreter* Offenbarung und ihrer *transzendentalen* Voraussetzung »in« Gott bzw. seinem schöpferischen Handeln - in welchem Verhältnis sich ja das (hier so bezeichnete) von *Geschichte* und *Ontologie* widerspiegelt - nun keineswegs eine »Reziprozität« beider Elemente erreicht, weil die Geschichte keine Auswirkungen auf eine Ontologie hat, die dann ja selbst *geschichtlich* bestimmt zu sehen wäre: Geschichte und mithin Leiden bleiben ganz auf der Seite des Geschöpfes: Gott *wird* »am anderen« (= den Geschöpfen), nicht »in« sich, so *Rahner*: SzTh IV (1960) 137-155; hier: 147. Folglich kann auch die »natürliche« Vernunft in ihrer transzendentalen Reflexionsstruktur nicht als »geschichtlich« bestimmte erkannt werden. »Diese konstitutive Spannung zwischen geschichtlicher Wirklichkeit und transzendentaler Möglichkeit weist uns erst auf das Grundproblem des Ansatzes von K. Rahner. Thesenhaft formuliert könnte man sagen, daß er in seinem Denken in einem sehr hohen Ausmaß der idealistischen Identitätsphilosophie und ihrer Identifizierung von Sein und Bewußtsein verhaftet bleibt. So schließt er aus der unbezweifelbaren Offenheit des menschlichen Geistes auf das Unendliche unmittelbar auf die Wirklichkeit des Unendlichen«, so *Kasper* ([7]1978) 60. Dagegen zeigt die Offenheit des endlichen menschlichen Geistes in sich nicht die Möglichkeit einer Determination der tatsächlichen Offenbarung Gottes aus ihren transzendentalen Bedingungen, *und damit* entpuppt sich die menschliche Vernunft als eine in ihrer Offenheit *geschichtlich* bestimmte und noch zu bestimmende. Dies wird uns noch beschäftigen müssen.

einer analogen geschöpflichen Ex-sistenz gesprochen werden können, in der Gott *per definitionem* der uneinholbar *unähnliche* mit dem, der ihn erkennt (ja den er dazu allererst einmal schaffen muß), bleibt. *Indem* er sich zu erkennen gibt (sich offenbart) und den Erkennenden in seine Nähe freisetzt, auf daß er Gott *wirklich*, in je (unabgemessener) *Ähnlichkeit*, erkenne, bleibt das Erkennen *aus* der *Unähnlichkeit* und *erst* in ihr eröffnet.

II. Zur innertrinitarischen Grundlegung der analogen Gotteserkenntnis

Die weiteren Fragen, wie eine philosophisch verstandene *analogia entis* sich dazu verhalte, ob theologisch nun von *analogia entis* gesprochen werden könne oder nicht, in welcher Weise »verschiedene« Erkenntnisquellen der Gotteserkenntnis anzusetzen wären oder *ob* dies geschehen könne u.ä.m., werden uns aufgrund des eben Gesagten nicht mehr weiter beschäftigen müssen, weil für unsere Fragestellung sich die Analogie schon aus trinitarischem Kontext ergeben hat und *in diesem* sich hinreichend als geschöpfliche Analogie verstehen hat lassen, die nun für die weiteren Überlegungen vorausgesetzt werden kann. Die Anfragen *K. Barths* an eine von der Offenbarung »unabhängige« *analogia entis* sollten in diesen Überlegungen ernst genommen werden, weswegen ja der Ausgangspunkt die von ihm konzidierte *analogia fidei* war, wenngleich (gegen seine Verengung) sich schon in dieser die Struktur der Geschöpflichkeit selbst *immanent* voraussetzen muß, weil andernfalls die Analogie der Erkenntnis keine Begründung im Sein finden könnte, welches Gott sich (auch von *Barth* letztlich unbestritten) dafür als disponiertes voraussetzen muß. Daß eine solche Struktur erst eine mit dem Christusereignis *zu erkennende* ist, kann in unserer Frage nach dem trinitarischen Gott a priori nur bejaht werden, weil immerhin eines unumstritten sein wird, daß nämlich die Erkenntnis des trinitarischen Gottes *unmittelbar* und *unaufhebbar* an das Christusereignis gebunden ist. Anders als im Christusereignis ist Gott nie und unter keinen Umständen als der trinitarische Gott für den Menschen zu erkennen, weil er sich *erst* in diesem als trinitarischer Gott zu erkennen gibt. *Wenn* er aber als trinitarischer Gott sich offenbart, so ist sein Welt-Bezug und innerhalb dessen sein Bezug zum Erkennenden nicht mehr *ohne* diese Offenbarkeit zu verstehen, wie umgekehrt diese seine Offenbarkeit selbst die geschöpfliche Struktur seiner Schöpfung *auf diese Offenbarkeit hin* betreffen wird. Dies hat zwei Konsequenzen für die kommende Untersuchung:

1. *Im Offenbarsein* Gottes als trinitarischer Gott muß das »Von-Gott-her-Sein«, die *analoge Ex-sistenz*, selbst in den Blick treten in einer *ontologischen* Relevanz und einer universalen, auf die Schöpfung im Ganzen bezogenen Bedeutung, so daß berechtigt von einer ontologisch-geschöpflich fundierten *Analogie* gesprochen werden kann (und dies auch Barth noch als möglich erscheinen müßte, *weil* dies aus der *analogia fidei* selbst gefordert ist). Diese wird sich dann (per definitionem) von Gott immer schon bestimmt wissen müssen und folglich über Gott selbst etwas aussagen können.

2. Gemäß dem Reziprozitätsaxiom bedarf es einer »ontologischen« Begründung dieses Sachverhaltes »in« Gott so, daß der *wirklich* offenbare Gott darin als der Erkenntnis- und Seinsgrund seiner Offenbarung verständlich wird. Konkret gesprochen: Es wird nach einer *innertrinitarischen* Begründung der Geschöpflichkeitsstruktur und der Erkenntnisstruktur als einer *analogen* zu fragen sein. Das »Von-Gott-her-Sein« als Struktur analoger Ex-sistenz wird sich dann selbst als in den innertrinitarischen *Ursprungsverhältnissen* begründet erhellen lassen, denn der Vater, der in bezug zur Welt der *ex quo omnia* ist, ist schon innertrinitarisch der, aus dem der Sohn und der Geist sind, und er ist zugleich in *diesem* seinem Sein der Schöpfer allen Seins.[130]

---

[130] *R. Schulte* hat diesen Sachverhalt mit einer altchristlichen (aus den trinitätstheologischen Auseinandersetzungen stammenden und von den griechischen Vätern verwendeten) Begrifflichkeit zu fassen versucht, die dies sehr gut zum Ausdruck bringt, so daß die *analoge* Struktur der Gotteserkenntnis und des geschöpflichen Seins als *im göttlichen Sein selbst gründende* erkannt werden kann: Er unterscheidet den Gott, aus dem *alles Sein ist (ex quo omnia; 1 Kor* 8,6 u.ö.) als den, der dies »nach innen« ist und als den, der dies »nach außen«, in bezug zur Welt, ist. Der Vater als Ursprung des Sohnes, den er zeugt (*gennao*), ist der *agennetos* schlechthin; der Sohn ist davon her dann »patro*genne*tisch« zu verstehen; infolge kann der Geist *durch* den Sohn auf dieser patrogennetischen Linie verstanden werden. Insofern Gott der Schöpfer von allem ist, ist das Geschaffene »patro*gene*tisch« (*gignomai*) zu verstehen.

Wenngleich und mehr noch *indem* die bleibende unendliche Differenz zwischen »Zeugung« (des Sohnes) und »Geburt« (der Welt) nicht verwischbar ist (sie werden zueinander selbst analog zu begreifen sein), kann die *inner*trinitarische Gründung des »Von-Gott-her-Seins« als innerster Grund der *Analogie* (des Seins und des Erkennens) darin aufgedeckt werden. *In Gottes Leben selbst wird sich der letzte Grund für die Analogie so finden, daß sie als Grund-Struktur geschöpflichen Seins schlechthin in ihrer letzten Wurzel verstehbar wird.* Dies ist schließlich der Zusammenhang, der uns zur Frage der innertrinitarischen Gründung der Schöpfung Gottes selbst hinführen wird - und es ist *der* Zusammenhang, der für die weiteren Argumentationen in bezug zur Frage der »Geschichtlichkeit« Gottes von entscheidender Bedeutung sein wird. Denn der ursprünglichste Schöpfungssinn wird aus der *patrogen(n)etischen* Grundstruktur (göttlicher) Ursprungsverhältnisse eben als die »*Fortführung innertrinitarischer* Sohnschaft nach außen«[131] verständlich werden; sodann: geschöpflich analoge Ex-sistenz - als (analoge) »*Fortführung*« *innertrinitarischer Ex-sistenz* und *so* als analoge Ex-sistenz. Die Schöpfung selbst hat einen innertrinitarischen »Ort«, der sich aus der *trinitarischen Lebens*-»struktur« Gottes heraus lichtet. Dies wird deutlich im Zusammenhang mit der prinzipiellen *Reziprozität* von immanenter und ökonomischer Argumentation: Denn nur, wenn die (Ursprungs-)Beziehung von Vater und Sohn (und Geist) »die Voraussetzung dafür [ist]..., daß Welt und endliche Freiheit überhaupt existieren«[132], kann der unbedingte (»äußere« und »innere«) Verstehenszirkel theologischer Argumentation gewahrt werden, kann das heilsgeschichtlich Erhobene *wirklich* Gott erreichen, wie er in sich ist.[133]

Vgl. *Schulte*: MySal III/1 (1970) 49-88; hier: 53.

[131] *Hoffmann* (1981) 61.

[132] *Balthasar*: IKaZ 9 (1980) 26-35; hier: 34.

[133] Dies wußte man schließlich auch noch zu Zeiten, in denen keine *konsequente Reziprozität* durchgehalten wurde. Das christologische Denken eines *Thomas v. Aquin* ist eben dadurch bestimmt, daß »die Sendung (*missio*) des Sohnes nur die in die Welt hinein erfolgte Verlängerung seines ewigen Ausgangs (*processio*) aus dem Vater« ist, so: *Balthasar*: IKaZ 8 (1979) 30-39; hier: 38. Wenngleich durch die geschichtlich gewordene »Trennung« des Trinitätstraktates von seinen heilsgeschichtlichen Grundlagen der Eindruck erweckt werden

Aus der Offenbarung Gottes in Christus und folglich aus dem *in ihr* offenbaren, trinitarischen Gott erschließt *er* sich zugleich *als* Grundstruktur geschöpflicher, *analoger Ex-sistenz*, insofern sie *in* der Offenbarung als *in* diesem Gott gründend mitoffenbart erscheint. Wenn dies so ist, und wenn also das »Von-Gott-her-Sein« als Struktur der Analogie in den innertrinitarischen Ursprungsverhältnissen göttlichen Lebens gründend angesetzt werden muß, dann wird zutiefst nach der Bedeutung der Analogie *für Gott selbst* zu fragen sein.
Es soll gelten, daß das Verhältnis von Schöpfer und Geschöpf *so* in der innertrinitarischen Relationalität gründet, daß die Analogizität *zwischen* Gottes Relation-Sein auf der einen Seite *und* der Relation von Gott und Welt auf der anderen Seite *in der einen* Analogie gründet, nämlich in der sie eröffnenden *je-größeren Unähnlichkeit* in Gott: Diese Unähnlichkeit ist alleine und immer die *Gottes,* ob nun von der Gott-Welt-Relation oder von den innertrinitarischen Relationen die Rede ist (und deren Proportionalität zueinander); und die Unähnlichkeit als *eröffnendes* Element jeglicher Analogizität ist immer *dieselbe* desselben Gottes, sie ist in möglichen Proportionen *nicht* selbst »in sich« noch einmal *analog*.
Hier kann jedenfalls die fundamentale Bedeutung der Analogie in der trinitätstheologischen Auseinandersetzung festgehalten werden, insofern sich die Reziprozität theologischer und ökonomischer Argumentation, mithin die Reziprozität von Ontologie und Geschichte, als *analoge* zu verstehen gibt. Nur, wenn diese Reziprozität als *analoge* festgehalten wird, erschließt sie sich wirklich als Struktur der Gotteserkenntnis; nur, wenn diese Analogie als *reziproke* verstanden wird, kann sie wirklich als Struktur innergöttlichen Seins erschlossen werden.

---

mußte, daß die Menschwerdung gar nichts über die innertrinitarische »Stellung« des Sohnes aussagen könne, so daß in dieser Hinsicht immerhin die Gefahr bestand, daß zwischen »'Sendung' und dem innertrinitarischen Leben...dann überhaupt kein wirklicher Zusammenhang mehr [bestände]«, wie *Rahner*: MySal II (1967) 333 befürchtet. - Aus dieser geschichtlichen Entwicklung kann noch einmal deutlich werden, daß mit einer *nicht*-konsequent durchgeführten *Reziprozität* anabatischer und katabatischer Argumentation sich schon bald die Gefahr einer Aufhebung des »Zusammenhangs« beider Wege selbst ergeben kann.

III. Zur näheren Bestimmung des Verhältnisses von »Unähnlichkeit« und »Ähnlichkeit«

Für die genauere Bestimmung der Analogie im Horizont trinitarischer Offenbarung wird sich jetzt aber das Verhältnis der zwei tragenden Elemente *Unähnlichkeit* und *Ähnlichkeit* als wichtig herausstellen, weil ja nur in der Bestimmung dieses »Zueinander« der *Begriff* der Analogie zu erhellen ist, wie umgekehrt die mit dem Begriff ausgedrückte Grund-Struktur analogen Seins sich in dieser Bestimmung *als Ex*-sistenz erfassen lassen muß: Die Zuordnung von »Ähnlichkeit« und »Unähnlichkeit« erfaßt *begrifflich*, was die analoge Ex-sistenz *real* vollzieht.

1. Es kann als eine bemerkenswerte Tatsache gewertet werden, daß die Bestimmung des Verhältnisses von *Ähnlichkeit* und *Unähnlichkeit* durch das *IV. Lateran Konzil* 1215 nicht in einem abstrakt-allgemeinen Kontext einer Begriffsbestimmung von Analogie, sondern schon im konkreten Kontext der Bestimmung des Verhältnisses von Gott und Schöpfung von statten ging, also jene besondere Form der Analogie sui generis als die der Gotteserkenntnis aufgriff, die bisher schon im Mittelpunkt der Betrachtung stand: Nicht das *Sein* (der Seienden), sondern Gott (der Schöpfer) und die Struktur seiner Erkennbarkeit durch den Menschen standen zu näherer Präzisierung an. Die (mittlerweile) berühmt gewordene lateranensischen Analogie-Formel lautet: *»inter creatorem et creaturam non potest tanta similitudo notari, quin inter eos maior sit dissimilitudo notanda«* (DH 805).[134] Sofort fällt auf: die beiden Elemente »Unähnlichkeit« und »Ähnlichkeit« werden einander in besonderer Weise zugeordnet, in der Weise nämlich, daß der *Unähnlichkeit* ein eigenes Gewicht verliehen wird gegenüber der *Ähnlichkeit* in der einen Analogie; die *Unähnlichkeit* ist *»je größer«*, von der *Ähnlichkeit* nie einholbar, un-»begreifbar« ihr je voraus; so groß die *Ähnlichkeit* in der Erkenntnis auch sein mag, die *Unähnlichkeit* ist *je größer*. Man muß dieses besondere Gewicht des »Je-Größer« schon wahrnehmen wollen, um seine Bedeutung ermessen zu können.

---

[134] Angaben und Übersetzung nach der neuen Denzinger-Ausgabe von *Hünermann*: *Denzinger* (^{37}1991) (= DH).

2. Zwar war ein solches Verständnis der Analogie und der »Proportion« ihrer Glieder im Horizont christlicher Gotteserkenntnis nicht unbekannt[135], aber in der begrifflichen Schärfe und zumal durch die Bedeutung, die ihr im Rahmen einer Konzilsentscheidung zukam, von besonderer Relevanz. Der Kontext nämlich, der diese besondere Gewichtung in der lateranensischen Analogie-Formel hervortreten läßt, ist der seines Ursprungs in der griechischen Philosophie, ihrer Logik[136] und Metaphysik[137], nicht der einer »Gottes- bzw. Götterlehre«. »Die griechische Reflexion auf das Analogieprinzip setzte denn auch nicht oder nicht zunächst an der Gottheit ein, abgesehen davon, daß die Gottheit - anders als der geoffenbarte Schöpfergott - mit zur Welt und deren Sein gehört, wenn auch als übermenschliches Wesen einer Überwelt -...Heraklit, Platon und Aristoteles blickten auf die proportionale Struktur jeweils *innerhalb* des Kosmos, der Polis und der Psyche.«[138] Die *kosmischen* Proportionen sind es auch, die zur Verhältnisbestimmung von Ähnlichkeit und Unähnlichkeit führen. Weil das »Analogiehafte...das Mittlere«[139] ist, das metrische »*meson*« - nicht im Sinne *nachträglicher* »abstrahierter« Mitte von zuvor eigentlich »univokem«, sondern im Sinne ursprünglicher Einheit, »aus der« Vielfalt entspringt[140] -, ist es als »die Schwingung zwischen den kosm[ischen] Gegensätzen«[141] zu bezeichnen. Als »Proportion gegenseitigen Anders-Seins« bleibt die heraklitische Sicht der All-Gegensätze im aristotelischen Verständnis gewahrt, »aber sie haben die 'Proportion' zueinander in der 'ewigen Bewegung' des 'Kreisum-

---

135 Vgl. *Przywara* (1962) bes. 313-343. Vgl. auch die zum christlichen Ur-Wissen von Gott gehörige Vorstellung vom *Deus semper major*.

136 Vgl. *Pannenberg*: RGG I (^{3}1957) bes. 350: »So bildete die sokratische Methode des Analogisierens den Ursprung der Logik.«

137 Vgl. *Przywara*: HTTL I (1972) 97-99.

138 *Söhngen*: HThG I (1970) 72-85; hier: 74. Hervorhebung nicht im Text. (Am Rande sei bemerkt, daß das *Neue* Handbuch theologischer Grundbegriffe »Analogie« nicht mehr zur heutigen *Grund*-Begrifflichkeit der Theologie rechnet!)

139 *Aristoteles*, Eth. Nik. V 7, 1131 B 11.

140 Vgl. *Splett/Puntel*: HTTL I (1972) 90-96; hier: 94.

141 *Przywara*: HTTL I (1972) 97.

schwungs' des All (Coel. II 1, 284 A 3).«[142] Dies führt aber zu einer prinzipiellen *Gleich*-Gewichtung von Ähnlichkeit und Unähnlichkeit als Glieder der Analogie, *damit* sie das »Mittlere« zwischen Univozität und Äquivozität zu halten vermag. Der Funktion in der Erkenntnis des Kosmos *entspricht* die Zuordnung der Glieder der Analogie. Würde nun *diese* Bestimmung der Analogie aus der kosmischen Kreisbewegung und zur Erkenntnis des kosmischen All-Rhythmus auf das Verhältnis Gott - Welt (Mensch) angewandt, könnte tatsächlich der Eindruck entstehen, hier werde 1. eine grundlegende metaphysisch-kosmologische Bestimmung »einfach« auf Gott übertragen, womit tatsächlich, wie die Metaphysikkritik gezeigt hat, das Sein der Seienden zum *Maßstab* für Gott (in-sich) gemacht, Gott im Horizont des *am Kosmos* Entwickelten zur Bestimmung kommen würde, und es könnte 2. der Eindruck nicht vermieden werden, hier werde Gott mit metaphysisch-kosmologischen »Struktur«-Formeln und in ihrer Übertragung auf den (neben seiner gleichzeitigen Immanenz) der Welt transzendenten Gott zu »um-fassen« versucht.[143] Dann allerdings träfe der Vorwurf *K. Barths* zu recht zu, die *analogia entis* versuche Gott *ohne Gott* zu fassen, sie versuche ihn *gegen ihn und seine Offenbarung* zu »zwingen« sich zu zeigen, wenn der Mensch dies will, so als wäre dies seiner Erkenntnis ohne die Eröffnung dieser durch Gott möglich.

---

142 *Przywara*: LThK I (^{2}1957) 470. Vgl. auch *Söhngen*: HThG I (1970) 75-76: Die Analogie meint den Kreislauf von kosmischem Auf- und Abstieg, von anabatischem und katabatischem Denkweg.

143 Auch dann noch, wenn, wie die Prozeßtheologie dies tut, gegen das »starre« Sein zu einem dynamischen Wirklichkeitsverständnis vorgedrungen werden soll, weil in der heutigen Philosophie »weithin gekennzeichnet [erscheint] vom Kampf einer modernen 'dynamischen' Auffassung des Menschen und der Wirklichkeit gegen die traditionelle, als 'statisch' bezeichnete Wesensontologie«, *Beck*: SJP 15/16 (1971/72) 21-25; hier: 21, wird diese Dynamisierung im Wirklichkeitsverständnis noch nicht eine Durchbrechung der »Übertragung« des Seins- oder jetzt des Werdens-Gedankens auf Gott bedeuten und damit des »Umfassens Gottes« noch nicht gesichert sein, weil Gott immer noch im Horizont einer kosmologisch-funktionalisierten »Ontologie« gedacht wird bzw. vom »Prozeß« der Entwicklung des Universums »umfaßt« ist: vgl. *Pittenger*: TS 33 (1971) 290-296; hier: 290 und 292. Vgl. weiter: *O'Donnell* (1983).

3. In *diesem* Kontext möglicher Gefahren im Analogieverständnis hat die lateranensische Bestimmung der Analogie in der besonderen Gewichtung der »je größeren Unähnlichkeit« nun einen entscheidenden Platz. Das kosmologisch-metaphysische Verständnis der Analogie als Erfassung des kosmischen All-Rhythmus wird durch die lateranensische Formel entscheidend verändert, damit sie für die Analogie *sui generis* als Bezug von Schöpfer und Geschöpf zur Anwendung kommen kann: »Dieser 'All-Rhythmus' als 'Letztes' empfängt praktisch erst in der Formel des IV. Laterankonzils 1215 seine *innere Überwindung*«[144], denn durch die Akzentuierung der *Unähnlichkeit* Gottes zur Welt als eine *in* der Ähnlichkeit je uneinholbare wird nicht nur ein »Akzent« gesetzt, sondern, die Neu-Proportionierung *»ersetzt* zugleich den aristotel[ischen] 'Kreisumschwung zw[ischen] Anderes u[nd] Anderes' durch die letzte 'Proportion' des *gesamten* All hinein in das 'Unendliche' des 'je immer 'ganz anderen Gott' '. Der aristotel[ische] 'Kreisumschwung des All' wird gleichsam *über sich hinausgerissen* in die 'unerforschl[ichen] u[nd] unausspürbaren Über-Höhen u[nd] Un-Gründe' (*bathe*: Röm 11,32) des Gottes, der nicht nur der einfach 'Unbegreifliche' ist, sondern dies 'je immer mehr', in einer 'je immer größeren Unähnlichkeit' durch alle 'noch so große Ähnlichkeit (u[nd] hierin Begreiflichkeit) hindurch u[nd] über sie 'je immer mehr hinaus'«[145]. Gegenüber jeder metaphysischen Bestimmung bleibt Gott der Je-mehr Unähnliche. *Nur* aus seiner konstitutiv je-größeren Unähnlichkeit und folglich *in* ihr eröffnet *er* einen »Zu-Gang« auf sich zu, indem er in *seine* Nähe holt, die unsere Ähnlichkeit ermöglicht und *bleibend konstituiert*. Jetzt erst ist die Gefahr eines gottunabhängigen »Ortes« einer *analogia entis* gebannt, kann sich eine Analogie der *Geschöpflichkeit* eröffnen (und nicht nur eine der Erkenntnis), in der Gott nie ausgespart ist, nie fehlt, vielmehr die unumgehbare Voraussetzung bleibt. Gott selbst setzt sich *Schöpfung* voraus, um ihr als der offenbare Gott gegenwärtig sein zu können.

Es ist bedeutsam, diesen »Wandel« im Analogieverständnis, diesen »Durchbruch« voll zu werten und nicht wieder nachträglich abzuschwächen, wie *J.*

---

[144] *Przywara*: LThK I (^{2}1957) 470-471. Hervorhebung nicht im Text.

[145] *Przywara*: LThK I (^{2}1957) 471. Hervorhebungen nicht im Text.

Track dies tut, indem er diesen Durchbruch als ein bloßes *Nebeneinander* von »waagrechter Analogie« (des kosmischen Kreisumschwunges) und einer »senkrechten Analogie« deutet, in der er dann das griechisch-metaphysische und das lateranensische Analogieverständnis *vereint* sieht, wenn doch gerade *in* dieser »vertikalen Analogie« (um bei seiner Wortbildung zu bleiben), *mitten durch sie hindurch*, das Aufbrechen vor sich geht. Es gilt *nicht* von der »vertikalen Analogie«, daß sie nun »zu verstehen [sei] als dynamische *Mitte* zwischen Identität und Widerspruch, zwischen Ähnlichkeit und Unähnlichkeit«[146], weil dies schon und gerade auch für die metaphysische Analogie schon Gültigkeit hatte, die in sich auch das Kreisen in anabatischem und katabatischem Weg meint. Hier wird die *analogia sui generis*, welche die Analogie zwischen Schöpfer und Geschöpf meint, zurückgezwungen in die *kosmische* »vertikale Analogie«[147]. Das Bedeutende der lateranensischen Analogie-Formel ist die *Über-Gewichtung* der Unähnlichkeit, die sich erst in der *Überschreitung* des kosmischen Horizontes wirklich erfüllen kann.[148] Innerhalb des Kosmos gedacht, steht diesem immer noch das »analogielose« *Hen* unerreichbar gegenüber, so daß die *je-größere* Unähnlichkeit innerhalb des Kosmos noch immer von der »einseitigen« Einheit des Hen her auf die geschlossene »Ähnlichkeit« des Kosmos hin abgespannt wird.

---

[146] *Track*: TRE II (1978) 639. Hervorhebung nicht im Text.

[147] Insofern *Track Przywaras* Postition wiederzugeben trachtet, ist hier nicht erfaßt, daß gerade die *Gewichtung* der *Unähnlichkeit* hervorgehoben wird, wenn er von dem »Hinausgerissenwerden« über die kosmische Analogie hervorhebt: vgl. *Przywara*: LThK I (^{2}1957) 471. Wenngleich *Przywara* der Auffassung gewesen sein mag, daß schon »für die aristotelische Analogie aller Zusammenhang in 'genus, Spezies, Zahl' nur der Fußpunkt ist für das letztaufgehende '*allo pros allo*', d.h. das 'ganz Andere' als Letztes in allen Ähnlichkeiten« (so: *Przywara* (1962) 327), so war er jedenfalls nicht der Auffassung, daß die Analogie als »ausgleichende Mitte« zu verstehen sei. Das bei Aristoteles Entdeckte ist vielmehr als der schon dämmernde Horizont des Besonderen der lateranensischen Formel zu deuten. Entscheidend ist der Durchbruch auf die Ausdrücklichkeit des »Je-Größer« *Gottes*, der im Kosmos nicht als Teil von ihm zu fassen ist, sondern *alles* noch einmal darin bedingt.

[148] *Pannenberg*: *ders*. (1967) 181-201; hier: 188-189, weist ausdrücklich darauf hin, daß gerade in dieser »*Über-Gewichtung*« der *Un*-Ähnlichkeit die Bedeutung und Intention der lateranensischen Analogieformel zu finden ist: »Allerdings ist zuzugeben, daß auch der scholastischen Analogielehre die göttliche Erhabenheit nicht fremd war, daß vielmehr zur Wahrung der Verschiedenheit Gottes gegenüber der Welt im 13. Jahrhundert die Analogielehre entwickelt worden ist. An ihrem Anfang steht die Formulierung des IV. Lateran-

4. Die lateranensische Formel erfüllt die Struktur der *analogen Ex-sistenz*. Im »Von-Gott-her-Sein« ist die bleibende *je-größere Unähnlichkeit* gerade die Bestimmung *uneinholbarer* Gott-Bedingtheit des geschöpflichen Seins und folglich der Gotteserkenntnis *so*, daß dies *prinzipiell* gilt, nicht also einen »nachträglichen« Modus des Seins ausspricht, keine defiziente Form als eigentlich »aufhebbare« meint.[149] - Die Brisanz dieser Gewichtung in der einen Analogie wird noch stärker hervortreten, wenn die mit der Struktur geschöpflicher Ex-sistenz schon erschlossene *inner*göttliche Begründung, und also die inner*trinitarische* Begründung, auch in der begrifflichen Form der Gewichtung der *Unähnlichkeit* auszudrücken versucht wird. Dann müßte nämlich Analogie als Struktur-Bestimmung des *Verhältnisses* von Schöpfer und Geschöpf, welches der *Seins*struktur des Geschöpf-Seins inhäriert, »in« Gott auf die innertrinitarischen *Ursprungsbeziehungen* selbst zurückgeführt werden. - In diesem Kontext der methodologischen Beleuchtung einer »künftigen« Trinitätstheologie allerdings kann festgehalten werden: Die lateranensische Formel erfüllt die Bestimmung der *inneren* Strukturiertheit und der *inneren* proportionalen Gewichtung der Struktur des geschöpflichen Seins als (Gott-)Ex-sistenz *so*, daß sie *mit* der innertrinitarischen Gegründetheit geschöpflichen Seins als *aus innertrinitarischem* Ursprung selbst hervortretend *in* ihm selbst fundiert erscheint.

Dies wird sich nicht nur aus den theologischen Zusammenhängen nahelegen, sondern auch mit den historischen Gegebenheiten und der hermeneutisch bestimmten Position der lateranensischen Analogieformel, d.h. mit der Stellung, die sie im entsprechenden Konzilstext einnimmt, behauptet werden dürfen. Denn die »lateranens[ische] A[nalogie] betrifft [zwar] besonderheitlich das Verhältnis zw[ischen] Schöpfer u[nd] Geschöpf, aber, aus den geschichtl[ichen] Umständen des Konzils heraus, *zunächst* die höchste übernatürl[iche] Form dieses Verhältnisses: die Beziehung zw[ischen] dem Eins der göttl[ichen] Personen in Sich u[nd] dem Eins der Gläubigen mit u[nd] in dem Eins...Ja das Konzil gründet seine Aussage über die Beziehung

---

konzils von 1215...«

149 »Der Deus unus trinus, der eine persönliche, aber nur der *dreifaltig persönliche* Gott, ist der Gott, der dem auf ihn sich richtenden Denken nie zum Objekt werden kann«: *Barth* (1927) 231.

zw[ischen] 'trinitarischem Eins' u[nd] geschöpfl[ichem] 'Eins *im* trinitarischen Eins' auf eine grundsätzl[iche] 'je immer größere Unähnlichkeit' zw[ischen] Gott u[nd] Geschöpf«[150]. In der Auseinandersetzung zwischen *Joachim v. Fiore* und *Petrus Lombardus* stand schon die Frage der *innertrinitarischen* Einheit Gottes und das Verhältnis der menschlich-gemeinschaftlichen Einheit *in* der trinitarischen Einheit zur Debatte und sollte mit der Analogie-Formel einer Lösung zugeführt werden. Auch von daher wird es berechtigt sein, die Frage der trinitätstheologischen Bedeutung der Analogieformel und (gemäß dem Reziprozitätsaxiom) die der »innergöttlichen« Begründung des Schöpfer-Geschöpf-Verhältnisses zu stellen.

5. Ein letzter Aspekt, der sich aus der lateranensischen Formel ergibt, betrifft nun die genauere Bestimmung des Reziprozitätsaxioms selbst: In der Erhebung des inneren Zusammenhangs von Reziprozität und »logischer Struktur« wurde bereits auf die gerade in trinitätstheologischem Kontext wesentliche *innere Gewichtung* der Reziprozität von anabatischem und katabatischem Denkweg hingewiesen, so daß »logische« Ursprungsverhältnisse nur, *insofern* sie als solche wahrgenommen werden, sich als *reziproke* verwirklichen, nicht unter deren Ausklammerung. Oder (gemäß formal-inhaltlicher Reziprozität theologischer Argumentation) schon trinitätstheologisch gesprochen: Die innertrinitarischen *Ursprungsverhältnisse*, mithin die *patrogennetische* Struktur dieser, vollziehen sich in *Perichorese*, ohne daß damit den Ursprungsverhältnissen Abbruch getan oder die *wirkliche*, vollkommene Durchdringung der göttlichen Personen doch (durch eine Hintertür) zu einer nur »unvollkommenen« erklärt würde. *In* den unaufhebbar-unumkehrbaren Ursprungsbeziehungen *ist* Perichorese *vollkommen*. - Insofern nun die *Analogizität* der *so* zu verstehenden Reziprozität von anabatischem und katabatischem Denkweg eben die innere Gewichtung der »theologischen« Begründung »ökonomischer« Gotteserkenntnis über die »ökonomische« Erschließung der »theologischen« Grundlage zum Ausdruck bringt, kann die Reziprozität folgendermaßen präzisiert werden: 1. Die je größere Unähnlichkeit Gottes ist es, *in* der die Gotteserkenntnis bleibend als gott-ähnliche gründet, weil Gott sie darin als Erkenntnis seiner selbst mit seiner Selbst-Mit-

[150] *Przywara*: LThK I (^{2}1957) 472. Hervorhebungen nicht im Text.

teilung eröffnet, so daß mit dem In-die-Ähnlichkeit-mit-Gott-durch-Gott-geholt-Werden in der (Heils-)*Geschichte* schon die Forderung einer *inner*göttlichen Begründung der Gotteserkenntnis gegegeben ist (als An-Denken der gott-eröffneten Unähnlichkeit Gottes). *Wenn* Gott selbst die Erkenntnis seiner selbst letztlich *eröffnet*, dann ist diese Erkenntnis immer schon aus seinem (trinitarischen) Sein selbst heraus eröffnet oder eben *nicht* eröffnet; von *Ähnlichkeit* (und damit: Erkenntnis) kann nur unter der Bedingung der Unähnlichkeit als des Vorgangs des Sich-Eröffnens Gottes gesprochen werden. 2. Das An-Denken Gottes ist zugleich immer ein *Nur-Ähnliches*, insofern es immer hinter Gottes Unähnlichkeit in der Erkenntnis zurück bleibt; nicht aber im peiorativen Sinne der Begrenztheit menschlicher Erkenntnis (das gilt auch), sondern im Sinne der positiven geschöpflichen Struktur der Ex-sistenz, für die Gott der *unausschöpfliche* bleibt.
Aus beidem ergibt sich eine nähere Bestimmung der Reziprozität als einer analogen und umgekehrt. Die reziproke Erkenntnisstruktur theologischen Denkens ist eine *analoge*: Dadurch nämlich, daß die »Durchdringung« der Denkwege sich *mit* und *in* unumkehrbaren *Ursprungs*gegebenheiten vollzieht, denn die »Unähnlichkeit« ist nicht bloß *eines* von zwei Elementen der einen Analogie, sondern zugleich das unumkehrbar *»eröffnende« Element* der Analogie[151], ist Reziprozität als *innere Unumkehrbarkeit* zwischen dem *eröffnenden* »Je-mehr-Unähnlich-Sein« Gottes in seiner Erkennbarkeit und dem »Ihn-in-*eröffneter*-Ähnlichkeit-Erkennen« in der Erkenntnis. Und es erschließt sich die *so* bestimmte Analogie als eine *reziproke*: *In* diesem Eröffnetsein nämlich »hebt« das *eröffnende* Element das darin *eröffnete* zur gegenseitigen Durchdringung, so daß ein ähnliches Erkennen nicht nur ist, solange es aus der Unähnlichkeit darin gehalten wird, sondern

---

[151] Wenn *Przywara* (1962) 327 davon spricht, daß »das 'ganz Anders' einer 'je immer größeren Unähnlichkeit' *mitten in* 'noch so großer Ähnlichkeit' zwischen 'Schöpfer und Geschöpf'« (Hervorhebung nicht im Text) aufbricht, so wird dies nur als nicht zu Ende gedachte Inkonsequenz zu verstehen sein, weil vielmehr umgekehrt die Unähnlichkeit das die Analogie *eröffnende* Element sein muß, denn: Nur unter dieser Bedingung, daß *inmitten* der *Unähnlichkeit* die Ähnlichkeit konstituiert wird (und nicht umgekehrt), wird die Aussage*absicht* der Analogie-Formel gewahrt, insofern es nichts gibt, worin Gott und Welt »über-griffen« werden können, wenn nicht Gott *aus* seiner *Unähnlichkeit* diese Einheit stiftet.

ist, indem es das es eröffnende unähnliche »Element« mit seiner Erkenntnis *anzielt*, es an-denkt. In der Ähnlichkeit mit dem sich zu erkennen gebenden Gott ist das *eigentlich* (von Gott her) zu Denkende und zu Erkennende der in der Erkenntnis *unähnliche* Gott.[152]

Auf der Ebene der Erkenntnis bedeutet die analog-reziproke Erkenntnisform, daß sie dem damit eröffneten Verstehenszirkel nicht zu entfliehen trachten darf; zugleich aber auch: Gott bleibt der »Nicht-Aus-Denkbare« (im doppelten Sinne des Wortes: nicht zu Ende denkbar und nicht erfindbar). Auf der Ebene des Seins bedeutet die analog-reziproke Struktur der Geschöplichkeit (unter der Offenbarkeit Gottes), daß Gott sich in seiner Offenbarung als der zeigt, der er ist, wenngleich dieses Sich-*wirklich*-Zeigen sowohl meint, daß darin Gott »erreichbar«-offen ist, indem er sich offenbart *sowie auch* zugleich, daß er darin der unerreichbar »je-unähnliche« bleibt. Die Forderung allerdings nach sowohl einer *innergöttlichen als auch schon* einer trinitarischen *Letzt*begründung in der Gotteslehre ist mit dem eben Gesagten genügend deutlich als ein nicht nur von der Tradition von *Nikaia* und *Konstantinopel* her berechtigtes Postulat, sondern als eine theologisch erschlossene »Notwendigkeit« begründet.

Die in diesem Sinne analog strukturierte Reziprozität theologischer (anabatischer und katabatischer) Argumentation fordert eine *gegenseitige Durchdringung* der »Elemente« der Argumentation *nicht* als (logisch) *notwendige* »Wechselseitigkeit«, nicht als *»dialektische«* Aneinanderkettung eines logisch-unauflösbaren Zirkels der Erkenntnis

---

[152] In diesem Sinne ist es nicht richtig, daß die Analogie in diesem das *IV. Lateran-Konzil* zu Ende denkende Sinne auf den gleichen Logos ziele: »Die Erkenntniskraft der Analogie hängt an dieser Voraussetzung eines gleichen Logos«, *Pannenberg*: *ders*. (1967) 190. Vielmehr ist das »Revolutionäre« daran gegen alle Versuche einer Bestimmung als »Mitte« zwischen äquivok und univok (S. 191) und gegen eine vermeintlich angezielte Ähnlichkeit oder »Gleichheit« (des Logos), daß dieses Ähnliche weder das die Erkenntnis *eröffnende* oder das sie *begründende* noch das *anzielende* Element ist; dies kommt vielmehr der Unähnlichkeit zu: *sie* konstituiert erst den »gleichen Logos« in der Erkenntnis und ist daher in der Erkenntnis selbst als das sie im Anzielen zugleich je übersteigende Element zu nennen. So wird nicht das »Unbekannte...in den Kreis des schon Bekannten« (S. 191) eingeordnet, sondern aus der Unähnlichkeit als zu Erkennendes überhaupt erst ermöglicht; andernfalls wäre der Gotteserkenntnis nämlich immer schon die »Erschöpfung« des Ähnlichen inhärent.

(und des Seins), sondern in *tatsächlicher* Notwendigkeit. Dies ergibt sich aus dem Charakter der Analogizität der reziproken Argumentation: Nur *dann-wenn* und *solange-als* das *eröffnende* Element der Analogie tatsächlich zur Erkenntnis (und zum Sein) eröffnet, in *seine* Ähnlichkeit holt, kann von einer Reziprozität die Rede sein im erhobenen Sinne; dann aber ist diese *tatsächlich* eine *notwendige* Reziprozität, weil sie sich aus der »freien« Eröffnetheit mit *innerer* Stringenz ergibt. Das bedeutet für unsere trinitätstheologische Fragerichtung: 1. Wenn Gott sich offenbart und zur Erkenntnis freigibt, dann ist damit auch schon die Frage nach Gottes *Sein* »in sich« (tatsächlich-notwendig) aufgegeben, aus dem heraus und auf sein »Je-größer-Sein« hin Gott uns in der Erkenntnis bezieht.[153] 2. In bezug zur Seins-Analogie: Die Wechselwirkungen von Geschichte und Ontologie sind in ihrer tatsächlichen (schöpfungs- und geschichts-theologischen) *Notwendigkeit* aufgedeckt. Wenn (und *weil*) Gott sich öffnet, indem er schafft und sich geschichtlich offenbart, hat dieses sein Offenbaren Rückwirkungen auf *sein* Sein und das Sein des Seienden, nach denen berechtigt innerhalb des theologischen Reziprozitätszirkels zu fragen ist. 3. Eine solche »tatsächliche Notwendigkeit« gibt trinitätstheologisch auch das Recht, die Frage nach dem *einen* Gott *immer schon* im trinitarischen *Letzt*kontext zu stellen (was auch geschehen soll), *weil* Gott sich als trinitarischer (heils-)geschichtlich offenbart hat. 4. Aus der analog-reziproken Erkenntnisstruktur ist keine »Bemächtigung« Gottes seitens des erkennenden Menschen erreichbar oder auch nur angestrebt, weil per definitionem sich Gott *in der Erkenntnis* in seiner »je-größeren« Unähnlichkeit zu erkennen und zu verstehen gibt: Der analog-reziproken Erkenntnisstruktur eignet eine *epoché*, die es ihr gebietet, die Grenzen zur gnostischen Spekulation zu beachten, indem sie das Erkannte im Kontext möglicher anderer »Modelle« des Verstehens eingebettet sieht, zugleich aber die *Notwendigkeit* der Fragerichtung anerkennt (und mithin sich ihren Gefahren aussetzen muß).

---

153 Vgl. diese Denkfigur in *Apg 17,27-28*: »Sie sollten Gott suchen ob sie ihn ertasten und finden könnten; denn keinem von uns ist er fern. *Denn* in ihm leben wir, bewegen wir uns und sind wir...« Hier sind im übrigen Erkenntnis- und Seins-Analogie schon (in dem erhobenen Sinne) in Einheit gedacht.

IV. Zur »formalen« und »inhaltlichen« Problematik der Analogie-Frage

Zum Abschluß soll ein Blick auf heutige Bestimmungen der Bedeutung der »Analogie« als Erkenntnisform in trinitätstheologischem Kontext geworfen werden, weil darin sich schon Vor-Einstellungen zur Leidens-Problematik mit-entscheiden, und auf Versuche »inhaltlicher« Bestimmungen, gewissermaßen auf die Suche nach konkreten Analogien für Trinität.

1. Analogizität und Fragmentarität menschlichen Erkennens

Es ist eine bemerkenswerte Tatsache, daß, wiewohl die lateranensische Analogieformel gemeinhin bekannt ist und in trinitätstheologischem Kontext »angewandt« wird, die eigentliche Sprengkraft der erschlossenen Analogie-Formel oft nicht genügend gewürdigt wird.
Einen ersten Hinweis auf die Abschwächung im Analogieverständnis wird uns ein schon gebrachtes (sich in seiner Intention selbst verratendes) Zitat von *K. Barth* geben: Die göttliche Möglichkeit (= Erkanntwerden des Menschen durch Gott) bleibt von der menschlichen Möglichkeit des Erkennens unterschieden, »diese kann jene nicht erschöpfen, es bleibt auch für den Christen *bei der Ähnlichkeit, bei der Analogie*«[154]; die Aufhebung der Unähnlichkeit könne aber für das Eschaton erwartet werden im Sehen Gottes, von Angesicht zu Angesicht. - Beide Elemente ergänzen sich: 1. Analoges Erkennen = *ähnliches* Erkennen. 2. Die Unähnlichkeit ist von Gott her *grundsätzlich* (*Barth* behauptet nicht die Tatsächlichkeit, wohl aber die *Möglichkeit*!) aufhebbar. Hier ist das gewichtigere Element der Analogie zweifelsohne die *Ähnlichkeit*, denn *von ihr her* wird »Analogie« sprachlich bestimmt und *sie* ist das angestrebt *Letzte,* weil die Unähnlichkeit ja von Gott aufgehoben werden könnte in ein »Gleich-Wie«.[155] So ergibt sich (vom schon Erschlossenen her gedacht) eine

---

154 *Barth*, KD I/1 (^{5}1947) 257. Hervorhebung nicht im Text.

155 Vgl. *Barth*, KD I/1 (^{5}1947) 257. Jedoch ist zu betonen, daß diese »Aufheb*bar*keit« nicht in einem prinzipiellen Kontext einer »metaphysischen Defizienz« geschöpflichen Sein steht, so etwa, daß die Fragmentarität des Erkennens

Unterbestimmung des eigentlich gewichtigeren Elements in der lateranensischen Formel: der *Unähnlichkeit*. Erst in der *Gewichtung* dieses Elementes für die prinzipielle Erkenntnis- (und Sein-)Struktur (in) der Geschöpflichkeit aber kann der tiefste Grund analoger Ex-sistenz erahnt werden, ihre Gott-Gegründetheit und Unaufhebbarkeit.
Jede »Veruneigentlichung« dieses Elementes hat zur Folge, daß 1. Analogie in einem eigentlich vor-lateranensischen, griechisch-metaphysisch bestimmten Sinne stecken bleibt und 2. mit der »Fragmentarität« menschlichen Erkennens unmittelbar verknüpft gedacht wird. Das *Ziel* einer von der Ähnlichkeit her verstandenen Analogie wäre letztlich ihre *Aufhebung*, nicht ihre bleibende, weil in innertrinitarischem Sein selbst grundgelegte *Erfüllung*.

2. Analoges und dialektisches Erkenntnisprinzip

1. *J. Moltmann* hat in seinem Buch »Der gekreuzigte Gott« seiner trinitarischen Kreuzestheologie ein erkenntnistheoretisches Kapitel vorangestellt, »Die Offenbarung im Widerspruch und das dialektische Erkennen«, in welchem er sein Verständnis von Analogie entwirft und diesem eine dialektische Struktur christlicher Gotteserkenntnis entgegenstellt.[156] Die dann entfaltete Vorstellung von Analogie als *Ent-*

schon deshalb gegeben sei, weil der Mensch nicht Gott sei und umgekehrt: Denn für *Barth* ist dieses »Nicht« nämlich »kein Nichtiges in Gott, im Gegenteil: dieses Nichts gehört zu Gottes Vollkommenheit. Und das Geschöpf ist Geschöpf und *nicht Gott*: daraus folgt aber wieder nicht, daß das Geschöpf als solches nichtig oder gar als solches das Nichtige sei«, *Barth*, KD III/3 (1950) 403. Vielmehr ist die »Analogie-Ähnlichkeit« als *fragmentarisch* gegenüber Gottes *Möglichkeit*, diese auf seine Unähnlichkeit hin zu heben, so daß das »Analoge« selbst nicht mehr von der Unähnlichkeit Gottes begriffen wird, gemeint. Dementsprechend wird die Analogie abgespannt gegenüber dem eigentlich göttlichen Eröffnen der Erkenntnis als demgegenüber »fragmentarische«.

156 *Moltmann* (^{5}1987) 30-33. Hier ist nicht behauptet, daß *Moltmann* diese Position »für alle Zeit« als so strukturierte festhalten werde bzw. festgehalten hat, denn eine gewisse Veränderung ist gerade im Hinblick auf seine Christologie von 1989 vor sich gegangen. Aber in der Position von 1972 (Der gekreuzigte Gott) kann und muß ein *Modell* des Analogieverständnisses erblickt werden, das zu erheben und zu analysieren ist, das mithin in bezug auf die lateranensische Analogie-Formel und auf ihre volle Entfaltung eine signifikante Veränderung und Begrenzung des Analogiebegriffs aufzeigen kann, das es tatsächlich gibt und geben kann (aufgrund historischer Verstehensvoraussetzungen), was

sprechung wird zunächst am Phänomen konkreter gesellschaftlich-politischer Gegebenheiten aufgespürt: »Man hält die eigene Fremdhaftigkeit gegenüber anderen nicht mehr aus und zieht sich darum in den Kreis der Gleichgesinnten zurück, oder man gibt die Fremdartigkeit der christlichen Existenz auf und paßt sich denen an, von denen man Anerkennung und Bestätigung erhofft.«[157] Dies gründe in einem allgemeinen Gemeinschaftsprinzip, nach dem »Gleich und gleich sich gern gesellt«, wie Aristoteles in der »Nikomachischen Ethik« ausführt. Hier wird die erste Identifizierung erreicht: »Einander Gleiche oder *Ähnliche* verstehen sich auf der Basis der Gemeinsamkeiten und bestätigen sich gegenseitig.«[158] *Gleichheit wird als Ähnlichkeit und umgekehrt gedeutet*, im Prinzip der Ähnlichkeit eröffne sich Erkennen und Verstehen. Wenn aber christliche Existenz sich mit dem Gekreuzigten identifiziere, *entfremde* sie sich von diesem Ähnlichkeits- oder Gleichheitsprinzip so, daß ein dann zerfallender »Entsprechungskreis« die »christliche Welt« von der Gesellschaft entfremde. Dies habe unmittelbar immanente Folgen, die für *Moltmann* zum Umschlag im Denken führen müssen:

> »...um so mehr verliert jenes *analogische* Denken und Handeln seine Kraft. Man muß dann aus dem einen und dem anderen Grunde zu einem *dialektischen Denken* und einer *dialektischen Existenz* übergehen und die eigene Identität *im anderen erkennen* und darstellen. - Dem sozialen Grundsatz: 'Gleich und gleich gesellt sich gern' *entspricht* auf der *erkenntnistheoretischen* Ebene der platonische Grundsatz: 'Gleiches wird nur vom Gleichen erkannt' (par a pari cognoscitur). Erkennen geschieht am Leitfaden der *Analogie* und ist dann immer ein Wiedererkennen.«[159]

Deutlich ist hier die Identifizierung der Analogie mit Ähnlichkeit oder Gleichheit *entgegen* der lateranensischen Analogie-Formel, für die ja Ähnlichkeit durch die je-größere Unähnlichkeit konstituiert ist, voll-

---

dann wieder die Reaktion *Moltmanns* verständlich macht, in der er *dem* zum Durchbruch verhelfen will, was eigentlich schon und ursprünglich mit der lateranensischen Analogie-Formel möglich ist.

[157] *Moltmann* (^{5}1987) 30.

[158] *Moltmann* (^{5}1987) 30. Hervorhebung nicht im Text.

[159] *Moltmann* (^{5}1987) 30-31. Hervorhebungen nicht im Text.

zogen. Damit kann auch die (nicht-christliche) Horizontbestimmung des Analogie-Prinzips im griechisch-metaphysischen Denken vorgenommen werden, welches ja gerade in der lateranensischen Formel als überwunden erkannt wurde. Jetzt ist es möglich, das so verstandene Analogie-Prinzip ad absurdum zu führen, um es gegen ein christliches Denken als ein dialektisches abzugrenzen:

> »Wird aber Gleiches auf dieses Weise nur von Gleichem erkannt, so wird eine Offenbarung im anderen, das nicht Gott ist, und im Fremden, das nicht göttlich ist, eigentlich unmöglich. Wird Gleiches nur von Gleichem erkannt, so hätte der Sohn Gottes im Himmel bleiben müssen, weil er Irdischem doch unerkennbar ist. - Das analogische Erkenntnisprinzip wird einseitig, wenn es nicht um das *dialektische Erkenntnisprinzip* erweitert wird.«[160]

Der *Ansatzpunkt* zum Verständnis der Analogie ist ihre »Höchstform« der Verwirklichung in der *Gleichheit* von Erkennendem und Erkanntem (»Gegenstand«) im Erkennen. Die Absurdität in theologischer Argumentation muß sogleich aufleuchten, weswegen die vom Gleichheits-Prinzip *abgeleitete* Form der *Ähnlichkeit* als »Korrektur« eingeführt, aber auch »nur« als solche und empfunden wird: Dann, wenn »Gleichheit« zur »Ähnlichkeit« der Erkenntnis erweitert werde, könne nicht nur strikt Gott sich durch sich alleine erkennen, sondern immerhin die *Ähnlichkeit in Verschiedenem* erkannt werden; etwa der unsichtbare Gott in der Schöpfungs-Ordnung oder seinen auf ihn zurückgeführten Geschichtstaten, nicht aber eigentlich der *christliche Gott*.[161] Dafür brauche man das *dialektische Erkenntnisprinzip*, das *Moltmann* mit einem *Schelling*-Wort ansetzt, um es dann in seiner theologischen Relevanz *gegen* das (und als »Ergänzung« zum) »Analogie«-Prinzip zu konturieren:

> »'Jedes Wesen kann nur in seinem Gegenteil offenbar werden. Liebe nur im Haß, Einheit nur im Streit.' Auf die christliche Theologie angewendet, heißt das: Gott wird nur in seinem Gegenteil, in der Gottlo-

---

[160] *Moltmann* (^{5}1987) 31-32. Hervorhebungen nicht im Text.

[161] Vgl. *Moltmann* (^{5}1987) 31.

sigkeit und Gottverlassenheit, als 'Gott' offenbar. Konkret gesagt: Gott wird im Kreuz des gottverlassenen Christus offenbar.«[162]

Wenn also einmal Analogie mit »Gleichheit« oder »Ähnlichkeit« identifiziert ist, kann die Fremdartigkeit des Kreuzes, das »wider die Weisheit« dieses Geschehens, noch dazu, insofern es in das Geschehen der *vollen*, *eschatologischen* Gottesoffenbarung in Jesus Christus unauslöschlich eingeschrieben ist, mit dem *so* definierten Analogie-Prinzip nicht mehr adäquat erfaßt werden. Ja es wird sogar (verständlich aus der vorgenommenen Determination) diffamiert als im Kontext der Sündigkeit stehende *wider*-göttliche Form des Erkennens:

> »Man muß selbst gottlos werden und jede Selbstvergottung oder Gottähnlichkeit fahren lassen, um den Gott zu erkennen, der sich im Gekreuzigten offenbart. Man muß jede Selbstrechtfertigung fahren lassen, wenn man jene Offenbarung der Gottesgerechtigkeit bei den Ungerechten, zu denen man selbst im Grunde gehört, erkennt.«[163]

Wird Analogie von »Gleichheit« als Höchstform ihrer Verwirklichung bestimmt, so ist angesichts des Kreuzes analoges Erkennen geradezu Blasphemie, indem der Mensch sich zumutet, Gott *von sich her »gleich« sein zu können.*[164] Deshalb soll das so bestimmte analoge Er-

---

[162] *Moltmann* (^{5}1987) 32. Hier steht nicht die Kreuzestheologie *Moltmanns* zur Debatte, sondern die erkenntnistheoretische Voraussetzung der Erfassung und Bestimmung dieser. Nicht also das berechtigte Anliegen der Kreuzestheologie, nicht einmal das berechtigte Anliegen der Einführung eines »dialektischen« Erkenntnisprinzips ist (unter den gegebenen Voraussetzungen) bestritten, wohl aber die für diese Anliegen gewählte *Struktur* und die *Voraussetzungen* der Bestimmung der Gotteserkenntnis.

[163] *Moltmann* (^{5}1987) 33.

[164] Hier wird geradezu die *Ur-Sünde* des Menschen, wie das Buch *Genesis* sie in *Kapitel 3* darstellt, angezogen: »Darauf sagte die Schlange zur Frau: Nein, ihr werdet nicht sterben. Gott weiß vielmehr: Sobald ihr davon eßt, gehen euch die Augen auf; werdet ihr *wie Gott* und erkennt Gut und Böse.« (*V. 4*) Theologisch stünde dem gegenüber die von Gott selbst eröffnete (und damit in je größerer Unähnlichkeit eingefangene) Ähnlichkeit mit ihm in *Gen 1,27* und *5,2*. - Moltmann grenzt gegen das dialektische Prinzip das analogische als sekundäres ab, das, würde es zu einem primären, und eben dies wird als für die Theologie geltend behauptet, als *sündiges*, die Ur-Sünde nach-vollziehendes, Prinzip der Erkenntnis zu entlarven sei.

kenntnisprinzip in einer neuen Position plaziert werden, nämlich als *sekundäre, nachträgliche* Erkenntnisform, der das dialektische Erkenntnisprinzip unbedingt vor-geordnet werden muß:

»Das dialektische Prinzip der 'Offenbarung im Gegenteil' ersetzt nicht jenes analogische Prinzip: 'Gleiches wird nur von Gleichem erkannt', sondern *macht es überhaupt erst möglich*...Aber jene Dialektik ist der *Grund* und der *Anfang* der Analogie. Ohne die *Offenbarung im Gegenteil* können die Widersprechenden nicht zu Entsprechungen kommen. Würde man dem Gleichheitsgrundsatz einseitig folgen, so müßte man eine theologia gloriae für den Himmel entwerfen. Erst die dialektische Erkenntnis Gottes in seinem Gegenteil bringt den Himmel auf die Erde der Gottverlassenen und öffnet den Gottlosen den Himmel.«[165]

Mit der »Trennung« des ursprünglich (in der lateranensischen Formel) Zusammengehörigen, nämlich Ähnlichkeit und Unähnlichkeit in ihrem je-eigenen Gewicht, wird die Notwendigkeit eines zum Analogie-Prinzip hinzukommenden *dialektischen* Prinzips begründet und begründ*bar*: (Erst) *Wenn* die »Analogie« die »Ähnlichkeit« repräsentiert, dann *muß* mit der »Dialektik« der (je größeren) »Unähnlichkeit« in der Erkenntnis Gottes entsprochen werden, weil andernfalls - d.h. unter Absehung von der je-größeren Unähnlichkeit - die Ähnlichkeit ihre Relevanz für ein christliches Gottesverständnis angesichts des Kreuzes Jesu tatsächlich verlieren würde.

Der Denkrahmen bleibt also insofern derselbe wie der vom *IV. Lateran Konzil* aus angesetzte, als der Unähnlichkeit (wie immer sie auch benannt wird: Skandalon, Fremdes, Uneinordenbares, Widersprechendes...) ihr Recht im Verhältnis zur Ähnlichkeit verschafft werden soll, weil sonst eine Erkenntnis Gottes im Kreuzesereignis gar nicht möglich wäre. Gemäß dem erhobenen Gewicht der *Unähnlichkeit* in der einen Analogie ist *sie* ja das die Analogie, die Ähnlichkeit und schließlich (als die *eine* Analogiestruktur) die Gotteserkenntnis *eröffnende* Element, so daß *ihr* Fehlen, Analogie und damit Gotteserkenntnis überhaupt aufheben würde. Die Struktur der Gotteserkenntnis ist es ja, in Ähnlichkeit *aus* der je größeren *Unähnlichkeit* und *auf sie hin* (Gott) zu erkennen. Fällt das eröffnende Element der einen Analogie, so fällt auch das andere (die Ähnlichkeit in der Erkenntnis) und damit (Gottes-)Erkenntnis überhaupt. In der Tat ist das Kreuz, d.h. die Er-

---

[165] *Moltmann* (^{5}1987) 33. Hervorhebungen nicht im Text.

kenntnis Gottes *im* Kreuz Jesu, nicht ohne die Unähnlichkeit in der Analogie zu erkennen. In der Voraussetzung dieses Denkrahmens wird jetzt durch die begrenzte Bestimmung der Analogie als Ähnlichkeitserkenntnis das dialektische Erkenntnisprinzip eingeführt, das »Analogie« jetzt begründet, wie im ursprünglichen Analogieverständnis die Unähnlichkeit der *Anfang* und die Voraussetzung der Ähnlichkeit ist. Der *Absicht Moltmanns* ist zu folgen, nicht jedoch den konkreten Bestimmungen der Erkenntnisstruktur.

2. Die Bedeutung eines solchen *dialektischen* Prinzips im Gesamtrahmen dessen, was damit eigentlich ausgesagt werden soll (im Hinblick auf christliche Gottesoffenbarung und auf die der Offenbarung inhärierende Unähnlichkeit der Erkenntnis Gottes), kann nun aber mit ihrer »Funktion«, der sie in der Strukturerhellung der Gotteserkenntnis dienen soll, nämlich die *je-größere Unähnlichkeit* Gottes in seinem Erkanntwerden durch den Menschen zu sichern, *nicht mehr* denselben *Sinn* erfüllen. Das ursprünglich Zusammengehörige und gar nicht zu Trennende im Analogiebegriff wird durch *Isolierung* der Glieder zunächst auseinandergerissen, ob der sich durchhaltenden Bedeutung der Sache dann allerdings *neu zusammengesetzt* und *damit* verfremdet:
a) Im Gegensatz zum ursprünglichen Verständnis der Unähnlichkeit als des uneinholbaren, Erkenntnis (und Sein) eröffnenden »Zuvor« Gottes, wird mit dem dialektischen Erkenntnisprinzip diese Unähnlichkeit als »*Gegensatz*« gedeutet. Wenngleich *Moltmann* sich zur Bestimmung der Dialektik auf das »Fremde« und Irritierende des geschichtlich geschehenen Kreuzesereignisses bezieht und *dafür* eine »Dialektik« der Erkenntnis *dieses* Gottes-Geschehens entwickeln will (und so gesehen sein Verständnis der Dialektik als philosophisch vorgegebenem verändern muß), *übernimmt* er es zunächst aus der philosophischen Tradition des Deutschen Idealismus, dem dieses Verständnis dann auch in der (teilweisen) Mutation noch verhaftet bleiben wird. Das im *Schelling*-Zitat erkennbare Verständnis von Dialektik meint eine jeder Erkenntnis inhärierende *Struktur logisch-notwendiger Gegensätzlichkeit* für den Erkenntnisvorgang. Zwar kann *Moltmann* mit diesem Denkschema das Kreuz als das Nicht-»Gleiche« (aus den Weltstrukturen in Ähnlichkeit nicht-erkennbare Offenbarungsgeschehen Gottes), als das nicht in »Ähnlichkeit« mit anderem zu Erkennende, denken, als das Fremde und Irritierende, das nicht schon in ein vor-gängiges Gottes-»Bild« einordenbar ist, vielmehr immer aus einem solchen herausfallen wird. Aber unter der Hand ist aus der

tatsächlichen Uneinholbarkeit dieses Ereignisses in der Erkenntnis, ihrer je-größeren *Unähnlichkeit*, in der sich Gott *hier* zu erkennen gibt *als* Gott, zu einer *prinzipiellen* Notwendigkeit geworden: Gott kann *nur* im Gegensatz (zu ihm) erkannt werden, Liebe *nur* im Haß usw. Damit wird die ursprüngliche Offenheit in der Analogie, welche ja die Offenheit Gottes *aus seiner Unähnlichkeit heraus* bedeutet, in der er sich zeigt, wie *er* will, so daß er dann nur in der aus der Unähnlichkeit Gottes in *seine* Ähnlichkeit mit ihm geholten Erkenntnis *als* Gott erkennbar ist - also Gott *von seinem Sich-Eröffnen* her gedacht wird -, zu einer bestimmten Form der Offenbarung Gottes *verändert* und in eine »ausschließliche«, und *insofern* in der Determination *notwendige*, Struktur gesperrt. Das Korsett der »Erkenntnis aus dem Gegenteil« *bestimmt* die Offenheit der Unähnlichkeit zu einer ganz bestimmten unausweichlichen Form ihrer alleinigen *Möglichkeit* der Verwirklichung. Das »Je-Größer« der Unähnlichkeit in der Analogie wird damit nicht nur »beschränkt« und implizit als ein *Einsehbares und Ab-sehbares* (und also letztlich Zu-Ende-Denkbares und Einholbares) behauptet, weil die *positiv-inhaltliche* Bestimmung der Möglichkeit das Je-*Größer* zu einem Auslotbar-Begrenzten umformuliert. Vielmehr wird dadurch auch schon eine bestimmte *Weise* des Erkennens formuliert, in der es scheint, als könnte uneinholbare Unähnlichkeit *doch* eingeholt werden und Gott doch in seiner Unvorhersehbarkeit schon eingesehen werden, als könnte Gott also doch schon gegen alle Unbegreiflichkeit göttlicher Freiheit in eine »berechenbare« Notwendigkeit seiner Offenbarungs-*Weise* gepreßt werden. Träfe nicht genau *darauf* dann die Argumentation von *K. Barth* gegen die *analogia entis* zu, weil das dort kritisierte Denkmuster hier zur Anwendung kommt: nämlich Gott beschränkend »ohne« Gott zu denken?
b) In einer solchen *logisch-notwendigen* Erkenntnisstruktur wird dann aber nicht nur etwas über menschliche Erkenn*bar*keit Gottes durch den Menschen ausgesagt, sondern über die Offenbarungs*struktur* Gottes selbst. *Gott* kann sich *nur* im Gegensatz äußern, *er* wird in seinem Sein als der Offenbare *bestimmt*. Wenngleich das *Kreuz* mit der Dialektik gedacht werden soll, wenngleich *dafür* ein erkenntnistheoretischer Referenzrahmen gefunden werden soll, der gerade die Uneinholbarkeit Gottes *erhalten* möchte in seiner Offenbarung, wird implizit ein Verständnis von innerer Notwendigkeit des So-Seins (der Erkenntnis und Offenbarung Gottes) mit-übernommen, das sich zu-

letzt als Notwendigkeit in Gott selbst erweisen wird: Wenn Gott nicht anders kann, als sich in seinem Gegensatz zu offenbaren (und so zu menschlicher Erkenntnis zu kommen), dann ist diese Offenbarungsstruktur eine Notwendigkeit Gottes *selbst*. Die ursprüngliche Freiheit Gottes in seiner Geschichte mit dem Menschen, die in der inneren Unübersehbarheit des sich-offenbarenden Gottes aus einem »Je-größer-Sein« und »Je-unähnlich*er*-Sein« sogar zum Skandalon des Kreuzes führen darf, wird unter der Hand in eine innere Notwendigkeit Gottes selbst verwandelt, so daß Gott sich *nur mehr (und zwar prinzipiell!*) im Kreuz (als *dem* Gegensatz verstanden) *als* Gott offenbaren und damit erkannt werden kann. Geschichte (und Freiheit) wird als »bloß« Äußerliches einer Seins-Notwendigkeit *entlarvt*, die Reziprozität von Geschichte und Ontologie wird aufgehoben. Das *dialektische* Verständnis der Gotteserkenntnis und ihrer Struktur impliziert (in sich) die Behauptung einer Seinsnotwendigkeit Gottes, die in den Bereich der Gnosis, d.h. des Zu-viel-Wissens von Gott, vorstößt. Wenngleich (das sei nochmals betont) *Moltmann* gar nicht die Absicht gehabt haben mag, dies zu tun, weil sein Interesse die Erkenntnis Gottes (sogar noch) im Kreuz Jesu ist und eine angemessene Form der theologischen Erkenntnis dieser Gottesoffenbarung, wird es doch fraglich bleiben, ob das »übernommene« dialektische Erkenntnisprinzip sich für diese Absicht so korrigieren lassen kann, daß die mit ihm verbundenen Implikationen vermieden werden, oder ob dann nicht gleich wiederum der ursprüngliche Zusammenhang der analogen Erkenntnisstruktur als der von Ähnlichkeit und (je größerer) Unähnlichkeit mehr Aufschluß über die Sache geben wird, weil er in diesem Kontext ja auch entwickelt wurde.

Von hier aus kann verständlich werden, warum in der methodologischen Erschließung der formalen Erfordernisse einer künftigen Trinitätstheologie von »Reziprozität« und nicht von »Dialektik« die Rede war: Während es mit der Dialektik zu einer inneren *Notwendigkeit* der »Elemente«, welche die dialektische (Denk-)Figur bilden, kommt, bewahrt die Reziprozität theologischer Argumentation, die begrifflich als eine *analoge* (im lateranensischen Sinne) erschlossen werden konnte, die innere und offene *Über*-Gewichtigkeit der *Unähnlichkeit Gottes* in der Erkenntnis. Reziprozität besteht in *tatsächlicher* Rückwirkung des je Erkannten auf das andere, nicht in einer die innere Freiheit Gottes aufhebenden *Notwendigkeit* dieser. Reziprozität fordert per definitionem eine *epoché* in der Fundierung des heilsgeschichtlich Erkannten »in« Gott, ist *anti-gnostisch* schon dadurch, daß die je-größere Unähnlichkeit Gottes im Erkennen in der *Gott* zukommenden *Offenheit* (in Art und Struktur derselben) ausgehalten werden muß. Während die dialektische Erkenntnisstruktur das a posteriori (aus frei-geschichtlich Geschehenem) Erkannte in eine ontologische *Notwendigkeit* rück-verwandelt, von der her dann »einordenbar« das geschichtlich Geschehene als »Fall« des Vollzugs eines notwendigen Prinzips erscheinen muß, wird in der Reziprozität theologischer Argumentation nach der inneren Möglichkeit der *Tatsächlichkeit* des geschichtlich Geschehenen gefragt, *ohne* die Tatsächlichkeit in ihrer freien Unübersehbarkeit in »Wissen« über seine *Notwendigkeit* aufzuheben.

c) Wie ernst es *Moltmann* mit der Bedeutung der Dialektik ist, kann an der nun tatsächlich erfolgenden »innergöttlichen« Bestimmung des dialektischen Prinzips als eines göttlich-»ontologischen« ansichtig werden, einer Bestimmung, die bestätigt, daß das Prinzip der *Erkenntnis* Auswirkungen auf die Bestimmung von Gottes *Sein* selbst hat:

> »Das Kreuz des Sohnes trennt Gott von Gott bis zur völligen Feindschaft und Differenz.«[166] Oder: »Man müßte dann sagen: Was am Kreuz geschah, war ein Geschehen zwischen Gott und Gott. Es war eine tiefe Spaltung zwischen Gott und Gott, sofern Gott Gott selbst verlassen hat und sich widersprach, und zugleich eine Einheit in Gott, sofern Gott mit Gott einig war und sich selbst entsprach.«[167]

Der *Widerspruch* ist bis ins Letzte der Göttlichkeit Gottes als Prinzip durchgehalten (wenngleich im Horizont der Möglichkeit des Kreuzes entwickelt). Das dialektische *Erkenntnis*prinzip läßt sich als *Seins*prinzip formulieren (mit all den Auswirkungen auf eine darauf sich gründende Gotteslehre). Weil der »Widerspruch« *Grund* und *Ausgang* der »Gleichheit« ist, muß die innere Einheit Gottes dann auch selbst

---

[166] *Moltmann* (^{5}1987) 145.

[167] *Moltmann* (^{5}1987) 231. Hier ist zu beachten, daß - hermeneutisch und zum rechten Verständnis des Anliegens *Moltmanns* - diese nicht-trinitarischen Formulierungen von selbst ihre Absurdität in einem Maße aufdecken, daß geradezu eine trinitarische Formulierung gefordert sein wird: Zu dieser möchte *Moltmann* aber hinführen, wie noch zu zeigen sein wird. Hier geht es nur um die *erkenntnistheoretischen Voraussetzungen* für die *Möglichkeit* solcher Formulierungen; und die zeigen sich in der Bestimmung des *Inhalts* und der *Stellung* des dialektischen Erkenntnisprinzips begründet.

(konsequent) *aus dem Widerspruch* gedacht werden.[168] Das Sein Gottes als der letzte Ort und Grund der Dialektik der Gottes-Erkenntnis muß aber erst in der ihm *dann* - d.h. unter dem ihm innewohnenden »Widerspruch« - zukommenden inneren Stringenz erhellt werden, denn damit wird nicht weniger behauptet als: Gott ist in seiner *letzten* Bestimmung seines Seins der *Widersprüchliche* und *darin* erst der (sich) Gleiche und Eine. Umgekehrt: Ist Gott dies nicht, so ist auch die Gotteserkenntnis *letztlich nicht* eine *»im Widerspruch«*. Hier angelangt, darf es keine Unschärfe mehr geben, hier ist Farbe zu bekennen. Entweder Gott ist »über alle Gleichheit und Einheit *hinaus*« der Gott des Widerspruchs »in-sich« (was immer das bedeuten kann) *oder* er ist dies nicht; ist er es nicht, dann ist das Widerspruchsprinzip in der Gotteserkenntnis auch nicht *Anfang* und *Grund* der Analogie und des »Gleich-Seins«!

In der von *Moltmann* entwickelten Metaphysikkritik ist das dialektische Erkenntnisprinzip der Stachel für ein Verständnis Gottes »ohne« Kreuz in dem Sinne, daß, wenn das (von *Moltmann* bestimmte) Analogie-Prinzip als Erkenntnisprinzip auch schon die Voraussetzung für die metaphysische Gottesvorstellung ist, umgekehrt das dialektische Prinzip als Kritik des analogischen Prinzips auch das diesem entsprechenden Gottesverständnis kritisieren muß. Der dem analogischen Prinzip entsprechende Gott ist der des (metaphysischen, selbst analogisch denkenden) »Theismus«: »Die intelligible Anschauung steigt im Rückschlußverfahren vom Sichtbaren zum Unsichtbaren, vom Vielen zum Einen, von der Wirklichkeit zum Wirker der Wirklichkeit auf. (...) Dieses Rückschlußverfahren ist selbst nicht fragwürdig, sondern stringent; wohl ist seine Voraussetzung fragwürdig, daß nämlich alles, was ist, Gott entspricht und durch Seinsanalogien mit seinem Sein in Verbindung steht. Die Rückschlußlogik bringt eigentlich nur diese Seinsentsprechungen zu Entsprechungen in der Erkenntnis.«[169] Der dementsprechend bestimmte Gott der Metaphysik ist der Gott höchster »Einheit«, in dem Vielheit keinen Platz hat und auch nicht das allen »Entsprechungen«

---

[168] Interessant ist, daß *Moltmann* vor dieser Folgerung zurückschreckt, wie aus dem vorausgehenden Zitat ersichtlich ist, in dem *Widerspruch* und *Einheit* einander »unaufgeklärt« einfach bei-geordnet werden. Das ist aber nicht stringent. Vielmehr könnte das schon als ein »Zurückweichen« vor der bis in letzte Konsequenz durchdachten Folge sein, daß nämlich der Widerspruch *Anfang* der Einheit sein müßte.

[169] *Moltmann* (^{5}1987) 195.

Widersprechende des Kreuzes. Umgekehrt ist der Gott des dialektischen Erkenntnisprinzips der Gott im Widerspruch, nicht in der »Entsprechung«: »Gott offenbart sich im Widerspruch und Protest des Leidens Christi gegen alles Hohe, Schöne und Gute, was der Unmensch für sich sucht und darum pervertiert...Darum vollzieht sich seine Erkenntnis nicht am Leitfaden der Analogien von der Erde zum Himmel, sondern sub contrario, durch Widerspruch, Schmerz, Leiden. Gott erkennen, heißt Gott erleiden.«[170] - Mit dem *Widerspruchs*prinzip der Erkenntnis, muß nun der Widerspruch *in Gott selbst* angesetzt werden, so daß die prinzipielle Frage an die Gotteslehre bei *Moltmann* sein wird, wie er Einheit und Vielfalt in Gott zu bestimmen gedenkt, *falls* das Widerspruchsprinzip wirklich bis *ins Letzte* durchgehalten werden soll. Wie ist dann noch Gottes Einheit zu denken? Fällt dann nicht Gott »auseinander«? Kann eine Trinitätstheologie wirklich den bis ins letzte gehenden Widerspruch in sich aufnehmen oder führt sie sich da nicht doch ad absurdum? Wenngleich an der Metaphysikkritik festgehalten werden soll - aus den schon erläuterten Gründen -, bleibt doch zu fragen, ob nicht mit einem ursprünglich christlich erhobenen Analogieprinzip zugleich mit der berechtigten Metaphysikkritik ein innergöttliches und innertrinitarisches Verständnis des »Verhältnisses« von Einheit und »Vielfalt« erreicht werden kann, das stringenter formulierbar ist und noch dazu den Vorteil hätte, nicht die schon bekannten Verengungen und Determinationen einer »Dialektik« mit-übernehmen zu müssen, somit zur ursprünglichen uneinholbar-offenen Unähnlichkeit Gottes, in der sogar noch das Kreuz als seines anzunehmen vermag, in der Schmerz und Leid nicht ausgespart werden müssen, freigeben kann.

d) Schließlich kann in einer Reflexion auf die *Bedingungen* des Widerspruchsprinzips im Erkennen selbst schon eine letzte, nicht stringente Widersprüchlichkeit aufgezeigt werden, die sich als Paradoxie, ja Antinomie des Widerspruchsprinzips formulieren lassen wird. Wenn - wie gerade erhoben wurde - im Erkenntnisvorgang das dialektische Erkennen dem tatsächlichen Erkenntnisgegenstand, dem Gott des Widerspruchs »*entspricht*« (wie das auch umgekehrt für das »analogische« Erkennen gilt) - und dies wird von *Moltmann* selbst belegt -, dann muß sich das dialektische Prinzip im hermeneutischen Zirkel des Erkenntnis*vorgangs* innerlich widersprechen, um durchgehalten werden zu können: Denn das Widerspruchsprinzip setzt im Vollzug des Erkennens die »Entsprechung«, die »Gleichheit« zwischen Erkennen und Erkenntnisgegenstand *voraus,* so daß dem »Erkennen

---

170 *Moltmann* (^{5}1987) 197.

im Widerspruch« der »Gott im Widerspruch« (analogisch) *entspricht*! Der »in-sich« in seinem Sein widersprechende Gott ist dann die *Analogie* zum Erkennen im Widerspruch. Konsequent gedacht, müßte aber der »Gott des Widerspruchs« in der dialektischen Erkenntnis selbst *dialektisch* als Gegensatz seiner selbst, als Negation der Negation, als nicht-widersprüchlicher Gott erscheinen, *weil* nur so im Erkennen der *Widerspruch* des Erkennens durchgehalten werden kann. - Dies ist eine unlösbare Antinomie. - Folglich: Die Bestimmung Gottes in seinem *Sein* geschieht in einer Weise, daß von einer »Unaufgeklärtheit« des eigenen Erkenntnisprinzips gesprochen werden muß: Wenn Gott in seinem Widerspruch zu erkennen ist als Gott, dann müßte - würde das Prinzip des Widerspruchs konsequent zu Ende gedacht - die *tatsächliche* Erkenntnis auch *als* Widerspruch und nur als solcher formulierbar sein: Dagegen aber kommt es zu einer *Entsprechung* im Erkenntniszirkel zwischen Voraussetzungen der Erkenntnis und tatsächlicher Erkenntnis, die im Sinne *Moltmanns als aus dem Analogieprinzip erwachsen* gedacht werden müßte.

e) An den Antinomien im Gottesverständnis und im erkenntnistheoretisch zu Ende gedachten dialektischen Erkenntnisvollzug zeigt sich schließlich, welche Folgen eine »auseinandergerissene« Analogie mit sich bringen kann. Statt dessen sind die getrennten und »schief« wieder zusammengesetzten »Elemente« Ähnlichkeit und Unähnlichkeit wieder als *Elemente eines einzigen Zusammenhangs*, als Glieder *eines* Analogieverständnisses aufzudecken, was vom lateranensischen Analogie-Verständnis, wie es erhoben wurde, möglich ist. Dann kann die *Absicht* des mit dem dialektischen Prinzip zu Recht Geforderten bewahrt werden, ohne in die Antinomien zu verfallen. Zugleich können die »Begrenzungen« des »Unähnlichen« geöffnet werden, und das Ähnliche wird sich wieder in rechter Relation als das aus der Unähnlichkeit Eröffnete verstehen lassen. Schließlich wird sich mit dem recht verstandenen Analogieprinzip der Gotteserkenntnis die Metaphysikkritik, insofern sie auf einem vor-lateranensischen Analogieverständnis beruht, fortführen lassen, so daß mit dem Je-Größer der Unähnlichkeit Gottes das Verständnis metaphysischer Einheit einer Kritik im Hinblick auf eine trinitarische *Letzt*begründung der »Einheit« in Gott unterzogen werden muß, ohne mit der Konstatierung eines letzten Widerspruchs in Gott sich den Antinomien eines dementsprechenden Gottesverständnisses aussetzen zu müssen:

Solange das Analogieprinzip an den griechisch-metaphysischen Denkhorizont geknüpft erscheint, wird einer Kritik des dementsprechenden Analogie-Verständnisses zuzustimmen sein, weil ja das Entscheidende dieses metaphysischen Analogieverständnisses ist, daß »unser Denken doch primär od[er] grundsätzlich alles auf *Einheit* zurückführt, da aus einer reinen Vielheit univoker Begriffe keine umfassende Einheit entspringt...Die in der Erkenntnis immer schon gesetzte Einheit kann also nicht mehr univok sein, sondern ist so strukturiert, daß sie sowohl die Gemeinsamkeit als auch die Verschiedenheit der von ihr gemeinten Dinge umgreift. Somit ist jenes diese Einheit ausdrückende Sagen analog...«[171] Daß die Sprengkraft des lateranensischen Analogie-Verständnisses gerade hier noch einmal aufzuleuchten vermag, wird deutlich, wenn man mithört und sich klar macht, daß in diesem Verständnis nicht weniger behauptet wird, als daß in aller *Einheit* (Ähnlichkeit) die *Unähnlichkeit* immer noch je größer ist. *Es kann keine noch so große Einheit gedacht werden, über die nicht schon (weil sie eröffnend) die Unähnlichkeit und Unvergleichlichkeit a priori hinaus wäre!* Was das für ein christliches Gottesverständnis bedeutet, weil *dieses* Analogieverständnis sich ja noch einmal - wie schon erörtert - *innergöttlich* und *innertrinitarisch* begründen lassen muß, soll hier nur gefragt und in der Bedeutung dieser Frage erspürt werden.

Abschließend wird man für ein heutiges, theologisches Analogie-Verständnis folgendes festhalten können: 1. Gemeinhin wird Analogie auch heute noch im Horizont eines vor-lateranensischen Verständnisses gedacht und damit im Horizont der alten metaphysischen Bestimmung von Analogie als »Gleich-Gewicht« und (dementsprechende) »Einheit« von »Ähnlichkeit« und »Unähnlichkeit« in einem Kreislauf, der (spätestens) durch die *lateranensische* Formel mit der ihr innewohnenden Sprengkraft überwunden wurde. 2. In einer weiteren Verengung kann Analogie auch bloß auf »Ähnlichkeit« *reduziert* werden, so daß die Unähnlichkeit überhaupt ausfällt. Die Konsequenzen sind grundlegender Art, wie bei *Moltmann* aufgezeigt wurde. 3. Selbst dann noch wird die Bedeutung der je-größeren *Unähnlichkeit* Gottes in seiner Erkenntnis und in seinem Sein sofort spürbar, ebenso die Gefahr der Überbestimmung der Ähnlichkeit. Das Anliegen, dem entgegenzuwirken, wird es gelten weiterzuführen, wenngleich mit anderen Mitteln als die, die *Moltmann* einsetzt mit der Einführung eines

---

171 *Splett/Puntel*: HTTL I (1972) 94.

zweiten Prinzips *neben* und *vor* dem Analogie-Prinzip jeder Gotteserkenntnis.

3. Analogie und Katalogie

1. *H. U. v. Balthasar* entwickelt ein Analogieverständnis, in welchem der Aspekt des *Abstiegs Gottes* als die innere Voraussetzung für eine *theologische Analogie* verständlich werden soll - ganz im Sinne der schon erarbeiteten lateranensischen Analogie-Formel. Dieser Aspekt der Analogie, das eröffnende Ab-Steigen Gottes in die Welt, die *Kata-logie*, das Sich-Offenbaren Gottes, steht dem »Aufstieg« immer voraus, weil sonst Analogie immer nur der vom Geschöpf her kommende, von ihm aus-gehende Aufstieg wäre, der Gott nicht erreichen kann in seinem Sein. Das Primäre in der »Analogie« ist ihre katalogische *Fundierung*. Dieses Verständnis der »Analogie« weist *Balthasar* in der Theologiegeschichte nach als ein theologisch durchaus evidentes Erkenntnismodell der Gotteserkenntnis[172] und sichert es in seiner intensiven Auseinandersetzung mit *K. Barth*, in dessen Verständnis der *analogia fidei* schon das *katalogische* Verständnis der Analogie zu finden ist, nach dem Gott nie *ohne Gott* (oder gegen ihn), sondern nur von Gott her zu erkennen ist, der dann (unter der Voraussetzung der Glaubensanerkenntnis des zu-vor-seienden Gottes) auch in allen Dingen als solcher gefunden werden kann.[173] Gegenüber *Barth* betont er aber auch, daß eine *analogia entis* nur dann eine »theologische Analogie« ist, aber dann bereits *berechtigt* eine solche *ist*, wenn sie sich schon als eine »katalogische« erweisen kann.[174] Der »Aufstieg« bedarf also eines »Abstiegs« (Gottes) immer zuvor[175], vor dem Aufstieg, und zwar in der Erkenntnis und im Sein[176], weil »eben das Denken 'von unten', aus der Sphäre des Fleisches, nicht aus[reicht], um die Gehalte der sich von oben öffnenden und nur im Heiligen

---

[172] Vgl. das Kapitel IV »Kata-logische Aspekte« in: *Balthasar*, TL II (1985) bes. 171-198 (= TL II).

[173] Vgl. *Balthasar* (1951) 166.

[174] Vgl. *Balthasar* (1951) 123.

[175] Vgl. *Balthasar*, TD III (1980) 356.

[176] *Balthasar* (1987) 51. Vgl. weiter: *Mengus*: RevSR 62 (1988) 252-264.

Geist betretbaren Sphäre zu verstehen«[177]. Katalogie als das »Absteigende« der »Analogie« ist ihr letztes, fundierendes Element, ohne das die Analogie nicht möglich wäre:

> »Es kann somit wohl einen zum Absoluten 'aufsteigenden' Weg von der Welt her geben, der aber kein anderes Ziel haben kann als die Vorgängigkeit des Absoluten vor dem Relativen, des Abstiegs vor dem Aufstieg, der Offenbarung vor dem Offenbarsein zu erweisen.«[178] Sodann: »Theologie wird primär nicht eine *Leistung* des Menschen sein, sondern eine solche des göttlichen *Vaters*, der sich in seinem menschgewordenen Wort wahrhaft auszulegen und verständlich zu machen vermag, wenn auch nur denen, die er durch seinen in sie gelegten Heiligen Geist zum Verständnis dieser Auslegung befähigt.«[179]

Kata-logie ist als »absteigende Analogie«[180] verstanden. Hierin spiegelt sich die Bestimmung der lateranensischen Analogie-Formel von der je größeren Unähnlichkeit Gottes in seinem Offenbaren wieder und damit die spezielle, im christlichen Denken notwendige Veränderung des Analogie-Verständnisses gegenüber der griechisch-metaphysischen Bestimmung, wie sie durch *E. Przywara* aufgezeigt werden konnte[181]: *analogia entis* unter diesen Vor-Bedingungen ist schon theo-logisch gedacht (oder nur so zu erfüllen) als *bestimmte* Analogie, für sie »ist der Blick zu Gott bereits wesenhaft Blick *von Gott her*«[182]; so konstituiert sich »unser Aufstieg der 'Teilnahme an Gott' einzig in der Teilnahme am *Abstieg Gottes*«[183], im Wirken seines von-obenherkommenden Geistes.[184] Analogie als *analogia entis* (in diesem

---

[177] *Balthasar*, TL III (1987) 74.

[178] *Balthasar* (1951) 161.

[179] *Balthasar*, TL I (1985) XXII. Hervorhebungen nicht im Text.

[180] *Balthasar*, TD IV (1983) 434.

[181] Vgl. das in und zu *Przywara*: LThK I (^{2}1957) 468-473 Gesagte. Vgl. weiter auch: *Teran Dutari* (1973).

[182] *Przywara* (1962) 443. Hervorhebung nicht im Text.

[183] *Przywara* (1962) 267. Hervorhebung nicht im Text.

[184] *Balthasar* (1939) 346. Vgl. auch *Balthasar* (^{4}1978) 27; *Haas*: *Lehmann/Kasper* (Hg.) (1989) 62-77.

Sinne erschlossen) besagt dann von sich her »nicht Konstruktion Gottes von der Natur aus, sondern geradezu Verstehen der Kreatur von Gott aus«[185], so daß sich in der »katalogischen« Bestimmung der Seins- und Erkenntnisanalogie die Geschöpflichkeit, das »Von-Gott-Her« der *analogen Ex-sistenz*, erfüllt.

Diese Denk-*Struktur* ist durchaus aus der lateranensischen Analogieformel zu verstehen und so weit mitzutragen, insofern sie gerade die je größere Unähnlichkeit Gottes als das *eröffnende* Element der einen Analogie zu verstehen aufgeben kann. Mithin ist hier auch noch dieselbe Denkweise im Hintergrund, die schon bei *Moltmann* erhoben werden konnte, wenngleich dessen Ansatz in der »Absurdität« des Kreuzesereignisses (für ein metaphysisch-analogisches Erkenntnisprinzip) zu ganz anderen Konsequenzen führt; in jedem Fall geht es um das uneinholbare *Zuvor* Gottes. *Balthasar*[186] versucht dieses Zuvor-Sein Gottes auch, wie *Moltmann*, im Kreuz festzumachen (oder in der Voraussetzung dafür, der Inkarnation), wenngleich sein Weg immer schon *von oben her* denkt, insofern er das Inkarnationsgeschehen als im trinitarischen Horizont der Gottesoffenbarung immer schon erschlossen sieht. Gegen *Moltmann* kann *Balthasar* allerdings *in* der (neu verstandenen) Analogie als Erkenntnis- (und Seins-)Struktur weiterdenken, während *Moltmann* das (griechisch-metaphysisch unverwandelte) Analogiedenken gegen ein *dialektisches* absetzen muß.[187] Somit ist die Analogie für *Balthasar* keine »dialektische«, die dann (denkimmanent) innere *Notwendigkeit* beanspruchen könnte, sondern folgt (vorerst jedenfalls) einer aus Gott (katalogisch) eröffneten *Tatsächlichkeit* und damit tatsächlicher *Notwendigkeit* des Seins und Erkennens als eines »reziproken«. Während *Moltmann* zur Wahrung des Zu-Vor Gottes in seiner »dia-lektischen« Begründung der Gotteserkenntnis die tatsächliche Notwendigkeit in eine logische verwandelt, kann nach *Balthasar* von den göttlichen Mysterien (in sich) nichts *deduziert* werden, sie sind und bleiben Mysterien *Gottes*, »die nicht von der Sicht einer notwendigen Analogie zwischen weltlichem Sein und dessen Ursprung deduziert werden können, sich vielmehr einzig (als

---

[185] *Przywara* (1962) 453-454.

[186] Vgl. *Balthasar*, TL II (1985) 61 ff. Hier wird die Frage so gestellt: »Kann menschliche Logik eine tragfähige Basis abgeben für eine authentische Darstellung göttlicher Logik?« (S. 61) Es soll sich zeigen, daß nur in dem schon erschlossenen trinitarischen Horizont der Christologie katalogisch von einer möglichen »Einheit« göttlicher und menschlicher Logik gesprochen werden kann.

[187] Vgl. zu *Hegel* im Kontext der Katalogie bei *Balthasar,* TL II (1985) 42-45.

bleibende Mysterien) enthüllen, wenn Gottes Souve-ränität...erlaubt und veranlaßt, aus freier Liebe, zu freier Selbstaussage und Selbstverherrlichung, weltliches Sein zu schaffen, das dann *notwendig* Spur und Bild der innergöttlichen Differenz in sich enthalten wird und sich - nochmals darüber hinaus - eignen kann, mit der göttlichen Einheit eine Einheit einzugehen«[188].

2. Doch es gelten zwei Besonderheiten in der Bestimmung der Analogie bei *Balthasar,* die unbedingt zu sehen sind:

a) Für *Balthasar* ist dieses »absteigende« Element nur erkennbar im realen *Abstieg Gottes* in *Christus.* Die Christologie ist so gesehen »analogielos«[189], als sie »von unten« aufsteigend nicht konstruierbar ist.[190] Die »Vernichtung« der Geschöpfe ist nicht mehr »Aufstieg« (und zugleich Scheitern des anmaßenden Aufschwingens der Kreatur), wie in der metaphysischen Analogie-Bestimmung, sondern »Angleichung an die Kenosis oder Selbstvernichtung Christi, durch die er die personale Liebe des dreieinigen Gottes in der radikalsten Form der Welt darstellt...«[191] Die *absteigende* Analogie ist darum in der *radikalen Kenose* des Sohnes beschlossen und aus ihr zu verstehen aufgegeben.[192] Im Horizont der heilsgeschichtlich-trinitarischen Offenbarung Gottes ist der sich-eröffnende Abstieg Gottes *konkret* in der Kenose des Sohnes gegeben, und *daraus* ist der volle Sinn der katalogischen Analogie zu verstehen. Die Katalogie ist *inhaltlich* durch die *konkrete Selbstoffenbarung* in Christus bestimmt und von hier aus als *formale* Struktur zu erschließen (und von da her überhaupt erst als solche zu erkennen) aufgegeben.[193]

---

188 *Balthasar* (1987) 66. Hervorhebung nicht im Text.

189 Vgl. *Balthasar* (1987) 75.

190 Vgl. *Balthasar* (1987) 74 und *ders.*, TL III (1980) 241.

191 *Balthasar,* TL II (1985) 112.

192 Vgl. *Balthasar*, Skizzen V (1986) 30. Vgl. auch *ders.,* Herrlichkeit II/2 (^{2}1969) 614.

193 Vgl. *Treitler* (1988) 307 ff. »Was die Bestimmung der Katalogie damit ausdrückt, ist dies, daß von Balthasar auch theologisch-methodisch den absoluten Primat der inhaltlichen Offenbarung durchsetzen will...« (S. 307).

»Damit aber zeigt sich, daß der von der fleischlichen Auslegung Gottes in Christus als der adäquaten (ana) emporblickende Glaube (ano) versteht, daß diese Auslegung nur von oben nach unten (kata) gelesen werden kann, soll sie als das gefaßt werden, als was sie sich gibt. Gott legt sich von oben her aus, nicht der Mensch Jesus erklärt Gott von unten nach oben.«[194]

Eine solche Bestimmung der Analogie muß nun aber wieder Rückwirkungen auf das dem zu-vorliegende Gottesverständnis haben, wie sich diese »Korrespondenz« schon bei *Moltmann* zeigen konnte: Das *formale* Bestimmen der Analogie (in methodologischem Horizont) sagt etwas über das darin mögliche Gottesverständnis aus und umgekehrt.[195] Tatsächlich wird *Balthasar* diese katalogisch-*kenotische* Bestimmung der Analogie im Horizont der Christologie sich auswirken lassen auf die Rückwirkung und Gründung dieses Prinzips »in« Gott; darin denkt er »reziprok«: Es muß daher eine *inner*göttlich-inner*trinitarische Selbst-Entäußerung* gedacht werden als *unbedingte* Voraussetzung für die Kenose des Sohnes und damit des katalogischen Prinzips der Erkenntnis und des (Geschöpf-)Seins, was für *Balthasar* wiederum allererst in einer letzten *Fundierung* in Gott als möglich und dann erkenn*bar* erscheint, »wenn man mit Bulgakow von einer ersten *innertrinitarischen 'kenosis'* zu sprechen wagt, die keine andere ist als die positive *'Selbstentäußerung' Gottes* in der Übergabe des ganzen göttlichen Wesens in den Prozessionen...«[196]
Wenngleich ein solcher Entwurf den unbestreitbaren Vorteil hat, tatsächlich die »Reziprozität« theo-logischer und ökonomischer Argumentation bis zu einem *trinitarischen Letzt*horizont der Gotteslehre voranzutreiben, wird doch (ähnlich wie bei *Moltmann*) zu fragen bleiben, ob hier nicht doch, auch gegen die Absicht des Autors, eine *prinzipielle* (nicht bloß geschichtlich-tatsächliche) *Notwendigkeit* in

---

194 *Balthasar*, TL II (1985) 286.

195 Hier steht nicht, wie das auch schon für *Moltmann* galt, die trinitarisch entfaltete Theologie der »Kenose« im Mittelpunkt der Auseinandersetzung, die Frage nach ihrem Sinn und ihren Grenzen, sondern die *formale* Bedeutung der Analogie, die selbst nicht ohne den kenotischen Zug zu verstehen ist, so daß das eine nicht ohne das andere zu denken und zu behandeln ist.

196 *Balthasar*, TL II (1985) 163. Hervorhebungen nicht im Text.

Gott eingetragen wird, wenn *Balthasar* nämlich die Notwendigkeit einer »ewigen Ent-äußerung« innergöttlichen Seins *als solchen* ansetzt, obwohl sie doch *eigentlich als tatsächliche* in der (heils-)*geschichtlichen* Wirklichkeit Gottes erhoben wurde. Wenngleich die Analogie als Denk*form* der Gotteserkenntnis ihr Gewicht im unaufhebbaren *Zuvor* Gottes enthüllt, ist ihr hier durch eine *inhaltlich-geschichtliche* »Bestimmung« die Weite des Horizontes des »Je-Größer« der Unähnlichkeit Gottes in seiner Offenbarung entzogen, indem die inhaltliche Begrenzung *so* auf Gott rück-bezogen wird, daß die Gefahr einer »unvermittelt«-*positiven* Bestimmung (und das als Begrenzung) Gottes in seinem Sein besteht. Geschichte wird in innergöttliche Notwendigkeit rück-verwandelt: In der Weise, in der die analogische Denk*form* aus der *inhaltlichen* Gegebenheit der Heilsgeschichte Gottes in Christus *»bestimmt«* wird als allererst *kenotische*, wird auch Gottes *Sein »ontologisch«* ansichtig als *kenotisches*. Der *inhaltlichen Kurzschlüssigkeit* der Analogie, der gegenüber Gott immer noch als der »in sich« je-*größere* gedacht werden müßte - würde der lateranensischen Formel in ihrer Radikalität gefolgt -, entspricht die *»ontologische Kurzschlüssigkeit«*; oder formal gesprochen: Wenngleich die *analoge* Reziprozität von *Geschichte* und *Ontologie* gewahrt werden soll, wird sie zugunsten der *Ähnlichkeit* aufgehoben, insofern die Geschichte *unmittelbar* »ähnlich« auf Gottes Sein übertragen wird, so daß mindestens die Gefahr besteht, in der *Erfüllung* der »äußeren« Unhintergehbarheit des Verstehenszirkels das Drama der Geschichte »in« Gott (unmittelbar) *als* Gottes Drama einzutragen und damit Gottes Sein in seine Geschichts-Bestimmtheit hinein aufzuheben.[197]

Damit zeigt sich eine letzte Ähnlichkeit der formalen Vor-Entwürfe *Moltmanns* und *Balthasars*, die auf den ersten Blick gar nicht zu vermuten wäre, weil beide Theologen ihre Entwürfe im Prinzip auf dem Hintergrund einer je-anderen Denkungsart entfalten. Dennoch besteht eine Ähnlichkeit beider Versuche darin, daß eine »Determination« des »Je-Größer« Gottes in seiner Unähnlichkeit vorgenommen wird, die (entgegen der Absicht beider Autoren) zu einer Über-Gewichtigkeit der *Ähnlichkeit* gegenüber der Unähnlichkeit Gottes führt: Während bei *Moltmann* die *formal*-strukturelle Bestim-

---

[197] Vgl. das zu *Joachim von Fiore* Gesagte.

mung der Unähnlichkeit Gottes zu ihrer »Beschränkung« auf eine (berechenbare) *innere* Logik eines in Wissbares aufhebbaren »Ähnlichen« führt, wird *Balthasars inhaltlich-kenotische* Bestimmung der Analogie die geschichtliche Konkretheit der Gottesoffenbarung in der Gotteserkenntnis (strukturell!) auf das Sein Gottes übertragen und damit gegen eine je-größere Unähnlichkeit Gottes in seinem Sein, *aus* dem Gott sich als der in der Kenose des Sohnes offenbare zeigt, auf die *Ähnlichkeit* (mit der Geschichte) hin abspannen. - Wohlgemerkt: Das Je-Größer Gottes in seiner Unähnlichkeit darf mit dieser Kritik nicht zu einem Alibi werden, jegliche *positiv-inhaltliche* oder *-strukturelle* Bestimmung des Seins Gottes in der analog-reziproken Erkenntnis in eine *je größere Negativität* aufzuheben, von der dann nur mehr geschwiegen werden könnte; dies wäre ein Rückfall in das griechische »Hen«-Verständnis des unzugänglich Göttlichen, dem tatsächlich nur in einer unaufhebbaren *negativen* Theologie nachzudenken wäre.[198] Vielmehr wird für eine »künftige« Trinitätstheologie zu zeigen sein, wie die je größere Unähnlichkeit Gottes gewahrt werden kann, *indem* die Analogie *in* Gott selbst trinitarisch erschlossen wird, *und* zugleich die *positiven* Gottesaussagen geradezu ermöglicht werden. Für unseren Zusammhang galt es nur aufzuzeigen, wie *auch noch* in ihrem Versuch der *Wahrung* von Gottes Unähnlichkeit, diese Entwürfe in einer inneren Umgewichtung der einen Analogie *doch* auf eine »Je-größere *Ähnlichkeit*« hin zurückfallen können.

Die Reziprozität innergöttlicher Rückwirkungen des heilsgeschichtlich Erhobenen wird genau hier verlassen, wo das tatsächlich *Notwendige* des Rückzubeziehenden (= Kenose des Gottessohnes) in ein *prinzipiell* Notwendiges verwandelt wird: Die Kenose Gottes wird als *ewig-notwendige Voraussetzung* für die heilsgeschichtlich-tatsächlich geschehene Kenose gedeutet (wiewohl *Balthasar* ein solches Denkmuster ablehnt[199], vollzieht er es doch selbst).

b) Ein zweiter Aspekt ist in diesem Zusammenhang interessant: Wenngleich *Balthasar* Analogie doch letztlich als Einheit (der *einen* Analogie) denkt (mit der lateranensischen Analogie-Formel), wird konkret in der *terminologischen* Durchführung Analogie immer wieder auf die Seite der »Ähnlichkeit« gerückt, um das *kata-logische Element* gegenüber einem Aufstieg, einer »Ana-logie« präzise hervorzuheben. So bezeichnet *Balthasar* etwa den »vom 'Bild' zum Urbild aufsteigenden« Aspekt als *ana-logisch* und den »vom Urbild zum

---

[198] Das weiß natürlich auch *Balthasar*, vgl. *Balthasar*, TL II (1985) 80 ff.

[199] Vgl. *Balthasar* (1987) 66.

'Bild' absteigenden« Aspekt als *kata-logisch.*[200] Innerhalb der einen Analogie ist das »Ana-logische« das »Aufsteigend-Ähnliche« und das »Kata-logische« das »Absteigend-Unähnliche«. So kann er auch gelegentlich von »Analogielosigkeit« sprechen, wenn er das Uneinholbare, sich aus der Schöpfung nie und nimmer selber Erschließende (der Christologie) angeben möchte.[201] Wenngleich also der *Inhalt* dem der *einen* Analogie nach wie vor folgt, kann durch die Terminologie eine »Verschiebung« stattfinden, durch die das Ähnliche anders als das Unähnliche weiterhin mit dem Wort belegt werden kann, das Unähnliche jedoch ein eigenes Wort (Katalogie) ausprägt. Damit entsteht die Gefahr einer »Isolierung« des »Analogischen« von seiner inneren Komplexität als ein *bestimmter Zusammenhang* zwischen den begrifflichen Elementen »Ähnlichkeit« und »Unähnlichkeit«. Diese bloß »virulente« (unterschwellig präsent bleibende) begriffliche Unschärfe erlaubt es dann auch, eine verhängnisvolle *Identifizierung* vorzunehmen, nämlich die zwischen »Unähnlichkeit«, Katalogie und »Abstieg«, der dann als *kenotisch* bestimmter (aus dem realen Abstieg Gottes in der Kenose des Sohnes) *in* Gott als *kenotische Ur-Form des Seins Gottes* fixiert zu werden vermag (wie der voraufgehende Abschnitt gezeigt hat). Damit ist aber eine (auf den ersten Blick nicht sofort erkennbare) *Umkehrung* des *Sinns* der »je-größeren Unähnlichkeit« Gottes vor sich gegangen: Während (aufgrund der lateranensischen Analogie-Formel) auch mit einer *inner*trinitarischen Grundlegung der Analogie das Element der *Unähnlichkeit* nicht nur das *absteigend-eröffnende* ist, sondern darüber hinaus das in jedem »Abstieg« *und* »Aufstieg« *bleibend je-größere* Sein Gottes »in sich« zur Sprache bringt, bleibt durch die »Identifizierung« von Je-*Größer* (= Katalogie)

---

[200] Vgl. *Balthasar,* TL II (1985) XVIII (»Zum Gesamtwerk«).

[201] *Balthasar* (1987) 75. Dies kann dann auch in diesem Sinne terminologisch weitergeführt werden. So schreibt *Treitler* (1988) 329 mit Bezug auf *Balthasar,* TD III (1988) 348: »Dies nun bringt in die *Analogielosigkeit* der herrlichen Gestalt (die Notwendigkeit der Katalogie) durch 'gnadenhafte Teilnahme am göttlichen Sein...' die katalogisch gesetzte noch-so-große Ähnlichkeit der Analogie; katalogisch darum, weil auch diese Ähnlichkeit an der durch den Geist letztlich *analogielosen* Intimität Gottes in seinem Geschöpf hängt, in welcher zugleich um die Nichtidentität von Gott und Geschöpf im göttlichen Geist gewußt wird.« (Hervorhebung nicht im Text).

und *»Abstieg«* der »Aufstieg« *im* Je-Größer unbestimmt; das Je-*Größer* kann auch *in* Gott nur mehr als (kenotischer) *Abstieg* gedacht werden, nicht umgekehrt als das in Abstieg und Aufstieg *Über-sie-je-größer-hinaus-Sein* des Seins Gottes. Die Katalogie, der *Ab*-stieg, übernimmt so sehr die Funktion der Unähnlichkeit in der einen Analogie, daß die *»An*wärts-Richtung«, das »Darüber-Hinaus« Gottes in seinem Sein auch über jeden Abstieg oder Aufstieg hinaus unbedacht bleibt. Dies führt aber wiederum stringent zu der schon diskutierten *kenotischen Letztbestimmung* des Seins Gottes als Abspannung des Je-Größer Gottes auf die Ähnlichkeit mit seinem ökonomischen Wirken.

c) Ein drittes Element ist in einem »kenotischen« Ansatz (genauer: dem vorausgehenden Punkt) mindestens impliziert und soll daher hier genannt werden: Dadurch, daß Gott nur im *»Ab«*-stieg sich zu erkennen gibt, wird die Unähnlichkeit in der Erkenntnis Gottes in ein »negatives« Licht gerückt, weil in der Ähnlichkeit mit Gott Gott »nur« *absteigend* und daher schon irgendwie *defizient* zu erkennen ist, wenn *er* sich zu erkennen gibt, denn Gott muß sich je kenotisch »herab«-lassen, damit der Mensch ihn erkenne[202]: So muß die in die Nähe der aufsteigenden Ähnlichkeit gerückte »Analogie« gegenüber der »Katalogie« nicht nur selbst unter der Hinsicht der »Herablassung« gesehen, und also in ein irgendwie peiorativ-negatives Licht der »Fragmentarität«, gerückt werden, sondern auch die Unähnlichkeit Gottes selbst *bestimmt* werden; aber nicht als Je-Größer, sondern in nun diametraler Umkehrung ihres urprünglichen Sinns als *»Beschränkung«* Gottes im »Herab«-Lassen - und folglich einer »Beschränktheit« menschlichen Seins und der Gotteserkenntnis. Wenn der *»Ab«*-stieg zum entscheidenden Element der Analogie wird, dann ist der eigentliche Verstehenshorizont nicht die eröffnende Fülle des Je-Größer Gottes, sondern die Fragmentarität der Zuwendung und daher der Erkenntnis dieses Gottes. Mit der Immanenz dieser Problematik ist die lateranensische Analogie nun schon ganz verlassen; ihr Entscheidendes ist verloren gegangen.

---

[202] Vgl. *Nikolaus Cusanus* (De dato patris luminum 2): Zwar gibt Gott nicht weniger als sich selbst; aber wenn er sich zwar »ganz« gibt, kann er doch nicht so gefaßt werden, wie er sich gibt, weil die Aufnahme der Gabe *abstieghaft* (*descensive*) geschieht; vgl. *Heinz* (1985) 6. Vgl. auch zu Cusanus: *Balthasar*, Herrlichkeit III/1 (1975) 552-592.

Für ein weiteres Vorgehen wird folgendes zu behalten sein: 1. Analogie ist immer als die *eine* Analogie zum Ausdruck zu bringen, eine »Identifizierung« ihrer Elemente muß *um ihrer Gewichtung der Unähnlichkeit* (Gottes) willen vermieden werden; andernfalls kann es zu einem ungewollten Über-Gewicht des Elements der Ähnlichkeit kommen. 2. Die Analogie als Erkenntnisstruktur der Gotteserkenntnis muß die je-größere Unähnlichkeit Gottes *strikt* betonen. Es darf kein Punkt erreicht werden, an dem sich das Verhältnis von Unähnlichkeit und Ähnlichkeit »umwendet« zugunsten der Ähnlichkeit. 3. Die darin implizierte Forderung einer *epoché* schützt vor der Verwandlung des in der analog-reziproken Argumentation erkannten *tatsächlich Notwendigen* in einer innergöttlichen Fundierung in eine *logische Notwendigkeit* (sei diese »dialektisch« oder »katalogisch« bestimmt).

4. Relationale Analogie und trinitarische Ontologie

Ein letzter Fragenkomplex, der im Zusammenhang mit dem Analogie-problem in heutiger Trinitätstheologie zu behandeln sein wird, ergibt sich aus der Zuordnung von »Einheit« und »Vielfalt« in »ontologisch«-theologischer Perspektive. Drei Fragerichtungen lassen sich dabei unterscheiden: 1. Welche Bedeutung kommt der Analogie zu, wenn es um die Gründung der vielfältigen Welt in der Einheit Gottes geht? 2. Wie ist dann das Verhältnis von Einheit und Dreifaltigkeit in Gott zu beurteilen, d.h. wenn Vielfalt in Gott selbst gründet (oder auch nicht); welche Analogien entsprechen dann am besten einem angemessenen Verständnis des trinitarischen Gottes? 3. Von Gott zur Welt hin, d.h. ihrer ontologischen Struktur, insofern diese in Gottes Sein gründet, zurückgefragt: Wie ist eine Ontologie für diese Welt zu formulieren unter trinitarischem Letzthorizont göttlichen Seins? - In allen drei Fragenkomplexen kommt der »for-malen« bzw. »inhaltlichen« Bestimmung der Analogie ein besonderer Platz zu, weil es um die Erkennbarkeit des trinitarischen Gottes und um die Auswirkungen dieser geht.

1. Das griechisch-metaphysische Verständnis des Seins ist das des »Hen«, des letzten uneinsehbaren »Eins«, aus dem Vielfalt zwar entsprungen, aber auf das sie doch nur uneigentlich bezogen ist, weil die Vielfalt der Welt eigentlich gar nicht sein sollte. Bei Plotin etwa emaniert zwar der Nous aus dem Einen, doch in ihm offenbart sich das

Eine *nicht*, es verbleibt in seinem Inneren (unberührt).[203] In diesem Kontext bedeutet Gotteserkenntnis als anabatischer Weg des Aufstiegs über die Hierarchie der Seinsstufen zugleich Entleerung und Entleiblichung, um sich dem Einen in seiner unerreichbaren, hermetisch geschlossenen Ferne zu nähern; es bleibt der Weg der *Negation*. *Analogie* zwischen »Gott« und Welt wird in diesem Horizont verunmöglicht, sie kann höchstens in der Zerstörung des Seienden in seinem Aufsteig bestehen.[204] Vielfalt muß als der Welt Zugehöriges im Einen »vernichtet«, negiert sein. »Ist das Absolute das Eine, das keinerlei Vielfalt verträgt, also auch keinerlei Sein in der Weise des Weltlichen..., dann ist es nicht anders erreichbar oder wenigstens berührbar als durch die radikale Aufhebung dessen, was auf endliches Sein Anspruch erhebt.«[205] Das, »was das 'Andere' des Einen ist, muß verschwinden, da es als Anderes ohnehin nur Illusion, zumindest abgesunkenes Sein ist«[206]. Mit dem trinitarischen Gottesbekenntnis im Christentum ist dieser Horizont des Verhältnisses Gott - Welt (wie schon gezeigt wurde) *prinzipiell* verändert worden.[207] Das christliche Gottesverständnis eröffnete die Möglichkeit einer *Analogie* als einer das kosmologisch-platonische Verständnis übersteigenden, weil dem anabatischen Weg des »Aufstiegs« immer schon Gottes »Abstieg« vorausliegt, seine Selbstmitteilung, in der er den Menschen in seine Nähe und Ähnlichkeit holt.[208] Hingegen, »dort, wo philosophisch gedacht wurde..., konnte die Welt als das Andere und Viele nur als Herausfall aus dem einzig in sich selbigen Einen gedacht werden«[209]. - Aber die Frage, wie »die Vermittlung dieses ungewordenen und unteilbaren

---

[203] Vgl. *Balthasar*, TL II (1985) 99.

[204] Vgl. *Balthasar*, TL II (1985) 112. Analogie ist in diesem Horizont deshalb »nur« kosmische Analogie; in sich geschlossen gegen das Hen, wenngleich in der *Einheit* des Hen unrückführbar gründend.

[205] *Balthasar*, TL II (1985) 111.

[206] *Balthasar*, TL II (1985) 111.

[207] Vgl. *Grillmeier*: *Balthasar* u.a. (1976) 68-69; *Kasper* (^{7}1978) 208; *Przywara*: LThK I (^{2}1957) 468-473; *Ratzinger* (^{3}1977) 126-127.

[208] Vgl. *Balthasar*, TL II (1985) 80-88.

[209] *Balthasar*, TL II (1985) 166.

Seins mit der Welt des Gewordenen und Vielfältigen«[210] jetzt, unter den neuen Bedingungen eines trinitarischen Gottesverständnisses zu beantworten sei, blieb bestehen und besteht bis heute. Nur dann nämlich, wenn die Vielfalt dieser Welt, das »Andere« der göttlichen »Einheit« *in ihr* selbst einen Patz hat, wird Welt nicht bloß als »Ab-Fall« von Gott zu verstehen sein. Gemäß der Analogie zwischen Welt und Gott wird man von einer innersten *trinitarischen Letzt*begründung der Welt in ihrem »Anders«- und »Vielfalt«-Sein sprechen müssen, weil nur dann die Welt nicht aus Gott als »Nicht-sein-Sollende« herausfällt. Das Verständnis der Einheit Gottes ist aus seinem alten, metaphysischen Sinne dann so zu einem anderen Verständnis zu überführen (oder besser: es ist so zu transzendieren), daß die *Vielfalt selbst Ausdruck göttlichen Seins* werden kann.

a) *Wenn* es nach *Balthasar in Gott selbst* eine *»Differenz«* geben muß, dann deshalb, weil aus »einem jeder Differenz entbehrenden Gott...[eine] differente Welt immer nur als ein Abgefallenens entspringen«[211] kann und deswegen die in ihrer Vielfalt entsprungene Welt auch gar nicht (im Sinne der Tanszendentalien des Seins) *gut* zu sein vermag. *Wenn* Gott selbst das Prinzip der Vielheit ist[212], darf die Vielfalt dann auch nicht »irgendwie« in Gottes Eins-sein gründen, sondern wird sich in *trinitarischem* Gegründetsein erschließen lassen müssen: »*wenn* es in Gott Identität des Anderen gibt, der zugleich noch Bild des Vaters und damit Urbild alles Erschaffenen ist, wenn es in dieser Identität den Geist gibt, der freie, überschwengliche Liebe des 'einen' und 'Anderen' ist,...das Andere der Schöpfung, das sich am Urbild des göttlichen Anders ausrichtet, und ihr Überhaupt-Sein, das sich der innergöttlichen Liberalität verdankt, [dann] in ein positives Verhältnis zu Gott gerückt«[213] wird. *Dann* muß gelten, daß diese Frage zu der des rechten Verständnisses *göttlicher Einheit* (als trinitarisch Vielfalt begründender) und der trinitarischen Gründung der

---

210 *Kasper* (^{7}1978) 208.

211 *Balthasar,* TL II (1985) 169.

212 Vgl. *Thomas v. Aquin*, De Pot. 3,16 ad 3.

213 *Balthasar,* TL II (1985) 165-166. Hervorhebung nicht im Text. Vgl. dagegen die herkömmliche metaphysische Rückführung der Vielheit auf die Einheit, die es gerade zu differenzieren gelte: *Lotz* (1988) bes. 20.

Welt *selbst* in Gott führt. Dann muß gelten, daß *das Verhältnis von Einheit und Dreifaltigkeit Gottes der letzte Grund des Verhältnisses von Gott und Welt ist.* Für die innergöttliche Fundierung dieses Verhältnisses kommt, was nach dem bisher Gesagten evident ist, der Bestimmung der *Analogie*, in der sich ja überhaupt erst eine Erkenntnis der innergöttlichen Begründung erreichen ließe, *entscheidende* Bedeutung zu. Mit und in ihrem konkret-formalen (Vor-)Verständnis ist die *Sache* mit-beschlossen als aus der Erkenntnis-*Struktur* mitbestimmt.

b) Dies läßt sich aus dem schon zu *Moltmann* und *Balthasar* Aufgezeigten leicht erweisen:

Wenn *Balthasar* sich für eine erste Bestimmung des Verhältnisses von Einheit und Vielfalt auf *G. Siewerth* bezieht:

> Der Akt des Seins selbst sei nämlich »gleichursprüngliche Einheit wie Nichteinheit. Soll das nicht ein einfacher Widerspruch sein, so ist es notwendig, die Einheit als einigenden Grund der ihr gleichursprünglichen Nichteinheit...zu begreifen«[214].

Dann wird mit dieser Bestimmung erkennbar, daß sein Verständnis der »Gleichursprünglichkeit« der Vielfalt »in« Gott sich *doch* nur unter dem Primat der »Einheit« denken läßt. »Einheit« ist nach *Balthasar* zwar aus der Bedeutung »absoluter Relation in der Einfachheit Gottes«[215] als eine *trinitarische* Einheit zu verstehen, die sich wieder - gemäß *seinem* Analogie-Verständnis (kenotisch-katalogisch) - als (kenotische) »Selbst-Entäußerung«[216] eines göttlich-trinitarischen Lebensprozesses zu denken gibt. Aber das dafür voraus-bestimmende Analogie-Verständnis »begrenzt« nun zugleich den Horizont, in dem vom Verhältnis von Vielfalt und Einheit (und der *prinzipiellen Bedeutung* der Vielfalt) gesprochen werden kann.

Wenn *Moltmann* das Verhältnis von Einheit und Vielfalt »in« Gott letztlich »nebeneinander« stehen läßt:

---

214 *Siewerth* (^{2}1961) 104. Vgl. *Balthasar,* TL II (1985) 169.

215 *Balthasar,* TL II (1985) 169. Vgl. *Siewerth* (1958) 60-61.

216 *Balthasar,* TL II (1985) 163.

»Was am Kreuz geschah, war ein Geschehen zwischen Gott und Gott. Es war eine tiefe Spaltung zwischen Gott und Gott, sofern Gott Gott selbst verlassen hat und *sich widersprach*, und zugleich eine Einheit in Gott, sofern Gott mit Gott einig war und *sich selbst entsprach.*«[217]

Dann ist auch dafür sein - das Analogieprinzip ersetzendes - »dialektisches« Erkenntnisprinzip bestimmend, das sich (an sich) ja in letztem unaufhebbaren *Widerspruch* erfüllt. Einheit *als* letzter Widerspruch - Auflösung der Einheit?
Wenn aber beide Arten, die Struktur der Gotteserkenntnis zu bestimmen, zu einer »Einschränkung« und »Umwandlung« des lateranensischen Analogie-Verständnisses führen, wiewohl für beide Theologen zugleich eine gar nicht metaphysische Einheits-Bestimmung den letzten Horizont der Gotteslehre darstellt, und wiewohl vielmehr beide eine letzte »Reziprozität« theologischer Argumentation intendieren und damit eine *trinitarische Letzt*-Begründung von Einheit in Gott, wie gezeigt wurde, dann wird die Frage nach der Begründung und Be-Deutung der Vielfalt »in« der göttlichen *Einheit* (oder beser noch: *für* sie) noch einmal *neu* aus der Gewichtung der *je-größeren Unähnlichkeit* Gottes in seiner Einheit zu stellen sein. Und eine *solche* Bestimmung aus der Begründung der Analogie »in« Gott selbst wird sich dann auch *voll* auf die theologische Erschließung des Verhältnisses Gottes zur vielfältigen Welt auswirken dürfen. Oder anders gefragt: Unter welchen Voraussetzungen und Bedingungen *in* Gott ist die analoge Ex-sistenz *tatsächlich* eine solche und die analog-reziproke (Gottes-)Erkenntnis *als solche* berechtigt?
2. Die Problematik der vielfältigen (und doch einen) Welt hat zur Begründung der Vielfalt in Gott hingeführt. Wie ist nun aber das Verhältnis des trinitarischen und des doch zugleich einen Gottes in analoger Erkenntnis zu erschließen? Wenn in seinem Versuch, sich dem Verständnis von Einheit und Dreifaltigkeit zu nähern, *H. Wipfler* am Ende seiner Arbeit zusammenfaßt, »daß die nur ungenügend durchklärte Analogiefrage fast durchwegs den Kern des Problems darstellte«[218], dann bestätigt er das bisher Erkannte, daß nämlich die

---

[217] *Moltmann* (^{5}1987) 231. Hervorhebungen nicht im Text.

[218] *Wipfler* (1977) 206. Vgl. auch *ders.* (1965).

Klärung des Analogieverständnisses »daher immer wieder die erste und wichtigste Aufgabe [ist], um von dieser Basis aus die äußerst schwierigen Probleme der Trinitätsspekulation überhaupt mit einiger Aussicht auf Erfolg angehen zu können«[219]. Sein Vorschlag ist, *innerhalb* der *analogia entis* zu unterscheiden zwischen der *analogia fidei* und einer *analogia rationalis*: Erstere ist als *analogia theologiae* zu verstehen und von ihrem Charakter her »supra-analog« (d.h. supra rationem), letztere ist »intra rationem« zu verstehen, sie ist *analogia philosophiae* und ihrem Charakter nach daher »intra-analog«[220]. Mit dieser Unterscheidung, deren Ausarbeitung sich seine Arbeit widmet[221], soll nun das Verhältnis von Gotteserkenntnis in bezug zu ihren wesentlichen »Inhalten« verständlich werden: nämlich der einen Wesenheit Gottes und einem trinitätstheologisch erschlossenen Personverständnis.[222] Wie also ist *analog* von der »essentia divina« Gottes zu sprechen und wie von den drei Personen in Gott? Dies habe in der *strikten* Unterscheidung von »intra-analogem« Sprechen vom Wesen Gottes und »supra-analogem« Sprechen vom dreipersönlichen Gott zu geschehen: »Wir wissen, daß unsere kreatürliche ratio aus der intra-analogen Wesenheit Gottes die supra-analoge Dreiheit der göttlichen Personen niemals erschließen kann. Dennoch ist und bleibt die intra-analoge, göttliche Wesenheit offen für diese supra-analoge Dreiheit der göttlichen Personen. Diese supra-analoge Personendreiheit kann vom intra-analogen Bereich unserer Erkenntnis her weder bewiesen noch geleugnet wrden, da wir es bei der göttlichen Personendreiheit mit einer ganz neuen und anderen Dimension der Gotteserkenntnis zu tun haben...«[223] Zwar will *Wipfler* damit sicherstellen, daß die Selbstoffenbarung Gottes es ist, die uns den Zugang zu seinem trinitarischen Sein eröffnet (in Christus) und nicht unser Ver-

---

219 *Wipfler* (1977) 206.

220 Vgl. *Wipfler* (1977) 39-41.

221 Vgl. *Wipfler* (1977) 42.

222 Vgl. *Wipfler* (1977) bes. 45-47. Hier geht es wiederum nicht um das trinitätstheologische Personverständnis des Autors als solches, sachlich-inhaltlich, sondern um die Bestimmung der *Erkenntnisstruktur* zum Verständnis dieses. Sein Personverständnis werden wir an anderer Stelle zu berühren haben.

223 *Wipfler* (1977) 45-46.

stand »von unten« dies zwingen kann[224], aber sein letztes Anliegen ist, hier *präzise* zwei Erkenntnis-*Ebenen* und *-Bereiche* voneinander zu unterscheiden:

> »Bei Person und Wesenheit in Gott geht es nicht mehr bloß um zwei verschiedene Begriffe und ihre möglichst präzise Unterscheidung, sondern um zwei verschiedene Erkenntnis*ebenen*. Diese beiden verschiedenen Erkenntnisebenen unserer intra-analogen und supra-analogen Gotteserkenntnis überbrückt und verbindet die die 'analogia rationis' und die 'analogia fidei' *übergreifende* 'analogia entis'.«[225]

Wie aber, so ist hier zu fragen, kann eine *umgreifende* »analogia entis« noch gedacht werden und *von woher* wird sie eine »überbrückende« genannt werden können von dem, was an sich gar nicht miteinander zu vermitteln ist, was vielmehr in *zwei Ebenen* getrennt, »nebeneinander«, besser »übereinander«, zu stehen kommt? Wird hier nicht wieder das alte »Stockwerkdenken« eingeführt oder jedenfalls in neuem Gewand transportiert, das sich in der typischen *Trennung* der Traktate *De Deo uno* und *De Deo trino* und der *unumkehrbaren* Vor-Ordnung des ersteren vor den letzteren in klassischen christlichen Gotteslehren vermittelt[226] und weiter oben schon zu Recht einer Kritik unterzogen wurde? Im einzelnen: 1. Die Trennung der beiden Traktate voneinander wird von *Wipfler* noch dadurch untermauert und gewissermaßen »zementiert«, daß die Voraussetzungen für eine Einsicht Gottes als des ein-wesentlichen ganz und gar nicht in ihrer *theo*-logischen Dimension bedacht werden (insofern schon die Schöpfung in der liebenden Offenbarkeit Gottes gründen muß für seine Erkennbarkeit), daß eine Einsicht in Gottes Wesen vielmehr »unmittelbar« »rein-rational« (= »intra-analog«) zugänglich sei (so als

---

[224] Vgl. *Wipfler* (1977) 46: »Diese neue und supra-analoge Dimension der Gotteserkenntnis als göttliche Selbstoffenbarung ist es, was unsere intra-analoge, rationale Gotteserkenntnis zur Öffnung und bleibenden Offenheit dieser supra-analogen, göttlichen Selbstoffenbarung gegenüber zwingt.«

[225] *Wipfler* (1977) 47. Hervorhebungen nicht im Text.

[226] Vgl. die Kritik von *Hilberath* (1986) 311: »So bleibt der Eindruck, daß das ganze Unternehmen seiner Untersuchung...doch auf eine Trennung der Gotteslehre in die Traktate De Deo uno/De Deo trino hinausläuft...« Vgl. auch die massive Kritik *K.Rahners* an dieser Trennung.

wäre das *in sich* noch nie zu einem Problem geworden und also theologisch eigentlich »problemlos« möglich).[227] »Denn der trinitarische Gott ist ja der eine und einzige Gott schlechthin; und *Trinitäts*offenbarung darf ja nicht zuerst als Offenbarung gerade und nur der *Dreizahl* von (irgendwie anzunehmenden) 'göttlichen Personen' verstanden werden, die als in der schon '*vorher*' und *für sich* offenbarten göttlichen Wesenheit subsistierend zu glauben wären.«[228] 2. Geschichte und Vernunft bleiben voneinander unberührt *entgegen* der Geschichtlichkeit der Schöpfung und der Offenbarung Gottes in ihr. Dagegen wurden die geschichtlichen Bedingungen der Vernunft in theologischem Horizont bereits aufgezeigt, für die dann Gottes »Eins«-Sein nicht unabhängig von der geschichtlichen Selbstoffenbarung, in der Gott sich als dieser Eine erweist, verstanden werden kann.[229] 3. Die »Selbst-offenbarung Gottes [wird] als Erkenntnisgrund nicht ernst genug genommen«[230], denn wenn Gott sich als der trinitarische offenbart hat, dann ist er auch nicht mehr (auch bloß gedanklich-spielerisch) ohne oder gegen dieses Sich-Offenbaren weiterhin in seiner »Einheit« zu verstehen. Die Reziprozität nicht nur des »inneren« und »äußeren« unhintergehbaren Verstehenszirkels wird durchbrochen, sondern eine solche von Geschichte und Ontologie kann überhaupt nicht zustandekommen.[231] 4. Wenngleich also entgegen des

---

227 Vgl. weiter oben die Auseinandersetzung mit *K. Barth* und seine berechtigten Einwände gegen eine »selbstherrliche« *analogia* entis als den Versuch, Gott durch einen Trick »einzufangen«.

228 *Schulte*: MySal II (1967) 52. Nur erste Hervorhebung im Text.

229 Im übrigen war es in der biblischen Zeit unumstritten, von der *Einzigkeit* Gottes zu sprechen, das Problem der »Wesenseinheit« ist jedoch erst im Übergang zum Hellenismus und da erst in den trinitätstheologischen Auseinandersetzungen durch Aufnahme eines metaphysischen Verständnisses von »Wesenheit« und »Einheit« in der nun *ausdrücklichen* Reflexion auf das eine Wesen Gottes entstanden. Recht verstanden, steht diesen Überlegungen (schon rein *historisch*) die Offenbarung Gottes als eines trinitarischen *voraus* und muß daher immer schon in solchen Überlegungen *mit*bedacht werden, was bei *Wipfler* nicht nur nicht geschieht, sondern überhaupt unbedacht bleibt.

230 *Hilberath* (1986) 311.

231 Daher ist die Behauptung, die in der postulierten zweifachen Analogie impliziert ist, es handle sich um zwei Erkenntnisebenen, ungeschichtlich-unvermittelt; dies kann durch keine zugleich behauptete »einende« *analogia*

trinitarischen Letzthorizontes christlichen Gottesverständnisses jede Gotteserkenntnis von einer ungeschichtlichen, gleich-gültigen Vernunft her »bestimmt« bleibt, wird paradoxerweise diese Form der Erkenntnis als »untere« Erkenntnisebene verstanden, auf die man die Erkenntnis der Dreipersönlichkeit Gottes nicht »herabzudrücken suchen«[232] darf. Diese Paradoxie wird aber dann verständlich werden, wenn wir die *innere Gerichtetheit* seines Verständnisses von »Analogie« betrachten: Die Bestimmung nämlich der Analogie geschieht immer »von unten«, vom erkennenden Menschen aus, bedingt durch die Tatsache, »daß wir die intra-analoge, göttliche Wesenheit als solche mit Hilfe intra-analoger Begriffe aus dem Bereich des 'actus primus' her interpretieren müssen, während wir die supra-analoge, trinitarische Person nur mit Hilfe supra-analoger, eigens dafür adaptierter Begriffe aus dem Bereich des 'actus secundus' interpretieren können...«[233] Also: *Sowohl* die rein-rationale Analogie vollzieht sich *vom Menschen aus* (ganz im Sinne des von *K. Barth* kritisierten »Gott-*gegen*-Gott-erkennen-Wollens«) *als auch* die supra-analoge Erkenntnis; die Selbstoffenbarung Gottes wird dafür zwar eingeführt, aber nur vom Menschen her betrachtet. Die »untere« Erkenntnis-Ebene bestimmt *bleibend* die »obere« *vom Menschen her.* »Mit dieser Einordnung ist das Verständnis von Person bereits 'von unten her' festgelegt! Die analogia rationalis dominiert die trinitätstheologische Terminologie (...), die 'ungebrochene', 'nicht-umgekehrte' analogia entis (rationalis)«[234] bleibt bestimmend. Wiewohl also die »obere« Ebene die »untere« *bestimmen* müßte (ganz im Sinne der Reziprozität), bleibt die »untere« Ebene der eigentliche Er-

---

entis vermittelt werden, weil nur eine geschichtlich vermittelte Vernunft Gott in seiner Offenbarungsfreiheit nicht beschränkt, weil darüber hinaus nur Gottes *Offenbarung in Freiheit* von Anfang an Gottes *Wesen* erkennen läßt. Umgekehrt gilt: So Gott selbst von seiner Geschichte mit der Welt »betroffen« wäre, müßte Vernunft von *dieser Offenbarkeit Gottes* prinzipiell *ontologisch bestimmt* zu denken sein, d.h. prinzipiell geschichtlich-vermittelt.

232 *Wipfler* (1977) 47: »...indem wir das Personverständnis in Gott...auf dieselbe Erkenntnisebene herabzudrücken suchen, auf der unsere intra-analoge Wesenserkenntnis Gottes steht.«

233 *Wipfler* (1977) 47.

234 *Hilberath* (1986) 311.

kenntnis-»grund« für die »obere« Ebene, der man sich demnach *entweder* von der »unteren« Ebene her nähern müsse oder gar nicht (anders) nähern könnte.[235]
Wiederum erweist sich: Das Verständnis der Analogie bestimmt das Gottesverständnis und umgekehrt. Der *Trennung* der beiden »Analogien« *entspricht* die *Trennung* der Traktate (*bedingt* durch die Erkenntnisstruktur der Analogie) - und damit letztlich eine *Trennung in* Gott selbst. Wie kann also eine diese Trennung »überspannende« Analogie noch gedacht werden, wenn nicht als eine, die Gott selbst darin (unter den Voraussetzungen *Wipflers*) zu »umspannen« suchen müßte? *Wenn* Gott sich menschlicher Erkenntnis *so* zeigen würde, wie *Wipfler* das voraussetzt, nämlich in einer »Trennung«, worin ist dann in Gott selbst diese Trennung zur Einheit gebunden? Die (eine) Wesenheit Gottes kann diese gesuchte Einheit *dann* nicht sein, denn ihre »Einheit« mit der Dreipersönlichkeit wird je erst gesucht. Wie sollte auch die Trennung in der einen Analogie menschlicher Erkenntnis ontologisch in Gott gründen, und wie könnte dies erkannt werden, wenn doch der Ansatz zur Trennung eine »Evidenz von unten« ist, die allerdings nicht aufgeht? - Für unser Analogieverständnis ist zu behalten: *Wird die eine Analogie in ihren Elementen auseinandergerissen, so wird nicht nur in der Gotteserkenntnis ein »zweifacher Gott« (unter dem Raster der zerrissenen Analogie) vom Raster menschlicher Erkenntnis aus projiziert, sondern letztlich Gott selbst »zerrissen«*. Demgegenüber ist festzuhalten, daß die Analogie ursprünglich *eine ist, in* der als der von Gott selbst gesetzten gerade Einheit und Differenz zwischen Gott und Welt in einem zum Ausdruck kommt: die eine Analogie ist *reziprok*; wird sie in sich getrennt in Ebenen und Bereiche, so ist kein Zusammenhalt mehr zu finden, der die *ursprüngliche Reziprozität* nachträglich ersetzen könnte; folg-

---

235 Als Gegenprobe: Wäre es (unter den Voraussetzungen von *Wipfler*) möglich, die »untere« Ebene zu »verlassen«, und nun von der »oberen« aus auch die »untere« zu denken, so müßte man entweder in den »oberen« Bereich mit so großer *Ähnlichkeit* eintreten können, daß man quasi »mit *göttlicher* Erkenntnis« zu erkennen meint, oder man müßte den unteren, »herabgefallenen« Bereich irgendwie »hinter sich« zurücklassen. Beides birgt in sich die Gefahr eines »erkenntnistheoretischen Manichäismus« des Aufstiegs vom »Uneigentlichen« zum »Eigentlichen«, vom rational Erschließbaren zum göttlich »Mysteriösen« in sich.

lich muß die Trennung selbst sich als *Abstraktion* entlarven. Die Analogie ist dem gegenüber prinzipiell als *die Eine* zu entwickeln, immer unter theo-logischer Perspektive, so daß eine letzte Begründung (ausgehend von einer *analogia fidei* hin zu einer analogen Exsistenz) in Gott erfolgen muß: 1. Eine *analogia fidei* kann nicht nichttrinitarisch gedacht werden. 2. Jede *analogia entis* (als Analogie der Geschöpflichkeit) ist gott-verlassen, wenn sie nicht (etwa bezüglich der Fragen: Einheit - Differenz, Einheit - Vielfalt) trinitarisch begründet wird.

3. Diese erarbeiteten Grundsätze sind auch dann beizubehalten, wenn von Gott zur Welt hin zurück-gefragt wird. Die Annahme ist jetzt: Die *analogia entis* ist eine *analogia trinitatis*.[236] (Dies ist aber ein äußerst mehrdeutiger Satz, wie zu zeigen sein wird.) Wie ist nämlich, so wird gefragt, dann, *wenn* Gott der in seiner letzten Einheit zugleich immer schon *trinitarische*r Gott ist, das Sein der Welt davon *ontologisch* bestimmt? - Daß diese Fragestellung prinzipiell *möglich* ist, hat sich schon gezeigt aufgrund des Reziprozitätsprinzips theologischer und ökonomischer Argumentation. »Zugespitzt formuliert: Zu entwickeln ist eine trinitarische Theologie und eine - dem menschlichen Begreifen zugeprochene - 'analogia trinitatis'.«[237] Vorausgesetzt ist, daß in der prinzipiell anstehenden, möglichen Entscheidung zwischen zwei Denkungsarten die entsprechende Wahl getroffen wird: »Gehe ich aus von dem *ohne* Offenbarung erkannten und bekannten Seienden, oder lasse ich meine Theo-logie von der Selbstoffenbarung Gottes her *bestimmt* sein?«[238] Wenn man sich allerdings für die zweite Denkungsart entschieden hat, lassen sich wiederum zwei Richtungen unterscheiden und dokumentieren, innerhalb derer von einer Entfaltung einer »trinitarisch bestimmten Ontologie (der Welt)« zu sprechen ist:

---

[236] *Beck*: SJP 25 (1980) 87-99; hier: 87: »*analogia entis ultimatim est analogia trinitatis*.«

[237] *Hilberath* (1986) 310.

[238] *Hilberath* (1986) 310. Hervorhebungen nicht im Text. Darin unterscheidet sich ja letztlich der alte Ansatz einer »natürlichen Theologie« von dem einer »trinitarischen Ontologie«.

a) *Erste* Richtung: Entworfen wird eine neue Ontologie, in der das Sein der Seienden vom *Sein Gottes* her bestimmt gesehen wird. Gesucht wird entweder nach der Begründung eines *christlich* bestimmten »Vorverständnis[ses] des Sinnes von Sein«[239], damit es zu einer von Gott her bestimmten »trinitarischen Ontologie«[240] kommen könne, oder nach *»inhaltlichen« Analogien* für das Verständnis des trinitarischen Gottes selbst *aus der Welt*, was (erkenntnismäßig) nur *unter der Voraussetzung* möglich ist, daß sich eine »Spur« der Trinität, ein *vestigium Trinitatis*[241] (außerhalb der Offenbarung in Christus), in der Welt finden ließe. Gemeinhin wird dann aber nach »Triaden« gesucht, die sich für das Verstehen der Trinität eignen könnten, oder umgekehrt nach triadischen Strukturen der Welt, die in der Trinität ihre letzte Fundierung erhalten sollen.
Während eine »triadische« Metaphysik Analogie ganz »von unten« (ohne mit Gott zu rechnen in seiner eigenen Lebendigkeit) als *Ähnlichkeit* bestimmt, so daß eine Unähnlichkeit (geschweige denn eine »je-größere« Unähnlichkeit) ausfällt, wird mit den Versuchen einer »trinitarische Ontologie« der »innere« und »äußere« Verstehenszirkel theologischer Argumentation gewahrt und Geschichte und Ontologie selbst in einen unauflöslichen Zusammenhang gebracht. Dieses Denken ist durchaus analog-reziprok. Für ein Analogie-Verständnis wird dann zu behalten sein: Wenn unter der Voraussetzung der trinitarischen Selbstoffenbarung Gottes nach dem Sein der Schöpfung gefragt wird, dann ist das Sein Gottes selbst darin als ein *trinitarisch* zu bestimmendes vorausgesetzt. Durch die Fragerichtung ist jedoch (ähnlich wie bei *Balthasar*) das »Von-Gott-Her« als »absteigende« Liebe konkretisiert; es wird *katalogisch-kenotisch* gedacht, ohne daß es zu einer letzten Begründung der Analogie (als der *einen*) in Gott kommt. Die Analogie wird mehr (von oben nach unten) als (nicht-relationale) »Seinsanalogie« vorgestellt, als »Bild« (imago), das *als solches* eine »Beziehung« zu Gott hat, weil Gott zum Sein der Welt in

---

239 *Hemmerle* (1976) 22: Denn das Christentum »hat nicht den Ansatz von Ontologie insgesamt auf Dauer neu bestimmt«.

240 *Hemmerle* (1976) 57.

241 Vgl. *Barth*, KD I/1 (^{5}1947) 352-367. Hier werden theologiegeschichtliche Beispiele gebracht und interpretiert.

»Beziehung« steht, so daß *diese analogia entis* (in sich) als *analogia trinitatis* zu entschlüsseln sei: »Wenn nun Gott, das 'esse ipsum', *wesentlich* trinitarisch existiert..., dann muss überall dort, wo Sein im *Ganzen* da ist, d.h. wo und insoweit es tatsächlich subsistiert, eine der *Trinität* analoge Konstitution sich finden lassen: die Dreiheit gehört zur formalen Struktur des Seins, wenn auch analog.«[242] - Die lateranensische Analogie-Formel denkt dagegen *schon* die *Beziehung* zwischen Gott und seiner Schöpfung als die *eine* Analogie, *innerhalb derer* (als von *Gott* gesetzte Relation) dann sich Einheit und Differenz von Gott und Welt ergeben werden. Deshalb steht eine »trinitarische Analogie« hier unter dem Verstehenshorizont einer *Proportionalität*, nämlich der von Gottes Sein (Einssein - Persondifferenz) und Sein der Welt (Einssein - Seinsdifferenz). Nicht die *Beziehung* von Gott und Sein der Welt bildet die *eine Analogie*, sondern das Sein der Welt ist *in sich analogia trinitatis*. Eine solche »vergegenständlichte« Analogie bedenkt dann die Relationalität *im Sein* der Welt, wie den Grund in der *inner*göttlichen Relationalität, setzt aber *die* Relation zwischen Gott und Welt unbedacht *voraus; diese* Relation aber muß die ursprüngliche Analogie gerade erst entfalten und selbst noch einmal in Gott begründen.

b) Die *zweite* Richtung der Rückfrage nach »trinitarischen Analogien« ist von der ersten grundsätzlich zu unterscheiden, insofern sich in ihr das Problem der »Person-Analogie« in ihrer innertrinitarischen Erschließung als solches stellt. Die Fragerichtung ist jetzt wieder theologisch ausgerichtet auf das Verständnis Gottes als des drei-*persönlichen*. Wir sind hier wieder an einer *der* Kernfragen der Trinitätstheologie (und der weiteren nach Leiden und Veränderlichkeit Gottes) angelangt, von der wir ja auch ausgegangen waren: Hier wird die *Analogizität* des Denkens Gottes als des *innertrinitarisch*-lebendigen zur Frage gestellt, d.h. es wird gefragt, welche Modelle sich zum Verständnis des trinitarischen Seins Gottes *selbst* besonders oder mehr

---

[242] *Klinger*: BPTF 25 (1964) 64-83; hier: 65. Wobei bei *Klinger* nicht nur deutlich dieses »vergleichende« Analogieverständnis, das »Bildhafte-Abbildende« (und nicht so sehr das »Relationale«), sichtbar ist, sondern auch noch das Abheben auf eine *formale* Seinsstruktur, die sich in der »Drei« begründet. Wenngleich er hinzufügt: »Ein Versuch, die Trinität ableiten zu wollen, müsste...von Anfang an scheitern« (S. 67).

(als andere) eignen könnten: »intra«-personale Modelle oder »inner«-personale Modelle[243]. Dabei wird die Gefahr sowohl eines Tritheismus aus auch eines Modalismus immer mitbedacht und in diesem Spannungsfeld um ihre Vermeidung durch eine angemessene analoge Sprache gerungen. Die Analogiefrage wird unumgänglich wieder zur Grundfrage der Möglichkeit menschlicher Gotteserkenntnis verwandelt und somit wieder in ihren ursprünglichen Kontext gestellt. Das entscheidende Problem ist dabei folgendes: Kann der Mensch, *wenn* er Gott erkennen *kann* und diese Erkenntnis *nur* eine analoge sein kann, die Analogizität aus der Fragmentarität menschlicher Erkenntnis (die in sich ja unbestritten bleibt) verstehen oder muß er sie als zuletzt positive Grundstruktur der analogen Ex-sistenz deuten? Zum einen wird eine solche Fragmentarität (Nur-Analogizität) menschlichen Erkennens ja nahegelegt, insofern sie in trinitätstheologischen Aussagen »schon dann zutage[tritt], wenn man die temporale Struktur ihrer Begrifflichkeit in den Blick nimmt«[244]. Auf der anderen Seite ist die Rede vom »Nur-Analogen« (= je größere Unähnlichkeit)[245] schon verräterisch, weil die Unähnlichkeit nicht mehr (zuerst jedenfalls) im Sinne des »Je-Größer« Gottes verstanden, sondern vielmehr in den Horizont des »endlichen Je-Weniger« weltlichen (und menschlichen) Seins gerückt wird. Das Nicht-zu-Rande-Kommen und gewissermaßen die »Gefährlichkeit« des Denkens am »Ab-Grund« göttlicher Fülle ist jedoch zu allererst der Ausdruck der positiven Uneinholbarkeit göttlichen Lebens und nicht der unserer Seins-»Schwäche«. Ist dies nicht nur zu behaupten, sondern zu belegen, ergeben sich aber wieder (und *müssen* sich ergeben) Konsequenzen für ein analoges, Gottes Selbst-Offenbarung und Selbst-Auslegung angemessenes Sprechen vom »Person-Sein« in einer trinitätstheologisch differenzierten Gotteslehre: Gott in »drei distinkten Subsistenzweisen« als in einem »Aktzentrum« geeint zu denken (*K. Rahner*), wird ebenso an seine Grenzen stoßen, wie der Versuch, von

---

[243] Vgl. *Krenski* (1990) 149.

[244] *Krenski* (1990) 132.

[245] Vgl. *Krenski* (1990) 133.

einem innergöttlichen »Du« zu sprechen (*H. U. v. Balthasar*).[246] Hier ist der Ort, an dem schließlich die Begründung der *einen* Analogie als der *Person-Analogie* »in« Gott unabwendbar aufgegeben ist. Von daher wird auch die nähere Bestimmung des Modellcharakters im Verständnis innertrinitarischen Lebens zu einer *epoché* auffordern, immer wieder zurückzustehen vor dieser Fülle gegen jeden Versuch, dieses innergöttliche Leben in absolutes Wissen aufzuheben. Dies wird zu versuchen sein, *indem* die eine Analogie weltlicher Ex-sistenz in Gott *so* begründet wird, daß das Je-Größer Gottes darin gerade *gewahrt* werden kann. *Ein Person-Verständnis in trinitätstheo-logischem Kontext wird sich aus dieser innertrinitarisch zu begründenden und begründeten Analogie ergeben müssen und nicht daraus, daß das Person-Verständnis (nur) analog sei.*

---

[246] Vgl. *Krenski* (1990) 149-150.

ZWEITER TEIL

Die Rede vom »Leiden« Gottes im Raum biblischer Gotteserfahrung

Im Ersten Teil haben wir die inneren, formalen Voraussetzungen entwickelt, in denen und unter denen vom »Leiden« und von »Veränderlichkeit« Gottes gesprochen werden kann; und diese finden ihre Spitze in der Forderung nach einer reziprok-analogen Argumentationsstruktur theologischen Denkens in der Ausarbeitung einer Gotteslehre und schließlich in der Begründung einer trinitätstheologischen Durchdringung dieser Gotteslehre in allen ihren »sachlichen Bereichen« und »Strukturelementen«. In diesem Teil soll nun die Frage nach dem Leiden Gottes selbst gestellt werden. Die Leidensfrage ist gewissermaßen der Stachel in der christlichen Gotteslehre; sie kann selbst wieder nur in trinitarischem Letzthorizont angegangen und behandelt werden. Es gibt nämlich, so ist festzustellen, in der zeitgenössischen Theologie ein wechselseitiges Bedingungsverhältnis von Leidens-Problematik und Gotteslehre, und zwar so, daß die Frage nach dem Leiden Gottes angesichts der Leiden in der Welt und der Leiden Christi von selbst auf eine neu strukturierte und trinitätstheologisch differenzierte Gotteslehre (methodisch und sachlich-inhaltlich) hingedrängt hat, wie umgekehrt gilt, daß eine neu formulierte und die Gotteslehre wieder »substantiell« bestimmende Trinitätstheologie sich den Problemen des Leidens und der Veränderlichkeit allererst als gewachsen gezeigt hat. - Nach einer grundlegenden Ortsbestimmung der Leidensfrage im Horizont der Gotteslehre sollen nicht-trinitarisch differenzierte Versuche, sich der Leidens-Frage zu stellen, trinitätstheologischen Versuchen ge-

genübergestellt werden, um die Fruchtbarkeit der Leidensfrage für die Trinitätstheologie *und* die Fruchtbarkeit einer (wieder) »aufgewerteten« Trinitätstheologie für die Leidens-Problematik erweisen zu können. Die Frage der »Veränderlichkeit« Gottes wird in diesem Teil nur insofern von Belang sein und behandelt werden, als sie für die Leidens-Frage unerläßlich ist, weil die Leidensfrage sich in der Ausbildung christlicher Theologie ja immer schon im Kontext des griechisch-metaphysischen Denkhorizontes zu denken gab.

Erstes Kapitel

Der Zusammenhang von Christusereignis und Trinitätsoffenbarung

Wenn schon Bedachtes gelten soll, daß nämlich die Gotteslehre in einem trinitarischen *Letzt*horizont zu denken und von ihm her neu zu strukturieren ist, dann muß die Oikonomia Gottes hin auf das und im Christusereignis uns den Weg zu einem Verständnis der Bedeutung der Leidens-Frage *als Gottes*-Frage weisen können; dann muß das Leiden Christi im Heilshandeln Gottes für Gott selbst Bedeutung besitzen; dann kann von Gottes heilvoller Zuwendung zur Welt nicht ohne die Erschließung der *theo*-logischen Bedeutung seines Sich-Zuwendens gesprochen werden. Im Sinne der Reziprozität ökonomischer und theo-logischer Argumentation wird das Leiden Christi *in sich* schon im Horizont der innergöttlichen Bedingungen der Möglichkeit dieses Leidens zu erfragen aufgegeben sein. Dieser Zusammenhang soll jetzt systematisch begründet und in seiner Problematik an einigen historischen Beispielen erhellt werden.

I. Selbstoffenbarung Gottes und Leidensgeschichte der Welt

Die Rede vom Leiden Gottes ist nicht neu und sie ist keine Erfindung *christlicher* Glaubenserfahrung oder Glaubensreflexion. Die Frage ist so alt wie die Frage nach dem Leiden in dieser Welt überhaupt. Wie immer also eine Antwort auf die Frage nach dem Gottes-Leid ausfallen mag (und auch wird) oder ausgefallen ist in der Religionsgeschichte, der *Bezug* von Leidens-Frage und Gottesfrage ist unaufkündbar gegeben[1] und sogar noch in der Verneinung schon der Horizont der Ablehnung und Verneinung. Jede Theologie der *Passion Gottes* setzt die Theodizeefrage[2] schon als ihren Verstehenshorizont voraus[3], und in der Diskussion *dieser* Frage wird ein entsprechendes Gottesverständnis zu je anderen Antworten der Bedeutung der Leidensfrage *als* Gottesfrage führen. Oder umgekehrt: Ein entsprechendes Menschen- und Weltverständnis bestimmt sich immer *auch* als Leidens-Verständnis *und* im Kontext eines entsprechenden (korrespondierenden) Verständnisses des »Göttlichen« oder eines (Mensch und Welt seinerseits bestimmenden) Gottes.[4] Denn gilt schon allgemein, daß »das jeweilige Selbstverständnis

---

1 Vgl. *Kasper* (1982) 102. Vgl. *Bodem*: *Ziegenaus/Courth/Schäfer* (1985) 586-611.

2 Damit ist nicht eine schon *begriffliche* Fassung als »Theodizeefrage« gemeint; diese Frage wird als solche (im Sinne der *Rechtfertigung* Gottes angesichts des Leides in der Welt) bekanntlich erst von *Leibniz* in seinem Werk »Theodizee« (1710) gestellt werden. Hier geht es um den unkündbaren Konnex von Gottes- und Leidens-Frage, der ja auch schon besteht und bestanden hat, als er begrifflich nicht gefaßt und als »Rechtfertigungsfrage« gestellt wurde. Wie auch immer, die Klage über das Leid ist immer auch schon als Klage Gott gegenüber oder gar als An-Klage Gottes verstanden worden. Hervorragende biblische Beispiele finden sich in den Auseinandersetzungen um die Sinnfrage des Leidens *Hiobs* und in den Klagepsalmen des Alten Testaments: vgl. dazu *Braulik* (1982) 19-23. Vgl. weiter: *Metz*: *Oelmüller* (Hg.) (1990) 103-118.

3 Vgl. *Moltmann* (1980) 63.

4 Vgl. *Kasper* ([7]1978) 161; Die Bedingungen des »Subjekts« der Gotteserkenntnis zu bedenken, insofern es den »Gegenstand« der Erkenntnis, hier Gott, *mit* bestimmt, ist der neuzeitliche Weg der Erkenntnistheorie, der seinerseits Voraussetzung für eine »transzendentale Theologie« (*K. Rahner*) darstellt, für die eine Erhellung des unmittelbaren Zusammenhangs von menschlicher Erkenntnis*struktur* und Erkenntnis*gegenstand grundlegend ist*, indem nach den (transzendentalen) Bedingungen der Gotteserkenntnis und mithin jeder Erkenntnis gefragt wird. - Die Erkenntnis des *prinzipiellen* Zusammenhangs von Anthropologie und Theologie affirmiert in sich aber schon immer jeweils *geschichtliche* Konkretionen dieses Verhältnisses; vgl. auch *Schaeffler* (1980) 96 ff. In diesen Konkretionen *ist* das Verhältnis von Gottes-»Bild« und Menschen-»Bild« immer schon ein in dieser oder jener Weise bestimmtes. Dies ist darüber hinaus ein biblisch evidenter Sachverhalt: Das Gottesverständnis des

des Menschen überhaupt über seinen je spezifischen Bezug zum Göttlichen vermittelt [ist]...«[5], dann gilt dies auch und eminent für die Leidensfrage. Gilt einerseits der Zusammenhang von Anthropologie und Theologie, dann zeigt sich andererseits dieser *prinzipielle* Zusammenhang immer schon in *konkreten* Ausformungen des wechselseitigen Bedingungsverhältnisses von Gottes-»Bild« und Menschen-»Bild«. Die Leidens-Frage als »Ur«-Frage menschlichen Seins in dieser Welt *bestimmt* daher immer ein »entsprechendes« Gottesverständnis mit bzw. wird von ihm in ihrer Bedeutung und Interpretation mitbedingt. Dieser Zusammenhang gilt auch noch für den Fall, daß im Protest gegen ein Gottesverständnis das Menschsein a-theistisch bestimmt wird. So steht sogar der humanistisch geprägte Atheismus des 19. und 20. Jahrhunderts noch im Horizont der (allerdings abgewiesenen) Gottesfrage - nicht zuletzt aufgrund des unfaßbaren und unaufklärbaren, durch keinen (wie auch immer gearteten) Gottes*begriff* einzulösenden Leidens in dieser Welt. Ja, es ist gerade die *Leidens*frage, die zum a-theistischen Protest gegen einen Gott geführt hat, der den Menschen leiden läßt (es zuläßt) oder jedenfalls ihm in diesem nicht als nahe empfunden wird. In *G. Büchners* Drama »Dantons Tod« wird nicht ohne Grund bildlich scharf gerade das *Leid* als Fels des Atheismus bezeichnet.[6] Die Leidens-Frage gehört so mit der Gottes-Frage zusammen, daß Gott selbst durch die Leiden der Menschen darin in Frage steht; sie geht an die *Fundamente*

Volkes Israel veränderte sich entsprechend der Erfahrung der befreienden und erlösenden Zuwendung Jahwes in der Geschichte; vgl. *Schulte*: MySal II (1967) 57-61. So ist das Bekenntnis von Gottes *Einzigkeit* (in dieser Geschichte Gottes mit seinem Volk) keine theoretische Erkenntnis oder Einsicht in einen »Monotheismus«, sondern (im Zusammenhang mit dem Exodusereignis) aus der *konkreten Erfahrung* Gottes als des *so* aus Sklavenschaft befreienden erwachsen, in der der Mensch sich *darin* als der freie begreifen (lernen) muß. Vgl. die Begründung des »1. Gebotes« in *Ex 20,2*: »Ich bin Jahwe, dein Gott, der dich aus Ägypten geführt hat; aus dem Sklavenhaus. Du sollst neben mir keine anderen Götter haben.« Deswegen ist der *konkrete* Zusammenhang von Gottes- und Menschen-(Welt-)Verständnis immer einer, der sowohl etwas über den »Humanismus« der sich je so oder so von Gott her Begreifenden aussagt als auch über den »Grad« von bloß in Gott (hinein-) projizierten menschlichen Sehnsüchten, Ängsten oder Wünschen.

5 *Greshake*: *Heitger* (Hg.) (1987) 3. Auf den folgenden Seiten bringt *Greshake* einige Beispiele einer solchen »Entsprechung« in bezug zur Entwicklung des Person-Verständnisses.

6 Vgl. *G. Büchner*, Dantons Tod, III. Akt.

jedes Gottesglaubens (oder hat sich jedenfalls in der Neuzeit als solche erwiesen). »Solange diese Welt nicht 'gottfarben' ist, läßt sich aus ihr auch auf keines Gottes Existenz, Gerechtigkeit, Weisheit und Güte zurückschließen. So, wie die Welt beschaffen ist, legt sich der Glaube an den Teufel viel näher als der Glaube an Gott. Die Höllen der Weltkriege, die Höllen von Auschwitz, Hiroshima und Vietnam, aber auch alltägliche Erfahrungen, die einen Menschen zum anderen sagen lassen: 'Du machst mir das Leben zur Hölle', legen es oft nahe, sich die Welt im ganzen als 'Totenhaus', als Zuchthaus, Irrenhaus oder univers concentartionnaire vorzustellen und nicht als gute Erde unter dem gütigen Himmel eines gerechten Gottes.«[7] Selbst in der verzweifelten oder heroischen Verneinung Gottes und der Annahme eines in der Absurdität der leidenden Welt noch humanen Menschen[8], steht die *Gottes*frage als Frage nach dem Sinn des Ganzen des Seins[9], als Frage nach dem Sinn der

---

[7] *Moltmann* (1980) 205. Vgl. auch die eindrucksvolle Konzentration dieses Zusammenhangs bei *A. Strindberg*, Die Gespenstersonate, III. Akt: »Jesus Christus ist niedergefahren zur Hölle; diese Höllenfahrt, das war seine Wanderung hier auf Erden, sein Leidensweg durch das Irrenhaus, das Zuchthaus, das Leichenhaus dieser Erde.«

[8] So wird *A. Camus* den sich in seinem unausweichlichen Leiden bewußten Menschen noch als den *darin* »würdevollen« verstehen, indem er dieses Leiden heroisch übernimmt. Vgl. *Moltmann* (1980) 207.

[9] Vgl. *Rahners* Bestimmung des Gottesbegriffs in universalem Horizont des Menschseins als eine, die den Menschen (unthematisch, transzendental) bestimmt in seinem Bewußtsein *als Mensch*: »Der Mensch ist das Wesen der Transzendenz, insofern alle seine Erkenntnis und seine erkennende Tat begründet sind im *Vorgriff* auf das 'Sein' überhaupt, in einem unthematischen, aber unausweichlichen Wissen um die Unendlichkeit der Wirklichkeit. (...) Gäbe es das Wort 'Gott' wirklich nicht, dann wäre auch dieses...eine Ganze der Wirklichkeit überhaupt und des Daseins...nicht mehr für den Menschen da. Er würde sich restlos über dem je einzelnen an seiner Welt und in seinem Dasein vergessen. (...) Der Mensch hätte das Ganze und seinen Grund vergessen, und zugleich vergessen..., daß er vergessen hat«, in: *Rahner* ([9]1976) 44.57.58. Vgl. dazu auch: *Scheffczyk*: IKZ 6 (1977) 442-450. - Der Mensch steht immer schon *als Mensch* unter diesem Vorgriff auf das Ganze der Wirklichkeit - welcher Horizont der Erschließung des Ganzen der Wirklichkeit (in der Erkenntnis des Menschen) »Gott« genannt werden kann, in dem er dann auch noch einmal *unter Inanspruchnahme* dieses Vorgriffs »Gott« ablehnen mag. Jedenfalls gilt dann: Der Mensch steht immer schon in einem universalen Horizont *unendlicher* Erkenntniseröffnetheit, in der Gott sich erschließt als der dazu freigebende.

Totalität der Wirklichkeit[10] im Kontext des Leidens-Problems *mit* im Horizont der Diskussion. Das bedeutet zusammengefaßt: *Die Gottesfrage in der Neuzeit und die Leidensfrage gehören unmittelbar zusammen*, insofern gerade die *Leidens*frage zur *Infragestellung* des (»christlichen«) Gottesverständnisses, ja zur protestartigen, a-theistischen Ablehnung eines Gottes »um des Menschen willen« geführt hat.[11] Der unmittelbare Konnex von Gottes- und Leidens-Frage zeigt sich damit als existentiell bedeutsame und theologisch brisante *Konzentration* und *Kulmination* des Verhältnisses von Anthropologie und Theologie, von Gottes-Verständnis und Welt-»Bild«, deren Wahr-Nahme der Theologie schon deswegen aufgetragen ist, weil sie dem dogmatisch-fundamentaltheologischen Zirkel theologischer Erkenntnis nicht zu entrinnen vermag und solange sich Theologie den Nöten der jeweiligen Zeit zu stellen hat.[12] Dieser Zusammenhang von Gotteslehre und Leidensproblematik hat schon seine

---

[10] Vgl. *Pannenberg* (1987) 306: »Strenge Allgemeinheit ist ohne Totalität nicht erreichbar, mit der Frage der Wirklichkeit im ganzen ist aber unausweichlich auch die Frage nach der Möglichkeit solcher Totalität, nach ihrer einenden Einheit verbunden. Diese Frage braucht nicht terminologisch als Frage nach Gott entwickelt zu werden, der Sache nach handelt es sich bei ihr um nichts anderes.« Indem der Mensch im Horizont der (unabgeschlossenen und deshalb geschichtlich noch offenen) Totalität der Wirklichkeit gestellt ist, und zwar *als* Mensch in seinem *Sein*, ist darin eo ipso schon »Gott« mit-genannt. Darin ist die Gottesfrage unausweichlich dem Menschen zu stellen (auf-)gegeben.

[11] So ist der neuzeitliche Atheismus auch noch einmal als »Fall« des Subjekt-Objekt-Zirkels menschlichen Erkennens, als Vollzug eben jenes unausweichlichen Zusammenhangs von Anthropologie und Theo-logie im Horizont der (unendlichen) Totalität der Wirklichkeit zu deuten. Ja, er ist eine konkrete Realisierung dieses Verhältnisses. »Der durchgängigen Anthropologisierung des Gottesgedankens in der Neuzeit entspricht auch die spezifisch neuzeitliche Form des Atheismus, die ihre klassische Formulierung in der These Ludwig Feuerbachs fand, daß die Gottesvorstellung als eine Projektion des Menschen zu erklären sei, der in seiner Selbstentfremdung sein eigenes Wesen als ein fremdes, höchstes Wesen anbetet.« So: *Pannenberg* (1987) 310. Darin ist der neuzeitliche Atheismus wieder eine *Reaktion* auf eine bestimmte Form des »Theismus«, für den Gott das allmächtige, höchste, unanrührbare Wesen und der Mensch das total in seiner »Bedürftigkeit« und Nichtigkeit *abhängige*, endliche Wesen ist, der zu einer solchen »anthropologischen Bedürftigkeitstheorie« in der Fortentwicklung der griechisch-metaphysischen Tradition des Weltverständnisses geführt hat. Vgl. dazu *Moltmann* ([5]1987) 193-214.

[12] Vgl. zur Notwendigkeit dieses Zirkels *Pesch* (1987) 18 ff und *Rahner* ([9]1976) 17 ff.

konkrete Geschichte, der sich eine Theologie, will sie ihre Botschaft vom Gott-mit-uns weiterhin verkünden, stellen muß: Die Leidensfrage hat geistesgeschichtlich eine *Entscheidungs*bedeutung für die Relevanz einer christlichen Gotteslehre.

Wieso aber, so muß dann zu fragen sein, wird nun gerade das Christusereignis den Weg zu einem Leidensverständnis eröffnen können, in welchem die Leidens-Frage aus dem Gottesverständnis nicht mehr wegzudenken ist? Und wieso ist es gerade der *trinitarische Gott* oder besser das Verständnis Gottes *gerade* als eines *trinitarischen,* durch welches die Leidensfrage *als Frage nach Gottes eigenem Leid* zu stellen sein wird? Wenn nämlich schon in vor-neutestamentlicher Zeit Gott als der leidende verstanden werden konnte, wieso ist dann der trinitarische Gott als *unabdingbare* Voraussetzung zu einem geeigneten Verständnis menschlichen Leids in der Welt und schließlich *göttlichen* Leids zu werten, - wie der Titel dieses Teils impliziert? - Diesen Fragen werden wir uns im folgenden zu stellen haben im Wissen um die »Entsprechung« von Anthropologie und Theologie: »Für jede Kultur, für jede Geschichtsepoche gilt der Satz: Sage mir, was für einen Gott du hast, und ich will dir sagen, wie es um deine Menschlichkeit steht.«[13] Wie demnach eine metaphysisch bestimmte theologische Tradition zum Protest gegen einen welt- und menschenfernen Gott (bis) zum Atheismus im Namen der Menschlichkeit in der Neuzeit geführt hat, besser zur Infragestellung eines als unmenschlich, weil leidens*un*fähig, vorgestellten Gottesbegriffs, genauer eines (vermeintlich) *christlichen* Gottesverständnisses[14], *weil in ihm* kein (hinreichender) Platz für die menschlich bedrängende (und zu allen Zeiten akute) Leidens-Frage zu finden war, so kann umgekehrt ein Gottesverständnis, das aus diesem Bannkreis der griechischen Metaphysik zu treten in der Lage ist, den Weg weisen, wie der Zusammenhang von Gottes- und Leidensverständnis jenseits der neuzeitlichen Alternative von A-Theismus und Theismus zu deuten sein wird. Und dieser Forderung

---

13 *Brunner* ([4]1965) 38-39.

14 Vgl. für diesen geistesgeschichtlich evidenten Zusammenhang *Moltmann* ([5]1978) 206: »Das ist die klassische Gestalt des *Protestatheismus*. Die Frage nach der Existenz Gottes an sich ist eine Kleinigkeit angesichts der Frage nach seiner Gerechtigkeit in der Welt. Und diese Frage des Leidens und der Empörung wird durch keinen kosmologischen Gottesbeweis und keinen Theismus beantwortet, sondern durch beide vielmehr erst provoziert.«

nach einer Durchbrechung des neuzeitlichen Reflexionshorizonts entspricht ja schon der eigentlich »revolutionäre« Neu-Ansatz christlichen Gottesverständnisses, wie er in den christologischen und trinitätstheologischen Auseinandersetzungen der ersten Jahrhunderte intendiert und mithin in den Entscheidungen der Konzilien *Nikaia* und *Konstantinopel* formuliert wurde, wenngleich er für Jahrhunderte nicht wirklich zu einem Durchbrechen metaphysischer Gottesvorstellungen geführt hat.

Im einzelnen: 1. Der Theologie von *Nikaia* und *Konstantinopel* entspricht es, die Oikonomia *auf Gottes Sein selbst* zu beziehen; die Geschichte Gottes mit seiner Welt *ist* schon in und aus Gottes Sein zu begreifen aufgegeben. Ja noch mehr: Wenn im Durchbrechen griechisch-metaphysischen Einheits-Denkens der Geschichte gewordene Logos, der Sohn des Vaters, *in Gott*(es Einheit) Gott ist, dann ist die Geschichte des Sohnes *in* Gott *Geschichte* Gottes selbst.[15] 2. In dem Maße (mindestens in heutigem geistesgeschichtlichen Kontext) Gottes-, Menschen- und Welt-Verständnis *und* Leidens-Frage unabdingbar zusammengehören, werden mit dem spezifisch christlichen Gottesverständnis, welches Gott immer (zuerst und zuletzt) als *trinitarischen* zu denken aufbekommen hat, weil christlich »*jede* echte Offenbarung *Gottes* (und somit jedes wahre Wissen um den wahren Gott) sogleich auch schon Trinitätsoffenbarung ist«[16], auch das Welt-Verständnis und die Leidens-Frage *neu* zu deuten sein.[17] *Wenn* aber dieses Spezifische christlichen Gottesverständnisses

---

15 Vgl. dazu das zu *Nikaia* Ausgeführte: Nicht nur »Vielfalt (in der Einheit)«, sondern die *Geschichte des Sohnes* hat göttlich-ontologische Relevanz. Und dort weiter: das Reziprozitätsaxiom als Entfaltung von *Nikaia*.

16 *Schulte*: MySal II (1967) 52.

17 Vgl. *Peterson*: *ders.* (1951) 45-148; *Schindler* (1978); sowie die theologische Rezeption bei: *Koslowski*: ThPh 56 (1981) 70-91; bes. 71, und: *Moltmann*: *Schillebeeckx* (1988) 19-31. *Peterson* versucht, eine Geschichte des politischen Selbstverständnisses im Kontext eines nicht-trinitarisch *letzt*fundierten Gottesverständnisses aufzuzeigen, von dem her sich umgekehrt auch die Konsequenzen für eine trinitarisch fundierte Ethik politischen Handelns aufzeigen läßt. Wenn nämlich ein (letztlich) nicht-trinitarisch gedachter »Monotheismus« seine *bestimmten* Auswirkungen auf ein Menschenbild und folglich auf in diesem Horizont sichtbar werdende politische Zielsetzungen hat (monarchischer Gedanke, Souveränität u.v.a.m.), dann wird umgekehrt ein relational-trinitarisch gedachter Gott seinerseits zu *ganz anderen* Zielsetzungen führen. »So kann man...die Interpretation Erik Petersons als Versuch verstehen, die Glaubens-

sich in und aus dem Christusereignis (und nicht von woanders her), in und aus der (Heils-)Geschichte Gottes selbst mit und in seiner Welt allererst eröffnet[18], *dann* ist das Christusereignis als Gottesoffenbarung der primäre »Ort« der Rede *sowohl* von Gott[19] *als auch* vom Leiden (der Menschen und Gottes). 3. Die Leidens-Frage und das Gottesverständnis gehören im Kontext des Christusereignisses in zweifacher Weise zusammen: a) Zunächst im allgemeinen Sinn, insofern jedes Gottesverständnis auch das Leidens-Problem (und seine Lösungen) bestimmen wird und umgekehrt. b) Im besonderen aber auch dadurch, daß das Christusereignis im Horizont der *heilenden* Oikonomia Gottes steht, in welcher Gott gerade die im Unheil, im Leiden und unter dem Tod geknechtete Welt heilend befreien möchte: *Das Christusereignis und die Leidensfrage gehören unmittelbar zusammen*, weil Gott selbst in seinem Einsatz für die Welt diese *darin* aus dem Elend der Welt erlösen möchte[20] und dies in

---

formel von der Trinität herrschaftskritisch zu wenden und sie gerade so in ihrer befreienden und erlösenden Gefährlichkeit sichtbar zu machen - vor allem dann, wenn man die in dieser trinitarischen Formel enthaltene Kritik eines monarchischen Herrschaftsbegriffs auch...kritisch auf die Verfassung der Kirche selbst bezieht«, *Metz*: *Peukert* (Hg.) (1969) 289; Vgl. zu den ethisch-gesellschaftlichen Konsequenzen einer »trinitarisch-perichoretischen« Sicht der Gotteslehre: *Kress*: The Jurist 36 (1976) 127-158; *Müller* (1963) bes. 38-50. Jedenfalls ist damit für unseren Zusammenhang für einen heiklen Bereich menschlichen Selbstverständnisses (gesellschaftlich-politisch) der Konnex mit dem Gottesverständnis als ein evidenter erwiesen. Ähnlich wird es sich mit der Deutung und Be-Deutung der Leidens-Frage verhalten.

18 Vgl. *Schulte*: MySal II (1967) 50 f.

19 Vgl. *Geffré* (1973) 89: »Der eigentliche Ort für die Rede über Gott ist der *durch die Menschwerdung des Wortes eröffnete Heilsplan.*« - Dieses Wort ist hier nicht in dem Sinne zu verstehen, daß *nur* in Christus oder hier zum ersten Mal Gott zu erkennen wäre, sondern im Sinne der eschatologischen Bedeutung dieses Ereignisses, durch welches die ganze Geschichte der Offenbarung Gottes von *diesem Ereignis* der Gottesoffenbarung her (mindestens) in neuem Licht erscheinen wird.

20 Hier soll nicht eine Entscheidung über das Motiv der Menschwerdung getroffen werden im Sinn der klassischen Frage: »Cur Deus homo?« und ihrer klassischen Beantwortungen. Wie immer eine solche Antwort ausfallen wird, immer ist darin das Element des *»pro nobis«* (= lateinische Fassung des Nizänischen Glaubensbekenntnissses) und des *»propter nostram salutam«* (= griechische Fassung des nizänischen Glaubensbekenntnisses) seines »Abstiegs« und seiner Menschwerdung (DH 125) zu nennen sein. Vgl. auch *Kasper* ([7]1978) 209-211; *Schulte*: MySal III (1970) 56.

der *Weise* seines *Selbst-Einsatzes* als trinitarischer Gott in seiner Heilsökonomie im Christusereignis, in der Geschichte Jesu hin auf das Kreuz (und auf die Auferweckung), erfüllt hat.

Wenn gilt, daß »Gottes offenbarende Erschließung seiner selbst als Dreipersönlichen und damit zugleich Gottes Heilshandeln und Heilswort...nicht nur irgendwie einen allgemeinen geschichtlichen Charakter [tragen];...sich vielmehr gerade im Heilshandeln der Überwindung der Sünde [ereignen]«[21], dann gehören die Leidens-Frage und ihre trinitätstheologische Erschließung dieser *unmittelbar* zusammen, dann ist (nur) der *trinitarische* Gott die (Er-)Lösung dieser Frage. Darüber hinaus bedeutet das sogleich: Der Gott, der sich selbst als trinitarischer mit seinem innersten Leben im Christusereignis für die Welt und in der Annahme ihres (Sünden-) Leids und zur Befreiung vom Leid (in) der Welt einsetzt, *definiert* sich in seinem *Selbst-Einsatz* als Gott der Leidenden (zu ihrer Erlösung davon), *indem* er sich zum Gott-mit-uns macht. Wenn aber Gottes trinitarischer Selbst-Einsatz für die sündige und leidende Welt bedeutet, daß Gott sich mit seinem Leben dem Leiden *aussetzt*, dann ergibt eine (wie auch immer noch näher zu bestimmende) Bedeutung des Leidens für Gott selbst nicht erst aus einem *im nachhinein* »konstruierten« Zusammenhang, sondern wird sich als ein evidenter Zusammenhang erschließen, ohne dessen Wertung der Selbst-Offenbarung Gottes in Christus (und das im Rahmen seiner Heilsgeschichte) theologisch nicht entsprochen werden kann. Und umgekehrt: Der Leidens-Frage, insofern und weil sie in sich immer auch schon die Frage nach Gott ist, kann unter Absehung von der trinitarischen Selbstoffenbarung Gottes nicht nachgespürt werden; sie bliebe dann nämlich in ihrer wahren Dimension unverstanden und in ihrer Bedeutung unausgelegt.

Aber, so könnte man jetzt weiter anfragen, wird durch eine solche enge Verbindung neutestamentlich bezeugter Gottesoffenbarung mit der Leidens-Frage, diese nicht zugleich verengt, eben *nur* im Kontext der Christusoffenbarung gesehen und damit zugleich partikularisiert? Kann denn in dieser Betrachtungsweise schon der alttestamentlichen Gottesgeschichte wirklich entsprochen werden? Darauf muß dann (nach dem Gesagten) so geantwortet werden: 1. Damit ist nicht nur nicht die

---

[21] *Schulte*: MySal II (1967) 52-53.

weiter oben konstatierte universale, auch außerchristliche Bedeutung des Zusammenhangs von Leidens- und Gottesfrage geleugnet, sondern vielmehr im geschichtlichen Kontext der Christusoffenbarung geradezu in ihre Bedeutung eingesetzt. Denn in Christus offenbart sich Gott so, daß das Leid der Welt (erst) wirklich in seiner Universalität erkennbar wird, *weil* Gott sich in es mit seinem *innersten Leben* begibt, um in seinem Heilshandeln gerade *dieses* »wegzutragen«. Weil die Christusoffenbarung die *endgültige* Gottesoffenbarung ist, ist in ihm dann auch die endgültige Bedeutung des Leidens (als Negativfolie der Erlösung) »offenbar« geworden.[22] 2. Alle Versuche, für die Leidens-Frage (im Kontext der Gottes-Frage) einen anderen *Ansatz* zu ihrem Verständnis zu wählen, müssen demnach an der wahren Dimensionierung des Leidens ebenso vorbeigehen und letztlich scheitern, wie *und in dem Maße* sie am *primären* »Ort« der Gottesoffenbarung selbst vorbeigegangen sind.

II. Erkenntnistheoretische und hermeneutische Voraussetzungen

Die Brisanz der Frage nach dem Zusammenhang von Leidens-Frage und Gottes-Verständnis liegt nun aber gerade - wie an dem vorher Erhobenen sichtbar geworden ist - darin, daß spätestens mit der Erschließung dieses Zusammenhangs im Christusereignis, die Leidens-Frage als Frage nach *Gottes* Leiden am und im Leiden des Menschen und der Welt gestellt werden muß (wie immer sie auch beantwortet werden mag) und tatsächlich auch gestellt wurde *und* daß sie im Kontext des

---

[22] Der Offenbarungsgeschichte hin auf das Christusereignis bzw. *vor* der Christusoffenbarung muß damit keineswegs ihr Eigenwert abgesprochen werden, sie ist von der Endgültigkeit dieser Geschichte in Christus vielmehr umgekehrt gerade in ihrer geschichtlichen Bedeutung voll wahrzunehmen aufgegeben. Vgl. *Schulte*: MySal II (1967) 55: »Damit ergibt sich nicht nur die Berechtigung, sondern sogar die Notwendigkeit, die Vorbereitung der endgültigen Gottes-, d.i. Trinitätsoffenbarung in dogmatischer Sicht auszuwerten, da erst dann die Fülle sich zeigt und als solche verstanden werden kann.« In dem Sinne die Gottesoffenbarung in ihrer Geschichte zu ihrer Endgültigkeit kommt, wird auch die (damit unmittelbar verbundene) Leidensfrage *hier* zu einer vollen theologischen Erkennbarkeit kommen können.

Christusereignisses eo ipso nur als Frage nach dem Leiden des *trinitarischen* (und nicht irgendwie anders zu bestimmenden) Gottes gestellt zu werden vermag. »Spürt der Mensch die unendliche Leidenschaft der Liebe Gottes, die darin zum Ausdruck kommt, dann versteht er das *Geheimnis des dreieinigen Gottes*. Gott leidet mit uns - Gott leidet an uns - Gott leidet für uns: diese Erfahrung Gottes offenbart den dreieinigen Gott. Sie ist trinitarisch und nur trinitarisch zu begreifen.«[23] Die Frage nach dem Leiden Gottes ist dann in diesem Kontext so fundamental, daß darin nicht nur die *Struktur* der Gotteslehre in Frage gestellt ist, so daß sie sich von jener Frage her neu auf ihre Gültigkeit befragen lassen muß, sondern daß darüber hinaus auch die »fundamentaltheologische Diskussion über den Zugang zur Trinitätslehre...darum heute in der Frage nach der Leidensfähigkeit oder Leidensunfähigkeit Gottes geführt«[24] wird. Und in der Frage nach der Bedeutung der Trinitätslehre steht dann nicht nur diese als »partikularer Traktat« auf dem Spiel, sondern ob ihrer eigentlichen Funktion in der Theologie die Gotteslehre selbst *als ganze* und solche. Ist nämlich angesichts der Leiden in der Welt und der Leiden Christi nur von einer »Abwesenheit« Gottes zu sprechen, haben diese Leiden keine Bedeutung für Gott selbst, - was ist das dann für ein Gott? Und wäre ein solcher Gott wirklich ein *menschlicher Gott*? Was wäre das für ein Gott, der in den Leiden Christi nur »von Ferne« herabblickte; ist das nicht ein »brutaler« Gott?[25]

Im Horizont der biblischen Gottesoffenbarung kann gezeigt werden, daß die Erkenntnis von Gottes Offenbarung unmittelbar mit der Leidenserfahrung der Welt zusammenhängt. »In den Momenten tiefster Offenbarung Gottes gab es stets irgendein Leid: der Schrei der Be-

---

23 *Moltmann* (1980) 20.

24 *Moltmann* (1980) 20. Vgl. zur heutigen Bedeutung eines solchen fundamentaltheologischen Diskurses und Kontextes für die Gotteslehre: *Pesch* (1987) 33 ff.

25 Vgl. die Frage von *Sölle* (1973) 37-38, an *Moltmann*, ob er nicht in seiner Kreuzestheologie von der Brutalität Gottes fasziniert sei, indem er eine Theologie des Leides vom Verursacher, vom Leid*macher* aus entwickle. Diesem Vorwurf ist nur zu begegnen, wenn Gott selbst in Christus der Mit-Leidende zu nennen ist, so die Antwort (des sich mißverstanden wissenden) *Moltmanns* darauf in: *Moltmann* (1989) 197. Wenn Gott in den Leiden der Welt nur der »Abwesende« ist und nicht der Mit-Leidende, dann wird der Vorwurf eines brutalen Gottes immerhin stell*bar*.

drückten in Ägypten, der Schrei Jesu am Kreuz (nach Markus), die Geburtswehen der ganzen Schöpfung, die ihre Befreiung erwartet.«[26] Die Gotteserfahrung der liebenden Zuwendung, des »Bundes« mit dem Menschen, in der der Mensch sich als »vor Gott stehend« in seinem Mensch-Sein erfährt, ist Ausdruck des lebendigen Gottes selbst. Im Spiegel der Liebe, des Leidens und der Freude Gottes erkennt der Mensch *sich* als von Gott her Wirklicher[27] *und* darin erfährt er immer auch schon etwas von Gottes Erfahrung mit ihm.[28] Nun aber ist es biblische Erfahrung, daß Gott den Menschen auf seinem Weg durch die Geschichte begleitet, *auch* insofern diese Geschichte eine des Leidens ist (und darin nicht immer nur eine der Leid erzeugenden Verweigerung des Volkes, mithin aber auch die einer sündigen Gestalt dieses Leidens): »Je mehr er Gottes Erfahrung versteht, um so tiefer offenbart sich ihm das Geheimnis der *Passion Gottes*. Die Geschichte der Welt erkennt er dann als die Geschichte des *Leidens Gottes*.«[29] - Um dieser biblischen Erfahrung Gottes als des (mit-)leidenden näherzukommen, muß vorweg allerdings der Horizont geklärt werden, in dem solche Aussagen verständlich werden können.

1. Reziproker Verstehenszirkel und metaphysische »Projektion«

Zunächst muß die in der geschichtlichen Entwicklung christlicher Theologie erfolgte »Inkulturation« in den geistigen Kontext der griechisch-metaphysischen Tradition des Gottesverständnisses als *eigenständige* Entwicklung erkannt und folglich gewertet werden, die aus ihrer

---

26 Sobrino: Rahner/Modehn/Zwiefelhofer (Hg.) (1977) 123-143.

27 Vgl. *Greshake*: *Heitger* (Hg.) (1987) 17: »...so vermag nur eine...erkannte und aktualisierte Beziehung zu Gott die Frage nach dem wahren Menschsein zu lösen: Der Mensch wird Person vor Gott.« Vgl. auch *Fuhrmann*: HWP (1989) 269-338. Dies kann auch als allgemein religionsgeschichtliches Phänomen verstanden werden, denn »von den Anfängen der Menschheitsgeschichte an [entdecken] die Menschen sich selbst...auf dem Umweg über die Erfahrung, die sie von den Göttern gewinnen konnten«; so dazu: *Pannenberg* (1975) 64. Weiter: *Pannenberg*: RGG V, ^{3}1961, 230-235; hier: 232: »Der Mensch ist erst dadurch P[erson], daß er Gott als P[erson] gegenüber findet.« Vgl. weiter: *Greshake*: *Pöltner* (Hg.) (1981) 75-85.

28 Vgl. *Moltmann* (1980) 20.

29 *Moltmann* (1980) 20.

Zeit und ihrem Kontext dann nicht in das alttestamentliche und neutestamentliche Gottesverständnis rückprojiziert werden darf. Versuche, den Reflexionshorizont der biblischen Gotteserfahrung *aus* dem späteren metaphysischen zu deuten, müssen zu Verfälschungen und Trugschlüssen führen. »Der Offenbarungsglaube darf mithin nicht von einem fixen vorgegebenen Gottesbegriff ausgehen; die Offenbarung selbst muß sagen, wer Gott ist. Sie stellt uns Jahwe, den Gott der Geschichte vor, der nicht nur Geschichte setzt, sondern sich selbst in Geschichte setzt, d.h. seine eigene Freiheit in ein Miteinander mit anderen (von ihm freigesetzter) Freiheit hineinbegibt und so selbst in dem dadurch entstehenden Werde-Prozeß auf ein Ziel hin unterwegs ist. Eine zeitlose Unwandelbarkeit Gottes ist der Schrift fremd.«[30] Derjenige Gottesbegriff also, der eine »Unveränderlichkeit« schon voraussetzen würde, um *in diesem Kontext* dann die biblischen Erfahrungen des Leidens Gottes zu erheben und zu deuten, ist in sich anachronistisch; er kann den Erfahrungen Israels und der Jüngerschaft Jesu nicht gerecht werden, weil er den äußeren Verstehenszirkel theologischen Verstehens nicht beachtet, nach dem ja das in der *Geschichte* Gottes Erhobene allererst zu einem Gottes-»Begriff« führen kann; dieser ist also *nicht* »von woanders her« auf die Offenbarungsgeschichte Gottes »anzuwenden« oder in sie »einzutragen«. Die Durchbrechung des *äußeren* Verstehenszirkels theologischer Argumentation kann näherhin in zweifacher Weise geschehen (was dann, wenn dies geschieht, zwar in einer gleichzeitigen Durchdringung dieser Weisen erfolgen wird; der *Sache* nach sind jedoch diese Weisen voneinander zu unterscheiden):

1. Zum einen kann das metaphysische Gottesbild des unveränderlich-einen Gottes »von außen« auf die Offenbarungsgeschichte so appliziert werden, daß die biblischen Aussagen gegenüber dem *eigentlichen* Gottesverstehen aus dem griechisch-philosphischen Unveränderlichkeitsaxiom zu »bloß« *anthropomorphen* Ansichten Gottes herabgewürdigt werden. Die (vorfindbare) Erfahrung des mitleidenden Gottes wird im Lichte des *voraus*gesetzten Gottesbegriffs verharmlost und zu einer bloß menschlichen »Projektion« menschlicher Leidensfähigkeit in Gott hinein erklärt.[31] Dies ist, wie sich zeigen wird,

---

30 *Greshake* (1969) 345.

31 Vgl. *Schulte*: LThK X, ²1965, 536-537; hier: 537: »Scheinbar der

ein Denkschema insbesondere griechisch-metaphysisch denkender Theologie: »In der metaphysischen Theologie können wir eine rigorose Reduktion der biblischen Eigenschaften Gottes...auf reine Aktualitäten des Seins beobachten«[32], die zur Folge haben muß, daß die biblischen Eigenschaften in dieses *vorweg*gewußte Sein zurückgenommen werden.
K. Barth hat gerade bezüglich der Rede von der »Reue« Gottes die innere Absurdität der metaphysischen Versuchung, die biblischen Erfahrungen in uneigentliche Gottesaussagen, in bloße Anthropomorphismen umzudeuten, festgestellt: »Es wäre...höchst unweise, wenn man das biblische Reden von der Reue Gottes nur bildlich verstehen wollte. Was sollte denn etwa die durch dieses Bild bezeichnete Wahrheit sein, wenn man ihm die Wahrheit nicht geradezu absprechen will? Und es wäre ebenso unweise, in der mit dem Begriff der Reue zweifellos bezeichneten Veränderung nur eine Veränderung des Menschen in seinem Verhältnis zu Gott, nicht aber eine Veränderung Gottes in seinem Verhältnis zum Menschen erblicken zu wollen...Es würde...kein Lobpreis, sondern eine Lästerung, je letztlich eine Leugnung Gottes sein, wollte man sich das Sein und Wesen dieses sich selbst gleich bleibenden Gottes als ein gewissermaßen durch sich selbst in starre Ruhe gebanntes Wesen vorstellig machen, wollte man ihm die Fähigkeit, sich in seiner Gesinnung und in seinem Tun zu verwandeln, absprechen. *Gott ist in allen seinen Gesinnungen und Taten, wie sie in seiner Offenbarung nach- und nebeneinander sichtbar werden, er selber.*«[33] Die Voraussetzung metaphysischer Theologie, *von außen* einen Gottesbegriff unvermittelt und ohne Begründung in die biblischen Erfahrungen Gottes und seines Sich-Offenbarens *einzutragen*, muß hier *eklatant* ans Licht treten: Es wird nicht nur die *Erfahrung* Gottes in seinem Sich-Mitteilen gegenüber einem metaphysisch (vom Menschen her) »erschlossenen« Gottes*begriff*

U[nveränderlichkeit] G[ottes] widersprechende Aussagen der Schrift« wurden »meist als (bloße) Anthropomorphismen angesprochen...«

32 *Geffré* (1973) 83.

33 *Barth*, KD II/1 ([2]1946) 560; Hervorhebung nicht im Text. Bemerkenswert und höchst verwunderlich ist, daß *Pfeil* die Argumentation von *Barth* kennt, vgl. *Pfeil*: MThZ (1980) 5-6, auf sie allerdings nie eingeht oder sie auch nur berücksichtigt. Die Hermetik der Argumentation metaphysischer Theologie scheint sich hier der Tendenz nach von der Sache auf ihre Behandlung zu übertragen, die dann genauso unberührt in sich verbleiben kann, wie der Gottesbegriff, der der Argumentation zugrunde gelegt wird.

bagatellisiert, sondern vielmehr die Selbst-Offenbarung Gottes selbst (wenn nicht ausdrücklich, so jedenfalls in der Argumentation *implizit*) geleugnet. Denn während der biblische Erfahrungszugang zu Gott durch Gott selbst in seinem Sich-Eröffnen ermöglicht wird (Jahwe ist der Gottesname, den Gott *von sich her* dem Menschen gibt)[34], ersetzt der metaphysische »Begriff« von Gott die Erfahrung Gottes durch eine Selbst-Erfahrung des Menschen (davon später).

2. Die zweite Weise, die äußere Unhintergehbarkeit des Verstehenszirkels aufzuheben, besteht darin, den späteren mit der metaphysischen Reflexion gegebenen Verstehenshorizont auf die geschichtlich andere Erfahrungsweise zu übertragen, um diese dann zu neutralisieren und in die metaphysische Argumentationsweise anachronistisch einzuverleiben. Es geht dann also nicht etwa um die Übertragung eines bestimmten Elementes eines vorausgesetzten Gottesbegriffs und die Problematik einer solchen Vorgangsweise, sondern um die Möglichkeit oder Unmöglichkeit der Übertragung des metaphysischen Gottesbegriffs auf die biblische Offenbarung selbst. Metaphysisch wird Offenbarung vom Sein der Seienden, vom absoluten Seinsgrund her gedacht, der einer Offenbarung Gottes so vorausgedacht wird, daß diese sich dem vorweg Erschlossenen gedanklich einzuordnen hat, so daß die »Grenze einer metaphysischen Theologie, die einzig auf die Analogie des Seins mit ihrer rigorosen Unterscheidung zwischen *eigentlichen* und bloß *metaphorischen* Gottesnamen gegründet ist,...dort [liegt], wo sie die Eigengeltung der großen biblischen Symbole beiseite zu schieben sucht. *Die Austauschbarkeit Gottes mit dem absoluten Sein wird hier zum letzten Kriterium für die Gültigkeit der Rede über Gott.*«[35] Das bedeutet zweierlei: 1. Nicht der selbst-offenbare Gott ist Grund des Zugangs zu Gott »in sich«, sondern das vom Menschen her erschlossene »Wesen« Gottes. 2. Dieser »Gegenstand« ist biblischem Denken allerdings fremd:

---

[34] Vgl. *Greshake* (1969) 183; aber auch zur Zusammengehörigkeit von Gottes Offenbarung in diesem Namen und dem Geschichtsverständnis Israels: *Preuß* (1969).

[35] *Geffré* (1973) 83-84. Hervorhebung des letzten Satzes nicht im Text. Vgl. die Berechtigung der Ablehnung eines solchen methodischen Vorgehens durch *K. Barth* im Ersten Teil, dann nämlich, wenn Gott *gegen* Gottes Selbstoffenbarung, (ihn) ergreifend und gewissermaßen umfassend, »bemächtigend« zu erkennen versucht wird.

Es wird ein »fremder« Reflexionshorizont, nämlich der der »Wesensfrage«, der Frage nach der »metaphysischen Einheit«, in den biblischen Fragehorizont eingetragen, über den die biblischen Gotteserfahrungen schlechterdings nicht nachdenken und also auch keine Antworten geben wollen. So entspricht es *nicht* biblischer Reflexion, von Gottes *Sein* »an sich« oder »in sich« zu sprechen; und auch nicht von der »Einheit« Gottes im Sinne der metaphysischen Wesensfrage, sondern (wenn schon) von der befreienden, heilenden, erlösenden Gegenwart Gottes, in der Gott *deswegen* der *einzige* bekannt wird. Der Gott, der und wie *er* sich *mitteilt*, das ist der Gott, wie *er* sich definiert (»Ich bin für, mit, vor euch«); *so* gibt er sich zu erkennen.

a) Erst mit der weiteren Offenbarungsgeschichte, konkret im Christusereignis, mußte sich dann die Frage aufdrängen: Ist Gott, wie er sich mit und in Christus als der trinitarische zeigt, *wirklich so, wie er sich zeigt?* Sagt die Begegnung mit Gott als dem *trinitarischen* Gott, sagt »die Dreiheit [in dieser Begegnung] uns nur etwas über den Menschen und seine verschiedenen Weisen der Gottesbeziehung aus, oder bringt sie etwas darüber zum Vorschein, wie Gott in sich selber ist«?[36] Wenn nämlich die Geschichte Jesu zu Gott (in seiner *Einzigkeit*) selbst gehören muß, um Gottes willen (und um des heilenden Handeln Gottes willen, wie es erfahren wurde), *»so gehört auch der Unterschied, den Jesus zwischen sich und dem Vater festgehalten hat, zur Gottheit Gottes«*[37], so daß mit der Frage nach der Stellung Jesu in der Gottesgeschichte *auch* die Frage nach dem Gott »in sich« eminent gestellt werden mußte.[38] Schließlich ist es also der endgültig eschatologische Selbst-Einsatz Gottes mit seinem trinitarischen Leben zum Heil der Menschen, durch welchen offenbarenden Einsatz *Gott* selbst zu dieser Frage und zu diesem Reflexionshorizont des Bedenkens Gottes »in sich« hingeführt hat. Die

---

36 *Ratzinger* (³1977) 112.

37 *Pannenberg* (⁵1976) 159.

38 Man muß sich im Kontext der Forderung Jahwes selbst, seine *Einzigkeit* zu wahren (*Ex 20,2*), weil er der Befreier seines Volkes ist, die Ungeheuerlichkeit vorstellen, die eine Annahme der »Differenzierung« *in* Gott bedeuten mußte, aufgrund der Gotteserfahrung in Jesus selbst, um mit aller Wucht zu verstehen, daß mit der bedrängenden Frage nach der Bedeutung Jesu für Gott *tatsächlich* ein Reflexionshorizont erreicht werden mußte, der es ermöglichte, Gott »in sich« zu bedenken zu beginnen.

konkrete Ausfaltung allerdings einer »Theo-logia« wird bis ins 4. Jahrhundert andauern und konkret sich durch die metaphysische Fragestellung nach dem »Einen«, dem Sein (der Seienden) vermitteln. Jetzt erst wurde ausdrücklich nach der »immanenten« Trinität gefragt.[39] Erst in diesem Kontext konnte die Frage nach dem Sein Gottes, seinem einen Wesen, gestellt werden als Frage nach dem Sein Gottes »in sich«.

Diese Frage aber muß sich ob der Bedeutung einer *trinitarischen* Reflexion des Christusmysteriums als *theologische* Frage und als theologisch *notwendige* Frage erweisen, die nicht erst aufgrund eines metaphysischen Kontextes zu stellen möglich war, wenngleich sie sich in diesem Kontext konkret als Frage entfaltet hat. Es ist und bleibt aber etwas anderes, ob die Frage nach einem »In-Sich« Gottes erst mit diesem metaphysischen Kontext aufgetreten ist, oder ob der Kontext gewissermaßen als (wenngleich die Ausgangsbedingungen verändernder) Katalysator die Frage, die sich unmittelbar aus der Offenbarung Gottes stellen mußte im Kairos des Christusereignisses, zu entfalten geholfen hat. Im ersten Fall könnte man nämlich versucht sein, diese Frage als »fremde«, eingetragene, nicht genuin der biblischen Offenbarung Gottes entsprechende zu interpretieren oder gar zu verwerfen, wie dies gelegentlich geschehen ist.[40] - Im zweiten Fall, wie er tatsächlich zu konstatieren ist, kann dem metaphysischen Denken, das man sich in theologischer Reflexion anverwandelte, durchaus zugestanden werden, daß es mithin zur *Ausbildung* eines entsprechenden Fragehorizontes der Frage nach Gott »in sich« entscheidend beigetragen hat: Unbestritten kommt es im geschichtlichen Kontext der Gottesoffenbarung in Christus zu einem Kairos der Verbindung der der Offenbarung *immanenten* Frage nach Gottes (trinitarischem) »In-sich-Sein« *und* der metaphysischen Frage nach dem Sein schlechthin (als des »Einen«). Der metaphysischen Erschließung Gottes ist daher durchaus die eigenständige Leistung zuzuerkennen, dem biblisch-theologisch impliziten Fragehorizont ein Begriffs- und Denk-Instrumentarium des Verstehens und Interpretierens eröffnet zu haben. Aber über diese Leistung des griechisch-metaphysischen Gott-Denkens dürfen die darüber hinaus mitaufgegriffenen Probleme (wie sie sich schon im I. Kapitel erschlossen haben) nicht vergessen werden, mit denen eine Theologie heute noch zu ringen hat. - Wiewohl also die Frage nach dem »In-Sich« Gottes - wenn man so will: nach dem »Wesen« Gottes - sich mit dem Christusereignis ergeben hat, so ist durch die *metaphysische* Vermittlung die Fragerichtung insofern verändert worden, als ein *schon* »be«-griffener Vorstellungshintergrund vom einen Wesen Gottes für die

---

[39] Vgl. *Löser*: *Breuning* (Hg.) (1984) 21.

[40] Vgl. *Löser*: *Breuning* (Hg.) (1984) 21.

Behandlung und Lösung der Frage *mit* übernommen und wirksam werden konnte, der *so*, wie er übernommen wurde (auch noch in den Präzisierungen oder Veränderungen in christlich-theologischem Kontext) *nicht* auf das biblische Verständnis zu übertragen ist.

b) Dieser Horizont darf nun also bei der Erschließung biblischer Gottesrede nicht einfach rückprojiziert werden, *um* einen *metaphysischen* Gottesbegriff *schon* für diese Erfahrungen zu fordern als unabdingbaren Horizont des (jedes oder jedenfalls des alt- und neutestamentlichen) Gottesverständnisses. Wenn nämlich (biblisch) die Seins-Frage nicht gestellt wurde, dann ist auch nicht zu entscheiden, *ob oder ob nicht* die biblischen Gotteserfahrungen eines geschichtlichen und leidenschaftlichen Gottes *als* Seinsaussagen (im metaphysischen Sinne) auszulegen sein werden. Wenn darüber hinaus die Frage nach Gott »in sich« zugleich mit der *Selbst*-Offenbarung Gottes als des *trinitarischen* erschlossen wird, darf die Seins-Frage dann, wenn diese aus der biblischen Offenbarung gefordert würde und tatsächlich mit dem Christusereignis *als* *Gottes*ereignis gefordert wird, auch nicht *ohne* diesen Horizont einer Beantwortung zugeführt werden, so als ließe sich von Gottes Wesen *ohne* den konkret trinitarisch-offenbaren Gott sprechen. - Unter diesen beiden Voraussetzungen ist eine metaphysische Interpretation biblischer Gotteserfahrung schon *so* verunmöglicht, daß jeder Versuch, sie doch zu wagen, nicht nur als anachronistisch, sondern *ausdrücklich* als *gegen* die konkrete Offenbarung Gottes gerichtet verstanden werden müßte (auch wenn man das nicht intendiert), oder wie *Barth* es nannte, als »Leugnung Gottes«[41] gedeutet werden könnte; denn Gott ist in dem, wie *er* sich zeigt, ernst zu nehmen oder andernfalls gar nicht wahrgenommen. An der Selbst-Offenbarung Gottes gilt es sich zu entscheiden, ob »die Dreiheit der Erfahrungsformen Gottes vielleicht nur seine geschichtliche Maske [ist], in der er in verschiedenen Rollen dennoch als der *Eine* auf den Menschen zugeht«[42], oder ob Gott in seinem eigenen Sein als der

---

41 Vgl. *Barth*, KD II/1 (^{2}1946) 560.

42 *Ratzinger* (^{3}1977) 111. Hervorhebung nicht im Text. - In der Nichtbeachtung dieses Sachverhaltes eröffnet sich immerhin die Möglichkeit eines *erkenntnistheoretischen »Modalismus«* oder »Monarchismus«, wenn die *innere* Unhintergehbarkeit des Verstehenszirkels theologischen Argumentierens unberücksichtigt bleibt, durch welche eine trinitarische Letzt-Begründung göttlichen Seins (und Wesens) gefordert ist, *und* die *äußere* Unhintergehbarkeit des Ver-

zuerst und zuletzt trinitarische zu verstehen ist, von dem dann auch nicht in der Interpretation seiner eigenen Offenbarungsgeschichte zugunsten eines metaphysischen Gottesbegriffs abstrahiert werden kann.[43]

c) Es wird also für die hermeneutisch korrekte Erfassung der biblischen Gotteserfahrungen und Reflexionsweisen dieser Erfahrungen eine reziproke Ontologie zu entwickeln sein, für die die geschichtliche Selbstaussage Gottes und sein Selbst-Einsatz in *der* Lebendigkeit zu erfassen sein werden, in der *Gott* selbst *sich* zeigt. *Ein »abstraktes« Wesen Gottes (mit diesem metaphysisch zukommenden Eigenschaften) ist außerhalb der Selbstoffenbarung Gottes gar nicht anzunehmen und nicht zu erkennen, oder nur so zu erkennen, wie Gott eben konkret (in seiner Offenbarungsgeschichte) nicht ist.*[44] Der Ausgangspunkt für das Verständnis des biblischen Zeugnisses wird daher berechtigt die Geschichte Gottes mit den Menschen sein dürfen[45], welche *dann als* Ge-

---

stehenszirkels theologischer Argumentation durchbrochen wird, weil man nicht von der Offenbarungsgeschichte Gottes selbst ausgeht.

[43] Vgl. *Schulte*: MySal II (1967) 52. Natürlich ist an dieser Stelle nicht geleugnet, daß nach Gottes Sein berechtigterweise gefragt werden könne, ja ob der trinitarischen Offenbarung Gottes - wie ausdrücklich herausgestellt wurde - auch gefragt werden *muß* - dies ist schon im Ersten Teil über die Reziprozität von *Geschichte und Ontologie* ausgeführt und begründet worden; sondern *die Weise*, die Frage zu stellen, nämlich sich in einer nicht-reziproken Weise der Frage nach dem Sein Gottes »in sich« zu nähern, sollte kritisiert und in ihren Folgen bedacht werden. Tatsächlich steht die Frage nach dem Sein Gottes also immer schon in trinitarischem Horizont und ist (umgekehrt) ohne diesen Horizont nur unter Aussparung von *Gottes* Selbst-Offenbarung (und somit gegen Gott) zu bedenken möglich.

[44] Damit ist nicht eine »Auflösung« der Ontologie in Geschichte behauptet oder intendiert, was schon aus der Reziprozität von Geschichte und Ontologie erhellt, die ja gerade die Unauflöslichkeit der Ontologie und damit der Seinsfrage behauptet. Dasselbe ergibt sich aus der erfolgten Bestimmung der Gotteserkenntnis als einer analogen *wegen* der Gewichtung der je-größeren Unähnlichkeit Gottes, in der er gar nicht einholbar ist auch in seiner Selbstmitteilung. Die Forderung einer »künftigen«, nicht-metaphysischen Gotteslehre würde dadurch mit *Kasper* (1982) 381, erfüllt: »Es gilt also, die abstrakte Lehre vom Wesen Gottes wieder *in* die Lehre von der konkreten Wesensoffenbarung Gottes und damit *in* die Trinitätslehre zu integrieren« (Hervorhebungen nicht im Text).

[45] Vgl. auch *Kasper*: *Kutschki* (Hg.) (1967) 139-151; hier: 141: »Für die Bibel ist die Geschichte der letzte Horizont.« Aber auch *Schreier*: Conc(D) 2 (1966) 757-762; hier: 757: »Geschichte ist geradezu ihr [= alttestamentliche Schrif-

schichte auf die endgültige Selbstoffenbarung in Christus hin zu verstehen ist (ohne den geschichtlich schon vorliegenden Erfahrungen ihren Eigenwert je zu ihrer Zeit und in ihrem Kairos zu nehmen), aus welcher Offenbarung Gottes als des trinitarischen nun berechtigt nach der *inner*trinitarischen (und damit schon inner*göttlichen*) Begründung der biblischen Gotteserfahrungen rückgefragt werden kann.

2. Analog-reziproke Erkenntnisstruktur und (metaphysisch-) subjektivistische »Projektion«

Was *inhaltlich* in der Korrektur metaphysischer Vor-Verständnisse für die Deutung biblischer Gotteserfahrung eben erläutert wurde, wird sich nun auch noch *formal* mit der (recht verstandenen) Analogizität der Gotteserkenntnis erschließen lassen: Wie schon gezeigt werden konnte, muß sich der biblische Zugang zu Gott letztlich aus der *Selbst*-Offenbarung Gottes verstehen lassen und nicht aus einer »von woanders her« eingetragenen, vom Menschen entwickelten »Projektion« menschlicher (wie auch immer gewonnener) Erfahrungen in das Gottesverständnis. Wir sind damit neuerlich auf die Problematik des Interpretationszirkels von Anthropologie und Theologie verwiesen: Wenn nämlich gilt, daß Theologie und Anthropologie einander »entsprechen«, so wird diese Entsprechung im Sinne einer analog-reziproken Erkenntnisstruktur zu deuten sein, um dem Vorwurf der »Projektion« in der Gotteserkenntnis zu entkommen, wie er in der Neuzeit mit aller Deutlichkeit von *L. Feuerbach* formuliert wurde.

1. Es muß als bemerkenswerte Tatsache bezeichnet werden, daß gerade der Vorwurf eines *Anthropomorphismus* von seiten der metaphysische Theologie an die Adresse einer Theologie, welche die biblischen Verhaltensweisen Gottes *ernst* nehmen möchte, sich schlagartig gegen die metaphysische Theologie selbst richtet, wenn das vorher Erhobene hier eingebracht wird: Die Verhaltensweisen, die irgendwie eine »Bewegtheit« Gottes implizieren, wie etwa die »Reue« oder die »Treue« Gottes in seiner freien und freibleibenden Geschichte mit dem Menschen, werden ja deswegen von einer metaphysischen Theologie als uneigentliche Redeweisen abgelehnt, weil sie die »Unberührbarkeit« Gottes »von außen«, mithin die innere »Einfachheit« des göttlichen Wesens, verletzen;

---

ten] Hauptgegenstand.«

Gott würde unter Ernstnahme dieser Eigenschaften ja »in sich« veränderlich und berührbar von der Geschichte mit dem Menschen, er hätte unversehens eine »reale« Beziehung zur Welt. Daher erscheinen diese Verhaltensweisen als »Projektionen« menschlicher Leidenschaftlichkeit und Leidensfähigkeit, seiner Endlichkeit und Seins-Schwäche, die er auf Gott überträgt - denn Gott könne nicht leiden, nicht leidens*fähig* und nicht leiden*schaftlich* sein. Ist aber umgekehrt eingesehen, daß sich diese Annahme nur ergeben kann, weil ein vorausgeprägtes und anderswo übernommenes Gottesbild (mit ganz anderen Wurzeln und Voraussetzungen als das der biblischen Gotteserfahrung) auf das biblische Gotteserfahren rückprojiziert und als Fremdes aufgedrängt wird, dann ist auch einsichtig, daß das metaphysische Denken sich im Kontext der Gottesoffenbarung als *Projektion* menschlicher Wünsche und Nöte entschlüsseln läßt. 1. Es konnte schon gezeigt werden, daß die existentielle Voraussetzung des metaphysischen Denkens die *Not* der Endlichkeit und Vergänglichkeit ist, vor der man sich zu schützen trachtet, indem man einen letzten Hort der Sicherheit, des Gehaltenseins, der Selbstvergewisserung sucht, nämlich das unwandelbare absolute Sein in seiner Vollkommenheit. Jede Veränderung, jede Geschichtlichkeit wird als *Gefährdung* erfahren und mit diesem Rückbezug zugleich ausgeschaltet, indem sie als »Uneigentliches« und »Nicht-sein-Sollendes« gedeutet werden, als abkünftige Wirklichkeiten, die ihr Ende im übergeschichtlich, nicht-leidenschaftlichen, nicht-veränderlichen Grunde finden müssen.[46] 2. Um dieser Not willen wird Gott nun ganz in den Seinshorizont gestellt; um die Rettung des vergänglichen Seienden, muß das Sein der Seienden, »Gott«, unvergänglich-unveränderlich gedacht werden. »Da das Wesen des göttlichen Seins um des endlichen Seins willen gedacht wird, muß es alle Bestimmungen des endlichen Seins

---

[46] Vgl. *Greshake* (1969) 331. Wer sich »verändert«, dem fehlt etwas, der ist nicht vollkommen. In diesem Sinne versteht Metaphysik den Menschen als Mangelwesen, »nicht nur deshalb, weil er nicht *hat*, was er braucht...; sondern auch eigentlich deshalb, weil er nicht *ist*, was er sein soll, und so zu ständiger Bewegung angetrieben ist, um sein Menschsein überhaupt erst zu verwirklichen«; *Ebeling*: *ders*. (1969) 209-256; hier: 245. Dem gegenüber ist nur Gott sich genug, in sich ruhend und so unveränderlich. Gott wird nicht nur zum »Schutz« vor der Mangelhaftigkeit der Welt, sondern auch der, von dem die *Aufhebung* der »Veränderlichkeit« der Welt erlebt wird; vgl. *Brantschen*: FZPhTh (1980) 229-230.

umschließen und die gegen das Sein gerichteten Bestimmungen ausschließen, anders könnte das endliche Sein im göttlichen Sein nicht Grund und Bestand gegen das bedrohende Nichts in Tod, Leiden und Chaos finden.«[47] *A. Dumas* hat dagegen die überraschende nicht-stabilisierende »Kontingenz« Gottes herausgestellt, der in aller vom Menschen her (auf Gott) »projizierten« *Notwendigkeit* der stets geschichtlich-aufbrechende ist; dem man nicht in »Unveränderlichkeits-Projektionen« zum Schutz gegen weltliche Fragmentarität nahekommt, sondern gerade in der göttlich-kontingenten *Befreiung* von solchen »schützenden Stabilisierungen«.[48] 3. Im Horizont dieses Weltverständnisses wird ein Gottesverständnis *vom Menschen her*, von seinen *subjektiven* Wünschen und Nöten her, »konstruiert«, das umgekehrt aus dem Gottesverständnis den Charakter der *Bedürftigkeit* zugesprochen bekommt. Gottes- und Menschen-»Bild« *entsprechen einander* im Sinne der »Projektion«.

Eine Gegenprobe: Das Verständnis Gottes als des *leidenden* kann gar nicht als Projektion der subjektiven Nöte und Bedürfnisse erscheinen, wie der Anthropomorphismus-Vorwurf metaphysisch geprägter Theologie lautet, weil im Sinne einer »Projektion« durch eine solche »Übertragung« menschlicher Nöte, seiner Endlichkeit und seines Leidens in der Welt *nichts* im Sinne einer Projektion gewonnen wäre. Ein »leidender« Gott bringt nicht schon aus sich die Nöte der Menschen zum Verschwinden; er gibt keinen »Schutz«, den der unveränderlich-allmächtig-unberührbare metaphysische Gott gibt. Vielmehr stellt er »radikal«, d.h. wahrhaft an die *Wurzeln* gehend, vor dieses Leid! Ein »leidender« Gott stößt geradezu auf dieses Leid als unausweichliche, nicht projizierbare, nicht vernebelbare, nicht *un*-eigentliche Wirklichkeit in unausweichlicher Schärfe hin, so daß seine Erkenntnis nicht projektiv, sondern eigentlich Projektionen entlarvend zu verstehen ist in der darin implizierten schockierenden Unausweichlichkeit.

Und diese peiorative Sicht menschlicher (und weltlicher) Kontingenz im Sinne einer »Bedürftigkeit« als *Ausgangspunkt* des gott-menschlichen

---

[47] *Moltmann* ([5]1987) 199.

[48] Vgl. *Dumas*: Conc(D) (1972) 440; vgl. *ders.*: *Lauret/Refoulé* (Hg.) (1983) 725-769. Vgl. auch *Metz*: Conc(D) 8 (1972) 399-407; hier: 403: »Die unter dem Namen 'Gott' erinnerte Wahrheit der Passion Jesu und der Leidensgeschichte der Menschheit kann immer nur so gedacht werden, daß sie stets auch die Ansichten dessen verletzt, der sie zu denken sucht.«

Verstehenszirkels führt letztlich zum Protest des neuzeitlichen Atheismus und zur ausdrücklichen Projektionsthese, daß nämlich die Gottesvorstellung als eine Projektion des Menschen zu erklären sei, der in seiner *Selbstentfremdung* sein *eigenes* Wesen als ein fremdes, höchstes Wesen anbete.[49] Der neuzeitliche Protestatheismus ist so gesehen in eminentem Sinne die Spätfolge dieses metaphysischen Projektionsdenkens; er ist durch es *mit*-verschuldet. Hingegen ist der biblische Ausgangspunkt des gott-menschlichen Verstehenszirkels die *Selbst*-Offenbarung Gottes[50], *nicht* die Selbst-Erfahrung des Menschen als eines »abhängigen« Wesens. - Bei näherem Zusehen entschlüsselt sich nicht das biblische Erfahren Gottes als des geschichtlich-leidenschaftlichen Gottes als schon in seinem Ursprung projektiv, sondern das metaphysische Denken. Das metaphysische Denken ist darüber hinaus von seinen wirkungsgeschichtlichen Spätfolgen her gesehen (entgegen seinen Behauptungen) schon aus solchem *Subjektivismus* heraus entstanden, der erst in der Neuzeit, genauer in der »Wende zum Subjekt«[51], ausdrücklich in den Reflexionshorizont gehoben werden wird. *Das metaphysische Wirklichkeitsverständnis ist ein eigentlich anthropomorph (-subjektivistisches), weil es von der menschlichen Bedürftigkeit her denkt, nicht biblische Theologie von der Selbst-Mitteilung Gottes, in der der zu sich und auf ihn hin befreiende Gott (in analog-reziproker Rede) der Ausgangspunkt des Redens von Gott ist.*

Selbst dann noch, wenn man einem metaphysischen Gottesverständnis zumuten möchte, zu einer Verhinderung von falschen Anthropomorphismen beigetragen zu haben, wird man dies nicht im Kontext der geschichtlichen Offenbarung Gottes in Israel unmittelbar behaupten können: Wenn *H. Küng* konstatiert: »Die klassische griechische Metaphysik, wie sie von der christlichen Theologie übernommen wurde, war...ein erster, aber für uns zulänglicher Schritt der Überwindung des naiv-anthropomorphen Gottesverständnisses«[52] (ewa Homers): eine Betonung der grundlegenden Differenz von

---

49 Vgl. *Pannenberg* (1987) 310.

50 Vgl. *Moltmann*: *Breuning* (Hg.) (1984) 100: Es ist geradezu die *Methode* alttestamentlicher Gotteserkenntnis, von der erfahrenen Offenbarung *Jahwes* auszugehen; *dieser wird dann universal als Gott erkannt: Jahwe* ist Gott, und kein anderer!

51 Vgl. *Kasper* (^{5}1977) 136.

52 *Küng* (1978) 216-217.

Gott und Göttlichkeit einerseits und Welt und Mensch andererseits; dann wird zugleich hinzugefügt werden, daß diese Differenzierung im Wirklichkeitsverständnis 1. nicht zu einer echten Transzendentalität des »Göttlichen« geführt hat, Metaphysik also im kosmologischen Verständnis des »Göttlichen« verblieb, und 2. auch nicht zu einer wirklichen Überwindung der Projektivität menschlicher Wünsche und Nöte (in Gott hinein) führen konnte, weil die Metaphysik in ihrer erklärten *Nicht*-Geschichtlichkeit sich als zutiefst »subjektivistische« Projektion entlarvt - wie gezeigt wurde. Gerade im Hinblick auf den geschichtlich-frei sich zeigenden, geschichtlich-betroffenen, selbst geschichtlichen Gott der biblischen Gotteserfahrung wird diese Ungeschichtlichkeit als Merkmal der unzureichenden Offenheit für die Erfahrung *Gottes* im Vorgang der Erfahrung hindeuten, der gegenüber eine ungeschichtliche Differenz von Gott und Welt eine »Abstraktion« ist und bleibt. Das sieht aber letztlich auch *Küng,* wenn er zugesteht, ja vielmehr einfordert: »Von dieser *Geschichtlichkeit Gottes* her läßt sich auch die *biblische Botschaft* vom einen Gott, der keineswegs in einem ungeschichtlichen oder übergeschichtlichen Bereich unbeweglich und unveränderlich verharrt, sondern lebendig in der Geschichte handelt, besser verstehen als von der klassisch-griechischen oder von der mittelalterlichen Metaphysik her.«[53]

2. Der *Feuerbachsche* Vorwurf der Projektivität theologischen Denkens überhaupt ist damit aber noch nicht gebannt, wenngleich das metaphysische Denken als (Mit-)Grund für die Durchführung dieser These erhebbar ist. Selbst in der Kenntnis des erkenntnistheoretisch zu konstatierenden Wechselspiels von Subjekt und Objekt, von Anthropologie und Theologie kann es zu einer Fortführung der Denk*struktur* metaphysischer Theologie unter den Bedingungen neuzeitlich-aufgeklärter Bedingungen kommen. Ein Beispiel dafür ist *Schleiermachers* Begründung der Erfahrung Gottes in der *Selbsterfahrung* des Menschen, d.h. des *unmittelbaren Selbstbewußtseins* oder des *Gefühls*.[54] Damit meint *Schleiermacher* aber »eine Grundgestimmtheit der menschlichen Existenz, nicht eine sentimentale Emotion«[55], näherhin die Grundgestimmtheit der »*Abhängigkeit*«: »Das Gemeinsame aller derjenigen Bestimmtheiten des Selbstbewußtseins, welche überwiegend ein Irgendwohergetroffensein der Empfänglichkeit aussagen, ist, daß wir uns

---

[53] *Küng* (1978) 219.

[54] Vgl. *Moltmann* (1980) 18.

[55] *Moltmann* (1989) 78.

als *abhängig fühlen.«*[56] Dies wird für ihn zum »Ort« der Gotteserfahrung. »Die ursprüngliche religiöse Selbsterfahrung nennt Schleiermacher 'das Gefühl schlechthinniger Abhängigkeit' und meint damit nichts anderes als das anthropologische Äquivalent zu dem Begriff Gottes als der alles bestimmenden Wirklichkeit. Es ist aber nur die Entsprechung zum Begriff Gottes in der inneren Selbsterfahrung des Menschen, wenn an die Stelle Gottes 'das Unbedingte' tritt. Aus der objektiven Religion wird die Religion der Subjektivität. Nach derselben Methode übersetzt er die theologischen Bestimmungen in moderne anthropologische Bestimmungen.«[57] In der »schlechthinnigen Abhängigkeit« werden wir uns selber bewußt, *indem* Gott als die Ursache und der Grund unseres Selbstbewußtseins mitbewußt wird. Die entscheidende Konsequenz aus diesem Ansatz *Schleiermachers* ist ein dem »entsprechendes« Gottesverständnis; der faktisch »entsprechende« Gott aus der Selbsterfahrung des Menschen in seinem Selbstbewußtsein ist bezeichnenderweise der *»eine«*, nicht der trinitarische Gott. *Trinität* wird als überflüssig aus dem unmittelbaren Selbstbewußtsein als »Ort« des ursprünglichen Gottesbewußtseins verbannt, denn sie ist »nicht eine unmittelbare Aussage über christliches Selbstbewußtsein, sondern nur eine Verknüpfung mehrerer solcher«[58] Aussagen.

a) In der *Selbsterfahrung* des Menschen und aus ihr läßt sich kein *trinitarisches* Gottesverständnis *ableiten*. Die von *Schleiermacher* als Ausgangspunkt der Gotteserkenntnis angenommene Erfahrung als Selbsterfahrung erreicht nie die tatsächliche Offenbarungsgeschichte Gottes, in der Gott sich schließlich (und das ja nicht »nebenbei«, sondern in seiner *eschatologischen* Offenbarung in Christus) als trinitarischer mitgeteilt hat. Dagegen wird das biblische Gottesverständnis den Weg

---

56 *Schleiermacher* I (^{7}1960) 25 (= 4.2.a.).

57 *Moltmann* (1989) 78.

58 *Schleiermacher* II (^{7}1960) 458 (= 170). *Schleiermacher* setzt daher die Trinitätslehre an den Schluß seiner Glaubenslehre, nicht aber, weil darin noch einmal die *Summe* christlichen Glaubens zum Ausdruck kommen könnte, indem alle vorher behandelten theologischen Traktate schon trinitätstheologisch bestimmt wären und letztlich in der Darstellung der Trinitätslehre münden würden, sondern weil sie gewissermaßen als »Anhang«, als Sekundäres zu behandeln sei. Hier kann sichtbar werden, daß die Stellung des Trinitätstraktates innerhalb der Systematik der Theologie nicht schon *in sich* Aufschluß über seine Bedeutung geben muß; gegen *Pesch* (1987) 44.

aus solcher Projektion der »Selbsterfahrung« weisen, weil nach ihm Gott es ist, in dem die Menschen sich als freigegebene erfahren, indem Gott ihnen *von sich her begegnet* und in dieser *Selbst*-Mitteilung auch gegen die Widerständigkeit der Menschen sie verändert und darin ihre Gottes-»Bilder«, ihre Projektionen zerstört. Der Gott, der *deswegen* der *einzige* Gott Israels genannt (und als solcher bekannt) werden will, zerstört die *projektiven* Bilder von ihm, *indem* er zur Menschlichkeit *befreit*.[59] Der Erfahrungsbegriff muß also grundlegend verändert werden. »Selbst wenn man 'Erfahrung' auf die erfahrenden Subjekte bezieht und sie lediglich auf die Selbsterfahrung in der Erfahrung konzentriert, darf man nie nur fragen: *Wie erfahre ich Gott*, was bedeutet Gott für mich, wie werde ich von ihm bestimmt? Man muß auch umgekehrt fragen: *Wie erfährt Gott mich*, was bedeute ich für Gott, wie wird er durch mich bestimmt?«[60] Gott ist erfahrener nur so, daß in unserer Erfahrung von Gott Gott *sich* zu erfahren gibt. Würde in der Erfahrung zuerst nur nach Selbsterfahrung gefragt, müßte Gott a priori nur unter dem Horizont unserer Fragestellung erscheinen; dagegen ist es biblische Überzeugung, daß nur die von Gott her eröffnete Erfahr*barkeit* Gottes zu einer Erfahrung Gottes durch den Menschen führt. Dies wird *so* ausdrücklich behauptet, daß sogar die Projektivität menschlicher Versuche der Gotteserkenntnis als »Niederhalten der Wahrheit« verstanden werden kann (vgl. *Röm 1,18 ff*). »Würde man die Gotteserfahrung nur auf die Selbsterfahrung beziehen, dann würde das Selbst zur Konstanten und 'Gott' zur Variablen werden. Erst wenn das Selbst in der Erfahrung, die Gott mit ihm macht, wahrgenommen wird, entsteht eine *unverstellte* Wahrnehmung der Geschichte des eigenen Selbst mit Gott«[61] , wird die Geschichte der Erfahrung Gottes zugleich als Geschichte der Umkehr hin auf Gottes Erfahrung mit uns, als *metanoia* unserer Vor-Stellungen von Gott, erfahren.[62] *Innerhalb* der Projektivität als Vollzug der Selbst-Erfahrung aber wird Gott konsequent auch *nicht* als trinitarischer Gott erfahren, gemäß *seinem Sich*-Mitteilen.

---

[59] Dies genau ist die Gedankenfolge in der Formulierung des 1. Gebotes in *Ex 20,2*-3: Befreiung (zur Humanität) - einziger Gott - Bilderlosigkeit.

[60] *Moltmann* (1980) 19.

[61] *Moltmann* (1980) 20. Hervorhebung nicht im Text.

[62] Vgl. *Schaeffler* (1980) 22: »Die Geschichte des Verstehens hat hier den besonderen Charakter, Geschichte einer Umkehr zu sein...«

b) So kann sich gerade mit der Wahl der »Selbst-Erfahrung« als Ausgangspunkt der Gotteserkenntnis noch einmal per negationem die analog-reziproke Grundlegung der Gotteserkenntnis bewähren: 1. Die Selbst-Erfahrung des Menschen ist von sich aus *nicht analog*: Der trinitarische Gott ist in der Selbst-Erfahrung nicht zu *erschließen*. Ein Erschließen käme umgekehrt dem Versuch gleich, Gott gegen sein geschichtliches Offenbaren in einer unangemessenen Notwendigkeit »beweisen« zu wollen.[63] Die *je-größere Unähnlichkeit* Gottes und die von Gott aus seiner *je-größeren Unähnlichkeit* eröffnete Ähnlichkeit, in der *er* uns in die analoge Erkenntnis holt, ist *in* der Selbst-Erfahrung des Menschen, mithin in seinem (in sich projektiven) Selbst-Bewußtsein, *nicht* zu begründen. 2. *Die Durchbrechung der Projektionen der menschlichen Gottes-»Bilder« und die Erkenntnis Gottes als des trinitarischen in seiner Selbst-Erschließung haben einen inneren Zusammenhang*. Das ist ein biblisch evidenter Zusammenhang, wie sich aus *1 Kor 2,9* ergibt; denn Gott schenkt diese Offenbarung seiner selbst in *seinem Geist* denen, die ihn lieben, *indem* er sich (erst einmal) geschichtlich im Christusereignis *so* offenbart. Die *in sich gekehrte* Selbst-Erfahrung des Menschen ist daher auch *nicht reziprok*: sie führt von sich her nicht zu einer Rückfrage des Erfahrenen hin zu dessen »inner«-göttlichen Begründung, wie anhand von *Schleiermachers* These vom »schlechthinnigen Abhängigkeitsgefühl« erwiesen werden konnte; eher schon neigt eine solche Selbst-Erfahrung zur Auflösung ihrer inhaltlichen Elemente in anthropologische *Reduktionen*. - Insofern theologisch Gotteserkenntnis immer eine *analoge* zu nennen ist (in dem erschlossenen Sinne) wird nur in der ausdrücklichen Wertung der die Gotteserkenntnis *eröffnenden*, unhintergehbaren *Un*ähnlichkeit verhindern, daß man in einen schlechten Anthropomorphismus verfällt, der nun aber nicht darin besteht, daß Gott so erkannt wird, wie er sich zu erkennen gibt in der Erfahrung seiner freien, geschichtlichen, »bewegten« Zuwendung zur Welt und zum Menschen, sondern vielmehr darin, daß eine solche Erkenntnis Gottes zugunsten einer aus menschlicher

---

[63] Dies ist nun tatsächlich eine Tendenz heutiger trinitätstheologischer Versuche, wenn sie sich ihrer fundamentaltheologischen Bedeutung bewußt sind, daß sie nämlich gewisse Erfahrungen nicht nur trinitarisch aufzuschlüsseln versuchen, sondern darin zugleich eine trinitarische Erschließung als gewissermaßen unerläßlich und notwendig behaupten. Vgl. *Pesch* (1987) 44.

Selbsterfahrung und seinen Nöten und Wünschen aufbrechenden »schlechthinnigen Abhängigkeit« Gott in die absolute Unberührbarkeit zu projizieren beginnt.

3. Die a-theistisch gewendete »Projektionsthese« als nicht-analoge »subjektivistische Projektion«

Wenngleich also alle Versuche, die ausdrücklich oder implizit nicht heilsgeschichtlich fundiert sind, nicht *hier* (in Einhaltung der *äußeren* Unhintergehbarkeit des theologischen Verstehenszirkels), *sondern »von anderswo her«* ihren Ausgang der Gotteserkenntnis nehmen, damit als theologisch-erkenntnistheoretisch insuffizient entlarvt sind, muß das Bekenntnis zu einer Gottesrede *aufgrund der Rede Gottes selbst* noch nicht sichern, daß in der Erfüllung dieses Ansatzes von Theologie jede Projektion ausgeschlossen ist. Der *Feuerbachsche* Zirkel von Selbst-(Menschen-) und Gottes-Verständnis bleibt auch dann noch, wie die Theologiegeschichte erwiesen hat, bestehen. Diesem Zirkel ist also auch dann nicht zu entkommen, wenn zugestanden wird, ja mehr noch emphatisch konstatiert wird, daß jeder *»Anthropo*-morphismus« theologisch gesehen *schon immer und zuvor* »*Theo*-morphismus« ist.[64]

---

64 So: *Schulte*: Ordensnachrichten (1975) 104-105: »Gerade wenn wir auf *unsere*, also menschliche Weise auf Gott hin sprechen, ist es genau seine, uns von ihm mitgeteilte Weise, also *seine*, doch uns geschenkte Weise zu sprechen! Also: *Wenn* 'Anthropomorphismus', dann unter bewußter und ausdrücklicher Beachtung, daß in diesem Ausdruck der Teil 'anthropos' genauer heißt: 'eikon, doxa, homoiosis *Theou'* (vgl. Gn 1,26; 1 Kor 11,17; Kol 3,10; Jak 3,9). - Das bedeutet also, eher von einem *Theomorphismus* zu sprechen.« 1. Im Hinblick auf die bisher behandelten projektiven Weisen der Gotteserkenntnis ist dies nur zu bekräftigen, weil in ihnen die Projektion gerade in der Abwertung des Anthropomorphen bestanden hat. Wenn wir aber von Gott ermächtigt sind, in unserer Weise von ihm zu sprechen, weil darin *er* sich zu erfahren gibt, so ist es gerade schlechter Anthropomorphismus, diese Verstehensweisen Gottes als *uneigentliche* zu erklären, wie metaphysisches Denken dies tut. 2. Im Hinblick auf die grundlegende Projektionsthese *Feuerbachs* allerdings erfüllt auch noch so ein Ansatz die Voraussetzungen seiner Projektionsthese, denen somit nicht zu entkommen ist, wenngleich man noch zu Differenzierungen *innerhalb* dieses Zirkels gelangen wird, die eine Echtheit der eigenen Voraussetzungen, nämlich wirklich bei Gottes *Selbst*-Offenbarung zu beginnen, sehr wohl anzeigen können, so daß es bei keiner »Unentschiedenheit« in diesem Zirkel bleiben muß bzw. es zu keiner »Aufhebung« des Zirkels in Richtung auf *menschliche* Totalprojektion (und also der bloß vorgestellten und damit zugleich *bestritte-*

1. Theologie und Anthropologie verbleiben auch dann noch in einem unauflöslichen Zusammenhang *und* das je in bestimmten (auch schon immer) *projektiven* Konkretionen dieses Zusammenhangs, wenn zugestanden wird, daß der Mensch zu solcher »Modellhaftigkeit« seiner Erkenntnis *ermächtigt* ist. Wenngleich also die analog-reziproke Erkenntnis*struktur* der Gotteserkenntnis aus der *Eröffnetheit* aus Gottes »Je-Größer« (und damit aus seiner *Fülle*) zum einen zu einem (daher immer schon) *theomorphen* Anthropomorphismus berechtigt und zum anderen diesen (in der *Fülle* von Gottes »Je-Größer«) immer schon in vielfältig-modellhafter Erkenntnis zu vollziehen freigibt, wird in der *Konkretion dieses* Verstehenszirkels *auch* immer das Element der »projektiven« Eintragung mit-vollzogen ob der gleichzeitig mit der Ermächtigung des menschlichen Vernehmens bleibenden *Fragmentarität* (und mithin der Sündigkeit) menschlichen Erkennens.

a) Weil die Analogie in der Erkenntnis Gottes die Struktur nicht nur der *Erkenntnis*, sondern auch schon des geschöpflichen *Ex-sistierens* (überhaupt) ist, wird es von eminenter Bedeutung sein, zu erkennen, daß analoge Erkenntnis keine *defiziente Form* einer »eigentlicheren« Erkenntnisweise, die dem Menschen aber (aus welchen Gründen auch immer) versperrt ist, bedeutet. Der »Modellcharakter« im konkreten Erkennen und seiner Geschichte, der daraus resultiert, ist dann nicht schon *in sich* ein Hinweis auf das »Projektive« und damit (irgendwie auch schon) »Verfälschende« der Gotteserkenntnis. Vielmehr ist - wie schon herausgestellt werden konnte - die *je-größere*, uneinholbare und *so* menschliche Gotteserkenntnis konstituierende Fülle der uneinholbaren *Unähnlichkeit* Gottes die *positive* Grundstruktur der Gotteserkenntnis überhaupt, die noch einmal in Gottes trinitarischem Sein selbst gründet; und somit der Grund der unaufhebbaren Fülle und Vielfalt in der Erkenntnis Gottes.

b) Wenngleich dies gilt, gilt es trotzdem - und davon *unterschieden* -, auch die *Fragmentarität* menschlicher Erkenntnis Gottes wahrzunehmen. Wenngleich diese also nicht schon der *Grund* der *analogen* Erkenntnis als einer solchen ist - gegen Tendenzen bei *Barth* -, so *konkretisiert* sie sich doch immer schon *in* dieser Fragmentarität, dieser Endlichkeit und in einer Geschichte der Umkehr (aus der Sündigkeit) des menschlichen

---

nen Existenz Gottes, was *Feuerbach* ja mit seiner These zu erweisen suchte) kommen wird.

Erkennens. In diesem Sinne vollzieht sich analog-reziprokes (Gott-) Erkennen immer auch schon in je neu aufzubrechenden »Projektionen«.
c) »Analoges« Erkennen gerät nur dann in den Sog eines projektiven Denkens, ja es *wird* zu einem projektiven Denken, wenn es sich im Sinne der griechisch-metaphysischen Analogie als *Ähnlichkeit* im Erkennen auslegt nach dem Grundsatz: »Gleiches wird (nur) durch Gleiches erkannt«. *Moltmann* hat berechtigt dieses Denken, wenn es sich als *analoges* versteht, als ein zutiefst *projektives* entlarvt. Demgegenüber hat (christlich) analoges Erkennen sich immer aus der *je-größeren Unähnlichkeit* als des die eine Analogie *eröffnenden* und *bestimmenden* Elements heraus konstituiert zu verstehen, was eo ipso projektivem Denken gegenübersteht.
d) Das Verhältnis von *analogem* und *projektivem* Element in der konkreten Gotteserkenntnis und ihrer Geschichte ist schon als *Struktur* dieser Erkenntnisgeschichte zu deuten. Tatsächlich gibt es eine Geschichte je neuer und wechselnder Verstehenshorizonte, je neuer und anderer Differenzierungen dieses hermeneutischen Horizonts der Gotteserkenntnis.[65] Diese Geschichte der Verstehens- und Problem-Horizonte ist dann jedoch nie nur, und das ist entscheidend, *aus* der Fragmentarität und Sündigkeit menschlichen Erkennens zu deuten, sondern auch schon (und letztlich vorgängig-begründend) aus der (positiven) *Grund*struktur geschöpflichen Seins als analoger Ex-sistenz.
Mit diesen vorgängigen und notwendigen Differenzierungen kann jetzt der a-theistischen These der Totalprojektion in differenzierter Weise nachgegangen werden. *Unter diesen Bedingungen* wird die Wahrheit des *Feuerbachschen* Projektionsvorwurfs in ihrer Berechtigung anzuerkennen sein: Der Mensch ist bleibend in der Versuchung zu einem eigenen, von seinen Nöten und Wünschen her projizierten Gottes-»Bild«. Zugleich wird man in dem Vorwurf einer »*Nur*-Projektion« in der Gotteserkenntnis den Irrtum dieser a-theistischen Projektionsthese erkennen können. Daß »Projektion« also nicht bedeuten muß, der *Feuerbachschen* Projektionsthese (bleibend) zu erliegen, soll jetzt in zwei Schritten aufgezeigt werden: Zum einen mit der Durchbrechung der Projektion durch die Erfahrung eines *leidenden* Gottes und zum anderen wegen der

[65] Vgl. zum Problem des je anderen und neuen Vor-Verständnisses und der wechselnden Problemhorizonte in der Geschichte des Verstehens: *Gadamer*: PhR 9 (1962) 241-276; zur theologischen Problematik auch: *Stachel* (1968).

Projektivität der Projektionsthese im Horizont neuzeitlichen Subjekt-Denkens selbst.
2. Der Ausgangspunkt der Projektionsthese von *Feuerbach* ist, daß der Mensch sein eigenes unendliches Wesen in einer Art Selbst-Entfremdung aus sich heraus-projiziert in ein göttliches, höchstes Wesen, dem dann die Attribute dieser Unendlichkeit zuerkannt werden, während der Mensch in seiner restlosen Bedürftigkeit und in seinem (inhumanen) Leiden zurückbleibt.[66] Diese Bedürftigkeit konnte nun aber als Spätentwicklung des metaphysischen Grundansatzes und dessen schlechter anthropomorpher *Projektion* menschlicher Wünsche in Gott hinein entlarvt werden. Der *leidenschaftlslose* Gott einer solchen (metaphysischen oder ähnlich veranlagten) Erkenntnisstruktur ist eine *Projektion* im Sinne der *Feuerbachschen* These und zugleich ein gewichtiger Grund zu ihrer Entstehung. *Wenn* jedoch - im Gegensatz dazu - gemäß biblischer Erfahrung der *leidenschaftliche Gott ernst zu nehmen ist, dann* ist der Projektionsthese der Boden entzogen, auf dem sie steht, nämlich die Abwesenheit Gottes im Leiden der Welt. Der Protestatheismus ist zu Recht die Kritik des leidenschaftslosen Gottes, der den Menschen in seiner Verkümmertheit und Endlichkeit zurückläßt, er ist zu Recht die Kritik an einem metaphysischen Theismus, der die Welt (unvermittelt) als »gute Gotteswelt« deutet und dabei die Leidensgeschichte der Welt übergeht.[67] Aber er ist eben Kritik eines *solchen* Gottesverständnisess und *seines* Projektivismus. *Der gemäß biblischer Erfahrung leidenschaftliche und leidensfähige Gott ist innerhalb der Feuerbachschen Projektionsthese nicht nur nicht zu erfassen, er sprengt vielmehr sowohl schon die Voraussetzung ihrer Entstehung als auch ihre innere Struktur.* Die biblische Rede vom leidenden *Gott* und die Rede vom *Leiden* Gottes (im Kontext der Selbst-Mitteilung Gottes in seiner Heilsgeschichte) kann deshalb schon als *Kriterium* einer menschliche Projektionen eines Gottes-»Bildes« *übersteigenden* Wahrhaftigkeit der Gotteserkenntnis angesehen werden.

---

66 Vgl. *Pannenberg* (1987) 310. Vgl. die Analyse der *Feuerbachschen* Projektionsthese bei *Küng* (1978) 223-250.

67 Vgl. *Moltmann* ([5]1987) 212.

a) Dies ist nicht zuletzt der Grund, warum *Moltmann* (und in seinem Gefolge viele andere) eine »analoge« Erkenntnisweise theologisch ablehnten und durch eine *dialektische* zu ersetzen strebten.

Für *Moltmann* ist der Zirkel der Projektion dort geschlossen, wo Erfahrung nicht mehr Erfahrung aus dem Staunen ist. Dieses kann auch ob der Andersheit oder auch Fremdheit des in der Erkenntnis Erkannten ein *Leiden* bedeuten.[68] Gerade das Leiden in der Welt und die Wahr-Nahme des Leidens Gottes durchbrechen diese Projektivität; in Gottes Leiden, im besonderen im Kreuz Jesu, wird er gerade in seiner Andersheit und Fremdheit erkannt und wahrgenommen, daher nicht mehr in seiner (vom Menschen her) konstruierten, projektierten »Ähnlichkeit«, sondern *dialektisch* in seiner in den Projektionen nie einholbaren Fremdheit. »Im gottverlassenen und verfluchten Gekreuzigten aber findet der Glaube keine Entsprechungen dieser Art, die ihm eine indirekte, analogische Gotteserkenntnis vermitteln, sondern den Widerspruch dazu.«[69] Ähnlich stellt *J. Sobrino* den Zusammenhang zwischen der Erkenntnis des leidenden Gottes und der Aufhebung der menschlichen Projektionsversuche her: »Das analogische Denken setzt voraus, daß Ähnliches durch Ähnliches erkannt wird«[70]; und dies wird eben widerlegt durch die tatsächliche Offenbarungsgeschichte, an deren tiefsten Momenten »es stets irgend ein Leid gab«[71]. Wenngleich der *Intention* hier zu folgen ist im Hinblick auf die Durchbrechung der Projektionsthese, wird die »Dialektik« der Erkenntnis noch umgewandelt werden müssen in ein rechtes Analogieverständnis, um den schon aufgezeigten Konsequenzen der logischen Notwendigkeiten des dialektischen Erkenntnisprinzips zu entkommen, für das Gott sich nicht nur (gewichtig genug) *faktisch* als der leidende offenbart, sondern als der *notwendig* Sich-so-offenbaren-*Müssende*. Damit wird aber dieses Leiden Gottes »verewigt« und formal zum Prinzip *jeder* Gotteserkenntnis umstrukturiert. Biblisch zeigt sich Gott *in seiner Geschichte* (und aufgrund der Umstände, in denen sich diese Geschichte befindet als unter der Sünde stehende) als der leidende; dem ist zu entsprechen in *geschichtlicher* Wahr-Nahme dieses Leidens. In recht verstandenem analogem Gotteserkennen wird die *Faktizität* des leidenden Gottes wahrgenommen und dies genügt auch schon für einen Durchbruch der Projektionsthese. Die »Einfrierung« dieser Faktizität in eine immanente Notwendigkeit göttlicher Offenbarung und damit eine Notwendigkeit der Gotteserkenntnis hingegen wird selbst *projektiv*, indem die Wahr-Nahme Gottes aufgrund *seiner*

---

68 Vgl. *Moltmann* (1980) 20-21.

69 *Moltmann* (^{5}1987) 71.

70 Sobrino: Rahner/Modehn/Zwiefelhofer (Hg.) (1977) 137.

71 Sobrino: Rahner/Modehn/Zwiefelhofer (Hg.) (1977) 137.

Offenbarungs*geschichte* in ein *Prinzip* verwandelt wird, das dann als menschlich-fixiertes Erkenntnisprinzip auf Gott »übertragen« und in ihn »hinein-projiziert« wird, so daß Gott in seiner Geschichte nicht die weitere Offenheit seines Sich-Zeigens zugestanden werden kann. Dies ist aber die Eigenheit jeder Projektion, daß sie die eigenen Bedingungen auf den Erkenntnisgegenstand so überträgt, daß dieser nur mehr unter diesen Bedingungen (hier der Dialektik) erscheinen kann. *Dialektisches Erkennen ist somit selbst »projektives« (Hinein- und Er-)Denken.* Analoges Denken hingegen muß hier noch einmal vor der je-größeren, sich geschichtlich von sich her zeigenden Unähnlichkeit Gottes zurücktreten.

Wenn demnach »Analogizität« in der *Ähnlichkeit* von Erkennendem und Erkenntnisgegenstand verstanden wird, dann entspricht diese Erkenntnisstruktur eben jener der *Projektion* der eigenen Bedingungen der Erkenntnis in den Erkenntnisgegenstand hinein, der dann auch nur mehr unter der Hinsicht der voraus-projizierten Bedingungen zu erkennen ist, was für die Gotteserkenntnis die fatale Folge hat, daß Gott dann nur mehr unter diesen Bedingungen in *dem* erkannt werden kann, wie er *von sich her nicht ist.* Wenn aber analoge Erkenntnis Gottes bedeutet, Gott gemäß seiner *je-größeren Unähnlichkeit* zu erkennen, dann ist die *Wahr*-Nahme des *leidensfähigen* Gottes schon die Anerkennung und Wahr-Nahme des sich so aus und in seiner (befremdlich) *unähnlichen Weise* zeigenden Gottes, gegen jede Projektion menschlicher Ähnlichkeit.
b) Die *Feuerbachsche* Projektionsthese enthüllt sich aufgrund ihrer eigenen Voraussetzungen selbst als eine *Projektion.* Wenn nämlich gemäß der bisher schon häufig erhobenen und verifizierten »Ent-sprechung« von methodologischer Erschließung der Erkenntnis in ihrer Struktur *und* dem Erkenntnisgegenstand, also gemäß der formal-inhaltlichen Reziprozität (die auch noch in nicht-reziproken Formulierungen der Gotteserkenntnis ihre Gültigkeit bewahrt), *entspricht* das Gottesverständnis *Feuerbachs* (Gott = der Unendliche gegenüber dem bedürftigen Menschen) seiner *formalen* Erschließung der Gotteserkenntnis (als *Projektion* der eigenen Unendlichkeit des *bedürftigen* Menschen aus sich »objektivierend« heraus) im Sinne der Abspannung auf die nicht-analog verstandene *Ähnlichkeit.* Der Struktur der Bedürftigkeitsprojektion entspricht das projektive Gottes-»Bild« eines leidensunfähigen Gottes, den Feuerbach ja voraussetzt, damit seine Projektionsthese gelingen kann. *Dem bedürftigen Menschen »ent-spricht« die Projektion des leidensunfähigen Gottes; der Selbsterfahrung entspricht Gott als »Projektion«.* Gott wird bei *Feuerbach* weiterhin im Horizont

der *Ähnlichkeit* als (vermeintlicher) Erkenntnisgrundlage erschlossen (wenngleich dann als solcher abgelehnt und in seiner Nicht-Existenz behauptet), wie *Moltmann* dies schon dem griechisch-metaphysischen Theismus vorwirft, so daß seine *leidende* Unähnlichkeit gar nicht wahrgenommen werden kann. *Die Erkenntnis des leidenden Gottes entzieht der Projektionsthese die Voraussetzung ihres Zustandekommens und entlarvt sie selbst als Projektion ihrer eigenen Voraussetzungen in ein Gottesbild.*

Im Unterschied zu einer *analog*-reziproken »Entsprechung« von *formalem* und *inhaltlichem* Element in der Gotteserkenntnis, d.h. von Erkenntnis*struktur* und Erkenntnis*gegenstand*, ist eine *projektive* »Entsprechung« zwar *reziprok* (im Sinne der formal-inhaltlichen Reziprozität), weil die beiden Elemente einander durchdringen, aber sie ist deshalb nicht *analog*, weil in der »Entsprechung« *nur* auf die *Ähnlichkeit* hin abgespannt wird, nicht jedoch auf das gewichtigere Element der *Unähnlichkeit*, welche die Reziprozität *so* eröffnet, daß eine »Entsprechung« immer schon auf den *von sich her* Erkenntnis eröffnenden Gegenstand hin aufgebrochen ist. Weil diese »Entsprechung« also nicht analog ist, droht umgekehrt die formal-inhaltliche *Reziprozität* zu einer »Dialektik« der Elemente verwandelt zu werden, die keine innere Struktur mehr, nämlich die »logischer« Ursprungsverhältnisse, kennt bzw. sich auswirken lassen kann. Die *Feuerbachsche* Projektionsthese kann als Paradigma dieses Vorgehens dienen, weil sie in sich schon die Behauptung enthält, daß eine solche »Entsprechung« von Erkenntnis*form* und Erkenntnis*gegenstand* ausschließlich (menschliche) *Totalprojektion* ist, deren einzige »Realität« *innerhalb* des Erkenntniszirkels liegt.

3. Auch Feuerbach ist unter den neuzeitlichen Voraussetzungen der Frage nach dem Subjekt noch in der Tradition eines falschen Analogiedenkens (des geschlossenen Kreisens im Ähnlichen) zu sehen, deren Spätfolge seine Projektionsthese ist. »Der neuzeitliche Erfahrungsbegriff, der die subjektive Komponente entdeckt hat und hervorhebt, droht Erfahrung in Selbsterfahrung zu überführen.«[72] *Feuerbach denkt Gott »in« der Selbst-Erfahrung des Menschen »als« der Selbsterfahrung »ähnlichen«.* Das neuzeitliche Interesse an der Selbsterfahrung ist aber in Wahrheit - ähnlich der Erfahrungsgrundlage metaphysischen Denkens[73] - Projektion in der Ähnlichkeit wegen der Angst vor der Erfahrung des

[72] *Moltmann* (1980) 21.

[73] Vgl. *Moltmann* (^{5}1987) 199 f; *Greshake* (1969) 191 ff.

Nicht-Gleichen, des Anderen, des Fremden, des Unähnlichen, des die eigenen Voraussetzungen des Erkennens des Erkenntnisgegenstandes Sprengenden.[74]
Es gibt demnach einen inneren Zusammenhang von Erkenntnis als Selbsterfahrung des Subjekts und nicht-leidenschaftlichem, nicht-trinitarischem Gottesverständnis, das zu einem *dem*-»entsprechenden« Menschenverständnis führt. Umgekehrt wird ein leidenschaftliches und trinitarisches Gottesverständnis ein anderes Menschenbild eröffnen können: 1. Gott ist dann nicht mehr der »beherrschende«, entfremdende und unterdrückende, weil er zu *Selbstand* aus seiner *Relation zum Innersten des Menschen* freigibt, welches Verhältnis *in Gott selbst* trinitarisch begründet ist.[75] 2. Gott ist darin zugleich der leidenschaftlich sich selbst *einsetzende*, der im Leiden der Menschen selbst leidend davon befreien möchte. Diese beiden Elemente haben einen inneren Zusammenhang, der sich von der Selbstreflexion aus nicht erreichen läßt, weil in ihr nicht analog gedacht wird. - Die *Analogizität* der Erfahrung (und der Erkenntnis) liegt (in diesem Horizont) gerade darin, daß der *Je-Andere*, je meine Selbsterfahrung überschreitende, *in* seiner *Anders*heit, in seinem *Eigen*sein, seiner *Un*ähnlichkeit erfahren werden kann. Im Lichte der *analog-reziproken* Erkenntnisstruktur ist der Erfahrungsbegriff tatsächlich *prinzipiell* zu verändern in Richtung auf eine das (den) Andere(n) in *seiner* Andersheit (gelegentlich seiner *Fremd*heit) wahr-nehmenden Erfahrungsstruktur. Wird dies ernst genommen, so kann weder eine »objektivistisch«-projizierende (metaphysische) noch eine »subjektivistisch«-projizierende (neuzeitlich aus der Selbsterfahrung des Menschen fundierte) Erkenntnisweise einer

---

[74] Vgl. *Moltmann* (1980) 21.

[75] Die aus dieser »Schwäche« einer nicht-trinitarisch differenzierten Gotteslehre erwachsende Un-Menschlichkeit war ja auch der Grund des a-theistischen *Protestes* von *Feuerbach*. Demgegenüber wird theologisch nun eine neue trinitarisch differenzierte »*Priorität der Theologie vor der Anthropologie* entgegen[zusetzen sein]: nicht um eines defizienten Menschseins, sondern um ein Mehr an Menschsein willen« *Küng* (1978) 249, der im Lichte eines solchen theo-logisch-trinitarischen Begründetseins seiner Ex-sistenz gerade zu Eigensein *im Begründetsein* durch Gott *freigegeben* zu verstehen sein wird (auch mit allen politischen und gesellschaftlichen Konsequenzen), zu dem auch ein bloß die *Kehrseite* der »mono«-lithischen Gottes-Projektion darstellender a-theistischer Protest nicht führen wird können.

Gotteserkenntnis als Ausgangspunkt dienen; *diese* Form der Wahr-Nahme der Andersheit in der Erfahrung, die deswegen dann auch eine *analog* strukturierte zu nennen, wird sich nur *geschichtlich* realisieren lassen.

III. Die inhärente »Geschichtlichkeit« der analog-reziprok strukturierten Erkenntnis

Die bisherigen Überlegungen zu einer Hermeneutik des Verstehens biblischer Offenbarungsgeschichte haben erwiesen, daß nur eine *analog-reziproke* Struktur der Gotteserkenntnis geeignet ist, ein *nicht-projektives* Verständnis der Selbst-Mitteilung Gottes zu eröffnen. Wie aber, so ist jetzt zu fragen, muß dann, d.h. *wenn* Gott in dem, wie *er* sich mitteilt und wie dieses Sich-Mitteilen uns in der biblischen Überlieferung zu rezipieren gegeben ist, die Erkenntnisstruktur bestimmt werden, damit Gott nicht a priori *projektiv* gedacht wird? Wenn der Zirkel von Anthropologie und Theologie weiterhin Gültigkeit besitzt, ja wenn er sich in einem *theomorphen* Anthropomorphismus berechtigt zu vollziehen aufgegeben ist, wie kann dann der *formal-inhaltlichen Reziprozität* der Gottesaussagen entsprochen werden? Diese Frage enthält in sich zwei Elemente, die es zu werten gilt: 1. Wenn jede Gotteserkenntnis sich in einer »Entsprechung« von formaler Erkenntnis*struktur* und inhaltlicher Erschließung des *Gegenstandes* der Erkenntnis vollzieht, dann muß auch für eine analog-reziproke Erkenntnisweise sich eine solche »Entsprechung« aufzeigen lassen. 2. Die »Entsprechung« muß dann zugleich schon in einer analog-reziproken Form zu erheben sein, so daß *angebbar* keine Projektion vorliegt, durch welche eine Gotteserkenntnis als Erkenntnis von *Gottes* Mitteilung seiner selbst wieder aufgehoben würde hin auf eine (die Unähnlichkeit) umfassende *Ähnlichkeit*.

1. »Geschichtlichkeit« als inhärentes Wesensmerkmal analoger Erkenntnisstruktur

Als das entscheidende Element der »Entsprechung« von Erkenntnis Gottes und Erkenntnis*struktur* hat sich erwiesen, daß in projektivem Denken

Gott nicht in *seiner* Andersheit wahrgenommen werden kann; oder anders: daß Gott nicht gemäß seiner *je-größeren Unähnlichkeit* erkannt zu werden vermag, für welche die Erkenntnis sich in einer *epoché* zurücknehmen muß, um Gott wahrzunehmen. Analoge Erkenntnisform fordert somit eine *bleibende* Offenheit in der Erkenntnis hin auf Gottes Unähnlichkeit, *insofern* diese nie auf die Ähnlichkeit in der Erkenntnis abgespannt werden darf. *In dem Maße nun und in der Weise sich Gott in seiner Offenbarungsgeschichte als der Gott der Geschichte offenbart, indem er sich »in« Geschichte als der uneinholbar Freie mitteilt, ist die dem-»entsprechende« Erkenntnisform analoger Erkenntnis die »geschichtlicher« Erkenntnis.* Gott ist in seiner Offenbarungs*geschichte* nur dann wahr-zunehmen, wenn er uns darin so begegnen kann, wie *er* sich mitteilt, nämlich als geschichtlich-freier Gott. Wenn es das Spezifische der biblischen Gotteserfahrung ist, daß Gott sich in Geschichte so setzt, daß er dadurch den Menschen je-neu freisetzt, wenn Gott darin sich als der zeigt, der Geschichte als die einer von ihm eröffneten Teil*nahme* von Gott *und* Mensch an ihr konstituiert, wenn Gott sich in dieser einen Geschichte auch vom Menschen etwas »antun« läßt, wenn Geschichte sich so in der Freiheit »zweier« Geschichts*subjekte* konstituiert, die aufeinander reagieren können[76], dann muß die Erkenntnis*weise* Gottes dem entsprechen, indem sie sich selbst *geschichtlich* auslegt.

1. Die analoge Erkenntnisform ist eo ipso eine *geschichtliche* Erkenntnisform, weil erst in der Wahrnahme der konkreten Geschichte Gott zeigt, wie er sich *von sich her* zeigen will. Geschichtlichkeit ist durch die Freiheit des Geschehens, mithin durch die Subjekte der Geschichte in ihrer *Freiheit* konstituiert in einer Weise, daß diese Freiheit nicht hintergehbar ist. In der geschichtlichen Konstitution der analogen Erkenntnis erst ist gesichert, daß Gott nicht »von woanders her« und gegen seine Mitteilung seiner selbst, wie und wann *er* will, zu erfassen versucht wird. *Die Geschichtlichkeit eröffnet die je-größere Unähnlichkeit von Erkennendem und Erkenntnisgegenstand in der bleibenden Verwiesenheit auf das je-andere Geschichtssubjekt in seiner Freiheit.* In der geschichtlich konstituierten Freiheit der Geschichtssubjekte ist dann auch gesichert, daß - gemäß analoger Erkenntnis - die Bedingungen der

---

[76] Vgl. zu diesem in sich sehr komplexen Sachverhalt: *Greshake* (1969) 173-238.

Erkenntnis vom Erkennenden nicht einholbar sind; dafür ist der Erkennende auf die *Freiheit* des je-anderen Geschichtssubjektes verwiesen. Analogizität und unhintergehbare Freiheitsstruktur gehören zusammen, sie sprechen denselben Sachverhalt aus: 1. Die geschichtlich sich vollziehende Freiheit des Geschichtssubjektes ist uneinholbar und unhintergehbar; sie *konstituiert* eine *Geschichte* der Aktionen und Re-Aktionen und Passionen dieser Freiheitssubjekte. 2. Die Analogizität konstituiert Freiheit als *je-unähnliche* jeder anderen Freiheit gegenüber. Deshalb konstituiert Analogizität *Geschichtlichkeit.*

Wenngleich dieser Sachverhalt des inneren Zusammenhangs von *Analogizität* und *Geschichtlichkeit* aus der Geschichte Gottes mit der Welt, oder noch grundsätzlicher: aus dem Verhältnis des Schöpfers zu seiner Schöpfung *ursprünglich* erkannt werden kann, gilt er von daher doch *auch* für die »weltliche«, menschliche Geschichte (in sich). Ebenso, wie schon die griechische Analogie (als Seinsanalogie) den Weg zu einer Wirklichkeitsstruktur weisen hätte können, deren fundamentalste Struktur die Andersheit (des Erfahrenen und Erkannten) und nicht die »Ähnlichkeit« aussagt[77], so wird in der theologischen und schöpfungstheologischen Begründung dies geradezu gefordert werden müssen. Im Lichte der lateranensischen Analogieformel wird *vom* Verhältnis Schöpfer - Geschöpf(lichkeit) *her* die Erkenntnisstruktur und Wirklichkeitsstruktur als eine *analoge* und in diesem Sinne eine *sich konkret in einer Geschichte unhintergehbarer Freiheitssubjekte* vollziehende zu erkennen und anzuerkennen sein.

2. Die analoge Erkenntnis ist eine selbst *geschichtliche*, insofern sie in der Erkenntnis Gottes auf die Geschichte *seiner* Selbst-Mitteilung verwiesen ist, so daß Gott nur von seiner (Heils-)Geschichte zu erkennen ist in dem, wie *er ist.* Eine »natürliche« Erkenntnis kann dann nicht *vor* der Selbstmitteilung Gottes gedacht werden, ohne in ihren Aussagen den Gott auszusagen, wie er sich selbst *nicht* mitteilt. »Natürliche« Erkenntnis Gottes ist selbst nur als *geschichtliche* Erkenntnis Gottes zu verstehen. *Als »geschichtliche« Erkenntnisweise wahrt analog-reziproke Erkenntnis*

---

[77] Vgl. den Versuch *Przywaras* im Lichte der lateranensischen Analogieformel schon in der griechisch-aristotelischen Analogie die *Un*ähnlichkeit, »das letztaufgehende '*allo pros allo*', d.h. das 'ganz Andere' als Letztes in allen Ähnlichkeiten«, als fundamentierendes Element zu erkennen: *Przywara* (1962) 327.

die »innere« und »äußere« Unhintergehbarkeit des Verstehenszirkels theologischer Argumentation. Jede »natürliche« Gotteserkenntnis muß sich aus dem Kontext der Selbst-Offenbarung als Gottesaussage erst ausweisen, sie darf nicht *apriorisch* einen dann an die Geschichte der Selbst-Offenbarung *herangetragenen* Gottes*begriff* voraussetzen, wie das umgekehrt in projektiver Erkenntnis geschieht.

Projektive Erkenntnis wiederum charakterisiert sich gerade *darin*, daß sie *ungeschichtlich* denkt; daß sie Gott vom »Immer-schon-Gewesenen«, d.h. aber vom »Wesen«, von dem, »was sich in allem Wandel *durchhält*« her denkt.[78] 1. So erscheint in griechisch-metaphysischem Denken »Geschichte« immer als nicht-sein-sollender, defizienter Modus des Seins, genauer: des Werdens, der Veränderlichkeit, des Vergehens. »Jede Bewegung wäre Veränderung, jede Veränderung aber würde ein Noch-Nicht, eine unverwirklichte Potentialität, also einen Mangel einschließen, der der absoluten Vollkommenheit der Gottheit widerspräche. In der extremen Transzendenz der vollkommenen Gottheit als des unbeweglichen Bewegers und Denkers seiner selbst tritt die

---

78 »Die *ousia*, das Sein, ist das, woraus jedes Seiende als ein solches herkommt...Dergestalt kennzeichnen Platon und Aristoteles das Sein im Verhältnis zum Seienden. Weil das Sein die Herkunft ist, der jedes Seiende als solches sich verdankt, ist das Sein im Verhältnis zu jeweiligen Seienden nach Platon und Aristoteles *to koinon* - das Gemeinsame, was *katholou*, d.h. im Ganzen und überhaupt, jedes Seiende angeht. - Wenn also der Denker *to on denkt, denkt er to einai* - das Sein, nämlich des Seienden. Er denkt das Sein als das, woher alles Seiende stammt. Das Sein 'ist' also gegenüber dem Seienden stets schon das 'ältere'. Wenn das Sein gedacht wird, wird das Seiende in dem vorgestellt, *was es schon war - ti en*. Deshalb bestimmt Aristoteles das, was der Denker zu denken hat, *to einai*, genauer als *to ti en einei* - das Sein als das, *was am Seienden je schon ist, d.h. 'was war'.*« So die Bestimmung des griechischen Seinsgedankens bei: *Heidegger* (1979) 56; Hervorhebungen nicht im Text. - Darin wird ein Zweifaches in einem sichtbar: 1. *Die* grundlegende Bestimmung des Seins in bezug zum Seienden - und dies ist dann ja auch der Ausgangspunkt der ursprünglichen Bestimmung der Seins*analogie*, vgl. *Przywara*: LThK I (^{2}1957) 468 - als *übereinkommende Einheit* des Seienden, in der der Unterschied erst fundiert zu nennen ist. 2. Diese Einheit ist das Sich-*Durchhaltende*, das *Wesentliche*. - Beide Bestimmungen lassen aber im Grunde nicht das »Revolutionäre« der lateranensischen Analogieformel zum Zuge kommen (und können es auch nicht): nämlich die (gegenüber aller übereinkommenden Einheit und gegenüber allem Bleibenden) *je-größere Unähnlichkeit* als *fundamentale* Vielfalt und Freiheit zugleich, die zu einer positiven Bestimmung der Geschichtlichkeit geführt hat.

griechische Angst vor dem Werden nur allzu klar ans Licht. Werden ist Unvollkommenheit.«[79] 2. So ist auch die Basis des (neuzeitlich–) »subjektivistischen« Ansatzes das (Menschlich-)*Konstante* in der (bleibenden) Selbsterfahrung des Menschen; die Selbsterfahrung ist eine ungeschichtliche Form des anthropologisch Konstanten in jeder Erfahrung, die *in sich* weder eine Geschichtlichkeit des Vollzugs noch deren Voraussetzungen, nämlich die in der Geschichte (zu ihrer *Konstitution*) erforderlichen Wahrnahme des Anderen in seinem Eigensein und seiner Freiheit, anerkennen kann, ohne sich selbst aufzuheben.[80] In der Neuzeit wurde dementsprechend Gott selbst zum Medium des Subjektes, in dem es sich konstituiert sah, weil es auf seine Grenzen stößt, so daß »die Transzendenz als das der endlichen Subjektivität mit innerer Notwendigkeit zugehörende Andere ihrer

---

[79] *Küng* (1978) 217. Zwar bleibt »Gott für die klassische christliche Theologie der Kirchenväter und der Hochpatristik...immer der lebendige Gott. Aber sie ist dieser griechischen Unveränderlichkeit - und oft mit Widersprüchen zu Gottes Lebendigkeit - verhaftet geblieben« (S. 217), so daß das Gesagte auch noch für die frühe christliche Thologie zutrifft.

[80] Damit ist nicht übersehen, daß gerade mit dem neuzeitlichen Subjektivismus die *Entdeckung der* Geschichtlichkeit der Welt einherging; daß ihm dieser Problemhorizont als Leistung zuzumuten ist. »Das Bewußtwerden der Geschichte im Laufe der Neuzeit hat merkwürdigerweise einen Bruch mit der bisherigen Geschichte zur Voraussetzung. Geschichte konnte erst als Geschichte erfahren werden, nachdem die geschichtliche Überlieferung nicht mehr eine selbstverständlich gelebte Wirklichkeit war, sondern als überwundene Vergangenheit, über die man kritisch hinausstrebte, empfunden wurde. Insofern setzt das Aufkommen des geschichtlichen Bewußtseins die neuzeitliche Wende zum Subjekt voraus«, so: *Kasper* (^{5}1977) 136. Daß aber zu einem personal-geschichtlichen Verständnis der Geschichte noch ein weiter Weg zurückzulegen war, kann die »Subjekt-Theologie« des Deutschen Idealismus zeigen, in dem Geschichte *doch* in Subjektivität zurückgenommen wurde. - In diesem Spannungsfeld wird »Geschichte« nicht eindeutig *aus der Freiheit der je-anderen Subjekte* und ihrer (geschichtlichen) Interaktionen bestimmt, sondern stand immer in Gefahr, sich auf die »Ähnlichkeit« des »Anderen« abzuspannen. »Damit ist allerdings eine letzte *Zweideutigkeit* gegeben: Ist dies 'Andere' selbst freies und befreiendes Subjekt, oder ist es allein dialektisches Moment in der Freiheitsgeschichte des Subjekts?« *Greshake*: *ders.* (1983) 50-79; hier: 74. Vgl. vorweg auch zur Geschichte der Bestimmung der Subjektivität: *Greshake*: *Heitger* (Hg.) (1978) 11-13; *Hilberath* (1986) 60-62; *Kasper* (^{5}1977) 134 ff; *Kasper* (^{7}1978) 46-48; zu Hegel: *Pannenberg*: KuD (1977) 25-40.

selbst«[81] um-»funktionalisiert« wird. Das »Andere seiner selbst« ist jedoch nicht mehr wirklich in seiner *Andersheit* wahrzunehmen, sondern (nur) mehr in der Projektivität meiner selbst, so daß Geschichte (wenn sie schon neuzeitlich gedacht wird) nicht (vorrangig) wirklich in Freiheit und Unähnlichkeit der Subjekte gründen kann. - Demgegenüber konstituiert Analogizität Geschichtlichkeit als die des Seins (analoger, geschöpflicher Ex-sistenz) und das der Erkenntnis und erschließt diesen Zusammenhang als einen theologischen.

3. Analog-reziproke Erkenntnis bedeutet die Wahrnahme der *Geschichtlichkeit* als Grundstruktur analoger Ex-sistenz der Geschöpflichkeit überhaupt. »Geschichtlichkeit« ist in eben der Weise der Analogizität des geschöpflichen Seins *nicht* mit der *Fragmentarität* dieses Seins zu verwechseln. Sie ist *positive* Struktur, in der der Mensch (und die Welt) überhaupt erst *ist,* nicht eine *defiziente* Form des Seins. »Der Schöpfungsglaube besagt deshalb, daß alles, was ist, nur dadurch ist, daß Gott ihm in *freier* Weise aus Liebe Anteil gibt an seinem eigenen Sein«[82], das sich dann in eben dieser geschichtlich-freien Weise mitteilt, in die die Analogizität des Seins sich erfüllt. Schöpfung steht immer schon im Horizont dieser (positiven) Geschichtlichkeit (in ihrer ontologischen Bedeutung), *weil* diese die konkrete *Form* der von Gott grundsätzlich aus seiner je-größeren Unähnlichkeit eröffneten *Analogizität* des Verhältnisses von Schöpfer und Geschöpf ist (wie die lateranensische Analogieformel impliziert). *Geschichtlichkeit* ist dann der *universale Horizont* der Konstitution von Wirklichkeit überhaupt und deshalb der universale Horizont der Gotteserkenntnis aus der adäquat-inhärenten, *eigentlich-ursprünglichen* Strukturiertheit des Seins selbst.

4. Die von Gott eröffnete Analogizität des Erkennens und des geschöpflichen Ex-sistierens bedeutet für die dann analog-reziproke Erkenntnis Gottes, die Weise von Gottes geschichtlichem Sich-Zeigen *als* Mitteilung von Gottes »In-sich«-*Sein* ernstzunehmen. In der Selbstmitteilung Gottes in seiner Geschichte offenbart sich Gott in seiner *Geschichtlichkeit* seines Seins und darin in einer je-größeren Freiheit und Unähnlichkeit, so daß die analog-reziproke Erkenntnis auch die

---

[81] *Schulz* (1957) 28.

[82] *Kasper*: *ders./Lehmann* (Hg.) (1978) 41-70; hier: 51. Hervorhebung nicht im Text.

Geschichtlichkeit Gottes *ernst* zu nehmen hat. Diese ist - nach dem eben Gesagten - dann aber auch nicht im Horizont der *Fragmentarität*, des Werdens und Vergehens (im kosmologischen Sinne) zu verstehen, sondern im Sinne der *in Gott* gründenden Analogizität seines Verhältnisses zur Welt. Wenn nämlich Gott aus seiner je-größeren Unähnlichkeit und damit seiner uneinholbaren Freiheit Schöpfung und damit Geschichte eröffnet in *dieser* (seiner) »analogen« Struktur und dies gerade die Geschöpfe in ihre je-eigene Unhintergehbarkeit und mithin ihre Freiheit setzt, dann konstituiert Gott damit nicht nur Geschichte mit der Welt, sondern begründet sie mit seiner eigenen *innergöttlichen* Analogizität und Geschichtlichkeit und fundiert sie zudem als »inner«-weltliche Struktur der geschöpflichen Ex-sistenz als einer *dann und deshalb* analog-geschichtlichen.

Mit der radikal *geschichtlichen, weil* analogen Bestimmung des Seins Gottes »in sich« wird nun nicht, wie man meinen könnte, Gott so »vergeschichtlicht«, so in den Weltprozeß und die menschliche Geschichte hinein »aufgelöst«, daß sich *in* dieser Geschichte gar nicht mehr wirklich nach Gottes Sein »in sich« fragen ließe. Vielmehr gilt umgekehrt: Weil in der reziproken Bestimmung Gottes Gott der jeder Bestimmung gegenüber noch immer *Je-Unähnlichere* bleibt, kann die Frage nach Gottes *Sein* nicht in die Geschichte seines Selbst-Einsatzes »aufgelöst« werden. Oder genauer: Die *analog* strukturierte Geschichtlichkeit Gottes wahrt mit der Analogizität auch die je-größere, Geschichte eröffnende Unähnlichkeit der Geschichtlichkeit Gottes in seinem *Sein* gegenüber allen *Konkretionen* dieser von Gott aus seiner Unähnlichkeit analog eröffneten und strukturierten Geschichte mit der Welt. In der Erfüllung des Reziprozitätsaxioms ökonomischer und theologischer Argumentation wird das in Geschichte »Unauflösliche« der Ontologie wegen der innergöttlichen Analogizität und damit des bleibenden Gewichtes des Elementes der *Unähnlichkeit* auch noch unter der Annahme einer *Geschichtlichkeit* Gottes gewahrt, so daß es weder möglich ist, das »Drama der Welt« in Gott so einzutragen, daß Gott »in sich« diese Geschichte wäre (d.h. Auflösung der Oikonomia in die Theologia unter Übernahme und »Verewigung« der Eigenschaften der Oikonomia), noch es als möglich erscheint, Gottes Sein in seine konkrete Geschichte aufzulösen (d.h. Auflösung der Theologia in die Oikonomia).

Insofern diese *geschichtliche* Analogizität *in* Gott selbst zu begründen und ob des wahren sich-mitteilenden Seins Gottes *trinitarisch* zu fundieren sein wird, ist die *Geschichtlichkeit* mit der *Analogizität* als aus dem trinitarischen Leben Gottes zu verstehen, in dem Gott schon »in sich« lebt. Die Geschichtlichkeit wird so eine trinitätstheologische *Letztbegründung* erfahren, aus der dann die geschichtliche Selbstoffenbarung Gottes, von der aus eine solche Begründung ja vorgenommen wird, und damit die Erfahrungen Gottes im biblischen Kontext ihre Bedeutung und ihren Interpretationshorizont bekommen werden. Im Horizont der tatsächlichen Gottesoffenbarung als einer Offenbarungsgeschichte wird erst die innertrinitarische Analogizität (von Gottes trinitarischem Leben selbst) Geschichte als eine wirklich »freie« begründen können.

2. »Geschichtlichkeit« Gottes als Strukturmerkmal göttlich fundierter Analogie

Die Geschichtlichkeit der Erkenntnis als Erkenntnis der Geschichtlichkeit Gottes selbst ist kein »von außen« oder »im nachhinein« herangetragener Horizont der Interpretation der biblischen Offenbarungsgeschichte Gottes, sondern der durch sie selbst evozierte. Geschichte und Geschichtlichkeit sind daher auch nicht irgendwie »von außen« an ein Analogieverständnis herangetragen, sie sind ihm *inhärent*. Erkenntnis*struktur* und Erkenntnis*gegenstand* *»entsprechen«* einander also auch in dieser Weise der Bestimmung der »Entsprechung«, aber sie entsprechen einander *dann* im Sinne der analog-reziproken Entsprechung, in der die je-größere Unähnlichkeit (Gottes) die Erkenntnis *bleibend* bestimmen kann und keine vom Menschen her über die Freiheit Gottes hinweg formulierte *Notwendigkeit* Gott *gegen Gott* zur Erkenntnis bringt. *Die durch die Freiheit und Unähnlichkeit der Geschichtssubjekte konstituierte Geschichtlichkeit der (gott-menschlichen) Geschichte ist die konkrete Auslegung des Reziprozitätsaxioms theologischer Erkenntnis, weil die Analogizität der Erkenntnis und des Seins »in sich« geschichtlich ist (oder eben nicht ist!).* Im Unterschied zu *projektiven* Formen der »Entsprechung« (nicht-analogen Reziprozität) von Erkenntnisgegenstand und Erkenntnisstruktur, in der diese Entsprechung immer wieder zu einer Abspannung hin auf die »Ähnlichkeit« (geführt hat und) führt, wie gezeigt werden konnte, so daß diese Erkenntnisformen *deswegen* projektiv zu nennen sind, *weil* sie sich in der *Ähnlichkeit* erschöpfen, wird eine *analoge* Erkenntnisform auf die je-größere

Unähnlichkeit in dieser »Entsprechung« hin (schon) *deswegen* offen bleiben, weil sie mit der *Geschichtlichkeit* und *Freiheit* in der Erkenntnis Gottes rechnet, die alleine ein tatsächliches Durchbrechen von ähnlichen »Entsprechungen« allererst ermöglichen. Wer im Denken mit der Freiheit rechnet, der kann keine »Entsprechungen« vornehmen, die sich in »Notwendigkeiten« verwandeln: 1. Wer mit der Geschichtlichkeit Gottes rechnet, der kann der konkreten Geschichte Gottes und seines Sich-Offenbarens *vorweg* nicht Gott projektiv bestimmen wollen. 2. Wer mit der Geschichtlichkeit der Vernunft rechnet, kann in seiner Erkenntnis nicht der konkreten Geschichte des Sich-Mitteilens Gottes *vorweg* eine »natürlich«-allgemeine, unveränderliche Erkenntnis Gottes fixieren wollen.

In weiterer Folge sind »Geschichte« und »Geschichtlichkeit« daher nicht als bloß »angemessene«, neue, jetzt geltende Paradigmen der Gotteserkenntnis zu verstehen, die einmal aufgehoben oder durch andere (dem entgegenstehende Paradigmen) *prinzipiell* »ersetzt« werden könnten. Denn eine solche Aufhebung käme eo ipso der Aufhebung der Analogizität der Erkenntnis gleich und bedeutete dann einen Rückfall in die (dann nicht mehr aufhebbare) *Projektivität* der Gotteserkenntnis. Die Geschichtlichkeit der Erkenntnis und das Sein der Welt von Gott her *als Geschichte* gelten vielmehr so prinzipiell, daß *ohne sie* die Gotteserkenntnis nicht als Erkenntnis des *sich-offenbarenden* Gottes und das Sein nicht als *Schöpfung* Gottes sich verstehen lassen werden. Dieser Sachverhalt hat nun aber wieder Konsequenzen für eine konkrete Wahr-Nahme der theologischen Erschließung des Leidens Gottes und ihrer dafür »notwendigen« trinitätstheologischen Letzterschließung:

1. Gegen jede projektive, in der Selbstreflexion ansetzende Gotteserkenntnis ist das biblische Zeugnis »das Zeugnis der *Geschichte Gottes* mit den Menschen und auch das Zeugnis von den *Erfahrungen Gottes* mit den Menschen. Wenn der Mensch im Glauben erfährt, wie Gott ihn erfahren hat und noch erfährt, ist Gott für ihn nicht die abstrakte Ursache der Welt oder das unbekannte Woher seines schlechthinnigen Abhängigkeitsgefühls, sondern der *lebendige Gott*«[83], der nur *in* dieser geschichtlichen Lebendigkeit und in der *Geschichtlichkeit* seiner Selbst-Mitteilung erkannt werden kann und nicht zuerst und zuinnerst in

[83] *Moltmann* (1980) 20.

den »Tiefen des Selbstbewußtseins« oder der »Natur«.[84] Die mit der analogen Ex-sistenz geschöpflichen Seins eröffnete *Unmittelbarkeit* von Gottes »Sein« zur Welt selbst muß von daher *geschichtlich* (geprägt) verstanden werden, weil sie sich nicht unvermittelt-unmittelbar aus der »Natur« oder den »Tiefen der Seele (des Selbstbewußtseins)« *erschließen* läßt, sondern in *geschichtlich-unmittelbarer* Weise die Welt bestimmt, wie sie in der und durch die *konkrete* Geschichte Gottes mit der Welt *geprägt* ist von dieser. Gottes *Unmittelbarkeit*, als eine immer und überall geltende, *selbst* vermittelt sich geschichtlich, d.h. sie ist nicht »in sich« wahrzunehmen, gewissermaßen *unmittelbar*, und sie ist umgekehrt von der Geschichte Gottes selbst eine *geprägte Unmittelbarkeit*. Oder anders: Jede ungeschichtlich-unvermittelte Unmittelbarkeit als »Ort« ursprünglicher Gotteserkenntnis ist *in sich projektive* Erkenntnis, weil sie Gott dann gegen seine Geschichtlichkeit als »immer und überall« *gleichen* fixiert als in dieser Weise *notwendig* zu erkennenden, und ihn zugleich darin in der Erkenntnis »einfaßt« und »beschränkt«, ihn projektiv von menschlichen Bestimmungen her in einem seiner Offenbarung nicht entsprechenden »Immer-gewesen-Sein« einsperrt.

Dieser Sachverhalt wird sich letztlich wieder *theo*-logisch begründen lassen aus der innertrinitarischen Medialität des Sohnes, durch die Geschichtlichkeit und Unmittelbarkeit einander gerade als inkludierend erschlossen werden können: 1. Es ist zu bedenken, daß unser Sein, *weil* aus Gott und das im universalen Sinne, *auch* Aus-der-Welt-Sein bedeutet (mit allen »naturalen« und geschichtlichen Konsequenzen), das *In-der-Welt-Sein* des Menschen damit also nicht in irgendeiner Weise suspendiert zu werden vermag (was auch nicht geschehen soll); vielmehr ist die *theo*logische Dimension des Der-Welt-unmittelbar-Seins Gottes auch in dem Sinne als universale Kategorie anzusehen, daß dieses in keiner Weise welthafte »Bedingtheiten« außer Kraft setzt und noch mehr: diese *in* der *gott-unmittelbaren* Gegründetheit miteinzuschließen hat, um das theologisch durchhalten zu können, was »Schöpfung« Gottes genannt werden muß. Gerade in der schöpferischen Unmittelbarkeit Gottes ist die Welt als *mediale und geschichtliche* konstituiert und folglich nicht zeit-los, geschichts-los, welt-los zu denken, im Gegenteil.[85] Gerade in der Konkretheit von Zeit, Geschichte

---

[84] Vgl. *Kasper* (^{5}1977) 138.

[85] Die Unterscheidung von *K. Rahner* zwischen einer »effektiven« und einer »gnadenhaft-unmittelbaren« Anwesenheit Gottes zur Welt und zum Menschen wird damit nicht bestritten, wohl aber unterlaufen im Sinne der Charakteristika

und Welt und ihrer Gültigkeit (vor Gott und auch für ihn) geschieht konkrete *geschichtliche* Unmittelbarkeit, ist sie dahinein immer schon vermittelt. 2. Der theologisch entscheidende Punkt der Frage wird sich aber nur *trinitäts*theologisch hinreichend erhellen lassen, nämlich in der in den Vater-Sohn-Geist-Relationen gründenden »Medialität« (Perichorese), sowie der schöpferischen »Medialität« des *Sohnes*, denn das »vermittelnde Medium zwischen Gott (Vater) und Mensch ist ursprünglich und letztlich der Gottes-Logos, und von ihm her die durch ihn ermächtigten 'weiteren' media. Das gilt hin bis zu dem Geschaffenen, materieller und personaler Art, das von Christus her sein medium-Sein empfängt«[86]. Das Sein des Sohnes in seinem Medium-Sein begründet geschöpfliches Sein als göttlich-unmittelbares: In ihm erlangt »Medialität« eine Unmittelbarkeit des »In-Seins«, die nicht nur jegliche *andere* (d.h.: geschöpfliche) Medialität begründet und trägt, sondern sie zugleich *unterfängt*, und zwar als jedes Medium *ermächtigende* unbegrenzte *Unmittelbarkeit. Diese* Unmittelbarkeit vermittelt sich nun konkret geschichtlich. 3. In der Medialität des Sohnes erlangt die Vermittlung eine solche Unmittelbarkeit, so daß sich keine irgendwie anders strukturierte »Vermittlung« nennen ließe, durch die solche *Unmittelbarkeit* begrenzt oder aufgehoben wäre, außer die eine (die darin eben *keine* Aufhebung wäre), welche die Medialität des Logos ist und die nun selbst göttlich-eigene, also *göttlich-unmittelbare* »Vermitteltheit« bedeutet. - Biblisch ist dieser Sachverhalt einer *geschichtlich vermittelten Unmittelbarkeit* durchaus evident, wie sich aus der Zusammenschau der beiden heils*geschichtlichen* (trinitarischen) Sendungen des Sohnes und des Geistes hinreichend erhellen läßt: 1. Dem Sohn kommt biblisch immer im Zusam-

---

analoger Ex-sistenz. Wenn nämlich schon die Schöpfung liebendes und sich-offenbarendes Selbst-Engagement bedeutet, dann wird Folgendes kein Widerspruch mehr sein müssen: »Die Kreatur vermittelt ihn [= Gott] nicht, insofern sie durch ihre geschaffene Wirklichkeit auf Gott verweist, sondern Gott vermittelt sich durch sich selbst an die Kreatur«, *Rahner*: *ders.*, SzTh IV (1960) 51-99; hier: 90. Wenngleich im Gnadenwirken und schließlich für das Eschaton eine »andere« Form der Unmittelbarkeit Gottes nicht abgestritten werden soll, so hat doch *jede* Weise der Unmittelbarkeit Gottes ihren Grund in der *Selbst*-Vermittlung Gottes zu dieser Unmittelbarkeit, sei dies die zu geschaffener Ex-sistenz oder die zu gnadenhafter Anschauung Gottes. Immer jedenfalls ist zugleich der Sohn das Medium der Unmittelbarkeit Gottes; und in ihm sind alle anderen Medien vorbereitet und allererst *medial*. Dem müßte *Rahner* schließlich selbst zustimmen, wenn gelten soll, was er selber sagt: »Wenn Gott wirklich Gott ist, absolute Wirklichkeit in personaler Geistigkeit, dann muß doch die Seinsmitteilung und Selbstmitteilung dasselbe sein«, *Rahner*: *ders.*, SzTh XII (1975) 320-325; hier: 323. So ist die *ontologische* Relevanz und *Unmittelbarkeit* der Selbstmitteilung Gottes schon ausgesprochen, von der hier die Rede ist: Nur in Gottes Selbst-Engagement *ist* die Welt Gottes Schöpfung.

[86] *Schulte*: MySal IV/2 (1973) 112.

menhang mit dem Vater ein »*dia*«, ein »*Durch*«-Sein zu. »Das Wirken-*durch*, von Gott Vater ausgesagt, ist vom '*Mit*' charakterisiert. Das sog. 'stellvertretende' Tun Jesu ist als *Mit-Tun* zu fassen. 'Wer mich sieht, sieht den Vater' (Jo 14,9 f), so sehr, daß es unsinnig ist, 'neben' Jesus noch den Vater sehen zu wollen (vgl. Jo 14,9). Denn die Werke vollbringt der Vater, der in mir bleibt' (14,10)...Folglich ist auch die Mittlerschaft Jesu Christi nicht dahingehend zu interpretieren, daß Gott selbst deswegen 'nur' mittelbar, nämlich vermittelt durch Jesus Christus, erfahren werden könnte. Vielmehr ist dessen Mittlerschaft gerade dadurch diese eigentümliche, daß er als der Sohn und Logos *selbst* die *Unmittelbarkeit* Gottes des Vaters *ist*. Der Sohn und Logos ist nicht jemand 'zwischen' dem Vater und uns, vielmehr sind wir in ihm und durch ihn unmittelbar beim Vater.«[87] In der *geschichtlichen* Selbstmitteilung Gottes als des im Sohn und seiner Geschichte (heilsam) trinitarisch-offenbaren und sich-einsetzenden ist die Unmittelbarkeit als *göttliche geschichtlich im Sohn vermittelt.* 2. Schließlich ist uns (als zweite innergöttliche Sendung) *der* Geist gegeben, der selbst (und nur er allein) die Tiefen Gottes kennt (*1 Kor* 2) - und dies galt ja schon jeder Zeit; aber durch die Geschichte Jesu ist es der von Christus »geprägte« Geist, *der uns seinerseits prägt, wie er geprägt ist*, »denn um einen teuren Preis seid ihr erkauft« (*1 Kor 6,19-20*). Diese Stelle wird nun deutlich das besondere *Geprägt*-Sein dieses Geistes Gottes selbst durch das *geschichtliche Handeln* Gottes in *Jesus Christus* aufzeigen: Des Menschen Sein wird als ein sich-entrücktes »Sich-nicht-mehr-Gehören« und damit eben in der Erfüllung seines Seins als »Gottes Relation zum innersten Eigensein des Menschen« dargestellt[88]; wir sind also »Tempel des Geistes«. *Daß* wir uns aber in solcher Weise entzogen sind (und damit ist nicht zuerst *ethisches* Handeln gemeint), also eben dieser »Tempel des Geistes«, wird damit begründet, daß wir von Gott um einen »teuren Preis« erkauft seien, womit nur das »Geben« des Sohnes gemeint sein kann; der *Geist*, der unser Person-Sein prägt, prägt dieses *neu* aus *seinem* Geprägt-Sein durch die im *geschichtlich-erlösenden* Handeln des trinitarischen Gottes (im Christusereignis) geschehene »*Veränderung*« der trinitarischen Lebensbeziehungen.

Ist die Unmittelbarkeit zugleich eine unmittelbar-geschichtlich (zur Unmittelbarkeit Gottes) *vermittelte*, dann ist auch - in Ernstnahme der Reziprozität von Geschichte und Ontologie - das Sein Gottes (als eines trinitarischen) *geschichtlich sich prägend*, so daß es gar nicht ohne oder

---

87 *Schulte*: *ders.* (Hg.) (1980) 391-428; hier: 422. Vgl. auch *Balthasar*, Herrlichkeit I (^{2}1961) bes. 582 ff.

88 Vgl. *Pannenberg*: *Heitmann/Mühlen* (Hg.) (1974) 176-191.

»außerhalb« seiner konkreten Geschichte *als unmittelbar der Welt gegenwärtiges* Sein Gottes zu erkennen ist, Gott vielmehr immer schon »*der geschichtliche Urgrund und Ursinn der ganzen Wirklichkeit von Mensch und Welt*«[89] ist, der *so* auch zu erkennen aufgegeben ist, oder andernfalls nur projektiv er- (oder besser: ver-) kannt würde. Eine »überall« und »immer« unveränderlich geltende oder zu erhebende Unmittelbarkeit Gottes zum weltlichen, »natürlichen« oder »subjektiven« Sein, aus der auf ein über seine Geschichte und Geschichtlichkeit seiner Unmittelbarkeit hinweg vorauserkanntes »Wesen« Gottes geschlossen werden könnte, geht zugleich über die konkrete Geschichte des Sich-Zeigens Gottes hinweg und erkennt ihn nur *gegen sein geschichtlich-lebendiges Sein.*[90] Als solcher Versuch konnte gerade *metaphysische* Theologie entlarvt werden: »So stellt sich in der metaphysischen Theologie als Triumpf des erklärenden Denkens alles so dar, als sei das ureigenste Mysterium des sich offenbarenden Gottes auf ein vorgängiges Grundprinzip zurückzuführen, das aber letztlich im Logos der menschlichen Vernunft gründet. Legitimes Ziel einer nichtmetaphysischen Theologie wäre die Annahme der 'reductio in mysterium', das heißt, das Mysterium Gottes nicht anders zu denken als im Gefüge einer geschichtlich ankommenden Wahrheit, wie sie die Offenbarung darstellt.«[91]
2. Wenn Gott sich nun konkret in seiner Offenbarungsgeschichte als der *mit-leidende* offenbart und als solcher handelt, dann wird er also nicht nur als solcher *wahr*-zunehmen, sondern dies wird auch schon als Ausdruck seines »In-Sich-Seins« zu begreifen sein, wenn schon Bedachtes hier gilt, daß nämlich Gottes »Für-Uns« *schon* sein »In-Sich« offenbart, weil andernfalls Gott sich nicht *so* zeigen würde, wie er ist (mit allen daraus folgenden Konsequenzen). Dann würde aber Gott *gegen seine*

89 *Küng* (1978) 218.

90 Damit ist nicht geleugnet, daß (in diesem Horizont) auch eine »natürliche« Erkenntnis Gottes als Erkenntnis Gottes aus der *Natur* prinzipiell möglich ist; aber *wie* sie im Horizont der Geschichtlichkeit Gottes strukturiert ist, das ist neu zu bedenken. Auch die Frage nach der in der Selbstreflexion sich auftuenden »Transzendentalität« menschlichen Selbstbewußtseins (*K. Rahner*) ist damit nicht verunmöglicht oder aus der theologischen Reflexion verbannt; jedoch ist diese Unmittelbarkeit Gottes immer schon als geschichtlich vermittelte zu denken. Die Ausarbeitung dieser Sachverhalte ist aber nicht Thema dieser Arbeit, sie wird daher hier auch nicht weiter verfolgt werden.

91 *Geffré* (1973) 84.

Selbst-Offenbarung in der Weise vorgestellt, in der er *sich* gar nicht vorstellen wollte, nämlich nicht in seinem *Mit-dem-Menschen-Sein-Wollen,* sondern in seinem *Ohne-den-Menschen-Sein.* »Wird Gottes Göttlichkeit hingegen als *Menschenlosigkeit* gedacht, dann ist im Begriff dieses nur göttlichen Gottes gerade nicht Gott, sondern das Ideal einer sich selbst entfremdeten Menschheit gedacht«[92], dann ist im Begriff dieses Gottes Gott gegen sein *geschichtliches* Offenbarsein *projektiv* vom Menschen her fixiert genau in der Weise, die einen neuzeitlichen Atheismus provoziert hat.[93] Wenn die Leidensaussagen des heilsgeschichtlich sich-zeigenden Gottes in seinem Handeln im Horizont der analog-reziproken Erkenntnis berechtigt die Frage nach Gottes Leiden »in seinem Sein« zu stellen auffordern, dann sind die Leidensaussagen der biblischen Offenbarungserfahrung mit Gott als *Erfahrungen Gottes selbst* auszulegen. Und weiter: *Weil Gott sich in seiner konkreten Heilsgeschichte als der geschichtliche »leidende« Gott erweist, gehören Geschichtlichkeit und Leidensfähigkeit Gottes zusammen*: 1. Das analog-reziproke Verständnis Gottes als des (in sich) Geschichtlichen wird zur Voraussetzung für das Verständnis der Leidensfähigkeit Gottes. 2. Im Sinne der analog-reziproken Erkenntnis ist diese Leidensfähigkeit - ebenso wie die Geschichtlichkeit - nicht in der *Fragmentarität*, der Veränderlichkeit und Endlichkeit der Welt abzuleiten, sondern aus der analogen Grundstruktur göttlichen Seins zu deuten aufgegeben. Diese wichtige Unterscheidung wird gerade im Hinblick auf eine griechisch-metaphysisch bedingte Auslegung der »Unveränderlichkeit« Gottes angesichts der »Veränderlichkeit« der Welt von entscheidender Bedeutung sein. - Für diesen Kontext bedeutet das Gesagte: Die Leiden Gottes in der Geschichte Gottes mit der Welt sind reziprok in Gottes Leidens*fähigkeit* zu begründen, die sich wieder, weil sie sich als Leiden Gottes in der konkreten Geschichte Gottes mit der Welt ereignet *hat*, aus Gottes Geschichtlichkeit ergeben wird; und d.h. nicht *ohne* diese zum Verständnis kommen, aber mit ihr eine geschichtlich-»notwendige« Aussage über Gottes Sein und Leben sein wird. Die Leidensfähigkeit Gottes

---

[92] *Jüngel*: EvTh 31 (1971) 376-390; hier: 387.

[93] Für den neuzeitlichen Protestatheismus war es ja gerade die »Abwesenheit« Gottes, seine »Menschenlosigkeit«, seine »Unberührtheit« von menschlichem Leid, welche den *Protest* um der Menschlichkeit des Menschen willen provoziert hat. Vgl. *Moltmann* (^{5}1987) 205-214.

ist dann, wegen der (geschichtlich sich auslegenden) Analogizität »in« Gott selbst eine (unabdingbare) *Gottes*aussage.

3. Wenn nun aber die Christusoffenbarung nicht nur eine weitere Offenbarung in der Offenbarungsgeschichte Gottes bedeutet, sondern die *eschatologische* Offenbarung von Gottes innerstem Leben, mit dem er sich als in Christus Leidender und Sterbender dem Leid der Welt aussetzt, dann ist dieses Leiden und Sterben als Leiden und Sterben des *trinitarischen* Gottes selbst auszulegen und von daher gar nicht anders zu verstehen möglich (so daß auch die anderen Leidenserfahrungen sich darin beschließen). Wenn aber gilt, daß das »Wesen Gottes das [ist], was Gott zu Gott macht«, dann gilt auch: »Ein nicht von der Identifikation Gottes mit Jesus her verstandenes und bestimmtes göttliches Wesen kann nicht Gottes Wesen sein«[94]; Gott wird von seiner trinitarischen Offenbarung her vielmehr als *(heils-)geschichtlich-trinitarisch* »(sich-)verändernder«, weil leidender, *wahr*-zunehmen sein. Oder: Gott ist nicht in seinem *Geschichtlich*-Sein wahrgenommen; und also nicht oder projektiv-anders verstanden: Die Trinitätslehre ist nicht nur die Formulierung der Eigenart des in einem besonderen geschichtlichen Ereignis offenbaren Gottes. *Indem sie nämlich den in der Geschichte Jesu offenbaren Gott identifiziert, formuliert sie zugleich das Verhältnis Gottes zur Geschichte überhaupt.*[95] 1. Anders wäre der in der Geschichte Jesu offenbare Gott nicht *wahrhaft* der Gott der Schöpfung und der eschatologischen Zukunft, der in Christus zugleich als der universale, alles bestimmende, offenbare Gott erscheint. Diesen Sachverhalt hat die *heilsgeschichtliche* Fassung des trinitarischen Glaubens in der frühen Kirche zum Ausdruck gebracht. Der Vater Jesu, der sich in ihm, seinem Sohn offenbart hat, *ist* der Schöpfer der Welt, und seine Offenbarung wirkt weiter zur eschatologischen Verwandlung der Welt durch den Geist. 2. Und doch genügte diese heilsgeschichtliche Deutung der Trinität noch nicht, denn wenn »Vater, Sohn und Geist nur heilsgeschichtlich unterschieden wären als drei geschichtlich einander folgende Formen der Darstellung des einen göttlichen Wesens, dann wäre keine von ihnen identisch mit dem ewigen Gott selber, und folglich wäre das hinter diesen wechselnden Masken verborgene Wesen des einen Gottes auch in Jesus

---

[94] *Jüngel*: *ders*. (1972) 274-295; hier: 278.

[95] Vgl. *Pannenberg*: KuD (1977) 86.

Christus gar nicht offenbar. In der Gewißheit des Glaubens, durch Jesus Christus Zugang zu dem ewigen Gott selber zu haben, hat die Kirche diese sabellianische Konsequenz einer nur heilsgeschichtlichen Deutung der göttlichen Dreiheit verworfen, und sie hat dagegen mit einer Logoschristologie das Dogma gesetzt, daß Vater, Sohn und Geist in der Ewigkeit des einen Gottes selber unterschieden und als Unterschiedene zugleich verbunden sind.«[96] 3. Nur dann, wenn in der innertrinitarischen Begründung dieses Sachverhaltes *Geschichte* zugleich *Gottes trinitarische Geschichte* ist, wird aber das Verhältnis von Trinität und Geschichte nicht aporetisch. Trinität darf *deswegen* nicht allen geschichtlichen Bezügen voraus-gedacht werden, weil diese sonst »und sogar die Inkarnation als etwas nachträglich und äußerlich zum ewigen Leben des trinitarischen Gottes Hinzukommendes«[97] gedacht würde. »Und die Deduktion der Geschichte aus einem ihr *vorausgedachten* trinitarischen Gottesbegriff verletzt unvermeidlich sowohl die Offenheit und Kontingenz der Geschichte als auch die Gleichursprünglichkeit und gleiche Würde der trinitarischen Personen im Verhältnis zum einen göttlichen Wesen«[98], weil nicht nur Geschichte als »abgeleitete« Wirklichkeit verstanden würde, sondern die *geschichtliche* Selbstoffenbarung Gottes in Christus »innergöttlich« *rück*gängig gemacht würde. - Daraus folgt: Analog begründete Geschichtlichkeit Gottes ist wegen der geschichtlichen Selbst-Definition Gottes in der konkreten Geschichte Gottes in Christus als *inner*göttlich-*trinitarisch* zu fundierende Geschichtlichkeit zu verstehen, und anders innergöttlich gar nicht zu denken. *Analogizität, Geschichtlichkeit und Leidensfähigkeit werden sich nur in einer »trinitarischen« Letztbegründung reziprok in Gott als Gottes Analogizität, Geschichtlichkeit und Leidensfähigkeit erhellen lassen, oder diese Begründungen werden projektiv, weil sie dann Gott nicht trinitarisch und damit gar nicht den Gott seiner Selbst-Offenbarung an uns in seinem geschichtlichen (trinitarischen) Selbst-Einsatz denken.*

---

[96] *Pannenberg*: KuD (1977) 87.

[97] *Pannenberg*: KuD (1977) 87. In der Tat muß dies für die in metaphysischem Kontext entwickelte Trinitätslehre der frühen Kirche zum Vorwurf gemacht werden, denn der »Gott der klassischen Trinitätslehre ist nur noch *säkundär* der Gott der Geschichte und der geschichtlichen Offenbarung.« (S. 87; Hervorhebung nicht im Text).

[98] *Pannenberg*: KuD (1977) 87.

3. Analoge »Geschichtlichkeit« und »Leidensfähigkeit« Gottes

Für die Erschließung Gottes als des leidenden im Kontext biblischer Gotteserfahrung wird schließlich festzuhalten bleiben: 1. Es gibt eine Reziprozität von *Analogizität* und *Geschichtlichkeit* sowohl in bezug auf die Struktur geschöpflichen Seins und Erkennens als auch »in« Gott selbst: Die Analogie ist eine in sich *geschichtliche*, indem sie die je-größere Unähnlichkeit und Freiheit des die Analogie eröffnenden Gottes damit als *konkret*-lebendig sich vollziehende wahrt und formuliert. Die Geschichtlichkeit ist eine *analoge,* weil in ihrem Verständnis das Element der Unähnlichkeit das die Analogie und damit die Geschichte *eröffnende* Element bleibt, so daß die Freiheit Gottes gegenüber seinen Erfassungen gewahrt wird und Geschichtlichkeit in Gottes Sinne »analog« zu verstehen ist, d.h. nicht aus der Fragmentarität weltlichen (menschlichen) Seins abgeleitet werden kann. 2. Die Geschichtlichkeit Gottes fundiert Gottes Leidensfähigkeit in dem Sinne, daß der *konkret* in seinem Selbst-Einsatz leidende Gott *wegen* seiner Geschichtlichkeit auch als Leidens*fähiger* verstanden werden kann. 3. Die Fundierung der Leidensfähigkeit Gottes kann nur in einer *trinitarischen* Letztbegründung der Analogizität und Geschichtlichkeit Gottes erfolgen, weil Gott nur so der ist (und als solcher sein gelassen wird), als der er sich *eschatologisch* gezeigt hat.

Im Unterschied zu *projektiven* Weisen der Erfassung Gottes hat die analog-reziproke Gotteserkenntnis folgende Kriterien ihrer Wahrhaftigkeit als *wirkliche Gottes*erkenntnis, indem sie die »Entsprechung« von Erkenntnisgegenstand und Erkenntnisstruktur aus der *je-größeren Unähnlichkeit* im Erkenntnisvollzug und seinen sich daraus ergebenden Ergebnissen als das je immer schon *fundierende* Element der Erkenntnis wahrt: *Erstes Kriterium*: Die Geschichtlichkeit Gottes und der Gotteserkenntnis bestimmt sich aus der Selbst-Offenbarung Gottes, sie versucht Gott nicht *jenseits* Gottes frei vollzogener Geschichte, jenseits der Heilsgeschichte, zu denken. *Zweites Kriterium*: In der Anerkenntnis der Erfahrung des Leidens Gottes als *Gottes* Leiden wird jede projektive Rücknahme der Erkenntnis in das »Ähnliche« der projektiven Wünsche und Nöte schon gesprengt, weil Gott in seiner »Andersheit«, in seinem Eigensein, in seinem Selbst-Einsatz zum Vorschein kommen darf. *Drittes Kriterium:* Das in der Geschichte als geschichtlich Erkanntes Erhobene darf in Gott nicht zu einer *Notwendigkeit* erhoben werden. Wenn Gott sich als Leidender zur Erfahrung bringt, dann ist nach einem *geschichtlichen* Fundament »in« Gott so zu fragen, daß dieses freie-geschichtliche Leiden Gottes nicht eine *innere Notwendigkeit* von Gottes Sein wird. Gerade die (analog zu verstehende) *Geschichtlichkeit* Gottes fordert eine *geschichtliche*, nicht eine »ewig«-*notwendige* Begründung, eine »Verewigung« des Leidens Gottes in der reziproken Rückführung des heilsgeschichtlich Erhobenen in Gottes trinitarisches Sein. Nur so kann Gottes »unverzweckbare«, uneinholbare Unähnlichkeit gegenüber jeder Erfassung dieser gewahrt werden. *Viertes Kriterium*: Die Begründung der Analogizität, der Geschichtlichkeit und der Leidensfähigkeit Gottes »in« Gott gemäß dem Reziprozitätsaxiom kann nur *trinitarisch* geschehen. Jeder Versuch, Gott zuerst oder zuletzt nicht-trinitarisch zu denken, muß als *projektive*, »abstrakte« Form des »Erfassens« Gottes *jenseits* seiner Selbst-Offenbarung (und *entgegen* dieser) scheitern.

Zweites Kapitel

Leidenschaftlichkeit, Leiden und Leidensfähigkeit Gottes im Lichte der Erfahrungen seines Selbst-Einsatzes

Nachdem die hermeneutischen und erkenntnistheoretischen Bedingungen zum Verständnis biblischer Gotteserfahrung eine Klärung erfahren haben und eine erste Bestimmung von »Geschichtlichkeit« als Gott angemessene Kategorie seines Verstehens erschlossen werden konnte, soll nun ein Blick auf die tatsächlichen biblischen Gotteserfahrungen geworfen werden. Sie können jetzt in ihrem Wahrheitsgehalt als Erfahrungen der »Passion« Gottes und seiner »Passibilität« gelesen werden, ohne schon a priori in ein »schiefes« Licht zu geraten, indem man sie als »Anthropomorphismen« bezichtigt oder sie gar als »Projektionen« menschlicher Naivität zu deuten hätte. In den dokumentierten Erfahrungen von Gott darf Gott selbst in seinem Sich-Öffnen, in seiner Engagiertheit zur Erscheinung kommen.

I. Biblische Ansätze für eine Reflexion der trinitarischen Liebe

In den Spitzenaussagen der johanneischen Schriften wird das konkrete, geschichtliche Heilshandeln Gottes als das Handeln von Vater *und* Sohn (im Geist) im Hinblick auf seinen letzten »inner«-göttlichen Grund reflektiert (ohne daß damit eine *immanente* Trinitätslehre selbst schon entfaltet wird, wenngleich das dort Gesagte letztlich schon eine solche implizieren wird). Drei dieser Versuche des *Johannes*, das geschichtlich-leidende Handeln in seiner göttlich-trinitarischen Gründung zu lichten, sollen dafür stehen. In ihnen ist es das Sein Gottes als *Liebe* (und also nichts anderes), wodurch der *Selbst-Einsatz* Gottes als trinitarischer begründet wird:
1. *Die Liebe Gottes zur Welt* wird in *Joh 3,16* Thema einer trinitarischen Erschließung, in der das bisher Gesagte in eindrucksvoller Weise zusammengefaßt wird:

> »Denn Gott hat die Welt so sehr geliebt, daß er seinen einzigen Sohn hingab, damit jeder, der an ihn glaubt, nicht zugrunde geht, sondern das ewige Leben habe.«

In diesem Satz ist die ganze Erlösungsbotschaft vom befreienden Handeln Gottes im Einlassen auf die Unheilsgeschichte zusammengefaßt. Für das ganz konkrete Geschehen von Menschwerdung, Kreuz und Verherrlichung, für den *Totaleinsatz Gottes*, in dem er sein Letztes »gibt«, damit die Geschichte die von Gott *und* Mensch bleibe, wird keine andere Begründung gegeben als die Liebe Gottes zur Welt; es ist dieselbe Liebe, die Gott die Welt hat erschaffen lassen (vgl. *Eph 1,3-10*), die ihn dazu bewegt, sein »Kostbarstes« herzugeben, seinen »Sohn«, damit die Welt dieser Liebe (wieder) zugetan werde.

Exegetisch ist interessant, daß die Rede vom »Sohn« in Relation zum Vater die Bedeutung des *Totale*insatzes Gottes noch unterstützt, weil »der Gedanke an die *zum äußersten bereite Liebe* Gottes auch den Wechsel von 'Menschensohn' zu 'Sohn' veranlaßt haben [wird]: Der 'Sohn' ist *das Liebste* und Kostbarste, das Gott der Welt schenken kann. Darum heißt es sicher auch: 'er gab' (*edoken*) seinen Sohn, 'den Einzigen', wie durch die Nachstellung *nachdrücklich* betont wird«[99]. Wenn *Johannes* nämlich »auf das unergründliche Geheimnis der Verbundenheit Jesu mit Gott zu sprechen kommt, gebraucht er stets das *absolute* 'der Vater' und 'der Sohn', weil er nur so die letzte metaphysische Tiefe andeuten kann, aus der die Gemeinschaft aus Denken und Handeln zwischen Jesus und Gott erwächst«[100], so daß mit der Hingabe dieses »Sohnes« wirklich Gottes *Sein* davon getroffen ist und *trinitarisch* getroffen ist. Ein weiteres: Wenn *Joh* bei dem »Geben« zuerst an die Sendung des Sohnes in die Welt denkt (vgl. *Joh 1,14*) und darin schon die Geschichte Jesu inkludiert gesehen wird bis hin zu seinem Tod am Kreuz, so zeigt diese »Inklusion« umgekehrt, wie sehr *Johannes* »die Größe der Gottestat schon in der Überbrückung der Kluft von Gott und 'Welt'«[101] erfaßt, die vorgestellt wird als die von »Gott abgekehrte Menschheit...Es ist die ferngerückte und doch zutiefst nach ihm verlangende, erlösungsbedürftige 'Welt', deren sich Gott in unendlicher Liebe erbarmt«[102]. Das Gehen des Sohnes ins »Fleisch« (*Joh 1,14*) meint daher immer auch schon das Fleisch der *Sünde*, die geschichtlich *konkret* geprägte Welt, in die der Sohn eintritt und die *er trägt,* indem der Vater ihn dieser Geschichte »aussetzt« und ihn »hergibt«.

In seiner Liebe zur Welt läßt Gott sich von der Welt so bestimmen, daß er in seinem *Sein »bewegt«* wird, *indem* er aus derselben Liebe heraus nun frei und treu reagiert, zugleich aber unerwartet und unerhört, und sein »Zwischen« des Lebens von Vater und Sohn in die leidend geprägte Geschichte wirft. Der Grund der in diesem »Geben« des Liebsten sich aussprechenden Leidens*fähigkeit* Gottes ist die Liebe Gottes selbst, in der die Welt gründet schon in ihrem Bestehen.
2. *Die Liebe des Vaters zum Sohn* begründet in *Joh 3,35* die Liebe Gottes zur Welt als ein *»inner«*-göttliches, relationales Geschehen.

»Der Vater liebt den Sohn und hat alles in seine Hände gegeben.«

Der innere Zusammenhang von »Liebe Gottes zur Welt« und »Liebe Gottes zum Sohn«, in der das Zweite die Begründung des Ersten ist, wird exegetisch deutlich, wenn man den inneren Zusammenhang der beiden Stellen *3,16* und *3,35* bedenkt: 1. Beide Stellen stehen im Zusammenhang *einer* Perikope, nämlich des Nikodemusgespräches. 2. In der *ursprünglichen* Auf-

---

[99] *Schnackenburg* (^{4}1979) 424. Hervorhebungen nicht im Text.

[100] *Schnackenburg* (^{4}1979) 400. Hervorhebung nicht im Text.

[101] *Schnackenburg* (^{4}1979) 424.

[102] *Schnackenburg* (^{4}1979) 424.

einanderfolge der Teile dieser Perikope folgte *3,13-21* auf *3,31-36* als ein Zusammenhang; dies ist die kerygmatische Rede des Evangelisten.[103] *3,35*, also die Behandlung der Vater-Sohn-Liebe, kommt somit *vor* der Entfaltung der Beziehung Gottes zur Welt in *3,16* zu stehen und kann in der Abfolge der Argumentation des Gespräches auch als *innere* Voraussetzung dafür verstanden werden.

Jetzt wird die *inner*göttliche Liebe des Vaters zum Sohn als die letzte, innerste *Grund*-»Struktur« göttlicher Liebe selbst aufgedeckt. Sie wird in dieser Stelle nun noch näher dadurch charakterisiert, daß *diese* Liebe *»alles schenkt«* (*dedoken*). Der Akt des Schenkens »faßt den Akt schenkender Liebe ins Auge, durch den der Vater dem Sohn 'alles' anvertraute, als er ihn in die Welt sandte«[104]. - Im einzelnen: 1. Der Vater liebt den Sohn. Diese Aussage muß man schon in ihrer inneren Wucht wirken lassen, um zu erfassen, welche immanente Betroffenheit der Beziehung von Vater und Sohn, welches innige Verhältnis damit zum Ausdruck gebracht werden soll und nur in der Bezeichnung der Relation als »Liebe« zum Ausdruck gebracht werden kann: Was vorliegt, wenn (und ein solcher Vergleich ist schon deshalb gestattet, weil sonst gar kein Erfahrungszugang zur Offenbarung Gottes mehr möglich wäre) Menschen einander zuinnerst lieben, heißt doch, daß sie *im Innersten* dem je anderen zugetan sind, von ihm *bewegt* und also in ihrem Je-ganz-beim-anderen-Sein von einander »betroffen« sind in diesem Lieben. Dieser Sachverhalt wird in bezug auf Gottes relationaler Liebe um so mehr zum Klingen gebracht werden können, wenn darin schon die äußerste Auswirkung dieses Liebes-Seins Gottes und also das Durchhalten bis zur letzten Konsequenz mitbedacht wird: die Sendung ins Fleisch der Sünde (mit allen Konsequenzen). 2. Der Vater liebt den Sohn so sehr, daß er ihm, den er sendet, *alles* in die Hand gibt. Dies spricht in der Tiefenstruktur implizit schon den innertrinitarischen

---

[103] *Schnackenburg* (^{4}1979) 393-394.

[104] *Schnackenburg* (^{4}1979) 401. Die semantische Bedeutung der Wendung »etwas in die Hand eines anderen geben« meint die Übertragung von Verfügungsgewalt. In der Sendung Jesu »betrifft das letzthin die dem Sohn verliehene, nach seiner 'Verherrlichung' wirksam werdende 'Heilsmacht über das Fleisch', um nämlich den ihm anvertrauten Menschen ewiges Leben zu schenken. Aber Voraussetzung dafür ist zunächst die Offenbarungsvollmacht..., den Weg des Heils zu weisen« (S. 401).

Lebensprozeß in Gott selbst an.[105] 3. Bemerkenswert ist das Wort, in dem *3,35* und *3,16* übereinkommen: das »Geben«. Der Vater, der den Menschen seinen Sohn »gibt« (*3,16*), »gibt« ihnen denjenigen, dem er seinerseits dafür *alles* »gegeben« hat. Der, der immer schon aus der Selbstmitteilung des Vaters der Sohn ist, *wird* Sohn jetzt in einmalig-geschichtlicher Weise, wofür der Vater ihm auch *in besonderer Weise* das »gibt«, was er immer schon vom Vater her hat und ist: *»alles«*. Das *Geben* ist in beiden Zusammenhängen die *Form* der Liebe zwischen Vater, Sohn und Welt. Wenn der Vater dem Sohn »alles« gibt, dann gibt er ihm letztlich nichts anderes *als sich-selbst* in seine Hand[106] und darin ist nun wirklich »alles« gegeben und »nichts mehr anderes« zu geben möglich. Der Vater gibt dem Sohn das, was er nur geben kann, hin: *sich-selbst*. Umgekehrt gibt der Sohn sich für die Menschen in der Form, in der er sich vom Vater gegeben ist. 4. Die Übereinkunft von *3,16* und *3,35* im Wort »Geben« entschlüsselt den *Inhalt* der »Hingabe« des Sohnes an die Welt (mit allen dazu mitzubedenkenden Folgen und also Implikationen eines solchen »Hingebens«) *als inner*-göttliche Liebes-»*Struktur*«: *Diese* Form des »Hingebens« ist schon die Weise der Liebesbeziehung von Vater und Sohn. Die »alles *(hin-) gebende* Liebe« ist die innertrinitarische Form der Liebe, so daß der »ökonomisch« beschriebene Selbst-Einsatz als »Hingabegeschehen« schon das innertrini-

---

105 Dies erkennt *Schnackenburg* als innere Voraussetzung des konkreten Sendungsgeschehens an, wenn er sagt: »Christologisch ist nicht die innertrinitarische Selbstmitteilung des Vaters an den Sohn, sondern die Zuteilung des Heilswissens und der Heilsmacht bei dessen geschichtlicher Sendung gemeint, obschon bei tieferem Nachdenken jene als Voraussetzung dieser uneingeschränkten Wissens- und Machtübertragung an den Sohn erscheint«, *Schnackenburg* (^{4}1979) 401.

106 Der Vater gibt dem Sohn, wenn er ihm »alles« in die Hand gibt, zunächst einmal seine volle Heilsmacht (worin schon Heilswissen und Offenbarungsvollmacht des Sohnes impliziert zu denken sind) in die Verfügung, damit der Sohn den Vater zum Heil der Welt zur Geltung bringe. »Was der Sohn in einzigartiger Weise vom Vater besitzt, Kenntnis seines Wesens (vgl. 17,6), Leben (5,26; vgl. 6,57) und Herrlichkeit (17,5.22), das vermag er denen weiterzugeben, die an ihn glauben, so daß sie daran in der ihnen möglichen und entsprechenden Weise partizipieren«, *Schnackenburg* (^{4}1979) 401. So ist das zuinnerst Gegebene dann, wenn »alles« gegeben« ist, der Vater selbst, der *sich* darin gibt.

tarische Lebensgeschehen bezeichnet.[107] *Der innertrinitarische Selbst-Einsatz ist identisch mit dem Liebes-Sein Gottes als eines »(sich-)hingebenden«; dieser innertrinitarische (hingebend-liebende) Selbst-Einsatz begründet den heilsgeschichtlichen Selbst-Einsatz Gottes (als die Hingabe des Sohnes).* 5. In dieser Form der Liebe Gottes als seiner trinitarisch-relationalen Liebe wird schließlich auch die Rede von Gottes »Ohnmacht« und »Schwachheit« verständlich (wie sie schon bei *Paulus* erhoben werden konnte): Die Liebe des Vaters zum Sohn ist in *3,35* darin fundiert gesehen und als sich-vollziehende erschlossen, daß der Vater sich dem Sohn ganz und gar »ausliefert« in dem, was er *ist.* Und indem er dies tut, ist er der Vater, der grenzenlos lebt und liebt. Für die Sendung des Sohnes in die unheile Welt und damit er ihr Unheil fort-»trage«, gibt der Vater ihm nun (neu) alles, sich-selbst, in die Hand, »Gott hat sich freiwillig in die *Ohnmacht der Liebe* begeben«[108]. *Das* ist das »Risiko« des Vaters, den Sohn so zu lieben, daß jetzt alles an ihm liegt.[109] *So* nimmt der Sohn den Vater mit in seine aus seinem barm-

---

[107] Das Besondere des Selbst-Einsatzes, das in diesem gegenseitigen trinitarischen Hingegebensein von Vater und Sohn hier zum Ausdruck kommt, wird in der Passionsgeschichte (*Joh 19,30*) noch durch die Hingabe des Geistes bestätigt und ergänzt. »Der höchste Akt der Hingabe ist die Opfergabe des Geistes...Der Gekreuzigte gibt dem Vater in der Kreuzesstunde den Geist hin, den der Vater ihm gegeben hatte«, *Forte* (1989) 35. Die heilsgeschichtliche Hingegebenheit der göttlichen Personen aneinander wird darin als die Offenbarung der innertrinitarischen »Lebensstruktur« verständlich.

[108] *Brantschen*: FZPhTh (1980) 236.

[109] *Brantschen*: FZPhTh (1980) 237-238, verweist in diesem Zusammenhang auf das Gleichnis vom »verlorenen Sohn« oder besser: vom »barmherzigen Vater« (*Lk 15,11-32*). Als Gleichnis für die *Art* der Liebe des Vaters, wird es für das Verständnis seiner »Ohnmacht« sprechend; denn der Vater läßt den, den er liebt, ziehen, verweigert ihm sein Erbe nicht und leidet, weil seine Liebe unbeantwortet bleibt. Seine »werbende« Liebe begleitet den Sohn so sehr, daß er schon bereitsteht, als der Sohn wiederkehrt. Jetzt aber droht dem Vater - *wegen* seiner »bedingungslosen« Liebe -, seinen älteren Sohn zu verlieren; und auch dagegen ist er ohnmächtig. »Jesus entläßt uns am Schluß des Gleichnisses mit dem Bild des ohnmächtigen Vaters, der draußen im Dunkeln steht und nichts als seine Liebe hat, - und mit dem Bild des älteren Sohnes, des 'Gerechten', bei dem noch alles offen ist. Gott, wie er in diesem Gleichnis erscheint, ist kein beleidigter Vater, wohl aber ein ohnmächtiger, *weil* er liebt, und ein leidender, solange seine Söhne nicht freiwillig auf seine Liebe antworten.« Vgl. zum Gleichnis und dieser Auslegung: *Fuchs*: *ders.* (1965) 402-415; *Pesch*: *ders.* (1976) 140-198; *Schweizer*: ThLZ 99 (1974) 721-732.

herzigen Berührtsein von der sich verweigernden Welt »angenommene« Gott-Ferne. In *dieser* Liebe ist der Vater der Welt, die im argen liegt, »überliefert«, ihr ausgesetzt. *Im* »Risiko« und im »Vertrauen« auf seine sich wegschenkende Liebe wird Gott, der trinitarische, im Wagnis der Menschwerdung davon in seinem *»Innersten« betroffen;* und *so* ist er, »wie er ist« (*1 Joh 3,2*), *die Liebe.* - Der Vater sieht also nicht in »unberührter« Erhabenheit zu, wie der Sohn in die Gott-Verlassenheit der Welt geht, sondern er gibt sich an den Sohn hin und im Sohn in diese Gott-Ferne.[110] Hier wird die »Ohnmacht« der Vater-Liebe unübertreffbar sichtbar, die sich weggibt, damit der Sohn *ihn*, den Vater, der Welt *als Liebe* zur Offenbarung bringe. Zugleich aber bedeutet das: Darin *verwirklicht* sich schon die »ewige« Liebe von Vater und Sohn in der Liebe des trinitarischen Gottes zur Welt, so daß sie sich in diesem Verwirklichen und Konkretwerden auch gestaltet und mit der Verwirklichung - wegen der trinitarischen Betroffenheit - als »veränderte« zu denken ist, *indem* sie *konkret wird.*

3. *Gott ist die Liebe in seinem Sein.* Die dritte Stelle in *1 Joh 4,8-10* faßt die zwei bisher behandelten Stellen noch einmal konzentriert zusammen und bestätigt sie.[111]

> »...Gott ist die Liebe. Die Liebe Gottes wurde unter uns dadurch offenbart, daß Gott seinen einzigen Sohn in die Welt gesandt hat, damit wir durch ihn leben. Nicht darin besteht die Liebe, daß wir Gott geliebt haben, sondern daß er uns geliebt und seinen Sohn als Sühne für unsere Sünden gesandt hat.«

Zunächst einmal: Gott ist die Liebe immer schon in seinem *Sein*, das er trinitarisch verwirklicht als relationale Liebe »in« Gott. Diese Liebe, wohlgemerkt: diese *»ewige«* lebendige Liebe, wird *offenbart* in der Hingabe des Sohnes an die sündige und im Leiden erliegende Welt. Die Liebe, die Gott *immer schon ist und lebt, definiert sich im*

---

[110] »Ja, der Vater hat auch *sich selbst* nicht geschont, als er sein Eigenstes für uns hingab! Hier blickt uns nicht mehr das affektlose, leidenslose Antlitz des platonischen oder aristotelischen Gottes an, der in seligem Selbstbezug bei sich selbst bleibt und alles andere auf sich selbst bezieht, ohne dabei zugleich außer sich zu sein«, *Mühlen*: WuW (1973) 286.

[111] *1 Joh 4,9 f* entfaltet und kommentiert *Joh 3,16*, weil sie »formal und inhaltlich mit Joh 3,16 übereinstimmt«, *Schnackenburg* ([4]1979) 423.

Hingabegeschehen des Sohnes. Dies haben wir zu würdigen: *Nicht* irgendwie, sondern im *totalen Lebenseinsatz* von (und zwischen) Vater und Sohn, in der *geschichtlichen Konkretion* der ewigen Liebe unter Sünde, Leid und Tod *offenbart* und *verwirklicht* sich diese Liebe *als »ewige«*! Es genügt also nicht, nur von der Liebe Gottes als einer »ewig«-unberührbaren und so in Christus offenbaren oder erscheinenden zu sprechen; etwa so: »In Jesus Christus hat Gott sich endgültig als der offenbart, der er ist: Gott ist die Liebe«[112], sondern Gott ist in Christus schon der von der Dahingabe seines Sohnes so betroffene, daß seine ewige Liebe »verändert«, eben als leidend-hingebende offenbar wird: darin, d.h. in der »Veränderung« *definiert Gott aber sein Liebes-Sein als »ewiges«!* - Dies hat für unser Thema nun entscheidende Konsequenzen: 1. Im Zusammenhang aller drei Stellen wird deutlich, daß das Leiden Gottes in seinem Einsatz für die Welt unter ihren Bedingungen in der innertrinitarischen Liebes-Struktur selbst gründet, insofern dort die Liebe als sich-hin-»gebende« die Voraussetzung für die Leidens*fähigkeit* Gottes ist. 2. Gott wird nicht als der »immer schon« Leidende vorgestellt, sondern als der, der sein Liebes-Sein bis zum Äußersten so verwirklicht, daß dieses Sein Gottes dann in seinem Betroffensein auch ein leidendes *werden kann.* 3. Wenn Gott sich aber als der *so* liebende gezeigt hat, wie er dies in Christus, in der Gabe des Sohnes getan hat, dann ist Gott in seinem *Sein* so, wie er sich gezeigt hat: In seinem »Für-Uns« ist wirklich Gott, wie er »in sich« ist, erreichbar, weil er sich in seinem »Für-Sein« nicht zurückhält, vielmehr gemäß seinem innersten (trinitarischen) Sein zeigt, wie er ist. 4. In seinem sich bedingungslos auf die Welt Einlassen, wird die *»ewige«* Liebe *so* offenbar, wie sie sich in der *Konkretion verwirklicht: Gott ist »in sich« so, wie er sich offenbart.* Und d.h. hier: *Wenn er von der Konkretion seines Liebes-Seins tatsächlich und total betroffen ist, dann ist Gott mit, in und »nach« der Gabe des Sohnes »in sich« so Gott, wie er sich als Liebender verwirklicht und offenbart hat. Mit dem Einlassen Gottes auf die Geschichte mit der Welt läßt Gott sich*

---

[112] *Brantschen*: FZPhTh (1980) 235. *Brantschen,* wie die meisten, legt diesen Satz so aus, daß Gott in Christus offenbart, wie er in sich »ewig« ist, während der Zusammenhang geradezu umgekehrt ist: die ewige Liebe tut sich nicht nur »in ihrer Ewigkeit« kund in Jesus Christus, sondern *definiert* sich in ihm *als »Gabe« des Sohnes ins Fleisch der Sünde*, so daß Gott in Christus seine ewige Liebe schon *konkretisiert* und »verändert« hat.

in seinem Sein so betreffen, daß er dadurch selbst »verändert« wird. In diesem »Veränderttwerden« bleibt Gott aber der freie, wie *V. 10* zeigt: Der Mensch war gar nicht in der Lage der »Liebens*würdigkeit«*, die Gott hätte zu irgend etwas »zwingen« können; vielmehr handelt Gott *frei*, wenn er seinen Sohn zur Sühne sendet. 5. Diese »Veränderung« ist eo ipso eine *trinitarische* und nie anders vorgestellte: *Die »Struktur« der Veränderung wird im Rückblick auf die innertrinitarische Liebesstruktur erkennbar als die des Selbst-Einsatzes Gottes, den er »in sich« trinitarisch im »Hingegebensein« von Vater und Sohn vollzieht.* Aus diesem Selbst-Einsatz, der Gottes »ewige« Liebe charakterisiert, wird nun verständlich, daß die konkrete Hingabe des Sohnes im Vollzug von Gottes Oikonomia eine »Veränderung« bedeutet, insofern Gott in seinem *So*-Sein *als Selbst-Einsatz* von Vater und Sohn mit der Verwirklichung und Konkretion desselben nicht mehr *ohne* diese Verwirklichung und Konkretion verstanden werden kann und will. Er ist in seinem »ewigen« Liebes-Sein von der konkreten Geschichte *geprägt* und so durch seinen *Selbst-Einsatz »verändert«*.
Zusammenfassend und ausblickend können wir also formulieren: 1. Nach der Liebestat des Vaters in Christus ist er ein »anderer« und seine Liebe eine »andere« geworden. Sie hat ihn so geprägt, daß davon auch seine Beziehung zum Sohn, und gerade diese, eine »andere« geworden ist. Dasselbe gilt umgekehrt für die Beziehung des Sohnes zum Vater: Als Dahingegebener ist er, der dem Vater immer schon Sohn war, *auf neue Weise Sohn geworden.* 2. Daß diese »Veränderung« eine konkret-geschichtliche und leidende ist, liegt an dem Sich-Einsetzen Gottes für die vom Unheil geprägte Welt, so daß wir von einer »Geschichte« Gottes sprechen können in diesem Sich-Einlassen auf die (Unheils-)Geschichte, die sowohl als trinitarische zu bezeichnen ist als auch in heilsgeschichtlichem Kontext zu dem wurde, was sie ist. *In seinem totalen Selbst-Einsatz für die Welt hat Gott eine »heilsgeschichtlich-trinitarische Geschichte«.* 3. Der innerste Grund für die *Möglichkeit* einer solchen »heilsgeschichtlich-trinitarischen Geschichte« Gottes und damit seiner Leidens*fähigkeit* ist jedoch sein *trinitarisches Liebes-Sein, in welchem der »ewige« Gott immer schon als trinitarischer sich in »selbst-einsetzender Hingegebenheit« der göttlichen Personen aneinander lebt.*

II. Biblische Ansätze zu einer theologischen Reflexion eines heilsgeschichtlich »leidenden« Gottes

In der Erschließung der Rede vom »Leiden« Gottes im Raum der biblischen Gottesoffenbarung, ihrer Erfahrung und Reflexion, sind wir an den Punkt gekommen, wo sich die Reziprozität von Christusereignis und einer trinitarischen Erschließung der Gottesoffenbarung in Christus bereits erwiesen hat; zu einem Punkt auch, an dem die innergöttlich-inner*trinitarische* Grundlage der Rede vom Leiden, der Leidenschaftlichkeit und schließlich der Leidensfähigkeit Gottes in sein Liebes-Sein hat erschließen lassen, welches, indem Gott es vollzieht, in seinem Einsatz ein »sich-veränderndes« genannt werden kann. Daß das Neue Testament nun selbst Ansätze zeigt, *theo-logisch* auf diesen Sachverhalt zu reflektieren, soll jetzt noch an zwei Stellen, je einer aus der *paulinischen* und der *johanneischen* Tradition, gezeigt werden.[113]

1. »Geschichtlichkeit« Gottes als Ausdruck seines »Betroffenseins« von der Welt

1 Kor 15,20-28 kommt *Paulus* im Rahmen der Frage nach der Bedeutung der Auferstehungsfrage für den Glauben zu einer trinitarischen Erschließung des Zusammenhangs von Auferstehung Jesu und Auferstehung der Toten, in welcher er einen universalen eschatologischen Entwurf der Heilsgeschichte entfaltet, gerade indem er ihn *theo*-logisch eröffnet. Hier wird der Gott einer »heilsgeschichtlich-trinitarischen Geschichte« als der eschatologische und im Eschaton sich trinitarisch »verändernde« vorgestellt.

Während die *VV. 20-27a* Zusammenhang und Differenz von Auferstehung Jesu und Auferstehung der Toten aufzuweisen suchen, insofern nämlich Jesus auferstanden *ist* und die »Seinen«[114] ihm (deshalb mit

---

[113] Zu den exegetischen Einzelfragen und vielfältigen Problemen der beiden kommenden Texte vgl. ausführlich: *Faber* (1985) 18-194.

[114] Ein deutliches Zeichen dafür, daß es sich bei diesem Text *nicht* um einen »apokalyptischen Einschub« handelt ist schon dadurch aufzuweisen, daß *Paulus* sich nicht um ein apokalyptisches Schema der »Totenauferweckung« und des Gerichts kümmert; es wird keine apokalyptische Vision über das Schicksal aller Menschen entworfen; es fehlt jede »Spekulation« über eine »allgemeine

Sicherheit) folgen werden bei der Parusie Christi, dann nämlich, wenn der letzte Feind überwunden sein wird, der Tod (*VV. 24-27a*), vollendet und übersteigt die Argumentation der *VV. 24-28*, vor allem ausdrücklich der *VV. 27b-28,* die gestellte Frage, weil hier in einmaliger und unerhörter Weise die *Beziehung von Vater und Sohn selbst* (über das gestellte Problem hinaus) in den Blick tritt (*VV. 27b-28*).[115] Geht es also in einer *ersten* Schicht in *heilsgeschichtlicher* Bezugnahme um die Vollendung der Geschichte mit der »Herrschaftsübergabe« des Sohnes an den Vater im Eschaton, so wird *Paulus* in einer *zweiten*, *theo-logisch* gewendeten Schicht nunmehr ausdrücklich die Vater-Sohn-Beziehung (gewissermaßen »in sich«) als »Innenseite« desselben eschatologischen Vollendungsgeschehens zum Thema machen. Nicht mehr der Blick auf die Heilsgeschichte Gottes steht im Mittelpunkt des Betrachteten, insofern ja diese auch schon Gottes Handeln als das von Vater und Sohn »betrifft«, sondern Gott selbst, wie er von dieser Geschichte »in sich«, in *seinen* (*innergöttlichen) Relationen, betroffen* wird, soll vorgestellt werden. Terminologisch angezeigt und durchgeführt wird der »Blickwechsel« mit der Einführung des Begriffs der »Unterordung« des Sohnes unter den Vater als Geschehen »zwischen« Vater und Sohn. »Da die 'Unterordnung' des Sohnes in V. 28 - als Parallelbegriff - der Herrschaftsübergabe von V. 24 entspricht, ist beides offenbar eng verbunden, wenn es sich nicht sogar *um zwei Aspekte desselben Sachverhalts* handelt«[116], nämlich die Vollendung der »Heilsgeschichte« *und*, in einer »(inner-)trinitarisch« orientierten Sicht des Eschatons, das dafür, d.h. *für*

Totenauferstehung«. »Aus dem streng christologischen Ansatz ergibt sich, daß Paulus nur über das Schicksal derer nachdenkt, die 'in Christus' gestorben sind...Um das apokalyptische Problem einer Totenauferweckung kümmert er sich - zumindest in 1 Kor 15 - nicht. Auferstehung ist für ihn kein Thema des Weltbildes, sondern des Glaubens an Christus«, *Conzelmann* (^{2}1981) 303. Mit den »Entschlafenen (*kekoimemenoi*) in Christus« sind aber nicht nur »Christen« gemeint, vielmehr, da alle *koimastai*-Stellen im Neuen Testament sich auf Menschen beziehen, die Gott *nahe* sind, dabei aber auch »die Väter« (*1 Kor 15,18*) oder David (*Apg 13,36*) genannt werden, alle »die in Christus« sind, auch wenn sie (historisch) *vor* Christus gelebt haben.

115 Zur Struktur des Textes vgl. *Stenger*: LingBib (1979) 90-95; *Faber* (1985) 37-38; zur Einheit der *VV. 24-28* vgl. auch das erst in ihnen auftretende Wort »*panta*«, durch dessen elfmalige Verwendung diese Einheit literarisch gesichert ist.

116 *Thüsing* (1965) 241. Hervorhebung nicht im Text.

die Vollendung der Geschichte, vorgestellte *»Geschehen« in Gott,* seine *»Veränderung«* der Beziehungen von Vater und Sohn *aufgrund* ihres Selbst-Einsatzes in der Heilsgeschichte.

Paulus legt die Vollendung, das Eschaton Gottes, in dieser Textpassage von seiner tiefsten »Innenseite« her nicht bloß als Vollendung der Heilsgeschichte aus, sondern indem er diese zugleich *als* ein »inner«-trinitarisches Geschehen versteht. Die Geschichte Gottes, in der er sich schon als trinitarischer *eingesetzt* hat und noch als solcher handelt, wird selbst zu ihrer Vollendung gelangen, wenn und weil in einem einmaligen eschatologischen Akt der »Selbst-Übergabe« des Sohnes an den Vater »in« Gott eine »Veränderung« der Vater-Sohn-Beziehung geschehen wird, durch das der Gott der Heilsgeschichte sich zum Gott des Eschatons »verwandeln« wird. Dieses Geschehen hat folgende wichtige Elemente:

1. Zunächst einmal muß es als ein Akt des Sohnes und des Vaters, in dem der Sohn sich *dem* Vater *»unterordnet«,* der dem Sohn zuvor alles untergeordnet hat, in seiner Gegenseitigkeit verstanden werden. Der Vater ist ja bereits als der *hypotaxas »für«* den Sohn tätig (*für* den Sohn ordnet er ihm »alles« unter; und: er ordnet sich *den* Sohn unter, indem dieser sich dem Vater unterordnet); der Sohn handelt seinerseits *»für«* den Vater (er herrscht über das ihm vom Vater Untergeordnete[117]; er ordnet sich selber dem Vater unter, damit dieser der *hypotaxas* bleibe). Beide handeln also *auf-einander-hin* und aktiv *für-einander.* Demnach wird man das für den eschatologischen Akt der »Unterordnung« (als gleichzeitiges Geschehen der Vollendung der Geschichte) Beachtenswerte genau in diesem eigentümlichen *relational*-lebendigen Zusammen-Für-Sein von Vater und Sohn erblicken müssen, denn es ist eben jenes eschatologische Geschehen der Unterordung des Sohnes, es ist das Handeln des *Sohnes* als Sohn, und nicht »unmittelbar« das *hypotaxas*-Sein des Vaters, das er immer schon ist, weil ihm immer schon alles untergeordnet *ist*, durch welches Gott das Eschaton herbeiführt. Genau besehen vollendet nicht das Ursprung- und Souverän-Sein des Vaters die Geschichte, indem dieser sich die Welt nun endgültig-eschatologisch unterordnet - und sich darin endgültig als ihr »Herr« erweist -, sondern

---

[117] »Christus herrscht nicht nur als derjenige, der Gott gehört, sondern er herrscht auch für Gott«, *Thüsing* (1965) 13.

der Vater gibt dem Sohn, dies zu tun. Konsequent wird der Gott und Vater der Geschichte, der diese in unhintergehbarer Freiheit dem Menschen als freie eröffnet, als *geschichtlicher* Gott auch im Eschaton vorgestellt, der die Vollendung in die Freiheit des Sohnes legt; der sich dem Sohn anheim gibt in dem, was er immer schon ist und also erfüllen könnte, sein *hypotaxas-Sein*. Wenn also das Eschaton durch einen wahrhaft *trinitarischen* Akt herbeigeführt wird, so ist zugleich damit - im Hinblick auf das sonst noch über die Art und Weise von Gottes Handeln und Sich-Offenbaren sowie über die Erfahrungen mit diesem Gott Gesagten - implizit mit-gesagt, daß der Geschichte eröffnende Gott in diesem Tun sich der Geschichte »geschichtlich« auszusetzen vermag, um darin doch der Herr (der *hypotaxas*) der Geschichte zu bleiben, daß er aber auch die Vollendung der Geschichte wahrhaft »geschichtlich« herbeiführen kann und will, nämlich in der Wahrung der uneinholbaren Freiheit des (*mensch*gewordenen!) Sohnes, dem er gibt, das zu tun, was nur der Vater *ist*.

2. Was ist mit dem »Unterordnen« des Sohnes näher gemeint, durch das das eschatologisch-heilsgeschichtliche Geschehen zugleich ein in-ner*trinitarisches* ist? Dafür, d.h. für eine genauere *semantische* Bestimmung, soll eine sehr aufschlußreiche Parallele, nämlich *Phil 3,21*, weiterhelfen:

> »Er [= Christus] wird den Leib unserer Niedrigkeit umwandeln, daß er mit-gestaltet (symmorphon) sei dem Leib seiner Herrlichkeit, vermöge der Kraft, mit der er sich alles unterzuordnen (hypotaxei auto ta panta) vermag.«

Die eschatologische »Umwandlung« in die Herrlichkeit der Vollendung wird uns eben als jenes *Unterordnen* vorgestellt, *inhaltlich* jedoch sogleich näher bestimmt als *»Mit-Gestaltetwerden«* mit Christi Herrlichkeit.[118] Was das »Mit-gestaltet-Werden« bedeutet, kann uns wiederum *Röm 8,29* erläutern: »Mit-Gestaltung mit der *eikon* seines [= Gottes] Sohn«. - Der Zusammenhang stellt sich demnach folgendermaßen dar: Wie alle in der Gemeinschaft des Sohnes zu Söhnen »mit-gestaltet« werden, indem sie das *eikon*, das »Wesensbild« des Sohnes (seinsmäßig)

---

[118] Es »ist der Gedanke vorausgesetzt, daß derjenige, der dem verherrlichten Christus durch diese Umgestaltung *symmorphos* ist, ihm auch 'untergeordnet' ist«, *Thüsing* (1965) 242.

tragen[119], so wird dann in unserer Stelle der Sohn das, was er immer schon ist, nämlich »Wesensausdruck« Gottes, sein *eikon, neu*, indem er *neu* sich dem Vater »unterordnet«, d.h. mit dem Vater *neu* »mit-gestaltet« wird. *Die Unterordnung des Sohnes als einmalig-eschatologischer Akt ist das die Vollendung der Heilsgeschichte bedeutende und vollziehende »neue« Mit-gestaltet-Werden des Sohnes mit dem Vater; ein neues In-Relation-Sein des trinitarischen Gottes.* - Das Herr-Sein Gottes in seiner Geschichte ist nicht »monarchisch« auszulegende »Unabhängigkeit« Gottes, die alles andere »unterordnen« (= *»unterjochen«)* müßte, sondern vielmehr sein sich-einsetzendes »Auf-sich-hin-Gestalten« von allem, das er sich »unterordnet« (= in seine freie Gemeinschaft ruft).

3. Die Kraft der »Unterordnung« und der »Mit-Gestaltung« aber ist das *pneuma Gottes* und *Christi* (vgl. *Phil 3,21*). Wie die »Kraft, vermöge derer« Christus unterordnen kann, die dafür dem Sohn vom Vater gegeben ist, die des Sohnes ist, so ist das »Unterordnen« des Vaters selbst erst in der Kraft dieses Geistes Gottes verstehbar. Das gegenseitige Geschehen der Unterordnung in bezug auf die Heilsgeschichte und das einmalige eschatologische Geschehen des *neuen* Sich-Unterordnens des Sohnes als Mit-Gestaltet-Werden mit dem Vater wird in der Kraft des Geistes dieses Vaters und dieses Sohnes vollbracht. *Im Geist und der Kraft der »Unterordnung« bzw. der »Mit-Gestaltung« wird das Eschaton als einmalig »inner«-trinitarisches Geschehen des Neuwerdens der trinitarischen Relationen verstanden, indem der Sohn dem Vater »neu« Sohn wird und der Vater sich den Sohn neu mit-gestaltet, beide aber dies*

---

[119] *Röm 8,29* spricht *nicht* von der *eikon* Christi, »sondern von der des '*Sohnes Gottes*'...Diese Eikon des Sohnes Gottes ist sachlich dasselbe wie die Eikon Gottes, die Christus nach 2 Kor 4,4 (vgl. Kol 1,15) ist. Sie ist...das In-Erscheinung-Treten des Wesens des Sohnes Gottes. Der Gedanke setzt einen engen Zusammenhang zwischen Sohn-Gottes- und dem Eikon-Gottes-Begriff voraus. Christus ist Eikon Gottes als Sohn Gottes«, *Thüsing* (1965) 124-125. Für die Christen heißt dann Mit-gestaltet-Werden mit der Eikon des Sohnes nicht, selbständige »Abbilder« des Bildes zu werden: keine Gleich-Gestaltung, sondern lebendige Verbindung in der Gemeinschaft mit dem Sohn. Vgl. auch *Brunner* (1976) 72: »Ein vollkommenes Bild wäre dem Abgebildeten völlig gleich und dennoch ein anderes.« Die Mit-Gestaltung *als eikon* des Vaters ist daher tatsächlich als relationaler *Akt*, ein Gott *relational* »verwandelndes« Ereignis, in Gott aufzufassen, in dem der Sohn das, was er immer schon ist, nämlich *eikon*, neu auf den Vater hin vollzieht, *indem* der Vater ihn sich *neu* mit-gestaltet.

in der Dynamik des einen Geistes, der davon geprägt ist, vollziehen, so daß vom Eschaton als von einem wahrhaft trinitarischen »Verändert-Werden« der inner-göttlichen Relationen gesprochen werden muß.

4. Die Voraussetzung für eine solche Erschließung des eschatologischen Gottes ist nun, daß Gott *als der trinitarisch sich-einsetzende*, d.h. sich mit seinem »Zwischen« von Vater und Sohn (im Geist), in der Heilsgeschichte handelt und gehandelt hat. Gott vollbringt (um des Menschen willen) *in* der Heilsgeschichte eine »trinitarische« Geschichte, die im Eschaton zu einer Vollendung gelangen wird[120], nämlich in der dafür angekündigten, dann einmalig erfolgen werdenden, trinitarischen »Veränderung« der »inner«-trinitarischen Relationen[121], die für ihre Veränderung umgekehrt wiederum den Selbst-Einsatz Gottes in einer »heilsgeschichtlich-trinitarischen Geschichte« *voraussetzen. Die eschatologische Veränderung »in« Gott ist zugleich schon die Vollendung der Heilsgeschichte; und um derentwillen wird sie geschehen; damit sich bewahrheite, daß Gott der durch die Geschichte hindurch geschichtlich-freie und -treue Gott zu bleiben imstande ist.*

2. »Veränderlichkeit« und Selbst-Einsatz Gottes

1 Joh 3,1-3 geht nun eben jenem Zusammenhang nach, daß die Vollendung der »heilsgeschichtlich-trinitarischen Geschichte Gottes« zugleich

---

120 Dies kann im Grunde schon als paulinische Ausfaltung der zentralen »Doppel«-Gestaltigkeit der Passionsüberlieferung angesehen werden: Das Selbstverständnis Jesu als des in der Ablehnung Gottes durch den Menschen noch (stellvertretend) leidenden und sich so durch sein Leiden *heil*sam wirkend verstehenden ist zugleich verbunden mit der »Gewißheit«, daß seine Sendung zum Ziel, zur Vollendung des Eschatons, zum eschatologischen Mahl führen wird; vgl. *Mk 14,25* par: der eschatologische Ausblick Jesu »gehört...in seiner Substanz zum 'Urgestein' der Überlieferung vom letzten Mahl«, *Vögtle*: *Kottje/Moeller* (Hg.) (^{4}1983) 24. *Vögtle* weiter: Es »rechtfertigt die Überlieferung keinen Zweifel, daß er [= Jesus] dieses [= sein Sterben] als gottgewolltes Geschehen auf sich nahm...und damit die Gewißheit der Erfüllung seiner eschatologischen Botschaft, der endlichen Realisierung der Gottesherrschaft verbunden hat« (S. 24).

121 Auch *Moltmann* (1980) 107-110 deutet das Geschehen der eschatologischen Vollendung aufgrund dieser Stelle als *trinitarisches* Geschehen, wenngleich er in seinem Ansatz die Geschichtlichkeit Gottes »in« Gott nicht hinreichend »strukturell« verankern kann.

der Akt des *trinitarischen* Gottes ist, in welchem Gott selbst (wie schon durch seinen geschichtlichen Einsatz) zur Vollendung der Welt »neu« wird, indem die innergöttlichen *Relationen* in neuer »anderer«, weil geschichtlich-betroffener, Weise Gestalt annehmen.

Der Text spricht also von einem *eschatologischen* Ereignis des Offenbarens des Vaters, dem dann auch dafür unser *Dann*-Sein *entsprechen* wird, das »Ihm-Ähnlich-Sein«, und unser »Ihn-*dann*-Sehen«, wie er *dann* sein und *sich*-zeigen wird. Begründet liegt die Rede von der und die strukturell damit verbundene, *inhaltliche* Verbindung und »Entsprechung« von Gott-Sein und dem Sein der Menschen in dieser *neuen* Offenbarung in der schon erwiesenen *selbst-einsetzenden* Liebe des Vaters durch die (Her-)»Gabe« des Sohnes an die Welt; unser *dem*-»entsprechendes« Sein (als Kinder Gottes) ist aber noch nicht die Vollendung; es ist noch nicht das Eschaton Gottes. - Die »heilsgeschichtliche« Sicht des trinitarischen Selbst-Einsatzes in Christus legt gewissermaßen den Blick frei auf die »göttlich-trinitarische« Ebene: Unsere *Gotteskindschaft* ist nicht »bloß« eine Seinsveränderung (gegenüber dem *Zustand*, dem »Sein« der Menschen »vorher« als von Sünde und Leid bedrückter und im Tod beschlossener Zustand), *sie steht vielmehr in einem eindeutigen Bezug zum »Sein« Gottes selbst als des trinitarischen*. Durch die Liebestat des Vaters im Christusereignis wurde den Menschen *von neuem* und zugleich in (noch) »überbietbarer« Weise das Sein der »Söhne des Vaters« eröffnet, d.h. sie sind in das Leben von Vater und Sohn hineingenommen, weil Gott sich selbst der Welt dafür aus-gesetzt hat. Und diese Gemeinschaft *ist* ja schon das ewige Leben (*Joh 17,3*). Wieso aber, so muß unmittelbar gefragt werden, wird dann noch von einer *neuen* Zukunft dieses Jetzt-Seins gesprochen? - Die Antwort unserer Stelle darauf ist einmalig: weil Gott eine *eschatologische Offenbarung* seiner selbst verheißt! Nicht ist gemeint, daß Gott in Christus vielleicht uns noch etwas vorenthalten hätte; ist doch von eben dem »Liebenden« die Rede, der sich *ganz* »gab« und »gibt«, der sein *Innerstes* sich-einsetzend mit seinem Leben »gegeben« hat. Nein, *weil* wir den Vater kennen, wissen wir um den Vater der Vollendung, der sich *dann* in neuer, unerhört »unmittelbarer« Weise ankündigt. - Dem Sich-*neu*-Zeigen des Vaters im Eschaton, so ist nun weiter verheißen, wird aber *unser Neu*-Sein *»entsprechen«,* weil er, wie er *dann*-ist, uns dann auch gegenwärtig sein und bleiben wird.

Die Frage, die daraus folgt, wird nun lauten: Wie ist der Vater dann, »wann« er sich zeigen wird? oder anders gefragt: Wie der Vater *ist*, hat sich in seiner Liebe *schon* gezeigt; wenn er sich aber neu, für die Geschichte unerhört, »offenbaren« wird, wie ist er *dann*? Ist er dann *anders* geworden? 1. Für eine hinreichend fundierte Beantwortung dieser Frage soll der Begriff des »Offenbarens« (*phaneroun*) weiter untersucht werden: Im näheren Kontext wird dreimal von »Offenbaren« gesprochen (*1 Joh 3,5.8; 2,28*), vom »Offenbaren« Christi zuerst in seiner Menschwerdung und dann von seinem »Offenbarwerden« in der Parusie. Im weiteren Gebrauch von *Joh* bezeichnet *phaneroun* zehnmal Jesus, aber nie den Vater. In bezug auf Christus bedeutet »Offenbaren« zusammengesehen dann: *»phaneroun«* umfaßt das heilsgeschichtliche Wirken Jesu von der Inkarnation bis zur Parusie *als die eine heilsgeschichtliche Offenbarung Gottes in seinem Sohn.*[122] 2. Deshalb wird folgerichtig der Vater *nie* »Subjekt« des »Offenbarens«, außer: im Eschaton als besonderer Tat und dann auch besonderer »Offenbarung« des Vaters. Diesem Sachverhalt entspricht der für das »Sehen« schon erhobene eigentümliche Zusammenhang, daß für die noch unvollendete Heilsgeschichte *nie* als »Sehen« des *Vaters* zugesprochen, dem gegenüber allerdings für das Eschaton in einmaliger Weise verheißen ist. Exegetisch läßt sich demnach der innere Zusammenhang von »Offenbaren« des Vaters und unser »Sehen« seines »(Dann-)Seins« *als ein eschatologischer* erhärten: Dem (Dann-) »Sehen« des Vaters *entspricht* das Sich-*dann*-»sehen«-Lassen (= Sich-»Offenbaren«) des Vaters. 3. Es muß nun auffallen, daß das »Offenbaren« des Sohnes immer (in allen Zusammenhängen) ein Zweifaches zugleich bedeutet: Zum einen geschieht immer ein *besonderes* Heilsereignis für den Menschen, wenn der Sohn (sich) »offenbart« (oder vom Vater »offenbart« wird): In der Inkarnation (*Joh 1,31; 1 Joh 3,5.8*), in der Auferstehung (*Joh 21,1.4*), in der Parusie (*1 Joh 2,28*) wird der Mensch vom »Offenbaren« des Sohnes bertoffen und bestimmt. Zum anderen erfährt das »Offenbaren« des Sohnes immer eine zugleich trinitarische Relativität; der Sohn »offenbart«

---

122 Vgl. *Brown* (1982) 380: »It is possible, then, that for the epistolary author *phaneroun* covers the revelation of the Word on earth from incarnation through ministry and resurrection to parousia, constituing one soprime divine manifestation...«; vgl. auch die gleiche Beurteilung durch: *Schnackenburg* (²1963) 164-165.

sich immer in Relation zum Vater: Die Dahingabe des Sohnes durch den Vater/die vom Vater gegeben Liebe in der Inkarnation (*Joh 3,1; 4,10*); der Sohn geht zum Vater in seiner Auferstehung (*Joh 20,17*); und was bedeutet das für die Parusie? *Auch hier*, d.h. für das Eschaton, für die eschatologische »Offenbarung« Christi in seiner Parusie, wird folglich, insofern es *das* endgültig-entscheidende Ereignis für das Heil der Menschen vorstellt, von einem *trinitarischen Ereignis gesprochen werden müssen!* Auch die Parusie ist ein Ereignis des Sohnes *in bezug* auf seinen Vater: und eben davon, vom »Neu«-Offenbaren des Vaters im Eschaton, ist an unserer Stelle in einmaliger Weise die Rede. 4. Der Gesamtzusammenhang des »Offenbarens« Christi in seiner innertrinitarischen Relativität fordert somit folgenden Gedankengang: Immer wenn der Sohn sich »offenbart«, dann erfüllt er sein Sohn-Sein *neu* (in Inkarnation, Dahingabe, Auferstehung und Parusie), »wird« er das, was er immer schon ist *neu*[123] in bezug auf den Vater; und dementsprechend ist unser Sein immer von dem (aus dem »Zwischen« von Vater und Sohn definierten) *Je-jetzt-Sein* Christi als *Je-jetzt-so*(und nicht anders)*-auf-den-Vater-hin-Sein* in seinem »Offenbaren« bestimmt. - Wir »sehen« den Vater entsprechend dem *jeweiligen,* heilsgeschichtlichen »Offenbar«-Werden des Sohnes, und der Vater offenbart sich darin jeweils *neu*, insofern das Offenbarwerden des Sohnes für den Menschen auch seine Beziehung zum Vater betrifft. - Eben dieser Sachverhalt gilt nun in eminentem Maße ebenso für das Eschaton: *Der Vater wird »dann«, d.h. in seinem eschatologischen Sich-Offenbaren, in einer dieser heilsgeschichtlichen Situation entsprechenden Weise im Sohn »offenbar« werden, wie der Sohn »dann« dem Vater »Dann«-Sohn sein wird. Wenn die Parusie aber der »Schluß«-Punkt der Heilsgeschichte ist und zugleich die Vollendung der »heilsgeschichtlich-trinitarischen« Offenbarungs-Geschichte (als der Betroffenheit der trinitarischen Relationen von Gottes Selbst-Einsatz), so wird Gott sich hier in einer dieser Situation entsprechenden Weise unerhört und einmalig »neu« zeigen, wie dies für die Zeit der Geschichte nicht gilt. Dann endlich wird der Vater sich*

[123] Vgl. *Schulte*: MySal II/2 (1969) 30: »Nun deckt uns das Inkarnationsgeschehen eine solche unbegreifliche Fülle des 'Vom-Vater-her-Seins' des Sohnes auf, daß ihm dieses sein Eigen-Sein in der vom Vater bestimmten 'Fülle der Zeit' nochmals 'neu' aufgegeben werden kann. Denn ohne aufzuhören, was er war, *wurde* der Sohn, was er zuvor nicht war...«

zeigen als der Vater, wie er »jetzt« (= dann) ist, wie er »jetzt« in seiner »neu«-gewordenen Beziehung zum Sohn und im Sohn zur Welt er-selbst ist; und diesem Offenbaren des trinitarischen Gottes wird unser »Dann«-Sein und »Dann«-Sehen dieses Gottes entsprechen.

3. Selbst-Einsatz Gottes »für uns« und analoge Geschichtlichkeit »in sich«

1. Im Raum biblischer Gotteserfahrung kann man - nach dem Erschlossenen - berechtigt von einer Reflexion auf die *theo-logische* Grundlegung eines leidenschaftlichen, leidenden und leidensfähigen Gottes sprechen, die sich dadurch auszeichnet, daß Gottes Sein als eines trinitarischen sich selbst so der Unheilsgeschichte (zu ihrer Überwindung) aussetzt, sich selbst in ihr »geschichtlich« *ein-setzt,* daß er dadurch selbst »neu« wird, d.h. »geschichtlich« geprägt wird von seinem Selbst-Einsatz. Gott vollzieht seine Heilsökonomie also offenbar in einer »heilsgeschichtlich-trinitarischen Geschichte«, welche immer schon (aufgrund der Voraussetzungen) als Geschichte des *Leidens* Gottes verstanden werden muß. In der Reflexion darauf und aufgrund der »erfahrenen« Zuwendung Gottes wird dieses (leidende) »Geschichte-Sein« Gottes im Hinblick auf seine (eigene) Vollendung bedacht, welche die Vollendung der Heilsgeschichte selbst ist; oder besser: Gott führt die Vollendung der Heilsgeschichte *durch* die Vollendung *seines* Selbst-Einsatzes in der Geschichte herbei. Das ist der »Ort« der Rede von einem neuerlichen, eschatologischen »Verändern« der trinitarischen Relationen; d.h. *im* »Verändern« Gottes wird die Vollendung herbeigeführt, *weil* er sich »in sich« (davon betroffen) neuerlich »verändert«. Als Grund für ein solches *leidendes Geschichte-Sein* Gottes muß nun das Liebes-Sein Gottes genannt werden, das sich in der gegenseitigen »Hingegebenheit« der göttlichen Personen (immer schon »ewig«) vollzieht. Schon das »ewige« göttliche Leben ist ein Vollzug (innertrinitarischen) »Selbst-Einsatzes«.
Dieses Erhobene muß im Hinblick auf den erkenntnistheoretischen Teil noch einmal bedacht werden: 1. Gottes heilsgeschichtlicher und mithin *leidender* Selbsteinsatz ist *nicht* »identisch« mit seinem ewigen Sein; es ist vielmehr durch die *Konkretion* des ewigen *nicht-leidenden* Selbst-Einsatzes, der mit dem trinitarischen Leben identisch ist, bedingt; durch das Einlassen auf die Unheilsgeschichte der Welt. Damit aber wird

die »Analogizität« in der *theo*-logischen reziproken Begründung des heilsgeschichtlichen Offenbarens Gottes gewahrt: Gottes je-größere Unähnlichkeit gegenüber jeder »Beschränkung« auf das »Leiden« ist allen »Konkretionen« in der konkreten Geschichte immer schon voraus; in ihr ist Gott allem vorweg immer schon er-selbst. 2. Die im erkenntnistheoretischen Teil erschlossene *analoge »Geschichtlichkeit«* Gottes (in sich) kann daher auch nicht mit der »heilsgeschichtlich-trinitarischen«, dem Leiden ausgesetzten, selbst leidvollen Geschichte Gottes zum Heil der Welt identisch genannt werden, sondern bezeichnet vielmehr die *innere* Voraussetzung für die Rede von jener. Die ursprünglich göttliche Geschichtlichkeit bezeichnet demnach nicht eo ipso Gott als einen leidenden, sondern als je-mehr freien, wenngleich in ihr der letzte Grund der Leidens*fähigkeit* Gottes aufgedeckt ist. 3. Die *analoge Geschichtlichkeit* Gottes (die ja eo ipso immer schon trinitarisch zu erschließen ist) ist aber identisch mit dem innergöttlichen Selbst-Einsatz der göttlichen Personen, in dem sie sich zu einem Leben in Fülle in je unhintergehbarer Freiheit freigeben. Dies ist dann die *inner*göttliche Voraussetzung für einen konkret geschichtlich-leidenden Selbst-Einsatz Gottes.[124] Schon für diesen innertrinitarischen Selbst-Einsatz muß aber in der *Freiheit* und der *Hingegebenheit* der göttlichen Personen aneinander (in analoger Geschichtlichkeit und als Strukturelemente derselben) von einem Stets-*Neu*-Werden Gottes gesprochen werden, von einer *relationalen, lebendigen »Veränderung«* göttlicher Beziehungen, die nicht Ausdruck einer »Not«, sondern der göttlichen Lebensfülle ist. »Wider alle statische Seinsmetaphysik kann die 'Unveränderlichkeit Gottes' von uns nicht anders gefaßt werden (wenn wirklich Gott 'ewige Liebe' ist), denn als 'Veränderlichkeit' im Hin und Her grenzenloser Liebe.«[125] 4. Der heilsgeschichtliche Einsatz Gottes

---

[124] Vgl. dazu *Greshake* (1969) 348: Die »innertrinitarische Geschichte« der lebendigen »Gemeinschaft« von Vater, Sohn und Geist ist Voraussetzung für ein *Eröffnen* der Geschichte als der Gottes mit der Welt. In diesem Sinne ist der strukturell erschlossene Vollzug dieses innertrinitarischen Lebens als eines des »Selbst-Einsatzes« der göttlichen Personen aufeinander zu in ihrem gegenseitigen Sich-Hingeben die Voraussetzung für einen Selbst-Einsatz des göttlichen Lebens in der gott-menschlichen Geschichte.

[125] Vgl. *Greshake* (1969) 346-348. Diese »Geschichte« in ihrer ständigen reichen Neuheit und Zukunft ist dann aber nicht von der »Endlichkeit« und »Fragmentarität« weltlichen Seins ableitbar, sondern - insofern es sich (wie

fordert daher, soll mit ihm nicht ein »Aufgehen« in die (Un-)Heilsgeschichte impliziert sein, eine Vollendung seiner selbst (im Eschaton). Eben dies sprechen die eschatologischen Stellen vom Neu-Werden Gottes aus; dadurch *bleibt* der heilsgeschichtlich-leidende Einsatz Gottes nach wie vor *analog* gedacht: Gott bleibt noch in seinem Sich-Aussetzen der »Herr« der Geschichte, der (ihr gegenüber) »freie« und *je-größer* »unähnliche«. 5. Der leidende Selbst-Einsatz gründet in Gottes inner-trinitarischem Sein so, daß er stets ein Akt göttlich-freier *Treue* ist und nicht ein »Zwang« von »außen«, dem Gott sich zu beugen hätte. Gott bleibt auch in seinem Leiden noch der *freie und souveräne* und so »in sich« der gemäß seinem Analog-Sein »geschichtlich-lebendige«.[126] In seiner Treue zur Welt kann er sich ihr wirklich aussetzen, an ihr, mir ihr und in ihr so leiden, so daß wirklich *er* leidet, ohne sich zu verlieren. Wenngleich Gott in der heilsgeschichtlich-trinitarischen Geschichte sich dieser so aussetzt, daß er davon in seiner Betroffenheit selbst sich in seinen trinitarischen Relationen »verändert«, so ist dies noch einmal die Konkretion seiner »ewigen« Lebendigkeit in radikaler Form: Seine Treue in der und zur Geschichte mit der Welt *ist* schon sein Selbst-Einsatz als freier und in dieser Freiheit bleibender. Und es ist eben die *Radikalität* der Treue Gottes, daß er sich-selbst *im* Treu-*Bleiben* (relational) »verändert«, wie an den eschatologischen Stellen aufgezeigt werden konnte. In diesen Stellen gilt nur, wenngleich in radikalisierter, eschatologisch-gültiger Weise, was der Erfahrung Gottes im Raum biblischer Offenbarung schon zu entnehmen war: »Groß ist seine Treue, sein Erbarmen jeden Morgen *neu*« (*Klgl 3,23*). »Diese

---

schon erschlossen) um die *Grund*struktur der geschöpflichen Ex-sistenz handelt - Ausdruck der uneinholbaren, je-größeren Unähnlichkeit Gottes in seiner *Lebendigkeit*.

126 Nur indem beide Ausagen *zugleich* bekannt werden als wahrhafte Gottesaussagen, wenngleich sie (vorerst) in einer unlösbaren Paradoxie zueinander stehend empfunden werden, nämlich das leidende »Sich-Binden« Gottes an die Welt *und* das darin nochmals um so mehr hervortretende »Frei-Sein« Gottes in seinem Sich-Binden an die geschichtlich frei eröffnete Welt, wird man dem lebendigen Gott gerecht werden können. Vgl. auch *Brantschen*: FZPhTh (1980) 235; *Dorner*: *ders*. (1883) 188-377; hier bes. 206-240.250-299. *Dorner* hat die Problematik der »Leidensfähigkeit« Gottes entscheidend angeregt, indem er darauf verwies, daß das Verständnis der »Unveränderlichkeit« im griechischen Raum eine völlig andere Bedeutung hatte als im biblischen. Vgl. weiter: *Balthasar*, TD IV (1983) 191.

unwandelbare Treue Gottes erfordert geradezu, daß er immer wieder 'neu', immer wieder 'anders' ist...«[127] Der heilsgeschichtliche Selbst-Einsatz ist dann *die radikale »göttliche« Weise*, auf die Gott die Welt zum Eschaton führen möchte: nicht in »unberührtem« In-sich-Verweilen, sondern *durch* dieses Sich-Einsetzen *hindurch*.

2. Dementsprechend ist bleibend der *hypotaxas*, der Herr der Geschichte, der ihr gegenüber je-unähnlich freie. Aber er ist dies in seiner »Bindung« an die je andere Freiheit: Er übt sein *hypotaxas-Sein* durch das *hypotassein des Sohnes aus; und im Sohn durch die »Söhne« im Sohn, durch uns*. So führt Gott seine Geschichte immer schon in dieser Form eines Selbsteinsatzes aus, in der er sich an die »anderen« freigegebenen »Geschichtssubjekte« bindet und sogar *durch sie, in ihrem freien* »Sich-mit-gestalten-Lassen«, die Vollendung herbeiführt, ohne seine Freiheit und Souveränität zu verlieren. Wir sind genötigt, von einem »Zugleich« von bleibender Freiheit Gottes und seinem Sich-Einlassen auf diese Welt, seinem Sich-ihr-Aussetzen zu sprechen. Gott kann sich in die Ohnmacht der Liebe begeben, »aber in dieser Ohnmacht bleibt Gott zugleich die *Macht der Liebe*«[128] . Auf diese Weise ist der Selbst-Einsatz Gottes Selbst-Bindung an die Geschichte, *weil* er in sich schon diese Geschichte der »ewigen« Freiheit ist. Die Freiheit der gott-menschlichen Geschichte ist somit in der innertrinitarischen Geschichte vorgebildet; und durch sie »in« Gott »aufgenommene«. Gottes Leidensfähigkeit ist

---

[127] *Maas* (1974) 169.

[128] *Brantschen*: FZPhTh (1980) 236. Gerade, wenn Gottes Liebe der Grund seiner »Veränderlichkeit« ist, wird beides zugleich zu wahren sein, seine »Ohnmacht« und »Macht« der Liebe. »We cannot go further than just say that God changes only because he loves the mankind. - I believe that the unchangeableness and changeableness of God are two and yet one, and this is the distinct quality of Christian view of God«, *Kitagawa*: *Deuser* u.a. (Hg.) (1986) 224-230; hier: 229. Vgl. auch *O'Hanlon*: IThQ 53 (1987) 161-183; hier: 175: »The ever-greater liveness of the inner-trinitarian event of free love involves a supra-mutability, within God which requires a modification of the traditional notation of divine immutability.« Vgl. weiter: *ders*. (1987). Dies gilt jetzt aber *im Sinne* der je-größeren *Lebendigkeit des trinitarischen Lebens*, und in diesem Sinne »ontologisch«, wenngleich nicht mehr in der Weise griechisch-metaphysischer »Unveränderlichkeit«: Gott ist *trinitarisch* der *hypotaxas*. Hier, in der sich dem Leiden der Welt unterwerfenden Sendung des Sohnes ist in der Tat Gottes »Macht...die Ohnmacht der Gnade, die versöhnende Kraft des Leidens und die Herrschaft der sich entäußernden Liebe«, *Moltmann* ([4]1979) 163.

nicht durch »äußere« Not bedingt, sondern durch seine innere Lebens-Struktur begründet.
Es wird daher nicht genügen, »bloß« von »ihm *zugleich* das Betroffensein und das Unberührtsein von der Geschichte der Menschheit und vom Schicksal jedes einzelnen Menschen auszusagen«[129], wie *H. Vorgrimler* dies möchte, weil in dem »offenen« Gegensatz, ja geradezu der Paradoxie der Formulierung, der *innere* Zusammenhang, wie er hier erarbeitet wurde, nicht aufleuchten kann: Gott ist nicht »neben« seiner »Berührtheit« auch noch *unberührt*! Dies ist ein falscher Gegensatz, insofern »neben« der Berührtheit Gottes vielmehr von seinem Freisein und Treusein *im* Berührtsein zu sprechen ist. Gott ist, nach dem eben Gesagten gerade *in* seinem Berührtsein der »Herr«, der *hypotaxas*; er ist *in* der trinitarischen (gegenseitigen) *Weggegebenheit* und *Hingegebenheit* (der göttlichen Personen aneinander) und nur so, d.h. in dieser grundsätzlichen »wesentlichen« *selbst-einsetzenden* Lebensstruktur, bleibend der »Herr« der Geschichte. Er ist schon der *inner*göttlich Berührte in seinem Leben; und *weil* seine eigene Lebens-»struktur« so ist, kann er *in* allem konkreten Berührtsein von und in der *konkreten Geschichte* der *hypotaxas* bleiben. Es ist also weder von einem (doch noch) »Un«-Berührtsein Gottes »neben« seinem konkreten Berührtsein in der konkreten Geschichte zu sprechen, als müßte er etwas zurückhalten oder »heraushalten« aus dieser Berührtheit, noch steht hier ein Gegensatzpaar völlig ungelichtet nebeneinander; vielmehr ist es der eine und selbe Selbst-Einsatz, den Gott »in sich« lebendig (und folglich nicht-leidend) *und* in der konkreten Geschichte (mitunter leidend) vollzieht. Wenngleich damit zugleich eine *Differenz* zwischen dem innergöttlichen Leben als eines »ewig« selbst-sich-einsetzenden und einer leidenden-geschichtlichen Konkretion dieses Lebensvollzugs festzuhalten ist, was bisher ja eindringlich und durchgängig aufgewiesen wurde, so liegt diese Differenz *im* Selbst-Einsatz nicht am Selbst-Einsatz, sondern am Charakter der *Fragmentarität* geschöpflicher Ex-sistenz. Indem Gott sich *dieser* zum Heil der Geschöpfe aussetzt, *wird* sein »ewiger« (und darin schon *analog-geschichtlicher*) Einsatz als innertrinitarisches Lebensgeschehen von der Geschichte als einer (auch) *fragmentarischen* (mithin sündigen, endlichen usw.) betroffen; darin wird der »Selbst-Einsatz« Gottes ein *lei-*

[129] *Vorgrimler*: *Schillebeeckx* (Hg.) (1988) 185-196; hier: 189.

dender und bleibt doch zugleich und gerade so noch *sein* Lebens-Einsatz, *erweist sich in seiner* »Unzerstörbarkeit«, weil er, dem sich aussetzend, *darin* und *da hindurch* in der Lage ist, sich seiner Lebens-»struktur« gemäß zu vollziehen. Deswegen ist *neben* diesem Selbst-Einsatz Gottes (als sein Leben in seiner unvorstellbaren Lebendigkeit selbst) nicht noch ein »paradox« dem gegenüberstehendes, »anderes« Element zu nennen - wie bei *Vorgrimler* -, das sich »in« Gott aber nicht mehr vermitteln läßt. Sein so offenbares Liebes-Sein ist der *bleibende Grund* auch noch solcher leidender »Verwirklichung« seiner selbst. Die Paradoxie eines Gegenüber von »Getroffensein« und »Unberührtheit« ergibt sich bei *Vorgrimler* erst deswegen, weil er nicht trinitarisch differenziert, sondern »unvermittelt« diese paradoxen Aussagen vom Wesen Gottes tätigt, wodurch er aber gezwungen wird, zwischen einem unzerstörbaren »Kern« des göttlichen Wesens zu sprechen neben einem »Mehr«-Sein Gottes, in welchem er »frei [ist], ein konkretes Dasein zu führen«, durch welches er »sich...in die konkrete Geschichte verstrickt, seine Effizienz zeitweilig den Menschen ausgeliefert, die Allmacht seines Wesens unter die Autonomie der vernunft- und willensbegabten Kreatur gedemütigt haben und so auch ganz konkret leiden«[130] mag. Das »konkrete Dasein« Gottes »bleibt für immer mit seinem unzerstörbaren Wesen verbunden, so daß er auch in der Ohnmacht der Allmächtige bleibt«[131] in einer Weise, in der offen bleiben muß, wie denn nun im einen Wesen Gottes die »Einheit« Gottes in der Unterscheidung zwischen einem »unzerstörbaren« Kern und einem in seiner »Effizienz« seines Wesens leidenden Gott gewahrt werden kann.

Ein solcher Versuch der Unterscheidung eines nicht-werdenden und eines werdenden »Teils« des göttlichen Wesens *muß* ja auch deswegen eingeführt werden, *um* (paradox genug) sowohl von einem »über-weltlichen« Wesen(steil) (= der beständige Teil) und einem im Prozeß der Welt sich selbst prozeßhaft vollziehenden Wesen(steil) sprechen zu können, ohne Gott in Geschichtslosigkeit oder *Nur*-Prozeßhaftigkeit aufzulösen.[132] - Ein solches

[130] Vorgrimler: Schillebeeckx (Hg.) (1988) 189.

[131] Vorgrimler: Schillebeeckx (Hg.) (1988) 189.

[132] Der Vorwurf an die Prozeßtheologie, mit ihrer Unterscheidung von Ur- und Folge-Natur Gottes eben eine solche Trennung zu vollziehen, wird zwar erhoben (vgl. *Küng* (1978) 209; vgl. weiter: *Bracken*: Process Studies 8 (1978) 217-230; 11 (1981) 83-96; *ders.* (1979)), kann aber als zu simpel zurückgewiesen werden: vgl. neuerdings *Sander* (1991) passim.

Vorgehen ist aber keineswegs neu[133]: In der griechischen Theologie des 14. Jahrhunderts hat *Gregor Palamas* die Unterscheidung (Realdistinktion) von *Wesen* und *Energien* in Gott vertreten, wodurch es ihm möglich war, zu verstehen, wie »außer« Gott noch etwas sein kann, dem Gott sich in Gnade zuwendet.[134] Dieses »kommunikative Gnadenwirken« (= die Energien) Gottes[135] ist dementsprechend nicht von sich her notwendig, sondern ist zutiefst freie *Gnade*, so daß Gott in seinem kommunikablen Wirken in keine Abhängigkeit vom Geschaffenen kommt, indem er wirkt; die Energien sind »in« Gott die »Pracht seiner Natur«, Gottes »Relationalität«.[136] Die Energien, wenngleich sie nur von wollenden Personen her geschehen können, sind aber die dem *Wesen* eigene Energien und Kräfte.[137] Die Trinität ist für *Palamas* nämlich nicht »ökonomisch« in den Energien wirkend, sondern gegenüber den Energien Gottes ganz ins unzugängliche Wesen Gottes unzugänglich hineingebunden und zurückgenommen.[138] Weil nun aber die Energien nicht das unzugängliche Wesen Gottes *offenbaren*, sondern nur den »Glanz« seines Wesens, offenbaren sie auch nicht die innertrinitarischen Be-

---

[133] Vgl. *Balthasar,* Herrlichkeit III/2/2 (1969) 252-253: »Über Gregor von Nyssa und den Areopagiten kann die neuplatonisch-philonische Art, Gottes Unbegreiflichkeit zu betonen, sich bis in den Palamitismus hinüber erhalten mit seiner Trennung zwischen der Wesenheit und den Eigenschaften oder Ausdrucksformen Gottes.«

[134] Vgl. *Lossky* (1964) 121-133; hier: 131; vgl. auch *Meyendorff* (1959) 327; *Schönborn*: FZPhTh 27 (1980) 247-264; hier: 248.

[135] Vgl. *Krenski* (1990) 356.

[136] Vgl. *Wendebourg* (1980) 35-36.

[137] Vgl. *Schönborn*: FZPhTh (1980) 250.

[138] Vgl. *Schönborn*: FZPhTh (1980) 250 gegen *Krenskis* Ansicht, daß »man die Unterscheidung von Wesen und Energien Gottes mit der Unterscheidung zwischen immanenter und ökonomischer Trinität in Zusammenhang bringen kann«, *Krenski* (1990) 356, Anm. 40. Gott wird in den Energien eben nicht als der heilsgeschichtlich-ökonomisch wirkende wahrgenommen, weil für *Palamas* die Erkenntnis der Trinität gar nicht aus einem heilsgeschichtlichen Wirken erfolgen kann, wie *Wendebourg* (1980) 119-120 gezeigt hat: »Die hier [= bei *Palamas*] vorausgesetzte Weise der Erkenntnis unterscheidet sich nun grundsätzlich von der eines Zugangs zur Trinität von der Ökonomie her. Hier hätte man Gottes Handeln im Blick und zöge von dort aus Rückschlüsse auf sein Sein, und zwar aufgrund der Voraussetzung, daß er sich nicht von dem unterscheidet, als der er in seinem Handeln anwesend ist. Palamas lehnt ein solches Schlußverfahren - für ihn repräsentiert durch die lateinische Theologie - ab. Seiner Meinung nach gibt es nur eine Offenbarung der Trinität, in der die Belehrung über Gottes dreipersonales Sein als solche eigenständiges Thema ist, außerhalb der Betrachtung der heilsgeschichtlichen Vorgänge, in denen die Personen handeln, und der Erkenntnisse, die daraus zu gewinnen sind.«

züge. »Gottes innertrinitarisches Sein wird streng geschieden von seinem energetischen Sich-Offenbaren: daß Gottes wesentliche Trinität ist, wird nicht in seinem Handeln offenbar..., sondern alleine in seiner positiven (Wort-) Offenbarung...«[139] Auch hier also findet sich schon das Problem einer »Unterscheidung« *in* der Natur Gottes zum Schutz seiner Unantastbarkeit von seinem Wirken in der Welt und seiner daraus resultierenden Freiheit diesem Wirken gegenüber. Wie unter solchen Bedingungen dann noch Gott als der *sich*-offenbarende verstanden werden kann, muß unklar bleiben. 1. Entweder ist Gott in sich nicht »eins«, so daß man bis hin zur Rede von »zwei« Naturen vorstoßen müßte oder er ist in dieser Einheit der *Nicht*-Offenbare; in beiden Fällen ist nicht mehr vom Gott biblischer Offenbarung die Rede, der sich ganz offenbart hat in seinem Liebes-Sein, das er »in sich« *ist*.[140] 2. Gottes Eingehen auf die Geschichte fordert dann entweder »zwei Naturen« in Gott oder die Geschichte als einen explizit nicht-göttlichen Vollzug, der in das ungeschichtliche Sein Gottes wieder (als uneigentlicher Seinsmodus) aufzuheben wäre. In diesem Falle erliegt man aber der schon aufgewiesenen Projektivität metaphysischer Denkkategorien. 3. Im übrigen wird durch ein solches Modell (in seinen Variationen) keineswegs das gewahrt, worum es in ihm geht, denn die Freiheit Gottes in seinem Schaffen, seinem Sich-Offenbaren oder seinem Leiden, seine auch darin als weiterhin beständig verstandene »Unberührtheit« von seinem Wirken und Sich-betreffen-Lassen, behauptet zwei Naturen *wegen* der Entscheidung Gottes, sich zu offenbaren, zu schaffen oder zu leiden, ohne daß der »Übergang« von einer zur anderen Natur als der »Übergang« *in die Entscheidung*, ein Fundament bekäme, aus dem heraus der »Übergang« erfolgen könnte: Die Frage nach dem »Übergang« in die Entscheidung, in die offenbare, schaffende, sich betreffenlassende »Natur« wird nur *verlegt in die offenbare Natur* und also

139 *Schönborn*: FZPhTh (1980) 250. Vgl. *Wendebourg* (1980) 55.58-59.

140 Im Zusammenhang mit *Moltmanns* Versuch, Gott als »pathischen« Gott zu verstehen, kann *Osthathios*: *Deuser* u.a. (Hg.) (1986) 213-223; hier: 213, auch auf interessante religionsgeschichtliche Parallelen einer »Zwei-Naturen«-Problematik im Zusammenhang mit der tatsächlichen Offenbarkeit Gottes hinweisen: »The major question...is, whether only the *energeia* of God is revealed by the Incarnation or the *ousia* is also revealed. If the *ousia* or essence is not revealed, then Sankare is right in speaking of attributeless Brahman as the only ultimate truth and Iswara as Barahman plus illusion. Brahman belongs to the category of *apatheia* as Moltmann criticises. The Trinity is not *apatheia*, but includes *patheia*.« Wenn Gottes Wesen »verborgen« bleibt in seinem Welthandeln, dann ist dieses ein »Schein«, eine »Illusion«, nicht Gott selbst; dieser Gott braucht an und in der Welt auch nicht zu leiden, weil er jenseits seines Handelns sich als er-selbst konstituiert. Im *Selbst-Einsatz* von Gottes trinitarischem Wesen und Leben jedoch ist Gott dann umgekehrt schon als der »berührte« und im Offenbaren gegenwärtige anwesend.

die *Entschiedenheit* Gottes, welche in sich auch schon immer offenbar (und nicht unzugänglich oder leidensunfähig) hätte sein müssen, damit die Entscheidung ein Fundament bekäme. So wird nur ein *regressus in infinitum* eröffnet, der tatsächlich nur zu einem »Paradoxon« des unbegreiflichen Nebeneinander von »unberührtem« Sein und »berührtem« Sein in Gott führen kann, wie dies bei *Vorgrimler* impliziert erscheint. Dagegen hat die biblische Sicht Gottes als des *hypotaxas* und als des liebend-seienden den unbedingten Vorteil, das Herz Gottes selbst, sein Leben (schlechthin), schon als ein selbst-einsetzendes, »in sich« berührtes verstehen zu können, *weil* Gott dieses Leben als trinitarischer lebt, weil Gott der *hypotaxas* durch sein *hypotassein* unter den Sohn und das *hypotassein* des Sohnes unter den Vater als das Geschehen der Mit-Gestaltung (und darin aufgenommen das *hypotassein* der Menschen als »Söhne« im Sohn) ist, weil Gott in trinitarischer *Hingegebenheit das* Leben ist, mit dem er und in dem er dann auch zu schaffen, sich zu offenbaren und in innerste Berührtheit zu leiden vermag, ohne sich darin zu verlieren oder seine Freiheit, deren Ausdruck dieses Geschehen schon ist.

III. »Leiden« und »Veränderlichkeit« Gottes im Kontext metaphysisch-geprägter Theologie

Der Übergang vom genuin biblischen Verständnis Gottes als des in der Geschichte selbst offenbaren und engagierten in den Raum eines von den griechisch-metaphysischen Denkkategorien und Erfahrungsweisen der Welt bestimmten Verständnisses Gottes wurde schon ausführlich mit seinen wesentlichen Konsequenzen für das biblische und christliche Gottesverständnis erhoben. Trotz dieser »Verwandlung« der Kategorien ist es bemerkenswert, daß auch noch unter diesen so (ganz) anderen Bedingungen der Gottesrede von Gottes Leid gesprochen werden konnte, ja daß man sich genötigt sah, trotz der zu den neuen Denkformen im klaren Widerspruch stehenden Aussage von einem Leiden Gottes aufgrund der tatsächlichen Offenbarungsgeschichte *doch* davon zu sprechen, wenngleich in einem Maße und in einer Weise, die einer gewissen Paradoxität nicht entbehrt; diese wurde schließlich auch damals schon als solche empfunden. Für *Athanasius* war der Logos selbst als der (an sich) unveränderliche das eigentliche »Subjekt« der für die Erlösung entscheidenden Akte im Leiden und Sterben Christi,[141] so daß es für ihn zu einem *»paradoxon«* kommen kann von dem leidenden und doch nicht-leidenden Logos. »Er leidet, insofern sein ihm eigener Leib...leidet und der Logos in seinem leidenden Leib selbst anwesend war...Der Logos leidet jedoch nicht, weil er, insofern er in seiner Natur nach Gott ist..., nicht leiden kann...Da Athanasius die chalzedonische, statische Unterscheidung der Person des Logos von seiner göttlichen Natur noch nicht kennt, kann er in demselben Zusammenhange zugleich auch sagen, daß der unkörperliche Logos das, was seinem Leibe eigentümlich ist, sich selbst zu eigen macht...«[142] Obwohl auch *Athanasius* das *homoousios* des Logos mit dem Vater im Horizont der griechisch-metaphysischen Gottesvorstellung denkt, kann er, um seines *radikal soteriologischen* Grundinteresses willen, diesen Zusammenhang als ein *dynamisches Geschehen, als einen paradoxen Vorgang* denken. Und es ist eben diese dynamische, ja geradezu konsequent *geschichtliche* Sicht, die heute eine inhaltliche Synthese von alter alexandrinischer und chalzedonensischer Christologie notwendig macht, in der dann auch vom Leiden Gottes gesprochen werden kann, wenngleich vorerst von dem des Sohnes, sodann doch auch trinitarisch gedacht, von dem des Vaters.[143] Und diese Sicht ist es letztlich auch, die uns im Neuen Testament vom Leiden des Sohnes vermittelt wird, der in diesem Leiden das letzte »Subjekt« bleibt, so daß man sein Leiden nicht allzuschnell auf seine »menschliche Natur« beschränken darf, weil diese selbst schon letzthin die Offenbarung des darin »leidenden Herzens« des Vaters ist.[144] Zwar haben die Väter durchaus recht, »das christliche Reden von Gott dem metaphysischen Gottesbegriff auszusetzen, jedoch unrecht in dem Versuch, das metaphysische und das biblische Reden von Gott

---

[141] Vgl. *Grillmeier*: Zur dogmatischen Vorgeschichte des Konzils von Chalkedon: *ders./Bacht* (Hg.) (1951) 5-202; hier: 84-99. Dieses sogenannte Problem des »Neu-Chalkedonismus«, der von einer gewissen »Logos-Hegemonie« ausgeht, wird uns im III. Kapitel noch beschäftigen; vgl. auch *Grillmeier*: HJ 77 (1958) 151-166; hier bes. 164-165.

[142] *Mühlen* (1969) 19. Vgl. zur Interpretation dieses Zusammenhangs auch *Elert* (1957) bes. 79 ff. *Grillmeier*: *Feiner/Trütsch/Böckle* (Hg.) (1957) 265-298; hier: 273-274.

[143] Vgl. die Ausführungen dazu von *Grillmeier*: *Feiner/Trütsch/Böckle* (Hg.) (1957) 273-274.

[144] Vgl. *Balthasar*, TD IV (1983) 194.

schichtweise zusammenzusetzen«[145], woraus die Paradoxität der Aussagen herrüht und das vermeintliche Übergewicht der metaphysischen Kategorien im Gottesverständnis.
1. Dem Verständnis des leidenden Gottes stand vorerst entgegen, daß Gott als der im griechisch-metaphysischen Sinne »unveränderliche« und »leidens*un*fähige« gedacht wurde. Die *apatheia*, die Leidenschaftslosigkeit, Gottes war gewissermaßen die »conditio sine qua non« jeglicher Gottesrede und so die Grundlage eines als unumstößlich verstandenen Apathieaxioms.[146] Was bedeutete aber *apatheia*? Sie besagte das Gottgeziemende, daß nämlich jegliche Differenz, Vielheit, Bewegung und jede Form von (Er-)Leiden vom Wesen Gottes fernzuhalten seien.[147] Mit *Parmenides* und *Xenophanes* wird diese Sicht des Göttlichen als des leidenschaftslosen vorbereitet und mit *Platon* schließlich zum Axiom: »Die höchste *ousia, to on, me pote metabolen endexetai*, läßt in keinem Augenblick, an keiner Stelle, auf keine Weise auch nur im kleinsten Umfang einen Wechsel (*alloiosin*) zu. Dem höchsten Seienden ist es deshalb nicht als Geschick bestimmt, *touto to pathos paschein, to diaskedannusthai*, d.h. *zu erleiden, in Teile aufgelöst zu werden*«[148]; es ist ohne jeden äußeren Einfluß und ohne jede Selbst-Veränderung, es ist darum »einfach«.[149] Ähnliches gilt für *Aristoteles* in bezug auf das erste Bewegende, das Göttliche, denn das »erste Bewegende muß... schlechthin unkörperlich, unteilbar und außer dem Raume, ohne Bewegung, Leiden und Veränderung«[150] sein und folglich gedacht werden. *apatheia* ist daher Gottes Leidenschaftslosigkeit und Unbeeinflußbarkeit von außen schlechthin[151], seine Leidensunfähigkeit, ohne die Gott nicht Gott wäre.[152] »Denn die göttliche Sub-

---

[145] *Ebeling*: RGG VI (^{3}1962) 798.

[146] Vgl. *Zwick* (1978) 32.

[147] Vgl. *Dreyer* (1966).

[148] *Mühlen* (1969) 15, Anm. 26a. Vgl. *Platon,* Phaidon 78a, b, d; Politeia, 269d, 381c.

[149] Vgl. *Zwick* (1978) 33.

[150] *Zeller* (^{4}1921), 364; vgl. *Aristoteles*, De caelo I,9.

[151] Vgl. *Frohnhofen* (1978) 120.

[152] Vgl. zum Verständnis der Unveränderlichkeit, den Gründen für ihre Axiomatik und zu ihrer Überwindung auch: *Lee* (1974); *Mozley* (1926); *Rusch* (Hg.) (1980) bes. 20-23 (zu Nikaia und Athanasius) *Mc Williams*: SJTh 33 (1980)

stanz ist das Begründende, das Tragende und Ewig-Bleibende für diese Welt der vergänglichen Erscheinungen und kann darum nicht selber dem Schicksal dieser Welt unterliegen.«[153] Die geistesgeschichtliche Bedeutung für das griechische Verständnis des Göttlichen lag schließlich darin, daß mit seiner Leidenschaftslosigkeit die allzu naiven Vorstellungen des griechischen Götterpantheons, die allzu menschliche Mythologie der Göttergeschichten der großen griechischen Epen überwunden werden konnten.[154] Das für das christliche Gottesverständnis vorbereitete metaphysische Fundament jedoch beinhaltete zwei Elemente: 1. Gott gilt als das höchste Seiende in und über dem als Kosmos vorgestellten All des Seienden. »Seine Unveränderlichkeit ist lediglich die Negation dinghaft vorgestellter Veränderlichkeit.«[155] 2. In Gottes einem Wesen und Sein kann es, *weil* es unbeweglich-»einfach« ist, keine *Teilung* geben, denn diese müßte eo ipso als *Veränderung* und aus ihr herkommend verstanden werden.[156] - Dadurch aber zerfällt die Wirklichkeit »in zwei Schichten. Es stehen sich Gott als aeterna veritas und der ontologisch mangelhafte Bereich des Werdens gegenüber«[157].

Bei den Vätern begegnet daher die Unveränderlichkeit in dieser Bedeutung. *Tertullian* etwa verwendet den Terminus *»impassibilis«*, soweit er von Gott prädiziert wird, dann in entsprechendem Sinne im Kontext von ähnlichen Aussagen über Gott, nämlich seine Unverletzlichkeit (*»inlaesibilis«*), Unverderblichkeit (*»incorruptibilis«*), Unveränderlichkeit (*»immutabilis«*) und Unzerstörbarkeit (*»inviolabilis«*), woraus deutlich wird, daß tatsächlich die Negation aller körperlicher und seelischer

---

25-54.

153 *Moltmann* (1980) 36; vgl. *Stead* (1977).

154 Vgl. *Küng* (1978) 217: »Die launischen und wankelmütigen Götter Homers scharf kritisierend, versteht er [= *Platon*] das göttliche Urprinzip als absolut unbeweglich und unveränderlich. Dieses Urprinzip ist die unablässig strahlende, geistige Sonne, die auf der Spitze der Ideenpyramide stehende Idee des Guten, die sich selbst genügt.«

155 *Mühlen* (1969) 15.

156 Vgl. *Mühlen* (1969) 14 ff. Vgl. *Morris*: RelSt 21 (1985) 229-318; hier: 229, zur Bedeutung der Lehre von der göttlichen Einfachheit in metaphysischem Kontext: »Broadly put, this is generally understood to be the thesis that God is altogether without any proper parts, composition, or metaphysical complexity whatsoever.«

157 *Selvatico*: FZPhTh (1980) 271.

Betroffenheit durch Affekte gemeint ist.[158] Umgekehrt wird *pathos* in diesem Kontext verstanden: 1. *pathos* ist ein »unfreiwillig äußeres Widerfahrnis«, das Gott in keinem Falle zustoßen kann. 2. *pathos* wird daher in notwendigem Konnex mit der Sündigkeit der Welt gesehen. *pathe* sind bei *Athanasius* eins mit der durch die Sünde Adams in die Natur eingedrungenen *phthora*, von denen das Leiden Christi befreit hat. *Gregor von Nyssa* rechnet nichts zu den *pathe*, was nicht zur Sünde hinführt; Geborenwerden und Wachstum gehören so zum ursprünglichen Wirken der menschlichen Natur und nicht zu den *pathe*, die vielmehr eine »Krankheit« im Wahlvermögen des Menschen ansprechen. *Augustinus* versteht unter *passiones* die »Bewegung des Geistes gegen die Vernunft«; so *muß* Gott schließlich »impassibilis« sein.[159] - Immer wieder wird daher (in Relativsätzen und Appositionen) in Konzilsdokumenten von der Unveränderlichkeit gesprochen, sie ist selbstverständlich und brauchte gar nicht eigens reflektiert zu werden.[160] Schließlich heißt es in einem Anathematismus des Konzils von *Nikaia* gegen *Arius*, daß der Sohn Gottes unveränderlich sei (DH 126).

2. Wenn die Unveränderlichkeit und Leidenschaftslosigkeit im Kontext griechischen Kosmosdenkens das in sich ruhende Fundament der Welt als höchstes unbeeinflußbares, ja (mittel- und neuplatonisch gedacht) unzugängliches Seiendes denkt, und wenn schon der schöpferische Gott Jahwe, der in seinem Sich-Offenbaren und leidenschaftlichen Konstituieren von Geschichte als unerhört empfunden werden konnte, »dann mußte der Gedanke, der Unveränderlich-Ruhende, nur sich unbeweglich Erkennende solle 'Fleisch' werden und den Tod erleiden, noch ganz anders auf Widerstand stoßen«[161] . »Die Leidensunfähigkeit Gottes ist eine der unberührbaren Dogmen des griechischen Denkens«, die aber zugleich vehement durch »die jüdisch-christliche Offenbarung gefährdet«[162] sein mußte. Denn, wenn neben den verschiedenen *pathe* Gottes vom *pathos* Christi, von seinem Leiden und Sterben im Neuen Testament zentral

---

[158] Vgl. *Frohnhofen* (1978) 122.

[159] Vgl. zu diesen Bestimmungen die Ausführungen bei *Balthasar*, TD IV (1983) 196-198.

[160] Vgl. *Maas* (1974) 19-22.

[161] *Zwick* (1978) 38.

[162] *Crouzel* (1964) 269-279; hier: 277.

gesprochen wird, während von einer *apatheia* Gottes im Raum biblischer Gottesoffenbarung *nie* die Rede ist, ja angesichts des leidenschaftlichen und leidenden Selbst-Einsatzes Gottes in seinem Offenbaren »völlig unangemessen«[163] wäre, dann wird verständlich, daß gerade das Festhalten an der biblischen Botschaft vom selbst-einsetzenden Gott auf der einen Seite und des griechischen unveränderlichen Gottes auf der anderen Seite diese beiden »Elemente« höchstens in einem »Paradoxon« (gewissermaßen unvermittel*bar*) nebeneinanderstehend aufeinander bezogen werden konnten. »Wie kann der christliche Glaube die Passion Christi als die Offenbarung Gottes verstehen, wenn die Gottheit nicht leiden kann? Läßt Gott Christus für uns leiden, oder leidet Gott in Christus für uns?«[164] - Dementsprechend wurde um des Leidens Christi willen und seiner soteriologischen Bedeutung die Frage nach dem Leiden Gottes gestellt und in unterschiedlicher Weise beantwortet:

a) Bei *Klemens von Alexandrien*, in seiner Schrift über die Unveränderlichkeit Gottes wird diese Unveränderlichkeit Gottes rückhaltlos unter dem Einfluß griechisch-philosophischer Einflüsse verteidigt.[165] »Sämtliche Gefühlsregungen, einschließlich des Mitleids, werden dem christlichen Gott jetzt abgesprochen; selbst die Christologie des Klemens gerät in bedenkliche Nähe zum Doketismus.«[166] - Wenngleich im Hintergrund solcher Ablehnung einer (wie auch immer gearteten) »Veränderlichkeit« Gottes aufgrund seines heilsgeschichtlichen Lebens-Einsatzes die eindeutige Stellungnahme der Väter gegen mythologische Vorstellungen von leidenden, sich verändernden Göttern und vor allem die Ablehnung einer »mythologischen« Menschwerdung Gottes gestanden sein mag oder dies die Argumentation mitbestimmt haben mag - wie *Balthasar* argumentiert -, so muß auch er zugeben, daß die konkrete Verteidigung der *apatheia* Gottes mit den Mitteln und in Übernahme der Denkkategorien des griechisch-metaphysischen Verstehenshorizonts vor sich ging, so daß letztlich auch ein »Auswiegen« durch dazu paradox formulierte Aussagen von der Freiheit, der Lebendigkeit oder dem

---

163 *Frohnhofen* (1978) 125. Vgl. dort weiter zum Wortbestand im Neuen Testament.

164 *Moltmann* (1980) 36-37.

165 Vgl. *Balthasar*, TD IV (1983) 195.

166 *Frohnhofen* (1978) 234.

Mitleid Gottes dem Menschen gegenüber nicht wirklich über die durch die Gegenüberstellung zur Apathie Gottes entstehende Paradoxität des Gottesverständnissses hinausgeht.[167] Zweifellos haben daher viele Väter »oft die Leidensunfähigkeit in einer Weise verteidigt, die mehr den Einfluß der griechischen Philosophie als den der biblischen Zeugnisse verrät«[168], sie wird in metaphysischem Kontext mit dem Gottsein Gottes selbst identifiziert und »ist also göttliches Wesen und Inbegriff menschlichen Heils in der göttlichen Gemeinschaft«[169].

b) Die Auseinandersetzung des *Gregor Thaumaturgos* mit der Leidensfrage führt zu einer differenzierteren Antwort. In seinem Traktat über die Leidensfähigkeit und Leidensunfähigkeit Gottes »Ad Theopompum« sieht er sich genötigt, auf eine heidnische Position dem Christentum gegenüber zu reagieren, die genau an den Leiden Christi einsetzt, um so das Christentum aus den Angeln zu heben. Sie läßt sich etwa so auf einen Nenner bringen: »die Christen haben einen Gott Jesus, der ist aber gestorben, wie sie selber verkünden, und das auch noch am Kreuz - also kann er nicht Gott sein, denn Gott ist per definitionem leidensunfähig.«[170] Nun teilt *Gregor* aber grundsätzlich beide Voraussetzungen der Gegner: 1. Jesus ist Gott; 2. Gott aber ist unveränderlich. Zugleich aber - und das ist das Bemerkenswerte an seinem Versuch - weiß er um die zentrale Bedeutung von Leiden und Tod Jesu, die unabdingbare soteriologische Bedeutung dieses Ereignisses, daß er sich zur paradoxen Formel des »Kommens Gottes zum Tode« durchringt. Die Menschwerdung Gottes in Jesus Christus hat er durchaus ernst nehmen wollen, so daß er neben dem Dauerhaften der Gottheit die menschliche Erscheinung als eine »Durchgangsphase« versteht. »Leiden und Tod sind aber nicht nur zum Schein durchgemacht, sie sind ganz real, so real wie die Gottheit Jesu.«[171] Die *Leidens-, Sterbens- und Erlösungs*aussagen werden also sehr wohl von Gott gemacht![172] Wie aber kann der leidens-

---

167 Vgl. *Balthasar*, TD IV (1983) 195.

168 Vgl. *Kasper* (1982) 237.

169 *Moltmann* (1980) 38.

170 *Abramowski*: ZKG 89 (1978) 273-290; hier: 289.

171 *Abramowski*: ZKG (1978) 290.

172 *Abramowski*: ZKG (1978) 284. Erst das letzte Kapitel hebt Jesus als Träger dieser Prädikationen hervor. Vgl. S. 275-276.

unfähige Gott selbst doch leiden, wie kann er zu Tode kommen und darin noch Gott sein? Um nicht in einer solchen Antinomie zu verharren, ändert *Gregor* die *Bedeutung* des Terminus »Leiden« dahingehend ab, so »daß nicht mehr jede in irgendeiner Weise als negativ empfundene Beeinträchtigung als Leiden gilt, sondern nur noch dasjenige als negativ empfundene Ereignis, das *zu nichts nützt* und dem beeinträchtigten Subjekt *nicht geziehmt* (Kap. 6), das *ohne den Willen* des Beeinträchtigten geschieht (Kap. 7) oder aber welches vom Beeinträchtigten *selbst verschuldet* ist (Kap. 14).«[173] So kann *Gregor* das *Nicht*-Leiden des Gottessohnes erweisen, weil ja der Kreuzestod Jesu sowohl zu etwas nütze war, freiwillig geschah und von Jesus nicht selbst verschuldet wurde. Auf diese Weise gelingt es *Gregor* Gott *sowohl* als leidens*un*fähig *als auch* als freiwillig durch das Geschick Jesu beeinträchtigt und so *leidend* in einen Verstehenszusammenhang zu bringen. »Gott nimmt menschliches Leid freiwillig auf sich, erleidet aber die Schmerzen, die daraus entstehen, nicht (Kap. 17).«[174] Die soteriologisch motivierte Spitze der Argumentation liegt eben darin, daß Gott *selbst* leiden kann, aber *nur* wegen seiner Leidensunfähigkeit zugleich auch noch in Leiden und Tod *Gott* bleibt, der *darin*, *in* Leiden und Tod, erlöst. Gerade die Transzendenz und Unwandelbarkeit Gottes garantieren für *Gregor* »den Tod Gottes als Tod des Todes und das Leiden Gottes als Leiden des Leides«[175], ja durch die »Verbindung mit dem Tod überwindet Gott diesen, wie das Licht durch die Verbindung mit der Finsternis dieselbe überwindet (Kap. 22)«[176]. - Mit *Gregor*, der als erster - nach unserer Überlieferung - die Leidens(un)fähigkeit zum Thema einer eigenen Abhandlung gemacht hat[177], werden auch andere Väter versuchen, das Paradoxon vom »Leiden des leidensunfähigen Gottes« (*Irenäus von Lyon*)[178], den »Deus im-

---

173 *Frohnhofen* (1978) 218.

174 *Frohnhofen* (1978) 218.

175 *Abramowski*: ZKG (1978) 290.

176 *Frohnhofen* (1978) 218.

177 Vgl. *Frohnhofen* (1978) 234.

178 Vgl. *Mühlen* (1969) 18. »Hingewiesen sei vor allem auf Iräneus, der in seiner Schrift Adversus haeresis ausführt, das Unsichtbare sei sichtbar geworden, der Unbegreifbare begreifbar, der Leidensunfähige leidensfähig, das Wort Mensch.«

passibilis passibilis« (*Melito*) zu vertreten.[179] - Wenngleich *Gregor* aufgrund des heilsgeschichtlichen Handelns Gottes in Jesus Christus und der zentralen Bedeutung von Leiden und Tod Jesu für die Erlösung auch noch im Horizont einer unverletzbaren »Unveränderlichkeit« Gottes vom »Leiden« Gottes sprechen kann, denkt er es nicht in (inner–)trinitarischem Horizont, verbleibt vielmehr für eine Lösung einem christologischen Ansatz verhaftet, dessen Kategorien nicht die der Vater-Sohn-Relation, sondern der der Gott-Mensch-Beziehung ist. Das aber, was für uns diesen Versuch *Gregors* interessant und als außergewöhnliche Denkanstrengung erkennbar macht, ist vor allem die soteriologische Zuspitzung seines Gedankens vom »Zu-Tode-Kommen« Gottes. 1. Das leidensunfähige *Sein* Gottes wird nicht so sehr *wegen* des griechischen Apathieaxioms als ein solches behauptet, sondern wegen der *Erlösungs*macht Gottes: Gott kann sich in seiner unzerstörbaren Souveränität dem Menschen erlösend sogar noch in Leiden und Tod zuwenden; aber er ist darin erlösender, *weil* er die Macht hat, Leiden und Tod *in ihnen* zu überwinden; »weil Gott aus ihnen wieder hervorgehen kann als der, der er immer war, offenbart er seine Mächtigkeit und unterwirft Tod und Leiden«[180]. Gott kann sich also nach *Gregor* mit seinem Leben selbst für das Heil der Menschen einsetzen, ohne sich dabei in der Geschichte, in Leiden und Tod zu verlieren; seine »Leidensunfähigkeit« wird verstanden als »Leidens-Macht« seines heilend wirkenden, unzerstörbaren Seins. 2. Die Leidens*un*fähigkeit Gottes »in sich« ist darüber hinaus nicht identisch mit der griechisch-metaphysischen Vorstellung vom un*berühr*baren, über der Welt »fern« thronenden Gott, sondern sie meint die Kraft der Bewegtheit und Berührtheit, die für *Gregor* solange nicht als »Leiden« zu deuten ist, als Gott sich freiwillig »berühren« läßt. Mit diesem Ansatz allerdings ist der Weg schon geöffnet für ein Verständnis des von Mensch und Welt geöffneten und *berührten* Liebes-Seins Gottes, das um des Heils des Menschen willen in seiner Berührtheit sogar *leiden* kann, ohne daß Gott darin je aufgehört hätte, *Gott* zu sein, oder darin erst Gott hätte *werden* müssen.[181] - Hermeneutisch wahrt *Gregor* den ökonomi-

---

[179] Vgl. *Moltmann* (1980) 37, bes. auch Anm. 5.

[180] *Abramowski*: ZKG (1978) 290.

[181] Vgl. *Kasper* (1982) 237-238: *pathe* kommen Gott nur insofern zu, als er sie *freiwillig* annimmt. »Auf dieser Linie liegt die Antwort von Gregor Thaumaturgos und Hilarius, ja selbst von Augustinus: 'War er auch schwach, so doch

schen Ausgangspunkt theologischen Denkens, um dessen *Gültigkeit* willen der metaphysische »Begriff« Gottes verändert werden konnte; das »Sein« Gottes wird schon in soteriologischem Kontext gedacht. Und nun: *Gregor* kann mit seiner Definition der Leidens*un*fähigkeit Gottes die Berührbarkeit Gottes *zugleich* aussprechen, ohne das Leiden *in* Gott zu »verewigen«, denn seine Seins-Macht, seine Liebes-Macht ist der je-größere Horizont. Das logische Gesetz einer Argumentation, die nur die Alternative kennt: entweder wesentliche Leidensunfähigkeit oder schicksalshafte Unterwerfung unter das Leiden, wird in *Gregors* Position schon prinzipiell und damit wesentlich durchbrochen. In einer solchen Durchbrechung aber spiegelt sich schon die heute etwa von *Moltmann* vertretene dritte Form des Leidensverständnisses wider: »Es ist das aktive Leiden, die freiwillige Öffnung für die Affizierung durch anderes, d.h. das Leiden der leidenschaftlichen Liebe.«[182]

c) Die beiden großen Alexandriner *Athanasius* und *Cyrill* kommen zu ähnlichen »paradoxen« Aussagen über die Leidens(un)fähigkeit Gottes, wenngleich ihr Ansatz einen ausdrücklich anderen Akzent aufweist: Zunächst wird an der Apathie des göttlichen Seins festgehalten. Wo aber die göttliche Natur *apatheia* besitzt, kann das gleichzeitig in seinem vollen Ernst wahrzunehmende Leiden Christi nur in die menschliche Natur verlegt werden.[183] So konnte, nachdem »Cyrill von Alexandrien in seinem 12. Anathematismus gegen Nestorius formuliert hatte, daß der Logos Gottes *dem Fleische nach* (*sarki*) gelitten habe (DH 263),...diese Lösung lehramtlich mehrfach wiederholt (vgl. DH 401; 423; 432; 801)«[184] werden; oder wie *Athanasius* es formuliert: »Der gleiche leidet und leidet nicht«[185], insofern er leidensfähiger Mensch *und* nicht-leidens-

---

aus eigener Machtvollkommenheit'. Sehr eindringlich sagt Gregor von Nyssa: 'Sein Herabsteigen in die Niedrigkeit ist aber ein gewisses Übermaß von Macht, für die es auch in dem kein Hindernis gibt, was sozusagen gegen seine Natur ist'« (S. 238).

182 *Moltmann* (1980) 39.

183 Vgl. *Balthasar,* TD IV (1983) 196.

184 *Mühlen* (1969) 17. In diesem Sinne hat auch *Thomas von Aquin* das Leiden Christi seiner menschlichen Natur zugerechnet und nicht seiner leidensunfähigen göttlichen Natur. Vgl. auch: *Lachenschmid*: LThK X, ^{2}1965, 83.

185 *Athanasius*, Epist. Epict 6; PG 26, 1060 C.

fähiger Gott zugleich ist.[186] Die entscheidende Wendung dieser Lehre der beiden alexandrinischen Theologen wird allerdings erst erkennbar, wenn die von ihnen zugleich behauptete Zuordnung von menschlicher und göttlicher Natur im einen Logos Beachtung findet: Die communicatio idiomatum ist nämlich für Athanasius und »Cyrill keine bloß äußerliche 'Zuschreibung' des Leidens an den Logos, sondern eine wirkliche 'Aneignung'«[187], so daß wirklich der *Logos* selbst leidet, wenngleich aufgrund dieser Annahme der menschlichen Natur[188], so daß wirklich der *Logos* als »Subjekt« des Leidens gedacht wird.[189] - Wenngleich das Apathie-Axiom von den alexandrinischen Theologen nie theoretisch angezweifelt wurde, schränkten sie dennoch seine Dominanz durch einen solchen Ansatz weitgehend ein; ja, der Ansatz bringt die (bisher) inhärente christologische »Verengung« schon auf den Weg, der zu einem trinitarischen Bedenken freigibt: Wenn nämlich der Sohn es ist, der selbst im Fleisch mitgelitten hat (compassus), dann wird seine Beziehung zum Vater selbst in Frage stehen, dann wird der Horizont der Leidens-Frage (wie von selbst) ein *trinitarischer.*[190] Dennoch bleibt der Horizont vor allem christologisch (letzt-)bestimmt, in welchem allerdings das Verhältnis zwischen menschlicher und göttlicher Natur zum Mittelpunkt der Auseinandersetzungen und des Verstehens avanciert. Für heute jedoch wird uns ein solcher Versuch, den Logos selbst als das »Subjekt« seines Leidens zu verstehen, tatsächlich zu einer (dem ja immanenten) trinitarischen Lichtung der Leidens-Frage führen.[191] »Gegenüber den zahlreichen Versuchen, Apathie und Passion christologisch zu vermitteln, um das Apathieaxiom aufrecht zu erhalten, scheint es konsequenter zu sein, statt von Apathieaxiom vom Axiom der Leidenschaft Gottes auszugehen, um das Leiden Christi als *Leiden des leidenschaftlichen Gottes* zu verstehen.«[192]

---

[186] Vgl. *Balthasar,* TD IV (1983) 196, Anm. 16.

[187] *Balthasar,* TD IV (1983) 196, Anm. 16.

[188] Vgl. *Mühlen* (1969) 19.

[189] Vgl. *Mühlen* (1969) 18. Dies wird auch noch für *Iräneus* oder *Justin* gelten. »So steht etwa für Justin zwar fest, daß Gott *apathes* ist, aber das Subjekt der Leiden des Logos ist hier noch der Logos selbst.«

[190] Vgl. *Zwick* (1978) 39.

[191] Vgl. *Jüngel*: ZThK (1968) 100 ff.

[192] *Moltmann* (1980) 28. Vgl. auch *Brasnett* (1928).

d) Vor allem mit *Origenes* scheint die Alte Kirche eine Unterscheidung von Leiden als Mangel an Sein (der Kreatur) und Leiden der Liebe festgehalten und ausdrücklich erkannt zu haben. »Ausgehend von der menschlichen Berührtheit durch fremde Not, verlegt der Alexandriner die *passio* des Mitleids in den *ewigen Sohn*: Hätte er sie nicht in der Ewigkeit für unser Elend empfunden, so wäre er nicht Mensch geworden und hätte sich nicht kreuzigen lassen. '*Primum passus est, deinde descendit. Quae est ista quam pro nobis passus est, passio? Caritatis est passio.*' Und vom Sohn wird auf den Vater zurückgeschlossen: ist nicht auch er, der Langmütige, Erbarmungsvolle, 'irgendwie mitleidend? In seiner Vorsehung muß er es leiden, daß die Menschen leiden (*passionem patitur humanum*), ebenso wie der Sohn unsere *passiones* erleidet. *Ipse pater non est impassibilis. Si sogetur, miseretur et condolet, patitur aliquid caritatis et fit in iis, in quibus juxta magnitudinem naturae suae non potest esse, et propter nos numanas sustinet passiones'.«*[193] - Hier nun ist das Leiden ganz in den *trinitarischen* Horizont des Verstehens gerückt. Der Sohn als der in der Heilsgeschichte leidende ist zugleich der ewige Sohn, der in der Beziehung zu seinem Vater leidet, so daß der Vater *selbst* leidet (*»Ipse pater non est impassibilis«)*. »In seiner Barmherzigkeit leidet Gott mit (*sympaschei*); er ist nämlich nicht herzlos (wörtlich: »ohne Eingeweide«, *asplagxos*).«[194] Darüber hinaus ist das Leiden des Vaters schon *vor* der Menschwerdung angesetzt, weil Gott in seiner Vorsehung das Leiden des Menschen schon *zuvor* erleidet.[195] In dieser radikal soteriologischen Konzentration werden die Leidensaussagen von Gott selbst gemacht als die seines *trinitarischen* Seins. Nicht mehr die Freiheit und

---

[193] *Balthasar,* TD IV (1983) 199; Hervorhebungen nicht im Text. Vgl. *Origenes*, Homilia VI in Ezechielem (MPG 13, 714 f). Vgl. auch *Kasper* (1982) 238. *Moltmann* (1980) 29; *Maas* (1974) 136-138.

[194] *Origenes, Selecta in Ezechielem* (c. 16; MPG 13, 812 A); vgl. *Moltmann* (1980) 39; *Maas* (1974) 136: »Diese Aussage ist interessant für eine Hermeneutik der biblischen Anthropomorphismen. Während Origenes sonst alle Anthropomorphismen und -pathismen radikal weginterpretiert, läßt er hier auf jeden Fall das im anthropomorphen Bild *Gemeinte* gelten: Gott ist nicht ohne Herz, er fühlt mit...«.

[195] Vgl. *Balthasar*, TD IV (1983) 199; fast wörtlich bei *Kasper* (1982) 218: »Hätte nämlich der Sohn nicht von Ewigkeit her Mitleid mit unserem Elend empfunden, dann wäre er nicht Mensch geworden, und dann hätte er sich nicht kreuzigen lassen...«

Souveränität Gottes ist hier das Problem - dieses Argument stand noch ganz im Horizont der metaphysischen Bestimmung Gottes als des »unabhängigen« und darin »unveränderlichen«. Origenes überbietet den Freiheitsgedanken mit dem der *Liebe* (*caritas est passio*).[196] Als dieses Liebes-Sein ist Gott dann auch leidender und er ist es nur, wenn sein Liebes-Sein *konkret* als trinitarisches Sein verstanden wird, da sich in der Oikonomia Gott *auf diese Weise* selbst-einsetzt für den Menschen in seinem Mitleiden. »Origenes spricht also von einer göttlichen Passion, die Christus für uns erduldet, und weist zugleich auf eine göttliche Passion hin, die sich zwischen dem Vater und dem Sohn in der Trinität ereignet. Das Leiden der Liebe betrifft nicht nur das erlösende Handeln Gottes nach außen, sondern auch die trinitarische Gemeinschaft in Gott selbst. Das extratrinitarische Leiden und das innertrinitarische Leiden entsprechen sich darin.«[197] Damit aber ist schon der Horizont dessen aufgedeckt, worum wir uns in diesem Kapitel bemüht haben. So stellt uns *Origenes* mit seinem konsequent soteriologischen und heilsgeschichtlichen Ansatz nicht nur »das historisch gewachsene Paradoxon des einerseits leidensunfähigen und andererseits leidenden christlichen Gottes

---

196 *Kasper* (1982) 238.

197 *Moltmann* (1980) 40. *Moltmann* wird allerdings einen Schritt weiter gehen in seiner Interpretation, insofern er gemäß seinem dialektischen erkenntnistheoretischen Ansatz nicht nur auf die *Tatsächlichkeit* einer trinitarischen Erschließung hinweist und auf die darin sichtbare *geschichtliche* »Notwendigkeit« einer solchen Entfaltung, sondern von diesem Faktum auf ein *dialektisch*-notwendiges »Prinzip« schließt, aus welchem sich die Notwendigkeit eines »Beweises« der Trinität ergibt: »Die Erfahrung des göttlichen Pathos führt vielmehr notwendig zur Erkenntnis der Selbstunterscheidung des einen Gottes« (S. 42). Wenngleich diese »Versuchung« im Interesse einer fundamentaltheologischen »Zugänglichkeit« des trinitarischen Geheimnisses Gottes liegt, so sind doch Versuche einer notwendigen Erschließung Gottes als des trinitarischen abzulehnen, weil sie nicht analog-reziprok denken, sondern sich ihren »Beweis« dialektisch-notwendig »erkaufen« auf Kosten der tatsächlichen Freiheit Gottes in seiner Liebe. Vgl. zur Diskussion und Begründung auch die Kritik an solchen Versuchen bei *Pesch*: *ders*. (1987) 44. »Man kann das, was selber nur tastender Versuch analoger Auslegung des *gegebenen* Trinitätsdogmas ist, weder axiomatisch ansetzen noch es zum Gegenstand und Medium einer transzendentalen Rückfrage machen - auch nicht das Wesen der Liebe...« (S. 44, Anm. 68). Vgl. auch *Pesch* (1977) 485-487, und *Schulte*: MThZ 12 (1961) 192-204; *Simonis* (1972).

am allerdeutlichsten vor Augen und damit gleichzeitig in Frage«[198], sondern er zeigt, daß auch unter dem Horizont metaphysischer Kategorien aufgrund seines heilsgeschichtlich-biblischen Ansatzes eine *dem*-entsprechende (trinitäts-)*theo*logische Erschließung möglich, ja notwendig wird, um die wahren Dimensionen des Leidens Gottes zu »erahnen«.

3. Schließlich soll noch der Frage nachgegangen werden, wie denn die »Definition« von der »Unveränderlichkeit« des Sohnes auf dem Konzil von *Nikaia* zu verstehen sei - wenn man das soeben zu den Vätern Gesagte mitbedenkt - und ob dies zueinander vermittelbar sei, also welchen Stellenwert diese Aussage von *Nikaia* in unserem Kontext haben könne angesichts der durchaus gar nicht so seltenen und vereinzelten Auffassung der Väter von einer gewissen »Leidensfähigkeit« Gottes: Die Intention der Konzilsväter ist aus dem Glaubensbekenntnis nicht zu ermitteln; außerdem gibt es keine offiziellen Konzilsakten, die eine »authentische Interpretation« aus dem damaligen Horizont ermöglichen würden. Bei der Verständnissuche ist man ganz auf die Zeugnisse von *Eusebius von Caesarea* und *Athanasius* angewiesen. »Nach Eusebius hat das Konzil keine andere Absicht gehabt, als auszusagen, daß der Sohn keine Ähnlichkeit (*emphereis*) mit den gewordenen Geschöpfen habe (*kai me einai ex heteras tinos hypostaseos te kai ousias, all' ex Patros;* Epistula ad Cäsar. 7: PG 20, 1541 C).«[199] Eben deshalb sei das Wort *homoousios* gewählt worden, wenngleich diese positive Bestimmung zugleich eine Negation der Position von *Arius* zum Ausdruck bringen will.[200] *Arius* möchte - in metaphysischer Tradition stehend - die innere Einheit und Unteilbarkeit der göttlichen *monas* gewahrt sehen gegenüber einer *gewordenen dyas*. »Dyas ist in der gesamten platonisch-neupythagoreischen Tradition Symbol und Prinzip von Vielheit, Unvollkommenheit, Materie, Veränderlichkeit.«[201] So ist der Logos als *deuteros theos* zwar das erste, vornehmste Geschöpf Gottes, aber letztlich »in der Zeit aus dem Nichts geschaffen, veränderlich und fehlbar«[202]. Demgegenüber soll

[198] *Frohnhofen* (1974) 234.

[199] *Mühlen* (1969) 10. Vgl. auch *Abramowski*: ThPh 54 (1979) 38-49.

[200] Vgl. *Ortiz de Urbina*: *Dumeige/Bacht* (Hg.) (1964) 97; vgl. *Mühlen* (1969) 10.

[201] *Maas* (1974) 139.

[202] *Kasper* (^{7}1978) 208.

das Zu-Gott-Gehören des Logos und damit sein Sein als *dem*entsprechend »unveränderliches« behauptet und begründet werden; und zwar mit dem Begriff der »Zeugung«. Die Vorstellung der »Zeugung« des Sohnes aus dem Vater alleine war für *Arius* allerdings unvereinbar mit der (von ihm verteidigten!) Unveränderlichkeit des Vaters, der göttlichen Monade. Denn: »Gott ist absolut einer, unteilbar und unveränderlich. Dann kann es einen mit Gott gleichewigen, von Ewigkeit her gezeugten, gleichseientlichen Logos nicht geben. Der Logos gehört also grundsätzlich auf die Seite des Geschaffenen und Veränderlichen.«[203] Weil aber »Veränderlichkeit« in metaphysischem Kontext soviel wie *Teilung* bedeutete, mußte das Konzil herausstellen, daß für den Fall, daß es um den Logos geht, Zeugung keine Trennung (*diairesis tes ousias*) im Wesen zwischen Vater und Sohn bedeutet, kein Abschneiden (*apotome*), nicht Leiden (*pathos*), Veränderung (*alloiosis*) oder Verwandlung (*trope*).[204] Darin soll aber ein bestimmtes Seinsverständnis abgewehrt werden, um die Dreieinheit Gottes als der des heilsgeschichtlich erfahrenen Gottes weiterhin zu sichern. »Das hier waltende Seinsverständnis kann man als theo-ontologisch oder auch all-kosmisch bezeichnen: Gott gilt als *auto to on*, als das höchste Seiende in und über dem als Kosmos vorgestellten All des Seienden. Seine Unveränderlichkeit ist lediglich die Negation dinghaft vorgestellter Veränderung.«[205] Die Absicht des Konzils ist es demnach, gegen *Arius* herauszustellen, daß »Gott der Vater und auch der ihm wesensgleiche Sohn ... *nicht so veränderlich wie die veränderliche Kreatur* [sind]«[206]. Daher schließt *Moltmann* zu Recht, daß im Verständnis des Konzils Gott nicht als *so* veränderlich verstanden wird, wie das Geschöpf[207]; und dies schließlich wieder unter einer bestimmten Auflage: nämlich einer in ganz bestimmt *negativen* Sinne verstandenen Konstitution der Geschöpfe als endliche und fragmentarische, welcher Bestimmung der Terminus

---

203 *Maas* (1974) 141; vgl. *Mühlen* (1969) 14.

204 *Mühlen* (1969) 15; vgl. PG 20, 1541 AB.

205 *Mühlen* (1969) 15.

206 *Maas* (1974) 143.

207 *Moltmann*: Conc(D) 8 (1972) 407-413; hier: 410. »In der christlichen Theologie besagt das Apathieaxiom eigentlich nur, daß Gott nicht in derselben Weise dem Leiden unterworfen ist wie die vergängliche Kreatur«, *Moltmann* (1980) 39.

Veränderlichkeit beigelegt wurde. Unveränderlichkeit Gottes ist so gesehen eine *Vergleichsaussage.* »Gott ist keiner Nötigung durch Nichtgöttliches unterlegen. Doch damit ist nicht gesagt, daß Gott nicht frei ist, sich selbst zu verändern oder sich durch anderes veränderlich zu machen. Aus der relativen Behauptung seiner Unveränderlichkeit ergibt sich nicht der Schluß auf seine absolute Unveränderlichkeit«[208]. Was also die Unveränderlichkeit *positiv* beinhalten solle, bleibt durchaus offen. »Es muß nicht von vornherein die gesamte griechisch-philosophische Lehre von der absoluten Unbeweglichkeit und Unveränderlichkeit des wahren, göttlichen Seins mitübernommen und mitenthalten sein.«[209] *Diese* Unveränderlichkeit Gottes und seines Sohnes hemmen und lähmen jedoch nicht die unbedingte Lebendigkeit[210], Freiheit und Liebe dieses Gottes, der darin auch Leiden kann, ohne aufzuhören, Gott zu sein. - Wir können in Übereinstimmung mit der Differenzierung der Väter durchaus erkennen, daß im Lichte der tatsächlichen Offenbarung der Weg *aus* einer nur im griechisch-metaphsischen Kontext gefangenen Theologie *hinaus* immer schon in der Tradition vorgezeichnet war. Die Geschichte der theologischen Durchdringung des Geheimnisses der Selbstmitteilung Gottes erweist sich als die »unerbittliche Offenhaltung aller metaphysischen Systemgedanken für das je größere Geheimnis des lebendigen G[ott]es, der erst dort als er selbst anwest, wo er selbst handelt u[nd] der Mensch versteht, daß die wahre Metaphysik erst im Akt der Sprengung des geschlossenen Systems zu sich selbst kommt«[211]; daß noch mehr die

---

[208] *Moltmann*: Conc(D) (1972) 410; vgl. auch *Balthasar*, TD IV (1983) 199-200: Die Väter sprechen durchaus in so differenzierter Weise von der »Unveränderlichkeit« Gottes, daß als unüberholbar und bleibend gültig daran bewahrt werden muß: Es gibt kein ungewolltes Bestimmtsein Gottes von »außen«; oder, daß Gott bloß passiv betroffen werden könne, wenn es seinem Selbst-Einsatz nicht entspricht.

[209] *Maas* (1974) 143.

[210] Vgl. *Balthasar*, TD IV (1983) 200: Die Formen der Lebendigkeit Gottes *müssen* in Analogie zu menschlichen Affekten gedacht werde, ohne daß eine »Veränderlichkeit« (im gezeichneten Sinne) in Gott eingetragen würde.

[211] *Rahner*: LThK IV, (^{2}1960) 1083-1086; hier: 1083. In diesem Sinne haben auch die Väter sich nicht am Sein der Seienden orientiert, um an ihm Gott zu »entwerfen«, sondern sie haben genau diesen Ansatz (wie *Rahner* ihn formuliert) schon immer aufgrund der bekannten und verteidigten Selbst-Offenbarung auch im Gewand der griechischen Metaphysik zu wahren versucht.

eigentliche *Glaubens*aussage im Gewand metaphysischer Denkkategorien weit über diese hinausführt, ja sie eigentlich schon grundlegend durchbrochen hatte.[212]
Zu Ende gedacht - und so wurde weiter oben schon formuliert und begründet - steht die Aussage von der »Unveränderlichkeit« Gottes und des Sohnes des Vaters nicht nur in einem soteriologischen und trinitarischen Kontext, sondern in dem der *Geschichtlichkeit* Gottes: 1. Es war die Gottesvorstellung des *Arius*, durch die »offensichtlich der Gott der Philosophen den lebendigen Gott der Geschichte verdrängt«[213] worden war. Umgekehrt hat gerade die Entscheidung von *Nikaia* Gott als den Gott der *Geschichte* - gemäß der heilsgeschichtlichen Erfahrung Gottes - geradezu aufgerichtet. Denn mit dem *homoousios* wurde dem geschichtlichen, leidenden und erlösenden Wirken des Sohnes *ontologischer*, *theo*logischer Rang zuerkannt.[214] Und dies genau ist es, was die Väter auch noch unter dem Hinweis auf die Unveränderlichkeit dieses Gottes aufgrund seiner Freiheit und Liebe als das Leiden des im Höchstfalle schon (inner-)trinitarisch-relational verstandenen Gottes zum Ausdruck bringen können. 2. Die auf dem Konzil konstatierte »Unveränderlichkeit« Gottes steht dieser »Geschichtlichkeit« Gottes nun gar nicht entgegen, sondern *begründet* sie noch vortrefflich. Denn mit der »Unveränderlichkeit« des Sohnes soll auf seiner *Göttlichkeit* als ewiger gegenüber jedem »Gott-Werden« einer Monade insistiert werden, auf jener Göttlichkeit, die, wenn der Sohn selbst im Leiden (und dann darin auch der Väter) betroffen ist, sogleich geradezu unerhört die göttlich-*ontologische Gültigkeit* seines *leidenden* Selbst-Einsatzes in der Heilsgeschichte deutlich macht - und damit des Leidens Gottes *für* Gott selbst »*in*« Gott. 3. Zugleich wird mit der »Unveränderlichkeit« die

---

[212] Vgl. *Grillmeier*: *Balthasar* u.a. (1976) 68-69.75-76.

[213] *Kasper* ([7]1978) 208.

[214] Interessant ist in diesem Zusammenhang, daß die Gegner von *Nikaia* und *Athanasius* das *homoousios* gerade im Sinne eines »Patripassianismus« verstehen konnten; denn wenn der Sohn wesensgleich ist, dann ist die Geschichte des Sohnes die Gottes *selbst*! Vgl. *Backes*: TThZ 82 (1973) 129-140; hier: 135. Das zeigt noch einmal, daß ein durchaus waches Bewußtsein davon herrschte, was die Göttlichkeit des Sohnes bedeutete, daß nämlich seine *Geschichte* für das »unveränderliche« Eine *ontologische* Bedeutung besitzt, die man dann *wegen* der »Unveränderlichkeit« Gottes ablehnte oder *wegen* der heilsgeschichtlichen Gebundenheit wahrnahm und zu verstehen suchte.

Analogizität der Leidensaussagen gewahrt: Sie können nur aus Gottes *Freiheit* und *Liebe*, und dies *ist* sein Sein, rechtens verstanden werden und nicht aus der Fragmentarität geschöpflichen Seins. Darin ist das Leiden Gottes als *je-unähnlicheres* zu den aus den Erfahrungen der Endlichkeit und (so gesehen) »Veränderlichkeit« erwachsenden Schmerzen zu verstehen; das heißt aber nicht: *doch* in »geringerem« Sinne, sondern in je-*größerer* Unähnlichkeit, in einer Intensität, in der nur die Liebe selbst zu leiden imstande ist. Ein in diesem Sinne präzisiertes Verständnis der »Unveränderlichkeit« ist dann geradezu - mit der Intention der Väter - ein Schutz gegen eine Re-Mythisierung des Christusmysteriums durch die Verwandlung der Heilsgeschichte zu einer »Göttergeschichte«. Die heilsgeschichtliche Engagiertheit Gottes ist keine innere Not Gottes und seiner ihm nötigenden »Endlichkeit«, sondern Ausdruck der seinem Liebes-Sein immanenten Seins*kraft*. Seine »Geschichtlichkeit« ist nicht das *Ergebnis* der Heilsgeschichte, sondern vielmehr umgekehrt: Sein Selbsteinsatz als *inner*göttlicher und inner*trinitarischer* Lebensvollzug ist bleibende, von den Geschöpfen uneinholbare Voraussetzung für sein Sich-Aussetzen in die Fragmentarität und die darin begründete »Veränderlichkeit« dieser Welt. Demnach muß die »Berührbarkeit« Gottes nicht vom Schmerz dieser Welt abgeleitet werden; in seiner *Göttlichkeit* ist er schon der Berührte und daher Berühr*bare* (*Gregor Thaumaturgos*). 4. Wenngleich mit der differenzierten Sicht des Leidens-Problems durch die Väter in der geistesgeschichtlichen und glaubensgeschichtlichen Entfaltung der ersten Jahrhunderte die »Paradoxität« von Leidens*fähigkeit* und Leidens*unfähigkeit* Gottes nicht wirklich und letztlich überwunden werden konnte, so ist doch der Weg frei geworden und damit prinzipiell disponiert für ein Verständnis von Gottes (trinitarischem) »Sein« als *berührte, bewegte Liebe* (*Gregor Thaumaturgos, Origenes*) - in eindeutigem Widerspruch zum »neutralen« Sein oder »höchsten Seienden« der Griechen -, so daß die paradoxe »Zweigliedrigkeit« der Leidens/Nichtleidens-Aussage über Gott zu der des einen, sich selbst-einsetzenden und *nur* so *mächtigen* »Seins« hin offen ist, in dem als dem einen, letzten Grund Gott (in Analogizität) liebt und *darin dann* auch zu *leiden* vermag, weil er ist, wie er ist.

DRITTER TEIL

Probleme und Anforderungen einer heutigen trinitätstheologischen Grundlegung der Rede vom »Leiden« Gottes

In dem abschließenden, dritten Teil sollen jetzt die Konsequenzen des bisher erarbeiteten Zusammenhangs von Leidens-Frage und trinitarischer Selbstoffenbarung Gottes gezogen werden, insofern sich ja die Leidensfrage schon als *Gottes*frage hat ausweisen lassen und sie sowohl in formal-erkenntnistheoretischer als auch in inhaltlich-theologischer Weise als ein trinitarisch zu begründendes Phänomen der *Art* der Selbst-Offenbarung Gottes, nämlich als die Art seines Selbst-*Einsatzes*, sichtbar geworden ist. Für eine Untersuchung der gegenwärtigen Elemente einer trinitarisch begründeten Rede vom Leiden Gottes werden entsprechend ihrer Bedeutung verschiedene Ansätze geprüft werden, wie weit sie im Lichte des bereits Erarbeiteten tragen mögen, wo ihre Stärken und ihre Schwächen im Hinblick auf die behandelten Elemente einer heutigen Leidens-*Theo*logie liegen mögen. Daraus sind dann jeweils die Konsequenzen für eine weitere Bearbeitung des Themas zu ziehen, die Grund geben, daß in ihrer weiteren Ausarbeitung und Prüfung berechtigt dem Thema und einer Lösung der komplexen Teilprobleme sowie ihrer Zusammenhänge schließlich näherzukommen sei. Dabei werden die Elemente des »Leidens« und der »Geschichtlichkeit« Gottes im Mittelpunkt stehen und insofern auch schon implizit - wie bisher - die Frage des Verhältnisses von ökonomischer und immanenter Trinität. Die zugleich damit zu erarbeitende Frage nach der *Einheit* des trinitarischen

Gottes - noch dazu unter der Hinsicht seiner »Leidensfähigkeit« und »Geschichtlichkeit« - soll jedoch mehr in bezug auf die Unerläßlichkeit für unser Thema, nicht aber »in sich« Gegenstand der Überlegung sein im Bewußtsein, daß dieser Fragenkomplex in unserem Zusammenhang mit zur Klärung wird beitragen können, und auch im Wissen um die Anfragen, die sich an eine Konzeption des »leidenden« Gottes von daher stellen. Im vollen Sinne kann die Frage nach dem »einen Wesen« Gottes (und das mit ihr Zusammenhängende) erst im größeren Kontext einer »künftigen« Trinitätstheologie ihren unverzichtbaren Ort haben, auf die hier ja in einer trinitarischen Grundlegung des Leidens Gottes hin ein Beitrag geleistet werden soll, so daß, wenngleich die Einheit Gottes nicht in sich zur Diskussion steht, das hier Grundgelegte auch dafür eine Bedeutung beanspruchen darf, die in unseren Zusammenhängen immerhin angedeutet werden soll.[1] Des weiteren verdeutlicht die Diskussion des Verhältnisses von immanenter und ökonomischer Trinität unsere Leidens- und Geschichtlichkeitsproblematik, so daß auch diese Frage in bezug auf ihre Bedeutung dafür mitbehandelt werden muß, nicht jedoch hinsichtlich der Konsequenzen, die die Grundfragen dieser Arbeit für eine Trinitätstheologie im vollen Sinne, in der dann auch der Fragenkomplex des göttlichen Personseins (und die gegenwärtige Diskussion dazu) zu stellen wäre, haben. Wie schon für das Einheitsproblem gilt, daß die Grundlegung des Leidens Gottes auch dafür einen Beitrag wird leisten können, insofern sie zu einer Ausarbeitung dieser Frage notwendig hinführt. Im übrigen haben genau beide Elemente einer voll ausgearbeiteten Trinitätstheologie, nämlich das des Verständnisses göttlicher Personalität und das der Einheit Gottes, einen eminenten inneren Zusammenhang, weil ja die Fragen nach der immanenten Trinität und der Drei*persönlichkeit* Gottes nie nur den Zweck haben, diese bloß »in sich« zu bedenken, sondern weil sie immer schon zugleich aus der Absicht heraus entstehen und in dem Sinne durchgeführt werden, Gottes *Einheit* in der gleichzeitigen Behauptung

---

[1] Vgl. den entsprechenden Problemaufriß in der Grundlegung. Vgl. *Gutwenger*: ZKTh 90 (1968) 325-328; *Heinz*: *Böhnke/ders.* (Hg.) (1985) 334-347; *LaCugna*: Religious Studies Review 13 (1987) 141-147; *ders.*: SJTh 38 (1985) 1-23; *ders./McDonnell*: SJTh 41 (1988) 191-215; *Lauter*: WuW 36 (1973) 60-62; *ders.*: ThG 18 (1975) 236-240.

seiner *personalen* Differenz zu wahren.[2] Insofern diese innere Zusammengehörigkeit eine gegenseitige hermeneutische Interpretation jener Fragen in ihrem Verwiesensein aufeinander bedeutet, wird ihre Behandlung hier, in unserem Zusammenhang, bedeuten, daß der »Bezug« dieser Fragekomplexe selbst *vermittelt* werden soll, um die Immanenz der Reflexion aufzubrechen oder ein solches Aufbrechen jedenfalls grundzulegen durch die Frage des Leidens und der sie begründenden Geschichtlichkeit Gottes.

Das Problem der Trinitätslehre und das der Leidensfrage als Frage der Gotteslehre stehen - wie sich schon gezeigt hat - in einem engen Zusammenhang, der uns zu den Initialfragen einer christlichen Gotteslehre hinführen kann, durch die und durch deren Zusammenhang eine christliche Gotteslehre heute tatsächlich zu einer neuen Grundlegung (gegenüber der klassisch-metaphysischen) hingedrängt hat. Denn: »Es gibt zwei Traditionen in der christlichen Theologie, die diesem 'Aufruhr' im christlichen Gottesbegriff nachgedacht haben: die Entwicklung einer *Trinitätslehre* und die Ausbildung einer *Kreuzestheologie.«*[3] Eben diesem Zusammenhang soll jetzt weiter nachgegangen werden, wie er sich in heutiger Theologie niederschlägt, was er initiiert und mit welchen Problemen die »Veränderung«, die er in einer Gotteslehre hervorrufen möchte, verbunden sind. *Es geht also um die »theo-logische« Notwendigkeit und die darin immanente Problematik einer trinitarischen Letzt-Begründung des »ökonomisch« erfahrenen »Leidens« des sich-selbst-einsetzenden Gottes.*

---

[2] Vgl. die Diskussion zwischen *Rahner*, dessen Verständnis innergöttlichen Personseins von der Absicht der Verhinderung eines »Tritheismus« getragen ist, und anderen heutigen Positionen der Bestimmung innertrinitarischen Personseins, denen es mehr um die Vermeidung eines Modalismus geht: *Krenski* (1990) 149 ff; *Löser*: *Breuning* (Hg.) (1984) 29-30. Je nach Zugang und konkretem Verstehenshorizont wird mehr in Richtung einer innergöttlichen »Du«-Relation der Personen tendiert oder zu deren Ablehnung. *Löser* spricht in diesem Zusammenhang von einer »nicht-tri-theistischen« Position *Rahners*, so daß die anderen mehr »dialogischen« Positionen als »nicht-modalistisch« zu bezeichnen wären. Vgl. auch *Gloege*: KuD 1 (1955) 133-151; *Hill*: Augustinian studies 2 (1971) 67-80.

[3] *Moltmann* ([5]1987) 146. Vgl. auch: *Schütz*: MySal Erg.Bd. (1981) 246-371; *Schützeichel*: TThZ 83 (1974) 1-16.

Die Herausstellung der Bedeutung analog-reziproker Struktur jeder Gotteserkenntnis als grundlegende »Methode« theologischer Argumentation hat schon den inneren, notwendigen Zusammenhang von Gotteslehre und ihrer trinitätstheologischen Erschließung bzw. einer trinitätstheologischen *Letzt*-Fundierung aller theologischer Aussagen aufweisen können, weil ja andernfalls, d.h. unter Nichtbeachtung oder Ablehnung eines solchen Vorgehens, die »innere« Unhintergehbarkeit des hermeneutischen Zirkels theologischer Argumentation durchbrochen wäre. Dennoch, und das soll hier entfaltet werden, ist einer solchen Forderung, die sich in den heutigen Ansätzen zu einer christlichen Gotteslehre durchzusetzen beginnen, nicht problemlos nachzukommen, obwohl sie sich im Kontext der Leidensfrage als unumgänglich erwiesen hat. Der inneren Problematik einer trinitätstheologischen Letzt-Erschließung in den heutigen Diskussionen der christlichen Gotteslehre soll im kommenden nachgegangen werden, um entsprechend analog-reziproker Erkenntnisstruktur und im Durchgang durch verschiedene Ansätze und Modelle einen geeigneten Weg aufweisen zu können, wie und wie nicht das Leiden als ein Leiden Gottes *in Gott trinitarisch* begründet werden könne.

Erstes Kapitel

Der trinitarische Letzt-Horizont der Gotteslehre als Voraussetzung des Leidens Gottes

Wenngleich das Leiden als Leiden *Gottes* im Horizont einer trinitarisch erschlossenen Gotteslehre erst zum Tragen kommen kann (und daher nicht ohne eine solche Differenzierung), muß zuvor nach der *Begründung* heutiger theologischer Versuche, die Gotteslehre im Lichte einer trinitarischen Letztdifferenzierung zu denken, gefragt werden dürfen, wenn die schon konstatierte Wechselseitigkeit und Stützung von Leidens-Frage und trinitarischer Differenzierung jeder Gotteslehre gelten soll, so daß sich das eine aus dem anderen mit innerer Stringenz ergeben kann und in der tatsächlichen theologischen Diskussion auch ergeben hat: *Die trinitarische Letztbegründung der Gotteslehre führt von sich her zur*

Leidensfrage hin. Dieser Zusammenhang, nämlich *wie* die Trinitätstheologie zur Leidensfrage hinführe, soll jetzt im Lichte heutiger Diskussion verfolgt und problematisiert werden.

I. Metaphysisches Wesensverständnis und trinitarische Differenzierung der Gotteslehre

Die entscheidende Anregung für eine Gotteslehre, in der die trinitätstheologischen Aussagen nicht nur ein, und gemeinhin »zweites«, Element darstellen würden, kam nicht nur aus einer Leidens-Theologie, die sich schon im 19. Jahrhundert konstituierte (Deutsche Kenotiker[4]), in der anglikanischen Theologie des frühen 20. Jahrhunderts (Theologie des Schmerzes[5]) fortsetzte und die als »der groß angelegte Versuch, von diesem Bekenntnis [zu Christus als dem Sohn Gottes], genauer: vom Kreuz her, den Begriff Gottes und seiner Unveränderlichkeit einer Neuinterpretation zu unterziehen, um so das biblische Verständnis vom Gott der Geschichte neu zur Gestalt zu bringen«[6], zu würdigen ist, sondern auch aus einem Neu-Durchdenken der Gotteslehre selbst, was mit dem Namen und der Theologie *K. Rahners* unmittelbar verbunden war.

---

[4] Die Kenotiker verstanden die Menschwerdung unter der bestimmten Voraussetzung, daß Gottes Sein sich selbst dafür »beschränken« müsse, somit in seiner menschlichen Gestalt kein umfassendes Gottesbewußtsein oder kein ewiges Selbstbewußtsein habe, ja sogar so etwas wie einen Tod in Gott kenne. Vgl. die Literaturangaben bei *Balthasar*, TD IV (1983) 200-201; bes. 200, Anm. 4, und die Angaben zur kenotischen Theologie des 19. und 20. Jahrhunderts bei: *Kasper* (1982) 238-241.

[5] Den anglikanischen Kenotikern ging es mehr um die Einwirkung der Sünde auf Gott, der deswegen nicht vollkommen sein könne, weil er mit-leide unter der Sünde. Vgl. wieder: *Balthasar*, TD IV (1983) 201.

[6] *Kasper* (1982) 241.

1. Der reziproke Zusammenhang von heilsgeschichtlichem Handeln Gottes und seinem innergöttlichen Sein

In seinen intensiven Bemühungen, die Bedeutung des Trinitätstraktates für die Struktur der Gotteslehre und schließlich für alle theologischen Traktate herauszustellen bzw. wieder aufzuwerten[7], hat *K. Rahner* gegen die Tendenzen im Glaubensbewußtsein[8] und gegen die übliche Traktatordnung[9] einen entscheidenden Beitrag zu einer Reform nicht nur der *»Ordnung«* der Traktate der christlichen Gotteslehre geleistet, sondern zur *»Neu«-Strukturierung*, d.h. nicht in der Einführung von »Neuem«, sondern in der Wiederentdeckung und Begründung der ursprünglichen Bedeutung trinitarischer Rede, des *Fundamentes* jeder (christlichen) Gotteslehre und der Gotteserkenntnis selbst entscheidend beigetragen.[10] Hinter der üblichen Ordnung der Traktate der Gotteslehre vermutet *Rahner* nämlich nicht nur eine in der Tradition weithin verbindlich gewordene Trinitätskonzeption, nämlich die der augustinischen Tradition[11], sondern er weiß um die der Erkenntnis Gottes aus der

---

[7] Wenn das Trinitätsgeheimnis der Gottesoffenbarung *das* Heilsmysterium ist, dann »muß auch in *allen* Traktaten der Dogmatik deutlich werden, daß die darin behandelten Heilswirklichkeiten selbst nicht verständlich werden können ohne Rückgriff auf dieses Ursprungsmysterium des Christentums«, *Rahner*: MySal II (1967) 327.

[8] Vgl. *Rahner*: SzTh IV (1960) 105.

[9] Vgl. *Rahner*: MySal II (1967) 323-327. Der Grund der Bedeutungslosigkeit der trinitarischen Gottesrede erhellt aus der prinzipiellen Vorordnung des Traktates des »einen« Gottes für eine trinitarische Differenzierung der Gotteslehre. Vgl. auch *Fuchs*: Religionsunterricht an höheren Schulen 24 (1981) 1-15; hier 2: »Ließe man das Bekenntnis zum dreifaltigen Gott weg, so würde sich de facto am vorherrschenden Gottesbild nichts ändern. Man spricht von Gott wie von einem ins Unendliche vergrößerten Subjekt einer abstrakt und beliebig vorgestellten Allmacht.« Vgl. weiter: *Lies*: ZThK 105 (1983) 290-314; hier: 314:« Der Traktat über den Dreifaltigen Gott und dessen Bedeutung scheinen...weithin in Vergessenheit geraten zu sein.« Diese Äußerungen zeigen, daß trotz intensiver Bemühungen einer Neu-Durchdringung der Theologie von einem trinitarisch letzt-fundierten Gottesverständnis her dieses Defizit immer noch als ein solches empfunden wird.

[10] Vgl. neben den schon genannten Grundsatzartikeln auch: *Rahner*: *ders./Darlap u.a.* (Hg.) (1969) 1005-1031.

[11] »Geht man von der augustinisch-abendländischen Grundkonzeption aus, liegt ein a-trinitarischer Traktat De Deo uno wie selbstverständlich vor dem Trinitätstraktat«, *Rahner*: MySal II (1967) passim; vgl. *Rahner*: SzTh IV (1960)

Selbst-Offenbarung widersprechende erkenntnistheoretische Problematik eines Ansatzes beim »einen Wesen«[12] Gottes als des alles bestimmenden *Ausgangs* der Erkenntnis Gottes: Mit einem solchen Ansatz entwirft man nämlich »eigentlich...einen Traktat: 'De divinitate una' und muß ihn dann (wie es ja auch geschieht) *sehr philosophisch-abstrakt und sehr wenig heilsgeschichtlich konkret* entwerfen«[13]. Die philosophisch

---

111: »Vermutlich entspringt diese Teilung und Reihung der beiden Traktate im letzten Grunde aus der augustinisch-abendländischen Trinitätskonzeption...« Während *Rahner* 1960 noch vorsichtig »vermutet«, ist er in seinem Grundsatzartikel 1967 sicher: Der systematische Initialpunkt für eine solche Ordnung liegt - mit dieser Tradition gesprochen - darin, daß das Handeln der Trinität »nach außen«, in der Welt und in sie hinein, in einer *strengen* Gemeinsamkeit gesehen wird, so daß keiner der göttlichen Personen ein Handeln mehr als »appropriiert« werden kann. Wenngleich an dem »gemeinsamen« Handeln der göttlichen Personen auch *Rahner* festhalten möchte, so kann er doch zeigen, daß dieses »Gemeinsame« (mindestens in der Heilsgeschichte) ein lebendiges Geschehen ist, in dem auch die Proprietäten der Personen erkannt werden, die dann »gemeinsam« handeln, indem sie in bezug zueinander und gemäß innertrinitarischer (unumkehrbarer) Ursprungsverhältnisse handeln.

12 Dabei ist immer mit zu bedenken, daß die metaphysische Vorstellung vom »Wesen« und die Forderung eines letzten Seinsgrundes das Verständnis der »Einheit« (Gottes/in Gott) mitbestimmen, wie umgekehrt die metaphysische Weltsicht »Einheit« so bestimmt hat, daß sie als Wesen verständlich werden konnte. Beide Elemente unterstützen sich gegenseitig in der Weise, daß sie zu einem in sich geschlossenen Vorstellungszirkel aneinandergeschlossen sind, der nur aufzubrechen ist, wenn die implizierten metaphysischen Vorstellungen als Projektion entlarvt werden. Dann kann von der Einheit Gottes erst »neu« gesprochen werden und, insofern die Einheit Gottes den einen Gott meint, auch - wenn man das möchte - vom »Wesen« Gottes in nicht-metaphysischer Weise, aber dann immer schon im Hinblick auf die trinitarische Differenzierung und im Hinblick auf die immanente Trinität als das Sein Gottes. In dieser Hinsicht »braucht auch nicht einfachhin selbstverständlich angenommen zu werden, eine so verstandene Lehre von der immanenten Trinität lasse sich bei ihrer Weiterentwicklung, beim Neudurchdenken und Neuformulieren nur in den Begriffen aussagen, welche die bisherige Schultheologie gebraucht hat«, *Rahner*: SzTh XII (1975) 325.

13 *Rahner*: SzTh IV (1960) 111. Hervorhebung nicht im Text. Die »Abstraktion« besteht gerade darin, daß die Inkarnation nicht mehr als die des Sohnes wahrgenommen werden kann, wenn diese nämlich nur dem Sohn »appropriiert« wird. Denn eigentlich hätte ja jede göttliche Person Mensch werden können; *Rahner* dagegen in: *Rahner*: MySal II (1967) 329: In der Inkarnation des Sohnes »ereignet sich 'außerhalb' des innergöttlichen Lebens in der Welt selbst etwas, was nicht einfach Ereignis des in Wirkursächlichkeit in der Welt wirksamen dreipersönlichen Gottes als des einen ist, sondern nur dem Logos allein

konzipierte »Einheit« des »Wesens« Gottes, und nicht mehr der sich-einsetzende Gott, *bestimmt* das Verstehen seines Seins und »Der-Welt-Zukommens« in all seinen Dimensionen, die menschlich-metaphysische Projektion bedingt die Erkenntnis der Selbst-Offenbarung Gottes.[14] Wenn aber jede (metaphysische) Erkenntnis Gottes als die des Seins (der Seienden) und des Grunds der Welt nun *umgekehrt* erst von Gottes *Selbst*-Offenbarung verständlich werden kann, so daß die Trinität das Verständnis des einen Gottes seinerseitseits *voraus*bestimmt, dann muß der jetzt heilsgeschichtlich gewählte Ausgangspunkt auch jede philosophische Erkenntnis *umkehren* und ihrerseits *voraus*bestimmen. Wenn also gelten soll, daß der heilsgeschichtliche Gott in seiner SelbstMitteilung der »trinitarisch-dreifaltige ist..., dann muß die Seins- und Selbstoffenbarung Gottes eben die des Dreifaltigen sein«[15], dann wird jede

---

zukommt, Geschichte einer göttlichen Person im Unterschied zu den anderen göttlichen Personen ist. (Daran ändert sich auch nichts dadurch, daß man sagt, die Verursachung dieser dem Logos allein zukommenden hypostatischen Union sei das Werk der ganzen Trinität.) Es gibt eine Prädikation heilsgeschichtlicher Art, die von nur einer göttlichen Person geschehen kann. Ist aber dies *einmal* der Fall, dann ist auf jeden Fall der Satz *falsch*: Es gibt nichts Heilsgeschichtliches, nichts 'Ökonomisches', was nicht in gleicher Weise vom dreifaltigen Gott als ganzem und von *jeder* Person im einzelnen und für sich gesagt werden kann...« Dasselbe gilt für den Vater selbst: »Daher kann durchaus von den positiven Glaubensquellen her angenommen werden, daß die Zueignung bestimmter Beziehungen des Begnadeten zu den drei göttlichen Personen nicht bloß Appropriation ist, sondern ein je eigentümliches Verhältnis aussagen will. Der Vater in der Trinität ist in der Schrift unser Vater, nicht der dreifache Gott«, *Rahner*: *ders.,* SzTh I (1954) 347-375; hier: 374. Als solcher ist er heilsökonomisch offenbar in seiner *Eigentümlichkeit*, indem er »eben nicht in einer geschaffenen Wirklichkeit *als solcher*...[erscheint], sondern sich... [offenbart] als der ursprunglose Ursprung, als der schlechthinnige Anfang...«, *Mühlen* (^{2}1967) 397. *Mühlen* weiter: Die »Eigentümlichkeit des Hl. Geistes ist [es], *Personen* zu verbinden« (S. 187).

14 Ist der Gottestraktat einmal a-trinitarisch präzidiert, muß das zur Abwertung der Trinität führen bis hin zu ihrer tatsächlichen systematischen und glaubensmäßigen Bedeutungslosigkeit. Trinität betrifft dann nur mehr Gott »in sich« und hat für die Welt, ja auch letztlich für das Sein Gottes, keine *fundamentale* Bedeutung mehr. Angesichts der tatsächlichen Heilsoffenbarung Gottes ist eben dies genau die aufzubrechende »Projektion«, die Gott gar nicht in seinem Sich-Eröffnen erreicht.

15 *Rahner*: SzTh XII (1975) 323. Die *Selbst*-Offenbarung, das wird in diesem Zitat deutlich, *muß* eo ipso die *Seins*-Offenbarung Gottes sein, d.h. *Gottes Sein* ist (immer schon) trinitarisch zu verstehen: Trinität ist kein »zusätzliches« Ele-

Gotteserkenntnis *in sich* schon nur als *trinitarisch differenzierte* zu verstehen sein, weil Gottes Sein sich *so* (und nicht anders!) zeigt. Ist Gott in seinem Sein aber (immer schon, von Ewigkeit her) der trinitarische, wird sein Sein auch die Welt von vornherein in dieser trinitarischen Differenzierung bestimmen, weil andernfalls - und dies ist die negativ gewendete Folie der Gültigkeit des Ansatzes -, d.h. wenn das trinitarische Sein Gottes die Welt in ihrem Seins-»Grund« nicht in Radikalität trägt, Gott »in sich« entweder »nach außen« nicht als der wirkt, der er tatsächlich ist, oder doch in letzter Wurzelhaftigkeit *nicht* der trinitarische Gott wäre.[16] »Wenn Schöpfung des Nichtgöttlichen von vornherein dogmatisch verstanden wird als Moment an und Bedingung für die Möglichkeit der absoluten Selbstmitteilung Gottes, in der die absolute Liebe nicht etwas von sich Verschiedenes setzt, sondern sich selbst gibt, dann ist die Schöpfung als freies Wort der grundlosen Unbegreiflichkeit schon als Anfang und Grammatik der göttlichen Selbstaussage in das Leere hinein gesehen und als Anfang der trinitarischen Selbstoffenbarung.«[17] Die Schöpfung ist schon Moment der Selbst-Mitteilung Gottes, und zwar Moment der göttlich-*trinitarischen* Selbstaussage (oder andernfalls nicht die Selbst-Mitteilung *Gottes*). Nicht nur jede philosophische Gotteslehre, sondern jede christlich-theologische Gotteslehre ist von daher in ihrem Innersten schon von der Erkenntnis und vom Sein her auf den trinitarischen Gott »unmittelbar« verwiesen.

---

ment neben oder nach der Seins-Bestimmung Gottes als des »einen«. In diesem »Selbst«-Geben gibt er sich ganz, wie er ist, also in seinem »Sein«, das sich per definitonem nicht noch einmal dahinter »versteckt« oder unerkannt bleibt oder Gottes »Selbst« noch einmal aus einem »einen« Wesen zusätzlich bestimmt.

16 Vgl. *Balthasar*, TL II (1985) 162: »Mag deshalb auch die 'Emanation' weltlichen Seins aus Gott von den göttlichen Personen her gemeinsam erfolgen, so wirken sie dabei doch gemäß ihrer Proprietäten...«

17 *Rahner*: *ders*., SzTh VIII (1967) 165-186; hier: 174. Obwohl *Rahner* hinter die grundsätzliche Unterscheidung von Natur und Gnade nie zurückgeht, auch wenn sich dies für ganz bestimmte Aussagen als sinnvoll erweisen wird, wenn er also auch an dieser Stelle noch mit einer bleibenden Vor-Ordnung einer philosophischen Gotteslehre rechnet (S. 173), so gibt er mit seiner Aussage doch zu verstehen, daß die *Schöpfung* bereits *Moment der Selbstmitteilung des trinitarischen* Gottes ist; sie ist mithin nicht nur deren »natürliche« Voraussetzung, so daß Selbst-Mitteilung nie nur »Gnadenhandeln« *gegenüber* der natürlichen schöpferischen Gegebenheit der Welt durch Gottes »Wirkursächlichkeit« genannt zu werden vermag, sondern immer - für *Rahner* - auch schon wirkliche *Selbst*-Mitteilung.

Deshalb steht die Reflexion über das Wesen Gottes immer schon und prinzipiell im Horizont der trinitarischen Selbst-Offenbarung Gottes: Und *darum* ist die Gotteslehre »nicht so darzulegen, als ob es gar keine Trinitätslehre gebe«, denn theologisch »ist das 'Wesen' Gottes erst *wirklich* ausgesagt, wenn es als *innergöttlich mitteilbar* bekannt wird«[18], und dies wird es eben in *(inner-)trinitarischer* Selbst-Mitteilung. Vom »einen Wesen« Gottes kann dann auch nicht mehr, wie dies oft geschehen ist und geschieht, und unter keinen Umständen *unabhängig* von der trinitarischen Differenzierung des Seins Gottes gesprochen werden, so daß es sich, »wenn man das Wort 'De Deo *uno*' ernst nimmt,...bei diesem Traktat nicht bloß um die Wesenheit Gottes und deren Einzigkeit, sondern um die Einheit der drei Personen«[19] handelt. Das »eine Wesen« Gottes steht schon *im* Lebens-»Prozeß« der göttlichen Personen, ist *in* ihrem Lebens-Vollzug erst das »eine« Wesen, es ist gar nicht der innersten Gestalt des Seins Gottes als des Dreipersönlichen *voraus* zu denken oder gar unabhängig von diesem zu erkennen, weil die »*konkrete* Gottheit Gottes...*notwendig* in diesen Subsistenzweisen [ist], es kann keine Gottheit gedacht werden, die als *reale* diesen Weisen (außer in einer gedanklichen Abstraktion) *voraus*läge«[20]. »Die Wirklichkeit Gottes in seiner Offenbarung ist nicht einzuklammern mit einem 'nur', als ob irgendwo hinter seiner Offenbarung eine andere Wirklichkeit Gottes

---

18 *Rahner*: LThK IV (^{2}1960) 1120-1124; hier: 1121. Hervorhebung nicht im Text. Die innergöttliche Mitteilbarkeit verlangt schon die Lebendigkeit dieser Mitteilung in trinitarischer Differenziertheit; sie ist hier nur ein anderer Ausdruck dafür.

19 *Rahner*: MySal II (1967) 345. Hier wird schon eine wichtige Differenzierung des »Hinblicks« auf das Verständnis des »einen Wesens« vorgenommen, die weiter unten noch entscheidende Bedeutung gewinnen wird: Die Absicht der Rede vom »einen Wesen« ist es auf der einen Seite, die Einzigkeit Gottes zu wahren, und zum anderen, die Einheit des schon trinitarisch verstandenen Gottes zu wahren; das ist nicht dasselbe.

20 *Rahner*: MySal II (1967) 391. Hervorhebungen nicht im Text. Vgl. *Balthasar*, TD IV (1983) 57; er zieht daraus die Konsequenz: So »kann dieses letztere [= Wesen] keinesfalls als ein Viertes, unbeteiligt Beharrendes neben der 'Bewegtheit' des personalen Geschehens betrachtet werden, es muß mit diesem Geschehen als solchem identisch sein. Nimmt man das ernst, dann dürfte man keine Betrachtung der göttlichen Eigenschaften anstellen, die nur vom Wesen oder absoluten Sein ausgehend, die innergöttlichen Prozessionen ausklammert (was in den Traktaten *De Deo Uno* geläufig erfolgt)«.

stünde, sondern eben die uns in der Offenbarung begegnende Wirklichkeit Gottes ist seine Wirklichkeit *in allen Tiefen der Ewigkeit.* So ernst haben wir sie gerade in seiner Offenbarung zu nehmen.«[21] Vom Gott der Offenbarung zu sprechen, bedeutet demnach *eo ipso*, von ihm als dem trinitarischen zu sprechen; jede nicht-trinitarische Rede in der Gotteslehre ist demgegenüber eine *Abstraktion* vom *konkreten* Gott, *wie er* sich zeigt und also in dieser (und keiner anderen) Konkretheit »in sich« *ist.*[22]

Für eine Neuordnung in der Gotteslehre kann schließlich die Konsequenz gezogen werden: Christliche Gotteslehre muß einen neuen Primat, nämlich den des Trinitätstraktates *vor* den anderen, festhalten, will sie der tatsächlichen Offenbarung Gottes entsprechen und nicht »projektiv« werden. In ihrem Kontext kann und muß *dann*, d.h. *nur* dann, aber dann *wirklich* (entsprechend ihres tatsächlichen Stellenwertes), die Rede vom »einen Wesen« Gottes Sinn und Bedeutung bekommt, *weil* diese Rede unter dieser Bedingung und Priorität nun im Horizont der *konkreten* Selbst-Offenbarung Gottes steht und weil gerade *so* die Trinitätsoffenbarung »nicht als Zusatz oder Abschwächung des christlichen Monotheismus, sondern als dessen Radikalisierung verstanden werden kann und muß...«[23]. Der Primat trinitarischer

---

[21] *Barth*, KD I/1 (^{5}1947) 503. Hervorhebung nicht im Text.

[22] Vgl. *Balthasar*, TD IV (1983) 58, Anm. 1: »Die Unterscheidung der Traktate De Deo Uno und De Deo Trino kann bestenfalls apologetischen Charakter haben: sofern irgendwie gottgläubige Menschen zunächst in ihrem Glauben bestätigt werden, ehe sie zum trinitarischen Geheimnis hingelangen. Aber in neutestamentlicher Theologie wird die Unterscheidung hinfällig.« Es konnte schon gezeigt werden, daß in neutestamentlicher Rede durchaus ein Ansatz zu einer Rede von Gottes Sein anzunehmen ist, der über rein ökonomische Rede von Gott (und darin trinitarische Rede) hinausgeht, weil dies durch den unerhörten Anspruch Jesu selbst gefordert war. In diesem Sinne ist das Urteil *Balthasars* durchaus gerechtfertigt, was ja nur dann nicht der Fall gewesen wäre, wenn man sich einer Behauptung anschließen würde, die meint, im Neuen Testament sei *nur* von der ökonomischen Trinität die Rede, so daß man dann auch nicht wirklich von einer »Identität« mit einer »immanenten« Trinität sprechen könne. Diese Auffassung wird aber in »pauschalem« Sinne nicht haltbar sein, wenngleich zu konzidieren ist, daß eine Ausarbeitung der Lehre von der immanenten Trinität noch Jahrhunderte und durch die katalytische Wirkung griechisch-metaphysischen Denkens hindurch vor sich gegangen ist.

[23] *Rahner*: *ders.*, SzTh XIII (1978) 129-147. Vgl. *Geffré*: Conc(D) (1981) 208: »Die Dreifaltigkeitstheologie verweist uns an einen Gott, der vom einfachen

Letzt-Differenzierung der Gotteslehre kann schon in der Ur-Tradition nachgewiesen werden, nämlich in der Rede des Neuen Testaments von dem »Gott« (*ho theos*), weil, »wenn es an Gott denkt, die konkrete, individuelle, unvertauschbare Person in den Blick kommt, die tatsächlich der Vater ist und die *ho theos* genannt wird, so daß umgekehrt, wenn von *ho theos* die Rede ist, zunächst und zuerst nicht das eine, göttliche Wesen gesehen wird, das in drei Hypostasen subsistiert, sondern die konkrete Person, die das göttliche Wesen ursprungslos besitzt und es durch die ewige Zeugung auch einem Sohn und durch Hauchung dem Geist mitteilt«[24]. Dann aber würde dem Neuen Testament und der frühen christlichen Tradition zu folgen sein, nach denen nicht nur für *»die Trinitätslehre vom Vater auszugehen«*[25], sondern auch bezüglich der *Einheit* des göttlichen Wesens (gemäß der trinitarischen Struktur des Glaubensbekenntnisses) »zuerst vom Vater zu handeln und bei diesem ersten Kapitel der Gotteslehre auch das 'Wesen' Gottes, die Gottheit dieses Vaters, mitzubehandeln«[26] sein wird, weil wir theologisch nach dieser Ur-Tradition den *Vater* »als Ursprung, Quelle und inneren Einheitsgrund der Trinität verstehen«[27] dürfen. »Heißt aber der Traktat

---

Gott der Onto-Theologie *verschieden* ist.«

[24] *Rahner*: *ders.*, SzTh I (1954) 91-167; hier: 165. Parallel zu einer Neuentdeckung der innertrinitarischen Ursprungsverhältnisse aufgrund der Eigenart der Erfahrung »des Gottes« (des Vaters) wurde auch die christologische Problematik wieder aufgebrochen in eine relationale Sicht, so daß »eine 'Christologie'...weniger bedeutend als eine 'Theologie Jesu' erscheint: *Schillebeeckx* (^{3}1975) 486. Oder anders: Jesus ist nur aus seinem Selbstverständnis des Vom-Vater-gesandt-Seins zu verstehen. - Die Integration des einen Wesens in die trinitarischen »Strukturen« bedeutet dann: Das eine Wesen Gottes wird so in den Lebensprozeß der Ursprungsbeziehungen der göttlichen Personen integriert, daß es selbst als *notwendiges* Element dieses Prozesses verstanden werden muß; d.h. ohne dieses Element ist der Prozeß selbst nicht mehr als der des einen Gottes erkennbar.

[25] *Kasper* (1982) 364.

[26] *Rahner*: SzTh IV (1960) 110.

[27] *Kasper* (1982) 364. Hier ist ein fundamentaler Unterschied zur »vorgängigen« Rede vom Wesen Gottes zu sehen, in der es sich gewissermaßen - wenngleich ungewollt - dann auch von den drei Personen »abhebt« und »in sich« behandeln läßt, als ob es das *Primäre* und die göttlichen Personen *davon* abgeleitet wären; hier aber ist die Einheit der Personen mit der Einzigkeit Gottes zugleich in einer *trinitarischen* Wurzel eingefaßt.

'De Deo uno' und nicht 'De divinitate una', dann ist man von vornherein beim Vater, dem ursprunglosen Ursprung des Sohnes und Geistes«.[28]

Rahner spricht sich deswegen auch deutlich für die griechische Trinitätsauffassung aus, die näher an den biblischen Sprachgebrauch heranreicht als die lateinische Auffassung, indem sie *zuerst* und primär von den trinitarischen Relationen spricht und in diesem Kontext vom einen Wesen, das daher begrifflich eine »Folge« des trinitarischen Lebens (aus dem Vater) und nicht der »begriffliche« Ursprung dafür ist. »Die augustinische Konzeption geht von der Vision des *Deus unus* aus, d.h. hier von dem Begriff der einen essentia, die den drei trinitarischen Personen gemeinsam ist, und geht dann über zur Vision des *Deus trinus*, der drei Personen: Vater, Sohn und Geist. - Für die konsequent apophatische Theologie des Ostens ist gerade die gemeinsame Wesenheit der drei Personen jenseits aller Anschauung. Gott offenbart sich uns nicht in seinem unzugänglichen Wesen, sondern er offenbart sich uns in seinem Leben. Er offenbart sich uns als Vater, Sohn und Geist. Und jede Vision der Trinität hat von dieser Tatsache der Offenbarung auszugehen. Die Einheit der Trinität wird hier vor allem in der Person des Vaters geschaut...«[29] In der Tat sind auch die frühen bedeutenden lehramtlichen Aussagen der ersten Jahrhunderte auf diesem Weg: so etwa der Brief des Papstes *Dionysius* an den gleichnamigen alexandrinischen Bischof aus dem Jahr 262 (DH 112 ff): Sowohl gegen den Tritheismus als auch gegen den (sabellianischen) Modalismus wird die dreifaltige Einheit betont, indem sowohl vom Vater als »dem Gott« gesprochen als auch in *ihm* der Einheitsgrund gesehen wird. »Es ist nämlich notwendig, daß das göttliche Wort dem

---

28 *Rahner*: MySal II (1967) 345. Auf diese Weise wird die Einheit und die Einzigkeit Gottes schon differenziert mit den Proprietäten der einzelnen Personen verbunden: der Vater schenkt das eine Wesen in seiner (ihm zukommenden) Macht des Hingebens dem Sohn und durch den Sohn ist dann der Geist, wie Vater und Sohn in ihm sind.

29 *Wagner*: *Heitmann/Mühlen* (Hg.) (1974) 219. Diese Kritik an der augustinischen Tradition fordert *Rahner* schließlich zu der Äußerung heraus, daß die »psychologische« Trinitätsauffassung die Trinität so sehr in die Immanenz Gottes zurücktreten lasse, weil sie vom einen Gott ausgehe und ihn erst »in« der Einheit, gewissermaßen »nachträglich« differenziere, nämlich »abstrakt« von einer »Konstruktion« des menschlichen Geistes her und in der »Überlagerung« des heilsgeschichtlich erfahrenen Gottes durch das (am menschlichen Geist) Konstruierte (und nur »in« ihm Differenzierte), so daß auch dann noch, wenn die »psychologische« Trinitätstheologie versuche, »die formalen Begriffe der processio, communicatio essentiae divinae, relatio, subsistentia relativa inhaltlich zu füllen«, sie, »wenn man ehrlich ist,...auf diese Weise nicht sehr weit kommt«, *Rahner*: MySal II (1967) bes. 323-325; hier: 325.

Gott von allem geeint ist, und der Heilige Geist muß in Gott verweilen und ihm innewohnen; es ist also unbedingt notwendig, daß auch die göttliche Dreifaltigkeit in *einem*, wie in einem Gipfel, nämlich dem Gott von allem, dem Allmächtigen, zusammengefaßt und zusammengeführt wird« (DH 112). Zu beachten ist auch die Aussage des *IV. Lateran-Konzils* (DH 805), das, wenngleich es gegen *Joachim von Fiore* und mit *Petrus Lombardus* das eine Wesen Gottes als »höchste Gegebenheit« (*summa res*; DH 804) festhält, sich doch gezwungen sieht, in der *griechischen* Weise das Wesen in den Lebensprozeß der Trinität zu *integrieren*: »Der Vater nämlich gab dem Sohn, indem er ihn von Ewigkeit zeugte, *seine* Substanz (*suam substantiam*)...- Es ist also klar, daß der Sohn in der Geburt ohne irgendeine Verminderung die Substanz *des* Vaters (*Pater in Filium transtulerit »suam« substantiam*) empfangen hat und der Vater und der Sohn dementsprechend dieselbe Substanz haben: Und so ist dieselbe Wirklichkeit (*eadem res*) Vater und Sohn und ebenso Heiliger Geist, der von beiden hervorgeht.« Das besagt ja: Die *»summa res«* ist kein von den Personen »absetzbares« Eigenes (gegen die Tendenz bei *Petrus*), sondern sie ist diese *res, indem* (*et sic*) sie als vom Vater gegebene und vom Sohn empfangene *im Lebensprozeß* der göttlichen Personen integriert und *je anders* mit den Proprietäten der Personen verbunden gedacht wird: zuerst ist sie die Substanz *des* Vaters; dann, als »gegebene«, ist sie im Sohn »empfangene«.[30] - *Rahner* spricht sich folglich dafür aus, »die griechische Trinitätsauffassung aus Gründen der Autorität der Schrift in jeder Theologie ernstzunehmen und zu berücksichtigen...«[31] In der westlich-abendländischen Theologie läßt sich beobachten, wie die ursprüngliche griechische Trinitätsauffassung vom Konzept einer vorgängigen Einheitsvorstellung weitgehend »zurückgenommen« wurde: »Seit *Tertullian* wurde die christliche Trinität immer in dem allgemeinen Begriff der *göttlichen Substanz* abgebildet: *Una substantia - tres personae*. Die eine, unteilbare, homogene, göttliche Substanz konstituiert sich in drei individuellen, göttlichen Personen...Es ist verständlich, daß für *Augustin* und *Thomas von Aquin* diese eine, gemeinsame, göttliche Substanz als das den trinitarischen Personen Zugrundeliegende und ihnen gegenüber darum logisch Primäre

---

[30] Vgl. auch *Scheffczyk*: MySal II (1967) 146-220; hier bes. 191: Die Personen, nicht das Wesen, sind Prinzip der Hervorgänge und Produktionen (DH 804-806).

[31] *Rahner*: SzTh I (1954) 165; vgl. *ders.*: SzTh IV (1960) 110. Das mag bedeuten, daß auch dann noch nicht alle Probleme gelöst sind, denn mit der griechischen Konzeption treten andere hervor; ja vielleicht ist dies sogar der schwierigere Weg; d.h. mit einer lateinischen Lösung ließe sich leichter umgehen, dafür entspricht sie weder den hermeneutischen Voraussetzungen noch dem neutestamentlich Überlieferten annähernd so, wie die griechische Auffassung dies tut.

galt.«[32] In der direkten Gegenüberstellung beider Denkrichtungen zeigt sich eine gewisse Paradoxität, eine insgeheime Unvereinbarkeit ihrer Positionen, wenngleich aufgrund des Erarbeiteten ein Primat griechischer Theologie im Hinblick auf die Treue zu den Offenbarungszeugnissen und daher dem grundlegenden Widerspruch zu einem metaphysischen Einheitsverständnis, wiewohl auch diese Theologie ganz im Kontext griechischer Metaphysik denkt, konstatiert werden kann. Dies ist jedenfalls der Weg, der eben das in der abendländisch-augustinischen Tradition eingeschlagene, von metaphysischen Kategorien überlagerte Gottesverständnis aufzubrechen in der Lage ist.

Die Konsequenz aus der Forderung *Rahners*, vom Wesen Gottes im Kontext der konkreten Offenbarung Gottes *so* zu reden, daß die Aussagen von der Einheit und dem einen Wesen Gottes nie ohne Rücksicht auf die trinitarische Offenbarung und das (innergöttliche) trinitarische Sein Gottes entworfen werden *können*, ist offensichtlich: Mit dem Ausgang von der heilsgeschichtlichen Offenbarung ist die Gotteslehre nicht nur trinitarisch zu differenzieren, sondern konkret von der *Geschichte* Gottes her *geschichtlich* zu strukturieren. Während die metaphysische Theologie ihre Aussagen vom Wesen Gottes ohne Rücksicht auf das trinitarisch-heils*geschichtliche* Handeln der Trinität formulierte[33], wird eine trinitarisch letzt-differenzierte Gotteslehre immer schon die Lehre von der Geschichte Gottes mit der Welt sein müssen. »Es handelt sich ja, wenn man das Wort 'De Deo *uno*' ernst nimmt,...gar nicht um die Wesenheit Gottes oder deren Einzigkeit der Gottheit, sondern um die Einheit der drei göttlichen Personen, um die Einheit von Vater, Sohn und Geist und nicht um die Einzigkeit der

---

32 *Moltmann* (1980) 31-32.

33 Vgl. *Ebeling* (1979) 537: »Noch schwerer wiegt aber die Tatsache, daß die Lehre von den göttlichen Attributen auf diese Weise ohne ausreichende Rücksicht auf die zweite und dritte Person der Trinität und über sie auf die Heilökonomie durchgeführt wird.« Genau auf diesem Weg wird aber die konkrete Geschichte Gottes, in der er sich als Gott zeigt (und sonst nicht), übergangen, die *Differenz* von Vater, Sohn und Geist kann gar nicht mehr ausdrücklich wahrgenommen werden, wenn die Wahrnahme schon a priori im Kontext einer vor-geprägten Wesens-Lehre steht. Vgl. auch *Rahners* vehemente Bestreitung, daß von den göttlichen Personen nicht in Hinblick auf ihr Eigen-Sein heilsgeschichtliche Aussagen gemacht werden könnten. Dafür ist die hypostatische Union ja geradezu der Gegenbeweis: Gott ist hier wirklich trinitarisch differenziert in einer Geschichte wirksam; Vgl. *Rahner*: MySal II (1967) 329.

Gottheit, um die *vermittelte* Einheit, für die die Dreifaltigkeit die eigene Vollendung ist, und nicht um die *unmittelbare* Einzigkeit der göttlichen Natur, die, als numerisch eine gedacht, für sich allein noch lang nicht der Grund der Drei*einig*keit Gottes ist.«[34] Die Einzigkeit Gottes *vermittelt* sich durch die Geschichte der göttlichen Selbstmitteilung als der trinitarischen, sie ist nicht unabhängig oder vorgängig oder abgesehen von der trinitarischen Geschichte in der Welt verstehb*ar*.[35] Und auch noch in der aus der »ökonomischen« Argumentation folgenden »theo-logischen« Rückfrage wird das eine Wesen - man muß den Ausdruck *Rahners* hier schon hören wollen! - *nicht unvermittelt*, gewissermaßen »pur« und »in sich« zu fassen sein, weil es immer schon *nur* als *vermitteltes*, nämlich in den trinitarischen Relationen und Ursprungsbeziehungen, *als* Wesen Gottes rechtens zu verstehen ist. In einer »Vermittlung« des Wesens kommt sowohl die trinitarisch-immanente Dimension einer lebendigen »Integration« des Wesens in das Lebensgeschehen Gottes zum Ausdruck als auch die *geschichtliche* Vermitteltheit des einen »Wesens« Gottes aufgrund der ökonomisch-freien Auslegung des innergöttlichen Lebensprozesses in der Welt.[36] Der Gott, der sich in geschichtlicher Aktion trinitarisch zeigt, muß (wie auch immer) in sich ein geschichtlicher Gott sein, sein *Sein* ist trinitarisch *vermittelt*, indem es *geschichtlich* vermittelt wird. - In diesem Sinne ist die christliche Gotteslehre immer nur in einer trinitarischen *Letzt*-Fundierung zu denken und auszuführen möglich: Jede Aussage über

---

[34] *Rahner*: SzTh IV (1960) 133. Die ersten zwei Hervorhebungen nicht im Text. Hier noch einmal in voller Klarheit: Die unvermittelte Natur Gottes ist gar nicht *seine* Natur, sondern ein menschlichem Erkennen entsprungenes »Abstraktum«.

[35] In diesem Sinne werden auch die mit seinem Wesen als identisch verstandenen Attribute Gottes neu zu verstehen sein, nämlich in den *geschichtlich*-trinitarischen Horizont gerückt. Zu fordern ist eine, hier schon bezüglich der Leidenschaften Gottes durchgeführte, »'ereignisbezogene' Interpretation«, die »die göttlichen Attribute antiidealistisch, d.h. im realen Geschichtszusammenhang auf den Widerfahrenscharakter der Person Jesu beziehen« kann; *Selvatico*: FZPhTh (1980) 269.

[36] »Die Sendungen nach außen sind die freien Fortsetzungen der innergöttlichen Hervorgänge, so daß die Unterschiedenheit der beiden innergöttlichen Hervorgänge von uns im Glauben erfaßt werden können im Mysterium der Inkarnation des Sohnes und im Mysterium der einigenden Funktion des Hl. Geistes in der Kirche«, *Mühlen* (^{2}1967) 21.

Gott muß schließlich und endlich, wenn nicht schon von Anfang an, in diesem Kontext sich *bewähren*, oder - und so wird diese trinitarische Letzt-Fundierung aller Gottesaussagen tatsächlich ein *Kriterium* christlichen Redens von Gott -, sollte sich eine Gottesaussage nicht auch in diesem Kontext bewähren können, muß sie daraufhin sich verändern lassen oder ganz aus dem theologischen Diskurs ausscheiden.

2. Inhalt, Kontext und Implikationen einer trinitarisch konzipierten Gotteslehre

Von hier aus, also *indem* eine trinitarisch und geschichtlich differenzierte Gotteslehre begründet wird, kommt *Rahner* zu seinem berühmten und in einer breiten Diskussion rezipierten Axiom des Verhältnisses von immanenter und ökonomischer Trinität als *Grund*axiom der *Gottes*lehre (und nicht bloß der Trinitätslehre), insofern sich in diesem Axiom schon die Frage nach dem einen Wesen als Frage *in trinitarischem Letzthorizont* und nur mehr so berechtigt stellt: »Die *Grundthese*, die diese Verbindung zwischen den Traktaten herstellt und die Trinität *als* Heilsmysterium für uns...herausstellt, könnte so formuliert werden: *Die 'ökonomische' Trinität ist die 'immanente' Trinität und umgekehrt.*«[37]
Genauso entscheidend wie die Formulierung des Axioms selbst (und zum Verständnis und zur Eruierung des Druckpunktes des *Rahnerschen* Grundaxioms) muß der Kontext, genauer die (oben mitzitierte) Einleitung dazu, erscheinen: In *trinitarischer* Gestalt der Gotteslehre nämlich, so wird gesagt, erschließe sich die strukturelle *Verbindung* der Traktate über das Wesen Gottes und die Trinität: Wenn das Axiom aber die Frage nach dem »einen« Gott *schon* (unausweichlich) als Frage nach dem *trinitarischen* Gott als den, *in* dem dann auch die Frage nach der »Einheit« im einen »Wesen« Gottes gestellt zu werden vermag, formuliert, heißt das folglich: Die Strukturierung der Gotteslehre erschließt sich rechtens nur von der trinitarischen Struktur der Gottesoffenbarung her; und nur dann, wenn diese Letzt-Struktur wahrgenommen wird, aber dann tatsächlich legitimerweise, ja sogar unverzichtbar, kann *auch* die theologische Aussage nach Gottes Wesen an ihrem eigenen »Ort« innerhalb der Gotteslehre gemacht werden. - Wenn aber das Axiom in letzter struktureller Klarheit die Rede vom

---

37 *Rahner*: MySal II (1967) 328. Vgl. auch: *Miggelbrink* (1989).

trinitarisch-einen Gott zugleich immer schon im den Kontext der Heilsgeschichte, also der tatsächlichen Offenbarung Gottes als desjenigen, der er »in sich« ist, wie er sich in der Geschichte zeigt, stellt, dann wird das Hauptproblem in der Entfaltung dieses Axioms nicht seine grundsätzliche Gültigkeit für *jede* (christliche) Gotteslehre betreffen, insofern damit nämlich eine Rede von Gott eo ipso trinitarische Rede zu sein hat, sondern in der genaueren Herausarbeitung der Bedeutung der *Geschichte* dieses Gottes für die Bestimmung seines »inner«-göttlichen Seins.[38] Grundsätzlich und ohne Einschränkungen, folglich bleibend-gültig, ist jedenfalls die Forderung nach einer letzten *Reziprozität* theologischer Aussagen im Sinne der »inneren« und »äußeren« Unhintergehbarkeit des Verstehenszirkels theologischer und ökonomischer Argumentation erfüllt: *Die Gotteslehre ist im Kontext der Geschichte Gottes zu entfalten als »trinitarische Geschichte«.*

3. Zum inneren Konnex von Gotteslehre und Leidensfrage

Wenn dies aber Gültigkeit haben soll, so ist mit der Formulierung des Axioms durch *Rahner* zugleich schon der Weg frei für die Erkenntnis des *inneren* Zusammenhangs von Gotteslehre und Leidensfrage: 1. Wenn Gott selbst als der von seiner Geschichte her zu verstehende ist, dann wird der Geschichte Gottes selbst *für* Gott eine Bedeutung zukommen, die mindestens *fordert*, die Frage nach einer »möglichen« - wenngleich mithin von Rahner letztlich (in letzter Inkonsequenz seines Ansatzes)

[38] Darauf werden wir noch einmal im Kontext der »Geschichtlichkeit« Gottes zurückkommen. Vgl. *Löser*: *Breuning* (Hg.) (1984) 23-24. *Löser* sieht zwei Fragenkomplexe aus der Notwendigkeit einer trinitarischen Letztbegründung der Gotteslehre für heutige Theologie erwachsen: 1. Wie ist das Verhältnis von dreieinem Wesen und Leben Gottes und seinem heilsgeschichtlichen Handeln zu bestimmen? 2. Welches Verhältnis hat eine solche Gotteslehre zu einer »natürlichen« Gotteslehre, für die die Einheit Gottes, sein Wesen, im Mittelpunkt steht? - Genau besehen, hängen diese beiden Fragen an eine heutige Trinitätstheologie innerlich aufs Engste zusammen, insofern erst eine trinitarische Letzt-Begründung der Gotteslehre das Problem der *Geschichtlichkeit* virulent werden läßt. Denn wenn der Gott der Geschichte in sich *geschichtlich* (wenngleich analog - aber um so radikaler) zu verstehen ist, dann ist auch eine »natürliche« oder metaphysische Gotteserkenntnis fragwürdig geworden, solange sie nicht selbst in sich geschichtlich strukturiert verstanden sein möchte.

abgelehnten[39] - Leidensfähigkeit Gottes selbst stellen zu müssen. Denn Gott ist dann der in der Geschichte auch »re-agierende«, wenn Geschichte wirklich Geschichte sein soll, und sein Reagieren in der Geschichte ist Aussage über sein Sein, weil es dieses zum Ausdruck bringt. Gott ist daher - mindestens das folgt aus diesem Grundaxiom christlicher Gotteslehre - auch ein von seiner (Heils-)Geschichte »Betroffener«, der »erleiden« kann. 2. Das dieses Re-agieren und Erleiden in der konkreten Geschichte Gottes, näherhin in seiner trinitarischen Selbst-Erschließung, *Leiden* und *Schmerz* bedeuten »kann« - wiederum: dies ist eine Mindestforderung aus dem (nicht vom Leiden her entworfenen) Axiom -, zeigt sich im konkreten Konnex von Trinitäts- und Heils-Offenbarung. Denn in seiner Geschichte zur Überwindung des Unheils hat Gott sich ja nicht »irgendwie« oder unabhängig von seinem Engagement als der trinitarische offenbart, sondern immer schon im Kontext *der Leidensgeschichte Jesu.* Die trinitarische Offenbarung Gottes ist menschlichem Erkennen *nur* (und also nicht anders oder unabhängig davon!) in *der* Konkretheit zugänglich, in der sie sich selbst eröffnet, nämlich im heilenden und darin (in Jesus) leidenden Selbst-Einsatz für Welt und Mensch, »sie ereignet sich...gerade im Heilshandeln der Überwindung der Sünde«[40].

Trinitarische Selbstoffenbarung Gottes ist in ihrer Konkretheit des Geschehens nur als Heilsengagement und im Kontext des Leidens der Menschen und Jesu Christi geschehen und zu erkennen aufgegeben oder sonst gar nicht oder nur in einer (inkonsequenten) »Abstraktion« zugänglich. So muß Gott dann aber - soll das Grundaxiom letzte Gültigkeit haben und nicht doch irgendwie wieder aufgehoben werden, Gott *sein.* Das heißt aber - zu Ende gedacht und wiederum als Kriterium der letzten Gültigkeit des Grundaxioms verstanden - *auch*, daß es *nicht* genügt, das Axiom bloß auf die »ewige« Liebe der drei Personen hin zu interpretieren, zu sagen, daß das »Ostergeschehen...das Wesen Gottes nicht anders denn als ewiges Geschehen der Liebe zwischen den Dreien

---

[39] Vgl. *Rahner*: MySal II (1967) 353 ff; *Rahner*: *ders.*, SzTh XV (1983) 206-216.

[40] *Schulte*: MySal II (1967) 53-54. Weiter: Und *so* ist diese Offenbarung Gottes *end-gültige* Gottesoffenbarung und Erschließung Gottes in seinem Sein, denn »Gott-in-sich ist...nur der, welcher uns im Christusereignis endgültig und heilvoll nahegekommen ist« (S. 50).

und ihrer Liebe zu uns [offenbart]«[41]. Denn mit dem »nicht anders« wird der Druckpunkt des Axioms schon wieder aufgehoben: Im Ostergeschehen (mitsamt seiner Voraussetzung: das Sterben Jesu) offenbart Gott sich nämlich *so* in seiner »ewigen« Liebe, daß er von diesem Geschehen in seiner Ewigkeit geprägt gedacht werden muß, wenn er *wirklich* so ist, wie er sich zeigt und wie er handelt. Und umgekehrt: Gott ist aus seiner »Ewigkeit« und *nicht* »abstrakt« als »ewige« Liebe heilend nahegekommen, sondern *schon als der* - wie der Inhalt der Worte es schon evident vermittelt - in der *Sünde*, im *Kreuz*, an *Ostern*, so daß dann auch nicht in einer »Abstraktion« auf eine *davon* absehende »ewige Liebe« abgehoben werden darf oder eine »abstrakte« Struktur solcher Liebe.[42] Wenngleich Gott auch darin noch einmal der *freie* bleibt gemäß der Analogizität seiner Beziehung zur Welt, ist er in der unbegreiflichen, je-unähnlicheren Freiheit seiner Selbstmitteilung doch der *konkret* im Leiden erfahrene, ist das »Leid...also die in sich noch einmal unableitbare Erscheinungsform der Unbegreiflichkeit Gottes«[43].

---

41 *Forte* (1989) 147. Wenngleich *Forte* gerade um die Trinitätstheologie bemüht ist und Trinität in Geschichte (und umgekehrt) zu denken versucht, geht er hier über die *eigentliche* Konsequenz seines eigenen, affirmierten Ansatzes der Bedeutung der Geschichte Gottes für sein Sein, hinweg.

42 Das bedeutet nicht, daß die immanente Trinität in die ökonomische »aufgelöst« wird, denn diese Aussage ist ja schon gewonnen aus der und eingefaßt in die Struktur des Gottes-Einsatzes als eines *analogen*, in der Gott so ist, wie er sich zeigt, in seiner »ewigen« *Freiheit*, die in uneinholbarer *Unähnlichkeit* Gott *in* den Konkretionen seiner Liebe noch immer als den je Größeren zu denken nötigt; Gott hat sich darin nicht in dem Sinne erschöpft, daß er nicht mehr je-mehr *Gott* zu sein vermag. Aber unter dieser Voraussetzung *ist* Gott nicht mehr von der Konkretion seiner »ewigen« Liebe zu abstrahieren; so ist er in seiner Ewigkeit. Vgl. auch die Ausführungen zum »Neu-Werden« Gottes aufgrund dieser »Konkretheit« seines Liebes-Einsatzes und zu der davon zu unterscheidenden innergöttlichen analogen Geschichtlichkeit im Zweiten Teil.

43 *Rahner*: *ders.*, SzTh XIV (1980) 450-466; hier: 464. Wenngleich Rahner vorerst das Leid der Menschen meint, so ist, wenn dieses die Erscheinungsform der Unbegreiflichkeit Gottes ist, es schon *Gottes* Leid selbst im Leiden der Welt.

II. Metaphysische Wesenseinheit und befreiende Einzigkeit Gottes

Die Hintanstellung der Frage nach dem »einen Wesen«, ja die Gefahr der (metaphysischen) »Abstraktion« und »Projektion«, die ihr innewohnt, wenn sie nicht in einen trinitarischen Letzt-Horizont ihrer Erschließung gestellt würde, darf aber nicht dazu verführen, die Einheit Gottes, die ja gar nicht zuerst in metaphysischem Kontext zu entfalten sein wird, *selbst* und *an sich* als etwas »Nachträgliches« zu bezeichnen. Denn bei »dem Bekenntnis zu der Einzigkeit Gottes handelt es sich nicht primär um eine metaphysische Aussage«[44], die dann auch mitsamt der (bisher wirksamen) Metaphysik für eine christliche Gotteslehre zu »beseitigen« wäre, weil jene sich von den Urzeugnissen der Offenbarung Gottes her als sekundär und letztlich als »projektiv« erwiesen hat. Vielmehr wird sowohl die *Ursprünglichkeit* der *Einzigkeit* Gottes für das Gottesverständnis als auch die bleibende Bedeutung der Frage nach der *Einheit* Gottes herauszustellen sein, auch noch und erst recht im Kontext einer trinitarisch letzt-begründeten Gotteslehre:

1. Zur philosophischen Mißinterpretation der »Einheit« Gottes als »Abstraktum«

So sei etwa an den Versuch *Moltmanns* gedacht, die Einheit Gottes gewissermaßen prinzipiell als ein »Abstraktum« gegenüber der realen *trinitarischen* Selbst-Offenbarung in Jesus Christus zu verstehen: Aus der Tatsache nämlich - die an sich aufgrund der Reziprozität theo-logischer und ökonomischer Argumentation zu unterstützen ist -, daß die christliche Trinitätslehre von der heilsgeschichtlichen Erkenntnis des dreieinen Gottes ausgehe, um von dort zur Erkenntnis, d.h. auch zur *philosophischen* Erkenntnis, der »Einheit« Gottes vorzudringen[45],

---

[44] *Rahner*: *ders.* (Hg.) (1983) 141-160; hier: 143.

[45] Vgl. *Moltmann*: *Breuning* (Hg.) (1984) 99. Wohl gemerkt: Die »Einheit« Gottes wird eo ipso als *philosophische*, d.h. für *Moltmann* aber *nach*trägliche, weil »spekulative« Erkenntnis verstanden (vgl. auch S. 98). Unter dieser Voraussetzung ist das folgende Zitat zu verstehen und zu interpretieren. Vgl. zur metaphysischen Bestimmung der »Einzigkeit« Gottes auch: *Richter*: *Muck* (Hg.) (1989) 131-141.

schließt *Moltmann* aber zu Unrecht auf die prinzipielle »Nachträglichkeit« der Einheit Gottes selbst[46]. Zunächst heißt der Satz (der volle Zustimmung verdient) so: »In Fragen der christlichen Trinitätslehre führt kein Weg von oben nach unten, der nicht von unten begonnen hat.«[47] Dann heißt er aber plötzlich so: »Es führt kein Weg vom Allgemeinen zum Besonderen, der nicht im Besonderen beginnt, und kein Weg vom Universalen zum Partikularen, der nicht im Partikularen anhebt.«[48] In dieser unmittelbaren Aneinanderreihung folgt aber - oder wird jedenfalls unterstellt - eine unbegründete »Identifizierung« von »Einheit« Gottes und »Allgemeinem«, das darüber hinaus nicht eigentlich theologische Erkenntnis, sondern philosophische, »natürliche« und zugleich »nachträgliche« Erkenntnis anzielt, was gemäß dem *Moltmannschen* Ansatz aber gar nicht zulässig wäre.[49] Dagegen ist vielmehr an der *Konkretheit der Einzigkeit* Gottes festzuhalten, denn in dieser Weise ist Gott der in seiner Geschichte als der selbst-offenbare ja erfahren (vgl. das 1. Gebot im alttestamentlichen Kontext).[50] Und wenn Moltmann sich für sein Vorgehen gerade auf die »Methode« des alttestamentlichen Gotteserkennens beruft, nämlich von der *Geschichte* (Gottes selbst mit seinem Volk Israel) her Gott »reflexiv« zu machen[51], und wenn er selbst als

---

46 Von der »Nachträglichkeit« der *Frage*, die ja erst noch erwiesen werden müßte, insbesondere wenn sie in einer nicht-metaphysischen Ursprünglichkeit ausgewiesen werden kann, schließt *Moltmann* auf die Nachträglichkeit der *Sache* selbst. Das ist solange unzulässig, als nicht methodologisch gezeigt werden könnte, daß das unserer Erkenntnis nach Spätere *nicht* (doch) in Gott ein Ursprüngliches sein kann. Die implizierte Behauptung der Logik nach ist nämlich die, daß Erkenntnis- und Seinsordnung in derselben Weise übereinstimmen, in der die Seinsordnung aus der Erkenntnis *dem Weg* nach (nicht der Priorität nach!) erkannt wird.

47 *Moltmann*: *Breuning* (Hg.) (1984) 99. Das ist hier vorerst der *Erkenntnis* nach gemeint (denn dem Sein nach ist Gott immer schon zuvor »von oben« wirkend).

48 *Moltmann*: *Breuning* (Hg.) (1984) 99.

49 Er möchte ja gerade nicht von einer philosophischen Behauptung über das Sein Gottes ausgehen, sondern radikal von der Heilsgeschichte; hier verwirklicht er aber dieses Vorhaben *durch* eine philosophisch-logische Gesetzlichkeit!

50 Vgl. zur Erfahrung Gottes in seiner Geschichte als des *einzigen* Gottes und zur Bedeutung dieser Einzigkeit gegenüber einem metaphysischen Einheitsverständnis auch: *Westermann* (1978) 25 ff.

51 Vgl. *Moltmann*: *Breuning* (Hg.) (1984) 100. Weil Jahwe in der Geschichte sich

Inhalt der Offenbarung, von der er die Methode einsehen möchte, »Jahwe ist Gott!« (und kein anderer) zitiert[52], dann müßte die in der alttestamentlichen Gottesoffenbarung schon immanent mitgegebene Differenzierung zwischen ursprünglich erfahrener Selbstoffenbarung Gottes in seiner »Einzigkeit« und einer »reflexiven«, metaphysischen »Einheit« auch von *Moltmann* mitvollzogen werden können: Wenngleich die metaphysische Einheitsspekulation unter das Verdikt *Moltmanns* fallen könnte, wird die *ursprüngliche*, erfahrene *Einzigkeit* Gottes nie als »Abstraktion« erscheinen dürfen, von der man sich in der Ausarbeitung einer Trinitätstheologie als etwas Nachträgliches distanzieren könnte. - *Moltmann* weiter: »Biblisch gesehen ist nicht die Dreiheit, sondern die Einheit Gottes das Hauptproblem. Es ist nicht möglich, die Einheit des Vaters, des Sohnes und des Geistes vorauszusetzen und aus anderen Erkenntnisquellen zu gewinnen.«[53] Hinsichtlich einer vorgängigen Bestimmung der Einheit Gottes in einer metaphysischen Theologie ist

als *einziger* offenbart (Jahwe ist Gott, und kein anderer!), will *Moltmann* von der Trinität ausgehen (?), um von da aus zur universalen Offenbarung der Einheit und Gottheit Gottes voranzuschreiten: Hier ist der Gedanke der Einzigkeit ja schon als ein ursprünglicher, *nicht* in metaphysischem Kontext stehendes Ur-Phänomen der Offenbarung Gottes selbst unabdingbar beinhaltet. *Moltmann* dagegen übergeht eigenartigerweise diese fundamentale Offenbarung der Einzigkeit Gottes, die er selbst zitiert (Jahwe ist dein einziger Gott!), um nur auf die »Methode« der alttestamentlichen Gotteserkenntnis abzuheben, daß nämlich Gott so zu verstehen sei, wie er sich in der Geschichte zeigt; wenn er sich also als der trinitarische gezeigt hat, so ist das der theologische Ausgangspunkt der Reflexion. Nun wird aber die alttestamentliche Offenbarung Gottes als des *Einzigen* durch die trinitarische Offenbarung Gottes in Christus gerade nicht »aufgehoben«, so daß man sie übergehen könnte! Vgl. *Rosenthal*: KuD 22 (1967) 132-148; hier: 146: *Moltmanns* Gedanken bewegen sich »auf einen Punkt zu..., zu dessen Kennzeichnung...der Begriff Tritheismus nicht völlig aus der Luft gegriffen ist.« Vgl. zur Kritik einer dadurch provozierten Gefahr eines »Tritheismus« auch: *Berner*: ThPQ 127 (1979) 319-329; bes. 98: Er versucht, den »Mono«-Theismus vom (letztlich selben) »Willen« her zu fassen, ohne sich auf eine metaphysische Einheitsvorstelluung einzulassen; »poly«-theistisch sind Phänomene einander letztlich widerstrebender Willensbewegungen zu fassen. *Hill* (1982) bes. 173, zielt in dieselbe Richtung, denn biblisch sei die Selbständigkeit von Vater und Sohn und Geist oft bemerkenswert groß, daß nur mehr die Einheit ihres Willen »Einheit« zu tragen scheint. *Hussinger*: HeyJ 14 (1973) 266-279; 379-395; bes. 278.

52 Vgl. *Moltmann*: *Breuning* (Hg.) (1984) 100.

53 *Moltmann*: *Breuning* (Hg.) (1984) 101.

Moltmann nur Recht zu geben; und so gesehen deckt sich seine Auffassung mit der *Rahners*. Unter *dieser* Bedingung konnte tatsächlich die »Bestimmung der natürlichen Theologie über das Wesen der Gottheit...zum Gefängnis für die Aussagen der Offenbarungstheologie«[54] werden, und so gesehen führte die Darstellung der trinitarischen Personen »in einer vorausgesetzten und aus dem Kosmos erkennbaren homogenen, göttlichen Substanz...ungewollt, aber unausweichlich zur *Auflösung der Trinitätslehre in abstrakten Monotheismus*«[55]. Daraus darf aber nicht geschlossen werden, daß der Gedanke der »Einheit« und »Einzigkeit« Gottes *in sich* ein metaphysischer und also sekundärer Gedanke ist, der in die Geschichte der Selbstoffenbarung Gottes *als solcher* erst eingetragen wurde. Diesen Eindruck muß *Moltmann* jedoch erwecken, wenn er das Einheits-Problem zum einen mit dem logischen Gesetz »vom Einzelnen zum Universalen/Allgemeinen« verbindet *und* zum anderen die »Einheits«-Frage in sich schon als *philosophische* Frage identifiziert! Erst dann, d.h. unter *dieser* Bedingung, könnte die *»Einzigkeit«* Gottes mit dem Gedanken der (metaphysischen) Einheit identifiziert und in einem Atemzug als nachträgliche »Reflexion« auf das ursprüngliche Mysterium Gottes erklärt werden.

2. Die ursprüngliche »Einzigkeit« Gottes

Dagegen konnte von *Rahner* gezeigt werden, daß der »Einheitsgedanke« auch noch in einer anderen, (im Prinzip, wenngleich nicht in der Ausführung im konkret-geistesgeschichtlichen Kontext) nicht-metaphysischen Tradition vorliegt, nämlich in der griechischen Theologie, insofern die Einheit in der griechischen Tradition *trinitarisch* in Gott und aufgrund der innertrinitarischen Ursprungsverhältnisse im *Vater* fundiert gesehen wurde; »Einheit« ist dann immer schon im Kontext einer Trinitätstheologie und der Lebensstruktur des trinitarisch-lebendigen Gottes zu entfalten.

Entscheidend ist jedoch ein anderes Faktum, nämlich daß die »Einzigkeit« Gottes in der Offenbarungsgeschichte immer als *geschichtliche* Offenbarung Gottes *selbst* (und nicht als nachträgliche, abgeleitete

---

[54] *Moltmann* (1980) 32.

[55] *Moltmann* (1980) 33.

philosophische Erkenntnis) verstanden wurde[56]; daß nämlich der in seiner Geschichte sich leidenschaftlich engagierende Gott um der Freiheit und Humanität des Menschen willen sich als der *einzige* seinem Volk Israel gegenüber in der Geschichte erwiesen hat. Die Begründung des 1. Gebotes der *Einzigkeit* Gottes ist nichts anderes als die Befreiung Israels aus Ägypten; in dieser *Geschichtserfahrung* erweist sich Gott als der *befreiend-einzige*. *Dieser* Kontext zum Verständnis der Einzigkeit ist ganz und gar nicht »nachträglich« zu deuten, hier befinden wir uns im Zentrum alttestamentlicher Gottes- und Heils-Offenbarung der Einzigkeit Gottes; hier *erweist* Jahwe sich in heilsamer Zuwendung, in seinem befreienden, leidenschaftlichen Für-uns-Seins *als* Gott! *Diese »Einzigkeit« ist Ausdruck des geschichtlichen Selbst-Einsatzes Gottes zur Befreiung des Menschen aus Sklaverei und Sündigkeit.* In der Offenbarung seiner engagierten Einzigkeit zerschlägt Gott die »projektiven Bilder« der Vorstellungen von ihm (vgl. Bilderverbot im Anschluß an die Begründung der befreienden Einzigkeit Gottes als deren innere Konsequenz). Die *Einzigkeit* ist schon die »Botschaft« seines *befreienden* Zukommens und seines Frei-Seins selbst; in dieser Einzigkeit ist Gott nicht nur der *geschichtliche*, sondern der gegen seine Offenbarung gar nicht feststellbare *und* der in ihr noch freibleibende. - An diese Tradition des Verständnisses der freien, befreienden und engagierten Einzigkeit Gottes wird *Jesus* nicht ohne Grund anschließen, um genau in ihr die »Projektion« einer *erfaßbaren* »Einheit« Gottes aufzubrechen und ihr gegenüber die Freiheit Gottes in seiner Einzigkeit (wiederum) »neu« zu behaupten, *weil* in dieser Behauptung das Handeln Gottes *erlösendes und befreiendes* Handeln ist: In der Zusammensehung zweier Perikopen, die in unmittelbarer Folge in *Mk 12,28-37* erzählt werden, läßt sich das erkennen: Zunächst trägt ein Schriftgelehrter an Jesus die Frage nach dem höchsten Gebot heran, und jener antwortet mit dem Schema Israel: Israels Gott ist ein *einziger* (damit ist gemäß der befreienden Engagiertheit Gottes dann die Liebe des Menschen zu Gott und zum Nächsten verbunden). In der darauf folgenden Perikope allerdings wird

[56] Vgl. *Minz*: *Böhnke/Heinz* (Hg.) (1985) 399-416; hier: 403: Die »Lehre von der Einheit und Einzigkeit Gottes besteht von der Mitte her, dem *sich wegschenkenden göttlichen Leben«* und ist aus dieser Mitte zu erfassen oder anders: nur in Ursprünglichkeit (heilsgeschichtlich) zu erfassen (Hervorhebung nicht im Text).

im Tempel von *Jesus* die Messiasfrage in eigenartiger Weise differenziert gestellt: Wie könne denn der Sohn Davids der »Sohn« Davids sein, wenn ihn doch David selbst mit »Herr« (= Jahwe!) anrede? Unmittelbar nach dem Bekenntnis Jesu zur *Einzigkeit* Gottes behauptet er mit dem ihm eigenen Anspruch, auf Seiten Jahwes zu stehen, in unerhörter Weise »neu« die vor dem Schriftgelehrten zuvor bekannte Einzigkeit Gottes: Theologisch kann in sensibler Form die lebendige und befreiende, und daher »bilderlos«-geschichtlich sich selbst-einsetzende, Einzigkeit Gottes im Kontext der Vater-Sohn-Beziehung Jesu aufgebrochen werden auf eben jene Lebendigkeit, in der sich Gottes Einzigkeit in seiner engagierten Geschichte befreiend zeigt: Im Christusereignis gehört die Differenz von sendendem Vater und seinem gesandten Sohn so zu und in Gottes Sein[57], daß die *»Differenz«* selbst der *engagierte leidenschaftliche Selbst-Einsatz seines innersten Lebens als geschichtlicher Erweis einer »Einzigkeit«* ist. Letztlich gilt biblisch: *In unbegreifbar befreiender Weise ist der »trinitarische« Selbst-Einsatz Gottes »nichts anderes« (und was noch mehr auch!) als der lebendige, leidenschaftliche, ja in der Befreiung von der Unheilsgeschichte leidende Erweis seiner endgültig-eschatologischen und darin trinitarischen »Einzigkeit«*. Demnach wird ein solches zur Selbst-Offenbarung Gottes gehörendes Verständnis der Einzigkeit Gottes durch die trinitarische Offenbarung gerade nicht aufgehoben, sondern *sie selbst* ist der einzigartige und tiefste Erweis der Einzigkeit Gottes als des befreienden und uneinholbar-überraschenden, geschichtlich selbst-einsetzenden Gottes. - Dagegen nun ist der Versuch einer »metaphysischen« Einheitsbestimmung Gottes tatsächlich nachträglich und sekundär. In der ursprünglich mit der geschichtlichen Offenbarung Gottes mitgegebenen (und sonst gar nicht gegebenen) Erfahrung allerdings zeigt sich die Unaufgebbarkeit der erfahrenen Einzigkeit Gottes gegen alle Versuche, sie als nachträglich zu interpretieren, als ebenso *ursprünglich* wie die trinitarische Offenbarung Gottes.[58]

Wenn folglich die »Einzigkeit« Gottes einerseits immer schon die des trinitarischen Gottes in seiner Selbst-Offenbarung und keine philoso-

---

[57] Vgl. *Pannenberg* (^{5}1976) 159.

[58] Vgl. zur Ursprünglichkeit der Einzigkeit Gottes, die mit der Trinitätsoffenbarung nicht aufgehoben wird, zugleich aber schon im Alten Testament eine Vorbereitung in den Formen der differenzierten Immanenz Gottes auf die Trinitätsoffenbarung zeigt: *Schulte*: MySal II (1967) 54-73.

phisch-nachträgliche Erkenntnis ist und andererseits die geschichtliche und freie Offenbarung Gottes nie zu einer Aufhebung der je-größeren Freiheit Gottes in (und gegenüber) seiner Mitteilung führt, dann wird die göttliche »Einzigkeit« in der Tat den Charakter göttlicher *Uneinholbarkeit* an sich tragen: Als was sie uns (inhaltlich) zu erkennen ist, darf dann nämlich nur im jeweiligen geschichtlichen Selbst-Einsatz Gottes *konkret* ausgesagt werden; umgekehrt ist sie dieser Konkretheit Gottes zuvor *nie* erkennbar. So erfüllt die Einzigkeit Gottes eine eminent kritische Funktion einer »projektiven« metaphysischen Einheitsvorstellung gegenüber. Nach dem eben Erschlossenen kann das nur heißen: Wenn Gott sich mit seiner geschichtlichen Freiheit in seinem trinitarischen Lebens-Einsatz als der *einzige* Gott *erweist* (also *auf diese Weise* der einzige ist!), dann muß man die metaphysische Einheits-Bestimmung nicht »erst« gegenüber einer *trinitarischen* Letzt-Fundierung aller Aussagen in Gott als sekundär bezeichen, sondern schon gegenüber der sich geschichtlich selbst-einsetzenden *Einzigkeit* Gottes, während jede der tatsächlichen Geschichte Gottes mit der Welt vorauslaufende, projizierte *Vorstellung* von jener Einzigkeit Gottes (und seiner Geschichte) als *vorweg*bestimmende Fixierung der *tatsächlichen* sich-zeigenden Einzigkeit gegenüber nun wirklich »sekundär« und »spekulativ« ist.[59] *Die metaphysische Einheits-Bestimmung ist gegenüber der geschichtlich-freien, sich-erweisenden Einzigkeit Gottes sekundär und, insofern sich die geschichtliche Einzigkeit in endgültiger Selbst-Offenbarung Gottes als die des »trinitarischen« Lebens Gottes selbst erweist, dem endgültigen trini-*

[59] In der Geschichte Gottes zeigt er sich je als der *geschichtliche* Gott, indem er der für eine neue Zukunft je-offene ist, der daher nicht fixierbar und feststellbar ist, gewissermaßen festzumachen an einem Ereignis, außer in seiner Treue, in der Gott aber *frei* derselbe bleibt und doch je-neu und unerwartet auf den Menschen zukommt. Das spricht, wie schon gezeigt, auch der Gottesname »Jahwe« aus. Vgl. zum Geschichtsverständnis Israels und dem damit verbundenen, ja von *ihm* her bestimmten Gottesverständnis: *Greshake* (1969) 189 ff. In diesem Sinne ist dann die mit seinem Ur-Ereignis der Befreiung aus Ägypten verbundene Hinweis auf die Einzigkeit Gottes auch der Hinweis auf seine *Freiheit* und Uneinholbarkeit seines spontanen Sich-Offenbarens, so daß dem Je-geschichtlich-Offenbarsein *voraus* Gott nicht »festzumachen« ist; umgekehrt: In seinem heilsamen Offenbarsein bindet sich Gott (in Freiheit) in seiner Offenbarung, und darin erweist er als der je »inhaltlich« sich bestimmende *einzige*. Diese »Bilder«-Losigkeit Gottes verbietet ein der tatsächlichen Geschichte Voraus-Fixieren, wie das die metaphysischen Bestimmungen tun.

tarischen Letzthorizont christlichen Gottesverständnisses gegenüber das (je-immer) Abgeleitete.
Zieht man dies alles in Betracht, so wird die Frage nach einer »Einheit« des trinitarischen Gottes, genauer der drei göttlichen Personen *als* gegenüber der »Einzigkeit« Gottes *sekundäre Frage* allerdings wieder eine unverzichtbare bleiben, wenn sie aufgrund der tatsächlichen Einzigkeit Gottes gestellt wird. Dann wird sie ja auch nicht mehr in dem peiorativen Sinne als »metaphysisch-projektiv« zu bezeichnen sein, weil sie ein heilsgeschichtliches Fundament bekommen hat. Jetzt, d.h. unter der genannten Bedingung, ist mit der »Einheitsfrage« wieder die nach dem *Sein* des trinitarischen Gottes gestellt und *notwendig* gestellt, um eine »Mythisierung« göttlichen Lebensgeschehens (und damit einen Rückfall in vor-metaphysische, polytheistische Mythologie) zu vermeiden.

Wenn Moltmann (wenigstens implizit) dagegen die Frage der Einheit Gottes a priori aus dem Kontext der Metaphysik heraus versteht und nicht als notwendige Seinsfrage nach Gott (aufgrund heilsgeschichtlicher Basis), dann muß die »Einheit« (als die des trinitarischen) Gottes zu einem brisanten Problem werden. J. Niewiadomski faßt den Vorwurf gegen Moltmanns Einheits-Problem so zusammen: »Worin besteht die Korrektur des Monotheismus, die Moltmann um der Trinität willen vornehmen möchte? Meines Erachtens läßt sie sich begreifen als eine Infragestellung des Anliegens des Monotheismus: eine letzte Einheit als ein normatives Eindeutigkeitsmoment in einer zweideutigen Wirklichkeit zu schaffen. So gesehen ist diese Korrektur mit der Ablehnung des Monotheismus gleichzusetzen.«[60] Wenngleich

---

[60] *Niewiadomski*, Die Zweideutigkeit von Gott und Welt in J. Moltmanns Theologien, Innsbruck 1982, 77 (= Innsbrucker theologische Studien 9). Hier wird ja unterstellt, daß die Einheits-Gründung der Welt den eigentlichen Sinn des christlichen »Monotheismus« ausmache, wo hingegen sich gezeigt hat, daß der Sinn in der »Einzigkeit« Gottes (im erschlossenen Sinne) liegt. Das der christlichen Gotteslehre Unterstellte ist vielmehr Eigenart *metaphysischer* Rede von Gott und zugleich schon spezifische »Projektion« auf Gott. Damit wäre aber das Anliegen *Moltmanns* mißverstanden, dem es gar nicht um die Frage der Einzigkeit Gottes, sondern um die der »Einheit« der drei göttlichen Personen geht (und diese Fragen sind - wie gezeigt wurde - durchaus zu unterscheiden), die er in einem *nicht*-(griechisch-)metaphysischen Sinne zu fassen versucht. »Die abendländische Tradition begann mit der Einheit Gottes und fragte nach der Dreiheit; wir beginnen mit der Dreiheit der Personen und fragen nach der Einheit«, *Moltmann* (1980) 34. Die Frage nach der Einheit wird nun neuerlich unter jetzt trinitarischer Differenzierung interessant, *nachdem* die metaphy-

in diesem Resümee schon in einer eigentümlichen »dialektischen« Abhängigkeit zu Moltmanns Anliegen argumentiert wird, ja mit der »Ausführung« Moltmanns seine »Absicht« gleichsam mit-eliminiert wird, so daß sie in ihrer Berechtigung gar nicht mehr zur Sprache kommen kann, daß nämlich die »Einheit« Gottes gar nicht vorweg im Kontext der Einheit der Welt, ihrer letzten »Eindeutigkeit« steht - dies hat sich schon als Inbegriff metaphysischer Projektion entlarven lassen -, sondern daß für Moltmann (legitimerweise) die Einheit Gottes im Kontext der Selbst-Offenbarung Gottes als Einheit der göttlichen Personen hervortritt, als vermittelte Einheit (womit Moltmann mit Rahner übereinstimmt), so ist auf der anderen Seite durch die Kritik Niewiadomskis durchaus eine innere Konsequenz des Moltmannschen Ansatzes berechtigt aufgedeckt, weil die Bestimmung des Seins Gottes unmittelbar Bedeutung für eine Ontologie der Welt hat: »Die Infragestellung der starren Einheit und Indifferenz geschieht durch einfache Negation: Differenzierung und Zweideutigkeit erlangen den Status eines neuen Axioms.«[61] Wenn aber die »Lebendigkeit Gottes...erst durch die Negation seiner Einheit aussagbar«[62] wird, dann muß die Seins-Frage selbst als Frage nach Gottes Sein in die Zweideutigkeit der Welt hinein aufgelöst und mithin das »dramatisierte« Sein Gottes re-mythisiert werden[63], weil jetzt das Drama der Welt »unmittelbar« als dasjenige Gottes selbst übersetzt wird. Ein trinitarischer Gott, der nicht ursprünglich wirklich »eins« ist, ist nicht mehr seines Seins mächtig, er muß in die Geschichte aufgehen. Wenn Gottes Sein nicht ursprünglich in je-größerer Unähnlichkeit im Eröffnen von Ähnlichkeit (und von Sein) als Voraussetzung seines »Herrseins« seiner freien Geschichte gegenüber verstanden werden kann, dann entsteht in der Tat die

---

sisch begründete Einheit schon (begründet) abgelehnt wurde. *Davon* her kann *Moltmann* auch nicht kritisiert werden, weil sonst die Kritik schon hinter die Voraussetzungen zurückfällt und damit nicht nur nicht den Kern der Frage trifft, sondern mit der Neukonstitution der Voraussetzungen schon immer »zu spät« kommt. Das Problem ist vielmehr, wie jetzt, d.h. unter den *neuen* Bedingungen, *ontologisch* mithin von einer »Einheit« Gottes so von Gott gesprochen werden könne, mithin von einer *»Einheit«* Gottes, daß dies zu einer ausreichenden Ontologie der Welt führe. Vgl. auch *Schwager*: Orien. 37 (1973) 190-192.

61 Niewiadomski (1982) 78.

62 Niewiadomski (1982) 78.

63 Vgl. etwa Aussagen *Moltmanns*, die »Gott gegen Gott« stellen und zu Tendenzen bei *Joachim von Fiore* im Ersten Teil. *Moltmann* bezieht sich auch auf *Joachim*, wenn er sagt: »Joachim hat dagegen als erster, aber nicht als einziger Trinität und Geschichte auf eine eschaologische Weise so zusammengesehen, daß die Geschichte des Reiches trinitarisch bestimmt wird und die Trinität im Reich ihrer eigenen Herrlichkeit als Vollendung ihrer eigenen trinitarischen Geschichte gedacht wird«, *Moltmann*: MThZ 33 (1982) 242-260; hier: 256.

Gefahr der »Auflösung« nicht nur der »Einheit« der göttlichen Personen, sondern die Gefahr der »Auflösung« der immanenten Trinität in die Geschichte der »ökonomischen« und schließlich die »Auflösung« der ökonomischen Trinität in eine »Struktur« des Dramas der Welt selbst hinein, die »Auflösung« Gottes zu bloßen Elementen des Weltprozesses. So kann Moltmanns Versuch einer erst »nachträglichen« Einheitsbestimmung allzuleicht zu einem Pendelschlag im Denken führen, der von der metaphysisch(-gnostischen) Trennung von Gott und Welt die Gefahr einer mythologischen »Vermischung« von Gott und Welt nur schwer vermeiden kann.[64] - Wenngleich Moltmann dies gar nicht will, ist die Gefahr einer solchen »Verlustkette« immer dann gegeben, wenn die berechtigte ontologische Frage nach der Einheit der göttlichen Personen »in sich« schon als metaphysische Frage identifiziert und mit der Kritik an der metaphysischen Einheit gleich mit-»beseitigt« wird. Demgegenüber ist aber nicht wegen der »Gründung« der mehrdeutigen Welt in der »schützenden« Einheit Gottes - wie dies Niewiadomskis Kritik will - an der Einheit Gottes festzuhalten (in nicht-metaphysischem, wohl aber ontologischem Sinne), - so wird die Position Moltmanns nämlich genau davon her kritisiert, was er schon längst zu Recht überwunden hatte (von einer letztlich doch metaphysischen Position her) -, sondern wegen der ursprünglichen »Einzigkeit« Gottes, durch die er sich unvorhersehbar und damit in von Gott eröffneter »Analogie« als der je-mehr unähnliche zeigt, indem er sich selbst mit seinem Leben einsetzt, ja so einsetzt, daß diese Einzigkeit als trinitarischer Lebens-Einsatz der Einsatz des einzig-befreienden Gottes ist. Dieser Gott muß dann auch in seinen innertrinitarischen, lebendigen Relationen noch der »eine« sein können. Einheit wird dann nicht mehr wegen der Lebendigkeit und dem (heils-)geschichtlichen Betroffensein Gottes negiert werden müssen, weil sie nämlich die innere Konsequenz der lebendigen trinitarischen »Einzigkeit« Gottes ist.

3. Zur Begründung der ursprünglichen Einzigkeit Gottes durch die innergöttlich fundierte Analogie

Dies ist es schließlich auch, was im Kontext des *IV. Lateran-Konzils*, näherhin im Kontext der Analogie-Formel des Konzils, letztlich zur Frage stand (DH 803-808): Das Konzil nimmt Stellung in der Aus-

---

[64] »In der Tat! Nicht bloß die Vermischung, sondern auch die Trennung von Gott und Welt ist in jener widersinnigen Weise weltliches Reden von Gott«, *Ebeling* (^{3}1967) 372-380; hier: 376-377. »Weltliches« Reden über Gott aber bedeutet, Gott schon im »projektiven« Entwurf des Menschen von der Welt so zu integrieren, daß Gott in seiner Selbst-Mitteilung gar nicht mehr zur Sprache kommen darf. Metaphysik und Mythos gleichermaßen gehen aber diesen Weg.

einandersetzung zwischen *Joachim von Fiore* und *Petrus Lombardus* zur Frage der Einheit der trinitarischen Gemeinschaft in Gott. Prinzipiell außer Streit steht bei den Streitparteien und dem Konzil, Gott sowohl als den trinitarischen als auch als den einen verstehen zu müssen. Das Problem ist aber, wie denn genauer die *Einheit* der göttlichen Personen zu fassen sei. *Joachim* wirft dem Lombarden vor, mit seinem Einheitsverständnis dem Wesen Gottes eine vierte Person hinzuzufügen, weil bei ihm die drei Personen mehr im *Unterschied* zu ihrer Einheit, welche ja die Einheit *der* drei Personen sein solle, bestimmt sei.[65] Sein Einheitsverständnis ist das der »summa res«. *Joachim* postuliert dagegen, d.h. gegen ein Wesensverständnis, das sich gegen die drei Personen abzusetzen beginnt, *auch* »ein« Wesen in Gott, aber als göttliche *Gemeinschaft der* drei Personen. Wenngleich er damit schon in einem letzten *unüberholbaren trinitarischen* Horizont denkt, kann er nicht anders, als diese göttliche Gemeinschaft und so die »Einheit« Gottes von der menschlichen Gemeinschaft her zu denken (»unitatem...quasi collectivam et similitudinariam..., quem ad modum dicuntur multi homines unus populus«). Indem *Joachim* in bestimmter Weise *analog* denkt, nämlich von der sozialen Einheit der drei Personen her gemäß menschlicher Gemeinschaft, wird das Konzil die Frage der Einheit der drei göttlichen Personen als Frage der Analogie entfalten: Die Beispiele, die das Konzil als Auffassung des *Joachim* zitiert, nämlich die Einheit der Glaubenden in Christus, in Gott, im Geist, schließen aber nicht einfach von der menschlichen Form von »Gemeinschaft« auf Gott, sondern von der Einheit menschlicher Gemeinschaft *in* Gott auf Gott[66], so daß das Konzil in die Lage versetzt wird, das Problem der göttlichen trinitarischen Einheit im Hinblick auf das Gott-Welt-Verhältnis *analog* zu beantworten. Das entscheidende Argument des *Joachim* wird dabei vom Konzil ausdrücklich in den Blick genommen und an Ort und Stelle gewürdigt (DH 803 und DH 806): die Menschen sollen eins sein, wie der Sohn mit dem Vater eins ist (*Joh 17,22*), indem es dieses zugleich verwandelt im Sinne der *göttlichen Analogie*, in der Gottes Einheit der drei Personen je-mehr *unähnlich* zu menschlicher und weltlicher Einheit zu verstehen sei (DH 806). Das Gewicht der Einheit der göttlichen Personen ist aus dieser

---

[65] Vgl. *Barbel* (1976) 92.

[66] Vgl. *Robertson* (1968) 129.

Unähnlichkeit begründet, in der jede weltliche, gewissermaßen noch in der Ähnlichkeit zu göttlicher Einheit stehende, Analogie erst eröffnet ist. Weil aber das Einheitsverständnis aus Gott selbst eröffnet wird durch seine Offenbarung und die Aufnahme der Welt in *seine* Gemeinschaft (DH 806), muß die analoge Erkenntnis in Gott selbst gründen, in der die Einheit in das Leben der drei Personen ganz »integriert« zu denken ist (durch die trinitarische Mitteilung des göttlichen Wesens, in der der Vater sein *ganzes* Wesen dem Sohn »gibt«[67], so daß das »Wesen« Gottes bereits in trinitarischem *Letzthorizont* gedacht wird (nicht als vierte Person »unabhängig« neben den göttlichen Personen) *und* doch zugleich an einer Einheit sui generis festgehalten wird, die nicht »von wo anders her« geschenkt (wie menschliche Gemeinschaft in der *Gnade* sich begründet), sondern die »gleich-ursprünglich« (und deswegen) »natürliche« Einheit *der* göttlichen Personen ist.[68]

So ist in der je-größeren Unähnlichkeit Gottes zur Welt die Einheit nicht *vor* den göttlichen Relationen bestimmt, sondern *durch* sie, aber in einer je-größeren Ursprünglichkeit aus der Einzigkeit Gottes heraus. Die je größere Unähnlichkeit Gottes als das die eine Analogie Gottes zur Welt eröffnende Element gründet aber »in« Gott so, daß - letztlich zu Ende gedacht - *keine Einheit denkbar ist, die »vor« den göttlichen Personen und ihrem Lebensgeschehen ihre je-größere Unähnlichkeit zueinander begründen kann, außer die in der je-größeren Unähnlichkeit selbst gründende und mit ihr dann in Gott gleich-ursprüngliche Einzigkeit Gottes.* Auf diese Weise wird durch die zu Ende gedachte lateranensische Analogieformel und damit durch die innergöttlich begründete Analogizität die Einzigkeit Gottes prinzipiell in den geforderten und belegten trinitarischen *Letzt*-Horizont gestellt. Sie ist in ihrem Verständnis nicht nur biblisch, sondern auch aufgrund der Analogizität (Gottes, des Gott-Welt-Verhältnisses, der geschöpflichen Ex-sistenz und der Gotteserkenntnis) nicht aus diesem Letzt-Horizont herauslösbar oder nur dann herauslösbar und »in sich« betrachtbar, wenn die Voraussetzungen der Selbst-Offenbarung

---

[67] Vgl. *Krenski* (1990) 136. Er betont mit dem Hinweis auf die Theologie von *Balthasar* die »Lebendigkeit« dieses innertrinitarischen »Schenkens«.

[68] Vgl. auch *Kasper* (1982) 353-354: »In Gott und zwischen den göttlichen Personen ist nicht trotz, sondern wegen ihrer unendlich größeren Einheit zugleich unendlich mehr Interrelationalität und Interpersonalität als im zwischenpersonalen Verhältnis von Menschen.«

Gottes bzw. der Erfahrungen dieser Offenbarung Gottes negiert und damit außer Kraft gesetzt werden. Auch noch unter ausdrücklicher Anerkennung der ursprünglichen Einzigkeit Gottes und der Berechtigung der Frage nach der Einheit des Lebens der drei göttlichen Personen als einer Frage nach dem *Sein* Gottes sind diese Gegebenheiten zutiefst und zuletzt in einen unhintergehbaren trinitarischen Horizont gestellt und folglich nur aus ihm heraus in voller Gültigkeit zu entfalten.

III. Das trinitarische »Sein« Gottes als relationale Liebe

Wenn das Grundaxiom der Gotteslehre letztlich gelten soll, muß es das Verhältnis Gottes als des trinitarisch Wirkenden und als des *so* »in sich« trinitarisch Seienden als das des *einen*, und d.h. hier: *desselben* Gottes aussagbar machen. In welcher Weise ist aber berechtigt von einer »Identität« desselben Gottes in Sein »ad intra« und Wirken »ad extra« zu sprechen? Wie kann es aussagbar sein, wenn damit nicht nur eine leere Formel transportiert werden soll? Und wo liegen die Gefahren, von einer »Identität« von ökonomischer und immanenter Trinität zu sprechen - gerade im Lichte einer Rezeption der Leidensproblematik?

1. Die axiomatische »Identität« von trinitarischem »Wesen« und trinitarischem Wirken Gottes

Gemäß dem Vorausgehenden und dem Grundaxiom der Trinitätslehre ist von einer gewissen »Identität« von immanenter Trinität und ökonomischer zu reden, und dies ist schon der letzte Horizont der Gotteslehre, von dessen Interpretation, d.h. einer näheren Klärung der »Identität« und ihren Auswirkungen auf die Rede vom »einen Wesen« Gottes, alles weiter zu Sagende abhängen wird. Wenn Gott sich in seiner Selbst-Mitteilung wirklich der Welt *selbst* zuwendet und nicht »etwas« von ihm, dann besagt das Grund-Axiom von *Rahner* weiter, daß Gott, wie er sich uns zeigt, in sich *wirklich* so ist, wie er sich zeigt. »Seine Mitteilung ist...wahrhaft *Selbst*mitteilung, das heißt, Gott gibt seiner Kreatur nicht nur 'an sich' Anteil (vermittelt), *indem* er durch seine allmächtige *Wirk*ursächlichkeit geschöpfliche und endliche Wirklichkeiten schafft und schenkt, sondern er gibt in einer *quasiformalen* Kausalität wirklich und im strengsten Sinn des Wortes *sich selbst.*«[69] In seinem »Für-Uns« ist Gott tatsächlich als der, der er »in-sich« ist, gegenwärtig. Dies hat aber weitreichende Konsequenzen: 1. Wenn Gott sich nämlich als der trinitarische offenbart, dann »ist die Gabe, in der sich Gott der Welt mitteilt, eben Gott als der dreifaltige selbst (nicht ein von ihm effizient Hervorgebrachtes, das ihn vertritt) u[nd] zwar so, daß - weil er der dreifaltige ist - diese 'Dreifaltigkeit' auch das Gegebensein dieser Gabe mitbestimmt u[nd] diese dreifaltig macht. Und darum gilt auch umgekehrt: Die Dreifaltigkeit dieser göttl[ichen] Selbstmitteilung, die heilsökonom[ische] T[rinität] läßt quoad nos die immanente eo ipso erkennen, weil sie diese ist«[70]. Nach einem »An-Sich« Gottes zu fragen, ist angesichts dessen schon eine »Abstraktion« der Konkretheit Gottes, der nicht mehr ohne uns sein wollte und in seinem Sein-für-uns eben als der trinitarische »für uns« ist, *weil* er in sich so ist. Wo also Gottes Leben »für uns zur Sprache kommt, kommt es in seiner Wirklichkeit zur Sprache, der gegenüber jeder Diskurs auf ein 'An-und-für-sich-Sein Gottes' eine den Glauben verlassende Regression auf eine abstrakte Möglichkeit darstellt, die wie ein theologischer Atavismus anmutet«[71]. Was sich daher an Gott erkennen läßt, und darin Gott *als* Gott erkennen läßt, »läßt sich nur aus Gottes Für-uns-Sein erkennen und zur Aussage bringen«[72]. 2. Wenn aber die Analogizität der Gotteserkenntnis fordert, daß Gott, wie er sich in seiner Geschichte zeigt, in seinem *Sein* sich zeigt, wenn also weiterhin von einem Sein Gottes gesprochen werden muß[73], das nicht in die Oikonomia auflösbar ist, dann wird dieses Sein

---

[69] *Rahner*: MySal II (1967) 338. »Bei der radikal verstandenen *Selbst*mitteilung Gottes an die Kreatur muß die Vermittlung selbst Gott sein und kann keine kreatürliche Vermittlung bedeuten«, *Rahner*: SzTh XIII (1978) 141.

[70] *Rahner*: HTTL VII, Freiburg 1972, 339-352; hier: 344 (= HerBü 457).

[71] *Jüngel*: ZThK (1968) 96.

[72] *Jüngel* (³1976) 119.

[73] »Bei dem Bekenntnis zur Einzigkeit Gottes handelt es sich nicht primär um eine metaphysische Aussage, wenn auch eine solche diesem Bekenntnis *notwendig* impliziert ist«, *Rahner*: *ders.* (Hg.) (1983) 143; Hervorhebung nicht im Text. Oder: »...es...ist sinnlos, vom Ende *der* Metaphysik zu sprechen, so sehr man eine bestimmte Gestalt von ihr als untergegangen erklären mag«, *Rahner*, SzTh VIII (1967) 165-186. Damit meint *Rahner* aber nicht mehr die klassische »metaphysische« Bestimmung, sondern eine Ontologie in neuer Form, die der

Gottes sich zugleich als das Sein der göttlichen Personen verstehen lassen müssen, wie sie sich in der Heilsgeschichte in ihrer Einheit als der eine Gott eingesetzt haben. »Die Aussage also: Der eine und selbe Gott ist für uns als Vater, Sohn-Logos und Heiliger Geist gegeben, bzw.: Der Vater gibt sich uns selbst in absoluter Selbstmitteilung durch den Sohn im Heiligen Geist, sind streng zu hören und zu sagen als Aussagen über Gott so, wie er *an sich selber* ist. Denn sonst wären sie eben im Grunde keine Aussagen über die Selbstmitteilung Gottes.«[74] Das Wesen Gottes ist - wie schon ausgeführt - *mittelbar* die Einheit der *Beziehungen* der drei Personen und als solche zu begreifen aufgegeben, weil ja »die Gotteserkenntnis die Einheit Gottes nicht als die Summe der Personen der Trinität versteht, sondern als den unteilbaren Relationszusammenhang des innergöttlichen Lebens...«[75].

Unter voller Wertung der bisherigen Begründungen und Konsequenzen (und gegen den unglücklichen Ansatz von *Schoonenberg*) für das Verständnis der trinitarischen Einheit Gottes gilt: Es »gibt in der Gotteslehre eigentlich keinen wirklichen Unterschied zwischen dem Deus in se und dem Deus extra se. Wenigstens durch und seit Christus sind wir ermächtigt und verpflichtet, diesen Unterschied dauernd zu überschreiten«[76]. Dadurch wird das Grund*axiom* wirklich zum *Grund*axiom nicht nur der Trinitätslehre, sondern das der *Gottes*lehre, ja *jeder* christlichen Gotteslehre, in profiliertem Sinne, der aus zwei »Identifikationen« besteht (die de facto gemeinsam geschehen, aber der Sache nach für sich wahrgenommen werden müssen): 1. Wie Gott in der Welt sich selber einsetzt, so *ist* er in sich: Wenn Gott *konkret*, und nur in den Konkretionen ist Gott konkret *Gott*, in der Unheilsgeschichte als leidender handelt, dann muß er »in sich« so sein. 2. *Weil* er sich als der

---

Selbst-Offenbarung gerechter wird; *daß* aber weiterhin ontologisch von Gottes Sein gesprochen werden muß, ergab sich schon aufgrund des Reziprozitätsaxioms und der darin implizierten Unauflösbarkeit der Ontologie durch ein geschichtliches Paradigma des Welt- und Gottesverständnisses: vgl. I/I.4.c. ad 3.

[74] *Rahner* ([9]1976) 142. »Eine 'Erscheinungstrinität', die nicht *das* offenbarte, *was* in Gott webt und lebt, wäre eine 'Scheintrinität'. Die in der Heilsgeschichte sichtbar werdenden Verhältnisse der Personen, [sic!] müssen deshalb in den innertrinitarischen Beziehungen begründet sein, unbeschadet des Geheimnischarakters dieser Relationen...«, *Scheffczyk*: IKZ 15 (1986) 23-34; hier: 33.

[75] *Ebeling* (1979) 545.

[76] *Rahner*: SzTh VIII (1967) 184.

trinitarische einsetzt, ist er zuerst und zuletzt »nur« als der *trinitarisch*-eine zu verstehen: Die Einheit Gottes kann nicht »vor« oder »losgelöst« davon verstanden werden, sondern immer nur *in* trinitarischer *Letzt-Differenzierung*. Aus beiden »Identifizierungen« ergeben sich aber nicht nur weitreichende Konsequenzen, sondern auch entscheidende Probleme, die sich jetzt im Lichte der erarbeiteten analog-reziproken Struktur von Erkenntnis und Sein theologisch hinreichend klären lassen:

1. Das Überschreiten des »Unterschieds« hin auf eine »Identität« der immanenten und ökonomischen Trinität bedeutet in bezug zum »einen Wesen« Gottes demnach, daß es sich nur als *trinitarisch* differenziertes erschließt, *aufgrund* der Wahr-Nahme des trinitarischen Wirkens Gottes in der Welt. Was bedeutet das aber für die *Einzigkeit* Gottes? Im Überschreiten des »Unterschieds« und folglich in der fundamentalen Einheit von immanenter und ökonomischer Trinität, von Gottes *Sein* »in sich« und seinem Sein und Wirken in der Geschichte »für uns«, muß, um der »Einzigkeit« Gottes weiterhin gerecht werden zu können, die je-größere Unähnlichkeit Gottes noch einmal gewahrt werden. Und *indem* Gott *derselbe* ist, der sich mitteilt und der, der »in sich« lebt, *ist* dieser Unterschied schon behauptet, weil die Analogizität der gott-weltlichen Beziehung fordert, daß die Ähnlichkeit durch die Unähnlichkeit *eröffnet* ist. Präziser: *Weil* die *Unähnlichkeit* dieses Verhältnis eröffnet, und nur deshalb!, *weil* Gott diesen Unterschied als *eine* »Relation« (*eine* Analogie) begründet, ist *in* dieser unendlichen Fülle und Freiheit des uneinholbaren Gottes Gott zu erkennen, wie er als *unähnlicher* ist und damit *in sich wirklich* ist, so daß es *deswegen* keine wirkliche Differenz zwischen der immanenten Trinität und der ökonomischen gibt, Gott also *deswegen* »derselbe« ist![77] Durch die Erschließung der gott-weltlichen Beziehung als der von Gott eröffneten Analogie wird sichtbar, daß die Einheit von immanentem relationalem Sein Gottes, seinem »Für-sich-Sein«, und dem Handeln und Sich-Offenbaren »für uns« gar kein Widerspruch oder eine Differenz bestehen kann - außer der

[77] Wenngleich gilt, und wie bisher gezeigt wurde: gelten *muß*, daß Gott so *wesentlich* trinitarisch ist in seinem *Sein*, daß »die Ursubstanz also nach der Offenbarung überhaupt nur in drei Personen gedacht werden kann«, *Klinger*: BPTF (1964) 65, wird doch zugleich in dieser eminenten Einheit eine grundlegende Differenz die Einheit erst ermöglichen, nämlich die der einen Analogie, in der Gott die Ähnlichkeit *durch* seine Unähnlichkeit eröffnet.

einen fundamentalen »Differenz« von Ähnlichkeit und Unähnlichkeit in der einen Analogie, die aber in der Struktur schon die *eine*, unauflösliche Gegebenheit analogen Seins ist[78], weil der aus der Unähnlichkeit heraus *frei* sich mitteilende Gott *in* der Selbstmitteilung uns als die ihn *in* seiner Unähnlichkeit Erkennenden und *in* seiner Unähnlichkeit Existierenden konstituiert, indem er uns in die Ähnlichkeit mit sich holt. Zugleich aber bleibt er in dieser »Identität« seines »In-Sich« und seines »Für-Uns« und aufgrund der *Art*, d.h. in der fundamentalen »Differenz« *in* der einen analogen Struktur, in der er das eine ist und das andere nicht läßt, der *je-mehr unähnliche* und *freie*: *Die Einheit und »Identität« von ökonomischer und immanenter Trinität wird durch diese »Art« der (intraanalogen) Differenz geradezu konstituiert.*

In diesem Sinne ist es dann gerade *nicht* wahr, daß die »Ähnlichkeit« mit Gott die Erkenntnis Gottes ausmacht, sondern eben die in der Erkenntnis als eigentliches »Objekt« erkannte *Unähnlichkeit*, darin ist Gottes *Sein* eröffnend, so, daß wir *wirklich* ihn erkennen. *R. Berlinger* ist daher *nicht* zuzustimmen, wenn er meint: »Wie also die Wahrheit die Form des Wahren ist, so ist die Ähnlichkeit Form des Ähnlichen. Weil daher das Wahre insofern wahr ist..., insofern es dem Ursprungshaften ähnlich ist, so ist die Form alles dessen, was ist, diejenige, die die höchste Ähnlichkeit mit dem Prinzip ist; und dies ist die Wahrheit, weil sie *ohne irgendwelche Unähnlichkeit* ist.«[79] Wir haben dem gegenüber die Ernsthaftigkeit und Bedeutung der *Unähnlichkeit* hier schon geprüft[80], um jetzt sehen zu können, daß Gott in dem Grundaxiom nur als der »in sich« erreichbare ist, *weil* er in seiner *Unähnlichkeit* erreicht wird! *Wahrheit ist vielmehr die Fülle der je-größeren Unähnlichkeit Gottes, »in der« er uns in die Ähnlichkeit mit sich holt!* - So ist es auch fraglich, ob man, um die »Auflösung« der immanenten Trinität zu verhindern als bleibende Gefahr der »Identifikation« in der *Rahnerschen* Formulierung des Grundaxioms der Gotteslehre, die »Unterschiedenheit« von immanenenter Trinität und ökonomischer Trinität als eine *»reale Differenz«*[81] zum Ausdruck bringen könne oder solle. Wenn man bedenkt, daß

---

[78] Diese Differenz *ist* zugleich schon Einheit, weil die Unähnlichkeit sie selbst eröffnet; vgl. Erster Teil, das Analogie-Kapitel.

[79] *Berlinger* (1962) 102. Hervorhebung nicht im Text.

[80] Vgl. den Ansatz zum Zusammenhang von Unähnlichkeit und Ähnlichkeit als die Elemente *einer* Analogie (mithin *einer* »Relation«), sowie des genaueren strukturellen Zusammenhangs beider Elemente und ihrem je-eigenen Gewicht im Analogie-Kapitel des Ersten Teiles.

[81] Vgl. diese Problematik bei *Löser*: *Breuning* (Hg.) (1984) 41: »Gottes Göttlich-

eine solche »reale« Differenz zum anderen wieder die »Trennung« des »In-Sich« Gottes von seinem »Für-Uns« fördert (mit all den Problemen, die eine »Trennung« schon einmal in der metaphysischen Theologie mit sich gebracht hat), so wird dem gegenüber die *analoge »Differenz«* wegen der eindeutigen Zuordnung (und Ursprungsbeziehungen) des Gott-Welt-Verhältnisses als aus der *Unähnlichkeit* (mithin: *Freiheit* und *Uneinholbarkeit*) eröffnete Ähnlichkeit und der Bildung *einer* Relation, die dann auch Einheit und Differenz von Gottes In-sich-Sein und seinem Handeln in der Welt schon als *analog-differente Einheit* aussagt, das Innovativere, d.h. hier das Anliegen besser Wahrende, genannt werden müssen. *Denn in der Analogie (in dem hier entwickelten Sinne) wird die Einheit (ja »Identität« desselben Gottes) durch die (innergöttlich fundierte) analoge »Differenz« (Unähnlichkeit) als gleich-ursprüngliche (und von der »Differenz« unablösbare) konstituiert.*

2. Was bedeutet die axiomatische »Identität« von ökonomischer und immanenter Trinität für die *Einheit* der göttlichen Personen in einer trinitarisch *letzt*-fundierten und heilsgeschichtlich begründeten Gotteslehre? Zuerst: Wird die vorgeschlagene analoge Differenzierung der letzten trinitarischen Einheit »ad intra« und »ad extra« *nicht* vorgenommen, muß die *Rahnersche* Grundformel der Gotteslehre immer dem möglichen Mißgriff einer mythologischen oder metaphysischen Auflösung der Formel *durch sie selbst* ausgesetzt bleiben (in Trennung oder Vermischung Gottes mit der Welt). Das sind dann auch die bleibenden Gefahren für ein durch das Axiom gefordertes Anerkennen der Geschichtlichkeit und Leidensfähigkeit Gottes. Zum einen nämlich *fordert* das Axiom geradezu eine solche Wahr-Nahme der *für Gottes »Sein« selbst geltenden* Bedeutung seines geschichtlichen und leidenden Handelns in der Welt; zum anderen wird ein trinitarisch-dramatisch der Welt ausgesetztes Handeln der trinitarischen Personen um so schärfer die Frage einer *dann*, d.h. unter den Bedingungen einer »realen« Betroffenheit Gottes davon »in sich«, noch geltenden (oder vielleicht dann gerade nicht mehr geltenden) *ursprünglichen* Einheit in der dramatischen Differenzierung ihres Handelns stellen. Nur dann, wenn die je-größere Unähnlichkeit Gottes darin gewahrt wird, kann eine Mythologisierung

---

keit wird nur gewahrt, wenn eine Differenz zwischen Gottes ewigem Wesen und Leben einerseits und Gottes Handeln im Drama der Welt andererseit festgehalten wird.« Deswegen wollen *Y. Congar*, *W. Kasper* und *L. Scheffczyk* an einer »realen« Differenz festhalten.

der Trinität - und also eine letzte »Nicht-Einheit« Gottes »in sich« vermieden werden, weil Gott gerade in ihr der *freie* und je-*größere* bleibt, auch dann noch (und erst recht dann), wenn er sich in der Dramatik der Welt so einsetzt, daß er selbst davon betroffen ist.

2. Die innergöttlich-trinitarische Einheit als lebendiges Geschehen relationaler Liebe

Wie aber soll diese Einheit der göttlichen Personen, die als von der Welt »berührte« handeln und folglich - nach dem Axiom - *so* auch *in sich sind*, wie sie »betroffen« werden, nicht nur negativ gegen eine mögliche Mißbildung gedeutet, sondern gewissermaßen *positiv* verstanden werden? Auf dem Weg der letzten trinitarischen Differenzierung von Gottes Einheit setzte sich theologiegeschichtlich in der gegenwärtigen Theologie die Deutung *dieser* Einheit der göttlichen Personen als *Liebe* durch.[82] Theologisch entsprang also der Erkenntnis des inneren relationalen *Seins* Gottes schließlich der Versuch, eine ontologische *Neu*-Bestimmung des Seins Gottes anzustreben; nämlich nicht mehr als an einer »weltlichen Metaphysik« entworfene, sondern in einer göttlichem Sein in seiner relationalen Struktur angemessenen Form einer »relationalen Ontologie der Liebe«.[83] Die Einheit Gottes, sein »eines Wesen« als das Wesen *der Personen*, »ist nichts anderes als der Quellgrund des Lebens, das er lebenschaffend kundgemacht hat. Dieses Leben ist lautere Liebe, in sich selbst Liebe und deshalb eine so souveräne Liebe, daß sie nicht vom Geliebtwerden abhängig ist«[84], indem die Personen *einander* lieben. In dem Einsatz Gottes für die Welt und in ihr wird diese Liebe als die innere Lebens-»Struktur« Gottes, »von der letztlich nur von *De Deo Trino*

---

[82] Nicht die Bestimmung Gottes als Liebe und auch nicht die Deutung der trinitarischen Relationen als Liebes-Beziehungen ist gemeint, das wußte man in der Theologie in diesem oder anderem Sinn auch zu anderen Zeiten, sondern das Fruchtbarwerden einer solchen Sicht unter den »neuen« Bedingungen einer trinitarischen *Letzt*-Fundierung ist hier gemeint.

[83] »Es ist heute zu erkennen und anzuerkennen, daß die Metaphysik des Geistes, der Einheit und der Identität nicht die einzige mögliche Gestalt von Metaphysik ist. Ist eine Metaphysik der Liebe und des Dialogs nicht eine aktuelle Alternative zu der überlieferten Gestalt von Metaphysik?« So: *Löser*: *Rahner* (Hg.) (1983) 16-17.

[84] *Ebeling* (1979) 544.

her gesprochen werden kann«[85], erkennbar. »Außer in diesem seinen Einsatz würde ich nie erfahren, daß Gott Liebe, dreieinige Liebe ist. Und nie kann ich von der dramatischen Aktion Gottes in Menschwerdung, Kreuz und Auferstehung Christi abstrahieren, um 'dahinter' ein in sich ruhendes, ewig seliges unergründliches 'Wesen' Gottes zu kontemplieren.«[86] Das bedeutet mehreres: 1. Gerade *in* der Oikonomia Gottes wird das Sein Gottes als immanente Liebesstruktur der göttlichen Personen erkennbar; aber auch: *deswegen* ist Gott in sich *relationale Liebe* der drei Personen und *dies ist sein Sein als »eines«*. Die »Einheit« der göttlichen Personen, ihr »Wesen«, wird in der Bestimmung *als* Liebe unmittelbar wieder als *ursprüngliche Einheit* des einen Gottes evident, indem sie jetzt zugleich als unauslöschlich und unaufhebbar lebendiges Liebes-*Geschehen* und als Liebes-*Geschichte* verstanden werden kann. »So *ist* er. Seine Selbstgabe ist das Geschehen, ist die Geschichte eines Sich-Verschenkens und insofern das Ende aller bloßen Selbsthabe. Als diese *Geschichte* ist er Gott, ja diese *Geschichte der Liebe* ist 'Gott selbst'.«[87] Dies ist ein unbestreitbarer Vorteil gegenüber jeder griechisch-metaphysischen Bestimmung des »Wesens« Gottes, der es erlaubt, Einheit und Lebendigkeit in Gott uneingeschränkt *trinitarisch* zu denken, ohne die Einheit aufzuheben oder die Lebendigkeit zu zerstören. 2. *Aufgrund* des konkret-geschichtlichen und heilsgeschichtlich-erfahrenen trinitarischen Selbst-Einsatzes Gottes können und müssen wir den Liebesvollzug als *gegenseitiges Hingegebensein* und *Sich-Schenken* der Personen in perichoretischer Einheit begreifen[88] (ohne dabei die Ursprungsverhältnisse in Gott aufzuheben) und so als *wirkliche*, ursprüngliche Einheit verstehen[89]; so hat der trinitarische Gott sich in

---

85 *Balthasar,* TD IV (1983) 58.

86 *Balthasar* (1971) 54.

87 *Jüngel* (1977) 450. »Der Begriff des trinitarischen Gottes, der Liebe ist, impliziert also die ewige Novität, der gemäß der ewige Gott sich selber Zukunft ist«, *Forte* (1989) 147.

88 »Er 'ist' nicht einsame Selbstbehauptung, sondern Gott 'lebt' in wechselseitiger Hingabe, er ist hingebende Liebe schon in sich«, *Koch*: ThG 29 (1986) 220-224; hier: 224.

89 Wenn »*Person* umso persönlicher wird, [sic!] je mehr sie sich an die andere Person hingibt, und...mit der Hingabe im selben Verhältnis die Einheit zwischen den Personen wächst, dann leuchtet auch ein, warum gerade *personal* west«, *Klinger*: BPTF (1964) 78.

Jesus und seinem Geschick »für uns« gezeigt; so ist »er...als der sich Schenkende *immer schon* er selbst«[90]. - Hierin wird das Grundaxiom in der Bestimmtheit als ein Liebesgeschehen wiederum vom trinitarischen Letzt-Horizont der Gotteslehre zur Wahr-nahme des *Leidens* Gottes hinführen. Wenn Gott in sich die sich-schenkende Liebe *ist*, die er *uns* als »hingegebene« ist, dann hat »Gottes Entäußerung in Menschwerdung und Tod Jesu...ihre ontische Möglichkeit in Gottes ewiger Entäußerung seiner dreipersönlichen Hingabe«[91], dann muß Gott in sich in dieser Liebe auch leiden können; *wenn* er die Welt in *diese* Wesenseinheit als trinitarisch-liebende aufnimmt, kann er in seiner Liebe und für sie auch liebend-leiden. »Gott...ist nicht etwa der, der gar nicht, sondern der, der *unendlich* leiden kann und um seiner *Liebe* willen unendlich leidet.«[92] - Das unter der Auswertung des Grundaxioms entworfene Wesen Gottes als Liebe führt aufgrund der heilsgeschichtlichen Konkretheit der Liebe

---

90 *Balthasar*, Herrlichkeit II/1 ([2]1969) 232. Aufgrund des (nach dem *IV. Lateran*-Konzil) erschlossenen innergöttlichen Lebensprozesses, in dem der Vater sein Wesen dem Sohn gibt, kann *Balthasar* berechtigt formulieren: Gott »ist nicht nur wesenhaft frei in seinem Selbstbesitz seiner Selbstverfügung: er ist gerade deshalb auch frei, über sein Wesen im Sinne einer Selbsthingabe zu verfügen: als Vater die Gottheit dem Sohn mitzuteilen...« (S. 232). Wenngleich die Frage der Freiheit dieser Weitergabe immer schon im Kontext des »ewigen« Gottseins Gottes steht, so daß Gott in seiner Freiheit dies *immer schon tut und ohne dieses Tun gar nicht Gott wäre, ja nie damit aufhören kann, ohne aufzuhören, Gott zu sein*, ist die trinitarische Lebendigkeit der Erschließung des Wesens im Kontext griechischer Theologie uneingeschränkt wahrzunehmen, aus der dann auch folgt, daß die Aussage der Wesensgabe des Vaters an den Sohn die legitime Auslegung des Satzes ist, daß Gott den Sohn liebt; in solcher Weise wird diese Beziehung im Neuen Testament als Auslegung der erfahrenen Offenbarung in Jesus verstanden.

91 *Schürmann* (1972) 146-147.

92 *Jüngel* (1971) 142-143. Er bezieht sich darin auf *K. Barth*: »Nein...: zuerst Gott, u. zw. gerade der Vater leidet in der Dahingabe und Sendung seines Sohnes, in dessen Erniedrigung: kein eigenes, sondern das fremde Leiden seiner Kreatur, des Menschen, dessen er sich in ihm annimmt. Aber eben dieses leidet er in der Erniedrigung seines Sohnes, in einer Tiefe, in der es von keiner Kreatur, von keinem Menschen - außer dem Einen, der sein Sohn ist - je erlitten wurde oder erlitten werden wird, damit der Mensch es so nicht leiden müsse, nachdem es von ihm in der Dahingabe und Sendung seines Sohnes erlitten wurde«, *Barth*, KD IV/2 (1955) 399. Dies ist heute die hauptsächliche und zugleich begründetste Auffassung derjenigen Theologen, die von einem Leiden Gottes sprechen wollen.

(wie von selbst) zur Ernstnahme der Rede vom »Leiden« Gottes. Umgekehrt: »Wäre Gott in jeder Hinsicht leidensunfähig, dann wäre er auch liebesunfähig.«[93] 3. In dieser liebenden Hingegebenheit ist Gott der *freie*, jenseits von Notwendigkeit und Zufall: »daß die absolute Freiheit des Selbstbesitzes sich ihrem absoluten Wesen gemäß als ein grenzenloses Schenken versteht, dazu wird sie durch nichts als sich selbst bestimmt, aber doch so bestimmt, daß sie ohne dieses Schenken gar nicht sie selbst wäre«[94]. Das Verständnis Gottes als Liebe erlaubt es, das innere Sein Gottes mit der göttlichen Weltbeziehung so in Verbindung zu bringen, daß die Einheit der »liebenden göttlichen Personen« auch noch in ihrem Selbst-Einsatz gewahrt bleibt. Denn: »Seine Liebe stammt nicht aus einem Vakuum, sondern aus der Fülle...Sein Affiziertwerden vom Zeitgeschehen ist nicht Folge seiner Abhängigkeit, sondern ganz allein Folge seiner freien Liebe. So ist auch seine Rücksicht auf das zeitliche Geschehen Tat seiner Freiheit, seiner Liebe und Heiligkeit.«[95] Diese Liebe beinhaltet also schon in sich die Macht des Leidens, wenn und weil sie sich selbst-einsetzend konkretisiert und darin *wirklich* ist, ohne in ihm sich auflösen zu müssen, *weil* Gott in seiner *ursprünglichen* (Liebes-) Einheit immer schon *»nur«* als hingebende und sich gegenseitig schenkende Liebe (und gar nie anders) *Gott* ist.[96]

Gott ist in seinem sich-schenkenden trinitarischen Lebens- und »Wesens«-Vollzug in seiner »Einheit« schon erfaßt; die Liebe ist die Einheit *der* drei göttlichen Personen in solcher Intensität, daß von dem Liebesvollzug die Einheit Gottes nicht mehr »abzuheben« ist. In diesem Sinne ist dann auch die Formel zu verstehen, daß in Deo »omnia sunt unum, ubi non obviat relationis oppositio«; daß nämlich die liebende, sich hingebende Persona-

---

93 *Moltmann* (1980) 39.

94 *Balthasar* (²1969) 232.

95 *Brunner* (³1960) 276.

96 In der Freiheit der Liebe kann Gott sich so einsetzen (und was hätte er sonst, als sich selbst einzusetzen mit seinem trinitarischen Leben), daß er in je-größerer Freiheit sich *bindet* an die Konkretheit seiner Liebe. »The freedom of God in Christ is concrete and determinate. It is not an abstract 'freedom from' but a particular 'freedom for'. It is not primarily a negativ but a positive freedom...Even self-determination and autonomy are inadequate as definitions of God's freedom in the light of the Gospel for the self-(!)determination of God is singular. It is a self-determination in self-communication. Freedom of God is the freedom of love«, *Migliore*: *Deuser* u.a. (Hg.) (1986) 240-249; hier: 244.

lität der göttlichen Personen sich in ihren liebenden Relationen *als* ursprüngliche Einheit erschließt, die nicht noch einmal dem *voraus*-»subsistierend« gedacht werden kann. *Das »eine Wesen« ist in diesem Sinne dann nichts anderes als die Ursprünglichkeit des lebendig sich vollziehenden Liebes-Geschehens der Trinität und als Trinität.* Dagegen hat die metaphysisch geprägte Theologie die »Personalität der göttlichen Personen, ihr unmittelbares Für-sich-sein,...von der Subsistenz der göttlichen Natur her verstanden und nicht, was auch möglich ist, von der oppositio relationis her«[97]. Und im Lebensvollzug der liebenden Relationalität der göttlichen Personen erfüllt sich die trinitarische Letzt-Fundierung jeder Gottesaussage, auch aller Aussagen zum »einen Wesen« Gottes[98], das jetzt als *bestimmtes* Wesen verstanden wird und so als das »eine« evident erscheint, *weil* es das der relational aneinander hingegebenen göttlichen Personen ist[99] und nicht eine - wie auch immer - von »wo anders her« bestimmte »metaphysische« Einheit anzielt.[100]

---

97 *Mühlen*: MThZ 16 (1965) 37-57; hier: 49-50.

98 *Bonaventura* ist gegen die scholastische Tradition diesen Weg gegangen. Er versuchte, auch die innergöttliche Einheit *streng* trinitarisch zu denken - ganz im Sinne der geforderten trinitarischen *Letzt*-Begründung jeder theo-logischen Aussage -, so »daß die trinitarischen Ursprungsbeziehungen das Sein Gottes *sind*. Er hat die Identität des göttlichen Wesens mit den göttlichen Personen so konsequent ausgelegt, daß die Existenz (Personen) zur Explikation und Vermittlung des Wesens wird. Nur *in* den Personen und d.h. in ihrem Ursprungsgeschehen weiß er das Wesen Gottes, welches von daher selbst trinitarisch ist. Von den Personen abstrahierend, kann er nicht mehr wirklich Gott sagen - solches Sprechen wäre semiplene, Halbwahrheit, ein Sprechen, das noch nicht zu sich selbst und zur Sache gefunden hat«, *Heinz* (1985) 294-295.

99 So kann auch im Handeln Gottes »ad extra« schon bei *Rupert von Deuz* durchaus an einer je-eigenen personalen Präsenz der göttlichen Personen festgehalten werden, weil sie in ihrer relationalen Struktur unauflöslich miteinander verbunden sind. »Er will die Außenwerke der Trinität als nichtappropriierte festhalten, also gleichsam als Proprietäten erklären, aber als solche, die sich gegenseitig fordern und bedingen, so daß die Einheit der Personen im Wirken doch erhalten ist«, *Scheffczyk*: *Betz/Fries* (Hg.) (1960) 90-118; hier: 113. In diesem Sinne hat sich aber die Struktur des gegenseitigen Verwiesenseins schon als die der *Liebe* erschlossen, in der die Personen in gegenseitigem Sich-Schenken *ursprüngliche Einheit* sind. Im übrigen ist heute das Person-Verständnis von sich her in diese Richtung unterwegs, insofern man darunter nie nur »Selbstand«, sondern »selbständigen Gegenüberstand« versteht; vgl. *Mühlen*: *Scheffczyk* (Hg.) (1967) 1259-1285; hier: 1263.

100 »In einer 'kommunikativen' Interpretation [von Gottes Sein] sollen [dann aber

3. Die analoge »Differenz« von innergöttlichem und ökonomischem Selbst-Einsatz Gottes

Gerade die Bestimmung des göttlichen Einsseins der Personen in trinitarischem Horizont und als Liebesgeschehen vollendet damit die Kritik an einem »projektiven« *Vorweg*-Bestimmen von »Einheit« in Gott - ganz im Sinne der »Einzigkeit« des trinitarischen Gottes -, weil sie nicht »gewußt« wird aus philosophischer Überlegung, sondern von *der Bestimmung* (welche im Letzten keine »Bestimmung«, sondern Freigabe in ein unumfaßbares und unbegreifbares Geheimnis ist), die Gott in seinem Wesen als *das* relationale und zugleich unaufhebbare Liebesgeschehen weiß, in dem Gott sich zeigt und das er folglich *ist*, so daß *diese* Einheit eo ipso auch schon in eine innergöttliche *Lebendigkeit* des innergöttlichen *Selbst-Einsatzes* aufgenommen ist und in der innergöttlich lebendigen »Berührtheit« des trinitarischen Lebens aufgenommen vollzogen wird. Das Verhältnis von so bestimmter »Einheit« in Gott und der »Einzigkeit« Gottes kann sich jetzt erschließen als die fundamentale »Identität« göttlichen Selbst-Einsatzes *ad intra* und *ad extra*: 1. Gottes Einzigkeit erschließt sich ja aufgrund seines engagierten Selbst-Einsatzes in der Welt, mithin seiner freien, aber das Letzte gebenden, Liebe endgültig in der trinitarischen Aussetzung göttlichen Liebes-Lebens in Jesus Christus. Diese trinitarische Einzigkeit Gottes als Selbst-Einsatz ist »in« Gott schon sein »ewiges« Leben als liebender Selbst-Einsatz der göttlichen Personen aneinander. 2. Die innergöttliche Differenz der liebenden göttlichen Personen ist ihr unauflöslicher Selbst-Einsatz aneinander so, daß Gott darin nur der *einzige* sein *kann*, soll dem Selbst-Einsatz nicht per definitionem widersprochen sein, *und* das *in* (und

---

auch]...alle Gottesattribute...als Weisen seiner Liebe verstanden werden«, *Selvatico*: FzPhTh (1980) 269. In seiner Interpretation der Theologie *Schleiermachers* hat *Ebeling* eben jenes Element ausgemacht: 1. *Schleiermacher* verzichtet auf eine »Einheit« Gottes, die metaphysisch vorgestellt wird, also von der »Einfachheit« her entworfen ist, und versteht sie in heilsökonomischem Sinne von der Allmacht her, sie ist die Grundeigenschaft Gottes - und muß sie ob seines Ansatzes bei der Selbstbewußtheit des Menschen (= Gefühl absoluter Abhängigkeit) auch korrespondierend sein. 2. Die einzige Eigenschaft Gottes, die sein Wesen *ist*, ist die Liebe, denn die ist reine *Beziehung*, nicht zuerst Selbst-Liebe, sondern Hingegebenheit. Darin ist der »allmächtige« Gott schließlich dann auch relational begründet der »eine«. Vgl. *Ebeling*: ZThK 65 (1968) 460-494; hier: 474-475.

folglich nie »außerhalb« oder »ohne«) der mit dem innertrinitarischen Selbst-Einsatz begründeten *Einheit* der göttlichen Personen. 3. Weil aber dieser Selbst-Einsatz Gottes eine innertrinitarisch-strukturierte »analoge« Struktur hat, also in der je-größeren Unähnlichkeit als freier begründet und aus ihr als je-größerer eröffnet ist, kann er nie zu einer »Nötigung« Gottes führen, als ob Gott etwa dann, wenn er sich liebend selbst-einsetzt für die Welt, darin »aufgehen« könnte oder je »faßbar« würde. *In seiner (analog-trinitarisch begründeten) Liebe bleibt Gott, der je-größere, allen seinen Konkretionen, in denen (und nur in denen) er (geschichtlich-) wirklich ist, gegenüber je-mehr und je-unähnlicher und je-uneinholbarer der Liebende.*

Zweites Kapitel

Der liebend sich selbst-einsetzende Gott als Grund der trinitarischen Rede vom »Leiden« Gottes

Sind wir bisher den Weg von der trinitarischen Letzt-Differenzierung hin zur dann sich ergebenden Evidenz oder jedenfalls »Möglichkeit« der Rede vom »Leiden« Gottes gegangen in der Analyse des von *Rahner* formulierten Grundaxioms der christlichen Gotteslehre sowie, indem die theologischen Konsequenzen daraus gezogen wurden, der Frage nachgegangen, wie dann, d.h. unter der Bedingung einer rechten Auslegung dieses Grundaxioms, vom Leiden *Gottes* berechtigt gesprochen werden könne und wie nicht, so soll jetzt, wegen der gegenseitigen Erhellung von Trinitätstheologie und Leidens-Problematik der Weg umgekehrt beschritten werden. Wenn man also theologisch begründet von der Wahrnahme der heilsgeschichtlichen Tat Gottes in Christus ausgeht und dieses Christusereignis als Selbst-Einsatz und deshalb als heilsame Offenbarung Gottes verstehen darf, in der von der Inkarnation des Sohnes als dem »Weggehen vom Vater«[101], vom Leiden Jesu und seinem Kreuz gesprochen werden muß, und zwar an zentraler Stelle, dann ist diese freie und unverfügbare Selbstauslegung Gottes in der Welt zur

[101] Vgl. *Schulte*: MySal III/2 (1967) 31.

Überwindung von Unheil und Leid in ihrer *leidenden* Gestalt so wahrzunehmen, daß ein Verständnis dieses Gottes-Leidens nur in einem trinitätstheologischen Kontext gelingen mag. *Die Leiden Gottes in seiner Geschichte mit den Menschen und insbesondere im Christusereignis führen von sich her zu einer trinitätstheologischen Begründung derselben im liebenden Sein Gottes.* Dementsprechend werden wir die Tatsächlichkeit der trinitätstheologischen Begründung des Leidens Gottes in der heutigen Theologie, insofern sie sich dieser Frage widmet, feststellen können - als Bestätigung des bisherigen Weges der Erschließung - und zugleich mit der jetzt unvermeidbaren Verquickung von Trinitätstheologie und Christologie[102] die innere Problematik einer Gotteslehre, die sich vom Leiden und vom Kreuz her versteht, aufbrechen sehen. Das eigentliche Problem entsteht nämlich dadurch, daß zum einen die »Trinitätslehre, zu der eine trinitarische Kreuzestheologie wesentlich hinzugehört,...vielen Theologen angesichts der...radikalen Fragen als die einzige tragfähige Gestalt heutiger christlicher Theologie«[103] gilt, zum anderen in der Unausweichlichkeit einer trinitarisch letzterschlossenen Gotteslehre das Leiden zur permanenten Infragestellung eines »Gottesbegriffs« wird, die durch die Konstatierung der Unvermeidlichkeit der Rede vom Leiden Gottes ja noch nicht gelöst ist, ja um so mehr dann, wenn von der *konkreten* Heilsgeschichte und der *leidenden Gestalt* der trinitarischen Selbstmitteilung in Christus ausgegangen wird, sich eher noch verschärft.

I. Die »Identifikation« Gottes mit dem Gekreuzigten

Wenn die immanente Trinität tatsächlich die ökonomische Trinität ist und diese sich im Christusereignis erschließt, dann muß nicht nur von einer »Identifikation« Gottes mit dem inkarnierten Logos, der darin immer schon Gott ist, und also, wie *K. Rahner* es tut, dann, wenn der Sohn

---

[102] Die Unvermeidlichkeit, nach dem inneren Zusammenhang von Christologie und Trinitätstheologie zu fragen, gründet ja schon im unauflöslichen Zusammenhang der *Ereignisse selbst*; denn das Christusereignis als Gottesoffenbarung ist Trinitätsoffenbarung (als Ereignis).

[103] *Löser*: *Rahner* (Hg.) (1983) 10.

Mensch wird, zentral von der »hypostatischen Union« gesprochen werden, dann muß vielmehr mit *E. Jüngel* auch die Geschichte Jesu selbst, schließlich sein *Zu-Tode-Kommen*, im Zentrum der »Identifikation« Gottes stehen. Wenn Gott in der *konkreten* Heilsgeschichte handelt, sich selbst einsetzt, dann sind das Kreuz und der Tod Jesu mithin (und mit der Auferstehung) die zentralen Ereignisse dieses *Heils*geschehens, in denen Gott sich als leidender und zugleich als der trinitarische offenbart, *indem* er auf diesem Wege (und keinem anderen) erlöst. »Der entscheidende Punkt, den *Jüngel* herausstellt, ist die unterschiedliche Ansetzung des 'Grundereignisses' der Identität von ökonomischer und immanenter Trinität. Bei Rahner ist das Grundereignis die unio hypostatica der göttlichen Hypostase des Logos mit dem Menschen Jesus. Bei *Jüngel* ist das Grundereignis die Identifikation Gottes in der Person des Sohnes mit dem Gekreuzigten.«[104] Während *Rahner* in gewisser Weise inkarnationstheologisch denkt, ist das biblische Fundament der Rede vom biblischen Gott, insofern er in Christus handelt, für *Jüngel* kreuzestheologisch auszulegen: Unter ausdrücklichem Aufgreifen und Festhaltenwollen des Grundaxioms, wie es von Rahner formuliert wurde[105], wird die Begründung der Trinitätslehre in heutiger Theologie als *»ausdrückliche Konstituierung des trinitarischen Gottesbegriffs durch eine Theologie des Gekreuzigten möglich* und damit dem exegetischen Problemfeld gerechter...[werden] als das der klassischen Trinitätslehre möglich war«[106]. *Faktisch* verstand die neutestamentliche Tradition ja gerade die *Identifikation* Gottes mit dem Gekreuzigten und Auferstandenen als »Definition« Gottes: Gott ist der Totenerweckende[107]; und indem Gott in der Geschichte seines Heilshandelns diese Identifikation setzt (d.h. den Gekreuzigten auferweckt), ist schon der Gekreuzigte der darin göttlich

---

104 *Löser*: *Breuning* (Hg.) (1984) 33. Vgl. zur *Jüngel*-Rezeption auch: *Kern*: *Kasper* (Hg.) (1979) 54-90; bes. 80-85.

105 »...scheint mir unerläßliche Grundlage einer das trinitarische Dogma besser verstehenden Umgestaltung der Trinitätslehre - und zwar durchaus einer auf deren Anfänge zurückgehende Umgestaltung! - die als 'Grundaxiom' aufgestellte These von Karl Rahner zu sein: 'Die 'ökonomische Trinität' ist die 'immanente Trinität' und umgekehrt«, *Jüngel*: ZThK (1975) 355.

106 *Jüngel*: ZThK (1975) 356. Hervorhebung nicht im Text.

107 Vgl. *Kasper* (^{5}1977) 88-89: Zu den frühesten »verbalen« Bekenntnisformeln gehört dieses Bekenntnis, »daß Gott ihn vom Tode auferweckt hat« (vgl. *Röm 10,9; Apg 2,24.32; 3,15; 1 Petr 1,21*). Vgl. auch *Jüngel*: ZThK (1975) 356.

Bestätigte.[108] Weil Gott *in* konkreter Heilsgeschichte *so* gehandelt hat, daß er im Gekreuzigten die Endgültigkeit seiner befreienden und erlösenden Liebe erweisen wollte, muß auch von dieser Tat Gottes *als* Heils- und *Gottes*-Ereignis gesprochen werden. Dann wird aber Trinität nicht bloß im Kontext einer (verengten) »christo«-logischen Problematik, nämlich der Frage nach dem Person-Sein des Logos und der Konstitution der »hypostatischen Union«, sondern im Kontext der *konkreten heils*geschichtlichen Heilstat als darin sich ereignendes Gottesgeschehen - und also im Horizont einer *konkret-heilsgeschichtlichen* Christologie als *Soteriologie* - zu denken sein, denn der »christliche Glaube an den lebendigen Gott ist...ursprünglich und unlöslich verbunden mit dem in der Verkündigung des Kreuzes sich aussprechenden Ereignis des Todes *Jesu Christi*. Wer von *diesem Todesfall* absehen wollte, der redet *abstrakt* vom Konkretesten: dem Leben Gottes.«[109] *Hier* zeigte Gott sein Leben, indem er es selbst für die Überwindung des *Un*heils einsetzte und dieses mit seinem Leben auf sich nahm, um es darin zu überwinden. Es ist ernst zu machen mit der *heilsamen* Wirklichkeit Gottes im Unheil der Welt: »Die Trinität ist ein *Heils*mysterium«[110], indem sie in der *soteria* und also in der Person Jesu Christi offenbar wird, und das heißt konkret: in der *Geschichte Jesu,* die (auch und vor allem) die Geschichte seines Sterbens und Todes um der Menschen willen *ist*. Durch die Identifikation Gottes mit dem Tode Jesu sind wir aufgefordert, »im Gekreuzigten Gott selbst kennen[zu]lernen..., und zwar nicht nur als den, der unseren Herrn Jesus von den Toten auferweckt hat, nicht nur als den, der das Nichtseiende ruft, daß es sei. Sondern als den, der - indem er solches tut - sich an

---

108 Wenn Gott den Gekreuzigten auferweckt, so wird ja der *Gekreuzigte* der »Gegenstand« göttlicher Identifikation und nicht ein davon absehender oder davon unbetroffener »Auferstandener«. Es gehört ja zum Grunderlebnis der Auferstehungserfahrung, daß der *Gekreuzigte lebt* - und kein anderer. Die Erfahrung der *Identität* ist (für unseren Kontext) das Entscheidende in der Wahrnahme des Auferstandenen.

109 *Jüngel*: ZThK (1968) 95; vgl. *Jüngel* (^{3}1976) 97 ff zur Passion Gottes.

110 *Jüngel*: ZThK (1975) 356; noch mit *Rahner* (und schon gegen ihn) aufgegriffen: vgl. *Rahner*: MySal II (1967) 327. Nur in *diesem* ausdrücklichen Kontext wird die immanente Trinität als ökonomische *konkret* gefaßt; oder anders: wird davon abstrahiert, so kann der Reziprozität theologischer Argumentation nicht mehr entsprochen werden, weil die »äußere« Unhintergehbarkeit des hermeneutischen Zirkels der Gotteserkenntnis unbeachtet bleibt.

einem *Toten* als Gott...definiert (Röm 1,4)«[111]. Die entscheidende Konsequenz aber, die sich für *Jüngel* aus der konkret-heilsgeschichtlich geschehenden »Identifikation« Gottes mit der »Person« Jesu *im* Heilsgeschehen selbst und also im *Kreuz* ergibt, ist zum einen, daß Gott selbst hier *leide*, und zum anderen, daß dieses Gottesleiden nur mehr in einer *trinitarischen* Differenzierung Gottes zu verstehen sei.

> Zum einen: »Der Tod Jesu ist also der Ernstfall nicht nur unseres *Redens* von Gott; dieser Todesfall ist vielmehr der Ernstfall des göttlichen Lebens selbst. Im Tode *Jesu Christi* wurde der Fall des Todes zu Gottes eigenem Fall.«[112] Zum anderen: »Und insofern gehört der Gekreuzigte zum christlichen Gottesbegriff..., insofern er zwischen Gott und Gott zu unterscheiden nötigt.«[113]

Beides gehört aber zusammen, d.h. dies führt nicht zu einer »Verabschiedung« des *einen* heilshandelnden Gottes, vielmehr erweist sich Gott als dieser, weil er in seinem Identifizieren mit dem Gekreuzigten diesen *in sein eigenes ewiges Leben* so einbezieht, daß Gott als Vater und Sohn (im einen Geist[114]) am Kreuz erkennbar werden in ihrer Unterschiedenheit *und* auch noch im »Gegensatz«, den das Leiden und das Kreuz bedeutet, aufeinander bezogen bleiben mitten in der Trennung, die die Trennung eben von Vater und Sohn »in« Gott ist.[115] Weil Gott

---

[111] *Jüngel*: ZThK (1968) 106-107. Durch die Auferweckung Jesu wird das Kreuz ja nicht »Vergangenheit«. »Die Auferstehungsbotschaft macht den *logos tou staurou* nicht rückgängig, sondern bringt ihn zur Geltung« (S. 112-113). Andernfalls wäre es ja auch nicht *derselbe*, von dem als dem Gekreuzigten und Auferstandenen gesprochen werden könnte; dann wäre im übrigen auch jede Rede von der »Person« des Logos - als die engere und mithin nicht geschichtlich formulierte (wenngleich unerläßliche) - Frage nach der Konstitution des menschgewordenen Sohnes verunmöglicht.

[112] *Jüngel*: ZThK (1968) 96.

[113] *Jüngel* (1977) 510.

[114] Vgl. *Jüngel* (1977) 449. Gott ist das Geschehen und die Geschichte der Liebe in seinem Sein; so ist Gott »Geist«.

[115] Vgl. *Jüngel* (1977) 450. »Der Geist« hat sich als *die* Liebe gerade in dem im Kreuzesgeschehen sich vollendet offenbarenden liebenden *Aushalten* des Verstoßens und Verstoßenseins 'bis ans Ende' als göttlich-unüberwindbare und daher alles überwältigende Liebe bewährt und geoffenbart. *Dieser* Geist des Vaters und des Sohnes, diese Liebe also ist es, die im 'Anfang' des Inkarnationsgeschehens wirkt, da Gott Vater und Gott Sohn sich anschicken, das gött-

durch dieses Handeln *hindurch* sich als Gott erwiesen hat (und *sich erweisen wollte*), so daß in der Identifikation Gottes mit dem Gekreuzigten nicht nur *dieser* zu Gott gehört, sondern auch in der Unterschiedenheit und Differenz *in* der Identifikation zu Gott gehört, und noch genauer: weil dieser als »er-selbst« (in der Differenz zum sich identifizierenden Gott) *in der Gestalt des Gekreuzigten* zu Gott gehört (oder andernfalls nur »abstrahiert« von seiner Konkretheit), ist Gott selbst als der »In-sich«-Seiende der *trinitarisch leidende* (beides in einem). Schließlich: Weil Gott auch noch in dieser *konkreten* Differenz in der Identifikation, also im Leiden und im Tod, noch Gott zu sein und bleiben vermag (was in der Auferweckung erwiesen wird), ist die »Trinitätslehre der unerläßliche...Ausdruck der einfachen Wahrheit, daß Gott lebt.«[116]

1. Zur Begründung des geschichtlichen Selbst-Einsatzes Gottes

Die Fortführung und »Radikalisierung« des *Rahnerschen* Grundaxioms der Gotteslehre führt bei *Jüngel* zu einer konkreten heilsgeschichtlichen Sicht des Christusereignisses als Gottesereignis, weil er der Leidensproblematik nicht ausweicht, wenn diese sich als zum Heilsereignis gehörig stellen muß. Wenn Gott sich also in der Annahme weltlichen und sündigen Leidens im Leiden erlösen wollte (und nicht anders oder dem »nebenher«), dann muß Gott »in sich« dieser »Leidende« und der *so* Leidende sein; oder andernfalls wäre die Geschichte Gottes als die seines *Lebens*-Einsatzes (und womit sonst, als mit seinem *Leben* sollte Gott sich einsetzen!) gar nicht wirklich »Lebenseinsatz« Gottes. In der Identifikation mit dem Gekreuzigten ist Gott als der trinitarische demnach so erkennbar, daß er in *seiner* (nicht bloß in »einer«) Wirklichkeit des »Für-uns-Seins« zur Sprache kommt. »Was sich vom Sein Gottes erkennen und sagen läßt, läßt sich nur aus Gottes Für-uns-Sein erkennen und zur

---

lich Äußerste zu 'riskieren' und in die Waagschale zu werfen«, *Schulte*: MySal III/2 (1969) 32-33.

[116] *Jüngel* (1977) 470. Das »Leben« Gottes ist hier schon als *erwiesenes* Leben verstanden, das sich auch noch und gerade im Tod als Leben, und weil es den Tod zu überwinden vermag, als göttlich-heilendes Leben zeigt. Denn vom »Tod eines toten Gottes zu reden, heißt von gar nichts zu reden«, *Jüngel*: ZThK (1968) 96. So ist vom Gekreuzigten her gesehen das Leben Gottes gerade »als eine *Einheit von Leben und Tod zugunsten des Lebens* zu begreifen«, *Jüngel*: ZThK (1975) 353.

Aussage bringen«[117]; und so *ist* er der konkret lebendige Gott.[118] Im Unterschied zu *K. Rahner* gehört folglich in diese *konkrete* Identität von immanenter mit der ökonomischen Trinität das Leiden und der Tod Jesu selbst zu Gott, ohne daß in *diesem* konkreten »Für-uns-Sein [Gott]... Abschied von sich selbst [nimmt] wie es ein Zu-sich-selbst-Kommen Gottes ist«[119]. Vielmehr *erweist* Gott sich darin in seinem »Wesen«, d.h. seinem Leben, *weil* dies der *Weg* des heilenden Handelns Gottes ist, »in« und durch den hindurch er noch mehr die Macht besitzt, den Tod zu überwinden, *indem* er ihn »in sich« zuzulassen fähig ist und ihn dadurch überwinden kann.[120] Der streng heilsgeschichtliche Ausgang der Überlegungen *Jüngels* beim Lebens-Einsatz Gottes in der Identifikation mit dem Gekreuzigten fordert *aus sich heraus*, diesen Gott »in sich« als den davon »Betroffenen« in der Weise zu denken, daß nicht nur, wie für *Rahner*, das Menschwerden »an sich« (und gewissermaßen »abstrahiert« von der Konkretheit des Geschehens im Kontext der Sünde, des Leidens und des Todes) den Gott »in sich« (trinitarisch) zu denken nötigt, sondern genau die *Konkretheit* des Menschwerdens des Sohnes Gott »in sich« in seinem trinitarischen *Wesen* betreffen muß - *davon darf das Wesen Gottes, soll das Grundaxiom der Gotteslehre »konsequent« gelten, nicht mehr abstrahiert werden*:

---

[117] *Jüngel* (^{3}1976) 119.

[118] Vgl. *Jüngel*: ZThK (1968) 96. »Hinter« diese Konkretion Gottes zurückzufragen, ist deswegen »Abstraktion«, weil im »Für-Uns« Gott sein *Leben* gibt, in ihm also mit diesem (und nicht mit einem »Teil«, hinter dem noch ein davon »unberührter« stehen könnte) darin gegenwärtig ist: Gott definiert sich »in sich« in seiner Lebens-Gabe.

[119] *Jüngel* (^{3}1976) 115.

[120] »Für das Sein Gottes bedeutet das: Der Wesensakt des Todes ist Gott selbst wesentlich eigen: freilich nicht als das Fremde, von Gott Entfremdete. Nemo contra deum nisi deus ipse! Wohl aber so, daß Gott selbst an sich eine Verneinung duldet, die in seinem Sein Raum schafft für anderes Sein. Für andere, nämlich für *uns* ist er ja in den Tod gegangen. Das Nein Gottes zu sich selbst *ist* sein Ja zu uns«, *Jüngel*: ZThK (1968) 111. Das Leiden Gottes wird so immer schon im Kontext seines dem immer schon »überlegenen«, weil *lebendigen*, Lebens gesehen. Erst in diesem Kontext kann vom Tod als einer »Verneinung« in Gott gesprochen werden; um aber nicht aporetisch zu reden, muß diese Verneinung *trinitarisch* gedacht werden.

»Die Rede vom Tode Gottes hat ontologische Relevanz für das Sein Gottes. Gott *erleidet* den Tod, um sich gerade in dieser Tat des Leidens als Gott zu erweisen.«[121]

In der Tat wird auf diese Weise erst das Verhältnis von Geschichte und Ontologie *konkret*[122], d.h. die Geschichte des Sohnes sagt nicht nur etwas aus über eine trinitarische »Struktur« von Gottes Sein, nämlich wie sie »ewige« und »gleichbleibende« Struktur ist, unabhängig von der Geschichte des göttlichen Selbst-Einsatzes in der Geschichte, sondern sie ist jetzt *konkret als* die Geschichte Gottes selbst verstanden, die Gott in seinem trinitarischen *Sein* betreffen muß, wenn das Grundaxiom der »Identität« von immanenter und ökonomischer Trinität gelten soll. Eine solche Konsequenz aus dem und für das Grundaxiom der Gotteslehre mußte *K. Rahner* allerdings fremd bleiben, weil er in seiner transzendentalen Reflexion auf die Bedingungen der Möglichkeit der Selbstmitteilung Gottes und also aufgrund seines (zunächst) *nicht* »geschichtlich«-konkret vorgehenden Denkmodells einer transzendentalen Theologie[123] eine ganz bestimmte, dem Konzept kohärente Sichtweise der *Menschwerdung* Gottes voraussetzt, in welchem nicht im Kontext des geschichtlich konkreten *leidenden* Überwindens des Unheils *durch* das Kreuz (und die Auferstehung) gesprochen wird, jedenfalls nicht primär, sondern von der Vollendung des menschlichen Wesensvollzugs. Für *Rahner* ist die »Menschwerdung Gottes...daher der einmalig *höchste Fall des Wesensvollzugs der menschlichen Wirklichkeit*, der darin besteht, daß

---

[121] *Jüngel*: ZThK (1968) 113. »Die Macht des Todes ist in der Ohnmacht des Gottessohnes dem Tode genommen worden. Die Negation, die der Tod an Gott zu vollziehen hatte, ging ontologisch über seine Kräfte. Das aber heißt: Das Wesen des Todes ist mit seinem Wesensakt in Gottes Gewalt« (S. 111). Vgl. dazu auch die Ausdrücklichkeit der Hineinnahme des Todes in die Geschichte des Selbsteinsatzes, in der Gott aber auf die Weise der »Ohnmacht« der *hypotaxas* zu bleiben in der Lage ist, *gerade* indem er sich und (damit) »alles« in die Ohnmacht des Sohnes gibt, der in ihr das *hypotaxas*-Sein Gottes vollzieht und trinitarisch in der Mit-Gestaltung vollendet.

[122] Vgl. vor allem die Bestimmung der Bedeutung der Geschichte für das Sein Gottes und die Bedeutung der Entscheidung von *Nikaia*, daß der Sohn, wenn er Gott ist, *mit* seiner Geschichte zu diesem Gott gehört im Ersten Teil, Erstes Kapitel.

[123] Vgl. die konzentrierte Fassung des Gedankens und der Struktur der transzendentalen Erfahrung: *Rahner* (^{9}1976) 35 ff; vgl. *Schaeffler* (1980) 96 ff; auch: *Schaeffler*: *Kohlenberger/Lütterfels* (Hg.) (1976) 42-76.

der Mensch - ist, indem er sich weggibt.«[124] Obwohl sein trinitätstheologisch formuliertes Grundaxiom der Gotteslehre zu einem Ergreifen der konkreten Geschichte selbst auffordern müßte, bleibt *Rahner* durch seinen christologischen Ansatz hinter dieser Möglichkeit zurück, indem es ihm mehr um die »essentiale« Strukturen und nicht so sehr um die, wenn der Weg einmal eingeschlagen ist, konsequente Konkretheit und Geschichtlichkeit und damit die Verwirklichung der Strukturen im Christusereignis geht. In gewisser Weise muß dann, was aus dem Vorhergehenden folgt, auch das Grundaxiom in einer »Abstraktheit« hinter den von *Jüngel* zu Ende gedachten Konsequenzen zurückbleiben.[125]
Gegen die subtile »Geschichtslosigkeit« transzendentaler Reflexion und ihrer nur-ontologisch (nicht-geschichtlich) fundierten Theo-logie[126], wird, soll dieses Problem einer Lösung nähergebracht werden, sowohl das ontologische Fundament festzuhalten sein als auch die Bedeutung der Geschichte in ihrer unableitbaren Gestalt ausdrücklich wahrgenommen werden müssen: dafür aber ist es notwendig, die Ontologie selbst als geschichtliche zu verstehen, was es in dieser Arbeit zu begründen galt: Die Geschichte Jesu *bestimmt Gott in seinem Sein. Dies* setzt *Jüngel* in der Erstnahme des *Rahnerschen* Grundaxioms entgegen mit der geschichtlich sich erweisenden und daher ernst zu nehmenden Aussage von der Leidensfähigkeit und dem tatsächlichen Leiden Gottes in der Identifikation mit Jesus, dem Gekreuzigten. Mit *Barth* muß in der

---

124 *Rahner*, SzTh IV (1960) 142.

125 So geht es *Rahner* schon in seinem Grundsatzartikel von 1967 mehr um die *Tatsächlichkeit* der Möglichkeit einer trinitarisch differenzierten Gottesrede als um die Wahrnahme der Gottesgeschichte in seinem Sohn. In der Überwindung der Unmöglichkeit (aufgrund des Axioms der Ungeteiltheit oder vielmehr »ab-soluten« Einheit des Wirkens Gottes ad extra), auch ökonomisch von Gott *trinitarisch* reden zu können und *deswegen* auch *so* von der immanenten Trinität, liegt aber schon die Konsequenz einer geschichtlich-konkreten Sicht impliziert, um die sich *Jüngel* bemüht.

126 Nochmals: Damit ist nicht der Sinn und die unbestreitbare Bedeutung dieser Methode geleugnet. Vielmehr, wenn es hier um sie ginge, was nicht der Fall ist, müßte um ihrer Gültigkeit wegen, das Problem der Geschichtlichkeit und wie sie in den transzendentalen Strukturen volle Relevanz erlangen könne, weiter bedacht werden. Hier geht es aber um die *Disponiertheit* der *Rahnerschen* Theologie *gegen* eine volle Auswertung des von ihm formulierten Grundaxioms christlicher Gotteslehre in der Wahrnahme der *konkreten* (Gottes-)Geschichte als der *auch* eines Leidens des trinitarischen Gottes.

unverfügbaren geschichtlichen Selbstmitteilung Gottes gerade in Kreuz und Leiden Jesu davon gesprochen werden, daß »gerade *im Tode* des Menschen Jesus *die Gottheit* Gottes«[127] *sich* ereigne.[128] Wird aber »Gottes Wesen und ewiges Sein...vom Ereignis der Identifikation mit dem Gekreuzigten her erschlossen, nicht umgekehrt«[129] - und dies fordert ja der heilsgeschichtliche Ausgang der theologischen Reflexion[130] -, dann geschieht in der »Aneignung des menschlichen Todes durch Gott...die *Selbsterniedrigung* Gottes zur definitiven Einheit mit einem menschlichen Sein«[131] , und darin *leidet* Gott selbst, wenn er »in sich« so ist, wie er sich zeigt, und er leidet als der *trinitarische* Gott, »weil sich Gott mit dem toten Jesus so identifiziert hat, daß der tote Jesus *als Gottes Sohn* verkündet und bekannt werden konnte, ja mußte...Er definiert *sich* an einem Toten, indem er den Toten *als Sohn Gottes definiert*. Und da Gott sich mit seinem eigenen Sein identifiziert, wird der Tod zu einem das Sein Gottes bestimmenden Prädikat«[132] , das jetzt nötigt, Gottes Sein als das »in sich« so trinitarische auszusprechen, wie es sich in *diesem* Ereignis »für uns« erwiesen hat in unverfügbarer leidender Gestalt. *Im konkreten heilshandelnden und geschichtlich-unableitbaren Identifizieren Gottes mit dem Gekreuzigten als seinem Sohn wird Gottes Sein selbst als trinitarisches nicht nur »abstrakt«, sondern in der Konkretheit dieses Ereignisses »in sich« offenbar, indem es sich von der Geschichte, sich in ihr mit ihr identifizierend, selbst »bestimmt« sein läßt.* Dies wird unverzichtbar an *Jüngels* Ansatz festzuhalten sein gegen *K. Rahners* Befürchtung, Gott seines Gottseins zu berauben, wenn man von seinem Sein als von der Geschichte bestimmtes spricht[133] , weil *Rahners* Befürchtung

---

127 *Jüngel*: EvTh (1971) 384.

128 Vgl. *Jüngel*: EvTh (1971) 384: »Daß Gott den Menschen zur Selbstbestimmung bestimmt, ist für Barth also nicht nur ein das menschliche Sein bewegendes Ereignis. Es setzt dieser Satz nämlich den anderen voraus, daß Gott sich in seiner Göttlichkeit zur Menschlichkeit bestimmt.«

129 *Löser*: *Breuning* (Hg.) (1984) 34.

130 »Die *Rede* vom Tode Gottes setzt das *Ereignis* des Todes Gottes voraus. Der wahre Ursprung der Rede vom Tode ist das geschichtliche Ereignis des geschichtlichen Todes Jesu von Nazareth«, *Jüngel*: ZThK (1968) 104.

131 *Jüngel*: *ders*. (1972) 291.

132 *Jüngel*: ZThK (1968) 113. 1. und 3. Hervorhebung nicht im Text.

133 Vgl. *Rahner*: SzTh XV (1983) 206 ff.

noch im Kontext einer »Metaphysik« steht, die er mit seinem Grundaxiom zwar schon überwunden hat, ihm gleichzeitig aber in der christologischen Ausformulierung verhaftet bleibt: Die Christologie ist und bleibt der Ernstfall des Grundaxioms der »Identität« von immanenter und ökonomischer Trinität, an ihr erweist sich seine letzte konsequente Gültigkeit.[134]

2. Die innergöttliche »Disposition« für den Selbst-Einsatz Gottes

So ist nach *Jüngel* Gott mit dem Kreuz in so unvorstellbarer Weise, jeder »vorgängigen« metaphysischen Rede von Gott *voraus*, offenbar geworden, daß erst in der Radikalität dieses Ereignisses wirklich kein »Ausweg« mehr aus einer *trinitäts*theologischen Erschließung von Gottes Engagement bleibt. »Die Trinitätstheologie ist nach Jüngel die begriffliche Explikation des geglaubten Sachverhaltes, daß nur der gekreuzigte Gott lebt und liebt.«[135] Dann aber kann der trinitarische Gott »in sich« auch nicht mehr ohne das Kreuz verstanden werden; eine Grundformel der »Identifikation« von immanenter und ökonomischer Trinität fordert geradezu im geschichtlichen »Für-Uns«, daß Jesus nämlich »unter dem Gesetz stand«[136] und unseren Fluchtod starb, *die* Konkretion der Liebe Gottes wahrzunehmen, ohne die dieses Grundaxiom bloß zu einer formalen, dem tatsächlich Geschehenen das »Ärgerniserregende« nehmenden Abstraktheit verkommt.[137] Der Ernst und die besondere einmalige Bedeutung des Kreuzesereignisses für Gott[138] fordert vielmehr eine

[134] Das heißt nicht, sich der Frage, wie das Sein Gottes unter dieser Bedingung zu verstehen sei, daß es dann noch Gottes »Sein« bleiben könne, zu entziehen. Nur - und das wird sogar um dieser Frage willen auch zu behalten sein -, diese Frage bricht erst dann vollends auf, wenn man auf die Heilsgeschichte in ihrer Konkretheit achtet: dem ist auch nicht (mehr) zu entfliehen.

[135] *Löser*: *Breuning* (Hg.) (1984) 35.

[136] Vgl. auch die Hinweise darauf in: *Schulte*: MySal II/2 (1969) 37 ff zur Bedeutung des Stehens Jesu »unter dem Gesetz« zur Befreiung davon (vgl. *Gal 4,4 f*), nämlich in der *Heils*bedeutsamkeit dessen.

[137] Vgl. *Jüngel*: ZThK (1975) 360.

[138] Vgl. *Jüngel*: ZThK (1968) 108-109: »...daß der Tod Jesu nicht mehr als ein Heilsereignis in der Reihe anderer, aber auch nicht als ein *unter Voraussetzung* des Gottesbegriffs zu interpretierendes Ereignis sui generis aufgefaßt werden kann, daß vielmehr Gottes Gottsein vom Ereignis dieses Todes her zu verstehen ist...«

Radikalität der Wahrnahme des Gottseins Gottes *aus diesem Ereignis*: »Im Identischsein Gottes des Sohnes mit dem Menschen Jesus wird die ganze Gottheit offenbar: Gott ist vollständig definiert in dem gekreuzigten Jesus von Nazareth«[139], und so ist dieses Ereignis der radikale Selbst-Einsatz Gottes als *endgültige* heilende Offenbarung des trinitarisch davon bestimmten Seins Gottes. Nur so ist jetzt unter heilsgeschichtlicher Perspektive Gott »in sich« erreicht und als der *so liebende* erkennbar, wie er selbst als Liebender ist; oder andernfalls, wird das Kreuzesereignis als endgültige Gottes- und Heils-Offenbarung nicht ernst genommen, so kann Gott in seinem Sein nicht als der erkannt werden, als der er sich tatsächlich gezeigt hat. *Für Jüngel* wird deshalb gelten: *Der in Christus leidende Gott ist der trinitarische und umgekehrt.* Wenn Gott in Christus, dem Gekreuzigten und dem »für uns« Toten, sich endgültig als Gott definiert, so daß dieses Ereignis zum »Wesen Gottes« selbst gehört[140], dann bedeutet das nicht nur das Ende des »metaphysischen Gottes«[141], weil ein »nicht von der Identifizierung Gottes mit Jesus her verstandenes und bestimmtes göttliches Wesen...nicht Gottes Wesen sein«[142] kann, sondern, dann sind wir genötigt, in der Sendung des Sohnes ins *Leiden und in den Tod* die »*Einheit* von immanenter und

---

[139] *Jüngel*: EvTh (1978) 511. Das muß man schon hören, wie es geschrieben ist: Gott *definiert sich vollständig* (!) im Kreuz und Tod Jesu. Wenn das nicht bloß ein »Verbalradikalismus« sein soll, dann hat das tatsächlich Auswirkungen unerhörten Maßes.

[140] »Im Ereignis der Todes *läßt* Gott den Tod das Sein Gottes bestimmen und *hat* damit schon über den Tod bestimmt. Im Ereignis des Todes wird der Gott dazu bestimmt, ein Gottesphänomen zu *werden«*, *Jüngel*: ZThK (1968) 114. Vgl. auch: *Jüngel*: EvTh (1978) 511; *Löser*: *Breuning* (Hg.) (1984) 34.

[141] »Der letzte Gedanke der Metaphysik ist nicht der Gedanke vom Tod des metaphysischen Gottes, sondern der metaphysische Gedanke vom Tode Gottes«, *Jüngel*: ZThK (1968) 113, der ja, insofern er ein metaphysischer Gedanke bleibt, zum »Tode« der Wahrnahme des *lebendigen* Gottes führt. Demgegenüber drängt gerade das Kreuzesereignis so zur Ernstnahme des trinitarischen Gottes, daß durch »die im Kreuz Jesu Christi begründete Unterscheidung von Gott und Gott...das Absolutheitsaxiom und mit ihm das Apathieaxiom und das Unveränderlichkeitsaxiom als für den christlichen Gottesbegriff untaugliche Axiome destruiert worden« sind, *Jüngel* (1977) 511.

[142] *Jüngel*: *ders.* (1972) 278.

ökonomischer Trinität als ein zur Trinität selbst gehörendes *Ereignis* göttlichen *Seins* zu denken«[143].

> »Der Begriff des göttlichen *Wesens* kann nicht mehr abstrahiert von dem *Geschehen des dreifaltigen Daseins* Gottes gedacht werden. Es dürfte vielmehr erst aufgrund der - nur trinitarisch zu gewinnenden - Antwort auf die Frage, *wer* Gott ist, theologisch zur Verhandlung der Frage kommen, was das ist: Gottheit.«[144]

Im einzelnen bedeutet dieser Gedankenschritt (über *Rahner* hinaus) folgendes: 1. Wenn es stimmt, daß von der immanenten Trinität nur aufgrund der Offenbarung der ökonomischen Trinität die Rede sein kann (wenn Gott also erwiesenermaßen in der Oikonomia *trinitarisch* handelt), dann muß umgekehrt Gott in seiner Immanenz nicht nur in seiner trinitarischen »Struktur« abstrakt, sondern in seiner konkreten sich-mitteilenden Gestalt *konkret* für seine *Konkret*ion (als leidende Gestalt) *»disponiert«* sein. Das heißt zunächst nicht mehr, als daß die geschichtliche Gestalt des offenbaren Gottes »in« Gott ein »ontologisches« Fundament für die Konkretion haben können muß, weil andernfalls gar nicht Gott selbst in der Oikonomia erkannt werden kann. Weiter heißt das: Wenn der offenbare Gott der trinitarisch offenbare ist, dann muß die *unterscheidbare* Geschichte des Sohnes - und auf die Unterscheidbarkeit hat ja bereits *Rahner* abgehoben - in der *Konkretion der Unterschiedenheit* selbst noch einmal in Gott gründen, weil andernfalls Gott weder wirklich als ökonomische noch dann als immanente Trinität erkannt werden kann. Der in der Konkretheit des sündigen und leidenden Menschseins Sohn seiende Sohn ist erst dann wirklich der Sohn als Menschgewordener, wenn die Konkretheit seiner Geschichte so zu ihm gehört, daß sie selbst in Gott *disponiert ist*, d.h. ein für diese Gestalt bestimmtes ontologisches Fundament hat. Ohne dieses Fundament, wenngleich es erst in der theo-logischen Rückfrage fragwürdig wird, kann der Sohn weder *dieser konkrete* Sohn in Tod und Auferstehung sein noch dies je geworden sein, weil er dafür gar nicht die (göttliche) »Möglichkeit« hätte. In der Tat entscheidet sich nun mit dieser geschichtlichen Wahrnahme des konkreten Sohnseins die Frage, ob Gott

---

143 *Jüngel*: ZThK (1975) 362. Die 3. Hervorhebung ist nicht im Text.

144 *Jüngel*: ZThK (1975) 363.

wirklich »in sich« so ernstzunehmen ist, wie er in sich dem *voraus* ist. 2. Darüberhinaus bedeutet eine solche Disponiertheit, daß in Gott als Voraussetzung seines konkreten, heilsgeschichtlich wirklichen Leidens das Fundament dafür in seiner Leidens*fähigkeit* liegen muß. Die Konkretheit des Grundaxioms fordert zugleich eine Unterscheidung zwischen »ontologischer Disposition« und tatsächlicher Verwirklichung *um* der Verwirklichung willen. 3. Die von ihrer Konkretion unterschiedene Leidens*fähigkeit* muß schließlich in Gott dann auch selbst *trinitarisch differenziert sein* (entgegen einem groben Patripassianismus); der Sohn leidet gemäß seinem Sohnsein Kreuz und Tod *als Sohn*, nicht als Vater oder Geist; und der Vater erleidet den Tod des Sohnes dann nicht *als* oder *wie* der Sohn usw. So aber, d.h. in dieser trinitarischen Letztdifferenzierung, kann von Gottes Sein und »Wesen« als des leidenden und trinitarischen zugleich gesprochen werden.

3. »Reale Identität« und »analoge Differenz« von immanenter und ökonomischer Trinität

In einem ersten Schritt des Weges vom Leiden des Sohnes zu einer trinitarischen Theologie haben wir gesehen, daß in der Tat eine vom Leiden Gottes in Christus ausgehende Theologie sich nur mehr in trinitarischer Letzt-Fundierung erschließen kann, wie umgekehrt die Trinitätsoffenbarung schon konkret im Kontext des Leidens und seiner Überwindung steht. Der Zugang von *Jüngels* Theologie dazu erschließt sich im Bedenken des heilsgeschichtlichen Handelns Gottes in Christus, das aufgrund der Ur-Zeugnisse als *Identifikation* Gottes mit dem leidenden und sterbenden Christus verstanden werden kann, in seinen dann zu fordernden Konsequenzen für das Gottsein Gottes. Dennoch werden einige Fragen bleiben, die es weiterhin in heutiger trinitarischer Leidens-Theologie zu bewahren gilt:
1. Wenn - wie *Löser* zu *Jüngels* Thesen konkludiert - gelten soll: »Gottes Sein ist vorgängig zum Ereignis seiner Identifikation mit dem Gekreuzigten nicht aussagbar«[145], dann stellt sich in der Tat die Frage, »wie es um den Wahrheitsgehalt menschlichen Redens über Gott vor und neben der kreuzes- und trinitätstheologischen Rede über Gott bestellt

---

[145] *Löser*: *Breuning* (Hg.) (1984) 35.

ist«[146]. Wenngleich, wenn die Trinitätsoffenbarung die endgültige Heilsoffenbarung ist, Gott darin so endgültig wahrzunehmen ist, daß von seinem *So*-Sein gar nicht mehr abstrahiert zu werden vermag - und in diesem Sinne kann die Frage an *Löser* nur zurückgegeben werden, wie dann anders als vom trinitarischen Gott gesprochen werden könne, wenn Gott sich so offenbart -, so wäre es nicht in biblischem Sinne gültig, »nur« von dem gekreuzigten Gott zu sprechen. Wenngleich Gott in seinem Sein davon radikal bestimmt zu nennen sein wird (mit *Jüngel*), ist eine isolierte Betrachtung des Leidens als des Gottes Sein bestimmenden ohne jeden Kontext, *in dem* dies alles erst verständlich zu werden vermag - und ohne ihn gar nicht verständlich werden *kann*: nämlich den, der Heilsgeschichte und der Offenbarungsgeschichte Gottes in der Welt und mit seinem Volk Israel, ja schließlich die Geschichte hin auf das Eschaton.[147] Die Identifikation Gottes in Christus ist vielmehr äußerster Selbst-Einsatz *in einer Geschichte* göttlichen Selbst-Einsatzes, der noch gar nicht im Christusereignis zu Ende gekommen ist, vielmehr in endgültigem eschatologischen Kontext Geschichte geradezu eröffnet. Wie diese Geschichte neu vom Christusereignis verstanden werden muß, so kann jenes nicht ohne diese Gottesgeschichte begriffen werden. Oder präziser: der »heilsgeschichtlich-trinitarische« und darin leidende Selbst-Einsatz ist eine Geschichte Gottes hin auf die totale Überwindung des weltlichen Leids im Eschaton; und nur weil Gott diese Geschichte *vollenden* kann, erweist er sich *endgültig* als Gott. So paradox es klingt: Die Leidensgeschichte Gottes ist auf ihr eigenes Ende, d.h. die Vollendung der Geschichte der Welt hin aus, *insofern* sie der Fragmentarität und Leiden unterworfen ist und in letzter Widergöttlichkeit steht, *damit* »ewig« Geschichte der Liebe zwischen Gott und Mensch sei. Wenn die Unheilsgeschichte Gott und Mensch in die »Alternative des Seins« gebracht hat (der Mensch ist ohne Gott, Gott verliert den Menschen), so ist das Christusereignis geradezu die Aufrichtung der

---

146 *Löser*: *Breuning* (Hg.) (1984) 35-36.

147 Der Geschichtsgott ist *bleibende* und unabdingbare Voraussetzung zum Verständnis der einzelnen Ereignisse dieser Geschichte, in denen sich diese Geschichte ereignet. Dies gilt auch dann noch, wenn klar ist, daß die Geschichte nur »in« ihren Ereignissen besteht. Denn nur in der Erfahrung Gottes als den in allen diesen »kairologischen« Ereignissen Wirkenden, werden die Ereignisse *als solche - als »Ereignisse«* - und damit als die *einer* Geschichte erkennbar.

Geschichte als einer »erlöst-bleibenden«, wenngleich die Unheilsgeschichte noch nicht ihr »Ende« gefunden hat oder erst dann ihr Ende finden wird, wenn auch die Todesmacht vernichtet sein wird.[148] Zum einen steht das Christusereignis also schon in einer Geschichte, zum anderen muß zwischen der tatsächlich leidenen Geschichte Gottes und der göttlichen Geschichtlichkeit als Voraussetzung dafür unterschieden werden; erst in diesem differenzierten Kontext kann die »Identifikation« Gottes in seinem »Wesen« mit dem Gekreuzigten hinreichend in Gott »fundiert« werden, ohne Gott im Christusereignis ins Leiden »aufzulösen« (oder: an jenem *alleine* definiert zu sehen). - *Jüngel* selbst weist den Weg dorthin, wenn er trotz oder gerade wegen der radikalen Gebundenheit Gottes in Christus die leidende Konkretion Gottes von der ontologischen »Disponiertheit« dazu unterscheidet.[149] Nur aber, wenn diese Unterscheidung im hier erarbeiteten Sinne einer *analogen Differenz* ausgesagt werden kann, wird auch die Identifikation Gottes mit dem Gekreuzigten als »reale« Identifikation (so *ist* Gott!) verständlich: Gemäß innergöttlich-trinitarisch begründeter Analogie muß nämlich das Je-Größer Gottes seine Einheit mit der Welt und damit die seines Handelns in der Welt mit seinem Sein *begründen*. Oder für diesen Kontext umgekehrt formuliert: *Nur weil Gott aus seiner je-größeren Unähnlichkeit »gegenüber« allen seinen Konkretionen seines Seins - auch der liebend-leidenden - der sie eröffnend-größere bleibt, kann er sich »ganz« und radikal in den Konkretionen realisieren, so daß er nicht mehr »außerhalb« ihrer oder ohne sie als der Gott, der er ist, verstanden werden kann.*[150] Andernfalls geht Gott tatsächlich in diesen Konkretionen

---

[148] Das ergab sich schon aus der Analyse von *1 Kor 15,20 ff*: Die Geschichte Gottes erweist sich durch das Unheil hindurch als *seine Geschichte*, indem er für das Bleiben der göttlichen Liebes-Geschichte das Unheil in Geschichte zu Ende bringt. Darin kann das Christusereignis verständlich werden als die Endgültigkeit der Aufrichtung der den Menschen mit-gestaltenden, »ewig« eröffneten Geschichte. In jedem Fall aber ist in der trinitarischen Erschließung von Geschichte an dieser paulinischen Stelle erkennbar, daß das Christusereignis schon als Ereignis in der trinitarischen Gottesgeschichte des *hypotassein* verstanden wird, ohne diese es auch gar nicht erkennbar wäre.

[149] Vgl. auch *Breuning*: *Brantschen/Selvatico* (Hg.) (1980) 373-385.

[150] Dies ist das Problem der *Jüngelschen* Analogiebestimmung, die dies nämlich geradezu umkehren möchte: »Die Differenz von Gott und Mensch, die das Wesen des christlichen Glaubens konstituiert, ist...nicht die Differenz immer

auf; und dann - mit demselben Recht behauptet - nicht nur im Kreuz, sondern in jeder anderen Konkretion in seiner Geschichte mit dem Menschen und seinem Volk. Dann wird Gott in der Tat »punktualisiert«, weil die *»Einheit«* seines geschichtlichen Handelns nicht mehr als »Differenz« aussagbar ist, sondern als ontologisch in Gott nicht fundiertes »Aufgehen« in der Geschichte, oder genauer: im Je-Jetzt der »Geschichte«. Wenn *Jüngel* demnach berechtigt von der »Totalidentifikation« und »Wesensdefinition« Gottes mit und am Gekreuzigten zu sprechen wagt, ist er zugleich zu fragen, wie er dies in Gott noch einmal »ontologisch« vermitteln könne: Wenn Gott sich »definiert«, so definiert er sich immer als *Gott*, er ist seiner Definition also immer schon in gewisser Weise voraus, indem er in ihr konkret ist. Ist er das nicht, so kann er sich gar nicht definieren, weil dann niemand der wäre, der sich definiert. Das aber bleibt bei *Jüngel* offen, weil er »Disposition« mehr im Sinne von (notwendiger) »Abstraktion« versteht, die gegolten »hat«, »bevor« Gott konkret im Kreuz so *wurde*, wie er jetzt, so legt es sich bei *Jüngel* nahe, »restlos« sein müsse, wenn Gott sich im Kreuz *ganz* definiert hat.

2. Das führt zur Frage, wie es um das Sein Gottes bestellt sein müsse, wenn es sich im Gekreuzigten ganz definiere: *Löser* stellt die Frage so: »ob eine jedes metaphysische Gottesverständnis ausschließende Theologie nicht den Bezugspunkt aufgelöst hat, auf den sich ihre Aussagen beziehen, so daß diese nun darin aufgehen, in sich selbst zu schwingen«[151]. Darauf ist differenziert zu antworten: Zum einen wird, wenn mit metaphysischem Bezugspunkt eine der Heilsgeschichte vorausgehende Wesensdefinition Gottes gemeint sein sollte, dann in der Tat auf jegliche Metaphysik zu verzichten sein, weil sie nicht analog-reziproker Erkenntnis entspricht. Insofern aber zum anderen die Einzigkeit und Einheit Gottes in seinen göttlichen Personen gemeint sein sollte (was nicht mit »Metaphysik« verwechselt werden darf), so hat *Jüngel* eine *Ontologie*, die nicht am Seienden entworfen, sondern in der Heilsgeschichte notwendig verlangt wird, immer festgehalten. Er spricht seine radikalen Leidensaussagen zugleich immer als *Seinsaussagen* Gottes aus (die Zitate

---

noch größerer Unähnlichkeit, sondern vielmehr umgekehrt die Differenz einer inmitten noch so großer Unähnlichkeit immer noch größeren Ähnlichkeit zwischen Gott und Mensch«, *Jüngel* (1977) 393.

151 *Löser*: *Breuning* (Hg.) (1984) 36.

belegen das eindeutig). In diesem Sinne spricht *Jüngel* vom Leben und der Liebe Gottes. »Gott hat sich selbst so und *nur so, daß er sich verschenkt*...So *ist* er.«[152] Gott ist diese Liebe aber nicht als Selbstliebe (eines in sich verschlossenen Subjekts oder »Ich«, »Gott *unterscheidet* sich vielmehr, indem er sich selber liebt. Er ist die unaufhebbare Unterschiedenheit von sich als Liebender *und Geliebter*«[153], und »wir reden...von *Gott als Geist*, wenn wir die den Tod auf sich nehmende Trennung von Liebendem und Geliebtem so interpretieren müssen, daß Gott inmitten dieser schmerzlichsten Trennung nicht aufhört, der *eine* und *lebendige* Gott zu sein...«[154] Er bleibt auch noch in seiner Geschichte der »leidenden Trennung« und in bleibender Unterschiedenheit in Gott »konkrete Einheit«.[155] Und indem Gottes Einssein als die in Gott trinitarisch differenzierte Liebe beschrieben wird, die alleine die *Ursprünglichkeit von Einheit und Differenz* in Gott zu denken ermöglicht, dann ist von hier aus schon die Brücke zur innergöttlichen Ermöglichung einer leidenden Verwirklichung *dieses* Liebes-Seins Gottes geschlagen. »Denn *Liebe* ist strukturell zu beschreiben als *eine inmitten noch so großer und mit Recht noch so großer Selbstbezogenheit immer noch größere Selbstlosigkeit*, bzw. *ein in Freiheit über sich selbst hinausgehendes, sich verströmendes und verschenkendes Selbstverhältnis*. Als so verstandene Liebe hat sich Gott in dem singulären Ereignis der Dahingabe Jesu Christi in den Tod erwiesen.«[156] Nein!, dieser Vorwurf ist *Jüngel* nicht zu machen, er kenne keine »Metaphysik«; wohl aber kennt er sie in neuem Gewand einer Metaphysik der Liebe, die *Löser* selbst vorschlägt für einen Neuansatz und der Lösung der anstehenden Fragen.[157] Wohl aber muß *Jüngel* sich fragen lassen, welchen »onto-

---

152 *Jüngel* (1977) 449.

153 *Jüngel* (1977) 449.

154 *Jüngel* (1977) 449.

155 *Jüngel* (^{3}1976) 42.

156 *Jüngel*: ZThK (1975) 358.

157 *Löser*: *Breuning* (Hg.) (1984) 36. Interessanterweise rechnet er *Jüngel* nicht selbst eine solche Metaphysik oder Ontologie der Liebe an, sondern verbucht sie einem Modell des »Ausgleichs«, als das er die Gotteslehre von *W. Kasper* präsentiert. Vgl. *Kasper* (1982). Der entscheidende Punkt, der *Löser* dazu verleiten dürfte, ist sein Vorwurf, *Jüngels* Theologie zahle einen hohen Preis, weil »jede ihr vorausgehende theologia naturalis...als unmöglich« (S. 35) gilt.

logischen« Stellenwert das Liebes-Sein Gottes als dreifaltig-eines habe, wenn diese Liebe auch eine leidende werden könne: Wenn nämlich diese Liebe immer schon leidende Liebe wäre, dann könnte von der Einheit Gottes nicht mehr rechtens gesprochen werden, dann wäre - wie sich schon gezeigt hat - Gott re-mythologisiert und auf die Geschichte der Konkretionen seiner Liebe hin abgespannt. Wenn andererseits Gott diese leidende Liebe erst »wird«, was ermöglicht dieses Werden, wenn nicht die »Struktur« dieser Liebe als einer immer schon - wie *Jüngel* es nennt - »selbstlosen« und über sich hinausweisenden. Soll dies aber gelten, dann muß eine ontologische »Disponiertheit« der trinitarischen Liebe benannt werden können, die diesen »Übergang« von der nicht-leidenden zur »leidenden« Liebe ermöglichen könnte.[158] Dafür, d.h. zu einer gelingenden Bestimmung des »Übergangs«, genügt nun nicht mehr das bloße Bekenntnis, daß Liebe eben so sei, weil ohne entsprechend zu benennendes (wenngleich darin geheimnisvoll bleibendes) Fundament - eben *kein* Fundament benannt ist. Damit ein solches Fundament allerdings an-

»Die christliche Rede von der Dreieinigkeit Gottes ist die radikale Alternative zu jeder sonstigen Theologie, die Menschen sich entwerfen können« (S. 35). - Selbst dies wäre zu hinterfragen, wenn man bedenkt, daß im Horizont der Wahrnahme Gottes als des trinitarischen diese selbst letztlich daraufhin einer solchen Veränderung unterzogen ist, die eine *geschichtliche* Konstituierung einer natürlichen Theologie fordern muß. Grundsätzlich aber wird sich mit einer festzuhaltenden Ontologie »Gottes« auch die Forderung einer Ontologie der Welt und damit einer universalen Schöpfungstheologie neu stellen, in der eine »natürliche« Theologie - freilich verändert - wieder ihren berechtigten Ort finden könnte. *Jüngel* geht selbst diesen Weg vom Liebes-Sein Gottes herkommend, wenn er an *K. Barth* anschließt mit der Bemerkung, daß Gott mit seinem Liebes-Sein »nach außen« trete: »der Gott, der Liebe ist, schafft sich - ex nihilo - sein Anderes, so daß sich die in Jesus Christus offenbar werdende Liebe schon als innerer Grund der Erschaffung der Welt erweist«, *Jüngel*: ZThK (1975) 359.

158 Das Problem, den Übergang von »wesentlichem« Sein und freier Tat ad extra wird nicht nur in einer nicht-trinitarischen Leidensbegründung zum Problem einer regressio in infinitum, sondern, so in einer trinitarischen Begründung nicht zugleich ontologisch sauber argumentiert wird, auch hier: Das schon erhobene Problem der »zwei Naturen« in Gott stellt sich dann, wenn der Übergang *unbestimmt* bleibt; in unserem Zusammenhang ist es ähnlich: denn für das Leiden Gottes muß eine »Disponiertheit« Gottes dafür unterschieden werden (als Voraussetzung des anderen); wenn aber der »Übergang« nicht *in* diesen Elementen als der *Einheit* in ihrer Differenz erhoben werden kann, zerfallen beide Elemente wieder und stehen unvereinbar nebeneinander.

gebbar werden könnte, muß vorausgesetzt werden, daß - was der erste Kritikpunkt zu erhellen trachtete - die Liebe und damit das trinitarische »Wesen« Gottes immer schon über die leidende Konkretion *hinaus* Liebe ist: Die Definition Gottes in Jesus Christus fordert also, damit die Liebe als *leidende* in Gott begründet werden könne, daß Gott in der konkret leidenden Liebe *immer noch ihr gegenüber je-mehr Liebe sei, d.h. über sie doch wieder hinaus sei.* Genau diese Begründung des »Übergangs« Gottes ins Leiden »in« seiner einen Liebe bleibt aber ungeklärt, solange nicht in der Zuordnung eine *Differenz* ausgesagt werden kann - nämlich die der *»analogen Differenz«* des Je-mehr-Seins Gottes.

3. Ein letztes: In äußerster Konsequenz der konkret-geschichtlichen Bestimmung der Identifikation und Definition des *Wesens* Gottes im Gekreuzigten kann die »Identität« von ökonomischer und immanenter Trinität (aus dem bisher Gesagten) für *Jüngel* - wenngleich im Festhalten an der *Freiheit* und *Gnade* der Selbstmitteilung Gottes - nur in ihrer *realen Identität* bestehen: »Es sollte deshalb, gerade um die *reale* Identität von 'immanenter' und 'ökonomischer' Trinität als *Geheimnis aussagen* zu können, die *distinctio rationis* von 'ökonomischer' und 'immanenter' Trinität theologisch beibehalten werden.«[159] Was besagt aber eine »begriffliche Differenz«, die ja keine »reale« - und dies zu Recht - meint, aus? Mit ihr soll eine *reale Identität* »ausgesagt« werden unter gleichzeitiger Unterscheidung aufgrund der bleibenden *Freiheit* von Gottes Selbstmitteilung. Aber wenn eine *reale* Identität wirklich eine reale sein soll (und nicht bloß eine *»identitas rationis«*), dann muß das heißen, daß Gottes *Freiheit* in seiner Selbstmitteilung ad extra *keinen realen Unterschied* in Gott konstituiert zu seinem Wesensvollzug als eines (ja ebenfalls schon und vollgültig) trinitarischen. Die freie Selbstoffenbarung kann deshalb nur als »Auslegung« des Wesensvollzugs gedacht werden, der zwar nie einer Nötigung Gottes von außen unterliegt, aber doch Gott dafür als »disponiert« voraussetzen muß in seinem Sein. Die Disposition aber darf andererseits keine *reale Differenz begründen und muß daher im Grunde mit dem Wesensvollzug »identisch« sein*, denn die Unterscheidung zwischen Wesensvollzug und freier Selbstmitteilung ist nur »begrifflich«, nicht real! Damit hat uns aber wieder das ungelöste Problem der 1. und 2. Anfrage eingeholt: Wie in Gott ein »Übergang«

---

[159] *Jüngel*: ZThK (1975) 364.

bestimmt werden könne von »ewigem«, liebendem Sein und freiem Leiden Gottes in eben diesem Liebes-»Wesen« selbst, ohne daß Gott entweder der schon immer leidende gewesen wäre oder dann, wenn er ein leidender würde, doch ein »real« anderer geworden sein müßte. Dies muß in der Bestimmung von realer Identität und »begrifflicher« Unterscheidung bei *Jüngel* unklar bleiben: Wenn nämlich reale Identität besteht, so ist die Freiheit Gottes in solcher Weise schon Wesensvollzug, daß die Konkretion immer schon Gott ganz zu bestimmen hätte: Leidet Gott also immer? Oder aber: Es gibt ein »Werden« Gottes in dem Sinne, daß der »Übergang« zu einer radikal sich aus dem Leiden bestimmenden Liebe eine irgendwie *anders* »reale« Liebe voraussetzt, die immerhin *»mehr«* anders gedacht werden müßte als eine »begriffliche« Differenz. - Deshalb scheint mir der Ausweg aus diesem subtilen Dilemma darin zu bestehen, die Differenz als eine *»analoge«* zu bestimmen, so daß es in dieser Unterscheidung Gottes, *in der er jede Einheit konstituiert als gleich-ursprüngliche aus der innergöttlichen Differenz und dann auch nur »in« seinen Konkretionen über sie hinaus ist, aber tatsächlich immer über sie hinaus ist in seiner je-größeren Unähnlichkeit.* Unter dieser Bedingung kann Gottes Liebes-Sein als sich immer schon (innergöttlich) *selbst-einsetzendes* im Selbst-Einsatz »definieren«, so daß Gott so *ist*, wie er sich definiert, er aber zugleich, *weil* diese »Definition« nicht aus je-größerer *Ähnlichkeit*, sondern aus je-größerer *Un*ähnlichkeit(!) *konstituiert* wird, Gott *im* Konstituieren seiner »Identität« (mit seinen Konkretionen) *zugleich*, weil er sie *daraus* (und nicht anders) konstituiert, über sie hinaus der je-größere Gott ist, ohne »außer« seinen Konkretionen gedacht werden zu können.

Abschließend: In der Entwicklung einer heutigen trinitarischen Kreuzestheologie oder umgekehrt: einer kreuzestheologisch bestimmten Trinitätstheologie konnte sich die Zuordnung der Elemente vom Leiden und Trinität in ihrer konkreten gegenseitigen Bezugnahme und Interpretation klären lassen, so daß über alle immanenten Probleme hinaus die Evidenz auf der Basis des Grundaxioms der Gotteslehre einsichtigt werden kann. Als entscheidendes *Kriterium* des Gelingens hat sich zugleich die gegenseitige Bestimmung von *Christologie und Trinitätstheologie* (schon als Letzt-Gestalt christlicher Gotteslehre gedacht) erwiesen. Sie ist der »neuralgische Punkt«, gewissermaßen das Gelenk, über das sich die Gültigkeit und Tragweite der Leidensproblematik als *Gottes*problematik vermitteln muß. Dem soll im kommenden noch weiter nachgegangen werden.

II. »Perspektivenwechsel« von »Idiomenkommunikation« zu »trinitarischer Relationalität«

Die Entwürfe einer trinitarischen Theologie, für die mit der Lebendigkeit Gottes und seinem Selbst-Einsatz in der Welt sein »Leiden« verbunden ist, verstehen das Leiden Gottes als ein trinitarisch differenziertes, d.h. im Leiden des Sohnes leidet der Vater, aber nicht in derselben Weise wie der Sohn; leiden Sohn und Vater anders als der eine Geist von Vater und Sohn. Das Leiden wird in der relationalen, lebendigen Liebe Gottes eingefangen verstanden, d.h. das Liebes-Sein Gottes als eines trinitarischen ist der rechte »Ort« der Rede vom Leiden in Gott, wie sich das schon bei *Jüngel* gezeigt hat. Die entscheidende Voraussetzung, um das Leiden als ein *inner*göttliches und dann *trinitarisches* konsequent denken zu können, ist aber - gemäß heilsgeschichtlichem Ausgang aller theologischen Reflexionen - die Geschichte des Sohnes: *»Er« selbst* ist der in Kreuz und Auferstehung leidende und sterbende und auferstehende Sohn.[160] Eine Problematisierung der innergöttlich fundierten Rede vom Leiden Gottes selbst hat demnach nicht nur die Frage zu stellen - wie sie vorhin entworfen wurde -, ob und gegebenenfalls auf welche Weise dann, d.h. unter der Bedingung eines heilsgeschichtlich erhobenen Leidens Gottes, vom »Wesen« Gottes, von seinem Gott*sein*, zu reden sein wird, sondern diese Frage wird sich im Konnex von trinitätstheologischer und christologischer Problematik daraufhin *konkretisieren, wie vom Leiden des Sohnes als eines solchen,* nämlich in seiner *Person,* rechtens zu sprechen sein wird. Wenn nämlich der Sohn selbst leidet, dann leidet Gott in sich nicht nur trinitarisch, dann leidet er *als Gott* (in seinem Gottsein).

Ähnlich wie *E. Jüngel* hat auch *J. Moltmann* in radikaler Weise die Frage nach dem Leiden Gottes gestellt in der Entwicklung einer

---

[160] Vgl. dafür das zu den Vätern Ausgeführte, daß nämlich in der »Aufnahme« des Mensch-Seins des Logos in seine »Person« die Person *selbst* nicht als unbetroffen davon verstanden wird (speziell in der alexandrinischen Theologie).

»trinitarischen Kreuzestheologie«[161], wenngleich in spezifisch anderer Fragestellung und Dimensionierung der einzelnen Elemente in ihrer Zuordnung und Wertung. Sein Ansatzpunkt ist nämlich nicht, wie die zentrale Formulierung *Jüngels* lautet, die »Identifikation« Gottes mit dem Gekreuzigten[162], sondern die davon durchaus zu unterscheidende Frage nach dem *Leiden des Vaters »im« Leiden des Sohnes*. Die für jede Theologie geltende, radikale Frage für *Moltmann* ist: »Was bedeutet der Tod Jesu für den Gott selbst, den er [= Jesus] 'meinen Vater'

---

[161] Es muß in dieser Arbeit nicht über die »Kreuzestheologie« von *J. Moltmann* als solcher gehandelt werden. Denn sie ist ausführlich diskutiert und hat seit dem Erscheinen der dafür entscheidenden Publikation *Moltmanns*, nämlich »Der gekreuzigte Gott« von 1972, selbst im Ansatz *Moltmanns* zu einer Veränderung geführt: 1. Während er 1972 noch in einer Radikalität »von neuem« Theologie im Kreuz beginnt - gewissermaßen alle dem »vorgängige Theologie« einmal (methodisch) ausgrenzt, um bei dem »Zentralereignis« des Christentums zu beginnen -, sagt er selber in seiner Christologie aus dem Jahre 1989, daß er seinen hermeneutischen Ansatz nun erweitert sehen möchte, *Moltmann* (1989) 54, indem er sein dialektisches, ausgrenzendes, »nur« beim Kreuz ansetzendes Prinzip jetzt zu einem therapeutischen (inkludierenden) Prinzip ausdehne. 2. Von Christus her gesehen, wird nun die »Welt« wieder Gegenstand der Theologie; jetzt 1989 kann *Moltmann* wieder vom Gott »der« und »in« der Natur reden, was so 1972 nicht möglich gewesen wäre; denn das dialektische Prinzip verbot es, Gott »außerhalb« des Kreuzes zu denken: vgl. etwa *Moltmann* (^{5}1987) 38 mit *Moltmann* (1989) 297 ff (»Der kosmologische Christus«). Gleichwohl ist dies nicht ein einfacher Widerspruch in der Theologie *Moltmanns*, denn schon 1972 wußte er, daß von dem jetzt aus Kreuz und Auferstehung bestimmten Christus her *neu* die Universalität dieses Ereignisses für das Verständnis der Welt und ihres *Seins* (mithin einer neu zu konstituierenden Metaphysik) zu durchdenken ist: vgl. *Moltmann* (^{5}1987) 204. - Was uns hier interessiert, ist - einer Diskussion seiner spezifischen »Kreuzestheologie« gegenüber -, wie er die Verbindung von Christologie und Trinitätstheologie im Zusammenhang der Annahme des Leidens Gottes selbst sieht.

[162] Gleichwohl kennt *Moltmann* aufgrund seines heilsgeschichtlich entworfenen Ansatzes nicht nur das Kreuz Christi, sondern - als *Voraussetzung* dafür - die schon (darauf hin) geschehene »pathische« Geschichte Gottes mit Israel, in der ja dieses »Identifizieren Gottes« festgestellt werden kann als die Weise des Geschichtshandelns Gottes: »In seinem [= Gottes] *Pathos* geht der Allmächtige aus sich heraus und geht auf das Volk seiner Wahl ein...Er definiert sich. Er stellt sich fest...Darum wird der Allmächtige durch die Erfahrungen, die Handlungen und die Leiden Israels selbst - d.h. in seinem Wesen, nicht nur in seinem Willen - betroffen«, *Moltmann*: *Lapide/Moltmann* (1979) 32-53; hier: 35.

nannte?«[163] - Ausgehend vom Leben Jesu und in der Analyse der wesentlichen Dimenisonen, die es bestimmten, wird das zentrale Element, nämlich die theologische Dimension, seines Lebensweges herausgestellt und in ihm das erste und letzte, das innerste Motiv seines Handelns entdeckt. Insofern die Geschichte Jesu auch (und in eminentem Sinne) die der Beziehung zu seinem Vater genannt werden muß, weil es sonst oder abgesehen gerade von dieser Beziehung gar nicht verstanden werden könnte, wird aus der Interpretation des Gesandtseins Jesu vom Vater her, durch das ermächtigt, er den unerhörten Anspruch erhob, in *seiner Person* komme das Gottesreich als das Reich seines Vaters[164], der Ausgangspunkt einer Rede vom Leiden Gottes sich erschließen lassen: Der konkrete und aus der »Geschichte Jesu« bis hin zum Kreuz für das Verständnis seines Kreuzes und Todes vorauszusetzende Ausgangspunkt der Rede vom Leiden Gottes ist die Vater-Sohn-Relation (im Geist), so daß ein Verständnis des Leidens Gottes - vom zentralen Handlungs- und Lebensmotiv Jesu aus gesehen - immer schon a priori in einem (ökonomisch)-trinitarischen Kontext steht, von dem im Ansichtigwerden des Kreuzes selbst auch nicht mehr abstrahiert werden darf.[165] Wer, wie

[163] *Moltmann*: *ders*. (1977) 68-88; hier: 70. In dieser Form ist die Frage nach dem Leiden Gottes in einen radikal heilsgeschichtlichen Kontext gestellt, denn vom Leiden Christi ist in diesem Zusammenhang nicht zu abstrahieren; zugleich muß der Anspruch Jesu, »auf Seiten Gottes, 'seines Vaters' zu stehen«, hier in seiner Ernsthaftigkeit durchgehalten werden: die Leidensgeschichte des Sohnes fordert, daß sie sich zur Frage nach der Bedeutung und der »Stellung« des Vaters in und zu diesem Ereignis - und zwar von der Auferstehung zurück-gefragt - verwandelt.

[164] »Um das Geheimnis des Sterbens Jesu, das so sehr aus dem Rahmen vergleichbarer Todesgeschichten großer Glaubenszeugen fällt, zu verstehen, gehen wir zunächst wieder vom Kontext seines Lebens und Wirkens aus...Durchgängig wird berichtet, daß Jesus Gott oft exklusiv 'meinen Vater' nannte. Das drückt eine nicht mehr durch Bund, Volk und Tradition vermittelte und darum unmittelbar zu nennende Gottesgemeinschaft aus. Sie gehört zu dem unerhörten Anspruch Jesu, mit dem Gottesrecht der Gnade Sünden hier schon zu vergeben. Wenn Jesus sich auf diese Weise mit Gott selbst identifizierte, so setzte er offenbar voraus, daß Gott sich seinerseits mit ihm und seinem Wort identifizierte«, *Moltmann* ([5]1987) 140-141.

[165] Der neue, erweiterte Ansatz *Moltmanns* in seiner Christologie von 1989, denkt zusätzlich die Geschichte Jesu ausdrücklich im Horizont des *Geistes Gottes*. Das »Fehlen« oder weitgehende Ausfallen dieser Perspektive wird entscheidende Auswirkungen auf das Gesamtkonzept haben müssen (davon später).

Jesus (unverwechselbar-einmalig) in solcher Nähe und einmaliger Beziehung zu seinem Gott gelebt und sich aus dieser Nähe zu »seinem« Vater in seiner ganzen Existenz ermächtigt gesehen hat, »wer die Glaubensentscheidung an seine Person band, konnte seine Auslieferung zum Fluchtod am Kreuz nicht als bloßes Mißgeschick oder als menschliches Mißverständnis oder als eine letzte Prüfung verstehen, sondern mußte sie als Verlassenheit von eben dem Gott erfahren, den er 'meinen Vater' zu nennen gewagt hatte.«[166] Umgekehrt: Wenn die Geschichte Jesu wesentlich die seiner Beziehung zu »seinem Vater« ist, welche ohne diese Beziehung gar nicht verstanden werden kann, dann »bestimmt« sich der *Vater*, wer und was er für Jesus und uns sei, *selbst* in dieser Geschichte Jesu; seine »Vaterschaft wird exklusiv durch seine Beziehung zum Sohn erkannt. Darum wird die Väterlichkeit auch nur in der Geschichte des Sohnes offenbar durch den Geist erfahren, der der Geist der Kindschaft ist.«[167] Für das *theo*-logische Verständnis des Kreuzes Jesu bedeutet das folglich: Wenn Jesus stirbt, denn stirbt er »nicht nur am Gesetzesverständnis seiner Volksgenossen und nicht nur an der Machtpolitik der Römer, sondern letzten Endes *an seinem Gott und*

---

[166] *Moltmann* ([5]1987) 141. Dafür spricht im übrigen auch der biblisch-exegetische Sachverhalt des Todesverständnisses Jesu, so weit es auszumachen ist.

[167] *Moltmann*: Conc(D) 17 (1981) 209-213; hier: 211. *Moltmann* weiter: »Will man also Gott trinitarisch als Vater verstehen, dann muß man die Vorstellungen der patriarchalischen Vaterreligion vergessen und auf das Leben und die Botschaft des erstgeborenen Bruders Jesus Christus sehen. Der Vater ist ein theologischer, nämlich ein trinitarischer Vater, keine allgemeine religiöse, politische oder kosmologische Vorstellung« (S. 211). Hier wird schon, wie im Textzitat, eine gewisse »Beschränkung« des Ausgangspunkts der Theologie sichtbar: Gott zeigt sich »exklusiv« in Jesus Christus. Zugleich aber kann *Moltmann* diese hermeneutische Voraussetzung nicht durchhalten, weil er gleichzeitig immer schon im Kontext der *Offenbarungsgeschichte* Gottes in Israel, die ja in ihrer Geschichtlichkeit durch das Christusereignis nicht aufgehoben ist, denken muß. Darüber hinaus konnte gezeigt werden, daß »der Gott« im Neuen Testament, indem er als *»ho theos«* an- und ausgesprochen wird, Jahwe meint, insofern sich dieser als *Vater* selbst definiert in der Geschichte Jesu, - das bedeutet: Der *Kontext* der schon geschehenen Gottes- und Offenbarungsgeschichte ist in der Benennung des Vaters als eben *dieses* Gottes (Israels) bereits immer mitgedacht. Vgl. auch zur Berechtigung, ja Notwendigkeit, von einer »Vorbereitung« der Trinitätsoffenbarung Gottes in der vorauslaufenden Offenbarungsgeschichte zu sprechen: *Schulte*: MySal II (1968) passim.

Vater...«[168]. Das Kreuz und der Tod Jesu sind dann - wie sein Leben - aus dieser einmaligen Beziehung heraus zu verstehen (oder bleiben unverstanden), nämlich *als* ein *Ereignis* eben jener *Beziehung* von Vater und Sohn im Geist. Dann aber gilt für eine Theologie: *Als solches Geschehen* muß es zum Thema der *Gotteslehre* werden, und zwar in der ganz *bestimmten* Weise seines realen »Inhaltes« als Inhalt der Vater-Sohn-Beziehung gerade am *Kreuz*: nämlich der der *Gottesverlassenheit des Sohnes*! Das Ereignis des Kreuzes ist das Leiden des Sohnes in solcher Weise, daß Gott selbst in der Gottes-Verlassenheit des Sohnes in Frage stehen muß, daß genauerhin die *Beziehung* von Vater und Sohn (im Geist) in eine geheimnisvolle leidende Alternative gerät: »Die Qual in seinen Qualen war die *Gottesverlassenheit*. Sie führt dazu, schon im Kontext seines Lebens das Geschehen am Kreuz als ein Geschehen zwischen Jesus und seinem Gott und umgekehrt zwischen seinem Vater und Jesus verstehen zu müssen.«[169] - Nicht also die »Identifikation« Gottes mit dem Gekreuzigten ist der Ausgangspunkt der Frage nach dem Leiden, ja nach dem Sein Gottes, sondern die *Gottesverlassenheit* Jesu als des Sohnes in der Beziehung zu seinem Vater, die »Diastase«, in die diese Beziehung im Ereignis des Kreuzes tritt: In dieser Weise und an diesem »Ort« werden das Gottsein Gottes, sein Leiden in der »Diastase« und die »trinitarische Differenz« (im einen Gott) zum Thema der Gotteslehre; in der Bewältigung *dieses* unerhörten »Aufruhrs« im Gottesverständnis ist jede Theologie in ihren Ernst gestellt; hier und in dieser Weise entscheidet sich nicht nur unser Erkennen von Gott, sondern Gott selbst in seinem Sein. - Der Grund-Ansatz *Moltmanns* beinhaltet nun für unsere Thematik einige wichtige Elemente und Probleme, die sich etwa wie folgt darstellen:

1. Kreuz und Trinität

Der Ausgangspunkt jeder (christlichen) Theologie - und damit ihrer Gottesrede - ergibt sich für *Moltmann* nur und in absoluter Bindung an das so verstandene Kreuzesereignis. Die Gottesverlassenheit oder »Vater-Verlassenheit« Jesu provoziert für ihn die radikalste Grundfrage der Theologie, der sie sich zu stellen hat, und in bzw. mit der sie

---

[168] *Moltmann* (^{5}1987) 142. Hervorhebung nicht im Text.

[169] *Moltmann* (^{5}1987) 142. Hervorhebung nicht im Text.

beginnen muß: »*Was bedeutet das Kreuz Jesu für Gott selbst?*«[170] Oder: »Wie...kann der 'Tod Jesu' eine *Gottesaussage* sein?«[171] In der Beantwortung dieser Fragen *konstituiert* sich christliche Gotteslehre: »Christliche Gottesrede muß in der Präsenz der Gottesverlassenheit Jesu am Kreuz geschehen und kann nur hier gerechtfertigt werden. Entweder ist Jesu Kreuz das christliche Ende jeder Theologie oder der Anfang einer spezifisch christlichen Theologie.«[172] Und deswegen ist jede Gottesrede in sich schon auf diese beiden Elemente, nämlich Trinität und Leidensfrage, verwiesen, um *christliche* Rede von Gott zu sein. Beide Elemente führen im Kreuz Jesu zu einer unlösbaren Einheit zusammen, führen so gesehen auf einander hin und erschließen sich gegenseitig, so daß »das Ganze der Theologie auf die Christologie [ausgerichtet ist], das Zentrum der Christologie im Kreuz Christi [zu sehen ist] und das Sein Gottes in diesem Tod als ein trinitarisches Sein [begriffen werden muß]«[173]. - Die Konzentration auf das Kreuz Jesu ist zugleich nur möglich, wenn sie schon im Zusammenhang mit seiner Auferweckung gesehen wird, denn die Auferweckung Jesu, seiner Person mit seiner Geschichte, ist ja nicht mehr und nicht weniger als die Auferweckung *des Gekreuzigten.*[174] Wenn demnach vom *Grundereignis* des Glaubens,

---

170 *Moltmann* (^{5}1987) 185.

171 *Moltmann* (^{5}1987) 185.

172 *Moltmann*: Conc(D) (1972) 410. »Der Tod Jesu ist das *Zentrum* der ganzen christlichen Theologie. Er ist nicht das einzige Thema der Theologie, wohl aber so etwas wie die Eingangstür zu ihren Problemen und Antworten auf der Erde. Alle Aussagen über Gott, über die Schöpfung, über Sünde und Tod weisen auf den Gekreuzigten hin«, *Moltmann* (^{5}1987) 189.

173 *Moltmann*: *ders*. (1977) 68. Dies ist zugleich das Programm einer »Kreuzestheologie«, wie *Moltmann* sie verstehen möchte.

174 Auferweckung und Kreuz stehen nicht als »zwei« unabhängige Ereignisse nebeneinander, sie sagen übereinander etwas aus: Im Zentrum der Theologie »stehen darum nicht 'Kreuz und Auferweckung', sondern die *Auferstehung des Gekreuzigten*, die seinen Tod als für uns geschehen qualifiziert, und das *Kreuz des Auferweckten*, das seine Auferweckung von den Toten den Sterbenden offenbart und zugänglich macht«, *Moltmann* (^{5}1987) 189. Die »Konzentration« der Theologie auf die Gottesfrage aus dem Kreuz kann daher nicht als eine Vernachlässigung der siegreichen Auferweckung durch Gott verstanden werden, weil die zentrale Frage der Theologie diese immer schon als geschehene voraussetzt und als das »Grundereignis« christlicher Rede von Gott, von dem her die Frage nach dem Kreuz allererst gestellt wird als Rückfrage.

nämlich der Auferweckung Jesu durch seinen Vater, nach der Bedeutung des Kreuzes zurückgefragt wird[175], verändert sich gleichwohl der »Blickwinkel« der Betrachtung: nämlich weg von einer eschatologischen Freude über die Sieghaftigkeit Gottes in der Auferweckung (die bleibende Voraussetzung für das Verständnis des Kreuzes bleibt)[176] hin zu einer Wahrnahme der Bedeutung des Geschehens des Kreuzes für Gott selbst, das Voraussetzung der Auferweckung ist in so unbedingtem Sinne, daß der Auferweckende und der Auferweckte als Gott nicht verstanden werden können, wenn nicht die Gottesverlassenheit am Kreuz selber *als Gottesgeschehen* gedeutet zu werden vermag. »Der Osterglaube löst den Widerspruch des Kreuzes Jesu gerade nicht auf, sondern vertieft diesen Widerspruch zu einem göttlichen Geheimnis, dessen Offenbarung gesucht werden muß.«[177] Denn auch, wenn Gott der »totenerweckende« und über den Tod in Jesus sieghafte ist, bleibt ja vorerst - von der Auferweckung zum Kreuz zurückgefragt - das unergründliche Paradoxon bestehen, das theologisch *wegen* der Auferweckung Jesu[178] durch seinen

---

[175] Vgl. *Moltmann* (⁵1987) 117: »Entweder hat die Kreuzigung Jesu seine Verkündigung im Blick auf seine Person oder seine Person im Blick auf seine Verkündigung und damit beide zusammen widerlegt, oder seine Verkündigung ist bis in seinen Tod hinein in seine Person eingegangen, so daß sie auf Grund seiner Auferweckung von den Toten als 'Wort vom Kreuz' weiterverkündet werden muß.« Vgl. auch *H. H. Miskotte*, Das Leiden ist in Gott. Über Jürgen Moltmanns trinitarische Kreuzestheologie: *Welker* (Hg.) (1979) 74-93; hier: 82: »Moltmann wendet sich bewußt ständig zurück von der Auferstehung zum Kreuz und stellt eindringlich die Frage: Was bedeutet das Kreuz Jesu Christi für Gott *selbst*?«

[176] Eine der urchristlichen Traditionen versteht Gott vor allem als den durch die Auferstehung *definierten* Gott, er ist der *totenerweckende*. Die Frage, wie Gott im Kreuz »handelnd« oder »leidend« zu verstehen sei, ist nicht das Problem. Wichtig ist vielmehr, daß Gott sich in seiner Geschichte mit dem Volk Israel *neu* und jetzt *endgültig* in der Auferweckung Jesu als der eschatologisch-heilshafte erwiesen hat. Alle früheren Gottesaussagen aus der Geschichte Gottes mit Israel werden in diese Selbstdefinition Gottes miteinbezogen gesehen. Vgl. *Moltmann* (⁵1987) 174 ff.

[177] *Moltmann* (1989) 193.

[178] Vgl. *Moltmann* (⁵1987) 147 ff. *Moltmann* entwickelt eindringlich den Zusammenhang von Auferweckung und Kreuz als einen unauflöslichen, der deswegen gerade nach *dem* Gottesverständnis fragen läßt, das sich ergibt, wenn das Kreuz ein Gottesereignis ist, das Gott »über die Auferstehung hinaus« bestimmt; d.h. mit der Auferstehung geradezu in ihr »Bestehen« eingesetzt ist.

Vater gesehen und ausgehalten werden muß: »Wie kann Gott selbst in einem Gottverlassenen sein?«[179] Dies ist es also, worum es *Moltmann* gehen muß: »die Härte und Nähe des gnädigen Gottes 'im gottverlassenen Gekreuzigten' zu begreifen«[180].

Die *Abwesenheit* Gottes im Kreuzesereignis als *Gottes*geschehen zu deuten, bedeutet demnach, nach der Form der »Anwesenheit« des Vaters im Kreuz zu fragen. Im trinitarisch erschlossenen Kontext des Lebens Jesu muß die *Gottes-»Verlassenheit«* Jesu am Kreuz zur *theo*-logischen Frage nach *dem Vater des Sohnes* führen, weil diese »Gottes«-Geschehen in sich nicht weniger als das Gott-»Sein« Gottes selber in Frage stellt; deswegen muß die Frage nach dem *Vater des »vater-verlassenen« Sohnes die* zentrale Dimension jeder Theologie, die dann in ihrem Innersten schon (als christliche Theologie) »trinitarische Leidenstheologie« ist, sein: Jetzt wird es nicht mehr genügen, von der »Hingegebenheit«[181] des Sohnes durch den Vater zu sprechen oder diese unhinterfragt hinzunehmen (wenngleich dies ein unverzichtbares, und zugleich biblisch fundiertes, Element zum Verständnis des trinitarischen Geschehens am Kreuz bleiben wird); denn was ist das für ein Vater, der seinen Sohn zum Fluch für uns macht (*Gal 3,13*), der ihn für uns zur Sünde macht (*2 Kor 5,21*), der ihn hingibt (*Röm 8,31-32*)?[182] Wenn demnach, wie Moltmann - um die Ausdrücklichkeit der Radikalität dieser Aussage von der

---

179 *Moltmann* (⁵1987) 177.

180 *Klappert*: *Welker* (Hg.) (1979) 57-73; hier: 65.

181 Vgl. zur Theologie der »Hingabe« und ihr biblisches Fundament: *Moltmann* (⁵1987) 228 ff; *Moltmann* (1989) 194-199.

182 Wichtig für ein trinitarisches Verständnis des *paradidonai* ist für *Moltmann* zu betonen, daß nicht nur der Vater *aktiv* den Sohn hingibt - und der Sohn in bloßer Passivität verbleibt, sondern, daß der Sohn in demselben Geschehen *sich* hingibt; er selbst ist dabei aktiv, es entspricht seinem Willen und ist nicht bloß eine »Verfügung« des Vaters über ihn. Vgl. *Moltmann* (⁵1987) 230; *Moltmann* (1989) 195. Darin wird die fundamentale »Einheit« Gottes in diesem Geschehen deutlich, ihre »Willenskonformität« noch am Punkt der weitesten Trennung; vgl. *Moltmann* (1989) 196. »Es ist jedoch nicht nur von 'Trennung' zu reden. Das Kreuzesgeschehen ist ein Geschehen der *Hingabe* aus Liebe. Der Vater gibt den Sohn dahin, aber der Sohn gibt sich auch selber hin. Mithin kann man wohl auch von 'Homousie' reden, nämlich als Willensgemeinschaft. Aber, wie Moltmann hier sofort hinzufügt, diese Einheit schließt die totale Differenz in ihrer vollen Bedeutung und in der ganzen Ungleichheit des Kreuzesgeschehens ein«, *Miskotte* (1979) 79.

»Hingegebenheit« des Sohnes durch den Vater hervorzuheben, den Neutestamentler *Popkes* zitierend - betont, der »Satz, daß Gott seinen Sohn preisgibt, gehört zu den unerhörtesten Aussagen des Neuen Testaments«, weil »wir...das 'dahingeben' im Vollsinn verstehen [müssen] und nicht zu 'Sendung' oder 'Geschenk' abschwächen [dürfen]...: die erste Person der Trinität verstößt und vernichtet die zweite«[183], - ist dann nicht vom Vater als einem brutalen Gott, einem Leiderzeuger und Vernichter zu reden?[184] Schaut denn der Vater der Kreuzigung Jesu »bloß« zu, um erst dann »einzugreifen«; oder macht er selber mit?[185] Wie kann der Vater Jesu noch als »liebender« Vater, als den Jesus ihn im Nahekommen seines Gottesreiches verkündet, verstanden werden, wenn sich seine Liebe in einer »Bluttat« vollendend gedacht werden soll? - Diese zentrale Frage nach dem Vater im »vater-verlassenen« Sohn ist für *Moltmann* nur zu beantworten, wenn unter Aufrechterhaltung des Liebesanspruchs des Kreuzesereignisses als Gottes-Geschehen die Härte der Gottesverlassenheit des Sohnes zugleich als »Sohnesverlassenheit« des Vaters verstanden wird: d.h. der Vater selbst *leidet* in der Vater-Verlassenheit des Sohnes; und im *Leiden* des Vaters ist er dem Sohn *in* der Verlassenheit »nahe«. In der offenbar äußersten *Trennung* von Vater und Sohn muß eine Theologie der »Hingabe« immer mißverstanden werden, »wenn sie nicht als die *Theologie des Schmerzes* Gottes und damit *des göttlichen Mitleidens* verstanden wird«[186]; der Vater muß im Kreuz noch einmal als der »Anwesende« gedacht werden, weil sich sonst die Rede von Gott aufhört, weil Gott sonst aufgehört hätte, Gott zu sein.[187] Die Frage nach dem *liebenden Vater des am Kreuz »vater-*

---

183 *Popkes* (1967) 286-287; zit.n.: *Moltmann* (^{5}1987) 228; vgl. *Moltmann* (1989) 197.

184 Dies ist auch ein Vorwurf *D. Sölles* an *Moltmann*: vgl. *Sölle* (1973) 38; *Sorge* (1985) 43. Dagegen verwehrt sich *Moltmann*, weil er die Dahingabe von einem weiteren noch zu nennenden Element her denkt, nämlich der »*An*wesenheit« des Vaters in der *Ab*wesenheit vom Sohn; vgl. *Moltmann* (1989) 197.

185 Vgl. die entsprechenden Anfragen *Sölles* in: *Sölle*: *Welker* (Hg.) (1979) 111.

186 *Moltmann* (1989) 199.

187 Dieser Zusammenhang hat sich schon als die unabdingbare Voraussetzung jeder Leidenstheologie bei *Jüngel* aufweisen lassen: Die Rede vom »toten« Gott ist immer die Rede vom Tod des *lebendigen* Gottes oder sonst gar keine *Gottes*-Rede; vgl. *Jüngel*: ZThK (1968) 96.

verlassenen« Sohnes muß für *Moltmann* demnach mindestens zwei Elemente als unabdingbare für eine Theologie des christlichen Gottes beinhalten:

1. Das Ereignis des Kreuzes als Geschehen *zwischen* Vater und Sohn macht »Trinitätsoffenbarung« offenbar - am »Ort« der äußersten »*Trennung*« von Vater und Sohn.[188] Die Trinitätsoffenbarung ist nicht von ihrer äußersten *Konkretion* zu trennen: nicht »bloß« als *liebende* Relation, sondern in der als liebende *leidenden Beziehung der Trennung* von Vater und Sohn wird Trinitätsoffenbarung unabdingbar als die des Seins Gottes wahrzunehmen sein[189] - darin liegt die bleibende Wahrheit dieses Ansatzes. *Moltmann* geht aber noch einen Schritt weiter, wenn er von der Tatsächlichkeit der tinitarischen Offenbarung in den leidenden Relationen von Vater und Sohn eine Notwendigkeit der Erkenntnis Gottes als des trinitarischen ableitet: »In dieser Wendung muß eine *Theologie des Kreuzes* zu einer *trinitarischen Theologie* werden, anders kann sie das Problem des Leidens nicht aufnehmen«[190], denn es ist »die Hingabe Christi an den Tod am Kreuz, welche die trinitarische Selbstunterscheidung Gottes offenbar und zu denken notwendig macht«[191] - darin wird sich die Schwäche seines Ansatzes erweisen. - Jedenfalls offenbart das Kreuz Gott in einer zu ihm selbst gehörenden »Verlassenheit« in der Relation von Sohn und Vater, so daß aufgrund »der Auferstehung Christi und im Vorschein der Herrlichkeit seiner Zukunft...die 'Leiden Christi' jedoch schon jetzt und hier als *göttliche Leiden* offenbar und...als die *Leiden Gottes* verstanden werden«[192] müssen. »Das Kreuzesgeschehen offenbart für Moltmann das Sein Gottes als in sich zerrissenes und widersprüchliches«[193], die Widersprüchlichkeit konstituiert die Erkenntnis Gottes als des trinitarischen.

2. In dem Maße Gott trinitarisch zu denken aufgegeben ist, *weil* er am Kreuz als der *leidende* erfahren wird, muß er umgekehrt, damit Gott

---

188 Vgl. *Moltmann* (^{5}1987) 145.

189 Insofern denkt *Moltmann* im Sinne *Jüngels* (und gegen *Rahners*) Forderung das Ereignis der trinitarischen Gottesoffenbarung *konkret* als trinitarisches Liebes-Geschehen.

190 *Moltmann*: Ev.Komm. 5 (1972) 713-717; hier: 716.

191 Moltmann: Lapide/Moltmann (1979) 41.

192 *Moltmann* (1989) 193.

193 Niewiadomski (1982) 58.

Gott bleibe, noch in der äußersten Trennung von Vater und Sohn als der *eine* wahrgenommen werden können: die Liebesbeziehung von Vater und Sohn selbst ist eine, die im Leiden übereinkommt als das »eine« Geschehen der Liebe »in« Gott: »Die Selbsthingabe des Sohnes bedeutet darum gleichzeitig die Selbsthingabe des Vaters (*Röm 8,31*).«[194] Die »Abwesenheit« des Vaters ist zugleich aus der Liebesrelation von Vater und Sohn als »Anwesenheit« des Vaters zu verstehen. »Die neue Situation Gottes im Kreuz Christi zu erkennen, heißt aber auch umgekehrt, das Kreuz, das ausweglose Leiden und die hoffnungslose Verzweiflung in Gott zu erkennen«[195], nämlich als das *Mit*-Leiden des Vaters, »indem er seinen Sohn am Kreuz sterben läßt, indem eine Spaltung in die Liebesgemeinschaft von Vater und Sohn einbricht, indem der Vater den Sohn verliert und so sein eigenes Vatersein in Frage stellt. Wenn hier keine Entzweiung zwischen beiden wäre, wäre auch kein Leiden des Vaters«[196]. Der Vater ist auf diese Weise als der *ferne* und der (mit dem Sohn und für uns) »entzweite« dem Sohn »nahe« in seinem Mitleiden. Darin aber nimmt Gott »nicht nur an unserem Leid Teil, sondern macht unser Leiden zu seinem Leiden und nimmt unseren Tod in sein Leben hinein«[197].

---

194 *Momose* (1987) 75. Die Vollendung der trinitarischen Perspektive wird 1972 noch nicht oder nur rudimentär auch auf den Geist Gottes bezogen. So ist der Vorwurf, daß zwar das »Wort 'trinitarisch'...ziemlich häufig [erscheint], wohl meist uminterpretiert«, weil »nichts Neues über den Heiligen Geist und seine Funktion heraus[zu]bekommen« ist, *Sölle*: *Welker* (Hg.) (1979) 113, berechtigt; erst in der Christologie 1989 wird dem mehr Bedeutung beigemessen. Demgegenüber hat *Jüngel* deutlich betont, daß Gott nicht nur »in« sich als liebender »Dia«-log zu verstehen, sondern er vielmehr *die* Liebe selbst zu nennen ist; und *so* ist er Geist; vgl. *Jüngel* (1977) 450. Wir haben schon darauf hingewiesen, daß die Liebeseinheit in Gott nur wirklich trinitarisch und darin als noch leidende verstanden werden kann, wenn der Geist selbst als der wahrgenommen wird, als der er sich im Neuen Testament erweist und erfahren wird: nämlich als von dem Geschehen von Vater und Sohn - auch von ihrer »Trennung« - *geprägter* Geist. Darin erweist er sich als die siegreiche, aber »berührte« Liebes-Einheit in Gott.

195 *Moltmann*: Ev.Komm. (1972) 716.

196 *Momose* (1978) 78. In der »Entzweiung« ist Gott »in« Gott (trinitarisch) »eins«, indem er *leidet*.

197 *Moltmann*: Ev.Komm. (1972) 716. »In der *Hingabe* des Sohnes durch den Vater...erreicht Gott den Menschen dort, wo der Mensch wirklich ist: in seiner Sünde und in der *Verlassenheit*«, *Moltmann*: *Welker* (Hg.) (1979) 165-190;

2. »Diastase« in Gott?

Die trinitarische Selbstoffenbarung begegnet bei *Moltmann* konkret und unmißverständlich, ja unausweichlich - und damit als Vorzeichen jeder Theologie[198] - als Offenbarung einer »Diastase« *in* Gott, eines »Aufruhrs«, einer »Stasis«, einer »Feindschaft«:

> »Die Verlassenheit am Kreuz, die den Sohn vom Vater trennt, ist ein Geschehen in Gott selbst, ist stasis in Gott - 'Gott gegen Gott' -, wenn anders festgehalten werden soll, daß Jesus die Wahrheit Gottes bezeugt und gelebt hat. Diese 'Feindschaft' zwischen Gott und Gott darf man sich nicht verschleiern, indem man entweder die Gottverlassenheit Jesu oder seine gelebte Gottesbotschaft oder seinen letzten Schrei nach Gott am Kreuz nicht ernst nimmt.«[199]

»Hier wird der christliche Gottesbegriff selbst zum Aufruhr«[200], dem gegenüber ein metaphysischer Gottesbegriff immer schon scheitern muß, weil er die »Einheit« Gottes seiner konkreten, leidenden Gegenwart in der Welt »voraus«-denkt, so daß er die »Diastase« Gottes in sich gar nicht mehr erreichen kann.[201] »Wenn die Trinitätslehre...nicht zu unrecht lange Zeit unter dem Verdikt der 'Spekulation' stand, so lag dies...auch daran, daß man theologisch nicht gewagt hat, das Kreuzesgeschehen ernst zu nehmen.«[202] Deswegen ist der christliche Gottesbegriff für *Moltmann* gerade am Kreuz Jesu einer Prüfung ausgesetzt, aus der er nicht mehr

---

hier: 178.

198 Vgl. seine Anlehnung an *Luther* in dieser Frage eines hermeneutischen Ausgangspunktes beim Kreuz: »Luther hatte seine theologia crucis als Programm kritischer, reformatorischer Theologie entwickelt. Theologia crucis ist nicht *ein* Kapitel der Theologie, sondern *das* Vorzeichen *aller* Theologie«, *Moltmann* ([5]1987) 74.

199 *Moltmann* ([5]1987) 144.

200 *Moltmann* ([5]1987) 145.

201 Vgl. die Ausführungen *Moltmanns* zu einer radikalen Infragestellung des metaphysischen Gottesbegriffs durch eine theologia crucis: *Moltmann* ([5]1987) 193 ff. Und dies *ist* eine Revolution im Gottesbegriff. »Anders kann man die Korrektur des apathischen griechischen Gottesverständnisses durch den biblischen Gott, der sich am Kreuz definiert, in der Tat nicht begreifen«, *Kasper*: *Welker* (Hg.) (1979) 140-148; hier: 145. Vgl. auch die durchgängige Kritik am metaphysischen Gottesbegriff in dieser Arbeit.

202 *Mühlen*: *Heitmann*/*ders.* (Hg.) (1974) 253-272; hier: 260.

hervorgehen kann, als ob »nichts« geschehen wäre. *Die trinitarische Diastase in Gott nötigt die Gotteslehre zu einem Perspektivenwechsel von einer (metaphysischen) Inklusion der Trinität in das eine »Wesen« Gottes hin zu einer trinitarischen Letztfundierung des Gottesbegriffs (vom einen Wesen Gottes).*

1. *Fundiert* wird der »Perspektivenwechsel« durch das »dialektische Erkenntnisprinzip« Moltmanns: daß Gott sich im *Gegenteil* seiner selbst offenbare[203]. Dadurch soll das »analoge« Erkennen Gottes (welches *Moltmann* aber in seinen wahren Dimensionen mißversteht) ersetzt und fundiert werden, weil es Gott im Kreuz nicht wahrzunehmen vermag, denn es suche immer nach (vom Menschen her projektiven) »Entsprechungen« aus der Welt, um Gott darin zu »erfassen« in der »Ähnlichkeit« zum entsprechenden Naturgeschehen[204]; dies könne aber für das Kreuz nicht mehr gelten, denn hier »offenbart sich [Gott] im Widerspruch und Protest des Leidens Christi gegen alles Hohe, Schöne und Gute«[205]:

> »Wenn Kreuzestheologie von Gott im gottverlassenen Christus, von seiner Herrlichkeit in seiner Erniedrigung...spricht, so muß sie jenes analogische Erkenntnisprinzip verlassen und zunächst ein dialektisches entwickeln...- Gott wird als 'Gott' in seinem Gegenteil, in Gottlosigkeit und Gottverlassenheit offenbar.«[206]

Weil Gott sich aber im Gegenteil seiner selbst offenbart, zertrümmert er alle Projektionen und zeigt sich in seinem wahren Sein: als der *trinitarische* Gott im Leiden und nicht als der »eine-wesentliche« Gott des

---

203 Vgl. *Moltmann* (⁵1987) 32. Vgl. noch einmal zusammenfassend *Ricoeur*: *Welker* (Hg.) (1979) 17-25; hier: 18: »Nach der Theologie des 'Gekreuzigten Gottes' wird Gott nämlich nicht dadurch offenbar, daß er sich in einer *ähnlichen* Wirklichkeit zeigt..., sondern in seinem *Gegenteil*: in der Gottlosigkeit und in der Gottverlassenheit. Von nun an wird das analogische Prinzip, nach welchem 'Gleiches nur von Gleichem erkannt wird', durch das dialektische Prinzip ersetzt.«

204 Das sei typisch für ein »kosmologisches« Gottesverständnis, daß es Gott aus der Welt und ihrem Sein ableite und zugleich in Ähnlichkeit »konstruiere«; vgl. *Moltmann* (⁵1987) 195 u.ö. Und wenngleich dies nicht zu Unrecht behauptet wird, muß daraus nicht in Negation ein »dialektisches« Prinzip folgen, wenn die eigentliche innere Dimensionierung des analogischen Prinzips erkannt würde.

205 *Moltmann* (⁵1987) 197.

206 *Moltmann*: *ders*. (1977) 84-85.

Seins der Seienden. »Ohne die Offenbarung im Gegenteil«[207] gibt es keine wahre Gotteserkenntnis und keine »Entsprechungen«, die »Dialektik ist der Grund und Anfang für die Analogie«[208].

Wenn *Moltmann* im übrigen zur Stützung seiner »Dialektik« sich auf die theologia crucis eines *Luther* bezieht[209], dann kann man diesen Bezug nicht eigentlich als ausreichende Begründung wahrnehmen, weil *Moltmann Luthers* Forderung einer Theologie aus dem Kreuz und nicht aus der »Natur« (*theologia gloriae*) nämlich gegen den ausdrücklichen Wortlaut der 20. These der Heidelberger Disputationen von 1518 eindeutig verschärft: *Luther* ging es um die ausdrückliche Wahrnahme des Kreuzes als Offenbarung Gottes in seiner Konkretheit; hier habe Gott sich als »sichtbarer« offenbart, wie er sich offenbaren wollte. Demgegenüber werden alle »unsichtbaren« Offenbarungen Gottes in der Natur sekundär, denn das Erkennen des unsichtbaren Wesens aus seinen Werken (*Röm 1,22*) mache nicht weise, es verführe vielmehr zu Stolz und widergöttlichem Erkennen Gottes vom Menschen her gegen Gottes *Sich-Offenbaren*[210]; dagegen steht die Torheit Gottes am Kreuz, durch die der Mensch sich sagen lassen müsse, wer Gott für uns ist. Zusammenfassend formuliert *Luther* in der 20. These: »So ist es für niemand genug und nütze, Gott in seiner Herrlichkeit und Majestät zu erkennen, wenn er ihn nicht *zugleich* in der Niedrigkeit und Schmach seines Kreuzes erkennt...also in Christus dem Gekreuzigten ist die wahre Theolo-

---

207 *Moltmann* (^{5}1987) 33.

208 *Momose* (1978) 148.

209 Vgl. zum kommenden: *Moltmann* (^{5}1987) 193-196. Die Leistung *Luthers* kann hier durchaus als epochale erkannt werden. »Einen Durchbruch durch die gesamte metaphysisch bestimmte Theologie bedeutet erst Luthers Theologia crucis. Er versucht konsequent, nicht von einem philosophischen Gottesbegriff her das Kreuz, sondern umgekehrt vom Kreuz her Gott zu denken«, *Kasper* (^{7}1978) 214.

210 Vgl. dazu auch den Ansatz *Barths* in einer spezifisch christologischen Verengung, die aber trotz aller Schwäche, Wahres einfängt, nämlich die Gefahr eines Gott-»Zuvor«-Denkens vom Menschen her gegen die geschichtlich-freie Selbst-Mitteilung Gottes. In diesem Sinne ist das lateranensische Erkenntnisprinzip der Analogie immer auch schon in einem schöpfungstheologischen bzw. soteriologischen Kontext gestellt. Aus diesem Grunde ist die Kritik von *Momose* nur bedingt berechtigt, die meint: »Wenn Moltmann sagt, das dialektische Prinzip mache das analogische erst möglich, dann ist hier von einer gnadenhaften Seinsentsprechung die Rede. Das Erkenntnisprinzip der Analogie steht aber auf einer anderen Ebene als der der Rechtfertigungslehre...«, *Momose* (1978) 153.

gie und Gotteserkenntnis.«[211] *Moltmann* hingegen sieht im Kreuz *allein* den Ausgangspunkt jeder Theologie - *entgegen* der Aussage *Luthers*, daß man von *beidem zugleich* auszugehen hätte (zumindest der andere Weg nicht *a priori* falsch und widergöttlich und also sündig sein *müsse*). - Dies ist nur ein Zeichen für die schon konstatierte und analysierte Verwandlung der *tatsächlich-geschichtlichen* »Notwendigkeit«, vom trinitarischen Gott als dem leidenden (und umgekehrt) reden zu müssen (in analog-reziproker Weise), in ein *»logisch-notwendiges« Prinzip* der Gotteserkenntnis (in dialektischer Erkenntnisweise), in dem Gott immer schon aus seinem »Sein« heraus so und eigentlich nicht anders zu erkennen vorgestellt wird. »In der Tat: Indem er das Kreuz als absolutes und ausschließliches hermeneutisches Kriterium in Anschlag gabracht hat, hat Moltmann eine theologische Staurologie erarbeitet, die sowohl in kritischer als auch in hermeneutischer Hinsicht übertreibt«[212], weil sie letztlich die *Geschichtlichkeit* der Erkenntnis *aus* der Geschichte Gottes in eine »immanente« Dialektik und damit in eine Notwendigkeit Gottes verwandelt. Die zu fordernde Reziprozität theologischer Argumentation wird damit in Richtung einer Mythologisierung und einer Gnosis eindeutig überschritten; und das gilt auch noch für den Fall, daß Moltmann gar nicht intendiert habe, die Freiheit und tatsächliche Geschichtlichkeit Gottes »strukturell« in eine immanente Seins-Notwendigkeit Gottes zu verwandeln.

Durch die Verwandlung der für jede Gotteserkenntnis geltenden *Reziprozität* und der ihr aufgrund der tatsächlichen Gottesgeschichte immanenten *tatsächlichen »Notwendigkeit«*, mit der Gott in Christus als der tatsächlich *trinitarisch leidende* (und in voller theologischer Relevanz dieser Selbst-Offenbarung für Gottes *Sein*) *sich* zeigt und folglich zu erkennen ist, in eine *logisch-notwendige* Erkenntnisstruktur wird nicht nur aus der berechtigten »Konzentration« der Theologie auf die Gottesoffenbarung im Kreuz Jesu eine »Verengung« des Blickes, indem der *heils-geschichtliche* Kontext verloren geht, nämlich die Geschichte Gottes, in der er sich als der selbst-einsetzende in den heilsamen Geschichtsereignissen »definiert« als der Gott der Menschen, so daß das Christusereignis, würde diese Verengung konsequent durchgeführt, gar nicht mehr erkennbar wäre, weil es jedes Erkenntnishorizonts beraubt, zum »nackten« Geschehen transferiert, nicht einmal mehr als Tatsache

---

211 *Luther* aus der 20. These der Heidelberger Disputationen; zit.n.: *Moltmann* (⁵1987) 196. Hervorhebung nicht im Text.

212 *Mondin*: *Welker* (Hg.) (1979) 94-107; hier: 107.

wahrzunehmen wäre.[213] Nein, vielmehr verwandelt sich die Struktur des Seins des *offenbaren* Gottes selbst in und mit dieser immanenten logischen Notwendigkeit in die seines *immanenten* Seins selbst. Wenngleich gelten mag - und der Absicht nach durchaus korrekt bleibt -, daß für *Moltmann* »Gottes Leiden durchaus keine Frage von Notwendigkeit oder Schicksal, sondern der höchste Ausdruck seiner Freiheit«[214] ist, wird durch die »Dialektik« von *Moltmanns* Erkenntnisprinzip *nicht* »bloß« Gott in seinem »Gegenteil«, also in Leid und Tod und Widerspruch, *offenbar*, sondern *so* muß er »in sich« *sein*, wenn weiter gelten soll, was *Moltmann* strikt voraussetzt, daß nämlich die immanente Trinität die ökonomische ist.[215] Es konnte schon gezeigt werden, daß - entgegen einer analog-reziproken Struktur der Gotteserkenntnis - das »dialektische« und *anti*-analoge Erkenntnisprinzip in letzter Konsequenz und *entgegen* seiner eigenen Absicht das vorlateranensische Analogieverständnis *wieder*aufnimmt[216] und (in Konsequenz dessen Gütigkeit) in der *(ähnlichen!) »Entsprechung«* von Erkenntnisstruktur und Gottes-»Bild« durchführen muß: *In letzter »Ähnlichkeit« von »dialektischem Erkennen« und dem damit erkannten »Sein« Gottes muß Gott als der »in sich« letztlich »sich-widersprechende« und »widersprüchliche« in letzter Diastase von »Sohn und Vater« gedacht werden.* Gott offenbart sich in *dem* Gegenteil, das er letztlich und in der Wurzel seines tiefsten Seins *selber ist.*

---

[213] Wir haben bereits auf diese hermeneutische Problematik hingewiesen, daß zur Erkenntnis eines bestimmten Ereignisses der Geschichts- und (hermeneutische) Verstehenshorizont unerläßlich ist; deswegen ist die Kritik zu Recht vorgebracht, »daß die Quelle unseres Verständnisses von der Struktur und Dynamik der Liebe nicht auf die Offenbarung von Gottes leidender Liebe in Christus beschränkt werden kann«, *Migliore*: *Welker* (Hg.) (1979) 39-42; hier: 41.

[214] *Migliore*: *Welker* (Hg.) (1979) 41.

[215] Vgl. die Rahner-Rezeption und die seines Grundaxioms der Gotteslehre in: *Moltmann* ([5]1987) 226-227.

[216] Das vorlateranensische Analogie-Verständnis, gegen das *Moltmann* sich wehrt, das gewissermaßen der »Reibebaum« und die *negative* Folie seines »dialektischen Erkenntnisprinzips« ist (von dem *Moltmann* in der Negation aber auch abhängig bleiben wird), findet seine Spitze ja in der *Ähnlichkeit oder Gleichheit* von Erkenntnis-»Gegenstand« und Erkennendem im Vollzug des Erkennens.

Nochmals: Auch, wenn dies nicht die Absicht *Moltmanns* ist, muß die innere Logik seines dialektischen Denkens genau dahin führen. Wenngleich *Moltmann* später vielfach »abschwächend« zum Verhältnis von »dialektischem« und »analogischem« Erkennen Stellung genommen hat, wird auch diese Diskussion immer noch im Kontext des *vorlateranensischen Analogieverständnisses* durchgeführt, ohne aus der immanenten Problematik eines solchen Analogieverständnisses heraustreten zu können: In der Diskussion mit *W. Kasper* kann dies deutlich hervortreten: 1. *Kasper* hält *Moltmann* zu Recht die innere, zu Ende zu denkende Problematik der »Dialektik« seines Erkenntnisprinzips vor: »Ein dialektischer Standpunkt führt mit eisener Notwendigkeit zur Notwendigkeit des Bösen und entsprechend zur Notwendigkeit der Erlösung. Wenn aber Haß die mit der Liebe notwendig gegebene andere Seite ist, dann schlägt die Dialektik um in eine neue Art Identität, nämlich in die von Hegel proklamierte Identität der Identität und Nichtidentität.«[217] Darauf antwortet *Moltmann* schon abschwächend, daß er nur gesagt hätte, »daß in der Faktizität von Haß und Streit sich das Andere als Liebe und das Verändernde als Einheit offenbare...Damit ist die Faktizität von Haß, Streit und Sünde noch nicht als 'notwendig' erklärt«[218]. Aber: Entweder ist Gott so, wie er sich offenbart und nicht das »Gegenteil« davon, so daß Gott in seinem innertrinitarischen Sein schon diese Diastase wäre, oder: Gott ist, wenn seine Erkenntnis am Kreuz die Erkenntnis Gottes ist, mindestens ab diesem Datum seines Selbst-Einsatzes in letzter »Diastase« zu denken. Die *logische* Notwendigkeit kann nicht ohne weiteres wieder in eine *tatsächliche* »Notwendigkeit« zurückverwandelt werden, weil dies voraussetzen würde, daß Gott doch nicht nur im Kreuz als Gott offenbar sei. *Moltmann schwächt also ab.* 2. In der Folge entsprechen die Argumente und Gegenargumente einander exakt auf der nun »abgeschwächten« Ebene der vor-lateranensischen Analogie: *Kasper* hält *Moltmann* entgegen, daß ja das Christusereignis *innerhalb* der Analogizität der Schöpfung stehe - damit sollte gegen die Verneinung einer »indirekten Offenbarung« Gottes in seiner Schöpfung durch *Moltmann*, der dies ja als »Anmaßung« herausstellt, angegangen werden[219] -, weil die Offenbarung in Christus »um der Freiheit Gottes in seiner Liebe willen...[sich] die Schöpfungsoffenbarung voraus[setzt]. Bereits die in der Schöpfung sich mitteilende Liebe Gottes (*analogia attributionis*) begründet Entsprechung (*analogia proportionalitatis*) zwischen Gott und Welt. Die so entstandene *analogia entis* ist darum niemals eine unentschiedene Freiheit Gottes *vor* seiner Liebe, sondern nur

---

[217] *Kasper*: *Welker* (Hg.) (1979) 144. Vgl. *Moltmann* ([5]1987) 32: »'Jedes Wesen kann nur in seinem Gegenteil offenbar werden. Liebe nur im Haß, Einheit nur im Streit.'«

[218] *Moltmann*: *Welker* (Hg.) (1979) 149-156; hier: 151.

[219] Vgl. die entsprechenden Passagen in: *Moltmann* ([5]1987) 193 ff.

Freiheit *in* der Liebe. Sie bringt bei aller je größeren Unähnlichkeit die Entschiedenheit Gottes für die Welt und für den Menschen zum Ausdruck. Erst in dieser universalen Perspektive...wird das Kreuz als Ausdruck der unüberbietbaren Erfüllung und der unableitbaren Bundestreue Gottes zu seiner Schöpfung 'verständlich'.«[220] *Moltmann* andererseits legt das Verhältnis von »Ähnlichkeit« und »Unähnlichkeit« in der Analogie *um* auf ein Verhältnis von »Widerspruch« und »Entsprechung«, was *nicht* dasselbe ist: »Ob man vom Widerspruch zur Entsprechung oder von den Entsprechungen zu der je größeren Unterschiedenheit hin denkt, sollte eigentlich nicht die konfessionelle Differenz ausmachen.«[221] - Wenngleich es beiden Theologen auch auf die »Unähnlichkeit« ankommt, werden die Glieder der Analogie aber einander auf dem Hintergrund der metaphysischen Analogie zugeordnet: *Kasper* denkt hin auf eine *Ähnlichkeit*, welche die universale Voraussetzung zum Verständnis des Christusereignisses ist: *In der von Gott begründeten »Entsprechung« wird das Kreuz Gottes verständlich.*[222] *Moltmann* denkt dagegen in »Kreisumschwung« von Ähnlichkeit und Unähnlichkeit, so daß man von beiden Seiten her *andenken* könne, und damit in einer *letzten* Unentschiedenheit der Glieder der Analogie. Dagegen ist für eine analog-reziproke Struktur der Analogie die *je größere Unähnlichkeit* das die *Ähnlichkeit* je immer und je mehr *»eröffnende«* und so gesehen *begründende* Element der *einen* Analogie. Nicht ein »Kreisumschwung« und auch nicht eine letztlich (»je größere«) Ähnlichkeit können die Analogie verständlich machen, außer im vor-lateranensischen Sinne.

Wenn nun *Moltmann* (und das ist für sein dialektisches Denken letztlich auch durch alle Abschwächungen hindurch bleibend wirksam) die *Unähnlichkeit* zu einer *»Widersprüchlichkeit«* - eben die Widersprüchlichkeit, in der Gott sich am Kreuz als der offenbart, der er ist - *uminterpretiert*, wird in letzter Konsequenz die der Dialektik immanente *logische Notwendigkeit* durchgehalten und für einen trinitarischen Gottesbegriff leitend:

---

220 *Kasper*: *Welker* (Hg.) (1979) 157-159; hier: 158.

221 *Moltmann*: *Welker* (Hg.) (1979) 153.

222 Wenngleich *Kasper* sprachlich an der je-größeren Unähnlichkeit festhält: »Nur wenn bei allen Entsprechungen die je größere Unterschiedenheit gewahrt wird...«, *Kasper*: *Welker* (Hg.) (1979) 147, so ist der *Druckpunkt* doch die Ähnlichkeit: »...bei aller je größeren Unähnlichkeit die Entschiedenheit Gottes für die Welt...«, *Kasper*: *Welker* (Hg.) (1979) 158. Die je-größere Unähnlichkeit wird für *Kasper* also *nicht* »strukturell« wirksam; der Horizont der Abspannung ist immer noch die Ähnlichkeit.

»Sollte *analogia entis* meinen, daß bei allen Entsprechungen die je größere Unterschiedenheit gewahrt wird, sollte diese Denkweise 'katholisch' sein..., dann scheint mir das Christliche...in der Erfahrung des Kreuzigenden und Widersprechenden für diesen 'Standpunkt' zu liegen.«[223]

Zunächst wird die Unähnlichkeit Gottes in den Horizont der Verwirklichung im Kreuz so gestellt, daß sie gar nicht mehr als *je-größere* Unähnlichkeit - und nur als solche ist sie eine *Un*ähnlichkeit! - in den Blick kommen kann: Das per definitionem über seine Konkretionen hinausseiende Je-Größer Gottes, das nur »bestimmt« zu werden vermag, wenn es zugleich seiner Eigenart enthoben wird, wird *bestimmt im Hinblick auf das Kreuz.* Die Je-größere Unähnlichkeit *konstituiert* nicht mehr nur die (dann davon unablösbaren) *Konkretionen* göttlich selbst-einsetzenden Liebes-Seins, sie wird darin *determiniert* und damit auf die *»Ähnlichkeit«* mit den Konkretionen abgespannt, statt das Darüberhinaus, die »Anwärtsbewegung« göttlich-freier Fülle auszusprechen als das unbestimm*bare Liebes*geheimnis.[224] Die Unähnlichkeit wird »beschränkt«, indem sie *als letzte Ähnlichkeit* gedacht wird. Mit jener Beschränkung aber muß durch *Moltmann* in einem weiteren Schritt ein Paradoxon, ja ein Widerspruch, initiiert werden zwischen *»formaler«* Abspannung auf die »Ähnlichkeit« von eröffnender Unähnlichkeit und ihren Konkretionen auf der einen Seite *und* einer *dahindurch* transportierten *»inhaltlichen« Diastase* des Gottesbegriffs: denn in allen »Entsprechungen« ist schließlich das *Widersprüchliche*, wie es sich am Kreuz offenbart, *das Letzte,* das über Gott gesagt werden kann. *Die Umdeutung der Unähnlichkeit in der Analogie zur »Widersprüchlichkeit« forciert im Gottesbegriff eine letzte, unaufhebbare, weil in allen Entsprechungen je widersprechendere, »Dia-Stase« in Gottes Sein, worin sich das dialektische Erkenntnisprinzip (bei allen Abschwächungsversuchen) wider Willen vollendet.* - Dagegen konnte in einem stringent analog-reziproken Verständnis der Analogie aus der Freiheit und

---

[223] *Moltmann*: *Welker* (Hg.) (1979) 153.

[224] Hierin zeigt sich schon die fundamentale Verwandtschaft der *Moltmannschen* Denkstruktur mit der von *Balthasar*, der ganz ähnlich die Unähnlichkeit Gottes *nur* in der *»Ab*-wärtsbewegung« der Kenose hin auf das Leiden Christi *»bestimmt«*, nicht aber die Fülle der *»An*-wärtsbewegung« in Gott und seinem Je-größer-Sein aussprechen kann.

unhintergehbaren Unbestimmbarkeit - wenngleich immer als Liebe verstanden und nie als »dunkles« Geheimnis - der »Unähnlichkeit« als »eröffnendes« Element der Analogie geradezu die *Ursprünglichkeit* der »Einzigkeit« Gottes, die eben nicht in eine »Dia-Stase« sich auflöst oder *als solche* noch (paradoxerweise) zu deuten menschlichem Verstande sich auferlegt, *begründet* werden, *weil* die Unähnlichkeit in ihre »Offenheit« der Fülle und die Unbestimmbarkeit des »Je-Größer« gestellt wurde. Wird umgekehrt die Unähnlichkeit als »Widerspruch« *bestimmt* und *beschränkt*, so muß diese Beschränkung schon aufgrund der formalen Konstitution der Unähnlichkeit in der *einen* Analogie zu einer »Überdetermination« göttlichen Lebens durch die heilsgeschichtlichen Konkretionen in einer Weise führen, die in die *Gnosis* führt, weil hier »zu viel« von Gott gewußt wird.[225] *Das dialektische Erkenntnisprinzip führt in eine letztlich ungeschichtliche und Gottes Leben überdeterminierende Gnosis oder Re-Mythologisierung des Gottesbegriffs in der Form einer strukturell-antinomischen »Diastase« von Gottes innerstem Sein.*

2. *Demonstriert* wird die göttlich-trinitarische Diastase »in« Gott an dem dafür *notwendig evozierten »Perspektivenwechsel«* von der im Kontext der Einzigkeit Gottes aufgewiesenen Einheit des »Wesens« Gottes hin zu einer *nur*-trinitarischen Letztbegründung göttlichen Seins aus dem Kreuz. Das heißt: Die (von *Moltmann* behauptete und vorher zitierte) *Notwendigkeit*, das Kreuz nur mehr trinitarisch bedenken zu können (und nicht mehr anders, etwa aus der Einheit in Gott) ergibt sich nicht nur aus der schon trinitarisch zu denken aufgegebenen Geschichte Jesu als des gesandten Sohnes, der sich immer schon vom Vater her versteht, sondern mit Insistenz aus der *Absurdität* der Formulierungen der »Diastase in Gott« im Kontext der »Wesentlichkeit« Gottes. Oder genauer: Die *trinitarisch-konkrete* »Formulierung« des Gottesgeschehens am Kreuz, welches »die trinitarische Selbstunterscheidung Gottes offenbar und zu denken *notwendig* macht«[226] , ist gefordert, weil *sonst*, könnte man »nur den ein-

---

[225] In diesem Sinne wird Moltmann zurecht vorgeworfen, daß er »das einem Menschen Erkennbare und Sagbare« überschreite, so *Dembowski*: *Lochmann/Dembowski*: *Welker* (Hg.) (1979) 26-38; *Dembowski*: 34-38; hier: 36. Dies ergibt sich evident aus dem Ansatz der Uneinholbarkeit der »Ontologie« durch die »Geschichte« in der Reziprozität theo-logischer und ökonomischer Erkenntnis.

[226] *Moltmann*, in: *Lapide/Moltmann* (1979) 41. Hervorhebung nicht im Text.

fachen Gottesbegriff verwenden (esse simplex)«[227], die »Diastase« lauten müßte: »Was am Kreuz geschah, war ein Geschehen zwischen Gott und Gott. Es war die tiefste Spaltung zwischen Gott und Gott, sofern Gott Gott selbst verlassen hat und sich widersprach...«[228] Weil diese Formulierung aber in sich absurd ist, ist es notwendig, *konkret* von *Vater* und *Sohn* zu sprechen:

»Wenn man nur den einfachen Gottesbegriff...verwenden kann, wird man immer, wie die Tradition zeigt, geneigt sein, ihn auf die Person des Vaters zu beschränken, die Jesus verläßt und aufnimmt, hingibt und auferweckt, würde damit das Kreuz um die Gottheit 'entleeren'. Läßt man aber jeglichen vorausgesetzten und aus der Metaphysik beschafften Gottesbegriff zunächst draußen, so muß man von dem sprechen, den Jesus 'Vater' nannte und in bezug auf welchen er sich als 'der Sohn' verstand.«[229]

Erst unter dieser Bedingung eines »*Perspektivenwechsels*« wird das Tödliche und das Lebendige der Verlassenheit und der Liebe *zwischen* Vater und Sohn deutlich. In der konkret-trinitarischen Sprechweise ist das Problem eines Gottesbegriffs, der von der Einzigkeit Gottes her denkt, nicht nur aufgebrochen - dagegen soll auch gar nichts gesagt werden, denn darin spiegelt sich nur die Notwendigkeit einer trinitarischen Letztfundierung jeder Gotteslehre -, sondern die Einzigkeit Gottes wird zugleich in einen »dialogischen« Liebes- und Lebens-Prozeß »hineinverlegt«, ohne noch selbständig zur Sprache kommen zu können. Jetzt, d.h. *nach* diesem »Perspektivenwechsel« kann das Leiden in Gott tatsächlich »differenziert« und personal zugeordnet betrachtet werden: »In der Hingabe des Sohnes gibt auch der Vater sich hin, *jedoch nicht auf dieselbe Weise*. Der Sohn erleidet das Sterben in dieser Verlassenheit. Der Vater erleidet den Tod des Sohnes. Er erleidet ihn im unendlichen Schmerz der Liebe zum Sohn. Dem Tod des Sohnes entspricht darum der Schmerz des Vaters.«[230] Auf diese Weise wird eine »undifferenzierte

---

[227] *Moltmann* (^{5}1987) 231.

[228] *Moltmann* (^{5}1987) 231.

[229] *Moltmann* (^{5}1987) 231.

[230] *Moltmann* (1989) 195. Hervorhebung nicht im Text. Vgl. *ders* (^{5}1987) 231-232.

Rede« von Gott vermieden, die nicht-trinitarisch ausgesprochen, nur in eine Sackgasse zu führen vermag:

»Man kann hier also nicht partripassianisch sagen, daß auch der Vater gelitten habe und gestorben sei. Das Leiden und Sterben des Sohnes in der Verlassenheit durch den Vater ist *ein anderes* Leiden als das Leiden des Vaters am Tod des Sohnes. Der Tod Jesu ist darum auch nicht einfach theopaschistisch als der 'Tod *Gottes*' zu verstehen. Man *muß*, um zu begreifen, was zwischen Jesus und seinem Gott und Vater am Kreuz geschehen ist, *trinitarisch* reden.«[231]

Jetzt ist es auch möglich, vom *einen* Gott neu zu reden, indem vermieden wird, ihn als den *einen* anzureden. Vielmehr ist jetzt nicht mehr *von* dem einen Gott, sondern *in* ihm zu sprechen[232]:

»Jesu Tod kann nicht 'als Tod Gottes' verstanden werden, sondern nur als Tod *in* Gott. Nicht der 'Tod Gottes' kann als Ursprung christlicher Theologie bezeichnet werden, wenngleich das Stichwort auf etwas Richtiges hindeutet, sondern nur der Kreuzestod in Gott und Gott in diesem Tod Jesu. Sagt man es so, *dann ist es ratsam, den Gottesbegriff zu verlassen und in dem Raum, der 'Gott' genannt zu werden verdient, von den Beziehungen des Sohnes und des Vaters und des Geistes zu sprechen.* Aus ihrem Leben, das den Tod Jesu in sich hat, geht dann hervor, wer Gott ist und was seine Gottheit bedeutet. Den bisherigen Aussagen über das spezifisch christliche Verständnis der Rede vom 'Tod Gottes' fehlt meistens eine Dimension, nämlich die *trinitarische*.«[233]

Jetzt kann die innere Notwendigkeit eines »Perspektivenwechsels« deutlich zu Tage treten: Sie ergibt sich aus der Unmöglichkeit, weiterhin von der Einzigkeit Gottes zu sprechen, außer in einer ausdrücklich trinitarischen Redeweise. »Wenn in der Trinitätslehre die Einheit Gottes statt

---

231 *Moltmann* (⁵1987) 230. Hervorhebungen nicht im Text. Vgl. auch *ders.*: Conc(D) (1972) 411: »Da das Sterben des Sohnes etwas anderes ist als dieser Schmerz des Vaters, kann man nicht theopaschistisch vom 'Tod Gottes' reden.« Oder: »Weil das Leiden des Sohnes ein anderes ist als das Leiden des Vaters, kann man nicht *theopaschistisch* vom 'Tod' Gottes sprechen, wie in der Gott-ist tot-Theologie. Wohl aber kann man trinitarisch von einem *Patricompassianismus* reden«, *Moltmann*: *ders.* (1977) 80.

232 Vgl. *Moltmann* (⁵1987) 234. Nicht mehr bete man *zu* Gott, sondern *in* ihm.

233 *Moltmann* (⁵1987) 192. Hervorhebungen nicht im Text.

mit *una natura* als *koinonia* der Personen bezeichnet würde, wäre dieser Gedanke nicht so ungewöhnlich.«[234] Und das ist er in der Tat nicht, solange *zugleich* an der *Ursprünglichkeit* der »Einzigkeit« Gottes festgehalten werden kann, die sich auch noch in einer trinitarischen Letzt-Differenzierung aussagen lassen können muß, weil die Einzigkeit Gottes zum einen biblisch den *trinitarisch*-engagierten Selbst-Einsatz zum Ausdruck bringt und zum anderen in einer innergöttlich fundierten Analogie aus der Unähnlichkeit »in« Gott gleich-*ursprünglich* begründet ist. Oder anders: Eine trinitarisch-relationale und »wesentlich«-trinitarische Rede von Gott muß die Rede von der Einzigkeit Gottes als einer *ursprünglichen* nicht aufheben (und darf dies auch letztlich nicht), auch wenn eine solche Rede nicht mehr im (griechisch-)metaphysisch geprägten Sinne möglich sein wird; auch dann noch ist einer metaphysischen Rede gegenüber der *ursprüngliche Sinn* zu erheben und zu bewahren als zur Rede vom *trinitarischen* Gott gehörig[235]: 1. Weil aber *Moltmann* dagegen die »Einheit« des einen Wesens Gottes als schon »in sich« philosophische Redeweise zu überholen trachtet, kann er *methodisch* die Frage nach einer ursprünglichen Bedeutung und die nach der Unverzichtbarkeit der »Einheit« Gottes als in seiner »Einzigkeit« gegründeter nicht mehr stellen. 2. Weil darüber hinaus die »je-größere Unähnlichkeit« Gottes im »dialektischen« Erkenntnisprinzip durch die Fixierung auf das Kreuz in den Terminus »Differenz« und seinen Inhalt *verwandelt und* zugleich damit vorausgesetzt wird, »daß *jede Differenz* notwendigerweise Entfremdung beinhalte«[236], *muß* die »Entfremdung« in

---

[234] *Moltmann*: *ders.* (1977) 89-104; hier: 100.

[235] Wohlgemerkt: Die durch *Moltmann* eindringlich und eindrucksvoll erwiesene *Notwendigkeit*, von Gott als dem in Christus sich-offenbarenden trinitarisch sprechen zu müssen, gerade weil er sich als der leidende darin erweist - dies aufzuzeigen, war ja eines unserer Ziele -, ist nicht jetzt wieder bestritten oder heimlich doch zuletzt »zurückgenommen«; uns geht es hier um das *darüber hinaus* Eigentümliche der *Weise,* in der *Moltmann* diese Notwendigkeit aufzeigt und begründet, indem er nämlich die trinitarisch letzt-zu-fundierende Rede von Gott *auf Kosten* der Ursprünglichkeit dieses Gottes als des »einzigen« begründet. Nichts von der Leistung der Theologie *Moltmanns* für eine trinitarisch geforderte Redeweise - *wegen* der biblisch zu erhebenden und Gottes Selbst-Offenbarung entsprechenden Leiden Gottes in seinem Selbst-Einsatz - soll daher an dieser Stelle zurückgenommen oder mit dieser Kritik wieder aufgehoben werden.

[236] *Niewiadomski* (1982) 127.

Gott sein *innerstes Sein* aussagen, dem gegenüber sich die »Kategorie der Einheit...nicht...durchsetzen [darf]«[237], sondern höchstens als Einheit *dieser »Feindschaft«* in Gott ausgesagt werden könnte (was in sich absurd ist). Daran ändert auch nichts, daß *Moltmann* betont - und darin wird sichtbar, wie sehr diese letzten Konsequenzen aus seinem Ansatz gegen seine eigenen Intentionen gehen mögen -, daß die Einheit *das Ergebnis* des »Durch-das-Kreuz-gehen-Müssens« Gottes ist, und, weil es »Ergebnis« bedeutet, zugleich schon in irgendeiner Weise vorausgesetzt werden muß:

> »Das Kreuz des Sohnes trennt Gott von Gott bis zur *völligen* Feindschaft und Differenz. Die Auferweckung des gottverlassenen Sohnes verbindet Gott mit Gott zur *innigsten* Gemeinschaft.«[238]

»Gemeinschaft« und »Feindschaft« stehen hier einander *unvermittelt* gegenüber. Mag diese Unvermitteltheit auch schon die Gemeinschaft *vor* der Trennung voraussetzen (die dann hier um eines gewissen »Verbalradikalismus« ungenannt bleibt), so ist sie andererseits nicht genannt und somit bleibt unklar, wie sie aus der Feindschaft herausgekommen sein mag. Die *völlige Feindschaft* kann keine Einheit als ursprüngliche mehr konstituieren, so daß die Differenz als Entfremdung das Letzte jedes Gottesverständnisses sein muß, das - und damit wird der »Perspektivenwechsel« *notwendig* - nicht *ausdrücklich* und *konkret* trinitarisch von Vater und Sohn spricht. Auf diese Weise *muß* der »einfache Gottesbegriff...zerbrochen werden und trinitarisch auseinandertreten«[239]. Und *deshalb* ist der »Wechsel« der Sichtweise zugleich eine *Flucht* vor der Bestimmung des unerhörten Kreuzesgeschehens als Ereignis des »einen« Gottes. Auf diese Weise wird nicht nur die Frage nach der Einheit Gottes als der des »einzigen« *abgebrochen* und gleichsam *transferiert* in eine trinitarische Sprechweise, weil es in jener Sprache und »Perspektive« zu einem »leichteren« Umgang mit dem (nach wie vor bestehenden) Einheitsproblem kommen mag, nämlich durch eine Bestimmung des Gottesprozesses als communio und die Einordnung der »Differenz« in die

---

[237] *Niewiadomski* (1982) 137.

[238] *Moltmann* (^{5}1987) 145. Hervorhebung nicht im Text.

[239] *Miskotte*: *Welker* (Hg.) (1979) 80.

Lebendigkeit der innergöttlichen personalen Beziehungen.[240] Hier wird vielmehr *wegen* der Absurdität der letzten »Feindschaft« in Gott, würde sie als Aussage seiner »Einzigkeit« ausgesprochen, die trinitarische Redeweise über eine berechtigte Forderung jeglicher trinitarischer Letzt-Fundierung der Gotteslehre hinaus *als* trinitarische Perspektive dazu »funktionalisiert«, die Einheitsfrage »aufzulösen« in eine *nur*-trinitarische Redeweise, in der von Einheit als ursprünglicher nicht mehr gesprochen zu werden braucht. *Der »Perspektivenwechsel« von der Einzigkeit Gottes zu einer nur-trinitarischen differenzierten Rede von Gottes »Einheit« wird nicht zur Erfüllung trinitarisch letzt-fundierter Rede von Gott, sondern zur Flucht vor der Absurdität der theo-logischen Auswirkungen des Kreuzes in der »Perspektive« einer ursprünglichen Einzigkeit Gottes »funktionalisiert«.* Dadurch aber kann die Frage nach der Einheit Gottes, mithin die nach der mit der Trinität gleich-ursprünglichen Einzigkeit dieses trinitarischen Gottes, nicht gelöst werden, sie wird vielmehr in subtiler Weise »übergangen«. *Der an sich berechtigte »Perspektivenwechsel« erweist sich als »Umgehung« der brisanten Frage nach der Einzigkeit des »gekreuzigten« Gottes.* Ein »Umgehen« ist aber kein »Lösen« der Frage, sie wird vielmehr »aufgeschoben« und bleibt ungelöst. *Wenn aber die mit dem trinitarischen Leben gleich-ursprüngliche Einzigkeit Gottes »an sich« schon zu einer trinitarisch letzt-differenzierten Fundierung der Gotteslehre gehört, ist zu fordern, daß ein (berechtigter) »Perspektivenwechsel« die Ursprünglichkeit der »Einzigkeit« Gottes nicht nur nicht aufhebt, sondern sie geradezu auch noch in der innersten »Betroffenheit« Gottes, seinem Leiden an und in seinem Selbst-Einsatz zum Heil der Menschen, zur Geltung bringen kann.*

3. *Durchgeführt* wird der »Perspektivenwechsel« konkret in christologischer Fragestellung, oder besser: in der Verwandlung der »Zwei-Naturen-Lehre« in eine trinitarische »Sohnesperspektive«. Weil die

---

[240] Daß diese Betrachtungsweise berechtigt ist, hat schon aufgezeigt werden können, weil die Einheit der drei Personen *ursprünglich* als Liebescommunio verstanden werden darf: »Die Einheit Gottes muß also als Liebe gedacht werden, die ist, indem sie sich selbst gibt. So ist in Gott *Selbst*sein und *Mit*sein identisch«, *Kasper* (1982) 373; Hervorhebungen nicht im Text. In unserem Zusammenhang ist das Problem vielmehr, *wie Moltmann* die communio einführt: nämlich in der gleichzeitigen Hintanstellung der Einzigkeit Gottes, so daß die communio mehr als »Alibi« für ein nicht bewältigtes Einheitsverständnis verwendet erscheint. Vgl. *O'Donnell* (1988); *ders.*: Gr. 69 (1988) 5-34.

Konstitution der Person Jesu Christi im Rahmen der »Konstitution des Gott-Menschen im vorausgesetzten Rahmen der allgemeinen *metaphysischen* Zwei-Naturen-Lehre«[241] vorgenommen wird, die eine Unterscheidung in zwei Naturen impliziere und »nicht aus der besonderen Geschichte Christi selbst, sondern aus der allgemeinen Metaphysik der Welt«[242] stamme, müsse es zu Aporien im Verständnis des einen »Sohnes« kommen.[243] Wenngleich mit der Zwei-Naturen-Lehre ja die Unvermischtheit und Ungetrenntheit der menschlichen und der göttlichen Natur (und damit auch die Unauflöslichkeit des Menschseins des Sohnes) festgehalten werden soll[244], wird der metaphysische Aussage*modus* auch zu einer Verengung der Sicht führen, indem nämlich »alle Aussagen über die Niedrigkeit Jesu, seine Menschlichkeit, sein Leiden und sein Sterben am Kreuz zugunsten der Aussage über seine Göttlichkeit, seine Hoheit und seinen Triumph reduziert und in sie integriert«[245] werden, die *Geschichte* Jesu demnach vor allem als »*vertikale* Geschichte zwischen Gott und Mensch«[246] begriffen wird. Weil der Kontext der Aussagen über die Person Christi seine »Naturen« sind, werden umgekehrt »der göttlichen Natur Christi Eigenschaften zugeschrieben, die der Gott Abrahams, Isaaks und Jakobs, der 'Vater Jesu Christi' nie gehabt hat«[247]. Die göttliche Natur Christi setzt auf diese Weise den metaphysischen Gottesbegriff voraus, für den die Rede vom leidenden und geschichtlichen Selbst-Einsatz (wie gezeigt werden konnte) unmöglich ist. Wenngleich also mit der »Idiomenkommunikation« (und weil der Logos der Träger beider Naturen ist und bleibt) die Aussagen über das *menschliche*

---

241 *Moltmann* (1989) 67. Hervorhebung nicht im Text.

242 *Moltmann* (1989) 71.

243 Vgl. die Darstellung der verschiedenen Probleme und Aporien einer metaphysischen Zwei-Naturen-Lehre bei: *Moltmann* (1989) 70-72, und bei *Pannenberg* (⁵1976) 291 ff. Uns wird hier nur ein ganz bestimmtes Problem interessieren: nämlich der »Perspektivenwechsel«.

244 Vgl. die entsprechenden Aussagen des Konzils von *Chalkedon* über die zwei Naturen Christi DH 300-303 und den »Tomus Leonis« DH 290-295 sowie die Entfaltung der Problematik in *Grillmeier* (1986).

245 *Moltmann* (1989) 71.

246 *Moltmann* (1989) 71. Hervorhebung nicht im Text.

247 *Moltmann* (1989) 71. Vgl. auch *ders.* (^{5}1987) 255 ff zur Apathie und Sym-Pathie Gottes; *ders.* (^{4}1965) 129 ff; weiters: *Pannenberg*: *ders.* (^{2}1967) 318 ff.

Leid berechtigt als Aussagen über den Sohn verstanden werden können[248], so »betrifft« dieses Leiden des Sohnes nicht Gott selbst (in Christus), denn in seiner göttlichen Natur bleibt der Sohn leidensunfähig.[249] Wenn aber, wie schon gezeigt wurde, Gott selbst der sich engagierende ist, indem er trinitarisch-*konkret* in Christus handelt, so muß vom Leiden Gottes selbst »in sich« gesprochen werden:

> »Versteht man den Tod Jesu auf der Linie der Inkarnation allein, so bleibt man im Rahmen der Zwei-Naturen-Lehre. Sein Tod bleibt ein menschlicher...Tod...: was am Kreuz geschah war aber ein Geschehen zwischen Gott und Gott, da streitet Gott mit Gott, da schreit Gott nach Gott, da stirbt Gott an Gott. Dann aber handelt hier Gott, nicht nur an einem gehorsamen Menschen, sondern an seinem Sohn und insofern an sich selbst.«[250]

Weil für das Kreuzesgeschehen im Rahmen der Zwei-Naturen-Lehre (und abgesehen von ihrer unbestreitbaren Leistung) der *metaphysische* Gottesbegriff vorausgesetzt wird, so daß, wenn »man das Geschehen im Rahmen der Zwei-Naturen-Lehre darstellen [möchte],...man nur den *einfachen Gottesbegriff* verwenden [könnte] (esse simplex)«[251], ist - wegen der biblischen Evidenz vom Sohn und der Vater-Sohn-Relation - spätestens hier *konkret* zu reden; *muß* die *»Perspektive«* gewechselt werden:

> Wenn nämlich die *metaphysische* Unterscheidung von Gott und Mensch in Christus »die Beziehung der menschlichen zur göttlichen Natur nur als die des Geschöpfes zum Schöpfer, nicht aber die des Sohnes zum Vater« betrachtet, ist es »demgegenüber *angemessen*, von

---

[248] Vgl. die entsprechende Aussage im Canon 12 des Konzils von *Ephesus*: »Wer nicht bekennt, daß das Wort Gottes im Fleisch gelitten hat, im Fleisch gekreuzigt wurde, im Fleisch den Tod gekostet hat...« (DH 263). Übersetzt nach Hünermann-Denzinger.

[249] Leiden wird in metaphysischem Kontext daher immer schon als Seinsminderung erfahren. »Wohl hat sich das Wort, das sich immerdar in göttlicher Herrlichkeit befindet, entäußert und erniedrigt...Aber es hört nicht auf, Gott zu sein und konnte auch nicht auf sein göttliches Sein verzichten, so daß es trotz der Aufnahme einer menschlichen Natur und der damit verbundenen Knechtsgestalt keine Verminderung seines Seins erlitt«, *Pfeil*: MThZ (1980) 17.

[250] *Moltmann*: *ders.* (1977) 73.

[251] *Moltmann* (^{5}1987) 231. Hervorhebung nicht im Text.

der besonderen Beziehung Jesu zu seinem Gott, den er Abba, lieber Vater, nannte, auszugehen, um aus dieser Wechselbeziehung des messianischen Kindes zum göttlichen Vater zu erheben, was wahrhaft göttlich und wahrhaft menschlich ist.«[252]

Wenngleich die Aufgabe der Christologie im Hinblick auf eine Metaphysik nicht geleugnet werden soll, ist die Gotteslehre jedoch »zuerst spezifisch christlich, nämlich trinitarisch zu entfalten«[253], so daß das für die trinitarische Letzt-Differenzierung der Gotteslehre überhaupt Geltende in bezug auf die *Person* Christi *konkret* durchzuführen ist; d.h. die trinitarische Letzt-Differenzierung der Gottesrede muß konkret in der Christologie *durchgehalten* und *bewährt* werden:

»Es geht...im Neuen Testament nicht um das Verhältnis der menschlichen Natur zu der göttlichen Natur in Christus, sondern um das Kindesverhältnis Jesu zum Vater und das Vaterverhältnis Gottes zu Jesus. Erst der trinitarische Gottesbegriff macht es möglich, Gott um Jesu willen in seiner Beziehung als Vater und Jesus um Gottes willen als das Kind und den Sohn des Vaters zu verstehen.«[254]

Das Leiden Gottes in seinem Selbst-Engagement im Christusereignis muß - als *konkretes* Geschehen in der Vater-Sohn-Relation - *christologisch konkret vom Leiden »des* Sohnes« ausgesagt werden, weil andernfalls die trinitarische Perspektive ihrer Gültigkeit wieder und zuletzt enthoben würde. Christologie und Trinitätstheologie bedingen in dieser Konkretheit einander in ihrer Gültigkeit, so daß »das Kreuzesgeschehen im Sein Gottes trinitarisch und *personal* [zu] verstehen«[255] und »darum von dem ganzheitlichen Aspekt der Person Christi aus[zu]gehen und...[der] Tod des *Sohnes* in seiner Beziehung zum Vater und zum Geist«[256] zu deuten ist.

---

252 *Moltmann* (1989) 72. Hervorhebung nicht im Text.

253 *Moltmann* (1989) 72.

254 *Moltmann* (1989) 72.

255 *Moltmann* (⁵1987) 191. Hervorhebung nicht im Text.

256 *Moltmann* (⁵1987) 191. Hervorhebung nicht im Text. Vgl. auch *Althaus*: RGG III (³1959) 1244-1246; hier: 1243: Er versteht die Entäußerung Gottes in der Menschwerdung schon als ein Geschehen, aus dem die göttliche Natur nicht herauszuhalten ist, weil »Gott selbst in seinem Sohne in das Leiden eintritt und eben darin ganz Gott ist und bleibt«. Wenngleich *Althaus* noch im Rahmen ei-

»Das Kreuz steht mitten *im* trinitarischen Sein Gottes, trennt und verbindet die Personen in ihren Beziehungen zueinander und zeigt sie *konkret*...Denn die theologische Dimension des Kreuzestodes Jesu, sagten wir, ist das Geschehen zwischen Jesus und seinem Vater im Geist der Verlassenheit und der Hingabe. In dieser Beziehung tritt die *Person Jesu in ihrer Ganzheit als Sohn* hervor und tritt das Verhältnis von Gottheit und Menschheit in seiner Person zurück.«[257]

Durch die *Konkretion* des »Perspektivenwechsels« weg von der (metaphysischen) »Einheit« Gottes hin zu einer trinitarisch *letzt*-fundierten Rede vom *Sein* Gottes in der Konkretheit der Person Jesu Christi als des letzten und ausdrücklich im und vom Leiden selbst *betroffenen* »Subjekts« (in der Vater-Relation) wird aber nicht nur die Problematik akut, wie jetzt das trinitarische und das christologische »Person«-Verständnis einander zugeordnet werden können[258] - darüber nämlich »flüchtet« sich der »Perspektiven*wechsel*« hinweg, d.h., wenngleich die neue Perspektive ihr Recht hat, so darf die andere mit dem »Wechsel« nicht schon als geklärt angesehen werden. Vielmehr wird - noch grundsätzlicher - die Problematik der *ursprünglichen* »Einheit« Gottes mit der nun konkretisierten *Personalisierung* der Leidensproblematik als eines *personalen* Geschehens *zwischen* Vater und Sohn (im Geist) *»eleminiert«,* insofern die personale Perspektive eine innere Evidenz besitzt, die es ihr erlaubt (und das zu Recht), Einheit als »Gemeinschaft« zu denken, nämlich in »Perichorese«. Wenngleich *Moltmann* auf diese Weise rechtens die trinitarische Liebes-Einheit beschreibt, denn kraft »ihrer ewigen Liebe existieren die göttlichen Personen so intim miteinander, füreinander und ineinander, daß sie sich selbst in ihrer einmaligen, unvergleichlichen und

---

ner Zwei-Naturen-Lehre denkt (also mehr in einem »vertikal-statischen« statt einem »personal-dynamischen« Schema), so ist der Weg hin zu einem *personalen* Verständnis des Leidens Gottes als eben auch *christologisch* konkret auszulegendes vorgezeichnet.

257 *Moltmann* (^{5}1987) 192. Hervorhebung nicht im Text.

258 Während in der Trinitätstheologie »Person« ja die letzte Unvergleichbarkeit je jeder göttlichen Person zur anderen aussagt, soll in der Christologie gerade umgekehrt die »Einheit« der menschlichen und göttlichen Natur zum Ausdruck gebracht werden. Ein Begriffsunterschied aus der Entstehungsgeschichte der je unterschiedlichen Problemkreise; das darf aber nicht daran hindern, in theologischer Reflexion zu einer »Übereinkunft« hinzuführen, weil in der tatsächlichen Offenbarungsgeschichte »der Sohn« eben immer ein und derselbe ist.

vollständigen Einheit konstituieren«[259], so wird die Rede von einer Einheit, wie sie in der anderen »Perspektive«, nämlich der der *einen* Göttlichkeit (in der Zwei-Naturen-Lehre) als *ursprüngliche* ausgesagt und festgehalten werden sollte, in die neue »Perspektive« hinein *nicht mit-verwandelt,* sondern zugleich mit der metaphysischen Aussage*form* »zurück-gelassen« *hinter* dem durch die neue »Perspektive« zweifelsohne zu recht eröffneten christologisch *vermittelten* trinitarischen Letzt-Horizont aller theologischen Aussagen. *In der Transferierung der christologisch vermittelten Rede vom Gottsein Gottes zu einer trinitätstheologisch fundierten »Personalisierung« christologischer Kategorien wird die berechtigte »Perspektive«, das Leiden als Leiden des Sohnes selbst (in Relation zum Vater) zu verstehen auch dazu »funktionalisiert«, die »ursprüngliche« Einheit Gottes als die seiner trinitarischen »Einzigkeit« zu entproblematisieren, weil sie in die trinitarisch-lebendige, personale Liebes-Einheit Gottes hinein »aufgelöst« wird.* Eine berechtigt geforderte »Personalisierung« der Liebes-Einheit Gottes muß sich aber *aus* der »Einzigkeit« Gottes als *ursprünglicher* erweisen lassen, damit die »christologische Konkretion« der Leidensfrage gelingen kann.[260]

3. Kritische Überwindung des »Perspektivenwechsels«

Zusammenfassend ergibt sich für unsere Fragen folgendes differenzierte Bild der Leistungen und bleibend als Anfragen festzuhaltenden Probleme von *Moltmanns* Theologie aus dem Kreuz:

---

[259] *Moltmann*: *Breuning* (Hg.) (1984) 108: »Die trinitarische Einheit ist weder eine säkulare 'Gemeinschaft' der göttlichen Personen, noch sind diese Personen 'Seinsweisen' oder 'Wiederholungen' des Einen Gottes.« *Moltmann* weiß natürlich um die »Fallen« einer »interpersonalen« Rede von Gottes innertrinitarisch-lebendiger Einheit nur zu genau Bescheid. Deshalb ist dieses sein Wissen auch nur in einem gewissen »Bruch« mit den Konsequenzen kreuzestheologischer Begründung der »Diastase« in Gott zu denken.

[260] Wiederum - und zur Klarstellung - ist festzuhalten: Nicht, daß *Moltmann* die trinitarische Perspektive christologisch *konkretisiert*, ist hier das eigentliche Problem (wenngleich dieses Vorgehen selbst in sich nicht »einfach« geschehen kann, sondern noch begründet werden muß), sondern die *Weise*, in der mit dem Wechsel der Perspektive die Berechtigung des in der anderen Perspektive (jenseits ihres metaphysischen Horizonts) zu *Bewahrenden übergangen* wird, muß fraglich bleiben.

1. *Moltmann* ist es auf eindrucksvolle Weise gelungen, *aus* der Leidensfrage, wenn sie einmal als *Gottes*frage gestellt wird - und das muß sie spätestens mit der Wahrnahme des Lebensweges Jesu *als* eines Leidensweges gerade in seiner Vater-Beziehung und seiner »Vater-Verlassenheit« am Kreuz sowie in seinem Tod -, die »Notwendigkeit« einer trinitätstheologisch-*konkreten* Durchführung der Gotteslehre aufzeigen zu können. - Dies sollte ja als Thema und Ergebnis heutiger theologischer Arbeit (in diesem Punkt) erwiesen werden. Mit *Moltmann* werden der Todesschrei Jesu, seine Gottes- und Vaterverlassenheit unverzichtbar Thema der Gotteslehre »werden« und bleiben müssen, um als solches Thema erst in einer trinitarisch letzt-differenzierten Gotteslehre und »Sprache« von Gott selbst »Sprache gewinnen« zu können. »Das Paradox, daß Gott am Kreuz 'tot' ist und doch nicht tot ist, läßt sich trinitarisch lösen, wenn man den einfachen Gottesbegriff zunächst draußen läßt.«[261] Dies erwiesen zu haben, ist und bleibt die Leistung seiner »trinitarischen Kreuzestheologie« oder (gleichberechtigt umgekehrt:) seiner »kreuzestheologischen Trinitätstheologie«, »das Materialprinzip der Trinitätslehre ist das Kreuz Christi - das Formalprinzip der Kreuzestheologie als Theologie ist die Trinitätslehre«[262]. - *Konkret* wird die trinitarische Fundierung der Gotteslehre nun in christologischer Vermittlung.[263] »Die Zwei-Naturen-Lehre muß das Kreuzesgeschehen statisch als Wechselbeziehung zwischen zwei qualitativ verschiedenen Naturen verstehen, der leidensunfähigen göttlichen und der leidensfähigen menschlichen Natur. Wir haben hier das Kreuzesgeschehen *trinitarisch* als *Beziehungsgeschehen zwischen Personen* interpretiert, in welchem diese Personen sich in ihrem Zueinander konstituieren.«[264] Und weil die trinitarische Interpretation *konkret* die *Person des Sohnes* erreichen muß (nicht nur seine

---

261 *Moltmann* (^{5}1987) 188.

262 *Moltmann*: *ders*. (1977) 81.

263 Und umgekehrt: »Der Verzicht auf die Trinitätstheologie als Kontext der Christologie nimmt dieser - konsequent zu Ende gadacht - sowohl ihre unverwechselbare Identität als auch ihre Relevanz für die Welt und ihre Geschichte«, *Löser*: IKZ 6 (1977) 31-45; hier: 39. Auf diese Weise haben wir es mit einem gegenseitigen Begründungsverhältnis zu tun, in welchem die *konkret*-trinitarische nicht ohne die *personal*-christologische Perspektive durchgehalten werden kann; beide zusammen aber der Leidensproblematik allererst gerecht werden können.

264 *Moltmann* (^{5}1987) 232. Hervorhebungen nicht im Text.

menschliche Natur), wird die trinitarische Interpretation des Leidens »in« Gott *wirklich* eine trinitarisch »differenzierte« und darin notwendige, weil »damit im Kreuzesgeschehen nicht nur *eine* Person der Trinität« leidet, »als wäre die Trinität vorher in sich selbst, in der göttlichen Natur vorhanden«[265]; sondern mit dem Sohn (in der darin schon ausgedrückten *Relationalität* dieses Sohnes auf den Vater hin) leidet auch der *Vater* (in eigener Weise) im Geist der »Verlassenheit und Hingabe«[266]. So leidet am Selbst-Engagement *Gott* selbst, indem er als trinitarischer leidet. *Konkret* vermittelt ist dieses Leiden Gottes »in« Gott aber in der *Person* des Sohnes in der trinitarischen Oikonomia.

2. Weil *Moltmann* jene unbestreitbaren Ergebnisse zeitgenössischer Theologie erringt, *indem* er sie zugleich *als* einen »Perspektivenwechsel« durchführt, müssen unabgeklärte Probleme zurückbleiben, die es für eine weitere trinitätstheologische Diskussion aufzuzeigen gilt: Der im Horizont des »dialektischen« Erkenntnisprinzips angesetzte »*Widerspruch*« als Ausdruck der personalen-innertrinitarischen Relationen in ihrer Konkretheit im Kreuz fordert eine *letzte* »Diastase« von Vater und Sohn (von Gott und Gott) »in« Gott, die sich aus dem Kreuz *heraus* nur mehr in unvermittelter Paradoxie als »Einheit« denken läßt, weil die Einheit Gottes, wenngleich *Moltmann* sie als eine innigste und wirkliche bewahren möchte, im Durchgang durch das Kreuz *dann* nicht mehr restituiert zu werden vermag, *wenn* sie *im* Kreuz als *letzte* »*Feindschaft*« ausgelegt wird:

> »Der Vater*losigkeit* des Sohnes entspricht die Sohn*losigkeit* des Vaters, und wenn sich Gott als Vater Jesu Christi konstituiert hat, dann erleidet er im Tod des Sohnes *auch den Tod seines Vaterseins. Anders* hätte die Trinitätslehre noch einen *mono*theistischen Hintergrund.«[267] Oder:

---

265 *Moltmann* (⁵1987) 232. Hervorhebungen nicht im Text. Dieser Satzteil meint hier genau das, was wir als trinitarische *Letzt*-Differenzierung der Gotteslehre in dieser Arbeit analysiert haben: Gott ist *konkret* als der eine der trinitarische und »vor«-gängig dazu nicht als der eine (metaphysisch) zu »bestimmen« - gewissermaßen entgegen seiner Geschichte der Selbst-Offenbarung. Dennoch steckt in dem Satz schon das Problem einer *nur*-trinitarischen Gottesrede, wie es weiter oben gekennzeichnet wurde.

266 Wie *Moltmann* den Geist, in dem Vater und Sohn in den Zusammenhang mit der Gottesverlassenheit »in« Gott nennt: *Moltmann* (⁵1987) 192.

267 *Moltmann* (⁵1987) 230. Hervorhebungen nicht im Text.

»Am Kreuz sind der Vater und der Sohn so sehr getrennt, daß ihre Beziehungen *abbrechen*. Jesus starb 'gottlos'.«[268]

Moltmann ist es wirklich ernst mit einer *letzten* trinitarischen »Differenz« in Gott als *Widerspruch und »Dia-Stase«*.[269] Aber eben: »*Dia*«-Stase! »Im Kreuz geht gleichsam ein *Riß* durch Gott selbst.«[270] Wenn die innergöttliche »Differenz« als *Widerspruch* immer schon über jede Einheit *hinaus* und ihr im Ereignis des Kreuzes als *Gottes*ereignis je immer *zuvor* ist, dann ist die diastatische Differenz in Gott die letzte *Notwendigkeit* seines *»Seins« als* Gott, wie durch das zu Ende gedachte »dialektische« Erkenntnisprinzip geradezu (in der »Ähnlichkeit« von *widersprüchlicher* Offenbarung und *diastatischem* Sein Gottes) gefordert *und* durch *Moltmanns* a priori metaphysisch gedachtes Einheitsverständnis erforderlich wird. Ein »feindschaftlich-diastatischer Widerspruch« kann aber keine *ursprüngliche Einheit aus der Einfachheit Gottes* begründen oder auch nur ernsthaft begründen *wollen*.[271] Entweder ist Gott bis ins »Letzte« hinein dieser diastatische Widerspruch oder er ist es nicht. An dieser Stelle angelangt, gibt es nur mehr dieses »Entweder-Oder« und

---

[268] *Moltmann* (1980) 98: Wenn es weiter heißt: »Am Kreuz sind der Vater und der Sohn zugleich so einig, daß sie eine einzige Bewegung der Hingabe darstellen«, dann zeigt das nur um so deutlicher die dialektisch-unvermittelte Gegenüberstellung einer Diastase zu einer ungreifbar-geheimnisvollen Einheit, von der man nicht so recht weiß, woher sie sich einstellen soll.

[269] Vgl. auch folgende Aussage: »Die 'Entzweiung' in Gott muß den ganzen Aufruhr der Geschichte in sich enthalten. In ihr muß man die Verstoßung, den Fluch und das endgültige Nichts selber erkennen«, *Moltmann* (^{5}1987) 233.

[270] *Moltmann*: Ev.Komm. (1972) 716. Hervorhebung nicht im Text.

[271] Deshalb muß es als fundamentales Mißverständnis erscheinen, wenn *Bauckham*: *Welker* (Hg.) (1979) 43-53; hier: 48, feststellt: »Das Kreuz macht also Gott in seiner liebenden Identifikation mit dem Gottverlassenen offenbar, weil er die Liebe ist, die sich mit dem identifiziert, was ihm fremd ist. Das dialektische Prinzip ist also eins, das der *Natur von Gottes Liebe entspricht* und nur auf Gott und die Liebe, die er in den Menschen erweckt, anwendbar ist« (Hervorhebung nicht im Text). Entweder bestätigt sich hier, daß *Moltmanns* Dialektik in der Rezeption schon als göttlich-*natürliche*, d.h. aber den »Wesens«-Vollzug Gottes betreffende, Aussage mißverstanden werden kann, oder diese Aussage macht deutlich, daß die eigentliche Problematik der Dialektik noch gar nicht erfaßt wurde: Diese liegt natürlich nicht in ihrer *Absicht*, die Feindesliebe Gottes bis ins Letzte durchhalten und begründen zu wollen, sondern in der Unmöglichkeit, es *tatsächlich* zu können.

keine Ausflucht! - *Moltmann* hingegen »rettet« sich über diesen letzten Widerspruch seiner Argumentation »hinweg«, indem er die (an sich berechtigte) *ursprünglich*-trinitarische »Perspektive« aller Gottesrede und -lehre »funktionalisiert«, um mit dem *Perspektivenwechsel* die ungelöste Einheits-Frage des trinitarisch letzt-differenzierten Gottesbegriffs in der »Verwandlung« der Fragestellung zugleich zum Verschwinden zu bringen, *ohne den in der »alten« Perspektive enthaltenen, der Metaphysik und ihrem Einheitsverständnis gegenüber »Überschüssigen«, Wahrheitsgehalt in die »neue« Perspektive mitzutransferieren und hier nun zu »lösen«* (so man von einer »Lösung« überhaupt sprechen kann: das Problem jedenfalls *als Frage* zu behalten und anzugehen). - Statt dessen verwandelt *Moltmann* auf der neu gewonnenen Basis die »Einheit« des durch das Kreuz bestimmten trinitarischen Gottes zu einer »werdenden«, einer sich erst in der Zukunft (zuletzt im Eschaton) *erweisenden*.[272] Die Trinität ist, insofern sie eine Geschichte des sie »berührenden« und innerlich »treffenden« Engagements hat, *verändert* gedacht *durch* diese Geschichte so, daß diese »Geschichte...an Gott nicht spurlos vorüber[geht]. Der Gekreuzigte wird vielmehr zur ewigen Signatur Gottes«[273], das »Verhältnis zwischen dem Vater und dem Sohn ist nach dessen Rückkunft nicht mehr völlig das gleiche. Der Vater ist durch die Hingabe des Sohnes ein anderer geworden und auch der Sohn ist durch die Passionserfahrung in der Welt ein anderer geworden«.[274] Wenn Gott sich aber so an die Geschichte mit der Welt »bindet« und darin sich »verändert« in seiner konkreten trinitarischen Lebendigkeit, dann ist die Einheit Gottes selbst eine *noch zukünftige*[275] :

---

[272] Vgl. dafür den Versuch in *Moltmann*: *Breuning* (Hg.) (1984) bes. 103 ff: Weil die eschatologische Vollendung christologisch vermittelt wird durch die »Übergabe« des Reiches vom Sohn an den Vater und pneumatologisch durch den Lobpreis der Gottseligkeit, folgert *Moltmann* zu Recht: »Wir haben die Heilsgeschichte als *trinitarische Geschichte* verstanden. Ihre eschatologische Vollendung werden wir darum in der *trinitarischen Doxologie* erblicken können« (S. 103-104). Als solche Geschichte Gottes im Selbst-Einsatz für diese Welt ist sie in ihrer göttlichen Grundlage, nämlich dem *hypotaxas*-Sein des trinitarischen Lebensvollzugs, immer einer »Diastase« schon *voraus*.

[273] Moltmann: ders. (1977) 82.

[274] *Moltmann*: *ders*. (1977) 100.

[275] Gerade das Gespräch mit einem atheistischen Humanismus, »der eine 'Zukunft ohne Gott' sucht, kann die Christen dazu bringen, nicht länger 'Gott ohne sei-

»Im protologischen Denken geht man gewöhnlich von den Sendungen Christi und des Geistes auf die ursprüngliche Dreifaltigkeit zurück und stößt hinter ihr auf die *Einheit Gottes*...Im eschatologischen Denken ist dagegen die Einheit Gottes *das Letzte, das eschatologische Ziel*, und sie birgt in sich die gesamte Vereinigung der Welt mit Gott und in Gott. In eschatologischer Hinsicht ist darum die Einheit Gottes mit dem Heil der Schöpfung verbunden...«[276]

Deshalb sei Gottes Einheit als die communio zu denken, weil *so* die Geschichte in diese Einheit Gottes »inkludiert« erscheint: Im Eschaton ist Gott Einheit als *doxologische Trinität*, als in der Geschichte im »Berührt-Sein« von ihr »bewährte«, während *Moltmann* unter der »Wesenstrinität« jene *protologisch voraus*gedachte und von der konkreten Geschichte »abstrahierte« Ur-Trinität versteht, die zutiefst ungeschichtlich-»abstrakt« die konkrete Heilsgeschichte übergeht. Werden Trinität und ihre Einheit hingegen geschichtlich-konkret gedacht, so steht »in ihrem Zentrum der Gekreuzigte..., von dem früher abstrahiert wurde, weil man das Kreuz nur in der 'ökonomischen Trinität' sah«[277] und somit die Trinität »ohne« die *Konkretion* des göttlichen Liebes-Seins des trinitarischen Gottes »abstrakt« vorstellte.[278]

---

ne Zukunft' zu suchen. In ihm muß die weltzugewandte Seite der christlichen Eschatologie herauskommen, damit die weltüberwindende Seite der christlichen Hoffnung sinnvoll vermittelt werden kann«, *Moltmann*: Conc(D) 2 (1966) 415-421; hier: 416. »Offenbarung, als Verheißung erkannt und in Hoffnung begriffen, begründet und eröffnet damit einen Spielraum von Geschichte...«, *Moltmann* (^{4}1965) 76. Dem ist ganz und gar zuzustimmen, wenngleich gleichzeitig gesehen werden muß, daß die »Einheit« Gottes, nur deshalb, weil sie *ursprünglich* sein soll, nicht schon un-geschichtlich entworfen werden muß, so daß sie dann der Geschichtlichkeit, Freiheit und Offenheit einer Gottesgeschichte schon protologisch-fixiert gegenüberstehen müsse. Vielmehr ist die Einzigkeit Gottes sein Selbst-Erweis als der *Je-Zukünftige* in allen seinen Konkretionen der Befreiung und Liebe.

276 *Moltmann*: *ders.* (1977) 99. 2. Hervorhebung nicht im Text.

277 *Moltmann*: *Breuning* (Hg.) (1984) 105.

278 Das hier Ausgeführte entspricht an sich dem in der Arbeit unter analog-reziprokem Erkennen Gottes Erhobenen. Es soll durch die Kritik auch nicht zurückgenommen sein, sondern im Hinblick auf das *nicht analog-reziproke* Denken spezifiziert und im Hinblick auf eine innertrinitarisch fundierte Analogie verändert werden: Um der »ursprünglich« festzuhaltenden »Einzigkeit« Gottes und seiner *daraus* geforderten Einheit als einer letztlich trinitarischen.

Nicht, *daß* Gott als trinitarischer in seinem »heilsgeschichtlich-trinitarischen Selbst-Einsatz« als »werdender« bezeichnet wird, ist *dann*, d.h. unter der neuen »Perspektive«, also in einer nun *aus* dem Kreuz *konstituierten* personal-trinitarisch-perichoretischen Einheit, das eigentliche Problem - denn von einem solchen Sich-Verändern Gottes und seiner innertrinitarischen Lebensbeziehungen kann in der Tat schon im biblischen Raum ansatzhaft gesprochen werden. Vielmehr ist *diese* (rechtens und rechtens so gesehene) eschatologisch-*werdende* »Einheit« Gottes bei *Moltmann* unvermittel*bar* zu einer *ursprünglichen* Einheit desselben Gottes und deswegen und genau solange »grundlos«, als diese »Einheit«, die sich der Geschichte »berührt« aussetzt, nicht *zugleich als »ursprüngliche« Einzigkeit Gottes aussagbar ist und bleibt*: Wie soll denn eine »absolute« Nicht-Einheit als diastatische Differenz in der Vater*losigkeit* (!) des Sohnes und der Sohn*losigkeit* (!) des Vaters gedacht werden als eine, aus der eine doxologisch-inkludierende Einheit je werden könnte, wenn diese nicht schon *auch* für *dieses* Ereignis sich als *ursprüngliche* voraussetzt; - wohlgemerkt: als ursprüngliche Einheit, nicht als »metaphysische«, der tatsächlichen Selbst-Offenbarung vorausgedachte![279] Wie kann sie aber als zugleich ursprüngliche Einheit Gottes auch noch *im* Kreuz angesetzt werden, wenn dies in einer »Dialektik der Widersprüchlichkeit« gar nicht möglich ist, weil eine solche Einheit schon als metaphysisch-abstrakte diskreditiert wurde?

An dieser Stelle muß ein »diastatischer« Gottesbegriff in die Gefahr einer *Gnosis* kommen, die zu einer *Re-Mythologisierung* Gottes führt, indem entweder die Seinsnotwendigkeit der Dia-Stase für Gott einen metaphysischen Einheitsbegriff »einfach« *ersetzt* und in der Negation metaphysisch gedachter Einheit von ihr noch abhängig bleibt[280], so daß

---

279 *Bergin*: IThQ 52 (1986) 193-211; hier: 209, stellt die Frage berechtigterweise so: »If both Jesus and the Father suffer in the dying, who is responsible for the raising of Jesus from death?« Daran kann deutlich werden, daß die Frage einer im Leiden noch bestehenden größeren Unähnlichkeit Gottes sich bleibend stellen muß.

280 Vgl. *Kaspers* Kritik der Dialektik bei *Moltmann*, der in ihrer unerbittlich logisch-notwendigen Struktur die *Hegelsche* Dialektik nachgebildet sieht, welche Geschichte in »Notwendigkeit« aufzugehen droht; *Kasper*: *Welker* (Hg.) (1979) 144. Dann schlägt die immanent im Gottesprozeß notwendige Negation in der Negation dieser Negation zu einer »Einheit« um. *Moltmann* weiß andererseits sehr wohl, daß eine »Theologie der Selbstbewegung des absoluten Gei-

statt der Einheit eine letzte Entzweiung zum System *der Einheit* erhoben würde, oder zum anderen die Geschichte Gottes mit der Welt Gott so bestimmt, daß dieser Gott nur in einem dann nicht mehr aufklärbaren Sinne in der Geschichte seiner Konkretionen der Liebe der Je-Größere bleibt, weil ja kein zu lichtender Grund mehr für die trotz der Diastase bleibende »Herrlichkeit« Gottes angebbar wäre, mit der er sich in der Diastase noch als der »einzige« und sogesehen »eine« Gott erweisen könnte. Wenngleich - und das muß als Paradoxon, ja als Antinomie erkannt werden - *Moltmann* mit der (im Kreuz) diastatischen und (in der Auferweckung) werdenden und schließlich (im Eschaton) sich vollendenden *zukünftigen Einheit* gerade die *Geschichtlichkeit* Gottes, seine »Bindung« an und »Berührtheit« von seinem Heilsengagement zum Ausdruck bringen möchte, und damit seine Einheit als die »Kraft seiner *Zukünftigkeit*« (gegen ein protologisch-ungeschichtliches Mißverständnis dieser Gottes-Einheit)[281] , ja die *Zukunft* als die eigentliche »Seinsweise Gottes«[282] fundieren möchte, wird er gerade, *indem* er dies durch eine dialektisch-unaufklärbare innergöttliche Gegensätzlichkeit der »Feindschaft« und eines »Endes« der Vater-Sohn-Relation hindurch durchführt, zutiefst *ungeschichtlich*, weil *Moltmann* dadurch die je-unähnlichere Freiheit Gottes in und gegenüber seinen Konkretionen (und darin gründet seine innergöttliche Geschichtlichkeit als bleibend *nicht-notwendige und unhintergehbar freie*) aus innergöttlicher Analogizität in eine dialektisch-notwendige »Struktur« der »Absehbarkeit« Gottes verwandelt. Also: Auch noch wenn auf diese Weise die Geschichte Gottes als *seine* Geschichte wahrnehmbar wird, ist die Reziprozität theologischer Rückbindung des ökonomisch Erhobenen in einem nicht-analogen Sinne überschritten und daher die eigentliche Geschichtlichkeit Gottes (wie sie sich in seiner bleibenden Freiheits-Fülle konstituiert) zugunsten einer ungeschichtlichen »Struktur« innergöttlichen Seins aufgehoben. Die Re-Mythologisierung

---

stes...dann nur eine Modifikation der dialektischen Epiphanie des Ewigen als Subjekt [wäre]«, *Moltmann* (^{4}1965) 155, also letztlich ungeschichtlich (quasi-metaphysisch); um so bemerkenswerter ist die Tatsache, daß er dem selbst - offenbar wider willen - nicht ganz entkommen kann.

281 »Der Gott des Exodus und der Auferstehung ist der Gott 'der Hoffnung' (Röm 15,13). Ihn erfaßt man, wo man das Neue seiner Zukunft in der eröffneten Freiheit von Knechtschaft, Exil und Todesverhängnis ergreift«, *Moltmann*: Conc(D) (1966) 420.

282 *Moltmann*: Conc(D) (1966) 420.

Gottes (durch Identifikation seines Seins mit dem Drama der Welt), mithin die Gefahr, die immanente Trinität in die Geschichte der Welt hinein aufzulösen, ist auch dann noch »un«-geschichtlich, wenn sie sich als *geschichtliche* Über-Determination gibt, weil sie damit *hinter* die Freiheit Gottes als des je-freieren zurückgeht auf ein »System« ihres Vollzugs.[283]

Gegenüber einer unbegründeten, weil durch die Dia-Stase Gottes nicht hervorgehen könnenden, *nur-zukünftigen* Einheitskonstitution *und* einer protologisch mißverstandenen, weil der realen Konkretion der Selbst-Offenbarung *vorausfixierten* (in der Wurzel schon metaphysisch mißverstandenen), Einheitsvorstellung gleichermaßen wird die biblische, in der Offenbarungsgeschichte selbst durch Gott sich erweisende *Einzigkeit* Gottes festzuhalten sein: Diese ist nämlich, *weil geschichtlich-befreiend*, Gottes Selbst-Einsatz aussprechend, der (in Christus) *trinitarische* Erweis der *Einzigkeit* Gottes und nicht anders oder abgesehen von eben dieser innersten Lebens-Hergabe *als Konkretion* gerade der *Einzigkeit* Gottes zu verstehende Erweis! *Diese* Einzigkeit ist *geschichtlich* (und gerade nicht metaphysisch-abstrakt), weil sie der Offenbarung Gottes vorweg gar nicht fixier*bar* ist und nur *in* den Konkretionen seines Engagiertseins sich (zugleich heilend) mitteilt als die, die sie ist *als* Gottes Gottsein. *Wenn Gottes Einzigkeit sich aber im leidenden Heils-Engagement als »trinitarische« (und gar nicht anders oder dem zuvor oder davon unabhängige »eine«) befreiend selbst-einsetzt, so daß sie in der*

[283] Der öfter geäußerte Vorwurf an *Moltmann*, er löse die immanente Trinität in die Geschichte seiner Oikonomia hinein auf - vgl. etwa: *Balthasar*, TD IV (1983) 306; *Miskotte*: *Welker* (Hg.) (1979) 83; *Momose*: *Welker* (Hg.) (1979) 167-171; *Niewiadomski* (1982) 128-137 - ist, wird von der »Dia-Stase« in Gott her und der daraus eröffneten, nicht-ursprünglich begründeten und so geschichtlich-zukünftigen Einheit Gottes ausgegangen, durchaus berechtigt, eben *weil* die *Einheit* Gottes bei *Moltmann* nicht zur *trinitarischen* Differenzierung der Gotteslehre dazugehört. Im Hinblick aber auf das eine solche Diastase alleine noch einmal »system-immanent« einer Begründung zuführende »dialektische« Prinzip, wird man nicht von einer Auflösung und »Vergeschichtlichung« der immanenten Trinität sprechen können, weil ja gerade umgekehrt die Dialektik quasi-metaphysisch das in Gott »unveränderliche« Axiom wird, das Gottes ewiges Sein als unauflösliches repräsentiert. Die Konkretheit des Denkens der Trinität-in-Geschichte ist vielmehr hier selbst ins Un-Geschichtliche zurückgewendet und so gesehen noch gar nicht »Konkret« *genug*.

unhintergehbaren Freiheit die geschichtlich »bestimmte« wird und zugleich die »je-größere« bleibt, dann gehört diese (trinitarisch letzt-differenzierte) Einzigkeit zur trinitarischen Letzt-Differenzierung der Gotteslehre unabdingbar hinzu, weil ohne sie Gottes Selbst-Einsatz nicht der seiner »Einzigkeit« wäre. Wenn die Trinitätsoffenbarung die Offenbarung gerade der »Einzigkeit« Gottes ist oder umgekehrt gar nicht die Offenbarung Gottes, dann ist sie, obgleich sich geschichtlich offenbarend und frei bestimmend, *ursprünglich* die Einzigkeit des trinitarischen Gottes. In der Wahrnahme dessen muß dann - entgegen allen Befürchtungen einer neuen metaphysischen Vorweg-Bestimmung - von Gott *ganz und gar* trinitarisch gesprochen werden; und *doch* ist dann immer schon vom einzigen Gott (und anders nicht *trinitarischen*!) die Rede. Dann muß ein »Perspektivenwechsel« nicht wegen der diastatischen Antinomie »in« Gott vorgenommen werden, sondern *kann als* Aussage seiner »Einheit« *aus dieser ursprünglichen Einzigkeit* erfolgen.[284]

Dann muß aber auch *Niewiadomski* nicht zugestimmt werden, daß die Voraussetzung *Moltmanns* von einer letzten »Differenz« in Gott »nur sinnvoll in einem Denkmodell [ist], welches die Einheit und nicht die Differenz als Grundaxiom annimmt«[285], weil die Einzigkeit Gottes als ursprüngliche sich nicht mehr aus einer *dialektisch* zu »Entfremdung« und »Differenz« uminterpretierten *je-größeren Unähnlichkeit*, sondern wieder aus ihrem in-

---

[284] In diesem Sinne *kann* es richtig verstanden werden, wenn *J. M. Lochmann* feststellt: »Ist eine Gotteslehre ohne Kreuz keine christliche Gotteslehre, so geht christliche Gotteslehre in der Kreuzesperspektive nicht auf...Gottes Sein ist nicht nur im Leiden. - Es gibt eine *Aseität* Gottes, die nicht Flucht vom Kreuz, sondern freie Aufnahme des Kreuzes in der umfassenden Liebe Gottes aussagt«, *Lochmann*: *Lochmann/Dembowski*: *Welker* (Hg.) (1979) 26-38; *Lochmann*: 26-34; hier: 33. Wenn damit gemeint ist, daß Gottes Einheit *doch vor-trinitarisch* bestimmt werden könne, was der Terminus »Aseität« vermuten lassen könnte, dann wäre genau das entscheidende Element der Einzigkeit Gottes, wie es sich aus der Offenbarungsgeschichte aufzeigen läßt, nicht erfaßt: daß nämlich Gott sich geschichtlich unbestimmbar - außer in seinen Konkretionen seiner Liebe - *und* von den Konkretionen seines Liebesseins zugleich nicht mehr »abstrahierbar« zeigt - beides zugleich und ganz. Wenn aber das Je-Größer Gottes ausgesagt werden soll in der Lebendigkeit seiner Liebe, wäre der Gedanke der Einzigkeit Gottes schon erfaßt, wenngleich auch dann noch gelten müßte: Gott ist nicht »außerhalb« seiner Konkretionen der Liebe als der, der er in sich ist, erfaßbar, (so paradox es sein mag) *wegen* der *je-größeren Unähnlichkeit* seines »Darüber-Hinaus«.

[285] *Niewiadomski* (1982) 127.

nergöttlich-fundierten analogen Gehalt in Ursprünglichkeit ergeben kann: nämlich als die in und aus der *innertrinitarisch-fundierten Unähnlichkeit »in« Gott eröffneten gleich-ursprünglichen Einheit des so und deshalb »einzigen« Gottes*. Ohne *Moltmanns* »Differenz« zurückzunehmen, kann sie in ihrer ursprünglichen Gestalt als die je-uneinholbare, freie und damit »geschichtliche« Unähnlichkeit Gottes *in* der Einzigkeit wieder als zur trinitarischen Letzt-Fundierung Gottes gehörig verstanden werden, in der auch noch leidende Differenz »aufgenommen« werden kann, weil Gott in der Differenz noch immer der je-größer und je-unähnlicher liebende bleibt.

An dieser Stelle wird sich schließlich nun »rächen«, daß die Überlegungen zum Geist Gottes immer schon zu spät kommen, um die »Dia«-Stase zu »unterfangen«. »Das besondere Werk des Vaters, vor allem aber das des Geistes ist sozusagen so weit verdrängt durch das Leiden des Sohnes, daß von einer wechselseitigen Durchdringung keine Rede mehr sein kann.«[286] Gemeinhin wird von Ent*zwei*ung und konkret von Vater und Sohn gesprochen. Wenngleich *Moltmann* den Geist nie ganz heraushält und mindestens (wie an den Zitaten ersichtlich ist) mitnennt, so bekommt er nie systembildende Funktion.[287] Der Geist der Einheit von Vater und Sohn gehört aber *als Einheitsgeschehen* von Vater und Sohn schon zur *trinitarischen* Rede von Gott, so daß eine trinitarische Letzt-Differenzierung der Gotteslehre und -rede, wie *Moltmann* sie intendiert, gar nicht durchgeführt werden kann, ohne vom Geist und damit der in der Trinität mit ihm garantierten gleichursprünglichen *Einheit* des trinitarischen Gottes zu sprechen. Zwar denkt *Moltmann* den Geist mit, indem er (ähnlich wie *Jüngel*) von dem Liebes-Sein Gottes selbst spricht[288], aber der Geist wird über dieses innergöttliche Einssein von Vater und Sohn nur unbestimmt mitgenannt und nicht in seiner Einheit gedacht, die zugleich die *Differenz* zwischen Vater und Sohn *als* eine *und* als Differenz ermöglicht.[289] *Die Unter-Bestimmung des Geistes von Vater und*

---

286 *Miskotte*: *Welker* (Hg.) (1979) 87.

287 So sagt *Moltmann* selbst: »Die Vorstellung vom Heiligen Geist steht an sich in keinem organischen Zusammenhang mit der Lehre von Gott dem *Vater* und dem *Sohn*«, *Moltmann* (1980) 186.

288 »Weil Gott nicht nur liebt, sondern selbst Liebe ist, darum muß er als ein dreieiniger Gott verstanden werden«, *Moltmann* (1980) 73. Vgl. *Jüngel* (1977) 450.

289 »Erst wenn der Geist als Einheit der Differenz und der Einheit von Vater und Sohn verstanden wird, kann ihm eine personale Funktion im trinitarischen

Sohn im Kreuzesgeschehen als Geist der unüberwindlichen, weil die innergöttliche Differenz als Differenz offenhaltenden, Einheit, auch in noch so großer »Dia«-Stase von Vater und Sohn, erweist die dialektisch strukturierte, trinitarische Differenz in Gott als gar nicht wirklich trinitarisch-letztbestimmte Gottesrede, sondern als dia-statische, die erst eine tatsächlich trinitarisch-letzt-bestimmte Gottesrede zu werden vermag, wenn die dafür konstitutive »Differenz-Einheit« oder »Einheits-Differenz« des trinitarischen Lebensgeschehens im Geist Gottes mitgedacht würde.[290] Eine pneumatologische »Dimensionierung« der Trinitätslehre definiert dann aber und dem gegenüber die »Einheit« Gottes schon als *trinitarisch*-ursprüngliche und trinitarisch-*ursprüngliche*. So kann abschließend festgehalten werden: Die Einheit Gottes, ohne die Gott gar nicht *trinitarisch* gedacht würde, gehört zur trinitarischen Letzt-Differenzierung der christlichen Gotteslehre, so daß ein davon absehendes Reden vom »Wesen« Gottes gar nicht möglich erscheint *und* ohne die Rede von der Einheit als trinitarischer Dimension (im Geist des Vaters und des Sohnes) gar nicht wirklich trinitarisch, sondern noch immer *»abstrakt«*

Kontext zukommen«, *Moltmann* (1980) 159. Wenngleich hier der Geist als »Einheit« gedacht ist, was genügt, um im Kontext der »Dia-Stase« von Vater und Sohn ihn als Eminenten und Unverzichtbaren mitzudenken, bekommt der Geist als solche »Einheit« keine trinitarisch »notwendige« Bedeutung.

290 Über die Tatsache hinaus, daß das (schon vereinfachte) Verständnis des Geistes als »Einheit« der Vater-Sohn-Differenz bei *Moltmann* nicht systembildend für die diastatische Differenz in Gott wird, kann der Geist nicht in seiner *trinitarischen Bedeutung erfaßt werden, solange* der Geist nicht zugleich als die Einheit *der* Differenz (schlechthin) gedacht wird, was bedeuten würde, daß der Geist in Gott nicht die Einheit einer (»schon vorhandenen«) Differenz bildet, sondern zugleich die Differenz *als* Differenz ursprünglich *eröffnet* und eröffnet hält, so daß sie zugleich *ursprüngliche* Einheit sein kann. *So ist der Geist aber nicht nur Einheit, sondern die die Differenz eröffnende und offenhaltende Einheit* und dann und deswegen - gegen Moltmann - selbst *personal* als Einheit in *Differenz* zum vereinten Vater und Sohn zu verstehen und nicht bloß als das Liebes-Sein Gottes, das »aus sich« nicht noch einmal personal gedacht werden müßte. In der Differenz-eröffnenden Einheit ist der Geist erst *trinitarisch*-unverzichtbar gedacht. Vgl. auch: *Balthasar*, TD II/2 (1978) 171: »Hat der Geist doch seit Ewigkeit ein doppeltes Gesicht: ausgehaucht aus der einen Liebe von Vater und Sohn ist er der Ausdruck ihrer eigenen Freiheit - gleichsam die Objektivierung ihrer Subjektivität -, aber eben darin der objektive Zeuge ihrer Differenz in der Einheit oder Einheit in der Differenz.« Vgl. auch die Position *Balthasars*, die, weil pneumatologisch bestimmt, zu einer wirklich *konkreten* trinitarischen *Letzt*differenzierung der Gotteslehre vorstößt.

von Gott gesprochen würde. In diesem Sinne ist *Moltmanns* trinitarische Kreuzestheologie noch nicht »konkret« *genug*, sondern bleibt in einer von der tatsächlichen Konkretion des Liebes-Seins Gottes in seinem trinitarischen Selbst-Einsatz absehenden »Geist-Losigkeit« *diastatisch-abstrakt*.
3. Abschließend: Wenngleich der »Perspektivenwechsel« *Moltmanns* das Einheitsproblem nicht als ein wirklich trinitarisch-konkretes anzugehen vermag, hat die Berechtigung der »neuen« trinitätstheologisch differenzierten Perspektive der Rede von Gottes leidendem Selbst-Einsatz aufzeigen können, daß eine Notwendigkeit der trinitarischen Rede vom Leiden Gottes in seiner Oikonomia immer schon zugleich *christologisch* vermittelt sein muß, daß man demnach in der Rede vom »Sohn« Gottes im leidenden Selbst-Einsatz Gottes von *seinem personalen* und relationalen Selbst-Einsatz *konkret* sprechen muß, oder andernfalls nicht trinitarisch zu reden vermag. Dieser Konkretion des Leidens Gottes im Leiden des Sohnes soll jetzt weiter nachgegangen werden.

III. Die »neu-chalkedonensische« Interpretation als Grundlage der »konkreten« Rede vom Leiden Gottes

1. Die christologische Konkretheit theo-logischer Leidensaussagen

Die Frage, wie man sich der christologischen *Konkretheit* der theo-logischen Leidensaussagen nicht durch einen »Perspektivenwechsel« entziehen müßte, sondern ihnen nahekommen könnte, soll exemplarisch an der Theologie von *H. U. v. Balthasar* entfaltet werden, weil sein Gesamtwerk schon im erforderlichen Sinne trinitätstheologisch geprägt und differenziert ist. Darüber hinaus hat eine entsprechende christologisch-konkrete Vermitteltheit der trinitarisch-konkreten »Perspektive« zu einer in diesem Kontext interessanten Diskussion mit *K. Rahner* geführt, die auf eine weitere (und zugleich bleibend-wirksame) Anforderung heutiger trinitätstheologischer Fundierung der Rede vom Leiden Gottes aufmerksam macht.
1. Die Theologie von *H. U. v. Balthasar* ist in Form und Durchführung (und gegen ältere Konzepte einer vom einen Wesen Gottes ausgehenden

Gotteslehre) prinzipiell trinitätstheologisch konzipiert[291], sein Verständnis der Gotteslehre ist schon die Durchführung einer *trinitarisch letzt*-fundierten Gottesrede[292] - wie sie als »Strukturmerkmal« heutiger Gotteslehre aufzuzeigen hier die Absicht war -, die von den drei göttlichen Personen und ihrem Lebensprozeß konkret zu reden die Absicht hat, »da ja von einem göttlichen Sein oder Wesen im Absehen von diesem [hypostatischen, innergöttlichen] Prozess überhaupt nicht gesprochen werden kann. Das Wesen [Gottes] ist identisch in der positiven Selbstentäußerung der Personen...«[293] Zur Durchführung einer trinitarischen Theologie mußte folglich eine entsprechende Veränderung der metaphysisch-»natürlichen« Grundlagen herkömmlicher Gotteslehre ebenso wie eine innere »Neu-Ordnung« der theologischen Traktate angestrebt und vorgenommen werden: Zum einen führte dies für die trinitarische Theologie *Balthasars* zur Verwandlung der herkömmlichen metaphysischen Seins-Vorstellungen hin zu einer personalen »Ontologie der Liebe«.[294] In der Reflexion auf das Verhältnis und die Proportionen

---

291 Vgl. nur den Aufbau und die Begrifflichkeit der Werke »Theodramatik« (1973-1983) und »Theologik« (1985-1987). Vgl. *Löser*: *Breuning* (Hg.) (1984) 39. »Das schwierige...Problem...der Leidensfähigkeit Gottes geht B[althasar] also nicht wie die meisten - auch neueren - Theologen von der göttlichen *Natur* her an, sondern konsequent von der trinitarischen Struktur Gottes, von der allein her eine Lösung dieser Frage in Sicht kommen kann«, *Heinz* (1975) 100. Vgl. weiters: *Albus*(1976); *Auda*: Ut omnes unum 43 (1980) 7-14; *Babini* (1981); *Biser*: ThRv 77 (1981) 265-267; *ders.*: ThRv 84 (1988) 177-184; *ders.*: *Schultz* (Hg.) (1986) 524-529; *ders.*: ThRv 66 (1970) 286-289; *Godenir* (1984); *Hemmerle*: EuA 57 (1981) 81-98; *Henrici*: *Lehmann/Kasper* (Hg.) 1989, 237-259; *Hoffmann*: ThLZ 114 (1989) 241-250; *MacKinnon*: *Riches* (Hg.) (1986) 164-179; *Marchesi* (1977); *Oakes* (1987); *O'Donnell*: IKZ 18 (1989) 318-332; *ders.*: Pacifica 1 (1988) 189-211; *O'Meara*: ThS 42 (1981) 272-276; *Tinnefeldt* (1975).

292 Vgl. vor allem die entsprechenden Passagen in: *Balthasar*, TD IV (1983) 53 ff, und die Hinweise und Literaturangaben zu *Balthasar* im Hinblick auf die konkrete trinitarische Differenzierung der Gotteslehre und die Unmöglichkeit eines davon unabhängigen Traktates De Deo uno.

293 *Balthasar*, TL II (1985) 163.

294 Vgl. vor allem *Balthasar*, Skizzen IV (1974) bes. 201 ff, wo die Grundlegung einer personalen Ontologie aus der personalistischen Philosophie herauswächst. Der Zugang zur Wirklichkeit Gottes wird in einer »natürlichen« Theologie, die in sich aber schon verändert gesehen wird, vorgenommen: so entstehen nicht nur entsprechende »trinitarische Analogien«, sondern auch der Versuch, »allen Ernstes nach der imago Trinitatis in ente creato« zu fragen,

der Zuordnung von »Natur« und »Person« gewinnt *Balthasar* gewissermaßen »von unten«, d.h. durch eine »natürliche Theologie«, die Perspektive einer personalen Dimension Gottes, in die vorzudringen sei - ohne sich in der *Form* absolut setzen zu können oder Trinität ableitbar zu machen.[295] Zum anderen - katalogisch gedacht - eröffnet sich Gott der Welt in seiner Selbst-Mitteilung und in Geschichte als *personales Liebes-Sein*[296], indem er heilsgeschichtlich (und zu innerst in Christus) engagiert sich als solches *konkret* erweist[297]: »es geht nicht an, daß er in sich personloses, ausstrahlendes Gutsein sei (Platon, Plotin), um Mensch werdend, erst personale Liebe zu werden; er muß personale Liebe und Beziehung in sich selber schon sein, als sich schenkender, väterlicher Grund, als gezeugt-erweckter, antwortender Sohn, als gemeinsamer Liebesgeist«[298]. In seinem »*Sein*« ist der eine Gott schon der *personal-differenziert* (und gar nicht anders) zu Denkende; *dies* ist sein *Sein* und sein *Lebensprozeß* gleichermaßen als Liebe, so wie sie sich mitteilt: »Denn das Du, das hier auf den Menschen trifft, ist nicht ein Jemand, der als solcher konstituiert wird durch die Liebe selbst. Der trinitarisch-per-

---

Balthasar, TL II (1985) 159. Vgl. auch: *Balthasar*: MySal II (1967) 15-43 passim. Vgl. zur Differenzierung der Transzendentalien als trinitarisches und nicht einfach dem »Wesen« zuzuordnendes Phänomen auch: *ders.*, TL I (1985) 246 ff, und *ders.*, TL II (1985) 160: »Nun können die Transzendentalien nicht ausschließlich der göttlichen Wesenheit zugeschrieben werden, da die Imago und damit die Exemplarität für alles Erschaffene Eigenname des Sohnes ist, die Liberalität und damit der Grund, warum Schöpfung überhaupt wirklich ist, Eigenname des Heiligen Geistes.« Vgl. auch: *Simonis*: MThZ 24 (1973) 326-351. Vgl. weiters *Balthasars* Auseinandersetzung mit der sogenannten »trinitarischen Ontologie«: *ders.*, TD IV (1983) 53 ff.

295 Vgl. vor allem die Überlegungen der »Bewegung zu Gott« hin in: *Balthasar*, Skizzen III (1967) bes. 13-50.

296 »Das der Welt erschlossene Gottesgeheimnis besagt zentral, daß das absolute Sein in sich selbst Liebe ist, schöpferische Liebe (Vater), sich verdankende Liebe (Sohn), Liebesaustausch (Geist)«, *Balthasar*, Skizzen III (1967) 330.

297 Vgl. *Balthasar*, TL II (1985) 117-119: Es gibt keinen anderen Zugang zum trinitarischen Mysterium als dessen Offenbarung in Jesus Christus; und keine Aussage über die immanente Trinität darf sich auch nur einen Fußbreit davon entfernen, weil sie sonst ins Heilsgeschichtlich-Belanglose und somit »Leere« abgleitet.

298 *Balthasar*, Skizzen III (1967) 49-50. Vgl. *Murillo*: *Lehmann/Kasper* (Hg.) (1989) 210-222.

sonale Prozeß ist 'die Liebe'.«[299] Als *solche* trinitarische Liebe handelt und offenbart sich Gott in der Welt in seinem Liebes-Engagement, indem er zugleich (und in seinem Lebensprozeß begründet) in *geschichtlich*-freier und selbstgewählter Gestalt erscheint[300], die Gott nicht so festlegt, daß er darin nicht als der »je-über-die-Konkretionen-der-Liebe-hinaus-seiende« und *so* der uneinholbar *herrliche* »in sich« wäre.[301] Wie Gott sich frei in seiner Heils- und Gnaden-Geschichte auf die Welt einläßt, so ist er dann er-selbst; wie er wirkt, ist er als Gott zu erkennen, nämlich als *personal*-differenzierter Gott, der schon in seinem Schaffen der *auf diese Weise* (seines Seins!) *engagierte* ist, indem er die Welt *in* dieser seiner *trinitarischen* Differenziertheit hervorbringt.[302] »Mag deshalb auch die 'Emanation' weltlichen Seins aus Gott von den göttlichen Personen her gemeinsam erfolgen, so wirkt dabei doch jede gemäß ihrer *Proprietät*«[303], so daß die Welt gewissermaßen in den personalen Lebensprozeß der göttlichen Personen hineingenommen ist.[304] Aus der

---

299 *Balthasar,* Skizzen III (1967) 50.

300 Vgl. *Balthasar*: IKZ 11 (1982) 513-517; hier: 515. Gerade am Sinai, im »gestaltlosen Feuer«, ist Jahwe in der Gestalt der offenen Zukunft, wie er sich selbst als »Jahwe« nennen wird, offenbar geworden. Vgl. zum Gottesnamen »Jahwe« und dem Zusammenhang mit dem Geschichtsverständnis Israels als eines theologischen auch: *Pannenberg*: KuD (1977) 78-82.

301 Vgl. *Balthasar*, Skizzen I (1960) bes. 100-134. Darin zeigt sich Gott schon als der »analoge«, als der er der je-größere zu bleiben vermag; in der biblischen Sprachlichkeit: der »herrliche« zu bleiben vermag. Vgl. *Koch*: ThG (1986) 224: »...daß sich der *freie* Gott in seinem Sohn Jesus Christus für diese Welt bis zum äußersten engagiert hat.«

302 Dies ist ja die Voraussetzung der Möglichkeit des Grundaxioms der Gotteslehre, wie sich gezeigt hat, weil Gott sonst gar nicht tatsächlich *differenziert* als trinitarischer wirken würde und erkennbar wäre.

303 *Balthasar*, TL II (1985) 162. Hervorhebung nicht im Text. So wehrt sich *Balthasar* gegen eine klassisch-metaphysische Auslegung göttlichen Wirkens nach außen, das nicht zugleich in den Proprietäten der Personen konstituiert ist; gegen: *Schmaus* (^{6}1960) 442.

304 »Gott handelt nach außen so wie er ist, nämlich als das eine dreifaltige Wesen: deshalb sind alle ökonomischen Werke zwar gemeinsam, drücken aber je die Stellung der Personen mit aus; die Stellung des Sohnes als Ausdruck Gottes und des Geistes als Hingabe Gottes wird nach außen ebenso gewahrt wie im Inneren. Approximation meint also, wo es um diese Grundartikulation der Mitteilung Gottes geht, den Hinweis auf die propria der Personen. Das besagt nichts weniger als die Fundierung des Schöpfungsaktes im innergöttlichen

Fülle seines Liebes-Prozesses schafft Gott, der *Vater*, als »grundlose Quelle, die ist, indem sie schenkt«[305], durch den *Logos*, d.h. im »Akt dieses freien Hervorgangs«, der »fundiert [ist] im innergöttlichen Zeugungsakt des Vaters«[306], im *Geist*, dem »ungegenständliche[n], ewig jenseits aller Objektivierung atmende[n] Geheimnis, in dessen Licht jedoch alles klar und durchsichtig wird«[307]. Weil Gott als der trinitarisch-engagierte schafft und in seiner Welt auch wirkt, wird er zugleich in seiner inneren trinitarischen *Lebendigkeit* erkennbar, »die doch Urbild alles Seins und damit auch aller Geschichte ist« und mit der er »sich in der Abfolge des Spiels ausprägt und abspiegeln kann...«[308] Weil schließlich auf diese Weise für *Balthasar* (und in Übereinstimmung mit *Rahner*) evident erscheint, daß die immanente Trinität die ökonomische ist[309], können »die theologischen Personen nicht unabhängig von ihrer dramatischen Aktion definiert werden«[310] - es muß also auf die *konkrete* Heilsgeschichte zum Verständnis der göttlichen Geschichte unabdingbar geblickt werden -, und deshalb gilt auch umgekehrt, daß »das Theodrama im letzten ein *personales* und nicht ein naturales Geschehnis sein [muß], ein solches, das zwischenmenschliche dramatische Begegnungen nicht unterbietet, sondern übergreift und sie allererst personal wahrhaft bedeutsam macht«[311]. - *So* ist Gott »in sich« ewige Geschichte der Fülle seines trinitarisch-personalen Liebesprozesses, in dem es ewiges Neusein, Überrascht- und Überwältigtwerden gibt[312]; auf diese Weise ist in-

---

Zeugungsakt«, *Balthasar*, Herrlichkeit II/1 (^{2}1969) 396. Im Zusammenhang mit Bonaventura und in Abrückung von Augustinus formuliert *Balthasar* dies. Vgl. weiter *ders.*, TD IV (1983) 389-446.

305 *Balthasar*, Skizzen III (1967) 95.

306 *Balthasar*, Skizzen III (1967) 97.

307 *Balthasar*, Skizzen III (1967) 101.

308 *Balthasar*, TD II/2 (1978) 463. *Balthasar* stellt dies hier als indirekte Frage, die er positiv beantwortet sehen möchte.

309 Vgl. *Balthasar*, TD II/2 (1978) 466.

310 *Balthasar*, TD II/2 (1978) 466.

311 *Balthasar*, TD II/2 (1978) 466. Hervorhebung nicht im Text.

312 Vgl. *Balthasar*, TD II/1 (1976) 234. Vgl. *ders.*, TD IV (1983) 67-68: Gottes Sein ist nicht starre Ruhe oder »diese Ruhe starr, sondern 'ewige Bewegtheit', da die göttlichen Hervorgänge und der darauf gründende Austausch der Personen nicht zeitlich begrenzt, sondern ewig aktuell sind. Ewig heißt hier zugleich unendlich, was...nur durch einen ins Je-Größere offenen Komperativ aus-

nerweltliche Geschichte und innerweltliches »Werden...ein Abbild des ewigen [trinitarischen] Geschehens in Gott, das als solches - man muß es wiederholen - identisch ist mit dem ewigen Sein oder Wesen«[313] Gottes. Und während Gott sich trinitarisch-personal in der Welt selbst theodramatisch ins »Spiel« bringt, bleibt er doch zugleich in seiner Fülle und Herrlichkeit »*über* dem Spiel, weil nicht in dasselbe verstrickt, aber *in* ihm, weil er sich darin voll engagiert«[314]. Die immanente Trinität ist deswegen, d.h. wegen der je-größeren Lebensfülle Gottes, nicht derart »identisch« mit der ökonomischen Trinität, daß sie ganz in ihr aufgehen könnte, vielmehr legt die immanente Trinität die ökonomische aus und bleibt ihr *tragender Grund.*[315] »Denn andernfalls droht die immanente Trinität in die ökonomische Trinität aufzugehen, klarer gesagt, Gott in den Weltprozeß hinein verschlungen zu werden und nur durch diesen hindurch zu sich selbst zu kommen.«[316] *Der trinitarische sich-mitteilende Gott ist in sich »ewige« Fülle eines lebendigen Liebes-Geschehens, in welchem auch die Welt als »werdende« und »geschichtliche« derart gründet, daß Gott in ihr als trinitarischer und so als er-selbst in seinem »Wesen« wirken kann.*

---

drückbar ist.«

[313] *Balthasar*, TD IV (1983) 59. Aus dem Kontext geht eindeutig hervor, daß das *trinitarische* Geschehen als dieses Urbild angesprochen ist (als mit dem einen Wesen identisches, das daher nicht *nebenher* als »viertes« unabhängig zu nennen ist; vgl. S. 57).

[314] *Balthasar*, TD II/2 (1978) 471.

[315] Vgl. *Balthasar*, TD II/2 (1978) 466. Darin unterscheidet sich sein Entwurf (zunächst) in einer Nuance von *Rahners* Formulierung des Axioms, wiewohl - wieder gegen *Rahner* - Gott bei *Balthasar* mehr als schon in sich »geschichtlicher« gedacht wird; vgl. auch *Löser*: *Breuning* (Hg.) (1984) 40-41: *Balthasar* wird nicht müde, die Freiheit Gottes gegenüber seiner Schöpfung zu betonen. »Gottes Göttlichkeit wird nur gewahrt, wenn eine Differenz zwischen Gottes ewigem Wesen und Leben einerseits und Gottes Handeln andererseits festgehalten wird« (S. 41).

[316] *Balthasar*, TD II/2 (1978) 466. »Das Drama, das sich vor ihm abspielt, und das zu lenken und in das einzugreifen er frei ist, ist nicht sein eigener Prozeß. Sonst müßte er sich selbst erlösen, müßte der Erlösende und Erlöste zugleich sein, was sich widerspricht« (S. 484). - Dies ist auch seine Kritik an *Moltmann*, der seiner Auffassung nach genau dies tue, nämlich die immanente Trinität als erlösungsbedürftige so an den Weltprozeß zu binden, daß Gott in seiner »Herrlichkeit« letztlich aufgelöst werde *in* diesen Weltprozeß hinein; vgl. *Balthasar*, TD III (1980) 299.

2. Gemäß dem ökonomischen »Ort« der Erkenntnis von Gottes trinitarischem Selbst-Engagement und Liebes-Sein, stellt die Christusoffenbarung, genauerhin: die Erfahrung dieser Offenbarung als *kenotisches Geschehen*, »die personale Liebe des dreieinigen Gottes in der *radikalsten Form* der Welt dar«[317], so daß als der eindringlichste »Ort« der Theologie bei *Balthasar* die *»Kenose des Sohnes«* erkannt werden muß.[318] In der trinitarisch und ökonomisch entfalteten Theologie ist die Leidensfrage daher immer schon ein Thema der Gotteslehre: 1. In der kenotischen Sendung des Sohnes in die Welt und in die Menschwerdung geht Gott selbst ein *göttliches* »Wagnis« ein, »das Gott mit der 'Menschwerdung' seines Wortes in Jesus auf sich nimmt, [es] ist tollkühn, und da dieses Wagnis bis zum Kreuz in der Gottesverlassenheit geht, kann Paulus vom 'Wahnsinn' Gottes reden«[319]. Nicht »irgendein« Risiko, das im letzten keines wäre, ist gemeint, sondern sein totales Sich-Einlassen auf die im Leid und in der Sünde verkümmernde Welt wird sichtbar. Dies ist ein Wagnis Gottes, in dem er sich in seinem *Ein*satz ganz der Welt *aus*setzt: Ist schon Gottes ungeschuldete Gnade seiner Selbst-Mitteilung an die Welt »sein *Einsatz* für sie, in den sie selber immer schon *mit*eingesetzt ist[320], so läßt sich die Sendung des Sohnes ins Fleisch der Sünde nur als den *»äußersten Einsatz* Gottes für das Heil der Welt«[321] verstehen, der von Gottes trinitarischem Liebessein dann auch nicht mehr »abstrahiert« werden darf, als wäre nicht Gott selber und zutiefst davon »betroffen«.[322] 2. In der bis zum Äußersten gehenden *Hingabe* des Sohnes ist der Vater der Hingebende,[323] ist der Geist Gottes der dies »Aushaltende«, ist der

---

317 *Balthasar*, TL II (1985) 112. Hervorhebung nicht im Text.

318 Für ihn ist daher nicht (nur) - wie bei *Moltmann* - das Kreuz und der Tod, sondern die gesamte Geschichte Jesu als Sendung des Sohnes in das Leid der Sünde und des Todes der Verständnishorizont einer christologisch-soteriologischen Entfaltung der Gotteslehre als trinitarisch zu verstehendes Liebes-Geschehen; vgl. *Balthasar*, TD III (1980) 299.

319 *Balthasar* (1971) 32.

320 *Balthasar* (1971) 53. Hervorhebungen nicht im Text.

321 *Balthasar* (1971) 51. Hervorhebung nicht im Text.

322 Dies ist ja eben die Struktur des Selbst-Einsatzes: daß man sich in ihm einer »Schutzlosigkeit« aussetzt, in sie übergibt und in ihr ein »Risiko« eingeht; vgl. *Balthasar* (^{5}1967) 112.

323 Vgl. *Balthasar*, TL II (1985) 270. Der Vater verbleibt bei der Fleischwerdung seines Wortes in der Gebärde und im Zusand des unmittelbar Hingebenden und

trinitarische Gott als ganzer und so »einer« in seinem (inneren) personalen Liebes-Bezug der Personen zueinander davon betroffen[324]: »Was diese Vaterschaft im Ewigen besagt, wird erahnbar am Auftrag des Sohnes, die bis ans Ende gehende Liebe dieses Vaters zu offenbaren...: sie kann nur die Hingabe all dessen sein, was der Vater ist, somit der ganzen Gottheit (denn als Gott 'hat' Gott nichts als das, was er ist) eine Hingabe, die im ewig dauernden Zeugungsakt des Vaters« so gründet, daß »in Gott Armut und Reichtum (des Schenkens) ein und dasselbe«[325] ist. Was sich in der Hingabe des Sohnes ereignet, das ist: »die Hingabe des Vaters in seiner Schöpfung darzustellen, die der Vater nicht selber darstellen kann, weil er alles in den Sohn gegeben hat und nicht mehr tun kann, als dieses Alles 'schonungslos' der Welt auszuliefern«[326]. Der Vater ist im Hingegebensein des Sohnes sosehr engagiert, daß er selbst der »ohnmächtig«-leidende, der »ausgelieferte« zu nennen ist; und der Geist ist engagiert, indem er in der »trinitarischen Inversion« den inneren Relationen ökonomisch ein anderes, neues Aussehen gibt.[327] 3. Der trinitarische Gott hat sich selbst in das Weltdrama *leidend* eingelassen,

---

Darbietenden, und zwar mit dem ganzen Menschsein des Sohnes koextensiv.

324 Vgl. *Balthasar*, TD II/2 (1978) 471: Der Vater könnte sich in die Sendungen von Geist und Sohn hinein gar nicht tiefer engagieren: So sehr hat Gott die Welt geliebt...(vgl. *Joh 3,16*).

325 *Balthasar*, TD II/2 (1978) 475. Vgl. auch diese in der johanneischen Theologie verankerte trinitarische Hingabebewegung, in der Gott alles in den Sohn übergibt und damit sich selbst: Zweiter Teil, Zweites Kapitel. So ist die »Hingabe des Sohnes...die Ausführung der Hingabegebärde des Vaters«, *Balthasar* (1971) 33.

326 *Balthasar*, TD II/2 (1978) 475. Gott gibt seine »Eingeweide« an die Welt.

327 Zur Engagiertheit des Geistes im Geschehen der Hingabe und zur »trinitarischen Inversion« vgl. *Balthasar*, TD II/2 (1978) 167 ff; 479 ff. Dieses für eine Trinitätstheologie in ihrer vollen Ausführung wichtige Thema kann hier nicht ausgeführt werden. Vgl. dazu auch *Forte* (1989) 114 ff. Es findet gleichsam im »Innersten« Gottes durch die Oikonomia gegenüber den Ursprungsverhältnissen eine »Veränderung« statt, nicht im mythologischen Sinne, sondern im Sinne des Engagements, der Betroffenheit Gottes, indem der Sohn unter dem Geist in der Inkarnation sein Sohnsein erfüllt: Der Geist »vermittelt« hier gewissermaßen die Beziehung von Sohn und Vater (während er doch »eigentlich« *durch* ihn »von« ihm ausgeht). Vgl. im übrigen auch *Moltmann* (1989) 126, der ganz ähnlich eine Inversion des Geistes in seine Trinitätstheologie mit einbezieht, um die »Veränderung der Vater-Sohn-Beziehung in der Heilsgeschichte aussagen zu können.

wenn der Sohn des Vaters uns gleich wird: Darum gibt es eine Verflechtung »zwischen Leiden Christi und trinitarischem Leiden«[328]; deshalb ist der trinitarische Gott als ganzer engagiert und *leidend*engagiert in seinen personalen Relationen, wenn der ökonomische schmerzliche »Abstand« (von Vater und Sohn) in die immanente »Relationalität« aufgenommen ist: »dann aber ist der scheinbar zuschauende Vater ebensosehr im Spiel wie der agierende Sohn und der vermittelnde Geist, ja man könnte sagen, daß er der zentrale Spieler ist, da *er* 'die Welt so sehr geliebt hat, daß er seinen einzigen Sohn für sie hingegeben hat' (Joh 3,16). Die 'Gottesverlassenheit' des Sohnes am Kreuz kann nicht als ein einseitiges und ausschließliches Gefühl des Sterbenden interpretiert werden; wenn Gott hier objektiv *verlassen* ist, dann ist *Gott von Gott verlassen*«[329], so daß in der *Kenosis* des Sohnes durch die Radikalität des Schmerzes und der Trennung im Selbst-Einsatz für die Welt die Trinität als *ganze* und in ihrem tiefsten »Sein« eine in und an ihrem Handeln *leidende* genannt werden muß. *Und* - das ist entscheidend - auch dann noch ist diese Konkretion der leidenden Liebe »immer eine *ökonomische Form der personalen Beziehungen innerhalb der immanenten Trinität*«[330]. 4. Das ökonomische Leiden des trinitarisch-engagierten Gottes hat aber - gemäß *Balthasars* Ansatz - ein Fundament in der immanenten Trinität so, daß jenes ein *Modus* des Vollzuges des anderen ist: das erfahrene Leiden Gottes in seiner Selbstoffenbarung in Christus vollzieht Gott »in sich« trinitarisch *als* personal-relationales, aber zugleich in die Lebendigkeit der innertrinitarischen Relationen »aufgenommenes«: In der Kenosis des Sohnes »scheint...das Mysterium verwirklicht, daß Gott gleichzeitig in sich verbleiben und aus sich heraustreten kann, und zwar bis hinab in die Abgründe des Widergöttlichen«, in welchem engagierten und leidend-abgründigen Heraustreten Gottes mitten in das Unheil der Welt hinein er, »weil er dreieinig ist, auch das Gegengöttliche innerhalb seiner ewigen Beziehungen überwinden«[331]

---

[328] *Balthasar,* TD IV (1983) 221.

[329] *Balthasar,* TD II/2 (1978) 484. Hervorhebung nicht im Text.

[330] *Balthasar*, TD II/2 (1978) 484. Hervorhebung nicht im Text.

[331] *Balthasar*, TD II/2 (1978) 484-485. Hier bewährt sich (vorerst) die Unterscheidung zwischen der je-größeren Herrlichkeit Gottes in seiner immanenten Trinität, die das ökonomische Handeln »in sich aufnimmt«, im Aufnehmen aber schon je dem zuvor und größer ist.

kann. Zwar ist das trinitarische Leiden Gottes ein solches, weil das Leiden Christi bis zum Kreuz und die Gottesverlassenheit gar nicht anders als trinitarisch gedacht und verstanden werden kann.[332] Aber *weil* es *trinitarisches* Liebesleiden ist, kann es umgekehrt *im* je-größeren Liebessein Gottes bis zum *äußersten* der *Gottesverlassenheit* gehen. Die äußerste weltliche Differenz (bis hin zur Sünde) ist schon (immer und zuvor) in die unendliche innertrinitarische Differenz der Liebe der Personen zueinander aufgenommen[333] ; »die 'ewige Zeugung' des Sohnes aus dem Vater 'umschließt' eben 'auch den Tag der Kreuzesnacht des Sohnes...'«[334] . Damit sie gelten kann, damit Gott also bis ans Äußerste gehen kann und darin doch je-größer und je-mehr Gott bleibt, muß in Gott ein Geschehen angesetzt werden, »das nicht nur die Möglichkeit und das Geschehenlassen aller Schmerzen der Welt, sondern darüber hinaus *die Teilnahme Gottes daran - bis zum stellvertretenden Übernehmen der Gottlosigkeit* - rechtfertigt«[335] . Dies ist - nach *Balthasar* - die im Geist

---

[332] Vgl. *Balthasar*, TD III (1980) 279 ff. Er ist ja erkennbar der Vater, der den Sohn hingibt; und die Gottesverlassenheit des Sohnes ist noch einmal als Ausdruck der Liebe Gottes zu verstehen, die sich trinitarisch vollzieht.

[333] »Dieser göttliche Akt, der den Sohn hervorbringt...ist die Setzung eines absoluten, unendlichen Abstandes, innerhalb dessen alle möglichen anderen Abstände, wie sie innerhalb der endlichen Welt bis einschließlich zur Sünde hin auftreten können, eingeschlossen und umfangen sind«, *Balthasar*, TD III (1980) 300. Vgl. auch *ders.*, TL II (1985) 270: Weil es von Gott zur Welt keine Distanz gibt, ist die Distanz zwischen menschgewordenem Sohn und Vater in die Distanz des Vaters zu seinem Sohn immer schon aufgenommen. - Diese Sichtweise bringt zum einen zur Wirkung, daß das Verhältnis von Vater und Sohn in Gott bedeutet: »keinerlei Differenz *in absolutis*, absolute Differenz jedoch *in relativis,* mithin: einzig und allein relative, aber absolut relative Differenz (*relatio subsistens*)«, *Hoffmann* (1981) 50; mithin ist das die Auslegung der innertrinitarischen »Opposition« der Personen. Zum anderen wird damit ernst gemacht, daß in der Sendung Jesu die »*missio*...nun in die *processio* aufgenommen« ist, *Balthasar*, TD II/2 (1978) 471. Darin liegt das »Person«-Verständnis *Balthasars* offen zu Tage (als »interpersonales« Modell); vgl. auch *ders.*, TD IV (1983) 73, Anm. 14: »Die göttlichen Personen sind insofern füreinander (in der Identität des Wesens) das Ganz-Andere, als es in Gott keinen für alle geltenden Personbegriff geben kann.« So gibt es innergöttliches Personsein nur in der »unendlichen Bejahung sowohl des Selbst- wie des Mitseins« (S. 65), die Personen sind »nur im Überstieg zu den Je-Anderen sie selbst...« (S. 66).

[334] *Balthasar*, TD IV (1983) 238.

[335] *Balthasar*, TD III (1980) 302. Hervorhebung nicht im Text.

zugleich geeinte absolute Differenz von Vater und Sohn in der gegenseitigen und ewig-lebendigen innertrinitarischen Liebes-Hingabe der göttlichen Personen aneinander: Die leidende »Distanz« *in* Gott aufgrund seines Engagements in der Oikonomia und mithin des Leidens Christi ist nur möglich »innerhalb der ökonomischen Trinität..., die das absolute Anderssein der innertrinitarischen göttlichen Personen voneinander ins Heilsgeschichtliche transponiert, unter Einbeziehung - und damit Aussöhnung - der sündigen Distanz von Gott«[336]. - *Der »je-größere« trinitarisch-lebendige Gott kann in der Kenosis des Sohnes sich den Abgründen des Leidens selbst personal-betroffen aussetzen und zugleich den Schmerz der ökonomischen »Trennung« von Vater und Sohn im Geist als Ausdruck seines Lebens vollziehen und in den unüberwindbaren Akt seiner ewig sich trinitarisch hingebenden Liebe in sein Leben verwandeln.*[337]

2. Die innertrinitarische »Kenosis« des Sohnes

Die Art, in der *Balthasar* die ausdrückliche Verbindung von Leiden Christi und trinitarischem Leiden als *konkrete* Trinitätsoffenbarung im Konnex mit der Sendung des Sohnes und im Leiden des »Sohnes« *selbst als Sohn* in der Kenose zum Heil der Welt, erschließt, zeigt die konkrete Verbindung der Gotteslehre mit der Leidensproblematik ebenso auf, wie sie die christologische Vermitteltheit einer trinitarischen Letzt-Begründung der Gotteslehre fordert. Dies wird für unsere Fragestellung folgende Implikationen und Folgen haben:

1. Der trinitarisch letzt-bestimmte eine Gott wird »in sich« durch sein selbst-einsetzendes Wirken in der Welt als unaufhebbar trinitarisch-*personaler* Gott offenbar[338], der daher auch nicht schlicht in ein einziges

---

[336] *Balthasar*, TD IV (1983) 232. Darin sind die Personen schon »eins« *in* unendlicher perichoretischer Einheit gedacht, weil sie sich »aneinander« konstituieren und nie »unabhängige« Subjekte sind (im Sinne der von *Rahner* dagegen vorgetragenen »Aktzentren«).

[337] Vgl. zusammenfassend zur Annahme des »Todes« durch das Leben Gottes als Ausdruck göttlichen Lebens: *Balthasar*, TD IV (1983) 243.

[338] »Daß die Hypostasen *in ihrem Gegenübersein real existieren*, weiß der Glaube aus den Fakten der Offenbarung, daß Vater, Sohn und Geist ein Gott sind, ebenfalls aus ihr...Spekulativ das Mysterium der Identität beider Seiten zu bewältigen, gelingt nur durch das *Aufeinanderzubewegen* von je zwei Sätzen, de-

göttliches »Subjekt« oder in abstrakte Seinsweisen zurückgenommen werden kann. Vielmehr gilt: *So*, als *personal*-differenzierter, ist er der *eine* Gott *»konkret«*. Die göttlichen Personen, »die die Fülle seines einen Wesens darstellen und jede *auf ihre unersetzliche Weise* diese ganze Fülle besitzen«, können »im Licht der Offenbarung die Gott zukommenden, mit seinem Wesen identischen Eigenschaften« *nicht* »unter Absehen von der Weise, *wie jede Hypostase dieses Wesen nicht nur besitzt, sondern auch bestimmt*«[339], beschrieben werden.[340]

Die innerste Einheit Gottes läßt sich auf diese Weise radikal als »circumcessio«, als »Perichorese«, als Ineinandersein der Personen verstehen[341], so daß »das göttliche Wesen..., so betrachtet, nicht nur koextensiv dem Ereignis der ewigen Hervorgänge, sondern durch die

---

ren Einigung nicht gelingen kann«, *Balthasar*, TL II (1985) 124. Hervorhebungen nicht im Text.

339 *Balthasar*, TL II (1985) 128. Hervorhebungen nicht im Text.

340 Im Zusammenhang mit der Kritik an *Barth* und seiner Interpretation der drei göttlichen Personen als »Seinsweisen« ist jedenfalls ganz im Sinne *Moltmanns*, *Jüngels* und *Balthasars* mitzubedenken, daß *Barth diese »Seinsweisen«* gerade *nicht* vom einen Wesen »abstrahiert« denken möchte, so daß der ewige göttliche Lebensvollzug von ihm gerade als *lebendige Geschichte* der innergöttlichen Beziehungen beschrieben werden kann, dem gegenüber das eine Wesen Gottes nicht abstrakt noch »neben-geordnet« werden könnte; *in* dieser Geschichte ist Gott der eine, wesentliche Gott: »Gott ist *Gott* in diesen seinen nicht zu trennenden, nicht zu verselbständigenden, aber in ihrer Unterschiedenheit auch nicht aufzuhebenden *Seinsweisen*, in ihren konkreten Beziehungen zueinander, in der zwischen ihnen sich ereignenden Geschichte. In ihnen und nicht anders: also gerade nicht etwa in einer an dieser Geschichte, an den Beziehungen dieser seiner Seinsweisen unbeteiligten, von diesen zu unterscheidenden, ihnen gegenüber neutralen Gottheit«, *Barth*, KD IV/1 (1953) 222.

341 Die Perichorese ist nichts »Nachträgliches«, sondern tastende Beschreibung der Einheit *in* der Beschreibung der Eigenart jeder Person; vgl. *Balthasar*, TL II (1985) 139-155. Vgl. *Barth*, KD III/4 (^{2}1957) 35: »Gott ist *Einer*. Daß er der Vater, der Sohn und der Heilige Geist und in dieser seiner *Drei*einheit der Inbegriff und die Summe alles Reichtums ist, bedeutet nicht, daß es in ihm Scheidungen gebe, daß Gottes Sein ein in sich gespaltenes ist. Die alte Dogmatik sprach hier von der 'Perichorese' der drei Personen oder Seinsweisen Gottes und wollte damit sagen: Er ist je das Eine nicht ohne das Andere, sondern immer auch in dem Anderen und durch das Andere. Wie Gott in seiner Einheit nicht nur Eines, sondern Vieles und Einzelnes ist, so ist er nicht abstrakt und also nicht diffus Vieles und Einzelnes, sondern in seiner Vielheit und Einzelheit Eines und Einer.«

je-einmalige Teilnahme von Vater, Sohn und Geist an ihm *mitbestimmt* [wäre], es existiert *nie anders als* je vaterhaft, sohnhaft und geisthaft«[342].

In der *Radikalität*, mit der die personale Differenz in Gott die Gottesrede, die Gotteslehre und das Grundaxiom jeder christlichen Gotteslehre hier gedacht wird, erlaubt es nun auch umgekehrt, im heilsgeschichtlichen Wirken dieses *sich*-offenbarenden und *so*-offenbarenden Gottes - von dem her dies ja erst formuliert werden kann in Erfüllung der »Reziprozität« theologischer Argumentation als Begründung des heilsgeschichtlich Erkannten[343] - die Trinität als »*Letztes*« und »*Unhintergehbares*« zu verstehen: »Die Dreieinigkeit ist kein Zweitletztes, wohinter sich ein aller Kreatur unzugängliches, abgründiges 'Wesen' verbirgt, vielmehr hat Gott der Vater in der Zeugung des Sohnes und in dessen Hingabe an die Welt restlos 'alles' gegeben (Röm 8,32), so daß ihm bei der Ablehnung dieses Alles nichts anderes mehr anzubieten bleibt (vgl. Hebr 6,4-8; 10,26).«[344] Gerade in der *personalen Letztdifferenzierung* wird Gott in seinem (schon innertrinitarisch ewig vollzogenen) *Selbst*-Einsatz angenommen, über den hinaus er nichts mehr geben kann, weil er darin sich ganz gegeben hat, wie er *ist*.

---

342 *Balthasar*, TL II (1985) 127. Hervorhebungen nicht im Text. Dies ist nun in der Tat die radikal zu Ende gedachte *Konkretheit* des einen Wesens Gottes als trinitarisch *letzt*-differenziertes und damit die konkrete Auslegung des Grundaxioms der Gotteslehre. Die personale »Über«-Bestimmung in Gott erscheint schon deswegen sinnvoll, weil der »Primat des einen Wesens über die Mehrheit der Hypostasen...sich zumeist auch dort durch[hält], wo die Beziehungen zwischen den letzteren als reine 'relationes' bezeichnet werden, nicht zuletzt deshalb, weil der Begriff der Beziehung ontologisch die geringste Seinskonsistenz aufzuweisen und damit die Einheit des göttlichen Wesens am wenigsten zu gefährden scheint« (S. 120).

343 Vgl. die Grundlegung der Reziprozität theologischer Argumentation, die fordern muß, daß, wenn Gott sich ganz selbst gegeben hat, er auch »in sich« als dieser zu verstehen ist, weil er sonst nicht *wahr*-genommen wird, als der er sich offenbaren möchte: *Balthasar*, TL II (1985) 128, zitiert *Barth*, der die alte Gotteslehre im Verhältnis zu einer neuen, weil trinitarisch letzt-strukturierten Gotteslehre so bestimmt: »Der Grundfehler in der ganzen altkirchlichen Gotteslehre spiegelt sich in dieser Anordnung: zuerst Gottes Wesen im allgemeinen, dann seine Dreieinigkeit - mit allen Zweideutigkeiten und Fehlerquellen, die sich aus dieser Folge ergeben müssen«, *Barth*, KD II/1 (^{2}1946) 392.

344 *Balthasar*, TL II (1985) 137-138.

2. Weil die Erkenntnis Gottes als des *konkret*-personal trinitarischen in der Geschichte Jesu selbst gründet und weil der Selbst-Einsatz Gottes als trinitarischer Lebens-Einsatz gerade in *Jesus* dieser *ist*, sind die Selbst-ganz-Mitteilung Gottes und seines Liebes-»Wesens« ebenso konkret-*personal* (und davon unablösbar) als Geschichte *des Sohnes* (und nicht einer »menschlichen Natur«) zu verstehen: *Jesus ist vielmehr ganz und zuinnerst schon immer »der Sohn« des Vaters* (mit allen Konsequenzen):

> »Jesu Verhältnis zum Vater...ist keinesfalls nur der Ausdruck und die Selbstaussage seiner bloßen Menschheit, sondern, durch die Menschheit, seiner von ihr untrennbaren und durch sie sich darstellenden Person. Der 'Sohn', als der Jesus sich bezeichnet, ist der ewige Sohn des Vaters, der diesen in seiner angenommenen Menschheit anspricht. Der 'eine Herr Jesus Christus' *ist* 'der Logos Gottes, Gott von Gott' (DH 40), *ist* 'als Christus Gottes Wort und Weisheit und Kraft' (DH 113), seine Worte und Handlungen können nicht zweigeteilt werden, als gingen die einen nur vom Menschen, andere (auch) von seiner Gottheit aus (DH 255), als seien Menschwerdung, Kreuzigung und Auferwekkung nicht Taten des göttlichen Logos (DH 502)...*Der Sohn, der allein den Vater in seiner ganzen Wahrheit kennt und der allein ihn als solchen den Menschen zu offenbaren befugt ist, ist nicht der bloße Mensch Jesus, sondern er ist der trinitarische Sohn des Vaters* (Mt 11,27).«[345]

So ist nicht nur (bei gleichzeitiger Hintanhaltung grober Anthropomorphismen) »in Gott« *doch* (und wie auch immer genauer und abgesicherter) von einem »innergöttlichen Du-Sagen«[346] zu sprechen, so daß, »wenn wir Gott als 'die Liebe' verstehen sollen, der doch nicht durch einen Bezug zum Geschöpf erst zum Liebenden werden kann, wir ihm ein innergöttliches Du zusprechen *müssen*«[347], sondern es ist von Gottes Oikonomia wirklich *konkret* als vom Wirken der trinitarischen

---

345 *Balthasar*, TL II (1985) 117. Hervorhebung des letzten Satzes nicht im Text.

346 *Balthasar*, TD II/2 (1978) 481.

347 *Balthasar*, TD II/2 (1978) 481, Anm. 15. Hervorhebung nicht im Text. Hier ist wieder der Punkt erreicht, wo eine Diskussion des Personverständnisses einsetzen müßte; entsprechende Absicherungen gegen ein individualistisch oder subjektivistisch verengtes Personverständnis wurden an entsprechender Stelle aber schon angemerkt. Vgl. Literaturangaben in: Grundlegung/VI passim, und Zweiter Teil, Zweites Kapitel passim. Entscheidend ist an dieser Stelle, daß Trinität *konkret-personal* gedacht wird und die Auswirkungen dessen auf die Christologie.

Personen selbst zu handeln, die Gottes »eines Wesen« *konkret vollziehen und auslegen*, und es muß daher vom *konkret* selbst betroffenen *Sohn*, nicht bloß von seiner menschlichen Natur, ausgegangen werden, will die Geschichte Jesu in ihrer theologischen Dimension (und sie ist die entscheidende) verstanden werden.

3. In diesem Sinne werden dann auch alle Leidensaussagen, das Kreuzesgeschehen und der Tod Jesu zu innerst und zutiefst Aussagen über den *Sohn selbst* sein, und *indem* es Aussagen über den Sohn selbst sind, zugleich solche über die trinitarischen Relationen und Personen, und *weil* über die trinitarischen Personen, die im Leiden des Sohnes mitleiden, wirklich Aussagen über das eine sich je-personal vollziehende Wesen Gottes: *Gott selbst in seinem dreifaltig-konkreten »Wesen« leidet im Sohn!*

> »Daß der Sohn als Gott-Mensch eine Verlassenheit vom Vater erfahren hat,...sollte den, der die Einmaligkeit des Sohnes zur Vaterbeziehung bedenkt, nicht fragwürdig sein.«[348] So muß man schließlich sagen, daß der Sohn *als Sohn* und darin *ganz* (auch als Mensch) der Leidende und Gottverlassene wurde, und *nicht*, »daß in diesem äußersten Einsatz Gottes für das Heil der Welt, da der Sohn vom Vater verlassen wird und der Vater deshalb vom Sohn 'verlassen' ist, die 'ewige Seligkeit' der trinitarischen Verbundenheit in der 'obersten Seelenspitze' des Menschensohnes fortdauert«[349]

Der Sohn leidet nicht nur selber, er leidet in seiner konkreten Gestalt als Mensch und als Gott ganz, indem er selber das »Subjekt« des Leidens ist. Balthasar wird daher auch nicht müde, den Ernst dieser Gottesverlassenheit *des Sohnes* hervorzuheben und ins äußerste zu transferieren: Wenn er für die Trennung von Vater und Sohn am Kreuz von der »Hinterlegung« der Gottheit des Sohnes beim Vater spricht[350]; wenn er die Kreuzigung als das Zornesgericht aus Liebe zu den Menschen[351] und

---

[348] *Balthasar*, TD IV (1983) 232.

[349] *Balthasar* (1971) 51.

[350] Vgl. *Balthasar*, TD IV (1983) 232.

[351] *Balthasar* reflektiert ausdrücklich auf das Kreuz als innergöttlich-fundiertes ökonomisch vollzogenes Geschehen der »Verbrennung« und »Vernichtung« der Sünde in Jesus Christus als Ausdruck von Gottes »Zorn«. Ähnlich: *Kitamori* (1972). Dagegen spielt für *Moltmann* dieser Gedanke keine Rolle, »in Moltmanns System hat der Zorn Gottes keinen Platz, für mich ist der Schmerz Gottes ein Ausdruck seines Zorns und seiner Liebe zugleich«, *Kitamori*: *Wel-*

als äußerste Verlassenheit bezeichnet[352]; wenn er betont, daß der Sohn in die »Hölle« abgestiegen sei[353], an *den* »Ort« der Gottesverlassenheit, an dem man gegenüber jeder vollkommenen Verlassenheit »auf die Gestalt eines [träfe], der *absoluter* verlassen ist«[354]. - Dann ist Gott wirklich in seinem Herzen, in seinem »Wesen«, seinem trinitarischen Wesen selbst engagiert und davon »getroffen«, ohne im Leiden zu »verschwinden«, sich »aufzulösen« oder darin erst Gott »werden« zu müssen: Vielmehr - im Unterschied zu *Moltmann* - ist für *Balthasar* Gott als Getroffener noch der trinitarisch-eine *Gott*, weil der *Geist Gottes* auch jetzt noch, in der »tödlichen Differenz« von Vater und Sohn, die Einheit wahrt: »Der Geist hält während der Passion die innergöttliche Diastase zwischen Vater und Sohn in ihrer ökonomischen Gestalt aufrecht, so daß, 'was uns als Anzeichen der Trennung von Vater und Sohn erscheint, gerade Anzeichen der höchsten Einigung ist...'«[355], *in* der Gott *deswegen* in seiner Liebe die Hingabe auch noch in solchem Leiden liebend und je-größer, und also überwindend, vollziehen kann. Denn: Die immanente Trinität muß als »jene ewige und absolute Selbsthingabe verstanden [werden]..., die Gott schon in sich als die absolute Liebe erscheinen läßt, woraus sich erst die freie Selbsthingabe an die Welt als Liebe erklärt, ohne daß Gott zu seinem Selbstwerden (seiner 'Selbstvermittlung') des Weltprozesses und des Kreuzes bedürfte«[356]. *Balthasar denkt die trinitarisch »letzt«-differenzierte Gotteslehre »konkret«, weil er sowohl in*

---

ker (Hg.) (1979) 108-110; hier: 110.

352 *Balthasar*: *Feiner/Löhrer* (Hg.), MySal III/2 (1969) 133-326; hier bes. 208 ff.

353 Vgl. *Balthasar*: MySal III/2 (1969) bes. 227 ff. Vgl. *Maas* (1979) *ders.*: IKZ 10 (1981) 1-18; *Vorgrimler*: Conc(D) 2 (1966) 70-76.

354 *Balthasar*, TD IV (1983) 284. Hervorhebung nicht im Text. Vgl. auch *ders.*, Skizzen III (1974) 443 f.

355 *Balthasar*, TD IV (1983) 237. Der Geist ist als »Wir« die Weise, das Absolute zu sein, indem er »die Identität der gegebenen Gabe und der sich-empfangenden und verdankenden Gabe als Gabe schlechthin [ist], die diese selbst nur sein kann, indem sie die unendliche Differenz von Vater und Sohn bezeugt, offenhält, befeuert, innerhalb der Differenz nicht nur die Voraussetzung, sondern schon die Einigung der nicht überholbaren Liebe« ist, *Balthasar*, TD III (1980) 303.

356 *Balthasar*, TD III (1980) 300. An dieser Stelle werden wir noch einmal anknüpfen müssen, um nach der *genauen* Begründung der Hingabe, des Sich-Schenkens und der liebenden In-ex-sistenz der göttlichen Personen zu fragen.

der christologischen Vermittlung des innergöttlichen Selbst-Einsatzes das Leiden im »Sohn« selbst fundiert und darin als trinitarisch-radikales beschreibt als auch in der pneumatologischen Vermittlung die »ursprüngliche« Einheit in der »diastatischen Trennung« von Vater und Sohn als Moment an der »trinitarischen« Fundierung der Gotteslehre wahrt.

3. Die christologisch-konkrete Vermittlung trinitätstheologischer Leidensaussagen

Wenn demnach in der Oikonomia Gottes der Sohn selbst es ist, der *als* »Sohn« *leidet* und der die ganze Verlassenheit der Sünde und des Todes auf sich nimmt, wenn er »die Mißgestalt der Weltsünde auf sich selbst laden und 'hinwegtragen' sollte«[357], *und* wenn darin schon dieses Leiden das *trinitarische* ist, genauer (für unseren Zusammenhang): das des trinitarischen (und so »einen«) »Wesens« Gottes (und weil Gott nicht *anders* Gott ist als so!), dann sind wir genau bei dem Problem der christologisch-*konkreten Vermitteltheit* der trinitätstheologischen Aussagen angelangt, die in einem »Perspektivenwechsel« *Moltmanns* »übersprungen« wurde.[358] Wenn gelten soll, daß das Grundaxiom der Gotteslehre eine *konkrete* Wahrnahme des trinitarischen Handelns und damit des trinitarischen Beziehungsgeflechtes in einer *christologischen Vermittlung* verlangt, dann ist jetzt einer der neuralgischen Punkte einer heutigen trinitätstheologischen Fundierung des Leidens Gottes »in« Gott erreicht, der für eine »künftige« Trinitätstheologie und für eine Diskussion des dann gelten sollenden Prinzips der Reziprozität hier wenigstens problematisiert und in seiner eigentlichen Aussage*richtung* noch erhellt werden soll. - Die Frage nach dem »Leiden des Sohnes« und nach der Bedeutung einer solchen Aussage haben sich in heutiger theologischer Reflexion in zwei aufeinander zubewegende Richtungen entfaltet: Zum einen als Weg-Bewegung von der »Zwei-Naturen-Lehre« hin zu einer personal-trinitarischen Sicht des Christusgeheimnisses; zum anderen

---

[357] *Balthasar*: IKZ (1982) 515.

[358] Eben weil dieses Problem übersprungen wurde, muß es ausdrücklich hier zum Thema werden, weil sonst nicht rechtens die *Konkretheit* des Grundaxioms der christlichen Gotteslehre in trinitarischer Letztdifferenzierung, wie sie aus dem Leiden Gottes heraus gefordert ist, durchgehalten werden kann, wenn sich diese Konkretheit des Selbst-Einsatzes Gottes nicht im Verständnis des *konkreten* Sohnes bewährt.

wieder zurück zur Frage der Bedeutung und Unaufgebbarkeit der »Zwei-Naturen-Lehre«. Oder anders: Wie kann bei einer konkret-personalen Auslegung der »Idiomenkommunikation« diese noch als unverzichtbare bewahrt werden?

1. Einerseits hat unbestreitbar die konkret-*personale* Interpretation (oder auch nur Postulierung) der »Idiomenkommunikation« als vorrangige Aussagen über das »Subjekt«, über den »Träger« der göttlichen und menschlichen Natur, nämlich »den ewigen Sohn« selbst, eine eminente Bedeutung für eine zeitgenössische trinitarische Begründung der Rede vom Leiden Gottes erlangt - das hat sich bisher schon ergeben.[359] Zum andern ist schon im Neuen Testament und in der christlichen Tradition, genauerhin in der Vätertheologie, der Ansatz für eine solche Auslegung zu finden: besonders in der alexandrinischen Theologie, repräsentiert durch *Athanasius* und *Kyrill*, und speziell bei *Origenes* - auch darauf wurde schon verwiesen. Das Interesse der Hintanstellung der »Zwei-Naturen-Lehre« in der zeitgenössischen Theologie und das Anknüpfen an der alexandrinischen Vorstellung der »Logoshegemonie«, eines Ansatzes der Aussagen über Jesus als Aussagen über den Sohn selbst, stellt sich als *soteriologisches Interesse gegen ein metaphysisches Interesse* heraus: Gott ist den Leiden der Welt gegenüber und in den Leiden Christi *nicht* der »Apathische«, sondern der sich-selbst mit seinem innersten, trinitarischen Leben für die Welt zu ihrem Heil in der Überwindung von Unheil und Tod einsetzende; Gott ist der »sympathische«.[360] Gegen die *metaphysische* Vorstellung der wesentlichen Distanz Gottes zum Geschick der Welt in seinem Handeln, seine wesentliche »Unberührtheit« und »Unberühr*bar*keit«, die schließlich nicht einmal mehr ein echtes, trinitarisch-differenziertes, ökonomisches Handeln Gottes zuließ, stellte man die *soteriologische* Dimension von Gottes Selbst-Engagement in seiner Heilsgeschichte[361], das dann, wenn es sich so offenbart, auch als trini-

[359] Dies gilt nicht nur für *Balthasar*, wie gezeigt werden konnte, sondern auch für *E. Jüngel* und für *J. Moltmann*. Vgl. auch den konsequent trinitarischen Versuch der Leidensbegründung »im Sohn« von *Hoffmann* (1982). Vgl. auch *Lohaus* (1987) bes. 69-70, der insbesondere »unsere Teilnahme am ewigen Sohnsein in Ähnlichkeit« (S. 69) herausstellt.

[360] Vgl. *Moltmann* (^{5}1987) 255.

[361] Das Geschichtsverständnis ist ja immer schon von diesem Doppelten geprägt; daß Gott nämlich »eifernd« sich ins Spiel der Geschichte bringt *und* daß er da-

tarisch-*konkretes* Handeln wahrzunehmen ist[362]: Gemäß der *Art* des Engagements Gottes in der Geschichte, »identifiziert« er sich mit Jesus[363], um darin mit der Überwindung des (Sünden-)Todes uns zu erlösen; ist der im Kreuz »anwesende«, gekreuzigte und selbst leidende Gott, um uns darin zu befreien, indem er trägt, was uns bestimmt war[364]; ist er in der kenotischen Bewegung seines Lebens um unseres Heils willen der trinitarisch davon »getroffene«.[365] Weil sich aber das metaphysische »Beschränken« oder gar »Verunmöglichen« von Gottes Selbst-Einsatz gerade mit der christologisch-trinitätstheologischen Vermittlung in der »Zwei-Naturen-Lehre« derart konkretisierte, daß die (eine) »Gottheit« aus dem Leiden Christi immer schon herausgehalten wurde und eo ipso der trinitarische Gott in den metaphysisch vorgestellten »unberührbaren« Gott zurücktreten mußte, konnte die tatsächlich wahrgenommene Erfahrung des Erlösungsweges Gottes *soteriologisch* nicht mehr durchgehalten werden. *Das Aufgreifen der Idee einer »Logoshegemonie« in der zeitgenössischen Theologie sollte im theologischen Entsprechen der Selbst-Offenbarung Gottes gegenüber die »soteriologisch« dimensionierte Tatsächlichkeit von Gottes Totalengagement in der Welt gegen eine metaphysische »Entfremdung« Gottes von seinem konkreten Einsatz in Christus wieder neu gewichten.* Deshalb sind diese Leiden des trinitarischen Gottes in Christus auch nicht eine »Übertragung« des der Welt eigentümlichen »Werdens« aus ihrer Fragmentarität auf die trinitarischen Personen im Sohn, keine göttliche Nötigung, sondern, *um* der Erlösung willen, vielmehr umgekehrt die Leiden des von Schöpfung an (bleibend) sich engagierenden Gottes, der *wegen* seines Engagements und seines (immer schon) »Berührtseins« von der, besser: seiner Welt in seiner Liebe bis zum Äußersten der Erniedrigung gehen kann, um davon zu befreien: Hätte Gott »nicht in Ewigkeit für unser Elend empfunden, so wäre er nicht Mensch geworden und hätte sich nicht kreuzigen lassen: '*Primus passus est, deinde*

---

bei der *rettende* und *befreiende* ist.

362 Vgl. Dritter Teil, Erstes Kapitel/I zu *K. Rahner*.

363 Vgl. Dritter Teil, Erstes Kapitel/I zu *E. Jüngel*.

364 Vgl. Dritter Teil, Zweites Kapitel/II zu *J. Moltmann*.

365 Vgl. Dritter Teil, Zweites Kapitel/III zu *H. U. v. Balthasar*. Vgl. zur Darstellung und Analyse weiterer »Leidenstheologien« bei *Balthasar* auch: *Balthasar*, TD IV (1983) 191 ff.

descendit. Quae est ista quam pro nobis passus est, passio? Caritatis est passio'«[366].

Der entscheidende Schritt über die metaphysisch-bestimmte »Zwei-Naturen-Lehre« hinaus in Richtung auf die Berechtigung einer »Logoshegemonie« war daher die »Wiederentdeckung«, daß die konkrete Geschichte Jesu (auch des Menschen) die seiner Beziehung zum Vater ist. »Jesus ist also eins mit Gott durch seine Hingabe an den Vater, die als wahrhafte bestätigt worden ist, indem sich der Vater selbst durch Jesu Auferweckung zu ihm bekannt hat. Solche Persongemeinschaft ist zugleich Wesensgemeinschaft; zunächst in dem Sinne, daß es das Wesen der Person selbst ist, in Hingabe zu existieren...So ist die Gottheit Jesu als Sohn vermittelt, begründet durch seine Hingabe an den Vater. Im Vollzug dieser Hingabe ist Jesus der Sohn.«[367] *Nur in ursprünglich trinitarischer Erschließung der Geschichte Jesu als des Sohnes kann dann auch die Frage nach seiner Gottheit und seiner Menschheit gestellt werden.* Und deshalb - so stellt *Kasper fest* - ist es legitim, »daß viele gegenwärtige Theologen zur Neuinterpretation von Chalkedon nicht mehr bei der Frage nach dem Verhältnis der beiden Naturen in Jesus Christus ansetzen, sondern bei dem, was nach dem Zeugnis aller Evangelien die Mitte von Leben und Person Jesu ausmacht; *seine personale Kommunikation mit dem Vater*«[368]. In diesem Sinne stellt *Balthasar* die Rechtmäßigkeit der »Logoshegemonie« heraus: »Hier, wo das Subjekt, das die Stunde erleidet, unmittelbar der mit dem Vater redende Sohn ist, hat die umstrittene '*theopaschistische Formel*' ihr Recht: '*Einer aus der Trinität hat gelitten.*'«[369] Wenn »einer« aus der Trinität, der Sohn,

---

[366] *Balthasar*, TD IV (1983) 199, macht sich hier *Origenes* zu eigen und zeigt so das soteriologische Interesse auf.

[367] *Pannenberg* ([5]1976) 347.

[368] *Kasper*: *Böhnke/Heinz* (Hg.) (1985) 316-333; hier: 328. Hervorhebung nicht im Text. Vgl. auch noch: *Rahner/Thüsing* (1972) bes. 28 ff; *Wiederkehr*: My-Sal III/I (1970) bes. 566 ff.

[369] *Balthasar*, TD II/2 (1978) 207. Hervorhebung nicht im Text. Die Formel wurde unter Papst Johannes II. ausdrücklich als rechtmäßig anerkannt (DH 401). - Dem entspricht auch der zwölfte der verurteilenden Sätze des *Kyrill*: »Wer nicht bekennt, daß der Logos Gottes im Fleisch gelitten und im Fleisch gekreuzigt und im Fleisch den Tod geschmeckt hat, um dann auch der Erstgeborene aus den Toten zu sein...[sic!] der sei im Bann« (DH 262). Zu beachten ist, daß dieses zwölfte Anathem als *Heils*aussage getätigt und festgehalten wird!

gelitten hat, dann aber hat Gott (in seiner *Relationalität* und *als* Gott) gelitten, indem Gott sich im »Sohn« der Geschichte des Unheils bis zum Ende ausgesetzt hat. So resümiert *Balthasar* schließlich:

> »Und wenn es wahr ist, daß einer in Gott sich das Leiden bis zur Gottesverlassenheit zueignet und als das seinige anerkennt, dann offenbar nicht wie etwas Gott Fremdes, das ihn innerlich nicht berührt, sondern als etwas seiner göttlichen Person im tiefsten Zukommendes, sofern - um es nochmals zu sagen - ihre *missio* durch den Vater eine Modalität ihrer *processio* aus dem Vater ist.«[370]

Aus diesem Grunde, nämlich der innertrinitarischen und damit göttlich-»wesentlichen« Entsprechung des ökonomischen Leidens der göttlichen Personen im Aufgenommensein in das je-größere innertrinitarische Liebesgeschehen, wird die soteriologische Bedeutung der »Logoshegemonie« *geschützt*. Wäre nämlich in diesem Geschehen die immanente Trinität *so »real* identisch« mit der ökonomischen Trinität, daß sie sich darin im Leiden »erschöpfte«, bedeutete das ihre Auflösung ins Weltgeschehen. Deswegen *schützt* die »Aufnahme« ins innergöttlich je-größer vollzogene Liebesgeschehen davor, mit dem konkreten Leiden des Sohnes die Gottheit Gottes aufzulösen. Deshalb gewinnt für *Balthasar* die insbesondere von *Moltmann* wegen ihrer metaphysischen »Verzerrungen« abgelehnte »Zwei-Naturen-Lehre« - gegen *Moltmann* - auch noch *im* Kontext einer trinitarisch-personal vermittelten »Logoshegemonie« eine überraschende soteriologische Bedeutung zurück: Wenn nämlich *Moltmanns* Theologie in der Gefahr der Mythologisierung Gottes steht, wenn Gott in den Weltprozeß aufzugehen droht[371], dann ist andererseits dem gegenüber die *radikale Differenz zwischen Gott und Kreatur* festzuhalten, die sich in Christus als das Verhältnis zwischen göttlicher und menschlicher Natur *konkretisiert*. »Woher weiß man denn von einer radikalen Differenz zwischen Welt und Gott, wenn nicht Kreatur (ob gottverbunden oder 'gottverlassen') sich nicht allem zuvor als Nicht-Gott weiß, wenn also nicht auch die von Moltmann für das konkrete Jesusgeschehen abgelehnte Zweinaturenlehre innere Voraussetzung für

---

370 *Balthasar*, TD II/2 (1978) 208.

371 Vgl. *Balthasar*, TD III (1980) 299-300. Siehe dort den Vorwurf an *Moltmann*.

seine trinitarische Kreuzestheologie bleibt?«[372] Nicht mehr die »isolierte« Wahrung der Menschheit oder der Gottheit in Jesus und ihre in metaphysischem Horizont gedeuteten Eigenschaften verlangen das Festhalten der »Zwei-Naturen-Lehre« *im* Kontext einer erschlossenen »Logoshegemonie«, sondern *die fundamentale »Differenz« zwischen Gott und Welt*, ohne die jede trinitarische Rede vom Heilshandeln hinfällig werden würde, weil man aufhören könnte, von »Gott« (im Unterschied zur Welt) zu reden. *Die soteriologische Bedeutung der »Logoshegemonie« und ihr Vorrang in der Erschließung des heilenden trinitarischen Handelns Gottes in Jesus hebt die Bedeutung der »Zwei-Naturen-Lehre« nicht auf, weil die bleibende Voraussetzung für das leidend-heilende Wirken Gottes in und an der Welt sein je-unendlich-größeres trinitarisches Leben ist, aus dem heraus er die »Differenz« zur Kreatur bleibend (in schöpferischer Zuneigung) so eröffnet, daß er in seinem Mit-Sein mit ihr, der heilende Gott bleiben kann.* Unter ausdrücklicher Anerkennung der primären Bedeutung einer *konkret*-christologisch *vermittelten, konkret*-trinitarischen Letztfundierung der Gotteslehre wird der »Differenz« zwischen Gott und Welt, wie sie sich noch einmal konkretisiert *in* der christologischen Vermittlung der Gotteslehre, ausdrücklich *soteriologische Relevanz* zukommen. So gilt umgekehrt: Diese in Christus konkrete (absolute) »Differenz« muß nicht - gegen *Moltmann* - in einem »Perspektivenwechsel« überwunden, sondern gerade unter der neuen »Perspektive« *neu* in ihrer soteriologischen Bedeutung zur Geltung gebracht werden.

2. Gegen diese neue Gewichtung meldeten sich jedoch Bedenken an, wie sie vor allem von *K. Rahner* geäußert wurden. Er nennt dieses »andere« Konzept einer christologisch konkret-vermittelten Trinitätslehre *»neuchalkedonensisch«* gegenüber der von ihm vertretenen *»rein-chalkedonensischen«* Position.[373]

---

[372] *Balthasar*, TD III (1980) 300-301, Anm. 22. Vgl. *Barth*, KD III/2 (1948) 222: »Das Bild des Kreislaufs der Bewegung von Gott her zu Gott hin...darf uns nicht verführen, zu übersehen, daß es sich dabei von Gott her wie zu Gott hin um die Durchbrechung und Überschreitung der *Kreaturgrenze* handelt.«

[373] Vgl. *Rahner*: SzTh XV (1983) 210-211.

Mit dem »Neu-Chalkedonismus«[374] konstituierte sich eine Bewegung nach dem Konzil von Chalkedon, nämlich genauer: eine Gruppe neo-alexandrinischer Chalkedoniker, deren theologische Kernaussage die »Enhypostasis-Lehre« (*Leontius von Byzanz*) darstellt[375], wodurch die Idee der »Logos-Hegemonie« der alten Alexandriner weiterentwickelt wurde.[376] Weil das Konzil von Chalkedon etwas abstrakt von den zwei Naturen Christi sprach, insofern die »Lehrformel von Chalkedon...sich im wesentlichen innerhalb des Rahmens der westlichen Christologie [bewegte]; die christologische Idee des Kyrill von der Logoshegemonie fand innerhalb des symmetrisch wirkenden Schemas der zwei Naturen, die in einer Person zusammenkommen, keinen Platz«[377], mußte dieses Defizit später virulent werden. »Nach den Vorarbeiten der Vermittlungstheologie des Neuchalkedonismus geschah dies unter höchst unerfreulichen Umständen durch das fünfte allgemeine Konzil, das zweite von Konstantinopel (553). Es brachte zum Ausdruck, daß die eine Hypostase die des Logos ist, in die die menschliche Natur *aufgenommen* wird. Erst dadurch war der volle Begriff der hypostatischen Union erreicht...«[378] Die »Naturen« stehen nicht mehr symmetrisch »nebeneinander«, sondern stehen in einem eindeutigen Bezug zur Person in je anderer »Gewichtung«. - Wenngleich es im Anschluß an diese Entwicklung, die immer noch die *Relation* von Vater und Sohn als die Jesu zu seinem Vater im Auge hatte, zu einer »Isolierung« der Natur-Problematik aus der chalkedonensischen Formel kam (mit all den die nächsten Jahrhunderte auftretenden Problemen und Auseinandersetzungen)[379], war mit der Formulierung der »Enhypostasie« der grundsätzliche Ansatzpunkt für eine heutige relationale Sicht der Sohnschaft Jesu als in der Beziehung zu seinem Vater zu erhebende und nicht aus der »isolierten« Naturen-Problematik zu rekonstruie-

---

374 Vgl. zum Begriff und der Sache: *Grillmeier* (1975) 371-385; vgl. auch *Grillmeier*: *ders./Bacht* (Hg.) (1953) 791-839; *ders.*: HJ (1958) 151 ff.

375 *Grillmeier* (1975) 374.

376 Vgl. *Grillmeier* (1975) 384-385: »Man sprach das 'Geschehen' der Menschwerdung aus, da man die eine Logos-Natur schaute, die Fleisch annahm und dabei die eine Logos-Person blieb. Dies lag allen Aussagen Kyrills, auch in seinen Anathematismen« zugrunde.

377 *Kasper* (^{7}1978) 281.

378 *Kasper* (^{7}1978) 281. Hervorhebung nicht im Text. So konnte ja nicht einfach »nebeneinander« von den zwei Naturen gesprochen werden, weil der Logos immer schon die göttliche Natur *ist* und dann die menschliche Natur *an*nimmt indem er sie in seine Hypostase *auf*nimmt.

379 Statt die chalkedonensische Formel »als ontologische Interpretation der Relation zwischen Jesus und dem Vater zu begreifen, isolierte man die Frage der inneren Konstitution Jesu und zog daraus in rein logischer Deduktion immer feinere Konsequenzen«, *Kasper* (^{7}1978) 282.

rende, vorgezeichnet. »Nach der Entscheidung von Chalkedon konnte der menschlichen Natur Jesu keine eigene selbständige Wirklichkeit (Hypostase) oder Erscheinungsgestalt (Person) mehr zugeschrieben werden. Für sich allein genommen wäre daher die Menschheit Jesu nicht nur unpersönlich im modernen Sinne eines Fehlens selbstbewußter Existenz, sondern für sich hätte das Menschsein Jesu gar keine Existenz. Es kann daher nur durch Vollzug einer Abstraktion von der faktischen Wirklichkeit des Daseins Jesu für sich allein gedacht werden. In seinem konkreten Dasein hat der Mensch Jesus seinen Daseinsgrund (seine Hypostase) nicht in sich selbst als Mensch, sondern 'im' Logos. Darauf weist die Bezeichnung 'En'hypostasie hin.«[380] Was die Formel verdeckt, ist allerdings die menschlich-geschichtliche Hingabe Jesu an den Vater in ihrem *geschichtlichen Vollzug* - darin bleibt sie alexandrinisch bestimmt und so gesehen »Partei«. Insofern sie aber prinzipiell *relational* angelegt ist, d.h. immer schon den Vater in der Konstitution der »Naturen« mitdenken muß, kann »sie als *ontologisches* Gesamturteil über das [verstanden werden]..., was sich - davon unterschieden und sachlich vorgeordnet - im Verlaufe des Daseins Jesu vollzogen hat«[381], nämlich die Relationalität Jesu (des Menschen) in bezug zu seinem Vater. In der ontologischen Dimension wird das Menschsein Jesu aber nicht »aufgelöst«, sondern in die Relation aufgenommen, die der Sohn (zu seinem Vater) *ist*, so daß sie auch (ontologisch: von daher; gnoseologisch: darauf hin) für den Menschen Jesus gilt: »Auch im Hinblick auf den geschichtlichen Daseinsvollzug Jesu ist zu sagen, daß er sein Dasein nicht aus sich selbst hatte, sondern von Gott empfing. Damit ist die Hingabe an Gott beschrieben, in der Jesus lebte. Im Unterschied zu der ontologischen Abhängigkeit des menschlichen Daseins Jesu vom *Logos* bezieht sich die Jesu menschliche Hingabe an Gott begründete Abhängigkeit aber auf den *Vater*. Gerade in und wegen dieser Hingabe an den Vater ist Jesus identisch mit der Person des Sohnes. 'Person' nämlich ist ein Relationsbegriff, und da das Verhältnis, die Relation Jesu zum Vater in seiner Hingabe an ihn identisch ist mit dem in der Bezeichnung 'Sohn' gemeinten Verhältnis zum Vater, so ist Jesus in seiner menschlichen Hingabe an den Vater identisch mit der ewigen Person des Sohnes Gottes.«[382] Mit der in der »Enhypostasie«-Rezeption durch eine »neu-chalkedonensische« Position, wie sie im Prinzip alle zeitgenössischen trinitätstheologisch fundierten Leidenstheologien vertreten, berechtigte Rede vom Sohn selbst als dem »Subjekt« auch der Leiden (in bezug zum Vater), ist eine personal-trinitarische Sicht des Leidens als Leiden Gottes vorgezeichnet: In diesem Sinne ist dann die »theopaschitische Formel«, daß einer aus der Trinität gelitten habe, die exakteste Zu-

---

380 *Pannenberg* (⁵1976) 349.

381 *Pannenberg* (⁵1976) 351. Hervorhebung nicht im Text.

382 *Pannenberg* (⁵1976) 351.

sammenfassung der »neu-chalkedonensischen« Position, weil zum einen auf diese Weise (von den Naturen Christi her gedacht) mit der *personalen* Betroffenheit des Sohnes *tendenziell* die »Idiomenkommunikation« als »Idiomenidentität« gedacht wird[383], aber nicht, insofern sie real identisch sind, sondern im Sohn das *reale* »Subjekt«, ihre *Wirklichkeit* (= »hypostasis«) erlangen. Zum andern wird das Leiden als trinitarisch-relationales »in« Gott fundiert *als* Gottes Leiden und mithin in deren soteriologischer Relevanz.

Gegen die (sogenannte) »neu-chalkedonensische« Position, wie sie *Rahner* durch die trinitarische Leidenstheologien vertreten sieht, und die »die Einheit von Gottheit und Menschheit als Grund der Erlösung so sehr als Einheit [verstehen], daß sie - bei Aufrechterhaltung des chalkedonensischen Dogmas von dem Unvermischtsein der Gottheit und der Menschheit in Jesus - doch das Geschick Jesu als Geschick von Gott an sich selbst ansehen«[384], setzt er sich aber ab im Sinne einer »rein-chalkedonensischen« Position, die betont, daß »das Leben und Sterben des Menschen Jesu von Nazareth...*nicht* unterschiedlos auch das Leben und Sterben des mit ihm eine hypostatische Union eingegangenen Logos Gottes...«[385] ist. Das Motiv, gegen eine trinitarisch differenzierte Leidenstheologie seine Stimme zu erheben, wird zunächst darin erkennbar, daß *Rahner* eine Mythologisierung des Gottesbegriffs befürchtet, wenn Gott *selbst* der leidende sein sollte: Sein Interesse ist also auch kein »in sich« christologisches, sondern ein *theo*-logisches, worin sich per negationem noch einmal die christologische *Vermitteltheit* der Gotteslehre erweisen läßt; mithin geht es ihm nicht um die Gefahr der »Auflösung« der Menschheit Jesu, es geht ihm aber vehement um seine *Gottheit*. Gegen (die von ihm so gesehenen) Tendenzen einer Mythologisierung setzt *Rahner* mit einem eminent *soteriologischen Interesse* auf die erlösende »Seligkeit« Gottes.[386]
3. Der eminente Zusammenhang von Christologie und Trinitätstheologie, das Aufbieten aller zentralen theologischen Zusammenhänge und systematischen Verbindungen wird gerade in dieser Diskussion um das Leiden Gottes in *soteriologischer* Perspektive deutlich: Was einander

---

[383] Vgl. *Löser*: *Breuning* (Hg.) (1984) 27.

[384] *Rahner*: SzTh XV (1983) 210-211.

[385] *Löser*: *Breuning* (Hg.) (1984) 27-28. Hervorhebung nicht im Text.

[386] Vgl. *Rahner*: SzTh XV (1983) 212.

letztlich gegenübersteht (und scheinbar unversöhnlich gegenübersteht) ist doch dies: Entweder hat Gott selbst gelitten und uns *so*, d.h. genau *da(hin)durch* und *darin* erlöst, oder nicht! Man mag sich über Art und Umfang und Form des Leidens Gottes streiten, aber *ob* er leidet (und in Christus gelitten habe), das ist die Entscheidungsfrage; denn wenn er - wie *Rahner* meint - nicht gelitten habe (und leidet), dann leidet er ganz und gar *nicht*. Nun geht es in dieser Diskussion nicht um das »Leiden« Gottes, es geht zuerst und primär darum, *wie* Gott erlöst und *ob* das *Leiden »der Weg«* seiner Erlösung sei oder ob gerade die Leid*losigkeit* der Weg seiner Erlösung ist. Hier, an dieser Stelle geht es nicht um eine »spekulative« Frage, für die es einerlei sein könnte, wie man sie beantwortet, hier befinden wir uns im Zentrum des Gottesverständnisses, zumal christlichen Gottesverständnisses, hier geht es um unser Leiden und um unseren Tod und um unsere Erlösung. - *Rahner* bringt sein Interesse präzise zum Ausdruck, wenn er das eigentliche Problem so formuliert: »man lasse den ewigen, über der Geschichte stehenden, leidlosen Gott als solchen (gnostisch oder schellingisch oder wie immer) selber leiden; man meine, unser Geschick dadurch zu erlösen, daß man es in die Innerlichkeit Gottes selbst hineinverlege. (...) Der 'reine Chalkedonier' wird immer sagen, Gottes leidlose, heilige Seligkeit habe uns 'formaliter' erlöst und nicht ein ins Innere Gottes - als solchen selbst - hineinspekuliertes Irdisches und Endliches.«[387] Oder noch schärfer formuliert, betont *Rahner* seine Ablehnung gegen »eine moderne Tendenz...sowohl bei Hans Urs von Balthasar..., aber auch unabhängig davon bei Moltmann -, die eine Theologie des Todes Gottes konzipieren, welche mir im Grunde genommen gnostisch erscheint. Um - einmal primitiv gesagt - aus meinem Dreck...herauszukommen, nützt es mir doch nichts, wenn es Gott...genauso dreckig geht«[388].

---

[387] *Rahner*: SzTh XV (1983) 211-212.

[388] *Imhoff/Biallowons* (1982) 245. In dieselbe Kerbe schlägt *Jäger* (1980) 150-151: »Ein Gott, der in sich sogar das Leiden enthält, ist ein leidender Gott, der letztlich an sich selber leidet und sich in sich selbst zerreißt. Daß der Mensch daran mitleidet, ist die andere Seite und kaum ein Trost. Dieser buchstäblich ungeheure Gott verdient im Zweifelsfall, wenn nicht den Protest, so immerhin das Mitleid des Menschen, doch ist dies ganz gewiß kein rettender Gott, der Licht und nur Licht ist ohne Finsternis in Ihm...So tiefsinnig dieser Gottesgedanke unbestrittenermaßen ist, so wenig kann diese Spekulation über das innere Leben Gottes als Bewältigung der hier sehr real anstehenden Pro-

Wir müssen hier in der Wahrnahme des Angefragten und seiner Kritik genau sein: 1. Zunächst zeigt sich eine eigentümliche Verkehrung der Fragestellung in ihrem Ausgang: Nicht ging es zunächst um *unsere* Frage nach dem Leiden, von dem her ein Gott »projiziert« wird, der leidet! Nein, *Gott* zeigt *sich* in Christus als der Leidende! *Dies* - und wir müssen es im Auge behalten und dürfen es nie aus den Augen verlieren - war der Ausgangspunkt der Fragestellung und der methodischen Erschließung (und auch der zeitgenössischen trinitarischen Leidenstheologien): Im Sinne der Reziprozität der theologischen Argumentation ist die Geschichte Jesu selbst (im Kontext der Offenbarungsgeschichte Gottes) *der* »Ort« der Frage, ja dies ist der »Ort« der *Antwort*, bevor die Frage überhaupt *von uns her* gestellt ist und daher »projektiv« werden könnte.[389] Wird dieser Kontext verloren, dann befänden wir uns in der Tat in einer anthropologisch vorentworfenen Theologie menschlichen Leides. Aber, im übrigen wäre solch ein Gott gar keine Projektion, weil er - *von* uns her »konstruiert« - nur »absurd« erscheinen könnte und in der Tat nichts *unserer Leidensfrage* zu bringen hätte, außer: die Wahr-Nahme dieser Leiden, ihr Nicht-Verdrängen. Umgekehrt: Noch im subtilen Wechsel des Fragehorizontes (»was nützt es mir, wenn Gott auch leidet«) wird die Projektivität des dagegen forcierten Gottes, der in unbeweglicher Hoheit selig erlöst, deutlich; denn *unserem* Leiden kann es nur angemessen sein, wenn Gott der ist, der deshalb Schutz und Erlösung vom Leid bietet, weil er *nicht* leidet, weil er *jenseits* unserer Leiden uns zu sich heben könnte. Nein, der unveränderliche Gott ist und bleibt der *»uns ähnliche«*, der *unserer* Fragestellung und *unseren* Leiden *ähnliche*, er »entspricht« ganz und gar *unserem Wunsch nach Erlösung und Befreiung*: dies ist ja das *»Wesen« der Projektion, daß sie so evident, so menschengemäß*, so anthropologisch-unausweichlich »erscheint« *und* - es doch nicht *ist*. Denn was *gott*gemäß ist, das zeigt Gott uns in Jesus in einer alle Bilder des »uns ähnlichen« Gottes aufbrechenden unendlichen Je-Uneinholbarkeit seiner Zuwendung: *Gerade in der von Gott gegebenen »Antwort« auf das*

---

bleme erscheinen.« Vgl. auch *Niewiadomski* (1982) 89: »Die Zerrissenheit der Wirklichkeit wird somit zum Abbild der Zerrissenheit Gottes.« Vgl. auch: *Roberts*: Cont. 5 (1968) 753-757; *Williams*: *Riches* (Hg.) (1986) 11-34.

[389] Hier ist nun Ernst zu machen mit einem »Reziprozitätsaxiom«, das gerade vom Heilsgeschichtlichen den Ausgang nimmt und nicht von einer menschlichen »Projektion«.

Leiden des Menschen in dieser Welt (aufgrund derer wir des Todes (!) Jesu nach seiner Auferweckung gedenken; 1 Kor 11,26) wird die (dagegen immer schon zu spät kommende) »Frage« nach dem Gott der (Leidens-)Erlösung und (Todes-) Befreiung selbst verändert in Richtung auf seine je-größere Unähnlichkeit und uneinholbaren Unendlichkeit seiner sich-zu-neigenden Liebe, durch die die »Projektivität« des »uns ähnlichen Gottes« unter der Wucht seiner uns in seine (!) »Ähnlichkeit« holenden je-größeren Unähnlichkeit zerbricht - hin auf nichts anderes als eben diese (von ihm eröffnete) Offenheit seiner unauskostbaren Unähnlichkeit und Fülle. In der Tat, erst im Horizont der analog-reziproken Erkenntnisstruktur wird an dieser Stelle nicht der »Trost« des »menschengemäßen« Gottes gegen die »Verzweiflung«[390] des göttlichen Gottes vertauscht, an dem und seiner »Schutzlosigkeit« zu verzweifeln, weil *auch* er leidet, letztlich Ausdruck des schmerzvollen Aufbrechens der Projektion über diesen Gott ist. »Unsere« Frage kommt demnach immer schon zu spät, sie kann erst gestellt werden als Frage nach dem Leiden Gottes, weil Gott ihr schon - unbegreiflich genug - geantwortet hat: Und *deswegen* - und aus keinem anderen Grund! - muß die Frage nach dem Leiden Gottes gestellt werden, auch wenn es uns unbegreiflich erscheinen mag, *so* zu fragen. 2. Hier ist auch der Punkt der Entscheidung gegeben, wenn man einmal anerkannt hat, daß die Heilsgeschichte sprechen soll, an dem sich nicht nur »ein« Gottesverständnis entscheidet, sondern gleichsam die Grundlage christlichen Gottesverständnisses: Wenn gelten soll und weiterhin gelten muß, daß Gottes trinitarisches Selbst-Engagement, das er »mit seinem Leben (und sonst hat er nichts!) bezahlt«[391], Gott selbst in sich zeigt, weil er sich uns so gibt, wenn also das Grundaxiom der (christlichen) Gotteslehre gelten soll, dann wird es mit ihren Implikationen gelten müssen: Wenn Gott seinen geliebten, ein-

---

390 Zu erinnern ist etwa an die Verzweiflung Gottes in seiner Geschichte mit seinem Volk und seine »Reue«, seine Treue *in* der Verzweiflung, die Verzweiflung Jesu an der Starrheit und Umkehr*un*willigkeit Jerusalems, die Verzweiflung der »Vater-Verlassenheit« und die darin noch wirksame (oder *gerade* darin wirksame) radikale Treue in der Bedingungslosigkeit seines aufrechterhaltenen, ja eschatologisch-endgültig zugesagten Heils, einer »Gottesgerechtigkeit«, für die keiner die »Voraussetzung« *aus sich* mitbringt, weil alle seine Herrlichkeit verloren haben.

391 Es ist *sein Blut* (*Apg 20,28*), in dem wir »um einen teuren Preis erkauft« sind (*1 Kor 6,20*).

zigen Sohn ins Fleisch, ins Leiden, in den Tod gibt, dann ist nicht wegzudiskutieren, daß dies in Gott *genau dies* aussagt - und nicht das Gegenteil davon (das sei eben nicht so). Wenn Gott sich als der trinitarische gerade in der sich ins Unheil weggebenden Liebe als Gott erweist (weil er so daraus befreien wollte), dann muß dies der Gott »in sich« sein, oder dies ist alles nicht Gott; dann muß - theologisch gesprochen - das Grundaxiom *konkret gelten, und d.h.: in christologisch-konkreter Vermittlung sich als trinitarisch letztfundiert »in Gott« aussagen lassen.* Dies ist der Weg der Erkenntnis in der unkündbaren Zusammenschau von trinitarisch letztdifferenzierter und letztbegründeter Göttlichkeit Gottes in der *konkret-personalen* Wirklichkeit Jesu Christi. Dagegen steht - wieder zu Ende gedacht - ein Rückfall in die metaphysische »Projektion« eines menschengemäßen Gottes. 3. Bezeichnend ist im einzelnen, wenn *Rahner* das Leiden Gottes *nicht* als *göttliches* Leiden versteht, sondern, wie er es nennt: ein »in Gott hineinspekuliertes Irdisches und Endliches«[392]. Genau dies aber ist es nicht, was uns die biblische Erfahrung als »Ort« der Leidensrede offenbart: dort ist es die *konkrete* Liebe Gottes in der »Hergabe« des Sohnes (vgl. *1 Joh 4)*.[393] Aus

---

392 *Rahner*: SzTh XV (1983) 212.

393 Dies bedeutet ja *Konkretheit* der »Selbst-Definition« Gottes als Liebe in der Hergabe des Sohnes in den Tod dieser Welt, von der dann auch nicht (ohne weitreichende Folgen) abstrahiert werden darf. Leiden ist nicht aus der Fragmentarität der Welt, sondern aus der Konstitution der *Liebe* zu sehen, denn »der Liebende läßt sich vom anderen betreffen; er wird geradezu in seiner Liebe verletzlich. *So gehören Liebe und Leiden zusammen«, Kasper* (1982) 244. Dies darf andererseits nicht dazu verführen, die Liebe schon »in sich« als leidende zu verstehen, wenngleich sie pathisch genannt werden muß. - Andererseits: Ein typisch metaphysischer Versuch, die »Veränderung« zu bestimmen, der sich aus der »Fragmentarität« irdischen Seins ergibt und darin gerade *nicht* auf die göttlichen Leidensvorstellungen übertragbar ist, findet sich bei: *Keller*: *Muck* (Hg.) (1989) 142-155; hier: 149: »Nicht einmal mit ihrem eigenen Sein sind endliche Seiende zur Gänze identisch, sonst wäre ihre Veränderung *unmöglich*, die *stets* darin besteht, daß sie neue Seinsweisen erhalten oder bisherige verlieren.« Hervorhebungen nicht im Text. Hier wird jede »personale« Veränderung aus Liebe unbedacht übergangen. - In diesem Sinne kann dann auch noch von »Unveränderlichkeit« Gottes in seiner Liebe, die in ihrer Lebendigkeit zugleich voll ausgeschöpft beschrieben und verstanden werden soll, bei *Balthasar* gesprochen werden, von ständiger Neuheit und einem ständigen »Darüber-Hinaus« in Gottes trinitarischem Leben. So die Untersuchung von: *O'Hanlon* (1990) bes. 110 ff. Wenngleich eine solche terminologische Festlegung, wie *O'Hanlon* selber zugibt (vgl. S. 130 f), bei *Balthasar* so gar nicht

der »Endlichkeit« diese Liebes-Leiden Gottes abzuleiten ist hingegen typisch für die metaphysische Theologie in der Wahrung der Unveränderlichkeit Gottes. Die Argumentation liegt ganz entsprechend des eigentlich zu Verteidigenden, der »unberührten Seligkeit der einen Gottheit«, ganz auf metaphysischer, nicht aber auf heilsgeschichtlicher Linie.

Genau dieser Konnex zwischen dem heilsgeschichtlichen Ausgangspunkt und der Erkenntnis von Gottes *Liebe* als Grund seines Leidens ist es auch, der *Rahner* entgegengehalten wird: *Balthasar* spricht davon, daß »diese 'Verlassenheit' zwischen Vater und Sohn (ermöglicht durch ihrer beider Geist) eine äußere Form ihrer gegenseitigen Liebe und der dreieinen Liebe Gottes zur Welt bleibt. Ist ja doch gerade Jesu Tod und Absturz in die Unterwelt eine *Möglichkeit der lebendigsten Liebe Gottes.*«[394] Und *Moltmann* antwortet *Rahner* in ganz ähnlicher Form: »Selbstverständlich ist Gott auf göttliche Weise in unsere Leidensgeschichte eingestiegen, er ist ihr nicht unfreiwillig unterworfen. Für die altkirchlichen Theologen gab es nur das unfreiwillige Leiden der Kreatur und die wesentliche Apathie der Gottheit. Es gibt aber ein Drittes, das ist das *freiwillige Leiden der Liebe* zum Geliebten und an ihm. Ist Gott nicht im Sinne der endlichen Kreatur leidend, so ist er in sich doch nicht in jeder Hinsicht leidensunfähig: *»Gott ist leidensfähig, weil er liebesfähig ist.«*[395]

An dieser Stelle angelangt, das bedeutet, bei der Begründung des Leidens Gottes als wahrhaft *göttliches* Leiden aus der *Liebe, die Gott ist* - und dies ist in der Tat der »Ort« der einzigen biblischen »Wesensbestimmung« Gottes: Gott *ist* Liebe![396] - und zugleich bei aller Kritik, die man an der »rein-chalkedonensischen« Position *Rahners* haben kann (und tatsächlich berechtigt haben wird), bleibt eine Frage an die »Neu-Chalkedoniker«,

---

intendiert ist, kann dies im Hinblick auf die Abgrenzung gegen ein Leiden Gottes, das aus der Fragmentarität der Welt abgeleitet werden soll, ausgesagt werden: Dann ist das Leiden nämlich a priori im Horizont der vollkommenen und darin affizierten Liebe Gottes gedacht.

394 *Balthasar* (1987) 108. Hervorhebung nicht im Text.

395 *Moltmann*: *ders*. (1991) 171. Hervorhebungen nicht im Text. Vgl. dazu die je andere Leidensauffassung einer metaphysisch bestimmten Theologie zu einer derjenigen Väter, die in der Tat von einem Leiden Gottes sprechen, denn sie verstehen es als *Leiden der Liebe*, nicht *aus* »Endlichkeit« heraus; Leiden aus Vollkommenheit und nicht wegen der »Fragmentarität«.

396 Vgl. auch: *Stranzinger*: WuW 30 (1967) 30-44.

die nicht übersprungen werden darf, der man sich vielmehr auszusetzen hat (oder im letzten inkonsistent bleibt), *die* Anfrage in den Anfragen an die »neu-chalkedonensische« Position der trinitarisch-fundierten Leidenstheologien: *Wie kann Gott, der »leidende«, zugleich der »erlösende« sein?* Wie kann das Leiden im *Sein* Gottes so begründet werden, daß Gott im Leiden nicht aufgeht, sondern geradezu *»durch«* das Leiden, sein Leiden, erlöst? Wenngleich ein Mythologie-Vorwurf nicht in dem Sinne aufrecht zu erhalten ist, daß man ein Leiden in Gott »hineininterpretiere«, denn - das zeigte sich gerade - es ist die Wahr-Nahme des Handelns Gottes, das uns zu dieser Annahme drängt, so bleibt der MythologieVorwurf doch solange bestehen, als nicht erwiesen werden könnte, daß Gott in seinem Liebes-Sein zugleich Leiden und doch, weil er der je-größere ist, darüber hinaus *aus dem Leiden* befreien kann. Erst dann, wenn gemäß dem »Reziprozitätsaxiom« die theologische Begründung so geleistet werden kann, daß sie Gottes Gottsein wahrt, wird die Anfrage bewältigt sein können. Oder noch einmal anders: Wenngleich die Kritik einer »Logoshegemonie« aus einer metaphysisch bestimmten Position eines der Heilsgeschichte vorausgedachten Gottesbegriffs heraus geschieht, der selbst unter Gnosis-Verdacht (und das berechtigt) steht, wird umgekehrt der Mythologieverdacht einer strikt heilsgeschichtlich argumentierenden Theologie ernst zu nehmen sein, solange nicht eine »ontologische« Begründung der Geschichte (Gottes) in seinem Sein so erfolgen kann, daß Gott, der liebende Gott bleibt, indem er liebt und leidet zugleich. Oder noch einmal gewendet: Ist Gott »nur« der letztlich leidende, für welches Leiden keine hinreichende »ontologische« Grundlage (die »Geschichte« nicht auflöst, wohl aber als Geschichte in Gott begründet) angebbar wird, so *ist* er *mythologische Projektion* der Geschichte in sein Sein; ist Gott der »nur« (aus seiner unberührten Seligkeit heraus) »erlösende«, so findet eine vorausgesetzte »Ontologie« keine geschichtliche *Konkretheit,* sie bleibt »abstrakt-projektiv« und damit selbst metaphysisch-gnostische Spekulation über »einen« (anderen) Gott, nicht aber den sich-in-Liebe-konkretisierenden Gott der Liebe, wie er sich in der Geschichte selbst zeigt: *Die in »analog-reziproker Erkenntnisstruktur« zu fordernde theologische Maxime eines unauflöslichen Verhältnisses von Ontologie (Gottes) und Geschichte ist »soteriologisch« gewendet die Bestimmung des Verhältnisses von »Liebes-Sein« Gottes und »leidend-erlösender« Konkretion seiner Liebe, von der zu abstrahieren nicht nur bedeuten würde, von »einer konkreten Modalität« Abstand zu* *nehmen, sondern bedeutet, von der Liebe selbst, die ist, indem sie sich konkretisiert, zu »abstrahieren«.* Schließlich in einer letzten Gewendetheit: Wer von der Konkretheit der Liebe Gottes (in Jesus) absieht, sieht von nichts Geringerem als *von Gott selbst* ab (= ungeschichtlich-metaphysische Gnosis); wer von der Gründung der leidend-erlösenden Konkretion, nämlich von Gottes Gottsein absieht, löst Gott in Welt auf (= mythologische Gnosis).

IV. Die »theologische Wende« einer christologisch »vermittelten« Leidensfundierung

Der zurückgelegte Weg ist an dieser Stelle, d.h. mit der Frage einer christologischen Konkretion der trinitarisch letzt-fundierten Gotteslehre als Voraussetzung der Möglichkeit, von Gottes Leiden sprechen zu können, tatsächlich an den »Ort« der Bewährung gestellt: 1. Gelingt es nicht, das Grundaxiom der Gotteslehre christologisch *konkret* werden zu lassen, dann ist damit das Grundaxiom selbst in einer »Krise«. Wenn sich die theologische Rezeption einer »Logoshegemonie« nicht als rechtmäßig ausweisen läßt, ist die *erste* Grundlage dieser Rede, nämlich die »Identität« von einem und dreifaltigem Gott *und* von ökonomischer und immanenter Trinität selbst in der Gefahr der »Auflösung«.[397] 2. Die christologische Vermittlung der Gotteslehre ist *als Vermittelte* an diesem Punkt der Überlegungen wieder auf sie zurückzubeziehen: Die christologische Konkretheit erweist sich (auch noch in der Diskussion mit *Rahner*) als *Vermittlung*, weil die *christo*logische Frage sich neuerlich zurückwendet in eine *theo*logische, nämlich der nach der *Begründung des leidend-erlösenden Handelns Gottes in seinem Liebes-Sein.* - Bevor in der »Wende« wieder theologisch zurückgefragt werden kann, soll die Voraussetzung für diese Wende noch in ihrer bleibenden Bedeutung zusammengefaßt und freigelegt werden hin auf diese »theologische Wende« der Fragestellung.

---

[397] Das Grundaxiom stellt sich ja in dieser *doppelten* »Identifikation« dar, keine der beiden Seiten darf dann fehlen; oder anders: *beide* können auch nur *zugleich* bestritten werden.

1. Gemäß der *»inneren Reziprozität«* von ökonomischer und theologischer Argumentation hat sich das Grundaxiom der Gotteslehre als ein trinitarisch letzt-fundiertes aufzeigen lassen, in dem die Frage nach Gottes »Wesen« immer schon - wie *Rahner* selber es fordert - *trinitarisch »vermittelt«* ist. Gemäß der *»äußeren Reziprozität«* von ökonomischer und theologischer Argumentation fordert das Grundaxiom der Gotteslehre aber eine *»heilsgeschichtliche Konkretion«* - über *Rahner* hinaus und mit *Jüngel*, *Moltmann* und *Balthasar* - zum einen durch einen heilsgeschichtlichen Ausgang theologischer Reflexion und zum anderen in der Unablösbarkeit und »Nicht-Abstrahierbarkeit« des theologisch zu Behauptenden von einer heilsgeschichtlichen Fundierung. Dies bedeutet einen Konnex von Gotteslehre und Leidensfrage in Christus, so daß eine Gotteslehre nicht mehr aus der selbst-offenbarenden Konkretheit der Leidensgeschichte Jesu »heraus«-zu-lösen ist. Die trinitarische *Vermitteltheit* der Gottesrede (mit *Rahner*) fordert aber eine *christologische* Konkretion: In Christus muß sich erweisen lassen, daß tatsächlich der trinitarische Gott *personal*-engagiert der handelnde und leidende ist; und darin eben der erlösende Gott. *Die trinitarische Vermittlung fordert eine christologische Konkretheit auf solche Weise, daß die trinitarisch letztbegründete Gotteslehre nur »konkret« wird in christologischer »Vermittlung«.*

2. Die christologische Konkretheit fordert jene herausgestellte »Logoshegemonie«, die besagt, daß der Sohn selbst gelitten habe und *deswegen* in der dem Sohn-Sein immanenten *Relationalität* zu Vater und Geist Gottes der trinitarische Gott und *deswegen* der »eine« Gott selbst: Dies ist die Erfüllung einer christologisch *konkret*-vermittelten trinitarisch *letzt*-begründeten Gottesrede als Rede vom Leiden Gottes selbst. Dem steht aber die Bestreitung durch eine »rein-chalkedonensische« Position gegenüber, die zunächst selbst christologisch argumentiert; der gegenüber aber die Rechtmäßigkeit des Ansatzes einer »neu-chalkedonensischen« Position zu erweisen ist:

a) Der *heilsgeschichtliche* Ausgang der »Logoshegemonie« läßt sich gegen eine »rein-chalkedonensische« Position leicht aufweisen: Sie ist nämlich die »ontologische« Erhellung des geschichtlichen Verhältnisses Jesu zu seinem Vater (im Geist der Einheit beider). Mit *W. Kasper*: »Unsere These lautet also: In der personalen abba-Relation Jesu und in seiner darin ausgesprochenen, im Gehorsam übernommenen zeitlichen Sendung durch den Vater wird die ewige Relation des Sohnes zum Vater und damit in indirekter Weise das ewige Gottsein des Sohnes (Präexistenz) und das trinitarische Geheimnis insgesamt offenbar.«[398] Damit erweist sich die christologische Konkretion der Gotteslehre in ausdrücklicher Wahrung der »inneren« und »äußeren« Reziprozität sowohl als konkret-*personal* und somit sogleich als a priori *relational-trinitarisch* strukturiert, während eine »rein-chalkedonensische Position dagegen *weder* trinitarisch-relational denkt, weil im Mittelpunkt der Argumentation die nicht trinitarisch differenzierte »eine« *Gottheit* steht, *noch* ist sie personal organisiert, weil es ihr um die »Naturen« in Christus geht; und *letztlich* ist sie nicht heilsgeschichtlich, sondern metaphysisch bestimmt: Auf diese Weise wird die »rein-chalkedonensische« Position *Rahners* seinen eigenen Voraussetzungen (dem Grundaxiom) nicht gerecht und läßt sich als *nicht reziproke* Gottesrede entlarven. Vom Ansatz einer »Logoshegemonie« her läßt sich aber umgekehrt die Rechtmäßigkeit einer trinitarisch letzt-differenzierten Gotteslehre erweisen, in der die Rede vom Leiden Gottes selbst nicht mehr ausgespart werden muß. Wieder mit *Kasper*: »Thomas von Aquin hat diesen Zusammenhang von Christologie und Trinitätslehre bestens begriffen, wenn er die zeitliche missio des Sohnes durch den Vater als die ökonomische Gestalt seiner ewigen processio vom Vater bezeichnet. So gilt nach der für unsere Ohren etwas bizarr klingenden Formel aus dem Theopaschistenstreit des 6. Jahrhunderts: 'Einer aus der heiligen Trinität hat im Fleisch gelitten.'«[399]

b) Die Rezeption einer »Logoshegemonie« ist für heutige Theologie zunächst unter Aufrechterhaltung der Gültigeit der »Zwei-Naturen-Lehre« als heilsgeschichtlich-trinitarische Konkretisierung zu betreiben, was nur gelingen kann, wenn die »Enhypostasie« des Menschen Jesu sich in *diesem* Kontext bewährt und nicht nur in einer »isolierten« Spekulation über das Verhältnis der »Naturen« zur »Person« des Logos-Sohnes. Dies aber kann geleistet werden, weil das (heilsgeschichtliche) Verständnis Jesu in und aus seiner abba-Relation zu eben der (ontologischen) »Identität« des personalen Seins im Sohn als dem ganz und gar vom Vater her bestimmten führt.[400] - Dann aber gilt letztlich für eine heutige

---

[398] *Kasper*: *Böhnke/Heinz* (Hg.) (1985) 330.

[399] *Kasper*: *Böhnke/Heinz* (Hg.) (1985) 330.

[400] »In dieser Formel war angelegt, was bei Leontios von Byzanz im 6. Jahrhun-

Rezeption: *Die personale und relationale Konstitution Jesu als die Person des Sohnes nimmt die menschliche Natur in sich so »auf«, daß darin das Verhältnis auf den Vater hin (ontologisch gesehen) den Menschen Jesus als den konstituiert, der er als Sohn immer schon ist, nämlich der ganz und gar »Von-Gott-auf-Gott-hin-Seiende«, der »An-den-Vater-Hingegebene-und-sich-ewig-Hingebende«. So gehört die Vater-Relation zur ontologischen Konstitution der »Aufnahme« der menschlichen Natur in die Hypostase des Sohnes immer schon hinzu: sie ist die trinitarisch-»ontologische« Begründung der Geschichte Jesu als die des Sohnes und zugleich die Aufnahme der Geschichte Jesu in das Sein des trinitarischen Gottes im und durch den Sohn selbst.* Auf diese Weise wird die menschliche Natur Jesu nicht aufgelöst, sondern, wenngleich ihre »Differenz« zur göttlichen Natur nicht mehr eigens betont wird, erhellt sie die geschichtlich erkennbare Vater-Relation Jesu ontologisch. Dann ist aber auch in der relational-personalen Begründung der den Sohn selbst »betreffenden« menschlichen Wirklichkeit Jesu in seinem Leiden schon die christologisch-*konkrete* Begründung einer trinitarischen Auslegung des Leidens als Leiden Gottes in seinem innertrinitarischen Lebensvollzug gegeben.

3. Die »Schwäche« der so verstandenen »neu-chalkedonensischen« Begründung des Leidens Gottes in christologischer Vermittlung kann nun - zum einen - nicht in der »Auflösung« des Menschseins adäquat beschrieben werden, denn sie will ausdrücklich, und zwar in *geschichtlicher* Konkretheit, der Geschichte Jesu selbst *gegen* eine bloße »ontologisch«-ungeschichtliche Konstitutionsproblematik der Menschheit Jesu gerecht werden. Und wenn zum anderen *Rahner* in seiner Argumentation dies gar nicht zum Thema macht, sondern die *Gottheit* Jesu (als die des »einen« Gottes), dann wird die eigentliche Anfrage einer »rein-chalkedonensischen« Position im Insistieren auf die *unendliche Differenz von Gott und Welt* zu sehen sein.[401] Diesem Element der unaufgebbaren

---

dert durch seine These von der Enhypostasie der menschlichen Natur Christi im Logos schon deutlicher hervortrat: die *relationale Struktur* der »Personalität Christi« hin auf den Vater; *Pannenberg*: *ders*. (1980) 80-95; hier: 83.

401 Interessanterweise kommt *L. Bouyer* angesichts der kyrillischen Logoshegemonie, dem Leiden des ewigen Sohnes selbst in der Geschichte Jesu, da es hier nicht gelingen mag, die Unterscheidung von Gott und Welt hinreichend auszusagen, und weil sie doch einen »realen« Sinn bewahren soll, wieder zur Unterscheidung von »Natur« Gottes und »Energien«, in denen Gott uns erreicht, so

Gültigkeit der »Zwei-Naturen-Lehre« muß eine »neu-chalkedonensische« Position nun in der Tat entsprechen wollen und entsprechen, wenn sie sich nicht ad absurdum führen will:

a) Noch innerhalb der »Logoshegemonie« ist diese Differenz als Voraussetzung ihrer Gültigkeit zu behaupten, weil sonst »Gott« mythologisch in »Welt« aufgelöst würde. Daß aber, wie *Rahner* voraussetzt, diese Differenz, die in der Intention der »Logoshegemonie« nicht extra und ausdrücklich betont wird, schon *im Sinne einer metaphysischen Differenz* verstanden werden müsse, für die Gott nur in seiner »Unberührbarkeit« Gott gegenüber der Welt sein kann, darf nicht als a priori ausgemacht gelten, weil in dieser Voraussetzung die Bedingung ihrer möglichen Gültigkeit schon aufgehoben ist, nämlich die heilsgeschichtliche Grundlage der Rede von Gott als Rede Gottes selbst zu uns.[402] Daher *muß* die »Schwäche« der »neu-chalkedonensischen« Position nicht dialektisch als die »Stärke« der »rein-chalkedonensischen« Position (wegen der Ausdrücklichkeit der Differenz zwischen Gott und Welt) erklärt werden; wie umgekehrt die »Stärke« der »rein-chalkedonensischen« Position eigentlich, d.h. im Hinblick auf ihre nicht-reziproke Struktur, ihre »Schwäche« ausmacht (wegen der metaphysischen Abspannung der Differenz). Wohl aber bleibt die Behauptung der Differenz so sehr gültig, daß es zu einer *Veränderung* der »neu-chalkedonensischen« Position kommen muß, damit sie nicht nur die (trinitarisch bestimmte) »Eini-

---

daß sich hier die »Zwei-Naturen-Lehre«, wird sie in ihrer Berechtigung und Sinnspitze, nämlich als Aussage über die soteriologische Bedeutung der »Differenz« von Gott und Welt noch im innigsten Leiden Gottes selbst, übergangen, sich zu einer Auffassung von »zwei-Naturen« in Gott wandelt, um diese Unterscheidung (wenigstens) »in« Gott noch aufrechtzuerhalten, die unbedingt gewahrt werden soll: nämlich die zwischen wesentlichem Sein Gottes und freiem Handeln in der Heilsgeschichte. Insofern, wie sich bei *Rahner* gezeigt hat, in der »rein-chalkedonensischen« Position das Abheben auf die Gottheit des einen Gottes (im Sohn) besonderen Wert erlang, wird mit der »Energien«-Lehre in Gott diese »unberührte« Gottheit zu schützen gesucht. Vgl. *Bouyer* (1976) 512 f.

402 Der metaphysische Gottesbegriff denkt der Rede Gottes ja so vor-aus, daß Gott nur in dieser Projektion erscheinen kann; umgekehrt haben wir uns zuerst sagen zu lassen, wie Gott der Welt gegenüber Gott ist, *damit* die *Differenz* zwischen Gott und Welt, um die es in der »Zwei-Naturen-Lehre« (aus soteriologischer Motivation gedacht) bestimmt werden könnte.

gung«, sondern auch ausdrücklich die »Differenz« zwischen Gott und Welt zum Ausdruck bringen kann.

b) Eine Veränderung der christologisch konkreten, trinitarischen Gottesrede in Christus muß aber nicht nur die Differenz zwischen Gott und Welt behaupten »neben« der »Einigung«; sie muß sie ausdrücklich *als* Aussage der »Logoshegemonie« begründen können, was sie in der Tat nicht oder nur rudimentär tut. Die Anfrage *Rahners* kann daher zu einer Weiterentwicklung einer dann in diesem Sinn auch noch zu überwindenden »neu-chalkedonensischen« Position hinführen, in der die »Differenz« zwischen Gott und Welt nicht nur »auch«, sondern *zentral* eine Aussage der »Logoshegemonie« werden könnte. *Wenn nun die »Differenz« zwischen Gott und Welt als »analoge Differenz« zu verstehen ist, die aus der je-größeren Unähnlichkeit Gottes und auf sie hin die Ähnlichkeit und Einheit von Gott und Welt begründet, dann ist die Forderung einer christologisch-konkreten Einheit von Gott und Mensch im Sohn schon der Ausdruck der radikalen unendlichen »analogen Differenz«, in der der Mensch Jesus in noch so großer Einheit (mit Gott) »im« Sohn in je-größerer Unähnlichkeit zu ihm Mensch bleibt, weil der Sohn selbst sich ihn zur Einheit der Vater-Relation, die der Sohn »ist«, geeint hat.*

4. Weil aber der Sohn, der den Menschen Jesus mit seiner Geschichte zur Einheit mit ihm konstituiert in der »Aufnahme«, nur in trinitarischer Relationalität zu denken ist; weil die im Sohn *»konkrete Differenz«* zwischen Gott und Welt auch noch in ihrer Konkretheit in der Differenz *als* Differenz von Gott und Welt ihre Voraussetzung hat, ist die christologische Frage wieder »gewendet« als *theo*-logische Frage nach der Gründung der Differenz als bleibender »in« Gott selbst zu verstehen: Der *»Differenz«* kommt solche *soteriologische* Bedeutung zu, daß nur, *wenn* angebbar ist, wie diese Differenz gewahrt zu werden vermag, *unter der Bedingung,* daß der trinitarische Gott in der Welt leidet, Gott nicht in Welt aufgelöst wird (und *Rahner* doch recht hätte mit seinem Mythologie-Verdacht). Nur dann also, *wenn* der unendlich liebende Gott »in sich« den leidenden Konkretionen seines Liebes-Seins *gegenüber »in«* ihnen noch der Je-*Unähnliche* bleiben kann, wird die Differenz zwischen Gott und Welt als die *gott*eröffnete so »in« Gott gründen, daß die Gottheit Gottes *konkret* gewahrt wird. Noch präziser: Es geht in einer neuerlichen stringenten »theo-logischen« Wende der christologischen Konkretion von Gottes trinitarischem Selbst-Einsatz nicht mehr nur um eine Begründung

des heilsgeschichtlichen »Leidens« des »wesentlich«-trinitarischen Gottes *in* Gottes Liebes-Sein, sondern: *Es geht um nicht weniger als um die Grundlegung der »Differenz von Gott und Welt« im liebend-leidenden, sich-selbst-einsetzenden, »sich-identifizierenden« Erlösen Gottes in Christus in der »innergöttlichen analogen Differenz«*[403]*, die Gott als den »je-unähnlicheren« und »je-mehr liebenden« gegenüber aller Einheit und »Identifizierung« mit dem Leiden der Welt im Sohn ausweist, weil nur so sichergestellt ist, daß die Differenz nicht geradezu (paradoxerweise) in der innigsten liebenden »Identität« des trinitarischen Gottes im Leiden des Sohnes mit dem Leiden der Welt aufgehoben und damit »Gott« (als befreiender und erlösender) aufgehoben würde.*

Wenngleich eine »rein-chalkedonensische« Position theologisch-projektiv Gott (seiner Selbstoffenbarung gegenüber) voraus-fixiert und damit die analoge Differenz zu einer projektiven verwandelt, wird auch die »neu-chalkedonensische« Position erst ihre Berechtigung erweisen, wenn sie die »Differenz« als analoge wahren kann, was sich aber nur erweisen läßt, wenn entsprechend einem Reziprozitätsaxiom ökonomischer und theologischer Argumentation nun nach einer theologischen *Letzt*begründung der im Sohn konkreten Leiden des trinitarischen Gottes in seinem *Sein* gefragt wird.

Drittes Kapitel

Die Überwindung des Leidens und die »Leidensfähigkeit« des dem Leiden gegenüber je-unähnlicheren und aus der Fülle seines trinitarischen Selbst-Einsatzes »in sich« geschichtlichen Gottes

Der Gang durch die zeitgenössische trinitarische Gotteslehre, insofern sie sich dem Leidensproblem stellt, hat uns zum Erweis eines »Reziprozitäts-axioms« geführt, ohne welches ein Abgleiten in metaphysisch-spekulative

---

[403] Daß diese intraanaloge »Differenz« Gottes *Einzigkeit* und *ursprüngliche* Einheit nicht aufhebt, sondern geradezu *als* ursprüngliche konstituiert, wurde im Dritten Teil, Erstes Kapitel und Zweites Kapitel schon begründet.

oder mythologische Gnosis als reale Möglichkeiten einer Leidens*theo*-logie in greifbare Nähe gerückt sind. Wenn wir gegenüber einer metaphysischen Gnosis schon die Relevanz einer strikt heilsgeschichtlich begründeten Theologie forciert haben, so wird jetzt der Mythologie-Vorwurf näher zu untersuchen sein, der als Pendelschlag die andere Seite des Grates theologischen Grenzgangs markiert. Die Fage ist demnach: Wie kann Gott in der Geschichte leiden und doch erlösend Gott bleiben? Wie gründet das Leiden in Gottes Liebes-Sein? - *Daß* es im Sein Gottes als seiner *(»ontologisch« zu verstehenden) Liebe* gründe, - darüber waren sich alle trinitarisch fundierten Leidenstheologien einig. Aber *wie* dies zu verstehen sei, daß sowohl das Grundaxiom der Gotteslehre weiterhin gelten und Gott in seinem Liebes-Sein auch dann noch als der je-größere gedacht werden könne, wenn er sich mit seinem Sein selbst liebend-leidend in der Welt einsetzt, dies muß jetzt befragt werden. - Wenn der Weg uns zu einer Bestätigung der »inneren« und »äußeren« Reziprozität hingeführt hat, so werden diese - wie der Ansatz verlangt - nur in der unaufkündbaren Verhältnisbestimmung von *Geschichte* und *Ontologie* (ohne eines ins andere aufzulösen) ihre *strukturelle* Gültigkeit bewahren können.[404] Wird aber in *dieser* Verhältnisbestimmung ein »Reziprozitätsaxiom« zur Vollendung geführt, dann hat es sich schon als selbst *analog-strukturiertes* erwiesen: *In der inneren Unumkehrbarkeit der Gewichtung von »Unähnlichkeit« und »Ähnlichkeit« in der einen Analogie bleibt die Ähnlichkeit »in« und »von« der Unähnlichkeit eröffnet und auf ihr offenes, liebend-geheimnisvolles und freibleibendes Bestimmtsein (oder Nicht-Bestimmtsein; das ist hier dasselbe) so bezogen, daß das Sein Gottes in seiner Geschichtlichkeit dennoch darüberhinaus es-selbst bleibt.* Ob nun aber dies von den »Neu-Chalkedonikern« erfüllt werden kann oder nicht, soll zum Abschluß noch Thema dieser Arbeit werden. - Im Durchgang durch diese wiederum »theologisch« gewendete Frage der konkreten Gültigkeit einer trinitarisch *letzt*-begründeten Gotteslehre wird nun endgültig der Punkt erreicht, wo unsere Fragestellung sich zu der einer auszuarbeitenden Gotteslehre selbst verwandeln wird, wofür noch abschließend Desiderata genannt werden sollen. Die Leidensfrage ist dann der »neuralgische« Punkt an der Wende von einer metaphysisch bestimm-

---

[404] Die dritte Sinnspitze der Reziprozität ist die *strukturelle* Entfaltung der beiden anderen.

ten Gotteslehre zu einer analog-reziproken Struktur der Gotteslehre, die die Leidensfrage als Gottesfrage aufzunehmen in der Lage ist und zugleich als »Letzthorizont« einer Gotteslehre wiederum »überwinden« kann. An diesem Wendepunkt sollte die Arbeit stehen und zu seinem Aufweis dienen.

Wenn hier die Frage nach der »ontologischen« Begründung des »(heils-) geschichtlich« erfahrenen Leidens des trinitarischen Gottes in seinem Liebes-Sein gestellt wird, wird zugleich nach der *Erkenntnisstruktur* einer trinitarischen Leidenstheologie gefragt und ob diese als »neu-chalkedonensische« ihren eigenen Intentionen denn entsprechen könne oder doch eine Veränderung verlange, die über ihre (bisherigen) Grundlagen hinausgehe, weil nämlich *letztlich* in den theologischen Fundierungen des Leidens Gottes, wenngleich »reziprok«, so doch nicht konsequent *analog* gedacht wird, so daß der Mythologie-Vorwurf in diesem Sinne und solange zu Recht bestehen wird, als eine Veränderung nicht von statten gehen kann: *Das Grundproblem in der theologischen Leidensbegründung durch die trinitarischen Leidenstheologien ist nämlich - wie gleich gezeigt werden soll -, daß sie die »Differenz« von Gott und Welt und zwischen »Gott« (ökonomisch) und »Gott« (immanent) nicht »analog« bestimmen können; daraus resultiert aber formal-strukturell eine Abspannung der Denkstruktur auf die »Ähnlichkeit« von Erkenntnishorizont und Erkenntnis-»Gegenstand« und inhaltlich-theologisch eine »Verewigung« des Leidens im Sein Gottes*. Darin aber bleiben sie (in bewußtem Absetzen gegen die metaphysische Gnosis) selbst »projektiv«-*mythologisch* bestimmt.

Nun ist es nicht so, daß »Mythologisierung« immer eine Auflösung Gottes *in die Welt hinein* bedeuten muß, sie kann auch geradezu diametral umgekehrt die Aufhebung der Welt *in Gott hinein* bedeuten, aber *mit* der der Welt eigenen Geschichte des Leidens - das unterscheidet eine solche *Mythologisierung* von einer »Metaphysizierung«. Besonders interessant ist der Erweis der Leidens-»Verewigung« in Gottes Liebes-Sein bei gleichzeitiger diametraler Mythologisierungstendenz bei *Moltmann* und *Balthasar* zu beobachten:

I. Die »Verewigung« des Leidens aus »selbst-beschränkender« Liebe

1. Die Analyse des Liebesbegriffs

Die Theologie der *Passion* Gottes gründet für *Moltmann* in dem biblischen Satz: Gott ist die Liebe (*1 Joh 4,6*). Dafür sei die Liebe Gottes eine selbst-mitteilende, und d.h. eine Liebe, die sich an das andere hingibt, aus sich herausgeht, »anderem« Sein gibt, um an ihm teilzu*nehmen*. Das wiederum setzt eine »Selbstunterscheidung« in Gott voraus, nämlich von Liebendem und Geliebtem.

> »Gott liebt die Welt eben mit der Liebe, die er selbst in Ewigkeit ist...Weil Gott nicht nur liebt, sondern die Liebe ist, darum muß er als der dreieinige Gott verstanden werden. Liebe kann nicht von einem einsamen Subjekt vollzogen werden. Ein Individuum kann sich nicht selbst mitteilen: Individuum est ineffabile. Ist Gott Liebe, dann ist er zugleich der Liebende, der Geliebte und die Liebe selbst.«[405]

In diesem Ansatz vermittelt sich schon ein fundamentales Mißverständnis: Nicht nur, daß die »Notwendigkeit« einer Trinität nicht-reziprok aus einer allgemeinen »Struktur« der Liebe erwiesen werden soll[406], sie muß, weil sie nicht von der Heilsgeschichte her angesetzt wird, in ihrem Verständnis schon in *illegitimer* Weise auf den tatsächlichen offenbaren Gott »übertragen« werden - ähnlich einem metaphysischen Denkmodell[407]; nur daß die »Ontologie« hier eine der Liebe ist.[408] Die Übertragung »definiert« dann Gott aber, auch wenn dies schon als transzendentale Reflexion auf die tatsächliche Liebes-Offenbarung Gottes

---

405 *Moltmann* (1980) 73.

406 Vgl. die Kritik der hier deutlich spürbaren Tendenz, Gottes trinitarisches Sein zu beweisen: *Pesch* (1987) 44. Ein solcher Beweis kann nach dem Gesagten aber nur im Gegensatz zur Reziprozität theo-logischer Argumentation stehen, weil diese sich aus der ökonomischen Argumentation ergeben muß.

407 Nur deswegen, weil die »alte« Metaphysik für »veraltet« erklärt wird, ist darin nicht schon das Recht zu sehen, sie in ihrer formalen, erkenntnistheoretischen Struktur zu beerben und sie somit in neuem Gewand aber alter »Denkstruktur« wieder zu repristinieren.

408 Auch diese Ontologie der »Relationalität« und Liebe kann in diesem Sinne »projektiv« und damit nicht-reziprok werden.

verstanden sein will[409], in einer »projektiven« Weise als den schon (Gottes Offenbarung vorwegbestimmt) *bestimmt* liebenden, der in sich nur »Mitteilung« kenne, nicht aber das *»ineffabile«* der je in »unendlicher Differenz in relativis« seienden und so *unmitteilbaren* göttlichen Personen.[410] Bereits hier wird Gott seiner innertrinitarischen (intraanalogen) Unähnlichkeit *enthoben* zugunsten einer »freien« Mitteilung, die sich aber bei genauerem Hinsehen nicht wirklich aus der »Unauflöslichkeit« und »Unmitteilbarkeit« der göttlichen Personen erschließt.[411] Vielmehr wird der (zuvor) »eine« Liebes-Begriff »notwendig« differenziert, nicht aber die »relative Differenz« der Personen wahrgenommen.[412] - Dies steht

---

409 Hier zeigt sich eine verblüffende Ähnlichkeit mit einem transzendentalen Ansatz *Rahners*, insofern zwar, was *Moltmann* ja an sich möchte, bei der konkreten Heilsgeschichte anzusetzen sei, aber, wenn man diese einmal erkannt habe in ihrer Gott offenbarenden Liebes-»Struktur«, daß man diese dann nehmen und »philosophisch« *re-konstruieren* könne; dadurch aber wird das Moment der Abstraktion unauslöschlich *methodisch* in den dann neuerlichen Rückgriff auf die Geschichte institutionalisiert (mit allen Konsequenzen der »Abstraktion«) die *Moltmann* doch eigentlich vermeiden wollte.

410 Vgl. *Hoffmann* (1981) 50.

411 In ähnlicher Weise: *Radlbeck* (1989) 82, in völliger Verkennung, daß die innergöttliche Personalität nicht wegen der »Ähnlichkeit«, sondern geradezu wegen der »Unähnlichkeit« der Personen zueinander, ihrem analogen und nicht univokem Personsein, eins sind in *Ursprünglichkeit*. Wenn das göttliche »Personsein« kein Allgemeinbegriff ist, sondern per definitionem gegen diesen das Je-Unähnliche der Personen zum Ausdruck bringt, dann ist dies *nicht* - wie *Radlbeck* meint - der klassischen Trinitätslehre widersprechend, sondern geradezu *entsprechend!* Es ist schlicht *falsch*, zu meinen, ein solches »analoges« Personverständnis beziehe sich »anders als der klassische Personbegriff ausschließlich auf das Eigene und Einmalige des Vaters, des Sohnes und des Geistes« (S. 82), weil ja *umgekehrt* die unaufhebbare und unendliche Einmaligkeit der Personen *als* Relationalität bestimmt ist, so daß die unendliche Einmaligkeit *nur* (aber nicht »nur«!) in gleichursprünglicher Bezogenheit auf die anderen einmaligen Personen und sonst gar nicht *Einmaligkeit* ist. - Interessant ist aber noch mehr, daß *Radlbeck* den Vorwurf, Person als »individuum ineffabile« zu verstehen, *Moltmann* macht, der doch in unserem Zitat sich davon gerade absetzt...

412 Ganz anders klingt dies bei *Kasper* (1982) 243: »Dies...bedeutet, daß Gott seine Identität nur in der Selbstunterscheidung zwischen Liebendem und Geliebtem, die beide in der Liebe eins sind, besitzt«; denn hier wird die »Selbstunterscheidung« zwar noch als Schema der Differenzierung aus einem Liebes*begriff* im Nachklang sichtbar, aber die Intention geht von der konkreten Unterschiedenheit der göttlichen Personen so aus, daß in der liebenden Hin-

schon in einem eigentümlichen, geradezu unversöhnlichen Gegensatz zu *Moltmanns* kreuzestheologisch vermittelter Trinitätstheologie, in der er doch geradewegs umgekehrt die »Einheit« als aus der heilsgeschichtlichen »Interaktion« der Personen erst sich ergebend ansieht. Wir haben diesen eminenten Widerspruch nicht nur zur Kenntnis zu nehmen, sondern im Lichte des Erhobenen auch zu interpretieren: *Moltmann* denkt hier nämlich insofern *konsequent*, als er dann, wenn er die heilsgeschichtliche Konstitution der Einheit Gottes als eine »philosophisch-nachträgliche« deutet, *doch* von ihr sprechen muß, aber unter *diesen* Konditionen. Das bedeutet, daß die aus der heilsgeschichtlichen radikalen Distinktion der Personen, ihrer »feindschaftlichen Diastase« zu fordernde Liebes-Einheit nur in »dialektischer« Notwendigkeit konstituiert zu werden vermag; diese ist aber eben nichts anderes als eine Einheitsvorstellung von nachträglich-philosophischer Interpretation des heilsgeschichtlich Erhobenen. *Parallel* dazu - aber in anderem Kontext: nämlich nicht einer Christologie, sondern einer Trinitätslehre - wird in nachträglich-abstrakter Reflexion die Einheit als Liebeseinheit verstanden, die aber, weil sie *abstrahiert* der heilsgeschichtlichen Diastase vorwegentworfen von einer erst zu differerenzierenden »Einheit« aus entwickelt wird, stark an eine erst nachträglich differenzierte Ur-Einheit im Sinne der metaphysischen Wesensbestimmung erinnert.[413] So stehen einander zwei philosophisch gewonnene Prinzipien der Trinitätsdeutung gegenüber: das »dialektische« und das einer *nachträglich* »in sich« differenzierten »Liebesontologie«.

---

gabe diese eine Einheit bilden: Die Einheit ist *in* der Relationalität gleichursprünglich mitgesagt. Oder anders: Gott ist gar nicht eins, ohne in liebender Hingegebenheit und Relationalität der Personen. Vgl. *Kasper*: TGA 21 (1978) 46-48. - Vgl. andere Versuche der Ableitung der Trinität aus einem (a posteriori) differenzierten *Begriff*: *Berning* (1978) bes. 81: Hier wird von einer »negativen Aseität« Gottes eine »positive Aseität« unterschieden, die in sich die Differenzierung von Hervorbringen und Hervorgebrachtwerden enthalten müsse.

413 Dies ist um so bemerkenswerter, als *Moltmann* für sich den biblischen Ausgang in Anspruch nimmt, auch in seiner Trinitätslehre: »Wählt man den Ausgangspunkt beim *biblischen* Zeugnis, dann wird man von den drei Personen der Geschichte Jesu ausgehen müssen. Wählt man den Ausgangspunkt bei der *philosophischen Logik*, dann geht man von dem Einen Gott aus«, *Moltmann* (1980) 167. Genau dies tut *Moltmann* aber, wenn er bei einer »Liebes-Ontologie« ansetzt, um darin zu differenzieren, ohne je wirklich von da her auf die reale trinitarische Offenbarung Gottes kommen zu können.

Während das eine Einheitsprinzip die heilsgeschichtliche Diastatik im Kontext der Christologie deutet, interpretiert die andere im Kontext einer (implizit angenommenen) »ursprünglichen« Einheit der Trinität diese Einheit als *nachträglich-philosophische*. Präziser: Während der christologische Weg von einer heilsgeschichtlich erhobenen »Dia-Stasis« zu einer dann, d.h. unter *dieser* Bedingung, nicht mehr als »ursprüngliche« zu restituierende Einheit hin aporetisch denkt, wird in trinitätstheologischem Kontext von einer philosophischen »Einheit(svorstellung)« in Abstrahierung gerade von der Heilsgeschichte hin zu einer *dann* »nachträglichen« Differenzierung dieser Einheit im Hinblick auf die Trinität ebenso aporetisch gedacht. Die *Aporie* zeigt sich in der wechselseitig *unvermittelbaren* »Ursprünglichkeit« von Differenz und Einheit in Gottes Sein und geschichtlichem Wirken. In jener Aporetik, vermittelt durch den jeweiligen Ausgangspunkt: Geschichte oder »Ontologie«, spiegelt sich nun mit äußerster Präzision das »dialektische« Erkenntnisprinzip *Moltmanns wider, das den Ausgangspunkt jeder Gotteserkenntnis im Widerspruch sieht*; der ist hier tatsächlich verwirklicht.[414] - Jedenfalls: *Im Kontext der Bestimmung des »Liebes«-Seins wird Gottes Liebe nicht aus der »Differenz der Personen« als Einheit, sondern aus der Einheit des Liebesbegriffs als nachträgliche und demnach gar nicht »eigentliche« Differenz gedeutet.*

> »Die innertrinitarische Liebe ist als *Liebe zum Gleichen*, nicht zum Wesens-anderen. Sie ist notwendig, nicht freie Liebe.«[415]

Erst durch das »Aus-sich-Herausgehen« werde die zeugende Liebe zur schöpferischen, d.h. zu einer *freien* Liebe. Dann gelte sie nicht mehr dem Anderen *im Gleichen*, sondern dem Gleichen im Anderen. Das Gleiche sei dem Gleichen nämlich nicht genug: Deswegen sei die schöpferische Liebe schon die leidende und beide die Liebe, die Gott schon in »Ewigkeit« ist. Die Erschaffung der Welt sei *ein Moment* des

---

[414] Das zeigt nochmals die »Reziprozität« von Erkenntnis*form* und -gegenstand sehr eindringlich auf: Hier wird das dialektische Erkenntnisprinzip nicht nur behauptet, sondern in der eigenen Vorgangsweise geradezu aporetisch verwirklicht. Dem entspricht dann das tatsächliche Gottesbild, in dem immanente Trinität und ökonomische und Einheit und Dreipersönlichkeit Gottes aporetisch auseinandertreten.

[415] *Moltmann* (1980) 74.

tiefsten Geheimnisses im Verhältnis von Vater und Sohn.[416] - Das ist bemerkenswert konsequent: Weil nämlich das dialektische Prinzip der Erkenntnis Gottes Gott in der Form zeige, wie (gegenüber allen Projektionen) Gott *sich* zeigen wollte, muß die Welt, in der Gott sich als der *widersprüchliche* in der »Diastase« von Vater und Sohn gezeigt hat, das Sein Gottes in »Ewigkeit« aussagen: *Die leidende Liebe ist die Liebe Gottes in Ewigkeit*! Das ergibt sich bei *Moltmann* aus folgenden Zusammenhängen (und mit folgenden Implikationen und Konsequenzen): 1. Das Grundaxiom der Gotteslehre wird (vorerst) in Richtung auf eine *reale* Identität von ökonomischer und immanenter Trinität ausgelegt: Wie Gott sich zeigt, so ist er »von Ewigkeit her«. Dies ist die vorbereitende Denkfigur zur Begründung des leidenden Sich-Mitteilens Gottes in theologischer Rück-Führung. 2. Wenn Gott sich in äußerster »Dia-Statik« als Gott und darin eben leidend-liebender zeigt, *ist* er der »von Ewigkeit her« leidend-liebende. *Dies* ist der Schritt der »Verewigung« des geschichtlichen Selbst-Mitteilens *in* Gott. 3. Weil Gott aber aus dem Liebesbegriff nicht als der »Dia-Statische«, sondern als der *nachträglich* differenzierte gedacht wird, ist er *in sich »für sich« keine* diastatische Differenz, sondern »Liebe zum Gleichen«. Das stellt die Aporetik von Einheit und Dreipersönlichkeit Gottes in ein Paradoxon: a) Soll Gott als ursprüngliche Einheit gedacht werden, muß er von einem erst nachträglich sich »in sich« differenzierenden Liebesbegriff ausgelegt werden, der die Einheit verbürgen soll. Diese Einheit ist aber - der Heilsgeschichte widersprechend - *nicht*-diastatisch, *nicht*-dialektisch, sie verbürgt *nicht* die Differenz in Gott als göttlich-*ursprüngliche*. Sie stellt vielmehr den Grundsatz des »Gleichen« dar, welches *Moltmann* doch andererseits *aus* dem Widerspruch als *Abgeleitetes* versteht.[417] b) Soll

[416] Vgl. *Moltmann* (1980) 74.

[417] Vgl. dazu den Ansatz von *Moltmanns* »Dialektik«, die aus sich als Widerspruchsprinzip (und aus der Ursprünglichkeit des Widerspruchs) erst die »Ähnlichkeit« ableiten möchte im Ersten Teil. Im übrigen ist schon philosophisch, wie *Ebeling* aufzeigt, das »Subjekt«, wenn es in *gleichursprünglicher* Einheit vorgestellt wird mit anderen Subjekten, *weder* aus einer vor-gängigen Einheit, die dann »abstrakt« in sich zu differenzieren wäre, *noch* aus einer nicht Einheit ursprünglich integrierenden Vorgängigkeit zu einer dann »abstrakten« Einheit zu verstehen: »Das *eigentliche Subjekt im Dasein* ist daher dasjenige des bewußten Seins, das nicht weniger im apriorischen Plural ist als das Intersubjekt der Sprache und das Konsubjekt der Existenz, das aber als das

Gott als ursprüngliche Dia-Stase gedacht werden, *weil* er sich selbst so zeigt, dann *muß* er aber *dieser* Gott in »Ewigkeit« sein: Dann ist die »Gleichheit«, die »Analogizität« (im Sinne *Moltmanns*) aus der Dialektik, aus dem Widerspruch *abzuleiten*, wenngleich der Widerspruch »ontologisch« gedacht keine ursprüngliche Einheit herzustellen vermag.[418] - Dies führt zu folgendem »innergöttlich« nicht lösbaren Widerspruch: *Während die diastatische Differenz die »Dialektik« zur ursprünglichen Gegebenheit der Liebe Gottes in ihrer heilsgeschichtlichen Selbstmitteilung erhebt, aus der eine »Gleichheit« in Ableitung erst erwachsen kann (= »Analogie«), ist »in« Gottes Liebes-Einheit die »Gleichheit« die ursprüngliche Form der Liebe und die »Dialektik« abgeleitet*!? Weil aber die »Dialektik« Gott ursprünglich erfaßt, müßte sie doch Gottes Liebe *ursprünglich* in seinem Sein bezeichnen!? 4. Der Widerspruch zwischen den beiden »Perspektiven«, von denen je ausgegangen wird, nämlich zum einen in *ontologischer* Perspektive der *»Einheit«* (= Liebesbegriff), in *geschichtlicher* Perspektive der *Differenz* (= Diastase), ist schlicht eklatant. Deswegen bietet *Moltmann* eine Lösung an, die beides, wenngleich nicht auflöst, so doch in einen eminenten Zusammenhang stellt: Die nicht-dialektische, »analoge« Liebeseinheit, die dafür auch als »notwendige« und nicht als »freie« Liebe bezeichnet wird, und die nicht-»analoge«, dialektische geschichtliche Diastase kommen dann in einer Gleichzeitigkeit, d.h. für Gott: in einer »Gleich-Ewiglichkeit«, überein, wenn Gott die Welt immer schon geliebt hat, sie immer schon wollte, *ja wenn die Welt mit Gottes Liebes-Sein gewissermaßen koextensiv ist.*[419] a) Dann ist Gottes Liebe immer schon zur Diastase konkretisierte Einheit, weil nicht nur immer schon notwendig, sondern auch »frei«; *weil Gott immer*

---

beide Vermittelnde die Einzelnheit des Fürsichseins an sich behalten muß und nicht in der Allgemeinheit eines Konsenses aufgehen kann, wenn dieser davor bewahrt werden soll, ein falscher zu sein. Das Konsensus Ermöglichende bleibt seinerseits konsensusresistent«, *Ebeling*: *Cramer* u.a. (Hg.) (1987) 76-94; hier: 93. Vgl. auch *Pannenberg*: *Koselleck/Stempel* (Hg.) (1973) 470-490.

[418] Das ergibt sich bei *Moltmann* evident aus der Analyse seines Widerspruchsprinzips im Hinblick auf die heilsgeschichtliche diastatische Differenz von Vater und Sohn.

[419] Damit verschärft sich die Frage nach der (Art der) Identität von ökonomischer und immanenter Trinität in der Tat »zur Frage nach der Notwendigkeit der Welt und ihres Prozesses für Gott«, *Krenski* (1990) 349.

schon ad intra und ad extra liebt. b) Dann ist der Selbstausdruck der Liebe Gottes in Christus in der Tat »von Ewigkeit her« Moment seines Seins als eines *dann* liebend-*leidenden*, weil Gott so ist, wie er sich zeigt. c) *Dann aber ist die Welt und ihre Schöpfung nicht der »freie« Akt göttlich-diastatischer Liebe und auch nicht ein »notwendiger« Akt göttlich-»analoger« Liebe, sondern gewissermaßen die »freie Entsprechung des Gott notwendigen Übergangs« von seinem inneren Sein zu seinem ad extra Handeln.* 5. Und deshalb, d.h. um die beiden zueinander sich aporetisch verhaltenden Perspektiven von »Einheit« und »Differenz« zueinander zu bringen, *ist die Schöpfung ein »inneres Moment« der Differenz von Vater und Sohn.* Wäre sie es nämlich nicht, so gäbe es in Gott keine ursprüngliche »Differenz« (so hat er sich aber gezeigt) und wäre die Differenz auch nicht Ausdruck göttlich-ursprünglicher Einheit, weil Gott in sich »für sich« ja zunächst »analog« liebt.

Auf diese Weise wird die Aporetik der beiden Perspektiven über eine *doppelte* »Verewigung« aneinandergeschweißt: 1. Über die »Verewigung« der Schöpfung wird die ursprüngliche diastatische Differenz konstituiert: Erst wenn die Schöpfung von Ewigkeit her Gott »entspricht«, ist seine Liebe die von Vater und Sohn als innergöttlich-ewige Differenz. *Die »Verewigung« der Schöpfung konstituiert den trinitarischen Gott mit als einen ursprünglichen.* 2. Über die »Verewigung« der Geschichte (der Selbstoffenbarung Gottes in Christus) wird das Leiden als Ausdruck urprünglicher göttlicher Liebe »in« Gott als ewiger Vollzug seines ursprünglichen Liebes-Seins instituiert. *Die »Verewigung« des Leidens Gottes konstituiert das Sein Gottes als ewig-liebendes.*

2. Innergöttliche »Differenz« und gott-weltliche »Differenz«

Die so ausgelegte Liebe Gottes hat in sich schon immer die *Tendenz des »ad extra«* in sich; wohlgemerkt: in der dialektischen Konstitution von Einheit und Differenz *nicht* die Notwendigkeit, sondern die Freiheit des Schenkens, so daß der »Übergang« von göttlich-notwendiger Liebe zu schöpferisch-freier Liebe als ein Gott *»Entsprechendes«* ausgelegt wird.[420] Das Konzept einer Gott koextensiven Schöpfung impliziert nun

---

[420] *Moltmann* (1980) 74. Dies sagt *Moltmann* im Anschluß an *Berdjajew*, der seinerseits ein »Begehren«, eine »unstillbare Sehnsucht« in Gott annimmt, schöpferisch zu lieben; vgl. die Analyse zu *Berdjajew*: *Moltmann* (1980) 57 ff.

einen eigentümlichen Freiheitsbegriff: Die *Freiheit* Gottes wird ausdrücklich gegen einen als »nominalistisch« gedeuteten Freiheitsbegriff abgegrenzt, für den charakteristisch sei, daß Gott auch *nicht* schaffen hätte »müssen«, und damit *nicht* hätte je »nach außen« lieben »müssen«.[421] Aber - so fragt *Moltmann* -, kann Gott wirklich in seiner »unangerührten Herrlichkeit« sich genügen wollen; braucht er nicht den, den er tatsächlich, d.h. in der tatsächlichen Geschichte (Jesu), in unendlicher Liebe im Leiden liebt?[422] Aus der Tatsächlichkeit erschließe sich - gemäß dem Grundsatz, daß Gott in sich »ewig« so sei, wie er sich gezeigt hat - aber eine gewisse »Notwendigkeit« der Liebe Gottes »nach außen«, die *Moltmann* argumentativ folgendermaßen festlegt: Wenn Gott nämlich die Wahrheit sei, insofern er sich »entspräche«, dann müsse er sich doch als zugleich »unwahr« erweisen, wenn er sich nicht *ganz* »entspräche«[423]. »Also müßte er sich in seiner Nichtoffenbarung, in der er sich mit seiner unangerührten Herrlichkeit genügen läßt, *wider*sprechen.«[424] Gott »entspricht« sich nur dann *ganz* (und nur so *ist* er Gott), wenn er immer schon der ist, als der er sich verwirklicht: und wenn er schafft, dann muß er dies immer schon wollen!

> »Wenn nun Gott Liebe ist und dieses Sein in der Hingabe seines Sohnes offenbart, ist er dann als Nicht-Liebe überhaupt denkbar? Kann Gott sich wirklich damit begnügen, sich selbst zu begnügen, wenn er die Liebe *ist*?«

Genau besehen nimmt *Moltmann* hier eine doppelte »Identifizierung« vor, die man sehen muß: Zum einen: Göttliche Liebe ist die Hingabe seines Sohnes, so ist sie sein *Sein*. Zum anderen: Nicht-Liebe ist die Nicht-Offenbarung, oder grundlegender: das Nicht-Schaffen Gottes. Das hat folgende Konsequenzen: 1. Wenngleich dem ersten in dem Sinne einmal zugestimmt sein könnte, weil die Liebe als Gottes Sein mit der inneren Hingabebewegung in der Menschwerdung des Sohnes sich tatsächlich

---

421 Vgl. *Moltmann* (1980) 68. Vgl. S. 169: »Die Vorstellung von einer immanenten Trinität, in der Gott ohne seine Heil vermittelnde Liebe für sich selber ist, bringt eine Willkür in den Gottesbegriff, die den christlichen Gottesbegriff auflöst.«

422 Vgl. *Moltmann* (1980) 68.

423 Vgl. *Moltmann* (1980) 68-69.

424 *Moltmann* (1980) 69.

»konkretisiert«: so *ist* Gott, ist dennoch zugleich dem gegenüber festzuhalten: So ist Gott nicht »von Ewigkeit her«, sondern in seiner Lebendigkeit![425] *Moltmann aber deutet die Liebe als »von Ewigkeit her« als hingebend-leidend zu bestimmende.*[426] Dies aber *ist* »Verewigung« des Leidens in der Deutung der innertrinitarischen Hingabe-Bewegung des Sohnes auf den Vater hin als *ewiglich-leidendes Geschehen.* 2. Zum anderen: Ein nur *»in sich«* sich-liebender Gott ist Nicht-Liebe!?[427] Die zuvor als »notwendig« gedeutete Liebe wird jetzt sogar zur Nicht-Liebe degradiert, was ganz auf der Linie der Intention liegt, die Ursprünglichkeit der Dialektik und damit des leidenden Widerspruchs der Liebe herauszustellen. *Die Liebe zum »Gleichen« ist als »notwendige« Liebe zugleich im Grunde genommen »Nicht-Liebe«: Gott liebt sich trinitarisch »für sich« eigentlich nicht! Erst wenn die innergöttliche »(Nicht-)Liebe« sich über die Schöpfung in ihrer inneren »Differenz« ursprünglich konstituiert, wird sie allererst zur Liebe, und dann: zur freien dialektischen Liebe »zum Anderen«.* Hier wird von der Geschichte der Konkretion göttlicher Liebe in die »Ewigkeit« Gottes zurückgeschlossen (im Sinne einer »Verewigung« des Leidens in Gott); hier wird vielmehr postuliert, daß *diese* Geschichte immer schon zu Gott gehört als *Konstituens* seines Liebes-Seins. 3. Wenn Gott *nur* Liebe ist, wenn er sich schöpferisch-liebend nach außen offenbart, ist er in-sich-selbst letztlich unvollendet Liebe, ja Nicht-Liebe, oder mit *Moltmann*: unwahre, Gott noch nicht

---

425 Dies ergab sich aufgrund der biblischen Erfahrungsgrundlage und Interpretation der Liebe Gottes durch die johanneischen Spitzenaussagen zum Liebes-Sein Gottes in bezug zur Offenbarung dieser Liebe in Jesus Christus. Aber in einem spezifisch von *Moltmann* unterschiedenem Sinne! Nämlich: Ohne Tendenz zur »Verewigung«, sondern im Sinne einer »Geschichtlichkeit« Gottes im Vollzug seiner trinitarischen Offenbarung als Vollzug seines inneren trinitarischen Lebens.

426 »Der dreieinige Gott kann in der Heilsgeschichte nicht anders erscheinen, als er in sich selbst ist. Wie er in der Heilsgeschichte erscheint, so ist er in sich selber, denn er selber erscheint und ist so, wie er erscheint«, *Moltmann* (1980) 170.

427 Nicht nur gilt dann, wie *Krenski* (1990) 394 kritisiert: »Das aber heißt, die immanente Trinität bliebe ohne Gottes Selbstmitteilung an das Wesens-Andere so etwas wie eine defiziente Struktur von Liebe«, sondern letztlich, weil sich in der Liebe zum Anderen die Liebe allererst als wahrhaft trinitarische manifestieren kann bzw. die Liebe über das »Andere« zur Liebe bestimmt wird, gar nicht wirklich Liebe, eigentlich »Nicht-Liebe«.

»entsprechende« Liebe. *Wenn aber Gott sich als Liebe tatsächlich im Leiden offenbart, dann ist seine leidende Liebe schon sein Sein in »Ewigkeit«*[428] *so, daß sie als nicht-leidende Liebe gar keine Liebe wäre: Die Ewigkeit der personkonstituierenden Liebe fordert daher die »Ewigkeit« der Welt für Gott, deren Existenz, weil sie Gott konstituiert in seiner »ewigen« innergöttlichen Differenz, Gott »entspricht« und daher auch nicht aus einem »für Gott selbst neuen Akt« hervorgegangen sein kann:*

> »Wenn man den ewigen Ursprung der schöpferischen und leidenden Liebe Gottes in einem Willensentschluß Gottes sieht, dann muß man die Vorher-Nachher-Struktur der Zeit in die Ewigkeit eintragen und von einer Natur vor und einer nach diesem Ratschluß reden.«[429] Daher gilt: »Wenn die Selbstbestimmung Gottes keine wesentliche Emanation der Güte Gottes ist, ist sie überhaupt keine Selbstbestimmung. Weder *daß* Gott sich selbst bestimmt, noch zu *was* er sich bestimmt, kann als Willkür in dem Sinne angesehen werden, daß es hätte auch unterbleiben können. Gott macht nichts aus sich, was er nicht von Ewigkeit her schon wäre.«[430]

Die Gott *»entsprechende«* Freiheit ist keine Wahlfreiheit, sondern Freiheit zum Guten[431], Gott »ent-schließt« sich daher auch nicht zu schaffen, sondern er »er-schließt« sich.[432] - So bestätigt sich die bisherige Analyse: Wenn wegen der Gültigkeit der Differenz in Gott (und das ist ja das methodisch relevante Motiv für alles kommende!) die Schöpfung als eine frei-entsprechende »Notwendigkeit« Gottes gefordert ist, kann sie gar nicht je einmal einem Entschluß Gottes entspringen, sie muß ihm koextensiv sein. Das basiert auf der Gleichung: Freiheit und Liebe,

---

428 Die dahinter stehende Vorstellung von »Ewigkeit« Gottes müßte in einer voll ausgearbeiteten Trinitätstheologie aber selbst noch einmal in Frage stehen, weil sie hier bewußt, um damit argumentieren zu können, als un-geschichtliche unterschwellig vermittelt wird. Das steht aber in eklatantem Widerspruch zu einem Verständnis der Trinität als einer ganz in der Geschichte Jesu *geschichtlicher*, wie *Moltmann* dies andernorts entfaltet: vgl. *Moltmann*: *Breuning* (Hg.) (1984).

429 *Moltmann* (1980) 69.

430 *Moltmann* (1980) 70.

431 Vgl. *Moltmann* (1980) 70-71.

432 Vgl. *Moltmann* (1980) 70.

gleichermaßen!, sind erst in einer *dialektischen* Verwirklichung tatsächlich gegeben, in einer *»analogen«* (im Sinne der »Gleichheit«!) im Grunde dagegen *nicht-gegeben;* Liebe ist, weil diastatisch Liebe, dann ursprünglich leidende Liebe; die Ursprünglichkeit einer dialektischen Diastatik verlangt eine Ewigkeit der Schöpfung, weil sie sich erst »ad extra« definiert; eine *Freiheit* zur Schöpfung kann nur in der »ewigen« Erfüllung der über die Welt konstituierten diastatisch-leidenden Liebe gedacht werden. *Die Freiheit Gottes wird wegen der geforderten Gleichewigkeit der Schöpfung zu einer »ewigen Entsprechung« uminterpretiert und so selbst »verewigt«.*[433]

Das eigentliche Problem *Moltmanns* zwingt ihn jedoch zu einem Zusatzargument, in dem deutlich wird, daß er für seine Begründungszusammenhänge seine trinitarische Perspektive, mit der er meinte, die »Zwei-Naturen-Lehre« überwinden zu können, doch wieder verlassen muß: Während *Moltmann* in christologischen Zusammenhängen mit der personal-trinitarischen »Perspektive« die Gott-Welt-Differenz übergehen zu können glaubte, um so den Sohn selbst (und so die Trinität) als leidenden behaupten zu können, holt ihn dieses unbewältigte Problem der im »Perspektivenwechsel« unaufgearbeiteten *Differenz zwischen Gott und Welt* wieder ein; und nur, wenn diese Differenz zugleich ausgesagt werden kann (so hat sich ergeben), kann die Freiheit Gottes der Welt gegenüber so gesichert werden, daß er der seinen leidenden Konkretionen seiner Liebe gegenüber doch je-größere bleibt. *Moltmann* wechselt nämlich (im Zitat) von der errungenen trinitarisch-personalen »Perspektive« neuerlich zur »naturalen« zurück, wenn er die Freiheit Gottes zu einem Entschluß für eine Schöpfung *»naturalisiert«*: In der einen *Natur* Gottes, in seiner »einen« Gottheit in ihrer »Ewigkeit« müßte es nämlich mit einem freien Entschluß zur Schöpfung ein *Geschehen* des »Übergangs« geben *in* den Entschluß und die Faktizität eines schöpferischen Handelns Gottes, ein Vorher und Nachher, und damit

---

[433] Zwar will *Moltmann* sich von jenen theologischen Tendenzen nach wie vor unterscheiden, die eine Entäußerung Gottes kraft seiner Liebe als »wesensnotwendig« verstehen: vgl. *Moltmann* (1980) 121 ff. Seine Lösung läßt aber einer Unterscheidung von diesen Positionen nicht viel Spielraum, weil Gott ja erst im Entsprechen *frei* wird und frei *wird*; und weil er es nicht werden darf - wegen der Ursprünglichkeit der innertrinitarischen Differenz -, muß er es immer schon sein.

»zwei Naturen« in Gott: 1. Dies ist typisch für eine »Ewigkeitsvorstellung«, die schon bisher hinter *Moltmanns* Argumenten vorausgesetzt war, jetzt aber zu Tage tritt: *daß es in Gottes ewigem Sein keine »Geschichte« geben könne, die für Gott selbst ewige Neuheit bedeutet aus seiner Fülle, weil darin eine »Neuheit« Gottes Natur spalte.* 2. Der Grund, warum *Moltmann* ausgerechnet an dieser Stelle nicht-trinitarisch argumentiert, also die neue Perspektive wieder zurücknimmt, kann darin gesehen werden, daß die Welt zur Konstitution der innertrinitarischen Differenz in einem solchen Ausmaße »notwendig« geworden ist, daß die Unterscheidung und Zuordnung von »Gottheit« und Welt (im Schöpfungsentschluß) *vorher* geklärt werden muß: *Weil die »Ewigkeit« der Schöpfung die Ursprünglichkeit der innergöttlichen »Differenz« mitbegründet, muß sie derart »gleichewig« mit Gottes Liebes-Sein angenommen werden, daß nur eine »Differenz« von Gott und Welt »innerhalb« einer wesentlich-unveränderlichen Ewigkeit der Gottheit die trinitarische Differenz als »ursprüngliche« garantiert.* Wiederum eine unlösbare Antinomie: Während auf der einen Seite die Ursprünglichkeit einer diastatischen *Differenz* eine *undialektisch*, ungeschichtlich »unveränderliche« Wesenheit Gottes fordert, damit der die Differenz garantierende Schöpfungsentschluß *unbedingt*-ewig sein kann, behauptet die ursprüngliche trinitarische »Differenz« geradezu diametral umgekehrt Gottes Liebes-Sein als *bewegt-leidendes* und damit (gerade im Konnex mit der Schöpfung und ihrer Geschichte, die Gott ja in Christus zu seiner macht) *geschichtlich-veränderliches Sein Gottes*!?[434]

3. Die »Selbstbeschränkung« Gottes

Diesen aporetischen Konflikt meint *Moltmann* nun durch die Idee der »Selbstbeschränkung« und »Selbsterniedrigung« Gottes lösen und zu einer Einheit fügen zu können:

---

[434] Vgl. nur etwa *Moltmanns* Hinweise auf die *pathische* Betroffenheit Gottes, die durchgängiges Motiv seiner Theologie ist und sich geradewegs gegen eine »Unveränderlichkeit« Gottes richtet, oder seinen Hinweis auf die paulinische Theologie mit Hinweis auf die auch hier analysierte Stelle *1 Kor 15,20-28*: »Er stellt nämlich die *eschatologische Zukunft* als ein *innertrinitarisches Geschehen* dar«, *Moltmann* (1980) 107.

»Mit der Schöpfung einer Welt, die nicht Gott ist, aber ihm doch entspricht, beginnt die *Selbsterniedrigung*, die Selbstbeschränkung des Allgegenwärtigen und das Leiden der ewigen Liebe...Die Schöpfung einer Welt ist darum nicht nur ein 'Handeln Gottes nach außen', sondern zugleich auch ein 'Handeln Gottes nach innen' und so ein Erleiden Gottes. Gottes Schöpfung bedeutet für Gott Selbstbeschränkung, Zurücknahme seiner selbst, also Selbsterniedrigung. Schöpferische Liebe ist immer auch leidende Liebe.«[435]

Die Vorstellung von der »Selbstbegrenzung« und »Selbsterniedrigung« Gottes *schon* für den *Schöpfungs*akt, und nicht erst für die Kenosis des Sohnes im Kontext der Sünde, ist weit verbreitet; geradezu eine Tradition zur Begründung der Geschichtlichkeit Gottes aus einem heilsgeschichtlichen Handeln in Christus.[436] Wird aber nach dem Analysierten schon in allgemeiner Form gelten können, daß hier die *leidende* Liebe *nicht*-analog, d.h. die Unähnlichkeit Gottes nicht oder jedenfalls nicht ausreichend berücksichtigend, argumentiert wird, weil die geschichtliche Konkretion »verewigt« und zu einem Ausdruck des Seins Gottes verwandelt wird in »von Ewigkeit her« geltender und daher zuletzt und

---

435 *Moltmann* (1980) 75; vgl. auch noch 123 ff.

436 Vgl. *Rahners* dann doch nicht durchgeführte Rede von der Ermöglichung der Schöpfung wegen der »ewigen« Gewolltheit der Inkarnation, und also der *kenosis* und *genesis* Gottes: »Das glaubensmäßig gegebene Urphänomen ist somit vielmehr gerade die *Selbstentäußerung*, das Werden, die *kenosis* und *genesis* Gottes, der werden kann, indem er im Setzen des entsprungenen anderen selbst das Entsprungene *wird«, Rahner*: SzTh IV (1960) 148. Oder die ausdrücklich auf die Schöpfung bezogenen Aussagen *Jüngels*: »Hat Gott aber das von ihm gewollte Andere neben sich, dann ist er durch dieses Andere neben sich...*begrenzt*. Und man muß sofort hinzufügen, daß Gott durch sein Geschöpf *begrenzt sein will*...Ist die creatio ex nihilo Ausdruck der Gottheit Gottes, dann ist die schöpferische Selbstbegrenzung Gottes, die mit dem Anfang eines Anderen dem ursprünglichen Anfangenden selber ein Gegenüber gibt, ein zum Wesen Gottes gehörender Akt«, *Jüngel* (1986) 265-275; hier: 267-268. Oder: *Kelsen*: Logos 9 (1922/23) 275, für den Gott sich selbst (seinen Willen) »beschränkt«, indem er sich trinitarisch vollzieht. Schließlich auch *G. Greshake,* dem eine Unterscheidung zwischen Gottes Geschichte der Fülle und der des Leidens durchaus bewußt ist in differenzierterer Form: »Unabhängig und frei ist das Geschöpf aber erst dann, wenn die Tat seiner Freiheit, eben weil es nicht die Tat Gottes ist...ein wirklich 'Neues' für Gott selbst hervorbringt, einen 'Zuwachs' zu seiner (zurückgenommenen) Allmacht und Seinsfülle, etwas, das ohne den freien Akt des Geschöpfes ungetan bliebe, die *gloria Dei«, Greshake* (1969) 346.

zutiefst *ungeschichtlicher* Weise, wird das für *Moltmann* im speziellen gelten können: 1. Nicht, daß Gottes Liebes-Sein als ein sich selbstbegrenzendes oder selbst-entäußerndes verstanden werden könnte oder sollte, ist hier das Problem - die Rede von der trinitarisch begründeten Kenosis Gottes in seinem Selbst-Einsatz konnte schon als berechtigte Rede vom Leiden Gottes erwiesen werden[437] -, sondern die Rückübersetzung dieser sich-erniedrigenden Liebe in die »Ewigkeit« Gottes stellt das Problem dar.[438] *Durch die »Verewigung« der (innertrinitarischen) »Selbsterniedrigung« Gottes als Vollzug seines ewigen Liebes-Seins wird nämlich der liebend-leidende Selbsteinsatz Gottes in seiner heilsgeschichtlich-trinitarischen Geschichte »als« ewige Geschichte Gottes behauptet und damit ihrer Spitze als eines »geschichtlichen« Neu-Werdens Gottes »in sich« enthoben.* Die »Verewigung« enthebt die geschichtliche Konkretheit des Liebes-Einsatzes Gottes gerade seiner wesentlichen und uneinholbaren und unvorsehbaren Geschichtlichkeit, Freiheit und Neuheit *für Gott selbst*, um Gott *un*geschichtlich zur Grundlage der Geschichte zu erklären. Im biblischen Kontext wird dagegen *konkret*-geschichtlich argumentiert: Gott wird in seinem Selbst-Einsatz selbst »neu«, ohne darin je einmal nicht mehr der *hypotaxas* bleiben zu können. 2. Bei *Moltmanns* dialektisch-fundierter Denkstruktur muß dieser Argumentation aber noch eine besondere Bedeutung zugemessen werden: Auf diese Weise der ungeschichtlichen Verewigung der pathischen Liebe Gottes kann es geradezu zu einer *»Identität«* von »Ewigkeit« (Ontologie) und »Geschichte« kommen, durch welche die bisher selbst unvermittelbaren Perspektiven der ursprünglichen *Einheit* und der ursprünglichen *Differenz* in Gottes Sein eine Übereinkunft finden. Wenn Gottes Sein *immer schon* ein

---

[437] Das muß deutlich gesagt werden, weil ja die trinitarische Letzt-Begründung des Leidens als Leiden Gottes gerade dem Ausweis der Berechtigung einer solchen Rede, insofern vom Leiden des trinitarisch lebenden Gottes die Rede ist, gedient hat. Darin ist ja auch *H. U. v. Balthasar* zuzustimmen oder *W. Kasper*, daß Gottes Liebe, indem sich in Christus als leidende im »Sohn« und das in der Aufnahme dieser missio in die lebendige processio der Vater-Sohn-Beziehung erwiesen hat, mit voller Berechtigung eine *kenotisch-leidende* genannt werden kann!

[438] Aufgrund der »Verewigung« der Schöpfung ist auch die dann »theoretische« Unterscheidung zwischen »Leiden« und »Leidenschaftlichkeit« Gottes hinfällig, weil das Leiden mit der Leidenschaftlichkeit so zusammenfallen muß, daß Gott als der *real von Ewigkeit her sich-erniedrigende* genannt werden muß.

ewig-pathisch-*leidendes* ist, dann ist die Schöpfung in ihrer Gleichewigkeit schon begründet, ohne sie als »Notwendigkeit« Gottes erklären zu müssen, sie ist vielmehr der »freie« Ausdruck dessen, was der leidenden Liebe »entspricht«. Dann ist zugleich die Ursprünglichkeit der »Differenz« in Gott, die über die leidende Liebe (und keine andere!) begründet wird, in ihrer Ursprünglichkeit fundiert als zugleich schon eine, die an diesem »ursprünglichen«, leidenden »Ort« des Liebes-Seins die *Möglichkeit* der Schöpfung in der innergöttlichen Selbstbegrenzung Gottes als (immer schon) *reale* eröffnet. 3. In der Verewigung des Leidens Gottes wird aber nicht nur die Geschichte *ungeschichtlich* im Sein Gottes begründet, sondern zugleich die Identität von »Unveränderlichkeit« und »pathischer Lebendigkeit« Gottes behauptet: *Die Verewigung der Geschichte ist eine eigentümliche Form der »Re-Metaphysizierung« des Gottesbegriffs*, weil Gottes reale Geschichte in dieser Welt damit in eine metaphysische ewige Emanation Gottes zurückverwandelt wird.[439] 4. In der ungeschichtlichen Verewigung des Leidens Gottes wird schließlich in der Identität von Geschichte und Ontologie die *reale Identität von ökonomischer und immanenter Trinität* fundiert. *Die »Verewigung« des geschichtlich-selbsteinsetzenden Leidens Gottes führt zu einer »Re-Mythologisierung« des Gottesbegriffs, weil die Geschichte der Welt in Gott »von Ewigkeit her« immer schon seine Geschichte ist.*

4. Das Problem der »Re-Mythologisierung«

Moltmanns dialektischer Ansatz führt zu einer »Verewigung« der Geschichte und des Leidens in Gottes »Sein« über die »Verewigung« der

---

[439] Daher trifft der Vorwurf *Moltmanns* gegen *Pannenberg*, mit seinem universalgeschichtlichen Modell führe er Gott wieder metaphysisch-ungeschichtlich ein, auf ihn selbst zu. Wenngleich hier zu differenzieren ist: Zum einen führt die »Dialektik« zu einer »Verewigung«, zum anderen wird ein strikt geschichtliches Verständnis eine Zukunft Gottes kennen, die *aus der Zukunft* in die Gegenwart der Geschichte wirkt und dafür ein Ewigkeitsverständnis voraussetzt, das die »Neu-Offenbarung« Gottes, den eschatologisch-trinitarischen Akt nicht als geschichtlichen und für Gott noch »ausständigen« zu denken vermag: Die Antizipation ist »schon die Gegenwart der Zukunft in den Verhältnissen der Geschichte«, *Moltmann* (1975) 217-218. Andererseits intendiert *Moltmann* eine »geschichtliche Eschatologie«: vgl. *Moltmann* (1977) 26-50. Dies scheint ein unauflöslicher Widerspruch in dem von *Moltmann* theologisch »auch« Gewußten im Unterscheid zu dem »Systematisierten« zu sein.

Schöpfung als Ausdruck von Gottes leidender Liebe. Die Konsequenzen für unsere Fragestellung einer theo-logischen Letztfundierung des trinitarisch-geschichtlichen Leidens Gottes sind absehbar:

Der dialektische Ansatz führt nicht nur zu einer Abspannung und Kurzschließung des mit ihm Erkannten auf die *je-größere Ähnlichkeit* von Methode und Gegenstand, sondern auch zu einer *je-größeren Ähnlichkeit von Geschichte und Ontologie*, in der die *reale* Identität von ökonomischer und immanenter Trinität ohne »analoge Differenz« behauptet wird.[440] Die je-größere Unähnlichkeit Gottes, die aber alleine die je-größere Freiheit in seinen liebenden Konkretionen garantiert, wird in ihrer Aussparung aber zugleich aufgelöst. Damit ist die »Verewigung« als »projektive« Gottesvorstellung entlarvt.

Der unmißverständliche Ausdruck dafür, daß die dialektische Methode letztlich doch - entgegen ihres Sinns in *Moltmanns Konzeption* - eine (fälschlicherweise von *Moltmann so bezeichnete)* »analoge« Methode ist und folglich in einem letzten Selbstwiderspruch steht, weil sie nicht analog-reziprok, sondern »projektiv« ist, läßt sich daran festmachen, daß die Welt in einer ursprünglichen *»Entsprechung«* zu Gottes innertrinitarischen (über die Welt fundierten) leidenden und *so* erst »freien« Liebe erschlossen wird. *Die heilsgeschichtlich aufgegriffene dialektische »Diastase« des Leidens gründet in einer ursprünglichen göttlichen »Ähnlichkeit« und »Entsprechung« zu Gottes ewigem Sein!* - Man müßte also geradezu die Behauptung *Moltmanns*, daß die »Entsprechung« (Gleichheit) im »Widerspruch« gründe[441] umkehren, um ihr »projektives« Antlitz in der theologischen Fundierung offenzulegen: Der Widerspruch gründet in der ursprünglichen »Entsprechung« von Gottes ewig-*leidendem* Liebes-Sein und der Existenz der Welt. *Für die ewige Gültigkeit jeder »Differenz« ist die notwendige »Entsprechung« von Gott und Welt die unabdingbare Voraussetzung, so daß das geschichtliche Leiden Gottes in Gott ursprünglicher Vollzug seiner Selbsterniedrigung sein muß.*

---

[440] Besonders eklatant kommt diese Konsequenz aus der Gewichtung von ökonomischer und immanenter Trinität und dann gewissermaßen als innere Konsequenz dieser Gewichtung bei *Kitamori* (1972) 44 zum Ausdruck, wenn er sagt: »Das Wesen Gottes kann nur vom Wort vom Kreuz her verstanden werden«, wohingegen »die Zeugung des Sohnes durch den Vater eine Nebenaussage« sei.

[441] Vgl. *Moltmann* (^{5}1987) 33: »Aber jene Dialektik ist der Grund und der Anfang für die Analogie.«

Wenn Gott und Welt aber nicht als »Differenz«, sondern als »Entsprechung« gedacht werden müssen, ist die »theologische Wende« der Leidensfundierung schon gescheitert, weil die Differenz in Christus übergangen (= »Perspektivenwechsel«) und unbewältigt als Stachel bestehen bleibt. Hier kann die »neu-chalkedonensische« Position in der Tat im Hinblick auf die geforderte ausdrückliche *Ursprünglichkeit der Differenz von Gott und Mensch* in Christus bei gleichzeitiger »Logoshegemonie« *nicht* strukturell begründet werden (wenngleich sie *Moltmann*, das ist hier ja nie bestritten worden, bekennen mag). Daher droht dann die »Aufhebung« einer sowieso nicht im Blick stehenden Differenz in Christus durch die ausschließliche Betrachtung der Einheit im Sinne einer »mythologisierenden Gnosis«. Die theologische Fundierung wird auf die unbewältigte christologische Konkretheit der Vermittlung einer Rede vom Leiden Gottes zurückgeworfen.
Der Vorwurf einer Aufhebung der immanenten Trinität ist *Moltmann* öfter gemacht worden. *Miskotte* spricht davon, daß *Moltmann* die Unterscheidung, die mit *Barth*[442] aufrecht zu erhalten sei, daß nämlich Gott sich zwar ganz gebe, darin aber in der Geschichte nicht gefangen sei, »nicht länger aufrechterhalten [kann], [und]...infolgedessen aber auch in Gefahr [gerät], gerade diese Freiheit Gottes zu vergessen«[443]. *Momose* gibt zu Bedenken, daß die innergöttliche Geschichte so sehr Urgrund des Christusereignisses werde, daß »umgekehrt [gelte], das Kreuz Jesu offenbart uns nicht nur, sondern konstituiert auch wesentlich, wer Gott ist«[444]. Schließlich spricht *Balthasar* davon, daß, wenn das Kreuz »nicht nur zum bevorzugten (schließlich einzig gültigen) Ort der Selbstoffenbarung der Trinität wird, sondern geradezu zum Ort des wahren Vollzugs«[445], diese »Vermengung...Gott in das Weltgeschehen [verstrickt] und...ihn zu einem tragischen, mythologischen Gott«[446]

---

[442] »Obwohl das Wirken Gottes das Wesen Gottes ist, ist es notwendig und wichtig, sein Wesen als solches von seinem Wirken *zu unterscheiden*: zur Erinnerung daran, daß dieses Wirken Gnade, freie göttliche Entschließung, ist, zur Erinnerung auch daran, daß wir von Gott nur wissen können, weil und sofern er sich uns zu wissen gibt«, *Barth*, KD I (^{5}1947) 391.

[443] *Miskotte*: *Welker* (Hg.) (1979) 83; vgl. auch S. 73.

[444] *Momose* (1978) 79.

[445] *Balthasar*, TD III (1980) 299.

[446] *Balthasar*, TD III (1980) 300.

macht. - Und dieser Vorwurf einer *Re-Mythologisierung* Gottes ist zu Recht gemacht, weil die Aufhebung der Geschichte in das Sein Gottes zur realen Identität ja auch umgekehrt bedeutet: die Ontologie als Vollzug der Geschichte zu strukturieren. Und genau in diesem Sinne versteht *Moltmann* auch seinen Ansatz:

> »In der Sendung des Sohnes unterscheidet sich Gott von sich selbst und gibt sich hin. Die Sendung des Sohnes gründet also in einer Bewegung, die sich im göttlichen Leben selbst und nicht nur nach außen vollzieht. Sie kommt aus der trinitarischen Unterscheidung der Einheit Gottes. Anders ist die Sendung des Sohnes durch den Vater nicht zu verstehen.«[447]

Nicht stört daran, daß die heilsgeschichtliche Sendung die trinitarische Differenz offenbar macht, sondern, daß sie nur in einer das Je-Größer Gottes aussparenden Weise ausgesagt wird, in Differenz wird in »bloßer« *Ähnlichkeit* formuliert:

> »Was auf Golgotha geschieht, reicht bis in die Tiefen der Gottheit und prägt darum das trinitarische Leben in Ewigkeit.«[448]

Aber es prägt wegen der Gültigkeit der Dialektik Gottes Sein nicht nur »in Ewigkeit« *geschichtlich*, sondern »von Ewigkeit her« ungeschichtlich:

> »In der Menschwerdung des Sohnes kommt jene Selbsterniedrigung Gottes zur Vollendung, von der schon in der Lehre von der *Schöpfung der Welt* die Rede war...Die Kenosis Gottes, die mit der Schöpfung der Welt beginnt, erreicht in der Menschwerdung des Sohnes ihre vollendete Gestalt.«[449]

Weil Gott aus dem Horizont seiner konkret-leidenden Kenosis in »Ähnlichkeit« in seine »Ewigkeit« zurückgedacht wird, ist die real-geschichtliche Kenosis nicht freies Geschehen der Gottesgeschichte, sondern Ausdruck seines »Immer-schon-Gewollten«.[450] Da aber die

---

[447] *Moltmann* (1980) 91.

[448] *Moltmann* (1980) 97.

[449] *Moltmann* (1980) 133.

[450] Hier findet eine Umkehr der *Rahnerschen* Position statt: Während *Rahner* die Menschwerdung der Schöpfung so vorausdenkt, daß die reale Menschwerdung *auch* (wegen der Sünde) leidende werden kann, ist für *Moltmann* die Tatsäch-

Schöpfung, was hier nicht gesagt wird, für *Moltmann* nicht »beginnt«, sondern in Ewigkeit und (notwendig) »von Ewigkeit her« geschieht, ist die Kenose nicht nur »seit« der Schöpfung *Gottes Kenose,* sondern »von Ewigkeit her« sein *Sein selbst* als kenotisches.[451] Dies kann er mit so kühner Formulierung mit innerer Konsequenz bestätigen wie dieser:

> »Das Kreuz in der Mitte der Dreifaltigkeit...Ehe die Welt war, war das Opfer in Gott. Es ist keine Trinität denkbar ohne das Lamm, ohne das Opfer der Liebe, ohne den gekreuzigten Sohn.«[452]

Dann ist Geschichte aber in der Tat so »verewigt« vorgestellt, auch noch gegen etwaige Korrekturen und Abschwächungen durch *Moltmann*[453], daß sie nur mehr aus der Aufhebung der analog-reziproken Struktur in eine fundamentale »*Ähnlichkeit*«, ja *Identität* von Geschichte und Ontologie denkbar wird. Dies führt konsequent zur Auflösung der »immanenten Trinität« als Urgrund der Heilsgeschichte und zu einer »Selbsterlösung« Gottes:

---

lichkeit der leidenden Kenose schon der Hinweis auf die immer schon *so* gewollte *kenotische* Menschwerdung.

451 »Gott hat *von Ewigkeit her* nicht nur sich selber, sondern auch die Schöpfung gewollt, denn er hat sich nicht nur an sich selbst, sondern auch an das ihm Andere mitteilen wollen. *Darum* ist schon in der Liebe des Vaters zum Sohn die Idee der Welt enthalten«, *Moltmann* (1980) 123; Hervorhebungen nicht im Text. Das bedeutet aber, daß die Beziehung von Vater und Sohn als kenotische und somit erst als wirklich-freie Liebe in der Idee der Schöpfung und über sie konstituiert wird, und zwar »von Ewigkeit her«, wie wir gesehen haben: Die Ursprünglichkeit innergöttlicher Differenzierung ist mit der Weltidee streng verbunden.

452 *Moltmann* (1980) 133. Hier nähert er sich ganz und gar der Position *Balthasars* an; konkret zieht er hier auch *Adrienne von Speyer* an: zit.n.: *Albrecht* (1973) 156. Vgl. auch *Balthasar*: MySal III/2 (1969) 143 ff.

453 So spricht er davon, daß das Leiden Jesu »*nicht* verewigt [werde], wie eine einseitige Kreuzestheologie befürchten läßt. Es wird auch nicht überwunden..., wie eine einseitige Reich-Gottes-Theologie befürchten läßt. Sein Leiden gewinnt als erlittenes Leiden eschatologischen und ewigen Sinn«, *Moltmann*: *ders*. (1977) 82-83; Hervorhebung nicht im Text. Aber dafür müßte Gottes Sein selbst »geschichtlich« gedacht werden; das setzte aber schon zugleich einen *anderen* Begriff der Ewigkeit Gottes voraus als den, der die trinitarische Differenz erst begründet hat.

»Die Lehre der *immanenten Trinität* gehört, insofern sie Inbegriff der *Doxologie* ist, in die Eschatologie. Die ökonomische Trinität vollendet die immanente Trinität, wenn Geschichte und Erfahrung des Heils vollendet werden..., dann ist die ökonomische Trinität in die immanente Trinität aufgehoben.«[454] Und: »Mit der Erlösung der Welt und der Menschen zur Freiheit und Gemeinschaft ist darum immer auch der Prozeß der *Erlösung Gottes* von den Leiden seiner Liebe verbunden.«[455]

Zugleich aber vollzieht die »Identität« von Geschichte und Ontologie die Mythologisierung in einer neuerlichen Konstitution *metaphysischen* Denkens, weil ja umgekehrt auch die Geschichte in Ontologie aufgehoben wird; und insofern wird die ökonomische Trinität immer schon in die immanente Trinität »zurückgenommen«. Die Voraussetzung für das geschichtliche »Werden« der Trinität ist ihre ungeschichtlich-ewige, im dialektischen Prinzip fundierte »Gewordenheit« als leidende.
Die entscheidende *nicht*-analoge gedachte »Projektion« in den »Projektionen«, die in den sehr differenzierten »Verewigungs«-Vorgängen schließlich hervortritt (und das vermutlich in deutlicher Absetzung gegen eine alte Metaphysik), ist eine Art *»neues« Axiom der Gotteslehre*, das sich etwa so formulieren läßt: *Die höchste und unübertreffbare »Form« der Liebe, in der sie zu sich selber kommt, ist das »äußerste Leiden«.* Dies ist unverrückbar! *Wenn Gott aber die Liebe ist, dann ist er sie eo ipso als Leiden! Moltmann* selbst belegt das vielfältig:

»'Der Gedanke der göttlichen Liebe *vollendet* sich erst, wenn wir uns nicht der Illusion hingeben, Gott leide nicht.'«[456] Und weiter: »Das

---

[454] *Moltmann* (1980) 178. Die Frage, ob *Moltmann* nicht die immanente Trinität von der Existenz der Welt abhängig mache, so daß »vor« der Welt gar keine Trinität in Gott angenommen werden müßte, kann gestellt werden, erübrigt sich aber in dieser Form, weil *Moltmann* die Welt gleichsam in die Ewigkeit Gottes hineinversetzt, so daß sie zugleich die Ursprünglichkeit der immanenten trinitarischen Differenzierung Gottes mit-garantiert.

[455] *Moltmann* (1980) 75. Diese »Mythologisierungstendenz« ist auch an *Moltmann* angefragt worden: »Ist dies die Vision eines Götterdramas? Erlösen sich hier drei Götter selbst im Hinblick auf ihren Ursprung, den 'Vater des Sohnes', der darin verherrlicht wird und der die befreite Welt, die er 'in Demut' geschaffen hat, als seine 'Heimat' bewohnen kann?« So: *Ritschl*: EvTh 41 (1981) 463-471; hier: 467.

[456] *Moltmann* (1980) 75; Hervorhebung nicht im Text. Hier zitiert *Moltmann*

Leiden Gottes mit der Welt an der Welt und das Leiden Gottes für die Welt sind *höchste Formen* seiner schöpferischen Liebe...«[457] Oder: »Das Leiden der Liebe ist *höchste* göttliche Arbeit an sich selber.«[458] Schließlich: »Nirgends ist Gott herrlicher als in seiner Ohnmacht.«[459]

Wenn die leidende Liebe aber die höchste Form der Liebe ist, die Gottes Sein bezeichnet, dann ist in der Tat die ökonomische »Diastase« am Kreuz, in der die »Beziehungen von Vater und Sohn abbrechen«[460], in der die »Lebensbeziehungen der Trinität [abbrechen]«[461] und »der 'ewige Tod'...als 'Gottestod'« herrscht[462], in Gott selbst *nur als »verewigte«* vorstellbar. *Denn wie könnte Gott ohne diese höchste leidende Form der Liebe je als höchste Liebe gedacht werden?* Und es ist in der Tat zu fragen, welchen Sinn, wenn *Moltmann* schon »'die Gottesverlassenheit' theologisch nicht mehr überwinden möchte, sondern diese Kategorie ausdrücklich zur systembildenden erklärt«[463], »die geschichtliche Aufhebung der Gottesverlassenheit [haben könnte], wenn diese theologisch verewigt wird«[464]. Wie kann unter letzter »Suspendierung« (wenngleich nicht Aufhebung) aller *»Differenzen«*, nämlich der zwischen Gott und Welt durch die Verewigung der Welt, der zwischen immanenter und ökonomischer, durch deren wechselseitige »reale Identität«, der schließlich zwischen Liebe und Leiden durch ihre Identifizierung als höchstes

---

Troeltsch (1925) 218 f.

457 *Moltmann* (1980) 75; Hervorhebung nicht im Text. Man muß sich hier auch bewußt bleiben, daß die »schöpferische« Liebe allererst »Liebe« ist, weil Gott sich erst in der Liebe zum Anderen als *eigentliche* und *freie* Liebe konstituiert! Darin ist die leidende Liebe ja ewige Liebe Gottes selbst.

458 *Moltmann* (1980) 113; Hervorhebung nicht im Text.

459 *Moltmann* (1980) 134. Diesen Satz mag man richtig verstehen können im Sinne der übermächtigen Kraft und Herrlichkeit Gottes auch noch in seiner Ohnmacht; dies wird aber nie begründet: Wie sollte Gott, wenn ihm die Liebe als leidende das Höchste ist, darüberhinaus noch der Herrliche sein, der das Leiden überwinden kann? Hier wird vielmehr strikt »dialektisch« gedacht, wie es *Moltmanns* Ansatz entspricht: Die Ohnmacht ist schon Gottes Herrlichkeit, weil er in seinem Sein immer schon der selbst-erniedrigende ist.

460 *Moltmann* (1980) 98.

461 *Moltmann* (1980) 96.

462 *Moltmann* (1980) 96.

463 *Niewiadomski* (1982) 119.

464 *Niewiadomski* (1982) 120.

»Sein«, noch Gott der der Welt gegenüber je-freiere, der seinem Wirken gegenüber je-größere, der seinem Leiden gegenüber je-unähnlichere, schlicht der »erlösende« Gott sein? Da hilft es auch nicht weiter, wenn (im Widerspruch zu seinem Ansatz und seinen immanenten Konsequenzen) *auch* von einer innergöttlichen Geschichte der *Fülle* und des überströmenden Reichtums gesprochen werden kann:

»Die Heilsgeschichte ist die Geschichte des *ewig lebendigen* dreieinigen Gottes, der uns in sein ewiges beziehungs*reiches*, dreieiniges *Leben* hineinnimmt.«[465] Oder: »Sprechen wir deshalb von einer 'Geschichte der Trinität', so meinen wir nicht eine Geschichte des Mangels und des Todes, sondern die Geschichte der sich mitteilenden Lebendigkeit Gottes, die den Tod überwindet.«[466]

Denn *Moltmann* kann diesen Ansatz bei der inneren Fülle Gottes nicht oder nur tatsächlich »neben« seinem konsequent dialektischen Ansatz, nämlich in letztem selbst dialektischen Widerspruch dazu, behaupten. Wenngleich *Moltmann* auch um diese Perspektive sehr wohl weiß, das ist auch nie abgesprochen worden, so kann er sie doch nie *strukturell* in seinem Ansatz begründen. Und darauf kommt es hier gerade entschieden an: Die behauptete *Lebendigkeit* Gottes müßte noch als in sich geschichtliche und jeder Konkretion dieser Lebendigkeit gegenüber in unendlicher Liebe *unähnliche* fundiert werden können, was aus den genannten Gründen dialektischer Abhängigkeiten nicht geschieht. - *In der ungeschichtlichen »Verewigung« wird die Analogie (im hier entwickelten Sinne) ihres entscheidenden Elements der je-größeren Un-Ähnlichkeit so enthoben, daß Gott in der Projektion einer je-größeren »Ähnlichkeit« selbst im Leiden »suspendiert« zu werden droht:* so kann Gott nicht der zu seiner je-neuen Freiheit befreiende sein; so ist die »theologische« Fundierung des Leidens als des »erlösenden« Gottes nicht zu leisten; so wird eine trinitarisch fundierte Leidenstheologie an der soteriologischen Relevanz der (analogen) »Differenz zwischen Gott und Welt« christologisch und trinitätstheologisch scheitern und unter dem Verdikt Rahners vom

---

465 *Moltmann* (1980) 174. Hervorhebungen nicht im Text.

466 *Moltmann* (1975) 72.

»hineinspekulierten Irdischen«[467] verharrend, dem Verdacht der mythologisierenden Gnosis ausgesetzt bleiben.

II. Die »Verewigung« des Leidens Gottes durch »ewige Kenosis«

1. Die innergöttliche Hingabebewegung

Bei *Balthasar* stellen sich nicht die Probleme einer »dialektischen« Konstitution seines Gottesverständnisses und einer strikt »realen« Identität von immanenter und ökonomischer Trinität ein, weil er die immanente Trinität als den lebendigen, unerschöpflichen (transzendenten) Ur*grund* ihres geschichtlichen Wirkens (und sie davon in ihrer Fülle absetzend) voraussetzt. »Denn andernfalls droht die immanente und ewige Trinität Gottes in der ökonomischen aufzugehen, klarer gesagt, Gott in den Weltprozeß hinein verschlungen werden und nur durch ihn selbst hindurch zu sich selber zu kommen«, Gott *wird* nicht erst Gott, wenn »er die Welt als sein 'Du' und 'Gegenüber' hat«, sondern er *ist* Gott, »der in sich selber und erhaben über aller Welt schon 'die Liebe ist'«[468]. So gesehen gilt: »Gottes Göttlichkeit wird nur gewahrt, wenn eine *Differenz* zwischen Gottes ewigem Wesen und Leben einerseits und Gottes Handeln im Drama der Welt andererseits festgehalten wird.«[469] Wenn aber die heilsgeschichtliche »Verwirklichung« Gottes, wenn das Christusereignis und speziell das Kreuz das Leiden des »Sohnes« ist, dann kann die Oikonomia nicht »äußerlich« zu Gottes ewigem Sein hinzutreten, sondern muß - und damit sind wir bei unserer Frage - für Gottes *ewiges Sein* selbst Be-

---

[467] Vgl. *Rahner*: SzTh XV (1983) 212.

[468] *Balthasar*: TD II/2 (1978) 466.

[469] *Löser*: *Breuning* (Hg.) (1984) 41. Hervorhebung nicht im Text. In diesem Sinne hat *Balthasar* ja auch gegen *Moltmann* die Bedeutsamkeit der *Differenz* von Gottheit und Menschheit als prinzipiell unaufgebbare Differenz zwischen Gott und Welt, der selbst im Christusereignis *soteriologische* Bedeutung zukommt, eingewendet. Vgl. auch zur Unterscheidung von »Natur« und »Gnade«, die sich an dieser Stelle für unverzichtbar erweist: *Balthasar*, Skizzen III (1967) 26-42; *ders.*: MySal II (1967) bes. 38; und zu der von Gottes ewigem Sein als Ursprung des »bewegt-werdenden« Seins der Welt: ebd. bes. 28.

deutung haben, weil es ein (inner)*tinitarisch* und *soteriologisch* bedeutsames Ereignis für Gott selber ist. Die »ökonomische Trinität tritt nicht akzidentell und ohne innere Bezüge zur immanenten hinzu, sondern die ökonomische ist ja die einzige Möglichkeit innerhalb der immanenten Trinität, zu der diese sich aktualisieren kann. Gott kann, wenn er will, diese Möglichkeit verwirklichen«[470]. Die trinitarische Selbstmitteilung an die Welt wird bei *Balthasar als* trinitarisch-dramatische Aktualisierung des ewig trinitarischen Lebensprozesses wahrgenommen, so daß die *Sendungen* »nach außen« in den *Prozessionen* »nach innen« gründen[471], die daher auch nicht mehr von den »dramatischen Aktionen« Gottes »abstrahiert« werden können[472], wenngleich die immanente trinitarische Lebendigkeit immer schon über die Dramatik der Geschichte hinausgeht.[473] Wie sich Gott in den Sendungen als der »Hingebende« (in der trinitarisch noch zu differenzierenden, je anderen Art dieser Hingabebewegung) engagiert hat, ist er in sich Liebe als der ursprünglich »Hingebende«, »Gott ist im innersten Grund grundlose Quelle, die *ist*, indem sie *schenkt*«[474]. Wenn dieses »ewige Schenken« sich (auch) aus der Kenosis des Sohnes bestimmt und *davon* gerade nicht mehr abstrahiert zu werden vermag, dann steht diese leidend-liebende Hingabe des trinitarischen Gottes in seinem Sohn als Ausdruck innergöttlich hingebender Lebensbewegung nicht »außerhalb« der Hingabe, sondern ist ihre *Bestimmung*, *weil* Gottes Hingabe diese *Form* leidender Liebe im Gang des Sohnes ins Widergöttliche annehmen kann:

---

[470] *Löser*: *Breuning* (Hg.) (1984) 44.

[471] Vgl. zur historischen Begründung in »heilsgeschichtlich« orientierten, theologiegeschichtlichen Modellen: *Balthasar*, TL II (1985) 183 ff; Vgl. weiter: *ders.*, Skizzen III (1967) 97; *ders.*, TD II/2 (1978) 470 ff; hier: 472: »Durch den Begriff der Sendung wurde die Lehre von der immanenten Trinität mit der von der offenbarungsmäßigen und heilsökonomischen Dreiheit innerlich verklammert...«.

[472] Vgl. *Balthasar*, TD II/2 (1978) 466.

[473] Vgl. *Balthasar*, TD II/2 (1978) 471.

[474] *Balthasar*, Skizzen III (1967) 95. Hervorhebungen nicht im Text. Vgl. auch *ders.*, TD II/1 (1976) 232: »...daß die absolute Freiheit des Selbstbesitzes sich ihrem absoluten Wesen gemäß als ein grenzenloses Schenken versteht,...daß sie ohne dieses Schenken gar nicht sie selbst wäre.« Oder ebd.: Gott »ist als der sich Schenkende *immer schon* er selbst«.

»Dieser Gang kann im äußersten, absoluten, nur dem ewigen Sohn möglichen Gehorsam angenommen werden, weil der absolute Gehorsam die ökonomische Form der absoluten Entsprechung des Sohnes dem Vater gegenüber werden kann. Hier gilt gerade nicht Goethes Spruch *Nemo contra Deum nisi Deus ipse;* wohl aber kann Gott, weil er dreieinig ist, auch das Gegengöttliche innerhalb seiner ewigen Beziehungen überwinden.«[475]

In der Hingabebewegung bis zum Kreuz, in der Gottesverlassenheit des Sohnes, erweist sich die dreieinige Liebe »als höchstes Wort der Gotteserkenntnis«, ja ist »Offenbarung im Reinzustand«, so daß sich gerade im »Verlassenheitsschrei des Sohnes am Kreuz« die innergöttliche Differenz als in leidender Liebe konkretisierte eröffnet.[476] Darin enthüllt sich die innergöttliche Konstitution der trinitarischen Hingabebewegung, so daß »die Bedingung der Möglichkeit der Verlassenheit Jesu vom Vater in der innertrinitarischen absoluten Distanz zwischen der die Gottheit hingebenden und der sie empfangenden Hypostase beruhen«[477] muß. Die immanente Trinität ist Urgrund der ökonomischen »Trennung« zwischen Vater und Sohn in der Gottesverlassenheit[478], die gewissermaßen »das absolute Anderssein der innergöttlichen Personen voneinander ins Heilsgeschichtliche transponiert, unter Einbeziehung - und damit Aussöhnung - der sündigen Distanz von Gott«[479].

»Gerade indem Gott sein Wort an uns tut, daß er, unsere Verlorenheit auf sich nehmend, uns zu sich befreit, tut er sein innerstes Wesen kund.«[480] Und dieses eröffnet sich in den göttlichen Personen, die

---

475 *Balthasar*, TD II/2 (1978) 484. Im Unterschied zu *Moltmann* konstituiert die heilsgeschichtliche Diastase Gottes innertrinitarische Differenz nicht (mit), sondern ist in diese »aufgenommen«.

476 Vgl. *Balthasar*, TD IV (1983) 237.

477 *Balthasar*, TD III (1980) 319.

478 Vgl. *Balthasar*, TD IV (1983) 236.

479 *Balthasar*, TD IV (1983) 232.

480 *Balthasar*, Skizzen III (1967) 325. Und dieses »innerste« Wesen zeigt sich gerade in der Hingabe des Sohnes und der Gottesverlassenheit Jesu - gemäß johanneischer Theologie - als *die Liebe*, die Gott ist: vgl. *Balthasar*, TD III (1980) 297.

»insofern füreinander (in der Identität ihres Wesens) das Ganz-Andere«[481] sind.

Für *Balthasar* ist die ökonomische leidend-liebende »Differenz« zwischen Vater und Sohn, in der Gott sein *Wesen* kundtut und die in der Gottesverlassenheit als »Trennung« begreifbar wird - entsprechend dem »neu-chalkedonensischen« Konzept nur möglich, weil die innertrinitarische Relation zwischen Vater und Sohn als Hingabebewegung in sich auch noch die äußerste Differenz, ja Trennung zwischen Gott und Welt in sich einschließt:

»Die unendliche Differenz zwischen Welt und Gott gründet in der anderen, urbildlichen Distanz zwischen Gott und Gott«[482], die »reale Differenz der Kreatur gegenüber Gott...[gründet] in der realen Differenz der göttlichen Hypostasen...«[483]

2. Die innergöttliche »Trennung« von Vater und Sohn

Bis an diese Stelle ist einem analogen Denken durchaus Rechnung getragen, weil die *Differenz zwischen Gott und Welt* in Gott *inner*trinitarisch fundiert wird; die innergöttliche »Differenz«, die die je-größere

---

[481] *Balthasar*, TD IV (1983) 73, Anm. 14.

[482] *Balthasar*, TD II/1 (1976) 242.

[483] *Balthasar*, TD II/1 (1976) 262. Das »besagt die Eintiefung des geschöpflichen Anders-als-Gott in das ungeschaffene Anders-in Gott [sic!]...«, *Balthasar*, TD IV (1983) 92. Vgl. auch *Scheffczyk* (1977) 156-173; hier: 167, der hier den inneren Zusammenhang zwischen trinitarischer Differenzierung und der Unabhängigkeit Gottes vom Weltprozeß beschreibt: »Es ist die Erkenntnis, daß sich diese Bewegung der Selbst-Hingabe, des Selbst-Gebens und Sich-Verschenkens nicht in erster Instanz auf etwas Geschaffenes, auf ein Geschöpf beziehen kann, und konkret gesagt - weil das Du nur eine Person sein kann - nicht zuerst auf eine menschliche Person oder menschliche Personen...Dies besagt aber, daß die göttliche Lebensbewegung...ihr Korrelat, ihr Gegenüber nur in einem göttlichen Du, in einer göttlichen Person haben kann.« Und dies zu sagen ist berechtigt, weil dafür die Trinität schon als erkannte vorausgesetzt ist und nicht aus der Liebesstruktur »abgeleitet« wird. Vgl. weiter: *Lehmann*: USQR 21 (1965) 35-49; hier: 46: »The tri-unity of God in his relations and functions as Father, Son and Spirit was exactly the kind of description which made room for God's self-revelation in his activity and for transformation of the human condition by reason of this activity.«

Unähnlichkeit des trinitarischen Gottes zum Ausdruck bringt, die sogar jene tiefste Leidensbewegung der »Vater-Verlassenheit« Jesu am Kreuz in sich »aufnehmen« kann, weil Gott schon je darüber hinaus je-mehr und je-größer Gott ist. Zugleich beginnt an dieser Stelle der »theologischen Wende« der Fragestellung, also der innertrinitarischen *Fundierung* des heilsgeschichtlichen trinitarischen Wirkens Gottes, auch jene eigentümliche »Umkehr« der Bestimmung dieses »Je-Größer« Gottes in der Uneinholbarkeit der innertrinitarischen Differenz, weil es nicht aus der Unähnlichkeit, sondern aus der Ähnlichkeit ausgelegt wird: *Die je-unähnlichere innertrinitarische »(analoge) Differenz« wird nicht »aus ihr«, sondern aus der durch sie eröffneten (ökonomischen) »Ähnlichkeit« letzt-bestimmt und damit nicht-analog »beschränkt«*. Der erste Schritt dazu ist die Auslegung der *inner*trinitarischen »Differenz« als *»Trennung« zwischen Vater und Sohn.* Die »unendliche Differenz zwischen Vater und Sohn« in ihrer ewigen Lebendigkeit selbst[484] wird als *»absolute und wirkliche Trennung von Vater und Sohn«* ausgelegt.[485]

> »Daß Gott (als Vater) seine Gottheit so weggeben kann, daß Gott (als Sohn) sie nicht bloß geliehen erhält, sondern gleichwesentlich besitzt, besagt eine so unfaßbare und unüberbietbare 'Trennung' Gottes von sich selbst, daß jede (durch sie!) ermöglichte Trennung, und wäre es die dunkelste und bitterste, nur *innerhalb* ihrer sich ereignen kann.«[486]

Die *unüberbietbare*, absolute Andersartigkeit von Vater und Sohn wird nicht *aus ihrer Andersartigkeit* »eröffnet«, sondern *von der Konkretion her* »begrenzt«, sie ist daher nicht als *je-unähnlichere* Andersartigkeit *noch gegen* jede Konkretion, und sei es die schmerzlichste, aus der Fülle Gottes (dem Verständnis) eröffnet, sondern (zunächst sprachlich) *aus der Ähnlichkeit* der Konkretion begriffen. Auch dann noch, wenn mit der innertrinitarischen »ewigen Trennung« von Vater und Sohn *kein* »tragi-

---

484 Vgl. *Balthasar*, TD III (1980) 303. Vgl. *Balthasar*: MThZ 32 (1981) 81-102; hier: 99.

485 Vgl. *Balthasar*, TD III (1980) 302.

486 *Balthasar*, TD III (1980) 302. Vgl. *ders.*, TL II (1985) 270: »Bedenkt man, daß die Schöpfung als ganze in Gott ist und deshalb von Gott zur Welt - wiesehr immer diese sich von Gott entfernt haben mag - keine Distanz besteht, so kann man zwischen dem Vater und dem fleischgewordenen Sohn keine andere Distanz ansetzen als die zwischen den göttlichen Personen in der Einheit ihres Wesens und die zwischen Gott und Kreatur überhaupt.«

sches« (gott-vernichtendes) Ereignis seines Seins[487] oder *kein* immer schon nach der Art der Welt infiziertes »Drama« der Verlassenheit »verewigt« werden soll[488] - und Gott in diesem Sinne der Je-Unähnlichere bleibt, der alles dies noch einmal »umfängt« –, so wird (in zugleich subtiler Weise) diese Unähnlichkeit in der Differenz zwischen Gott (seinem ewigen Lebensprozeß) und der Welt (mit ihrer sündig-dramatischen Geschichte) *nicht als Unähnlichkeit, sondern als ins göttlich-trinitarische Wesen »rück-projizierte« Ähnlichkeit gedeutet.* Nicht, weil *Balthasar* in Gefahr käme, die Unähnlichkeit Gottes gegenüber dem Weltgeschehen zu übersehen - was eher *Moltmanns* Gefahr darstellt[489] -, sondern daß er die Unähnlichkeit und das Je-Größer Gottes *als je-größeres »Umfangen« des Heilsgeschichtlichen* deutet und damit *in einer ins Unendliche in Gott »rück-versetzten« ähnlichen Ausdrücklichkeit* des Heilsgeschichtlichen, verwandelt die strikt »analog« gedachte »Differenz« in eine nicht-analog gedachte Differenz. Dementsprechend ist die ökonomische »Trennung« in *je-größerem »Umfangen«*[490] in Gott *»ähnlich«* zur ökonomischen Trennung als *je-größere immanente »Trennung«* ausgelegt und nicht *unähnlich* als selbst der »Trennung« gegenüber *»unähnlichere Differenz«*. - Auch dann noch also, wenn *Balthasar* sich absichert gegen eine mit der absoluten, unendlichen innertrinitarischen Trennung vermeintlich verbundenen »Tragik« durch seine Betonung, daß Jesu Tod »reiner Ausdruck seiner ewigen, trinitarischen Lebendigkeit«[491] sei, oder den Hinweis darauf, daß Gottes »ganzes, ins äußerste gehendes Leiden eine Folge, ja geradezu ein

---

[487] Vgl. *Balthasar*, TD III (1980) 304.

[488] Vgl. *Balthasar*, TD III (1980) 302.

[489] Dies versucht *Balthasar* zu vermeiden, weil schon in Gott der Sohn der »Ganz-Andere« ist, so daß nicht erst die Welt Gottes Liebe als freie und eigentliche bestimmt wie bei *Moltmann*. *Balthasar*, TD IV (1983) 206, daher gegen *Moltmann*: »Da aber dieses '*Andere*' letzten Endes der die ganze Weltschuld am Kreuz tragende menschgewordene Sohn ist, scheinen der trinitarische Prozeß (in seinem ganzen 'Ernst') und der Weltprozeß schließlich doch zusammenzufallen...«, weil die ökonomische Handlung erst den Sohn zum »Anderen« macht und Liebe in Gott nur Liebe zum Gleichen ist. Dadurch werde aber die missio mit der processio *identifiziert*.

[490] Vgl. *Balthasar*, TD IV (1983) 238: »Aber die 'ewige Zeugung' des Sohnes aus dem Vater 'umschließt' eben 'auch den Tag der Kreuzesnacht des Sohnes...«

[491] *Balthasar*, TD IV (1983) 228.

Ausdruck seiner ewigen dreieinigen Freude »[492] sei, und auch dann noch, wenn der Geist Gottes in der äußersten »Diastase« von Vater und Sohn (in der leidenden, bis zum Äußersten gehenden Hingabe bis zum Kreuz und »Höllengang« des Sohnes) die innergöttliche, vorgängige Versöhntheit war und die innere Versöhntheit Gottes nicht aufhebe[493], wird die »Versöhntheit« und die »Versöhnung«[494] immer in der Sprache der Diastase, des Widerspruchs, der Trennung und des Todes ausgesagt: In der *Verlassenheit* trete die »Differenz« der innergöttlichen Personen am klarsten hervor[495]; im *Tod* des Sohnes vollziehe sich die »Bloßlegung des trinitarischen Verhältnisses bis zum *reinen Entspringen* des Sohnes aus dem Vater«[496]; in der *Kenose* Christi (und nur darin) erscheine das *inner*e Liebesgeheimnis Gottes[497]; an der *Hölle* wird die höchste Unterscheidung der göttlichen Personen und ihre unvermutete Einheit bewiesen[498]; und schließlich halte der Geist »während der Passion die *innergöttliche Diastase* zwischen Vater und Sohn in ihrer ökonomischen Gestalt aufrecht«[499]. *Darin wird die Unähnlichkeit Gottes aus einer ökonomisch projizierten Theologie theologisch »ähnlichen« zur Oikonomia ausgelegt.*

3. Die innergöttliche »Kenosis«

Wiewohl *Balthasar* um die Gefahren, die aus einem »neu-chalkedonensischen« Modell der Leidensfundierung in Gottes ewigem Sein erwachsen, weiß, wird auch er der inneren Konsequenz dieses Modells nicht zur Gänze entkommen, weil auch er die *Differenz zwischen Gott und Welt* nicht *strukturell* als *un*ähnliche (schon gar nicht in seiner Sprache), und im Sinne analog-reziproker Gewichtung der je-größeren

---

492 *Balthasar*, TD IV (1983) 228.

493 Vgl. *Balthasar*, TD III (1980) 297.301.310; *ders.*, TD IV (1983) 232.236. Im Unterschied zu *Moltmann,* für den ein letzter »Riß« durch Gott geht. Vgl. zur Gegenüberstellung dieser Positionen auch: *Krenski* (1990) 222-223.

494 Das Kreuz werde in der Ewigkeit Gottes in die Liebe so aufgenommen, daß es »seliges« Licht werde; vgl. Herrlichkeit III/2/2 (1969) 501.

495 Vgl. *Balthasar*, TD IV (1983) 235.

496 *Balthasar*, Skizzen IV (1974) 286-287.

497 Vgl. *Balthasar* (1971) 57.

498 Vgl. *Balthasar*, TL II (1985) 322.

499 *Balthasar*, TD IV (1983) 237. Hervorhebung nicht im Text.

Unähnlichkeit Gottes nicht *soteriologisch*-konkret, verankern kann.[500] Wenngleich *Balthasar* im Unterschied zu *Moltmann zwischen* der ewigen Liebe in Gottes dreieiniger Lebendigkeit (ad intra), die nicht eines »Anderen« (ad extra) benötigt, *und* mit der »Nichtnotwendigkeit der Schöpfung und des von ihr rührenden Leidens«[501] Gottes Freiheit gegenüber dem Leiden in der Welt sowie sein »Je-größer-Sein« wahren kann, wird er dennoch dieses *Je-Größer-Sein* Gottes *aus* dem (heilsgeschichtlich erhobenen und jetzt theologisch fundierten) *Leiden* bestimmen: *Ausgehend vom heilsgeschichtlichen Sich-Offenbaren des trinitarischen Gottes in der Kenosis des Sohnes wird das ewige trinitarische Sein in seinen Ur-Vollzügen als »erste innergöttliche 'kenosis'« bestimmt.*

> »Deshalb kann die Unvordenklichkeit der Selbsthingabe oder Selbstentäußerung, die den Vater allererst zum Vater macht,...nur der grundlosen Liebe zugeschrieben werden...- Dies einzusehen ist nur möglich, wenn man mit Bulgakow von einer ersten innertrinitarischen 'kenosis' zu sprechen wagt, die keine andere ist, als die positive 'Selbstentäußerung' Gottes in der Übergabe des ganzen göttlichen Wesens in den Prozessionen...«[502] Oder: »Man kann mit *Bulgakow* die Selbstaussprache des Vaters in der Zeugung des Sohnes als eine erste, alles unterfassende innergöttliche 'Kenose' bezeichnen, da der Vater sich darin restlos seiner Gottheit enteignet und sie dem Sohn übereignet: er 'teilt' sie nicht 'mit' dem Sohn, sondern 'teilt' dem Sohn alles Sein 'mit'...«[503]

---

500 Dies sei ausdrücklich gegen *Löser* gesagt, der meint, daß die Zukunftsträchtigkeit des *Balthasarschen* Ansatzes gerade in der Vermittlung zwischen »rein-chalkedonensischem« und »neu-chalkedonensischem« Ansatz läge: vgl. *Löser*: *Breuning* (Hg.) (1984) 44.

501 Vgl. *Krenski* (1990) 353: »Nur wenn man sagen kann: Gott ist in sich so Liebe, daß er nicht notwendig eine Welt als das Andere seiner selbst entgegenstellt und sich an sie verlieren muß, wird man die Nichtnotwendigkeit der Schöpfung und des von ihr rührenden Leidens wahren können.«

502 *Balthasar*, TL II (1985) 163. An dieser Stelle soll begründet werden, daß die »Relation« von Vater und Sohn nicht die einer »Erkenntnis« ist - gegen die scholastische Tradition -, sondern die äußerster *Liebe*. Dies ist auch eher die Leistung *Balthasars* und stellt nicht das Problem dar. Das Problem ist vielmehr die Bestimmung dieser Liebe als eine solche trinitarische Hingabe, die in sich schon *Selbsterniedrigung* Gottes »impliziert«.

503 Vgl. *Balthasar*, TD III (1980) 300. Vgl. zu *Bulgakow* auch: *ders.*, MySal III/2 (1969) 152 f (einschließlich Literaturhinweisen).

Im einzelnen vollzieht sich der Vorgang von einer zunächst mehr sprachlichen »Verlegung« des ökonomischen Geschehens in die immanente Trinität zurück bis zu einer Auslegung der *Ur-Vollzüge* Gottes selbst im Sinne einer *Ur-kenose* als Ausdruck des tiefsten Seins Gottes: 1. Gottes trinitarische Selbstmacht, sein freier Selbstbesitz, seine Selbstverfügung ist es, »frei über sein Wesen im Sinne einer Selbsthingabe zu verfügen: als Vater die Gottheit dem Sohn mitzuteilen, als Vater und Sohn dieselbe Gottheit mit dem Geist zu teilen«[504], dies ist das grenzenlose Schenken, in dem Gott sich in Ewigkeit als Gott vollzieht, dies ist sein Lebensprozeß, in dem Gott sich nicht verliert, indem er schenkt. 2. »Was der Vater, den Sohn zeugend diesem schenkt, ist die vollkommene unteilbare Gottheit, die er besitzt, aber nur so besitzt, daß er, als der unvordenklich Zeugende, sie nur als *verschenkte* besitzt.«[505] So aber bleibt er der ewige Vater, weil er ewig alles, die Gottheit selbst dem Sohn übergeben hat: *»Quod enim pater est, non ad se, sed ad Filium est.«*[506] Diese Selbsthingabe der Personen aneinander ist so vollkommen, daß sie durch nichts steigerbar wird, auch nicht durch die Oikonomia.[507] 3. Das »Sich-Hingeben« des Vaters an den Sohn verwandelt sich nun in bezug zur Oikonomia zunehmend in eine ganz andere Sprache; nicht die Sprache der »Fülle«, sondern die der »Leere«, nicht das »Sich-Verschenken«, sondern das »Sich-Enteignen«[508] rücken in den Mittelpunkt der theologischen Fundierung der Oikonomia - und dies vorerst zu Recht, denn in »der absoluten Selbsthingabe des Vaters an den Sohn, des Sohnes an den Vater, beider an den Geist sind keinerlei 'Sicherungen' eingebaut: es geht, menschlich gesprochen, um den restlosen Verlust des 'ganzen Habens und Besitzens', die Gottheit einschließlich, um etwas also, das vom Schenkenden her wie ein absolutes 'Wagnis' erscheinen könnte, wenn nicht gleich-ewig ihm die Dankbarkeit für das Geschenk entgegenkäme, eine Dankbarkeit, die bereit ist, für den Schenkenden das

---

504 *Balthasar*, TD II/1 (1976) 232.

505 *Balthasar*, TL II (1985) 126. Hervorhebung nicht im Text.

506 DH 528. Dies zitiert *Balthasar,* um den im Schenken sich nicht verlierenden, sondern ewig Vater bleibenden Vater in der zugleich unbedingten Verschenktheit seines »Wesens« an den Sohn zu erweisen; vgl. *Balthasar*, TL II (1985) 126, Anm. 11.

507 Vgl. *Balthasar*, TD IV (1983) 239.

508 Vgl. *Balthasar*, TL II (1985) 127.

Äußerste zu leisten«[509]. In dieser göttlich unendlichen Dynamik ist nun in der Tat auch schon das ökonomische Geschehen des Leidens einbeschlossen, ist von ihm umfangen.[510] Und wenn es nun keinen anderen Weg gibt, um sich des trinitarischen Geschehens in Gott anzunähern, »als sich von den, was der Kenose Gottes in der Theologie des Bundes - und von dorther des Kreuzes - offenbar wird, zurückzutasten ins Geheimnis des Absoluten«[511], dann ist tatsächlich von einer *Kenosis* des Sohnes so zu reden, daß dies den trinitarischen Gott selbst *betrifft*, gegründet in der innertrinitarischen Hingabebewegung, die in der leidend-liebenden Konkretheit selbst »Entäußerung« bedeuten wird. 4. Hier tritt aber nun diese eigentümliche »Wende der Sprache« in eine »Wende der Sache«, in eine »*Verewigung*« des Leidens als ursprünglich göttlichen Vollzug seines Lebens ein. Jetzt kann *Balthasar* nämlich in der Wesens-»Übergabe« des Vaters an den Sohn selbst als »eine (im trinitarischen Prozeß 'notwendige') 'Beschränkung' je-personaler göttlicher Selbstmacht, also eine Art Ohn-Macht erkennen«[512]; jetzt kann von »einer *ersten 'Kenose'* des Vaters bei seiner *Selbstenteignung in der 'Zeugung'* des gleichwesentlichen Sohnes«[513] gesprochen werden; jetzt gilt, daß Gott der ist, »der *nicht anders* Gott sein *kann* als in dieser *inner*göttlichen 'Kenose'«[514]. Jetzt kann man mit *Balthasar* »erahnen«, was die *ewige* Vaterschaft besagt, im Auftrag des Sohnes den Vater zu offenbaren in einer bis ans Ende gehenden Liebe: Sie ist dann nämlich der Ausdruck genau dieser »ewigen Hingabe« des Wesens an den Sohn in der Zeugung; »eine Hingabe, die im ewig-dauernden Zeugungsakt des Vaters *dessen Schoß*

---

509 *Balthasar*, TD IV (1983) 221.

510 Vgl. *Balthasar*, TD IV (1983) 221: »...denn die Distanz zwischen den Personen ist innerhalb der Dynamik des göttlichen Wesensgeschehens unendlich, so sehr, daß jedes in der Endlichkeit sich abspielendes Geschehen sich nur *innerhalb* dieser Dynamik, die es umgreift, ereignen kann.«

511 *Balthasar*, TD III (1980) 300.

512 *Balthasar*, TD IV (1983) 58. Wohlgemerkt, nicht im Sinne johanneischer Theologie, als Ohn-Macht des Vaters in der ökonomischen Übergabe von »allem« und sich selbst für die Heilssendung des Sohnes, sondern eine *prinzipielle Ohnmacht* des wesentlich-schenkenden Seins Gottes!

513 *Balthasar*, TD III (1980) 308. Hervorhebungen nicht im Text.

514 *Balthasar*, TD III (1980) 303. Hervorhebungen nicht im Text.

'leer' läßt«[515], eine »*'Entleerung'* des väterlichen Herzens beim *Hervorbringen* des Sohnes«[516]. Nun ist tatsächlich das freie ökonomische Geschehen einer kenotischen Konkretion von Gottes ewigem Liebes-Sein nicht nur in der »Potentialität«, der Mächtigkeit des demgegenüber noch immer je-unähnlicheren Gottes ermöglicht und »aufgehoben«, sondern *als Wesensvollzug Gottes selbst in Gottes Sein »projiziert« und damit als leidender Vollzug verewigt:*

> »In der Liebe des Vaters liegt ein *absoluter Verzicht*, für sich allein Gott zu sein, ein Loslassen des Gottseins und in diesem Sinne eine (göttliche) *Gottlosigkeit* (der Liebe natürlich)...«[517]

So eindringlich und lebendig die Auslegung des innergöttlichen Wesensvollzuges sein mag, *hier* führt er uns geradewegs in eine *Letzt*-Fundierung des Leidens, die man auch nicht mit dem Hinweis auf die vorsichtig durch »Apostroph« gekennzeichneten Benennungen entschuldigen oder abschwächen sollte; denn schließlich - an entscheidender Stelle gibt *Balthasar* diese Vorsicht selbst auf (d.h. er läßt die »Apostrophe« weg!), so daß die »personalen Relationen im trinitarischen Gott...*konkret* Relationen der Entäußerung, der Kenosis«[518] sind:

> Die Verdankung des Sohnes »ist das ewige Ja zum (Sich-)Gegebensein als gleich-ursprünglicher Gott, ein Ja zur *Ur-Kenose* des Vaters als Einheit von Allmacht (des Alles-geben-Könnens) und Unmacht (da nichts anderes wahrhaft mächtig ist als die Gabe)«[519]. Und: »Mit dieser *Ur-Kenose* sind die übrigen Kenosen Gottes in die Welt hinein grundsätzlich ermöglicht und *bloße Folgerungen* aus ihr: die erste 'Selbstbeschränkung' des dreieinigen Gottes aufgrund der den Geschöpfen geschenkten Freiheit, die zweite tiefste 'Selbstbeschränkung' desselben dreieinigen Gottes durch seinen Bund, der von Gottes Sein her von vornherein unauflöslich ist, geschehe mit Israel, was da wolle, und die

---

[515] *Balthasar*, TD II/2 (1978) 475. Hervorhebung nicht im Text.

[516] *Balthasar*, TD III (1980) 304. Hervorhebungen nicht im Text.

[517] *Balthasar*, TD III (1980) 300. Hervorhebungen nicht im Text. Vgl. *Balthasar*: MThZ (1981) 100: Es liegt »in der Zeugung des Sohnes durch den Vater ein 'Sein-lassen', somit auch ein Moment des Verzichts...- und zwar eines göttlichen, absoluten und durch nichts Relatives, Geschöpfliches übertreffbaren Verzichts...«

[518] *Löser*: IKZ (1977) 43. Hervorhebung nicht im Text.

[519] *Balthasar*, TD III (1980) 303. Hervorhebung nicht im Text.

dritte nicht nur christologische, sondern *gesamttrinitarische Kenose* aufgrund der Menschwerdung des Sohnes allein...«[520]

Im einzelnen: 1. In diesem Sinne kann der innergöttlich-ewige Lebensprozeß ganz und gar in die »Sprache der Leere« transformiert werden, denn in »diesem *gegenseitigen 'Verbluten'* Gottes, das sein Blutkreislauf ist, liegt...das Fundament auch des Todes durchaus in Gott«[521], aber nicht nur als eine »äußerste«, nur der Liebe selbst mögliche *Weise* der leidenden Konkretion der demgegenüber je-größeren Unähnlichkeit Gottes, sondern geradezu *urbildlich als Vollzug des Lebens selbst*: »'Aber wenn *unter Tod die Hingabe des Lebens* verstanden wird, dann hat diese Hingabe in Gott ihr Urbild'.«[522] Und so kommt es zu einer eigentümlichen »Identifizierung« des Ökonomischen in seiner *letzten »Verewigung«*: Dann ist der »Tod als Modus des *(ewigen) Lebens*, das Leid als Modus der Freude, die Trennung als Modus der Einigung,...die Abwendung als...Modus der ewigen Zuwendung zwischen Vater und Sohn im Geist«[523] vorzustellen. *Das Leiden ist strukturell zum Vollzug des innersten Lebens Gottes »verewigt«*. 2. Weil aber diese Ur-Kenose in Gottes Wesensvollzug die anderen Kenosen »vorwegnimmt«, so daß diese umgekehrt »bloße Folgerungen« der Ur-Kenose darstellen, wird schon die Schöpfung als erste göttliche, real auf die Welt bezogene Kenose verstanden, in der Gott sich mit der Freiheit des Menschen »selbst-*beschränkt*«. Ja, die kenotische Menschwerdung des Sohnes im Fleisch der Sünde ist gewissermaßen *die Voraussetzung* für die Schöpfung, denn die Selbstlosigkeit in Gott »begründet eine erste Form von Kenose, die in der Schöpfung (zumal des freien Menschen) liegt, da der Schöpfer hier gleichsam einen Teil seiner Freiheit an das Geschöpf abgibt, dies aber

---

[520] *Balthasar*, TD III (1980) 300. Hervorhebungen nicht im Text. Im übrigen weist *Balthasar* (S. 309, Anm. 1) selber darauf hin, daß diese Überlegungen die früheren »ergänzen« und »vollenden« (mit Anspielung auf die trinitätstheologischen Äußerungen in TD II/1 und TD II/2). Vgl. auch *Balthasar* (1963) 233: »Der ursprüngliche Entschluß Gottes, seine Macht als Liebe zu offenbaren, bedeutet etwas wie eine *Selbstbeschränkung* seiner absoluten Macht (potentia absoluta).« Vgl. weiter: *Valentin*: *Sesboué* (Hg.) (1971) 40-50.

[521] *Balthasar*, TD IV (1983) 221. Hervorhebungen nicht im Text.

[522] *Balthasar*, TD IV (1983) 226. Hervorhebungen nicht im Text. Hier im Aufgreifen eines Zitates von *Adrienne von Speyer*.

[523] *Balthasar*, TD IV (1983) 243. Hervorhebung nicht im Text.

nur kann kraft der Voraussicht und Inkaufnahme der zweiten und eigentlichen Kenose, der des Kreuzes...«[524] So kommt dem Kreuz selbst eine gewisse »Ewigkeit« zu, es ist »Apriori des Bestehens der Schöpfung«[525]. In diesem Sinne hat die »Sendung Jesu...stets die *gleiche* Aktualität; er bleibt auf Gottes Thron das 'von Weltbeginn an geschlachtete Lamm' (Apk 13,8)«[526]. Nicht nur ist die Welt frei am »Ort« des Sohnes geschaffen und im innergöttlichen Zeugungsakt fundiert[527], sie ist *in* die Selbstbeschränkung Gottes, in die Ewigkeit des Kreuzes, in die »ewige Schlachtung des Lammes«, in die göttliche Ur-Kenose gestellt. *Die einmalige Geschichtlichkeit der Selbstmitteilung des trinitarischen Gottes im Leiden des Sohnes wird von Balthasar nicht nur innertrinitarisch begründet als ein freies und so geschichtliches Geschehen, das, indem es Gott betrifft, ihn auch verändert, sondern es wird seiner einmaligen Geschichtlichkeit »enthoben« und in die »Ewigkeit« Gottes als Ur-Vollzug seines Seins eingeschrieben und damit selbst als ur-kenotische Struktur göttlichen Liebes-Seins »verewigt«.* 3. So ist tatsächlich der Vorwurf gegen *Balthasar* erhoben worden, daß er zum einen ein »(theo-) dramatisches« Geschichtsbild entwerfe und zum anderen Gott als den immer schon versöhnten voraussetze, der die Weltgeschichte aufgrund eines innertrinitarischen Beschlusses auf Menschwerdung und Kreuz hin anlege und man daher einen gewissen Widerspruch zwischen grundsätzlicher Versöhntheit und der Notwendigkeit einer kategorialen Erlösungstat sprechen könne.[528] Die Frage, die gestellt wird, ist genau die nach dem Geschichtsverständnis, das in *Balthasars* Entwurf zum Tragen kommt, wenn er die Einmaligkeit des geschichtlichen Christusereignisses auf jene, eben gezeichnete Weise »verewigt«. *Th. Krenski* verteidigt *Balthasar* insofern zu Recht, als dieser natürlich immer noch vom geschichtlichen Ereignis in Christus ausgehe und sich nicht aus dieser an die kon-

---

524 *Balthasar*, Herrlichkeit II/2/2 (1969) 198.

525 *Balthasar*, Skizzen IV (1974) 423.

526 *Balthasar*, TD II/2 (1978) 470-471. Vgl. auch die Ausprägung dieses Gedankens in *ders*.: MySal III/2 (1969) 134 f. 152 f. u.ö. Vgl. *Löser*: IKZ (1977) 43: »Darum ist der Sohn 'das seit Grundlegung der Welt geschlachtete Lamm'(Apk 13,8), - ein Zitat, das sich in Balthasars Schriften häufig findet.« Vgl. weiter: *Martelet*: IKZ 9 (1980) 36-44.

527 *Balthasar*, Skizzen III (1967) 97.

528 Vgl. die Argumente und Gegenargumente bei: *Krenski* (1990) 284 ff.

krete Geschichte gebundene transzendentale Voraussetzungsreflexion löse. Aber das ist nicht die Pointe; diese kommt vielmehr zum Ausdruck, wenn man die konkrete Formulierung *Krenskis* näher besieht: »Gott ist der Je-schon-Versöhnte, nicht aber weil er ohne Sünde des Menschen erst zu nehmen, 'immer schon', das heißt als Liebe, versöhnt wäre, sondern weil er das Nein der Kreatur so ernst nimmt, daß er *es*, weil *ewig gegenwärtig*, *je-schon in sich selbst eingelassen* und im Ostergeschehen versöhnt hat.«[529] - In der Tat, das hier angezogene Verständnis von »Ewigkeit« muß sich fragen lassen, ob es in Gott entweder *doch* eine *»Veränderung«* kenne aufgrund des konkreten heilsgeschichtlichen *Berührtseins*, oder nicht! Wenn nicht, so eröffnet sich - ähnlich wie bei *Moltmann* - das Problem, daß das »In-Ewigkeit« Gottes in ein »Von-Ewigkeit-Her« verwandelt wird. Dann ist aber auch konsequent die Geschichte für Gott suspendiert in einer Re-Institutionalisierung einer neuerlich *metaphysischen* Implikation, die sich von der alten metaphysischen Voraussetzung der Gotteslehre aber gerade dadurch schützt, daß sie die *Passion* »verewigt« und damit in ihrer Einmaligkeit in Christus ihrer Spitze gleichsam enthebt. *Die Geschichte Jesu wird als »in Ewigkeit« für Gott gültige »ungeschichtlich« in Gott »verewigt« und zu einem »Von-Ewigkeit-her« verwandelt, gerade indem das Fundament der Heilsgeschichte in einer Verewigung »der« Geschichte als ewig leidend-pathische vorgenommen wird.* Auch bei *Balthasar* werden dadurch Geschichte und Ontologie »identifiziert«, indem die Geschichte in ihrer Konkretion bzw. dieser *»ähnlich«* in die Ewigkeit des *Seins* Gottes transferiert wird. Wenngleich bei *Balthasar* dadurch - anders als bei *Moltmann* - die immanente Trinität nicht in der Gefahr ist, in die Geschichte der Welt aufzugehen, weil sie sich in ihrem Sein nicht »über« die Welt »konstituiert«, sondern die Welt immer schon umfangen ist von der Unendlichkeit innergöttlicher »Differenz«, ist das Ur-Drama in Gott *katalogisch* schon der Ur-Vollzug der Geschichte und damit nicht nur in der göttlichen »Möglichkeit«, sondern immer schon auf eigenartige Weise *verwirklicht.* Darin aber verbirgt sich schon die Gefahr einer *mythologisierenden Gnosis*, die *Rahner Balthasar* tatsächlich und nicht ganz zu Unrecht vorwirft.

---

[529] *Krenski* (1990) 288. Hervorhebungen nicht im Text.

4. Das Problem der »Re-Mythologisierung«

Auch bei *Balthasars* Entwurf einer theologischen Fundierung des Leidens gibt es in letzter Konsequenz jenes *»neue« Axiom* der Gotteslehre, daß *die leidende Liebe der »höchste« Vollzug der Liebe* sei. Und genau besehen, würde konsequent *katalogisch* gedacht, eröffnete sich in diesem Entwurf auch die Umkehrung der heilsgeschichtlichen Perspektive: nicht die geschichtliche Kenosis ist freie, überraschende Konkretion göttlicher Liebe, sondern der ewig kenotische Ur-Grund göttlichen Lebens emaniere in letzter Konsequenz bis hin zum Kreuz, weil dies das dem Sein Gottes immer schon »entsprechende« ist. In der Rezeption zeigt *Krenski*, daß er in diese Richtung tendiert: »Das Leiden, das der Liebe entspringt und damit frei gewählt und gewollt ist, *erscheint also als Modus höchster Liebe*, so daß es *unbedingt* als zur 'reinen Vollkommenheit [und Seligkeit] Gottes zugehörig' einzustufen ist.«[530] Jetzt hat man sich aber zu entscheiden, ob man mit *Krenski* die Aussagen *Balthasars* wieder zurücknimmt (Gott leide doch nicht in seiner Ur-Kenose), oder ob man *Balthasar* auch beim Wort nehmen kann - d.h. *ernst* nehmen darf - oder nicht! Entweder - und hier gilt es Farbe zu bekennen - ist die Ur-Kenose Gottes diese oder sie ist es nicht und dann auch nicht so zu bezeichnen.[531] - Nun gibt es, und dies sei keinesfalls verschwiegen (von da aus sind wir ja ausgegangen), durchaus auch bei *Balthasar* diesem Ansatz nicht immanente Äußerungen, die in eine ganz andere Richtung leiten, ja bisweilen dem von ihm Entworfenen widersprechen:

> »Die Freiräume in Gott entstehen sowohl durch das Sichverschenken der Hypostasen wie durch das Sein-lassen je der zwei anderen Hypostasen durch die eine...Das ist *nicht* Rückzug oder Resignation, sondern positive Gestalt der unendlichen Liebe. Und *deshalb* bedarf Gott auch keines Rückzugs, *keiner* 'Selbstbeschränkung' oder 'Kenose',

---

530 *Krenski* (1990) 191. Hervorhebungen nicht im Text. Klammerausdruck stammt von *Krenski*.

531 In jeder Argumentation muß es den Punkt der Eindeutigkeit geben, wenn sie sich nicht in eine systembedingte »Zweideutigkeit« flüchten will und also in einen permanenten Entzug ihrer selbst; falls nicht doch die Antinomie das letzte Prinzip des Wahrheitsanspruchs sein soll; und dieser »Ort« der Entscheidung ist an den Initialstellen eines Argumentationszusammenhanges gefordert, von dem her sich der Zusammenhang als »sinnvoller« eröffnet.

> wenn er die Welt in sich entstehen läßt.«[532] Oder: »Immer ist dieses Wesen das zugleich Besessene und Verschenkte...Da diese Akte ewig sind, ist des Neuseins, des Überrascht- und Überwältigtwerdens durch das Maßlose kein Ende.«[533]

In diesen mit den anderen nicht systematisierbaren Aussagen zeigt sich die ganze Spannweite eines Denkens, dem zweifelsohne ein System zu eng ist, das es fassen könnte, aber auch antinomische Elemente, die ihren *präzisen Grund* haben, der nicht (frühzeitig) ins Geheimnishafte des göttlichen Geheimnisses zurückgenommen werden darf, an dem jedes theologische System letztlich und hin auf das Je-Größer-Sein Gottes (zu recht) zerbricht. Dieser »Ort« läßt sich angeben, an dem das eine ins andere (unvermittelt) »umschlägt«, es ist die Abspannung der je-größeren Unähnlichkeit auf eine aus der Geschichte in Gott hinein-»projizierte« *je-größere Ähnlichkeit* der Unähnlichkeit Gottes mit seiner leidenden Liebes-Konkretion: *Gott bleibt zwar unbestritten auch dann noch der seinen Konkretionen je-größere, aber nicht als der in (und »gegenüber«) seinen Konkretionen »un«-ähnliche, sondern der sie bis ins Unendliche hinein »ähnlich« umfangende.* Gott wird nicht in seiner je-unendlicheren Freiheit demgegenüber aufgedeckt als der, der sich gerade, *weil* er so unendlich frei demgegenüber ist, ganz und gar *unablöslich* bindet in seine Konkretionen hinein. Dagegen wird vielmehr die »je-unähnlichere Differenz« zwischen Gott und Welt *nicht von ihr selbst her*, sondern vom durch sie (allein) eröffnenden Element der »Ähnlichkeit« *mit* den Konkretionen der Liebe gedeutet, und weil so die Differenz von Gott und Welt nicht *als Differenz* in der innertrinitarischen Differenz *analog*, sondern als in die innertrinitarische Differenz »aufgenommene« *Ähnlichkeit* interpretiert wird, wird die theologische Fundierung des christologisch vermittelten trinitarischen Leidens unter der »Schwäche« des »neu-chalkedonensischen« Ansatzes verharren und mit gewissem Recht die Angst *Rahners*, hier werde (krypto-)monophysitisch das Mensch- und Weltsein in ein überirdisches göttliches Drama aufgelöst, in dem die Welt mehr zur »Marionette« verkommt, zutreffen: hier *ist* die Gefahr einer Mythologisierung (wider Willen) real.[534]

---

[532] *Balthasar*, TD II/1 (1976) 238. Hervorhebungen nicht im Text.

[533] *Balthasar*, TD II/1 (1976) 234.

[534] *Balthasar* wirft *Rahner* - auch nicht zu Unrecht - extrem-antiochenische Ten-

III. Die Überwindung der »Verewigung« des Leidens in Gott

Die »neu-chalkedonensischen« Versuche, das Leiden in Gott selbst (wie aus der christologischen Vermittlung gefordert ist) in einer »theologischen Wende« neuerlich zu fundieren als im Liebes-Sein gründend, haben uns Desiderata kommender theologischer Überlegung und Diskussion aufzeigen können, die anschließend (und zusammenfassend) genannt seien:

1. Die Überwindung der »neu-chalkedonensischen« Position

1. Ein Defizit »neu-chalkedonensischer« Modelle besteht in ihrer bleibenden Gefahr, das geschichtliche Leiden in Gottes Ewigkeit so zu projizieren, daß das Leiden in der Geschichte nicht nur der »Ausdruck« göttlichen Seins wird, sondern die *Struktur* seiner Liebe als einen *Letzt*-Horizont beschreibt, der dann nicht mehr einsichtig machen kann, wie und vor allem warum Gott das Leid *überwindet*, d.h. es *überwinden kann* und es überwinden *will*. Der in seinem letzten Sein »immer schon« im Horizont des Leidens gedachte Gott verwandelt sich von einem »erlösenden« und »befreienden« Gott zu einem das Leiden »stabilisierenden« Gott. Die Auferweckung wird »funktionalisiert«; sie ist nicht mehr strukturell der Ausdruck des je-größeren Gottes, sondern die bloße Versicherung dafür, daß Gott in der Lage sei, das Leiden in der Welt »aufzunehmen« und so »irgendwie« zu überwinden. *Die Verewigung des Leidens »stabilisiert« das Leiden als höchsten Ausdruck der Liebe, die Gott ist, und damit als tiefste Verwirklichung der Liebe nicht nur von »Ewigkeit her«, sondern »in alle Ewigkeit«*. Darin ist ein solches Modell der *verändernden* Kraft der leidenüberwindenden Lebendigkeit des Reiches Gottes, das sich schon hier, auf dieser Welt zu verwirklichen anträgt und uns auffordert auf es hin zu wirken, entgegenstehend. Es

denzen vor; vgl. *Balthasar*, TD III (1980) 253-263. - Ähnlich wie für die Kritik an *Moltmann* gilt auch hier: Die ungeheure Leistung des Werkes von *Balthasar* soll nicht bestritten und zurückgenommen werden, wohl aber müssen Tendenzen aufgezeigt werden, die in eine bedenkliche Vereinseitigung eines alexandrinischen Typs von Theologie gegen einen antiochenischen Typ führen; oder jedenfalls führen können.

wirkt in diesem Sinne in der Rückwirkung des implizierten Gottesbegriffs auf die Welt gegen Veränderungen »stabilisierend« und letztlich statisch-ungeschichtlich angelegt (auch wenn dies nicht seine primäre Intention sein mag).

2. Ein weiteres Defizit betrifft die »Ungeschichtlichkeit«. Wenngleich solche Modelle eher zu einer »Mythologisierung« neigen, wird die *Art* der Mythologisierung nicht zu einer geschichtlichen Kraft, wie das etwa bei *Joachim von Fiore* intendiert gewesen sein mag, sondern zu einer neuerlichen Repristinierung der metaphysischen Denkform führen: *Die metaphysische Mythologisierung »identifiziert« Geschichte und Ontologie in der Art, daß die Geschichte ungeschichtlich in das Sein Gottes »aufgehoben« wird.* Damit erfüllt dieses Modell aber in der Denk- und Erkenntnisstruktur eben jenes der Geschichte »Voraus-Denken«, das eine strikte Reziprozität nicht erlaubt; die Heilsgeschichte als der Ort der Erkenntnis wird auch hier »suspendiert«, weil die geschichtliche Konkretion in Gottes Ewigkeit schon immer vorweg-überholt ist im doppelten Sinne: 1. »überholt« im Sinne von je-mehr verwirklicht in Gott; 2. »überholt« im Sinne von überwunden. Durch die *»Verewigung« der Geschichte* wird aber nicht nur dem *je-einmaligen Handeln* Gottes seine Spitze, sondern der Differenz zwischen Gott und Welt sowohl in Richtung auf die Welt als auch in die Gottes das *unüberholbar »Differente«* in seiner *soteriologischen* Bedeutsamkeit genommen: 1. Die Verwirklichung weltlicher, menschlicher Freiheit wird in Gott voraus-überholt, so daß sie ihren letzten Ernst *als* Freiheit verliert, die Gott »betrifft« in ihrer Je-Einmaligkeit und Unhintergehbarkeit. 2. Gottes geschichtliche Freiheit wird demgegenüber suspendiert, weil er immer schon vorweg in »Entschiedenheit« (»von Ewigkeit her«) berührt *ist* von dem, was (trotz seines Vorsehens) nicht in seiner Freiheit liegt. Die »Berührtheit« Gottes in seiner Liebe wird zu einem »Immer-schon-vorweg-Eingefangenhaben« der Konsequenzen seines Berührteeins, zu einem statisch-ewigen Kontinuum verwandelt, dem gegenüber es keine »Überraschung«, kein »Neu-Sein«, keine Fülle des »geschichtlichen« Lebensgewinns gibt. 3. Damit ist aber gerade die *Differenz* zwischen Gott und Welt von beiden Richtungen her, wenn nicht aufgehoben, so doch nicht in der Freiheit und damit Geschichte freisetzenden *Differenz* wahrgenommen, sondern - ganz und gar »neu-chalkedonensisch« - von der Einheit und »Überholtheit« her perspektiviert. Wenn nun aber gerade der *Differenz* unbedingt *soteriologische* Bedeutung zukommt, ist diese damit selbst in Frage gestellt: Ist

Gott unter dieser Perspektive (alleine) tatsächlich noch der Leiden *überwindende,* der (vom Leiden) *befreiende* und (durch es hindurch) *erlösende* Gott? Ist der Mensch *dann* noch tatsächlich der freie, ist Gott dann noch der je-mehr freie? Ist *dann* (gerade in bezug auf das Konstituens der Freiheit) das unbedingt *Geschichtliche* der Offenbarungsgeschichte Gottes, wie es sich hat erschließen lassen, noch wirklich der Horizont der theologischen Reflexion auf sie, den Gott in seiner Selbst-Mitteilung konstituiert hat? Oder ist er vielmehr schon im Reflexionsvorgang so »abstrahiert« von seiner Konkretheit, daß diese gar nicht mehr erreicht werden *kann? Die »Geschichtlichkeit« Gottes erst wahrt die »Differenz« zwischen Gott und Welt in ihrer soteriologischen Bedeutung, weil mit ihr der Je-Einmaligkeit und der Freiheit der Geschichts-»Subjekte« das göttliche Fundament gegeben ist, aus dem heraus sie sich (immer schon in Gott) als Geschichte der Fülle und des Reichtums, aber gegebenenfalls auch als die des Leidens vollziehen kann.*[535]
3. *Programmatisch* eigen ist den »neu-chalkedonensischen« Positionen, insofern sie die »Differenz« nicht als analoge zu wahren trachten (oder trachten *können*), sondern auf das Element der »Ähnlichkeit« in der »einen« Analogie abspannen und gerade darin zu kurz greifen schließlich, Gott in seiner je-größeren Unähnlichkeit noch *als den* der Welt und seinen eigenen Konkretionen in ihr *Ähnlichen* zu fassen versuchen und darin die »*Ab*-wärts-Bewegung« gegen die »*An*-wärts-Bewegung« systematisieren. - Das wurde schon ausführlich analysiert. - Daraus resultiert aber über die *formal*-erkenntnistheoretische »Beschränkung« theologisch-*inhaltlich* eine ungeschichtliche »Vereinnehmung« der Je-Besonderheit göttlich einmaliger Akte: Die Schöpfungstat Gottes rückt a priori in den Horizont der »Beschränkung« Gottes, eines leidenden »Sich-Zurückziehens« wegen und in seiner Liebe. Die »Projektion«, die sich darin verbirgt, hebt nicht ohne Grund immer schon auf den Horizont der »Fragmentarität« geschöpflichen Seins ab und nicht auf seine *ursprüngliche* Gerufenheit in Gottes *Ähnlichkeit*; darin projiziert sie - gewollt oder ungewollt - *Irdisches* in Gott hinein[536], gerade indem sie von der

---

[535] Die »Geschichtlichkeit« Gottes leitet sich ja ebenso wie das Ur-Phänomen von Geschichte in dieser Welt nicht aus der Fragmentarität der Welt, sondern aus der Relationalität geschöpflicher Ex-sistenz her.

[536] Dies ist ja - und an dieser Stelle zu Recht - *Rahners* Vorwurf. Vgl. auch *Koch* (1968) bes. 290 ff: Der Tod sei der Schöpfung so immanent, daß ihr

»Abhängigkeit« (*Schleiermacher*) und nicht die Freigegebenheit der Fülle durch Gott in seinem Eröffnen von Schöpfung und Geschichte aus denkt. Im Gegensatz zur von uns her konstituierten projektiven »Ähnlichkeit« Gottes mit der Welt, in der das Leiden als Letzt-Horizont der Erschließung Gottes Selbst-Erschließung überlagert, muß die in analog-reziproken Denken erschlossene Struktur des Verhältnisses von »Unähnlichkeit« und »Ähnlichkeit« ein prinzipiell anderes Bild ergeben: Weil Gott aus seiner unübersehbar-vollen, unendlich-übergehenden Unähnlichkeit die Welt in *seine Ähnlichkeit* holt, sind wir *ursprünglich ihm* »ähnlich«: Gott schafft nicht »herunter«, er schafft uns sich zu in seine Nähe, wir sind ursprünglich *theomorph* bestimmt. *Deshalb* »ist [es] nicht schlechthin sachgerecht zu sagen, Gott neige sich zu uns *herunter*, um dann erst, und in menschlicher Weise zu lallen; vielmehr hat er uns, da er uns schöpferisch gottähnlich sein läßt, auf *seine* 'Ebene' gestellt, um dann als Er selbst, als Gott, mit uns in Freundschaft zu leben und zu reden, und *wir also mit ihm auf seiner* 'Ebene' mitreden dürfen, unbeachtet unserer in Ewigkeit bleibenden Kreatürlichkeit. *Das* genau ist doch das 'Unglaubliche' menschlichen Seins!...Er hat uns *zu sich* gerufen, indem er uns schuf...; denn er gibt uns *seine* 'Ähnlichkeit', nicht nimmt er unsere.«[537]. Dies ist es genau, was sich in der innertrinitarisch fundierten analogen Struktur geschöpflichen Seins ausspricht: Die Ähnlichkeit mit Gott ist aus seiner Unähnlichkeit so eröffnet, daß, uneinholbar, Gott uns *in seine* »Ähnlichkeit« holt, *indem* sie uns ganz bei Gott sein läßt, ohne die »Differenz« zwischen Gott und Welt je aufzuheben, sondern, weil aus *ihr heraus* eröffnet, sie sich *in* ihr *begründet. Nicht nur wird in den »neu-chalkedonensischen« Modellen die »Unähnlichkeit« (Gottes) projektiv als Ähnlichkeit umgedeutet, sondern die Ähnlichkeit wird damit selbst ihres sie begründenden und je-neu und -mehr eröffnenden Horizonts enthoben, so daß sie selbst auf die »Fragmentarität« weltlichen*

»Bewegtsein« die Selbstbewegung des Schöpfers darstelle, aus der er sich nicht mehr heraushalten könne: »In ihm kann der Vater nicht mehr geschont werden, kann er nicht mehr der Unveränderliche sein« (S. 300). Hier wird die Bewegtheit Gottes zwar *behauptet*, aber anscheinend auf dem Hintergrund der Fragmentarität weltlichen Seins und nicht aus der Fülle der sich hingebenden Liebe heraus verstanden; so jedenfalls ist immerhin die Gefahr, in der Negation noch die metaphysische Kategorie der »Veränderung« als Verständnishorizont für das Leiden Gottes aufzugreifen, nicht gebannt.

537 *Schulte*: Ordensnachrichten (1975) 104.

Seins zurückfällt und so sich nicht mehr umgekehrt gerade »aus« der Differenz von Gott und Welt als »Gottes« Ähnlichkeit verstehen lassen kann. Durch die projektive Überlagerung der Interpretation des Schöpfungsaktes Gottes wird dann der Entschluß zur Schöpfung in der Bedeutung für Gott selbst *uns ähnlich* gedeutet, nämlich als kenotisches Geschehen, und nicht aus der unendlichen Unähnlichkeit Gottes als ein unvereinnehmbares Geschehen »in« Gott selbst, dem nicht »dahinter« zu denken ist; dessen Motiv nicht in einer »dahinter-projizierten« kenotischen Determination auf die Spur zu kommen ist; das nicht gegenüber allen anderen geschichtlichen Geschehnissen (und gegenüber der Sünde und dem Leiden) seiner einmaligen *göttlich-geschichtlichen* Spontaneität und *geschichtlich-einmaligen* Bedeutung für Gott selber enthebbar ist: *In der analogen, je-größeren Unähnlichkeit Gottes muß, weil darin innertrinitarisch begründet, die uneinholbare »Einmaligkeit« und je-größere »Freiheit« mit-gesagt ist, die Einmaligkeit und damit die geschichtliche Freiheit jedes Handelns und (freien) »Erleidens« Gottes »nach innen« und »nach außen« ausgesagt werden, ohne je »ähnlich«-vereinnehmbar (für je-anderer Ereignisse) zu werden.* Die »analoge Differenz« wahrt damit nichts weniger als die Unvereinnehmbarkeit der Schöpfung gegenüber dem Kreuz als einmaliger Tat Gottes und in seiner Einmaligkeit auch für Gottes Sein: eines wie das andere (und ebenso für alles weitere) kann weder als kenotische Bewegung noch anderswie im Sein Gottes verankert werden, ohne zuvor die Einmaligkeit je der Ereignisse betont zu haben und demgemäß geschichtlich zu denken.

4. Um diese »Schwäche« einer »neu-chalkedonensischen« Position zu überwinden und zugleich ihre Stärke zu wahren, soll *in analog-reziproker Strukturierung* gegen eine »Verewigung« des Leidens, gegen ein »neues« Axiom von der leidenden Liebe als höchster Form der Liebe, gegen die Ent-Geschichtlichung und gegen die Tendenz zur Aufhebung der Differenz von Gott und Welt die *»analoge« Differenz* als *strukturelle Erhellung des innergöttlichen Liebes-Seins* fundiert werden: Gemäß biblischer Gotteserfahrung und bisheriger Erschließung von Gottes Liebes-Sein wird man dieses als innertrinitarischen und schöpferisch-geschichtlichen *Selbst-Einsatz* bestimmen dürfen. Der leidend-liebende und zugleich befreiende Selbst-Einsatz Gottes mit seinem innersten Leben für die Welt sowie der innertrinitarische Selbst-Einsatz der göttlichen Personen in göttlich-unaufhebbarer Perichorese bedeuten nämlich Sich-ganz-Einsetzen (ohne Rückhalt) und darin sich ganz gewinnen, in un-

ähnlicher Weise Selbst-Sein. *Selbst-Sein ist* dann *Selbst-Bindung* an den je-unähnlicheren Ganz-Anderen zur unaufkündbaren Einheit. Im Sich-Wegschenken bindet sich Gott dann auch schöpferisch an das aus seiner Unähnlichkeit heraus Eröffnete *so*, daß er sogar dafür »leiden« kann. In seinem *Innersten* ist dieser *totale Lebens-Einsatz* Gottes aber nur zu begreifen, wenn er nicht auf das Leiden »beschränkt« wird als eine innerste Struktur der Liebe, sondern geradezu umgekehrt in seiner je-unbegreiflicheren, über alle Konkretionen hinaus uneinholbaren Macht der je-größeren Liebe begriffen wird, die fähig ist, in allen Konkretionen je-immer sie selbst zu bleiben.[538] *Gegen jede Tendenz zur »Verewigung« des Leidens als »höchste« Form der Liebe und folglich des Seins Gottes ist der aus der Unähnlichkeit Gottes verstandene totale »Selbst-Einsatz« seines trinitarischen Lebens ganz in allen Konkretionen der Liebe engagiert, weil er immer schon über sie hinaus »er-selbst« zu bleiben vermag: Das »Äußerste« und »Innerste« und »Höchste« der »selbst-einsetzenden« Liebe ist ihre Macht, im Sich-Verschenken immer »sie-selbst« sein und bleiben zu können.* So verstanden ist die Liebes-Struktur sogleich in ihrer wirklich innergöttlich verankerten *Analogizität* beschrieben. Die Macht der »selbst-einsetzenden« Liebe Gottes, »sie-

---

[538] In diese Richtung wird die Aussage *Kaspers* zu verstehen sein, daß die »Selbstentäußerung...deshalb keine Selbstaufgabe und keine Selbstentgöttlichung Gottes [ist]...Im Gegenteil, es gehört Allmacht dazu, sich ganz hinzugeben und wegschenken zu können...«, *Kasper* (1982) 242. Diese Allmacht ist aber nicht dialektisch schon nur *in Selbstentäußerung* gegeben - dann wäre sie eben projektiv schon wieder abgespannt auf die heilsgeschichtliche Verwirklichung, sondern göttliche je-größere Liebe, die Selbstentäußerung *werden* kann. Vgl. auch *Pannenberg*: *ders.* (1980) 141: Man »kann darum das Sich-verbinden Gottes mit dem, was in dieser Welt schwach ist und scheitert,...nicht als eine Art temporären Verzicht Gottes auf seine wahre Natur deuten, nicht als Selbstentäußerung, sondern vielmehr gerade als Selbstverwirklichung Gottes in der Ausübung einer Herrschaft über seine Schöpfung«. Wenngleich hier eine Art Pendelschlag vollzogen wird, indem die Entäußerung Gottes im konkreten Leiden in Jesus *als Machtvollzug* der Herrschaft Gottes fast »zurückgenommen« erscheint; deshalb ist in einer *analogen* Bestimmung die Entäußerung als solche aussagbar - und dadurch eine geschichtliche »Entscheidung« in Gott im Leiden zu herrschen -, und dies *ob* der Gründung dieses Sich-Einlassens ins Leiden in der je größeren Unähnlichkeit Gottes, aus der heraus Gott ganz im Leiden sein kann. Daß *Pannenberg* hier die Tendenz einer sprachlichen »Rücknahme« der »Entäußerung« Gottes in Jesus Christus anstrebt, mag auch durch seine letztlich nicht auf eine »Gottesgeschichte« in der »Ewigkeit« Gottes hinauslaufende Position mit-begründet sein.

selbst« zu bleiben, bringt nichts anderes zum Ausdruck als ihre uneinholbare, je-größere, aber *darin* ganz konkret-sich-bindende *Unähnlichkeit*, die sich ganz in radikaler *Treue* bindet, indem sie in *ihre* Ähnlichkeit holt.

2. Das Leiden Gottes zur Überwindung des Leidens der Welt

Im Gang der Untersuchung sind wir für eine theologische Fundierung des Leidens als Leiden des trinitarischen Gottes an einem Punkt der »Wende« angelangt, an dem aus einer theologischen Fundierung des Leidens heraus nicht nur die strikte Unterscheidung zwischen dem *realen* Leiden Gottes und seiner demgegenüber *je-unähnlicheren* Liebe gefordert erscheint, sondern die Frage selbst sich in eine eigentlich theologische verwandeln wird, weil jetzt die Ausarbeitung einer trinitarisch letztdifferenzierten Gotteslehre selbst gefordert wird. Damit aber überschreiten wir den abgesteckten Horizont der Leidensfrage hin auf die Erarbeitung einer Gotteslehre, der es nun möglich sein müßte, gewissermaßen »katalysiert« durch die Leidensproblematik, in analog-reziproker Erarbeitung *auch* der Leidensfrage gerecht zu werden, sie »integrieren« und aus dem größeren Horizont einer Gesamtschau einsehen zu können. Im Sinne eines Ausblicks mögen dafür aus der trinitarischen Leidensbegründung erwachsende Elemente zum Abschluß genannt sein:

1. Zunächst sind wir aufgefordert, zwischen dem Leiden Gottes und seinem ewig nicht-leidenden Sein zu unterscheiden. Wenngleich Gott von Ewigkeit her in und als selbst-einsetzende Liebe *ist* und »west« (und also in diesem Sinne in höchster trinitarischer »Affiziertheit« und »Sym-Pathie«), vollzieht er sein Leben nicht immer schon in leidender und kenotischer Bewegtheit (auch nicht in »Apostrophen«) und nie nur in ihr (gewissermaßen ohne Horizont auch dazu): Von seinem realen Leiden um des Menschen willen ist seine »Leidensfähigkeit« zu *unterscheiden*, die sich als Struktur selbst-einsetzender Liebe darstellt.[539] Andernfalls - und wie das in den Leidenstheologien oft geschieht - wird in nicht-reziproker Weise die Erfahrung des geschichtlichen Leidens in Gott

[539] Das über den Zusammenhang von Geschichtlichkeit und Leidensfähigkeit Gottes Gesagte, sowie die analoge Struktur der Geschichtlichkeit Erschlossene ist hier einzubringen und wird nicht mehr wiederholt.

ungeschichtlich als *»logische« Notwendigkeit* seines Seins ausgesagt; demgegenüber ist in *reziproker* Methodik Gottes reales Leiden in Gottes *Leidensfähigkeit* zu begründen, so daß es in und wegen Gottes bleibender je-größeren Freiheit und Geschichtlichkeit nicht »verewigt« wird (und unter dieser Voraussetzung auch nicht »verewigt« werden *kann*).[540] Das, woran die Konkretheit der Geschichtlichkeit sich messen lassen muß, die man Gott zugesteht (oder eben nicht zugesteht), ist die Möglichkeit einer »Veränderung« in Gott aufgrund ursprünglich-eigener *Entscheidung* oder - im Sich-affizieren-Lassen von der gott-menschlichen Geschichte und aus ihrer »Unvorsehbarkeit« als Geschichte - seines *Sich-Entscheidens* zu einer »Re-Aktion«: Kann Gott sich in der Fülle seiner analog-strukturierten Geschichtlichkeit »entscheiden«? Darf diese »Entscheidung für Gott selbst »Neu-Sein« bedeuten (ohne ihn in ein »Werden« aufgrund der »Fragmentarität« geschöpflichen Seins zu werfen)? Kann es in der »Ewigkeit« Gottes eine personal-relationale, trinitarisch-lebendige »Veränderung« geben, die Gottes Sein selbst (als trinitarisches) »betrifft« und »neu«-werden läßt? - Das Grundproblem der »Verewigungs«-Theorien läßt sich auch so verstehen, daß sie dies Gott letztlich nicht zugestehen oder dies wenigstens nicht entsprechend systematisch verankern können.[541] Der *Geschichtlichkeit* Gottes als ontologischer Kategorie (und damit als Möglichkeit der Eröffnung der gott-weltlichen Geschichte) in ihrer »Reziprozität« mit der ihr inhärenten *Analogizität* mag eine solche Aussage gelingen, daß nämlich Gott in seiner »ewigen« Lebendigkeit sich *verändern* kann: Gottes selbst-einsetzendes Handeln hat dann »für Gottes Ewigkeit« Bedeutung, ohne in sein »Von-Ewigkeit-Her« rückprojiziert werden zu müssen - mit all den schon erwiesenen Konsequenzen einer projektiven »Verewigung«. Der Grund und der »Ort« dieser lebendigen Veränderung Gottes ist aber nichts anderes als seine uneinholbare und darin »total« affizierbare *Freiheit*, die seine (Freiheit) *»eröffnende«* Unähnlichkeit bedeutet, in ihrem trinitarischen »Wesens«-vollzug; und

---

[540] Die ist eines der *Kriterien*, unter denen vermieden werden soll, »projektiv« zu werden in der theo-logischen Fundierung.

[541] Vgl. die - trotz gegenteiliger Intention - vorgenommene »Verewigung« bei *Moltmann* und *Balthasar* (und *N. Hoffmann*). Ähnlich *Simonis*: MThZ 33 (1982) 133-139; hier: 134: »...daß es für Gott ein solches Vorher und Nachher, Werden und Noch-Nicht nicht geben kann. Im Gegenteil: dieses Neue ist für ihn selber immer schon Wirklichkeit.« Vgl. auch: *ders*. (1988).

nicht etwa eine weltlich ableitbare, *fragmentarisch*-weltlich begründete »Veränderung«. Gott bleibt in dieser analog und trinitarisch-lebendig begründeten Geschichtlichkeit und Veränderlichkeit immer Gott; er *ist* darin immer schon Gott. Dennoch kann er in seiner ewigen Lebendigkeit (in aller »Fragmentarität« des *Erkennens*) von uns nicht anders als solche innergöttliche Lebensgeschichte gedacht werden, die ewige Neuheit bedeutet, *ohne* sich zu verlieren. Die Tendenz in zeitgenössischen theologischen Leidensbegründungen diese »geschichtlich-freie« *Lebendigkeit* in Gott im konkreten Bezug zu Schöpfung, Menschwerdung (Tod und Auferstehung) und Eschaton und also die je-konkreten »*Entscheidungen*« Gottes in eine ungeschichtliche »*Entschiedenheit*« Gottes zu verwandeln durch die »Verewigung« der Schöpfung und der dialektischen Struktur bei *Moltmann*, durch die »Verewigung« der Kenosis bei *Balthasar*, schließlich durch die »Verewigung« des Leidens bei beiden (und anderen Leidenstheologien) resultieren aus der Unmöglichkeit, einer Entscheidung in Gott die ihr entsprechend *göttlichen* Konsequenzen einer »wesentlich-trinitarischen« *Veränderung* für Gott in ihren Ansätzen (soweit sie systematisierbar sind) *strukturell* wirksam werden zu lassen.[542] Darin spiegelt sich aber, daß letztlich die Gotteslehre (noch) nicht stringent trinitarisch letzt-fundiert wird (jedenfalls gegen alle Behauptungen nicht in den *Konsequenzen* einer solchen Letzt-Fundierung), weil hier das spezifische Problem eines nicht-trinitarisch fundierten Gott-Redens durchscheint, das wir als Problem der »zwei Naturen in Gott« gekennzeichnet haben. Weil aber eine trinitarische Fundierung der Gotteslehre in inner-*trinitarischer* Begründung der »analogen Differenz« aus der uneinholbaren Freiheit im Lebensprozeß Gottes heraus denken kann, wird *göttliche* Geschichtlichkeit und *(inner-)trinitarische* Veränderung denkbar, welche die Einzigkeit Gottes nicht nur nicht sprengt, sondern geradezu neu begründet als *ursprüngliche*, aber eben nicht »metaphysisch«-abgeleitete, sondern *göttlich*-ursprüngliche.

In solcher analog fundierten Geschichtlichkeit Gottes kann man der klassischen »Definition« von Gottes »Ewigkeit« durchaus gerecht werden. Wenn *Boethius* die Ewigkeit Gottes, wenngleich in metaphysischem Kontext, so

542 Ganz eklatant wird dies in *Moltmanns* Hinweis deutlich, daß eine solche göttliche »Entscheidung zu...« so sehr weltlich-zeitliche Kategorien in Gott eintrage, daß von »zwei Naturen« in Gott gesprochen werden müßte.

doch erstaunlich personal-lebendig als den »in seiner Fülle immer gegenwärtigen Vollbesitz unbegrenzbaren Lebens« ausdeutet[543], dann ist in diesem »Vollbesitz« eine solche trinitarische Lebendigkeit aussagbar, daß sie gerade in der je-freieren Selbst-Gabe in selbst-einsetzender Liebe der göttlichen Personen je-größere unvordenkliche Neuheit und Freiheit bedeutet. Umgekehrt wird nur dann, wenn dieser Horizont der *»analogen Differenz«* nicht gegeben ist, die Ewigkeit Gottes nicht-trinitarisch auf die Ähnlichkeit abgespannt, aus der gedacht, in der Tat jede Veränderung als Eintragung *weltlich-fragmentarischer Zeit* in Gott erscheinen muß. Die Zeit-Freiheit und Ewigkeits-Fülle Gottes dagegen schöpft unerschöpflich aus der uneinholbaren je-unähnlichen Freiheit der göttlich-trinitarischen Lebendigkeit; sie ist von uns her nur als darin uneinholbar freie und neue zu deuten, ohne »Veralterung« in Gott. Diese Neuheit in Gott ist dann der Grund, auch in der gott-menschlichen Geschichte »Neues« in diese unendliche göttlich-lebendige Neuheit integriert verstehen zu können. »Innerhalb der *absoluten* Neuheit, die Sohn und Geist für den Vater sind, wird für Gott auch die Erfahrung geschichtlicher Neuheit von Schöpfung, Menschwerdung, Kenosis möglich, und diese Neuheit ist mehr als ein Als-ob, mehr als Reproduktion des ewigen Gestern«[544], und es kann dies sein, weil der Grund die alles Geschichtliche eröffnende unerschöpfliche Unähnlichkeit Gottes ist.

2. Die durch die Leidensfrage vermittelte Veränderung von einer metaphysisch-bestimmten zu einer »geschichtlich«-analogen Gotteslehre hätte weiter die Unterschiedenheit von göttlich-lebendiger Geschichte in seiner »Ewigkeit« und der konkret-*leidenden* Geschichte durch Gottes »trinitarisch-heilsgeschichtlichen« Selbst-Einsatz zu unterscheiden in einer Weise, in der die innertrinitarisch fundierte »analoge Differenz« tatsächlich als *»analoge Differenz« zwischen Gott und Welt* verständlich werden kann: Es müßte sich nicht nur erhellen lassen, daß und wie der heilsgeschichtlich-leidende Selbst-Einsatz in Gottes Geschichtlichkeit und »Leidens*fähigkeit*« gründet, sondern umgekehrt, daß und wie in seinem heilsgeschichtlichen Leiden die ursprünglich-geschichtliche und affizierbare Lebendigkeit trinitarischer Veränderung erkennbar ist, ohne im Leiden aufzugehen und ohne das Leiden zu verewigen. *Gottes heilsgeschichtlich-leidendes Sich-Aussetzen ist als »Form« der innertrinita-*

---

543 »Aeternitas est interminabilis vitae tota simul et perfecta possessio.« Vgl. dazu Schulte: Böckle u.a. (Hg.) (²1982) 117-184; hier bes. 147.

544 *Heinz* (1975) 100-101. Vgl. dazu *Moltmanns* »doppelt« ungeschichtliche Verewigung - und also auch die Verewigung der Zukunft in die Gegenwart der Welt hinein aus der »Ewigkeit« Gottes.

rischen Geschichte der Fülle zu entdecken, in der Gott sich aufgrund seiner freien (innergöttlich-geschichtlichen) »Entscheidung« in der leidenden Konkretion trinitarisch »verändert«, ohne je einem Zwang ausgesetzt zu sein, wenn er sich leidend selbst in Einsatz bringt mit seinem Leben, oder darin »fragmentarisiert« oder gar »aufgelöst« zu werden. Gottes Geschichtlichkeit muß sich *konkretisieren* können in einem Je-Jetzt göttlich »ewiger« Entscheidung, so daß Gott »in sich« in der Tat *der-ist*, als der er sich einsetzt, und *so-ist*, wie er sich einsetzt, ohne darin zu verharren und gefangen zu sein, *wenn* er sich leidend einsetzt. Den entscheidenden Hinweis, in diese Richtung denken zu sollen, haben uns die Stellen des Neuen Testaments gewiesen, für die Gott als der trinitarisch sich-selbst *für* die Welt *in* ihr leidend einsetzende selbst *»neu« wird.*[545] Entscheidend eröffnen daran zwei Elemente das Verständnis des »trinitarischen Neu-Werdens« Gottes: 1. Gott ist und bleibt der *hypotaxas*, der in der Geschichte der Geschichte gegenüber souveräne, *indem* er dieses sein *hypotaxas*-Sein *trinitarisch* durch den Sohn in der »Mitgestaltung« mit sich im Geist vollzieht: Die Geschichte des heilsgeschichtlichen Selbst-Einsatzes ist in der Tat *Gottes trinitarische Geschichte,* in der das *Eschaton* ein *trinitarischer Akt der »Neuheit«* auch in und für Gottes »Ewigkeit« bedeutet.[546] *Gerade* darin erweist Gott sich als der *nicht* in die Geschichte »aufgehende« *hypotaxas*; dies ist *der Weg* der Verwirklichung des Eschatons, den *er* gewählt hat; darin ist er nochmals der der Welt gegenüber *je-Unähnlichere*. 2. Der trinitarische Akt der Durchleidung und vom Leiden erlösenden Überwindung ihrer

---

545 Vgl. ausführlich: Zweiter Teil, Zweites Kapitel/II.

546 »In der...Kenosis der Menschwerdung verliert Gott nicht, gewinnt er sich aber auch nicht, sondern bestätigt und offenbart sich als der, der er ist. In diesem eigenartigen 'Werden' gibt Gott sich hin, aber nicht auf...Gottes unveränderliches, transzendentes Wesen enthält in seiner herrlichen Freiheit die 'Möglichkeit' zu werden. 'Möglichkeit' nicht im Sinne der Unerfülltheit, der Potentialität, sondern der Mächtigkeit, der Überfülle, der Omni-potentia«, *Küng* (1970) 552. Dem ist in bezug auf die Verhinderung, von einem »Gott-Werden« Gottes zu sprechen, was hier ja unbedingt nicht geschehen soll, vollauf zuzustimmen. In bezug allerdings auf die ewige trinitarische Neuheit und den Selbst-Einsatz Gottes in seiner Heilsgeschichte ist dennoch von einer in der Unähnlichkeit Gottes gründenden trinitarisch-personalen »Neu-heit« zu reden, die nicht in den Kategorien des »Gewinnens« oder »Verlierens« einzufangen ist: Sie ist als echte Neuheit für Gott selbst *in seiner Ewigkeit Neu*-heit; so jedenfalls sprechen die biblischen Texte.

Gestalten in der göttlichen Herbeiführung des endgültig die Leidensgeschichte in seine ewige Geschichte der Fülle verwandelnde Geschehen des Eschatons ist ein solches Geschehen, in dem Gott *uns* neu offenbar und damit konkret werden wird, weil und wie er selbst innertrinitarisch in seiner ökonomischen Affiziertheit »neu« geworden sein wird. Der »Durch-Gang« durch die Leidensgeschichte *verändert* die trinitarischen Relationen in einer Weise, die uns in sie und ihre »Neu«-Werdung hineinnimmt.[547] - Mit diesen beiden biblischen Hinweisen (wenngleich in heutigem theologischen Kontext ausgewertet) erschließt sich ein Selbst-Einsatz Gottes in einer radikal-treuen Selbst-Bindung an die von ihm schöpferisch-engagiert eröffnete Welt und ihre Geschichte auch noch der Sünde, des Leidens und des Todes, die wirklich nichts von Gott aus dieser Geschichte »heraushält«, die ihn *ganz*-engagiert diese Geschichte »annehmen« läßt; die ihn ganz davon in seinem trinitarischen »Wesen« bestimmt (sich-bestimmend) sein läßt, daß Gott darin, d.h. durch seine Selbst-Hergabe an das Widergöttliche, *wegen* seines »*Selbst*«-Einsatzes (was sonst als sich »selbst« sollte er einsetzen in seinem Sohn?), *nicht* durch das Widergöttliche an sich, *für sich* und damit *für uns* sich »trinitarisch verändert«; ohne darin *je* sein »*Herr*«-Sein, sein *Jahwe*-Sein, als der er *je-mehr und je-unähnlicher liebend sein wird,* seine je-größere »Zu-Kunft« der Fülle zu verlieren. Hier ist unausweichlich die »analoge Differenz« *als Differenz zwischen Gott und Welt* verstanden: *Analog-reziprok gedacht ist Gott im Je-Jetzt seiner konkreten, ihn »verändernden« Eingesetztheit diesem gegenüber der Je-Unähnlichere, »indem« er sich ans Je-Jetzt, sich »davon« be-*

---

547 Vgl. *Geffré*: Conc(D) (1972) 449: Daher ist die »Geschichte...weniger die nach und nach sich vollziehende Epiphanie der ewigen Gegenwart Gottes als vielmehr die fortschreitende Vollendung einer noch nicht abgeschlossenen Zukunft«, die für Gott selbst noch Zukunft in der Fülle seiner trinitarischen Lebendigkeit ist. Ob es genügt, von dieser Geschichte der »Neu-heit« als von einer »Werdegeschichte in Gott..., in welcher er im Spiel von Wesen und Personen stets neu das wird, was er schon jetzt ist«, *Salman* (1986) 312, zu sprechen, ist fraglich, weil zum einen Gott, wenn er wird, was er ist, gerade nicht in seiner je-*größeren* Unähnlichkeit ausgesagt ist, die diese Neuheit wirklich als Neuheit (und nicht bloß als ein »Als-Ob«) deuten kann, und zum anderen das (wenngleich auch nur gedankliche) »Nebeneinander« von Wesen und Personen einen eigenartigen Eindruck eines letzten »spielerischen« Gegenübers dieser (auf selber Ebene) vermuten läßt, worum es in einer trinitarischen Letzt-Differenziertheit des trinitarischen Wesens nicht gehen kann.

stimmen lassend, ganz weggibt. In der eigentümlichen Gewichtung der Glieder der »einen« Analogie kann »ausgedrückt« werden (wenngleich in der Wucht der Realität, die das bedeutet, in ständigem Entzug göttlicher Uneinholbarkeit), daß *gerade* und *nur* in Gottes Freiheit und Geschichtlichkeit und in der unauslotbaren Fülle seiner *je-größeren Unähnlichkeit, indem* sie die Ähnlichkeit der Welt mit Gott (von Gott her) *begründet* und *eröffnet in* der *Verähnlichung* mit Gott *durch* seinen leidenden Selbst-Einsatz - und nie mehr »neben« oder ohne oder außerhalb seiner Konkretheit! -, Gott der demgegenüber *je-mehr-unähnlich* liebende und selbst-einsetzende bleibt und von je her bleiben *kann*; beides zugleich und »unabtrennbar« *von*einander, aber ebenso »unauflöslich« *in*einander![548]
Gottes innergöttlich und trinitarisch lebendige Geschichtlichkeit vollzieht sich als je-größere der unauslotbaren Fülle auch noch und gerade noch in der freien Hineinnahme der leidenden Heilsgeschichte in diese Fülle als in der totalen Affiziertheit von der Oikonomia »in ihr« ihr gegenüber je-unähnlich überströmend-lebendigere.
Die Unähnlichkeit Gottes bleibt bei all dem nicht im Sinne negativer Theologie unbestimmt, denn sie ist ja der Vollzug der *Liebe Gottes:* 1. Die *Unähnlichkeit* ist uns zur Erkenntnis als *Ziel* jeder Erkenntnis Gottes als des uneinholbar Sich-Eröffnenden allererst gegeben, wenn und weil Gott uns aus ihr heraus in seine Ähnlichkeit holt. Die Unähnlichkeit ist nicht Unbestimmtheit, sondern liebende Verähnlichung der Welt mit Gott *aus* seiner uneinholbaren Fülle heraus, die in der Verähnlichung gerade deswegen als *Ziel,* als *unerschöpfliche Liebe* aufleuchtet. 2. Die Unähnlichkeit Gottes *ist* schon *inner*trinitarisch - das hat ihre innergöttliche Fundierung ergeben - *nur als Selbst-Einsatz* der Liebe, als Selbst-Bindung, als Perichorese der göttlichen Personen in uneingeschränkter Hin-Gegebenheit aneinander *wirklich*! *Darin* ist dann auch die *Differenz* als die immer schon innergöttlich sich *öffnende* und in der zu sich holenden Ähnlichkeit und in sie hinein so *aktuell* (und gar nicht anders *wirklich*!), daß die *Unähnlichkeit* der je-größeren unerschöpflichen Liebe immer schon und gar nicht anders als in der *Eröffnetheit* des *»Zu-sich-Verähnlichens«*, des darin *Sich-Einsetzens*, *»Un«*-Ähnlichkeit *ist*! *Die*

---

548 Und darin erfüllt sich letztlich der Sinn der chalkedonensischen Formel von den »zwei Naturen Christi«, weil eben in der »analogen Differenz« die Differenz von Gott und Welt als von Gott eröffnete und offengehaltene in Christus sich *als Differenz* zu bewähren hat.

je-größere Unähnlichkeit »in« Gottes trinitarischem Sein und Gottes zur Welt ist nur »als« Selbst-Einsatz konkret (oder anders gar nicht gegeben).

3. Die »analoge Differenz«

Im erörterten Sinne eröffnet sich mit der Rede von einer »analogen Differenz« zwischen Gott und Welt und durch ihre innergöttlich-trinitarisch begründete Konkretheit die Möglichkeit, vom Leiden Gottes zu sprechen: sowohl im Hinblick auf die innergöttliche je-größere *»Entschiedenheit«* des Selbst-Einsatzes und seines je-mehr »Er-selbst-Bleibens« *als auch* im Hinblick auf die darin fundierte und ermöglichte *»Entscheidung«*, diese Liebes-Lebendigkeit gerade *auf dem Weg* selbst-einsetzenden Engagiertseins zu verwirklichen, ohne je in der Konkretion aufzugehen; oder anders: in der Konkretheit der selbst-einsetzenden Liebe ganz der leidende Gott sein und doch je immer schon der darin davon erlösende Gott bleiben zu können. Die Rede von einer »analogen Differenz« wahrt die soteriologische Bedeutung des Leidens und seine Überwindung gleichermaßen, ohne das Leiden zu »verewigen« oder zu »stabilisieren« oder zur höchsten Liebe zu »stilisieren«.

Im analog-differenten Unterschiedensein von Gott und Welt ist über die soteriologische Bedeutung hinaus (wenngleich in ihr ihren Ernst gewinnend) das Verhältnis von ökonomischer und immanenter Trinität selbst angesprochen. Es geht in der *analogen* Bestimmung dieses Verhältnisses nicht mehr »nur« um die Unterscheidung von wesensnotwendigem Vollzug Gottes »nach innen« und freier Verwirklichung »nach außen«; denn die Freiheit Gottes in seinem Liebesvollzug *ist* schon sein wesentlicher Vollzug, und die Selbstbindung Gottes an seine Heilsgeschichte in dem dann leidend-erlösenden Weg Gottes *ist* schon Ausdruck seiner Freiheit, die werden kann, was sie nicht schon immer ist, ohne damit und da(hin)durch je »anderes« zu werden als dieser Gott in seiner selbst-einsetzend liebenden Lebendigkeit. Es geht vielmehr in der Rede von einer »analogen Differenz« (als der *»je-größeren«) um das Zutrauen, Gott in seiner Liebe, von der wir nicht anders als in Gottes Selbst-Eingesetztheit wissen, den je-unähnlicheren sein lassen zu können und wahrnehmen zu dürfen.* Wenn das Verhältnis von immanenter und ökonomischer Trinität von den angestellten Untersuchungen dieser Arbeit aus bestimmt werden soll als *»reale Identität« aus und in (innertrinitarisch fundierter) »analoger Differenz«,* dann muß in der Tat die lateranensische Analogieformel bis an ihr konsequentes Ende gedacht werden und gedacht bleiben: *Die Unähnlichkeit ist in der Konsequenz der lateranensischen Analogieformel nicht und an keiner Stelle und zu keinem Zweck wieder ihres Je-Mehr enthebbar, weil sonst die innere Gewichtung der »einen« Analogie zerstört und die Analogie selbst aufgehoben wäre.* Die »reale Identität« ist nur unter der Bedingung der innergöttlich-uneinholbaren, unerschöpflichen und so gerade *göttlichen* je-größeren Unähnlichkeit aussagbar, ohne eine falsche Tautologie zu werden oder immanente und ökonomische Trinität voneinander zu trennen; aber unter dieser Voraussetzung und in analoger Struktur *ist* »reale« Identität auszusagen.

Wenn *Th. Krenski* (und in ganz ähnlicher Weise *E. Jüngel*)[549] demgegenüber eine »Rücknahme« des Je-Mehr der »analogen« Bestimmung in seiner Zuordnung von immanenter und ökonomischer Trinität vornimmt, so ist das Konsequenz eines nicht zu Ende gedachten Analogie-Verständnisses, in dem letztlich und im Ernstfall *doch* die *Ähnlichkeit* den primären Nenner einer (dann gerade nicht mehr) »analogen« Struktur bedeutet: 1. Wenngleich *Krenski* zugibt, daß das Modell der Analogie einer schlechten Tautologie zu entkommen sucht, indem es die Unähnlichkeit bei aller similitudo gewichtet, besteht er *doch* darauf - und damit eröffnet sich ein Mißverständnis der *Struktur* von dissimilitudo und similitudo -, daß »die Analogie im Gewand der similitudo *über allem Unterschied* (dissimilitudo) den Zusammenhang«[550] von »innerem« und »äußerem« Wirken und Sein Gottes wahrt. Denn die »similitudo..., die auf ein Moment der Identität zwischen immanenter und ökonomischer Trinität hinweist, läßt uns von einer Zusammengehörigkeit der innertrinitarischen Entäußertheit und der extratrinitarischen Entäußerung Gottes sprechen: es ist die eine unteilbare Liebe, in der sich der Vater auf den Sohn entäußert...«[551] Das Modell der Analogie habe aber genau dort seine Grenze, wo die *dissimilitudo* wirklich in ihrem Je-Mehr gegenüber

---

[549] Vgl. *Jüngel* (1977) 393; vgl. die Kritik an der übertriebenen »Umkehrung« der lateranensischen Analogieformel durch *Breuning*: *Brantschen/Selvatico* (Hg.) (1980) 383-385. *Jüngel* wird ähnlich und mit ähnlicher Absicht wie *Krenski* die »Ergänzung« der lateranensischen Formel vornehmen. Die sich dagegen wendende Argumentation hier ist daher auch auf diese »Ergänzung« zu beziehen.

[550] *Krenski* (1990) 364. Hervorhebung nicht im Text.

[551] *Krenski* (1990) 365.

der *similitudo* konsequent behauptet werde: »Es handelt sich nämlich bei immanenter und ökonomischer Trinität nicht um Wirklichkeiten, die sich so unterscheiden, daß sie nur unter der Voraussetzung größerer Unähnlichkeit mit ein und demselben Begriff bezeichnet werden können.«[552] Deshalb kommt *Krenski* zu der dem *hier* entwickelten innergöttlich fundierten Analogieverständnis letztlich *diametral widersprechenden Ergebnis* in Frageform: »Müßte man also nicht eher von einer *major similitudo in dissimilitudine* statt von einer *major dissimilitudo in similitudine* sprechen?«[553] Damit ist nun in der Tat die Pointe, die Spitze und das Wesen der lateranensischen Analogiebestimmung selbst in ihr Gegenteil verkehrt. 2. Weil die Analogie letztlich *doch*, und zwar eminent, auf die *Ähnlichkeit* hin abgespannt und mithin schließlich »aufgehoben« wird, ist es nur die *stringent inhärente Konsequenz*, wenn *Krenski* die auf diese Weise wieder zurückgenommene »Analogie« im Sinne *Balthasars* zur »*Verewigung* des Leidens« - und sei es nur (paradox genug!) den Worten nach - als »Ähnlichkeits-(nicht-)Analogie« umfunktionalisiert: *Balthasar* wollte nämlich - so *Krenski* - mit der (nicht-) »analogen« Rede vom innergöttlichen wesentlichen Entäußertsein Gottes nicht ein Schmerzensmoment in Gott eintragen, sondern »nur sicherstellen, daß der Schmerz, dem sich Gott in seiner freien Entäußerung aussetzt, ein Fundament in Gottes wesentlicher Entäußertheit besitzt...«[554] Daran ist deutlich erkennbar, wie das Fundament in Gott *in Ähnlichkeit* zur Heilsgeschichte als *Entäußerung* bestimmt wird; und auch, wenn diese keinen (innergöttlich-*realen*) Schmerz bedeuten solle, wie *Krenski* beteuert, so ist und bleibt dies eine (nicht-)»analoge« *Bestimmung* Gottes aus der *Ähnlichkeit* mit dem Schmerz der Heilsgeschichte und kann, ob dieses »Analogie«-Verständnisses, gar nicht mehr zur Freiheit und Unähnlichkeit Gottes auch noch einer »Beschränkung durch ähnliche Bestimmungen« gegenüber führen. Der Aufhebungsvorgang der Analogie ist damit vollendet, die lateranensische »Revolution« im Verständnis der Analogie auf die griechisch-metaphysische Bestimmung des »Kreis-Umschwungs« und der »Balance der Elemente« zurückgenommen.

---

[552] *Krenski* (1990) 366.

[553] *Krenski* (1990) 366.

[554] *Krenski* (1990) 367.

In dieser »Analogie«-Bestimmung spiegeln sich zwei fundamentale Mißverständnisse, die eine Rücknahme einer lateranensischen, zu Ende gedachten Analogie geradezu erzwingen: 1. Die Analogie wird nicht als *die »eine«* verstanden, *in* der die Elemente von Ähnlichkeit und Unähnlichkeit nicht in einer diffusen »Nebenordnung«, sondern in einer *Struktur* einander zugeordnet sind: *Die »Unähnlichkeit« ist unerschöpfliche Fülle des göttlich-lebendigen »Je-Mehr« gerade darin, daß sie die Ähnlichkeit »aus sich« heraus »eröffnet« und auf sich zu als »Ziel« der Ähnlichkeit setzt!* In diesem Sinne sind aber Ähnlichkeit und Unähnlichkeit einander unauflöslich zugeordnet: Die Unähnlichkeit ist kein »für sich« selbständiges »Sich-Entziehen« Gottes, sondern sie ist Unerschöpflichkeit der Liebe, *weil* sie nur im Selbst-Einsatz in die Ähnlichkeit hinein *als* Unähnlichkeit ist! Daraus folgt aber, daß sie nie und nimmer als eine »Sprengung« der göttlichen Einheit verstanden werden kann, gegen die *Krenski* sich ja gerade in der »Ähnlichkeits-Analogie« absichern möchte. Vielmehr ist die selbst-einsetzende Einheit Gottes in ihr als ursprüngliche ja geradezu *begründet*! Nur dann, wenn die Analogie aus der Ähnlichkeit bestimmt würde, wird die Einheit Gottes zum Problem, *weil* sie sich nicht mehr aus einer innerlich *strukturierten*, sondern aus einer »amorphen« Analogie, die schließlich Nicht-Analogie oder metaphysische Analogie ist, versteht. 2. Die Analogie kann zum anderen nicht als *die »eine«* (in sich gewichtete) Analogie verstanden werden, weil *Krenski* die Unähnlichkeit nicht *inner*göttlich fundiert, sondern sie als Element der »Zuordnung« *zweier* »Trinitäten«, der immanenten und der ökonomischen, umdeutet. Analog-reziprok gedacht, verhält es sich aber geradezu umgekehrt: nicht die Ähnlichkeit *»zweier Trinitäten«* sichert die Einheit *desselben* Gottes »ad intra« und »ad extra«, für dessen Zuordnung ja schon hermeneutisch der Unterscheid vorausgesetzt wird in einer Weise, die keine *ursprüngliche* Einheit mehr als die *desselben* Gottes gestattet, sondern die innertrinitarisch fundierte *Unähnlichkeit* begründet »Einheit« als göttlich-*ursprüngliche*. Andernfalls verhindert die Abstraktion eine ursprüngliche *Konstitution* der Einheit desselben Gottes in der Differenz zur Welt und seinem Wirken in ihr und entwirft projektiv eine »bloß« re-*konstruierte* (Nicht-)Einheit. Auf diese Weise wird aber eine *strikt* »neu-chalkedonensische« Position *theo*-logisch nicht in Hinblick auf die Bedeutung der *Differenz* zu Ende gedacht, sondern ihrem inneren Motor nach im Hinblick auf die Ähnlichkeit und (rekonstruierte) Einheit; die soteriologische und theologische Bedeutung der Differenz ist konsequent ausgespart! - Dagegen ist nun zu sehen, daß in analoger Struktur die *Unähnlichkeit* die *Einheit* des einen und selben Gottes in seinem Sein und in seinem weltlichen Wirken sichert und nicht die Ähnlichkeit, weil in der *Unähnlichkeit* die Differenz Gottes zur Welt und seinem weltlichen Engagement als die innertrinitarisch Gott selbst konstituierende ausgesagt ist: *Die Unähnlichkeit, welche die Ähnlichkeit im göttlichen Wirken Gottes in der Welt eröffnet, ist in Gott immer »dieselbe« Unähnlichkeit; sie ist in bezug auf Gottes wesentliches Leben und seinen freien Selbst-Einsatz in der Welt immer »dieselbe« Unähnlichkeit des deswegen »nach innen« und »nach außen« selben und »einen« Gottes!* Der aus der Unähnlichkeit nach innen und nach außen sich selbst-einsetzend Ähnlichkeit eröffnende Gott ist *bezüglich* seiner uneinholbaren je-unähnlicheren Fülle *nicht* noch einmal »analog« zu denken: *Die Unähnlichkeit Gottes ist seine unerschöpfliche Ursprünglichkeit, das Quelle-Sein Gottes, in »univokem« Sinne bezüglich jeder durch sie aufgebauten Relation, jedes eröffneten Selbst-Einsatzes und jeder Engagiertheit.* In dieser begründend-eröffnenden Unähnlichkeit ist Gott, die »eine« Analogie mit der Welt eröffnend, immer *derselbe*. Andernfalls wird aus der *einen*(!), innertrinitarisch fundierten und in bezug zur Welt und Gottes Handeln in dieser *relationalen* Analogie eine »abbildende« *zweifache Analogie*, für die Gottes Handeln in der Welt schon »Analogie« ist, die dann in Beziehung zu Gott-in-sich gesetzt würde. Die *eine* Analogie ist aber immer schon eine in sich *relationale* der beiden Glieder der Analogie zueinander.

Auf diese Weise mag sich bewahrheiten, daß, in analog-reziproker Struktur gedacht, die *reale Identität desselben innertrinitarisch je-unähnlicheren Gottes* und nicht eine »Ähnlichkeit« zwischen zwei »Trinitäten« *urprüngliche Einheit* auszusagen in der Lage ist, *weil* (und gerade nur dann, *wenn*) diese Einheit sich aus der unerschöpflich-unauslotbaren Lebensfülle der in Gott und in bezug zu »allem« *identischen je-größeren Unähnlichkeit* Gottes erschließt, *indem* sie die »eine« Analogie relational selbst-einsetzend »in sich« und hin auf den göttlichen Selbst-Einsatz in der Welt *als* »die eine« *eröffnet*. Diese *Identität des je-mehr Unähnlichen »ist«* gerade dann, unter dieser Voraussetzung und sogleich eine Aussage über die Uneinholbarkeit der Differenz Gottes von der Welt, für die er sich in seiner je-größeren Freiheit und Unzwingbarkeit in seiner freien Selbst-Bindung an die Welt in ihrem Leiden und ihrer Befreiung aus dem Leiden liebend verschenkt hat, um darin sich als der je-freiere, je-mehr liebende, je-unerschöpflichere Gott zu erweisen. *In der trinitarisch letzt-begründeten »analogen Differenz« wird Gott als unerschöpflich sich-selbst-einsetzender Gott in der »realen« Identität seines immanent und ökonomisch trinitarischen Seins zu denken aufgegeben.*

Literaturverzeichnis

Abkürzungen wurden nach *S. Schwertner*, Internationales Abkürzungsverzeichnis für Theologie und Grenzgebiete. Zeitschriften, Serien, Lexika, Quellenwerke, Berlin 1974 (= IATG) vorgenommen.

Abramowski L., Trinitarische und christologische Hypostasenformeln: ThPh 54 (1979) 38-49

-, Die Schrift Gregors des Lehrers »Ad Theopompum« und Philoxenus von Mabbug: ZKG 89 (1978) 273-290

Adam Ch./Tannery P., Oeuvres de Descartes. VIII, Paris 1905

Albrecht B., Eine Theologie des Katholischen. Einführung in das Werk Adrienne von Speyers. II. Darstellung, Einsiedeln 1973

Albus M., Die Wahrheit ist Liebe. Zur Unterscheidung des Christlichen nach Hans Urs von Balthasar, Freiburg 1976

Albus M./Göller R./Görtz H.-J. u.a., Der dreieine Gott und die eine Menschheit. (FS *K. Hemmerle*), Freiburg 1989

Althaus P., Art. Kenosis: RGG III (^{3}1959) 1244-1246

Anderson C., Zur Entwicklung und Geschichte des trinitarischen Personbegriffes: Zeitschrift für neutestamentliche Wissenschaft und die Kunde der älteren Kirche 52 (1961) 1-39

Anz W., Der christliche Glaube und griechisches Denken: *Dinkler* (Hg.) (1964) 531-555

Asmussen H., Wahrheit und Liebe. Eine Einführung in die Johannesbriefe, Hamburg 1957

Auda J., Gottes unendliche und des Menschen endliche Freiheit - ein Theodrama. Zum neuen großen Werk von Hans Urs von Balthasar, seiner Theodramatik: Ut omnes unum 43 (1980) 7-14

Auer J., Person. Ein Schüssel zum christlichen Mysterium, Regensburg 1979

Babini E., L'antropologia della »Theodrammatica« di Hans Urs von Balthasar, Rom 1981 (theol. Diss. Mschr.)

Backes I., Das trinitarische Glaubensverständnis beim hl. Athanasius d. Gr.: TThZ 82 (1973) 129-140

Balthasar H. U. v., Apokalypse der deutschen Seele. Studien zu einer Lehre von letzten Haltungen. III. Die Vergöttlichung des Todes, Salzburg 1939

-, Karl Barth. Darstellung und Deutung seiner Theologie, Köln 1951, ²1962

-, Crucifixus etiam pro nobis: IKaZ 9 (1980) 26-35

-, In Gottes Einsatz leben, Einsiedeln 1971 (= Kriterien 24)

-, Epilog, Einsiedeln 1987

-, Das Ganze im Fragment. Aspekte der Geschichtstheologie, Einsiedeln 1963

-, Ist der Gekreuzigte »selig«?: IKaZ 16 (1987) 107-109

-, Herrlichkeit. Eine theologische Ästhetik. I. Schau der Gestalt, Einsiedeln ²1961

-, Herrlichkeit. Eine theologische Ästhetik. II. Fächer der Stile. 1. Klerikale Stile, Einsiedeln ²1969

-, Herrlichkeit. Eine Theologische Ästhetik. II. Fächer der Stile. 2. Laikale Stile, Einsiedeln ²1969

-, Herrlichkeit. Eine theologische Ästhetik. III/1. Im Raum der Metaphysik, Einsiedeln 1975

-, Herrlichkeit. Eine theologische Ästhetik. III/2. Theologie. 2. Neuer Bund, Einsiedeln 1969

-, Homo Creatus est, Einsiedeln 1986 (= Skizzen zur Theologie 5) (= Skizzen V)

-, Klarstellungen. Zur Prüfung der Geister, Einsiedeln ⁴1978

-, Mysterium Paschale: *Feiner/Löhrer* (Hg.), MySal III/2 (1969) 133-326

-, Origenes, Geist und Feuer. Ein Aufbau aus seinen Schriften, Salzburg 1938

-, Pneuma und Institution, Einsiedeln 1974 (= Skizzen zur Theologie 4) (= Skizzen IV)

-, Prometheus. Studien zur Geschichte des deutschen Idealismus, Heidelberg 1947

-, Weltliche Schönheit und göttliche Herrlichkeit: IKaZ 11 (1982) 513-517

-, Das Selbstbewußtsein Jesu: IKaZ 8 (1979) 30-39

-, Spiritus Creator, Einsiedeln 1967 (= Skizzen zur Theolgie 3) (= Skizzen III)

-, Theodramatik. I. Prolegomena, Einsiedeln 1973 (= TD I)

-, Theodramatik. II. Die Personen des Spiels. 1. Der Mensch in Gott, Einsiedeln 1976 (= TD II/1)

-, Theodramatik. II. Die Personen des Spiels. 2. Die Personen in Christus, Einsiedeln 1978 (= TD II/2)

-, Theodramatik. III. Die Handlung, Einsiedeln 1980 (=TD III)

-, Theodramatik. IV. Das Endspiel, Einsiedeln 1983 (= TD IV)

-, Theologie der Geschichte. Ein Grundriß, Einsiedeln ²1954 (N.F. ⁶1979)

-, Zu einer christlichen Theologie der Hoffnung: MThZ 32 (1981) 81-102

-, Theologik. I. Wahrheit der Welt, Einsiedeln 1985 (= TL I)

-, Theologik. II. Die Wahrheit Gottes, Einsiedeln 1985 (= TL II)

-, Theologik. III. Geist der Wahrheit, Einsiedeln 1987 (= TL III)

-, Wer ist ein Christ?, Einsiedeln ⁵1967 (= Offene Wege 1)

-, Der Zugang zur Wirklichkeit Gottes: *Feiner/Löhrer* (Hg.), MySal II (1967) 15-43

Balthasar H. U. v. u.a., Diskussion über Hans Küngs »Christ Sein«, Mainz 1976

Bantle F. X., Person und Personbegriff in der Trinitätslehre K. Rahners: MThZ 30 (1979) 11-24

Barbel J., Zur »Engel-Trinitäts-Lehre« im Urchristentum: ThRv 54 (1958) 49-58; 103-112

-, Der Gott Jesu im Glauben der Kirche. Die Trinitätslehre bis zum 5. Jahrhundert. Hg. v. *A. Fries*, Aschaffenburg 1976, 92 (= Christ in der Welt 5/15e)

Barth G., Erwägungen zum 1. Korinther 15,20-28: EvTh N.F. 25 (1970) 517-527

Barth K., Die christliche Dogmatik im Entwurf. I. Die Lehre vom Worte Gottes. Prolegomena zur christlichen Dogmatik (1927). Hg. v. *G. Sauter*, Zürich 1982, 231 (= Gesamtausgabe. II. Akademische Werke)

-, Die Kirchliche Dogmatik. I. Die Lehre vom Wort Gottes. Prolegomena zur Kirchlichen Dogmatik. 1, Zollikon ^{5}1947 (= KD I/1)

-, Die Kirchliche Dogmatik. II. Die Lehre von Gott. 1, Zollikon ^{2}1946 (= KD II/1)

-, Die Kirchliche Dogmatik. II. Die Lehre von Gott. 2, Zollikon ^{2}1946 (= KD II/2)

-, Die Kirchliche Dogmatik. III. Die Lehre von der Schöpfung. 2, Zollikon 1948 (= KD III/2)

-, Die Kirchliche Dogmatik. III. Die Lehre von der Schöpfung. 3, Zollikon 1950 (= KD III/3)

-, Die Kirchliche Dogmatik. III. Die Lehre von der Schöpfung. 4, Zollikon ^{2}1957 (= KD III/4)

-, Die Kirchliche Dogmatik. IV. Die Lehre von der Schöpfung. 1, Zollikon 1953 (= KD IV/1)

-, Die Kirchliche Dogmatik. IV. Die Lehre von der Versöhnung. 2, Zollikon 1955 (= KD IV/2)

-, Der Römerbrief (Zweiter Entwurf), Zollikon ^{9}1954

Baudler G., Ideen zu einer symboltheoretischen Interpretation der Trinitätsüberlieferung: Religionsunterricht an höheren Schulen 24 (1981) 43-49

Baumgarten J., Paulus und die Apokalyptik. Die Auslegung apokalyptischer Überlieferungen in den echten Paulusbriefen, Neukirchen 1975 (= WMANT 44)

Beck H., Analogia trinitatis. Ein Schlüssel zu Strukturproblemen der heutigen Welt: SJP 25 (1980) 87-99

-, Statische Wesensontologie oder modernes dynamisch-funktionalistisches Weltbild? Die Aufgabe einer ek-in-sistentiellen Synthese: SJP 15/16 (1971/1972) 21-25

Beierwaltes W., Hegel und Proklos: *Bubner/Cramer/Wiehl* (Hg.) (1970) 243-272

-, Identität und Differenz, Frankfurt 1980

-, Platonismus und Idealismus, Frankfurt 1972

Biser E., Hans Urs von Balthasar: *Schultz* (1986) 524-529

-, Dombau oder Triptychon? Zum Anschluß der Trilogie Hans Urs von Balthasars: ThRv 84 (1988) 177-184

-, Das göttliche Spiel. Zum Aufbau von Hans Urs von Balthasars »Theodramatik«: ThRv 77 (1981) 265-267

-, Theologischer Kategorienwechsel. Zum Eingangsband von Hans Urs von Balthasars »Theodramatik«: ThRv 66 (1970) 286-289

Benz E., Die Vision. Erfarungsformen und Bilderwelt, Stuttgart 1969

Berendt J. E., Nada Brahma. Die Welt ist Klang, Frankfurt 1983

Bergin H. F., The Death of Jesus and its Impact of God - Jürgen Moltmann and Edward Schillebeeckx: IThQ 52 (1986) 193-211

Berner U., Trinitarische Gottesvorstellungen im Kontext theistischer Systembildung: ThPQ 127 (1979) 319-329

Berning V., Gott, Geist und Welt. Hermann Schell als Philosoph und Theologe. Einführung in die spekulativen Grundlinien seines Werkes, München 1978, bes. 81 (= APPR N.F. 37)

Betz J./Fries H. (Hg.), Kirche und Überlieferung. (FS *R. Geiselmann*), Freiburg 1960

Bloch E., Gesamtausgabe. VIII. Subjekt - Objekt. Erläuterungen zu Hegel, Frankfurt 1962

Blum G. G., Oikonomia und Theologia. Der Hintergrund einer konfessionellen Differenz zwischen östlichem und westlichem Christentum: OstKSt 33 (1984) 281-301

Blumenberg H., Die Lesbarkeit der Welt, Frankfurt 1981

Bodem A., »Leiden Gottes«. Erwägungen zu einem Zug im Gottesbild der gegenwärtigen Theologie: *Ziegenaus/Courth/ Schäfer* (1985) 586-611

Böckle F. u.a. (Hg.), Christlicher Glaube in moderner Gesellschaft, Freiburg 1981 (= Enzyklopädische Bibliothek in 30 Themenbänden und 7 Quellenbänden)

Boeder H., Topologie der Metaphysik, Freiburg 1980, bes. 222-232 (= OA Sonderbd. 5)

Böhnke M., Trinitarische Struktur geschichtlicher Hoffnung auf Vollendung. Trinität und Eschatologie im Werk Wilhelm Breunings: *Böhnke/Heinz* (Hg.) (1985) 34-54

Böhnke M./Heinz H. (Hg.), Im Gespräch mit dem dreieinen Gott. Elemente einer trinitarischen Theologie. (FS *W. Breuning*), Düsseldorf 1985

Bouyer L., Das Wort ist der Sohn. Die Entfaltung der Christologie, Einsiedeln 1976

Bracken J., Process Theology and Trinitarian Theology: Process Studies 8 (1978) 217-230; 11 (1981) 83-96

-, What are They Saying About the Trinity?, New York 1979

Brantschen J.-B., Die Macht und Ohnmacht der Liebe. Randglossen zum dogmatischen Satz: Gott ist unveränderlich: FZPhTh 27 (1980) 224-246

Brantschen J.-B./Selvatico P. (Hg.), Unterwegs zur Einheit. (FS *H. Stirnimann*), Fribourg 1980

Brasnett B. R., The Suffering of the Impassible God, London 1928

Braulik G., Psalmen beten in Freude und Leid, Wien 1982

Breuning W., Gott/Trinität. B. Theologisch: *Eicher* (Hg.) (1991) 284-300

-, Das Mysterium der Trinität und die christliche Existenz, Essen 1968

-, Trinitätslehre: *Vorgrimler/Vander Gucht* (Hg.) (1970) 21-36

-, Trinitätslehre. Wissenschaftstheoretisch. I. In der Kath. Theologie: LThK X, [2]1965, 360-362

-, Je größere Unähnlichkeit? Überlegungen zu Jüngels interessantem Versuch der Weiterführung des Analogieverständnisses: *Brantschen/Selvatico* (Hg.) (1980) 373-385

Breuning W. (Hg.), Trinität. Aktuelle Perspektiven der Theologie, Freiburg 1984 (= QD 101)

Brito E., Hegel et la tache actuelle de la christologie, Paris 1979

-, Hegel und die heutigen Christologien: IKaZ 6 (1977) 46-58

Brown D., Gott verändert sich. Konzepte und Entwicklungen der Prozeßtheologie in den Vereinigten Staaten: Ev. Komm. 10 (1977) 595-597

Brown R. E., The Epistles of John, New York 1982 (= The Ancor Bible)

Brunner A., Dreifaltigkeit. Personale Zugänge zum Geheimnis, Einsiedeln 1976 (= Kriterien 39)

Brunner E., Dogmatik. I. Die christliche Lehre von Gott, Zürich [3]1960

-, Der Mensch im Widerspruch, Zürich [4]1965

Bubner R./Cramer K./Wiehl R. (Hg.), Hermeneutik und Dialektik. Aufsätze. II. Sprache und Logik, Theorie der Auslegung und Probleme der Einzelwissenschaften. (FS *H.-G. Gagamer*), Tübingen 1970

Buch A. J. (Hg.), Nicolai Hartmann, 1882-1982, Bonn 1982

Bultmann R., Die drei Johannesbriefe, Göttingen 1967

Casett P./Keel O./Schenker A. (Hg.), Mélanges Dominique Barthélemy, Göttingen 1981 (= Orbis Biblicus et Orientalis 38)

Cobb J. B., Was ist Zukunft?: EvTh 32 (1972) 372-388

Cobb J. B./Griffin D. P., Prozess-Theologie. Eine einführende Darstellung, Göttingen 1979

Conzelmann H., Art. Eschatologie. IV. Im Urchristentum: RGG II, [3]1958, 665-672

-, Der erste Brief an die Korinther, Göttingen [2]1981 (= KEK 5)

Coreth E., Das absolute Wissen bei Hegel: ZKTh 105 (1983) 389-405

Cornehl P., Die Zukunft der Versöhnung. Eschatologie und Emanzipation in der Aufklärung, bei Hegel und in der Hegelschen Schule, Göttingen 1971

Courth F., Trinität. In der Scholastik, Freiburg 1985 (= HDG 2/1b)

Cramer K. u.a. (Hg.), Theorie der Subjektivität. (FS *D. Henrich*), Frankfurt 1987

Crouzel H., La passion de l'impassibile: L'homme devant Dieu. I, Paris 1964, 269-279

Cuttat J.-A., Zum Trinitätsdenken Augustins: MThZ (1964) 143-145

Dabre Th., The Trinity: A Single Absolute Subject or a Community of Subjekts?: Vidyajyoti [Ranchi/Bihor] 50 (1986) 39-48

Deisser A., Gottes Selbstoffenbarung im Alten Testament: *Feiner/Löhrer* (Hg.), MySal II (1967) 226-271

-, Hingegeben für die Vielen. Stellvertretung als Prinzip der Heilsgeschichte: LS 30 (1979) 339-345

Dembowski H., in: *Lochmann/Dembowski: Welker* (Hg.) (1979) 26-38; *Dembowski*: 34-38

Denzinger H., Kompendium der Glaubensbekenntnisse und kirchlichen Lehrentscheidungen. Hg. v. *P. Hünermann*, Freiburg [37]1991 (= DS)

Denzinger H./Schönmetzer A., Enchiridion symbolorum definitionum et declarationum de rebus fidei et morum, Barcelona [36]1976 (= DS)

Descartes R., Principia philosophiae: *Ch. Adam/P. Tannery* (Ed.), Ouvres de Descartes. VIII, Paris 1905, 1-348

Deuser H. u.a. (Hg.), Gottes Zukunft - Zukunft der Welt. (FS *J. Moltmann*), München 1986

Diekamp F., Katholische Dogmatik nach den Grundsätzen des heiligen Thomas. I, Münster [3-5]1921 (= Lehrbücher zum Gebrauch beim Studium)

Dinkler E. (Hg.), Zeit und Geschichte, Tübingen 1964

Dorner J. A., Über die richtige Fassung des dogmatischen Begriffs der Unveränderlichkeit Gottes, mit besonderer Beziehung auf das gegenseitige Verhältnis zwischen Gottes übergeschichtlichem und geschichtlichem Leben (1856-1858): *ders.* (1883)

-, Gesammelte Schriften aus dem Gebiet der systematischen Theologie, Exegese und Geschichte, Berlin 1883

Dreyer O., Untersuchungen zum Begriff des Gottgeziehmenden in der Entwicklung der antiken Gottesvorstellung, Göttingen 1966

Dürig W., Imago. Ein Beitrag zur Terminologie und Theologie der römischen Liturgie, München 1952 (= MThS.S 5)

Dumas A., Dieu unique et trine: *Lauret/Refoulé* (Hg.) (1983) 725-769

-, Gott als Protest gegen den »Tod des Menschen«: Conc(D) 8 (1972) 434-443

Dumeige G./Bacht H. (Hg.), Geschichte der Konzilien. I, Mainz 1964

Durrwell F. X., Der Geist des Herrn. Tiefe Gottes - schöpferische Weite, Salzburg 1986 (L'Esprit Saint de Dieu, Paris 1983)

Ebeling G., Art. Theologie. I. Begriffsgeschichtlich: RGG VI, [3]1962, 754-769

-, Dogmatik des christlichen Glaubens. III, Tübingen 1979

-, Existenz zwischen Gott und Gott. Ein Beitrag zur Frage nach der Existenz Gottes: *ders.* (1969) 257-286

-, Schleiermachers Lehre von den göttlichen Eigenschaften: ZThK 65 (1968) 460-494

-, Luther. Einführung in sein Denken, Tübingen [4]1981

-, Lutherstudien. II. Disputatio de homine. 1. Text und Traditionshintergrund, Tübingen 1977

-, Der hermeneutische Ort der Gotteslehre bei Petrus Lombardus und Thomas von Aquin: *ders.* (1969) 209-256

-, Weltliches Reden von Gott: *ders.* ([3]1967) 372-380

-, Das Subjekt im Dasein. Versuch über das bewußte Sein: *Cramer* u.a. (Hg.) (1987) 76-94

-, Theologie und Philosophie. II. Historisch: RGG VI, [3]1962, 789-819

-, Theologie und Verkündigung. Ein Gespräch mit Rudolph Bultmann, Tübingen [2]1963 (= HUTh 1)

-, Wort und Glaube. I, Tübingen [3]1967

-, Wort und Glaube. II. Beiträge zur Fundamentaltheologie und der Lehre von Gott, Tübingen 1969

Eicher ,P. Die anthropologische Wende. Karl Rahners philosophischer Weg vom Wesen des Menschen zur personalen Existenz, Fribourg 1970 (= Dokimion 1)

-, Wovon spricht die transzendentale Theologie?: ThQ 156 (1976) 284-295

Eicher P. (Hg.), Neues Handbuch theologischer Grundbegriffe. 5 Bde., München 1991

Eichrodt E., Theologie des Alten Testaments. 3 Bde., Stuttgart (I) [5]1957/(II/III) [4]1961

Elert W., Der Ausgang der altkirchlichen Christologie. Eine Untersuchung über Theodor von Pharan und seine Zeit, Berlin 1957

Eliade M., Der Mythos der Ewigen Wiederkehr, Düsseldorf 1953

Faber R., Freiheit, Theologie und Lehramt. Trinitätstheologische Grundlegung und wissenschaftstheoretischer Ausblick, Innsbruck 1992

-, Die neue Zukunft Gottes. Eine biblische und systematische Untersuchung zur Frage nach dem »Neu-Werden« des trinitarischen Gottes und seines »neuen Zu-Kommens« im Eschaton als Aspekte christlichen Gottesverständnisses, Wien 1985 (theol. Dipl. Mschr.)

Fabro C., La svolta antropologica di Karl Rahner, Torino 1974

Feiner J./Löhrer M. (Hg.), Mysterium Salutis. Grundriß heilsgeschichtlicher Dogmatik. 5 Bde., Einsiedeln 1965-1976

Feiner J./Trütsch J./Böckle A. (Hg.), Fragen der Theologie heute, Einsiedeln 1957

Fetz R. L., Personbegriff und Identitätstheorie: FZPhTh 35 (1988) 69-106

Feuerbach L., Das Wesen des Christentums: *Gadamer* (1970) 107 ff

Fischer P., Der Mensch als Geheimnis. Die Anthropologie Karl Rahners, Freiburg 1974

Forte B., Trinität als Geschichte. Der lebendige Gott - Gott der Lebenden, Mainz 1989

Frey Ch., Die Theologie Karl Barths, Frankfurt 1988

Fries H. (Hg.), Handbuch theologischer Grundbegriffe. 4 Bde., München durchges. u. ergänzt. Aufl. 1970 [1962] (= HThG 1)

Fritzsche H., Der christliche Gott und der trinitarische Gott: ThLZ 107 (1982) 1-12

Frohnhofen H., Apatheia tou theou. Über die Affektlosigkeit Gottes in der griechischen Antike und bei den griechisch-sprachigen Kirchenvätern bis zu Gregorius Thaumaturgos, Frankfurt 1978 (= EHS 33/318)

Fuchs E., Das Fest der Verlorenen: *ders.*, Glaube und Erfahrung. Zum christologischen Problem im Neuen Testament, Tübingen 1965, 402-415

-, Glaube und Erfahrung. Zum christologischen Problem im Neuen Testament, Tübingen 1965

-, Gott ist Liebe. Die Trinitätslehre als Inbegriff christlicher Glaubenserfahrung: Religionsunterricht an höheren Schulen 24 (1981) 1-15

Fuhrmann M. u.a., Art. Person: HWP 7 (1989) 269-338

Gadamer H.-G., Hermeneutik und Historismus: PhR 9 (1962) 241-276

-, Philosophisches Lesebuch. III, Frankfurt 1970

-, Wahrheit und Methode. Grundzüge einer philosophischen Hermeneutik, Tübingen 1960

Galot J., Dieu souffre-t-il?, Paris 1976

Garcia-Mateo R., Erlösung als Selbstrechtfertigung Gottes. Leiden und Tragik im Denken Miguel de Unamunos: *Halder/Kienzler/Möller* (Hg.) (1987) 274-287

Garthia-Tato I., Die Trinitätslehre Karl Barths als dogmatisches Strukturprinzip, Bad Honnef 1983

-, »Vater« als Eigenname Gottes: Conc(D) 17 (1981) 202-209

-, Die neuen Wege der Theologie. Erschließung und Überblick. Mit einem Vorwort von Karl Lehmann, Freiburg 1973 (= theologisches seminar)

Geisser H., Der Beitrag der Trinitätslehre zur Problematik des Redens von Gott: ZThK 65 (168) 231-255

Gerken A., Offenbarung und Transzendenzerfahrung. Kritische Thesen zu einer künftigen dialogischen Theologie, Düsseldorf 1969

-, Theologie des Wortes. Das Verhältnis von Schöpfung und Inkarnation bei Bonaventura, Düsseldorf 1963

Gese H., Psalm 22 und das Neue Testament. Der älteste Bericht vom Tode Jesu und die Entstehung des Herrenmahles: ZThK 65 (1968) 1-22

-, Die Sühne: *ders.* (1977) 85-106 (= BEvTh 78)

-, Zur biblischen Theologie. Alttestamentliche Vorträge, München 1977 (= BEvTh 78)

Gestrich Ch., Homo peccator und homo patiens. Das Verhältnis von Sünde und Leiden als Problem der theologischen Anthropologie und der Gotteslehre: ZThK 72 (1975) 240-268

Gloege G., Der theologische Personalismus als dogmatisches Problem. Versuch einer Fragestellung: KuD 1 (1955) 133-151

Gnilka J., Ureigene Worte und Taten Jesu: *ders.* (Hg.) (1976) 18-29

Gnilka J. (Hg.), Wer ist doch dieser? Die Frage nach Jesus heute, München 1976

Godenir M., Jésus, l'Unique. Introduction a la théologie de H. U. von Balthasar, Paris 1984

Goldberg A. M., Untersuchungen über die Vorstellungen von der Schechinah in der frühen rabbinischen Literatur, Berlin 1969

Greshake G., Auferstehung der Toten. Ein Beitrag zur gegenwärtigen theologischen Diskussion über die Zukunft der Geschichte, Essen 1969 (= Koinonia 10)

-, Endzeit und Geschichte. Zur eschatologischen Dimension in der heutigen Theologie: *ders./Lohfink* (⁴1982) 11-37

-, Epiphanie in Geschichte. Zur Korrelation von Transzendenz- und Heilserfahrung im Christentum: *ders.* (1983) 207-225

-, Geschenkte Freiheit. Einführung in die Gnadenlehre, Freiburg 1977 (= theologisches seminar)

-, Gnade als konkrete Freiheit. Eine Untersuchung zur Gnadenlehre des Pelagius, Mainz 1972

-, Gottes Heil - Glück des Menschen. Theologische Perspektiven, Freiburg 1983

-, Die theologische Herkunft des Personbegriffs: *Pöltner* (Hg.) (1981) 75-85

-, Person - Subjekt - »Verlust«/»Pathos« des Subjekts. Ein theologiegeschichtlicher Durchblick: *Heitger* (Hg.) (1987) 3-19

-, Stärker als der Tod. Zukunft - Tod - Auferstehung - Himmel - Hölle - Fegfeuer, Mainz ⁴1979 (= Topos-Tb. 50)

-, Der Wandel der Erlösungsvorstellungen in der Theologiegeschichte: *ders.* (1983) 50-79

Greshake G./Lohfink N., Naherwartung - Auferstehung - Unsterblichkeit. Untersuchungen zur christlichen Eschatologie, Freiburg ⁴1982

Grillmeier A., Zum Christusbild in der heutigen katholischen Theologie: *Feiner/Trütsch/Böckle* (Hg.) (1957) 265-298

-, Mit ihm und in ihm. Christologische Forschungen und Perspektiven, Freiburg 1975

-, Jesus der Christus im Glauben der Kirche. II/1. Das Konzil von Chalcedon (451). Rezeption und Widerspruch (451-518), Freiburg 1986

-, Jesus von Nazareth - im Schatten des Gottessohnes?: *Balthasar* u.a. (1976) 60-82

-, Der Neu-Chalkedonismus: HJ 77 (1958) 151-166

-, Vorbereitung des Mittelalters. Eine Studie über das Verhältnis von Chalkedonismus und Neo-Chalkedonismus in der lateinischen Theologie von Boethius bis zu Gregor dem Großen: *ders./Bacht* (Hg.) (1953) 791-839

-, Zur dogmatischen Vorgeschichte des Konzils von Chalkedon: *ders./Bacht* (Hg.) (1951) 5-202

Grillmeier A./Bacht H. (Hg.), Das Konzil von Chalkedon. Geschichte und Gegenwart. I. Der Glaube von Chalkedon, Würzburg 1951

-, Das Konzil von Chalkedon. Geschichte und Gegenwart. II. Entscheidung um Chalkedon, Würzburg 1953

Le Guillou M. J., Das Mysterium des Vaters, Einsiedeln 1974

Gutwenger E., Natur und Übernatur. Gedanken zu Balthasars Werk über die barthsche Theologie: ZKTh 75 (1953) 82-97

-, Zur Trinitätstheologie von »Mysterium Salutis« II: ZKTh 90 (1968) 325-328

Haas A. M., Hans Urs von Balthasars »Apokalypse der deutschen Seele«. Im Spannungsbereich von Germanistik, Philosophie und Theologie: *Lehmann/Kasper* (Hg.) (1989) 62-77

Haecker Th., Schöpfer und Schöpfung, Leipzig ²1949

Hahn F., Methodologische Überlegungen zur Rückfrage nach Jesus: *Kertelge* (Hg.) (1974) 23-26

Halder A./Kienzler K./Möller J. (Hg.), Auf der Suche nach dem verborgenen Gott. Zur theologischen Relevanz neuzeitlichen Denkens, Düsseldorf 1987

Haubst R., Die »Bibliotheca trinitariorum« und die Leitidee der »analogia Trinitatis«: TThZ 95 (1986) 28-37

Hegel G. W. F., Vorlesungen über die Philosophie der Religion. Red. v. *E. Moldenhauer/K. M. Miches*. II, Frankfurt ¹¹⁻¹²1975 (= Suhrkamp Werke 17)

Heidegger M., Heraklit. Der Anfang des abendländischen Denkens. Logik. Heraklits Lehre vom Logos. Hg. v. *M. S. Frings*, Frankfurt 1979 (= Gesamtausgabe. II. Vorlesungen 1923-1944 Bd. 55)

Heijden B. van der, Karl Rahner. Darstellung und Kritik seiner Grundpositionen, Einsiedeln 1973

Heimann B., System und Methode in Hegels Philosophie, Leipzig 1927

Heine A., Das Dur-Moll-Problem und dessen Lösungen: *Herbrich* (Hg.) (1963) 356-368

Heinz-Mohr G., Lexikon der Symbole. Bilder und Zeichen christlicher Kunst, Düsseldorf 1971

Heinz H., Trinitarische Begegnungen bei Bonaventura. Fruchtbarkeit einer appropriativen Trinitätstheologie, Münster 1985 (= BGPh MA N.F.1)

-, Der Gott des Je-mehr. Der christologische Ansatz Hans Urs von Balthasars, Frankfurt 1975 (= Disputationes theologiae 3)

-, Trinitarische Kirche - Kirche als Communio. Bonaventuras Hexaemeron: *Albus/Göller/Görtz* u.a. (1989) 139-168

-, Variationen zum Thema: »Trinitarische Einheit«. Theologische Aufbrüche im 20. Jahrhundert: *Böhnke/ders.* (Hg.) (1985) 334-347

Heitger M. (Hg.), Vom Verlust des Subjekts in Wissenschaft und Bildung der Gegenwart, Münster 1987 (= Münstersche Gespräche zu Themen der wissenschaftlichen Pädagogik 4)

Heitmann C./Mühlen H. (Hg.), Erfahrung und Theologie des Heiligen Geistes, München 1974

Hemmerle K., Bonaventura und der Ansatz theologischen Denkens: WuW 37 (1974) 89-97

-, Dreifaltigkeit, Geheimnis der Nähe. Das unerhört Neue der christlichen Gotteserfahrung, Freiburg 1979 (= Antwort des Glaubens 11)

-, Dreifaltigkeit: Lebensentwurf für den Menschen aus dem Leben Gottes: *ders.* (Hg.) (1989) 119-133

-, Franz Baaders philosophischer Gedanke der Schöpfung, Freiburg 1963 (= Symposion 13)

-, Das Neue ist älter. Hans Urs von Balthasar und die Orientierung der Theologie: EuA 57 (1981) 81-98

-, Theologie als Nachfolge. Bonaventura - ein Weg für heute, Freiburg 1975

-, Thesen zu einer trinitarischen Ontologie, Einsiedeln 1976 (= Kriterien 40)

-, Trinität und Zeit: *Böhnke/Heinz* (Hg.) (1985) 348-360

-, Vorspiel zur Theologie. Einübungen, Freiburg ²1979

Hemmerle K. (Hg.), Dreifaltigkeit - Schlüssel zum Menschen, Schlüssel zur Zeit. Beiträge zu Zeitfragen des Glaubens, München 1989

Hengel M., Nachfolge und Charisma. Eine exegetisch-religionsgeschichtliche Studie zu Mt 8,21 f und Jesu Ruf in die Nachfolge, Berlin 1968 (= BZNW 34)

Henrich D., Die Trinität Gottes und der Begriff der Person: *Marquard/Stierle* (Hg.) (1979) 612-620

Henrici P., Hegel und Blondel. Eine Untersuchung über Form und Sinn der Dialektik in der »Phänomenologie des Geistes« und der ersten »Action«, Pullach 1958

-, Hegel und die Theologie. Ein kritischer Bericht: Gr. 48 (1967) 706-746

-, Zur Philosophie Hans Urs von Balthasars: *Lehmann/Kasper* (Hg.) (1989) 237-259

Henschel A., Die Propheten, Krakau 1966

Herbrich E. (Hg.), Der Mensch als Persönlichkeit und Problem. (FS *I. Betschart*), München 1963

Hilberath J., Der Personbegriff der Trinitätstheologie in Rückfrage von Karl Rahner zu Tertullians »Adversus Praxean«, Innsbruck 1986 (= Innsbrucker Theologische Studien 17)

Hill E., Karl Rahner's remake on the dogmatic treatise De Trinitate and St. Augustine: Augustinian studies 2 (1971) 67-80

Hill W. J., The Three-Personed God. The Trinity as a Mystery of Salvation, Washington 1982

Hödl L., Von der Wirklichkeit und Wirksamkeit des dreieinigen Gottes nach der appropriativen Trinitätstheologie des 12. Jahrhunderts, München 1965

Hoffmann F., Soteria als Theodrama. In memoriam Hans Urs von Balthasar: ThLZ 114 (1989) 241-250

Hoffmann M., Theologie, Dogma und Dogmenentwicklung im theologischen Werk Denis Petau's (= Regensburger Studien zur Theologie 1)

Hoffmann N., Kreuz und Trinität. Zur Theologie der Sühne, Einsiedeln 1982 (= Kriterien 61)

-, »Stellvertretung«, Grundgestalt und Mitte des Mysteriums. Ein Versuch trinitätstheologischer Begründung christlicher Sühne: MThZ 30 (1979) 161-191

-, Sühne. Zur Theologie der Stellvertretung, Einsiedeln 1981 (= Sammlung Horizonte N.F. 20)

Hoffmann P., Art. Auferstehung. I/3: TRE 4 (1979) 450-458

Huber H., Idealismus und Trinität. Patheon und Götterdämmerung. Grundlagen und Grundzüge der Lehre von Gott nach dem Manuskript Hegels zur Religionsphilosophie, Weinheim 1984

-, Kants Idealismus und dessen grundsätzliche Überwindung durch Hegel: ThPh 59 (1984) 39-65

Hussinger G., »The Crucified God and the Political Theology of Violence. A Critical Survey of Jürgen Moltmann's Recent Thoughts«. I/II: HeyJ 14 (1973) 266-279; 379-395

Imhoff P./Biallowons H., Karl Rahner im Gespräch. I, München 1982

Jäger A., Gott. 10 Thesen, Tübingen 1980

Jeremias J., Abba. Studien zur neutestamentlichen Theologie und Zeitgeschichte, Göttingen 1966

Jöhri M., Hans Urs von Balthasar (1905-1988). Eine katholische »dialektische Theologie«:*Leimgruber/Schoch* (Hg.) (1990) 420-439

Jorissen H., Zur Struktur des Traktates »De Deo« in der Summa theologiae des Thomas von Aquin: *Böhnke/Heinz* (Hg.) (1985) 231-257

Jüngel E., Gottes ursprüngliches Anfangen als schöpferische Selbstbegrenzung. Ein Beitrag zum Gespräch mit Hans Jonas über den »Gottesbegriff nach Auschwitz«: *Deuser u.a.* (Hg.) (1986) 265-275

-, Extra Christum nulla salus - als Grundsatz natürlicher Theologie? Evangelische Erwägungen zur »Anonymität« des Christenmenschen: ZThK 72 (1975) 337-352

-, Gott als Geheimnis der Welt. Zur Begründung der Theologie des Gekreuzigten im Streit zwischen Theismus und Atheismus, Tübingen 1977

-, »...keine Menschenlosigkeit Gottes...«. Zur Theologie Karl Barths zwischen Theismus und Atheismus: EvTh 31 (1971) 376-390

-, Die Möglichkeit theologischer Anthropologie auf dem Grunde der Analogie. Eine Untersuchung zum Analogieverständnis Karl Barths: EvTh 22 (1962) 535-557

-, Das Sein Jesu Christi als Ereignis der Versöhnung Gottes mit einer gottlosen Welt: Die Hingabe des Gekreuzigten: EvTh 38 (1978) 510-519

-, Gottes Sein ist im Werden. Verantwortliche Rede vom Sein Gottes bei Karl Barth. Eine Paraphrase, Tübingen [3]1976

-, Thesen zur Grundlegung der Christologie: *ders.* (1972) 274-295

-, Tod, Stuttgart 1971 (= ThTh 8)

-, Vom Tod des lebendigen Gottes. Ein Plakat: ZThK 65 (1968) 95-116

-, Unterwegs zur Sache. Theologische Bemerkungen, München 1972 (= BEvTh 61)

-, Das Verhältnis von »ökonomischer« und »immanenter« Trinität. Erwägungen über eine biblische Begründung der Trinitätslehre - im Anschluß an und in Auseinandersetzung mit Karl Rahners Lehre vom dreifaltigen Gott als transzendentem Urgrund der Heilsgeschichte: ZThK (1975) 353-364

Jung W., Zur Entwicklung von Whitehead's Gottesbegriff: ZPhF 19 (1965) 601-636

Kähler E., Die Frau in den paulinischen Briefen. Unter besonderer Berücksichtigung des Begriffes der Unterordnung, Zürich 1960

Kaliba C., Die Welt als Gleichnis des dreieinen Gottes. Entwurf einer trinitarischen Ontologie, Salzburg 1952 (= WuA 4)

Kallas-Rauge R. G., Sancta Trinitas. Eine neue Analogie der immanenten Trinität: Mitteilungen und Nachrichten für eine evangelische Kirche in Rußland (Riga) 57 N.F. 34 (1901) 433-471

Kamp J., Souffrance de Dieu vie du monde, Tournai 1971

Kant I., Die Religion innerhalb der Grenzen der bloßen Vernunft. Hg. v. *R. Malter*, Stuttgart 1974 (= Reclam 1231)

-, Der Streit der Fakultäten. I/2/Anh. 2. Philosophische Grundsätze: *K. Vorländer* (Hg.), Immanuel Kant. Sämtliche Werke. V, Hamburg 1959, Abs. 4/80

Kappes Cl., Freiheit und Erlösung. Überlegungen zu den Grundlagen der Soteriologie in den Entwürfen von Hans Urs von Balthasar, Karl Rahner und Jürgen Moltmann, Bielefeld 1986

Kasper W., Abschied vom Gott der Philosophen?: TGA 21 (1978) 46-48

-, »Einer aus der Trinität...«. Zur Neubegründung einer spirituellen Christologie in trinitätstheologischer Perspektive: *Böhnke/Heinz* (Hg.) (1985) 316-333

-, Einführung in den Glauben, Mainz [5]1977

-, Gott in der Geschichte: *Kutschki* (Hg.) (1967) 139-151

-, Der Gott Jesu Christi, Mainz 1982

-, Der persönliche Gott. Antwort auf das Geheimnis des Menschen, Freiburg [2]1979.

-, Die Gottesfrage als Problem der Verkündigung. Aspekte der systematischen Theologie: *Ratzinger* (Hg.) (1972) 143-161

-, Jesus der Christus, Mainz [7]1978

-, Das theologische Problem des Bösen: *ders./Lehmann* (Hg.) (1978) 41-70

-, Revolution im Gottesverständnis. Zur Situation des ökumenischen Dialogs nach Jürgen Moltmanns Buch »Der gekreuzigte Gott«: *Welker* (Hg.) (1979) 140-148

-, Zur Sachfrage: Schöpfung und Erlösung. Replik auf Jürgen Moltmann: *Welker* (Hg.) (1979) 157-159

Kasper W. (Hg.), Gegenwart des Geistes. Aspekte der Pneumatologie, Freiburg 1979

Kasper W./Lehmann K. (Hg.), Teufel - Dämonen - Besessenheit. Zur Wirklichkeit des Bösen, Mainz 1978

Keller A., Ist Sein ein Name Gottes?: *Muck* (Hg.) (1989) 142-155

Kelly J. N. D., Altkirchliche Glaubensbekenntnisse. Geschichte und Theologie, Göttingen 1972

Kelsen H., Gott und Staat: Logos 9 (1922/23) 275

KeppeN. R., Analythical trilogy or integral psychoanalysis, Brazil 1981

Kern W., Dialektik und Trinität in der Religionsphilosophie Hegels. Ein Beitrag zur Diskussion mit L. Oeing-Hahnhoff: ZKTh 102 (1980) 129-155

-, Philosophische Pneumatologie. Zur Aktualität Hegels: *Kasper* (Hg.) (1979) 54-90

-, »Schöpfung« bei Hegel: ThQ 162 (1982) 131-146

Kertelge K. (Hg.), Rückfrage nach Jesus. Zur Methodik und Bedeutung der Frage nach dem historischen Jesus, Freiburg 1974 (= QD 63)

Kienzler K., Zu den Anfängen einer »trinitarischen Ontologie«. Augustinus' »Bekenntnisse«: *Albus/Göller/Görtz* u.a. (1989) 45-60

Kim K.-J., Offenbarung Gottes und die Geschichte bei W. Pannenberg und J. Moltmann: *Deuser* (Hg.) (1986) 481-490

Kim K.-T., Gottes Sein in der Geschichte. G. W. F. Hegels Gottesverständnis nach seiner »Vernunft in der Geschichte« und Karl Barths Kritik an Hegel: EvTh 38 (1978) 19-37

Kirfer W., Die dreiköpfige Gottheit. Archäologisch-ethnologischer Streifzug durch die Ikonographie der Religionen, Bonn 1948

Kitagawa S., Unchangeableness and Changeableness of God: *Deuser* u.a. (Hg.) (1986) 224-230

Kitamori K., Buchbesprechung: *Welker* (Hg.) (1979) 108-110

-, Theologie des Schmerzes Gottes, Göttingen 1972 (= Theologie der Ökumene 11)

Kittel G./Friedrich G. (Hg.), Theologisches Wörterbuch zum Neuen Testament. V, Stuttgart 1933 ff

Klappert B., Die Gottesverlassenheit Jesu und der gekreuzigte Gott. Beobachtungen zum Problem einer theologia crucis in der Christologie der Gegenwart: *Welker* (Hg.) (1979) 57-73

Klein J., Art. Analogia entis: RGG I, [3]1957, 348-350

Klinger E., Über den Begriff der trinitarischen Substanz: BPTF 25 (1964) 64-83

Klinger E./Wittstadt K. (Hg.), Glaube im Prozeß. Christsein nach dem II. Vatikanum. Für Karl Rahner, Freiburg 1984

Knoch W., »Deus unus est trinus«. Beobachtungen zur frühscholastischen Gotteslehre: *Böhnke/Heinz* (Hg.) (1985) 209-230

Koch G., Umrisse einer Gotteslehre für heute: ThG 29 (1986) 220-224

-, Die Zukunft des toten Gottes, Hamburg 1968

Koch K., Schöpferischer Lockruf im Prozeß der Welt. Perspektiven der Gottesfrage in der amerikanischen Prozeß-Theologie: Theologische Berichte 12 (1983) 129-171

Kohlenberger H./Lütterfels W. (Hg.), Von der Notwendigkeit der Philosophie in der Gegenwart. (FS *K. Ulmer*), Wien 1976

Koller H., Die Mimesis in der Antike. Nachahmung, Darstellung, Ausdruck, Bern 1954

Korn E. R. (Hg.), Approches sans Entraves, Fayard 1973

Koselleck R./Stempel W. D. (Hg.), Geschichte - Ereignis und Erzählung, München 1973 (= Poetik und Hermeneutik 5)

Koslowski P., Der leidende Gott: ThPh 61 (1986) 562-565.

-, Hegel - »der Philosoph der Trinität«? Zur Kontroverse um seine Trinitätstheologie: ThQ 162 (1982) 105-131

-, Politischer Monotheismus oder Trinitätslehre? Zur Möglichkeit und Unmöglichkeit einer christlichen Politischen Theologie: ThPh 56 (1981) 70-91

Kottje R./Moeller B. (Hg.), Ökumenische Kirchengeschichte. I. Alte Kirche und Ostkirche, Mainz ^{4}1983

Kraft H., Art. Eschatologie. V. Dogmengeschichtlich: RGG II, ^{3}1958, 672-680

Krause B., Leiden Gottes - Leiden des Menschen. Eine Untersuchung zur Kirchlichen Dogmatik Karl Barths, Stuttgart 1980

Kreck W., Grundentscheidungen in Karl Barths Dogmatik. Zur Diskussion seines Verständnisses von Offenbarung und Erwählung, Neukirchen 1978

Kremer J., Pfingstbericht und Pfingstgeschehen. Eine exegetische Untersuchung zu Apg 2,1-13, Stuttgart 1973 (= SBS 63/64)

Kremer K., Gott und Welt in der klassischen Metaphysik, Stuttgart 1969

Krenski Th. R., Passio Caritatis. Trinitarische Passiologie im Werk Hans Urs von Balthasars, Einsiedeln 1990 (= Sammlung Horizonte N.F. 28)

Kress R., The church as 'communio': Trinity and Incarnation as the foundation of ecclesiology: The Jurist 36 (1976) 127-158

Kühn U., Natur und Gnade. Untersuchungen zur deutschen katholischen Theologie der Gegenwart, Berlin 1961

Kühschelm R., Jüngerverfolgung und Geschick Jesu. Eine exegetisch-bibeltheologische Untersuchung der synoptischen Verfolgungsankündigungen in Mk 13,9-13 par und Mt 32,29-36 par, Klosterneuburg 1983 (= ÖSB 5)

Kümmel W. G., Die Theologie des Neuen Testaments nach seinen Hauptzeugen Jesus. Paulus. Johannes, Göttingen ^{3}1976 (= GNT 3)

Küng H., Christ sein, München ^{7}1975

-, Christ sein, München ^{7}1985 (= Tb. Ausgabe)

-, Existiert Gott? Antwort auf die Gottesfrage in der Neuzeit, München 1978

-, Menschwerdung Gottes. Eine Einführung in Hegels theologisches Denken als Prolegomena zu einer zukünftigen Christologie, Freiburg 1970

Kuhn H.-W., Jesus als der Gekreuzigte in der frühchristlichen Verkündigung bis zur Mitte des 2. Jahrhunderts: ZThK 72 (1975) 1-46

Kuhn P., Gottes Selbsterniedrigung in der Theologie der Rabbinen, München 1968 (= Studien zum Alten Testament 17)

-, Gottes Trauer und Klage in der rabbinischen Überlieferung (Talmud und Midrasch), Leiden 1978

Kutschki N. (Hg.), Gott heute, Mainz 1967

Lachenschmid R., Art. Theopaschismus: LThK X, ²1965, 83

LaCugna C. M., Current Trents in Trinitarian Theology: Religious Studies Review 13 (1987) 141-147

-, Re-conceiving the Trinity as a Mystery of Salvation: SJTh 38 (1985) 1-23

LaCugna C. M./McDonnell K., Returning from »The Far Country«: Theses for a Contemporary Trinitarian Theology: SJTh 41 (1988) 191-215

Ladner B., Der Bildbegriff bei den griechischen Vätern und der byzantinische Bilderstreit: *Scheffczyk* (Hg.) (1969) 144-192

Lakebrink B., Hegels dialektische Ontologie und thomistische Analektik, Ratingen ²1968

Lapide P./Moltmann J., Jüdischer Monotheismus - christliche Trinitätslehre. Ein Gespräch, München 1979, 32-53

Lauret B./Refoulé F. (Hg.), Initiation a la pratique de la théologie, Paris 1983

Lauter H.-J., Die doppelte Aporetik der Trinitätslehre und ihre Überschreitung: WuW 36 (1973) 60-62

-, Komplementarität - Aspekte der Theologik: ThG 18 (1975) 236-240

Lee J. Y., God Suffer of us. A Systematic Inquiry into a Concept of Divine Passibility, The Hague 1974

Lehmann K., Kirchliche Dogmatik und biblisches Gottesbild: *Ratzinger* (Hg.) (1972) 116-140

Lehmann K./Kasper W. (Hg.), Hans Urs von Balthasar. Gestalt und Werk, Köln 1989

Lehmann P., The Tri-unity of God: USQR 21 (1965) 35-49

Leimgruber St./Schoch M. (Hg.), Gegen die Gottesvergessenheit. Schweizer Theologien im 19. und 20. Jahrhundert, Freiburg 1990

Léon-Dufour X., Wörterbuch zum Neuen Testament, München 1977

Lies L., Trinitätsvergessenheit gegenwärtiger Sakramententheologie?: ZThK 105 (1983) 290-314

Lochmann J. M., in: Lochmann/Dembowski: Welker (Hg.) (1979) 26-38; Lochmann: 26-34

Lochmann J./Dembowski H., Gottes Sein ist im Leiden. Zur trinitarischen Kreuzestheologie Jürgen Moltmanns: *Welker* (Hg.) (1979) 26-38

Löhrer M., Dogmatische Bemerkungen zur Frage der Eigenschaften und Verhaltensweisen Gottes: *Feiner/Löhrer* (Hg.), MySal II (1967) 291-316

Löser W., Jesus Christus - Gottes Sohn, aus dem Vater geboren vor aller Zeit: IKaZ 6 (1977) 31-45

-, Das Sein - ausgelegt als Liebe. Überlegungen zur Theologie Hans Urs von Balthasars: IKaZ 4 (1975) 410-424

-, Trinitätstheologie heute. Ansätze und Entwürfe: *Breuning* (Hg.) (1984) 19-44

-, Trinitätstheologie heute - offene Fragen: *Rahner* (Hg.) (1983) 9-27

Lohaus G., Die Geheimnisse des Lebens Jesu in der Summa theologiae des heiligen Thomas von Aquin, Freiburg 1987 (= FThSt 131)

Lohfink G., Wie hat Jesus Gemeinde gewollt? Zur gesellschaftlichen Dimension des christlichen Glaubens, Freiburg [3]1982

Lohfink N., Das Siegeslied am Schilfmeer. Christliche Auseinandersetzung mit dem Alten Testament, Frankfurt 1965

-, Unsere großen Wörter. Das Alte Testament zu Themen dieser Jahre, Freiburg 1979

Lohse E., Die Entstehung des Neuen Testaments, Stuttgart [3]1979 (= ThW 4)

Lonergan B., The way to Nicea. The Dialectical Development of Trinitarian Theology. A Translation by Conn O'Donovan from the first part of *De Deo Trino*, London 1976

Lossky V., »Schau Gottes«, Zürich 1964

Lotz J. B., Die Drei-Einheit der Liebe. Eros - Philia - Agape, Frankfurt 1979

-, Die Grundbestimmungen des Seins - vollzogen als transzendentale Erfahrung. Einheit, Wahrheit, Gutheit, Heiligkeit, Schönheit, Innsbruck 1988

-, Hingabe. Zur Grunddynamik des Universums: GuL 60 (1987) 272-284

Luyten N. A. (Hg.), Aspekte der Personalisation. Auf dem Weg zum Personsein, Freiburg 1979 (= Grenzfragen 8)

-, Wirklichkeitsbezug wissenschaftlicher Begriffe. Gleichnis oder Gleichung?, Freiburg 1986

Lynch J. J., prosopon and the dogma of the trinity. A study of the background of conciliar use of the word in the writings of Cyril of Alexandria and Leontius of Byzantinium, Fordham 1974

-, *prosopon* in Gregor of Nyssa: A theological word in transition: TS 40 (1979) 728-738

Maas F., Das persönliche oder unpersönliche Göttliche. Ein überholtes Dilemma in der westlichen Mystik?: Conc(D) 13 (1977) 179-186

Maas W., »Abgestiegen zur Hölle«. Aspekte eines vergessenen Glaubensartikels: IKaZ 10 (1981) 1-18

-, Gott und die Hölle. Studien zum Descensus Christi, Einsiedeln 1979

-, Unveränderlichkeit Gottes. Zum Verhältnis von griechisch-philosophischer und christlicher Gotteslehre, München 1974 (= Paderborner Theologische Studien 1)

MacKinnon D., Some Reflections on Hans Urs von Balthasar's Christology with Special Reference to Theodramatik II/2, III and IV: *Riches* (Hg.) (1986) 164-179

Macquarrie J., Ein dialektisches Gottesverständnis: ThG 29 (1986) 1-10

-, Principles of Christian Theology, New York 1966

Marchesi G., La Christologia de Hans Urs von Balthasar. La figura di Gesu Christo espressione visibile di Deo, Roma 1977

Margerie B. de, Reflexions humaines et relations divines. Reflexions sur la trinité économique et immanente: Div. 18 (1974) 5-39

Margerie G. de, L'analogie familiale de la Trinité: ScEs 24 (1972) 77-92

Maritains J., Quelques réflexions sur le savoir théologique: *Korn* (Hg.) (1973) 292-326

Marquard O./Stierle K. (Hg.), Identität, München 1979, 612-620

Marsch D.-W., Logik des Kreuzes. Über Sinn und Grenzen einer theologischen Berufung auf Hegel: EvTh 28 (1968) 57-82

Martelet G., »Das Lamm erwählt vor Grundlegung der Welt«: IKaZ 9 (1980) 36-44

Mashall I. H., The Epistles of John, Grand Rapids 1978 (= NIC)

Mayr F. K., Trinität und Familie in De trinitate XII: REAug 18 (1972) 51-58

McCarthy D. J., Der Gottesbund im Alten Testament. Ein Bericht über die Forschungen der letzten Jahre, Stuttgart 1966 (= SBS 13)

Meesen F., Unveränderlichkeit und Menschwerdung Gottes. Eine theologiegeschichtlich-systematische Untersuchung, Freiburg 1989

Mengus R., »L'Epilogue« de Hans Urs von Balthasar (1905-1985): RevSR 62 (1988) 252-264

Metz J. B., Art. Theologie: LThK X, [2]1965, 62-71

-, Glaube in Geschichte und Gesellschaft. Studien zu einer praktischen Fundamentaltheologie, Mainz 1977

-, Theologie als Theodizee?: *Oelmüller* (Hg.) (1990) 103-118

-, »Politische Theologie« in der Diskussion: *Peukert* (Hg.) (1969)

-, Zukunft aus dem Gedächtis des Leidens. Eine gegenwärtige Gestalt der Verantwortung des Glaubens: Conc(D) 8 (1972) 399-407

*Metz J. B.*u.a. (Hg.), Gott in Welt. II. (FS *K. Rahner*), Freiburg 1964

Meyendorff J., Introduction a l'étude de Grégorire Palamas, Paris 1959, 327 (= PatSor 3)

Miggelbrink R., Ekstatische Gottesliebe im tätigen Weltbezug. Der Beitrag Karl Rahners zur zeitgenössischen Gotteslehre, Altenberge 1989 (= MThA 5)

Migliore D. L., God's Freedom and Human Freedom: *Deuser* u.a. (Hg.) (1986) 240-249

-, Der gekreuzigte Gott: *Welker* (Hg.) (1979) 39-42

Minz K.-H., Gott ist Einer. Plakat einer Relecture der Gotteslehre: *Böhnke/Heinz* (Hg.) (1985) 399-416

Miskotte H. H., Das Leiden ist in Gott. Über Jürgen Moltmanns trinitarische Kreuzestheologie: *Welker* (Hg.) (1979) 74-93

Möhler W., Die Trinitätslehre des Marsilius von Inghen, Limburg 1949

Möller J., Christologie als Philosophie. Georg Wilhelm Friedrich Hegel: *Halder/Kienzler/ders.* (Hg.) (1987) 127-145

-, Die Zukunft der Metaphysik: *Muck* (Hg.) (1989) 29-41

Moltmann J., Antwort auf die Kritik an »Der gekreuzigte Gott«: *Welker* (Hg.) (1979) 165-190

-, Christsein, Menschsein und das Reich Gottes. Ein Gespräch mit Karl Rahner: *ders*. (1991) 156-172

-, »Dialektik, die in Einheit umschlägt - was ist das?: *Welker* (Hg.) (1979) 149-156

-, Die Einheit des dreieinigen Gottes. Bemerkungen zur heilsgeschichtlichen Begründung und Begrifflichkeit der Trinitätslehre: *Breuning* (Hg.) (1984) 97-113

-, Gedanken zur »trinitarischen Geschichte Gottes«: EvTh 35 (1975) 208-223

-, In der Geschichte des dreieinigen Gottes. Beiträge zur trinitarischen Theologie, München 1991

-, Die trinitarische Geschichte Gottes: *ders*., Zukunft der Schöpfung. Gesammelte Aufsätze, München 1977, 89-104

-, Der »gekreuzigte Gott«. Neuzeitliche Gottesfrage und trinitarische Gottesgeschichte: Conc(D) 8 (1972) 410

-, Der gekreuzigte Gott. Das Kreuz Christi als Grund und Kritik christlicher Theologie, München [5]1987 (= Kaiser Traktate N.F. 16)

-, Hoffnung und Entwicklung: *ders*. (1977) 59-67

-, Hoffnung ohne Glaube? Zum eschatologischen Humanismus ohne Gott: Conc(D) 2 (1966) 415-421

-, Christliche Hoffnung: Messianisch oder transzendent? Ein theologisches Gespräch mit Joachim von Fiore und Thomas von Aquin: MThZ 33 (1982) 242-260

-, Kirche in der Kraft des Geistes. Ein Beitrag zur messianischen Ekklesiologie, München 1975

-, Kreuzestheologie heute: *ders*. (1977) 68-88

-, Mensch. Christliche Anthropologie in den Konflikten der Gegenwart, Gütersloh [4]1979, 163 (= GTB 338)

-, in: Lapide/Moltmann (1979) 32-53

-, Die Politik der Nachfolge Christi gegen christliche Millenniumspolitik: *Schillebeeckx* (1988) 19-31

-, Richtungen der Eschatologie: *ders*., Zukunft der Schöpfung. Gesammelte Aufsätze, München 1977, 26-50

-, Theologie der Hoffnung. Untersuchungen zur Begründung und zu den Konsequenzen einer christlichen Eschatologie, München [4]1965 (= BEvTh 38)

-, Trinität und Reich Gottes. Zur Gotteslehre, München 1980

-, Der mütterliche Vater. Überwindet trinitarischer Patripassianismus den theologischen Patriarchalismus?: Conc(D) 17 (1981) 209-213

-, Die Verwandlung des Leidens. Der dreieinige Gott und das Kreuz: Ev.Komm. 5 (1972) 713-717

-, Der Weg Jesu Christi. Christologie in messianischen Dimensionen, München 1989

-, Zukunft der Schöpfung. Gesammelte Aufsätze, München 1977

Momose. P. F, Kreuzestheologie. Eine Auseinandersetzung mit Jürgen Moltmann, Freiburg 1987 (= ÖF.S 7)

Mondin B ., Der gekreuzigte Gott: *Welker* (Hg.) (1979) 94-107

Morris Th. V., On God and Mann: A Viev of Divine Simplicity: RelSt 21 (1985) 229-318

MozleyJ. K., The Impassibility of God. A Survey of Ch ristian Thought, Cambridge 1926

Muck O. (Hg.), Sinngestalten. Metaphysik in der Vielfalt menschlichen Fragens. (FS *E. Coreth*), Innsbruck 1989

Mühlen H., Das unbegrenzte Du: *Scheffczyk* (Hg.) (1967) 1259-1285

-, Der Heilige Geist als Person. In der Trinität, bei der Inkarnation und im Gnadenbund: Ich - Du - Wir, Münster ²1967

-, Soziale Geisterfahrung als Antwort auf eine einseitige Gotteslehre: *Heitmann/ders.* (Hg.) (1974) 253-272

-, Das Herz Gottes. Neue Aspekte der Trinitätslehre: ThG 78 (1988) 141-159

-, Die epochale Notwendigkeit eines pneumatologischen Ansatzes der Gotteslehre: WuW 28 (1973) 275-287

-, Person und Appropriation: Zum Verhältnis des Axioms: In Deo omnia sunt unum, ubi non obviat relationes oppositio: MThZ 16 (1965) 37-57

-, Una mystica persona. Die Kirche als das Mysterium der Identität des Heiligen Geistes in Christus und den Christen: Eine Person in vielen Personen, München ²1967

-, Die Veränderlichkeit Gottes als Horizont einer zukünftigen Christologie. Auf dem Weg zu einer Kreuzestheologie in Auseinandersetzung mit der altkirchlichen Christologie, Münster 1969

-, Das Vorverständnis von Person und die evangelisch-katholische Differenz. Zum Problem der theologischen Denkform, Münster ²1965

Müller A. D., Dämonische Wirklichkeit und Trinität. Der Atomkrieg als theol. Problem. Meditation und Strukturanalyse, Gütersloh 1963

Murillo I., Im Dialog mit den Griechen. Balthasars Verständnis antiker Philosophie in »Herrlichkeit«: *Lehmann/Kasper* (Hg.) (1989) 210-222

Mussner F., Die Auferstehung Jesu, München 1969 (= BiH 7)

Neuenzeit P., Art. Sühne: *Fries* (Hg.) IV (1970) [1962], 148-159

Niewiadomski J., Die Zweideutigkeit von Gott und Welt in J. Moltmanns Theologien, Innsbruck 1982 (= Innsbrucker theologische Studien 9)

Oakes E. T., The Wave and the Sea. The Theodramatic Christology of Hans Urs von Balthasar, New York 1987

O'Donnell J. J., Hans Urs von Balthasar - Gestalt seiner Theologie: IKaZ 18 (1989) 318-332

-, The Mystery of the Triune God, London 1988

-, Alles Sein ist Liebe. Eine Skizze der Theologie Hans Urs von Balthasars: *Lehmann/Kasper* (Hg.) (1989) 260-276

-, The Trinity as Divine Community. A Critical Reflexion upon Recent Theological Developments: Gr. 69 (1988) 5-34

-, Trinity and Temporality. The Christian Doctrine of God in the Light of Process Theology and Theology of Hope, Oxford 1983

-, Truth is Love: The Understanding of Truth According to Hans Urs von Balthasar: Pacifica 1 (1988) 189-211

Oeing-Hanhoff L., Die Krise des Gottesbegriffs: ThQ 159 (1979) 285-303

-, Trinitarische Ontologie und Metaphysik der Person: *Breuning* (Hg.) (1984) 143-182 (= QD 101)

-, Hegels Trinitätslehre. Zur Aufgabe ihrer Ktitik und Rezeption: ThPh 52 (1977) 378-407

Oelmüller W., Geschichte und System in Hegels »Religionsphilosophie«: PhJ 76 (1968/69) 28-86

Oelmüller W. (Hg.), Theodizee - Gott vor Gericht?, München 1990

Offermanns H., Der christologische und trinitarische Personbegriff der frühen Kirche. Ein Beitrag zum Verständnis von Dogmenentwicklung und Dogmengeschichte, Frankfurt 1976 (= EHS 23/58)

Ogden M., Die Realität Gottes, Zürich 1970

Oguro-Opitz B., Analyse und Auseinandersetzung mit der Theologie des Schmerzes Gottes von Kazoh Kitamori, Frankfurt 1980 (EHS 32/133)

O'Hanlon G. F., Does God Change? - H. U. von Balthasar on the Immutability of God: IThQ 53 (1987) 161-183

-, Does God Change? The Immutability of God in the Theology of Hans Urs von Balthasar, Belfast 1987

-, The Immutability of God in the Theology of Hans Urs von Balthasar, Cambridge 1990

O'Meara Th. F., Of Art and Theology. Hans Urs von Balthasar's Systems: ThS 42 (1981) 272-276

Orr W. F./Walther J. A., I Corinthians, Garden City 1976 (= The Anchor Bible 32)

Ortiz de Urbina I., Nizäa und Konstantinopel: *Dumeige/Bacht* (Hg.) I (1964) 97

Osthathios M., Justice to the Poor on the Trinitarian Model: *Deuser* u.a. (Hg.) (1986) 213-223

Ott L., Grundriß der katholischen Dogmatik, Freiburg [10]1981

Pannenberg W., Analogie und Doxologie: *ders.* (1967) 181-201

-, Art. Analogie, RGG I, [3]1957, 350-353

-, Art. Person: RGG V, [3]1961, 230-235

-, Die Aufnahme des philosophischen Gottesbegriffs als dogmatisches Problem der frühchristlichen Theologie: *ders.*([2]1967) 318-329 (= Gesammelte Aufsätze 1)

-, Die Bedeutung des Christentums in der Philosophie Hegels: *ders.*, Gottesgedanke und menschliche Freiheit, Göttingen [2]1978, 78-113
-, Christologie und Theologie: *ders.* (1980) 129-145
-, Erfordert die Einheit der Geschichte ein Subjekt?: *Koselleck/Stempel* (Hg.) (1973) 470-490
-, Dogmatische Erwägungen zur Auferstehung Jesu: KuD 15 (1968) 105-118
-, Glaube und Wirklichkeit, München 1975
-, Der Gott der Geschichte. Der trinitarische Gott und die Wahrheit der Geschichte: KuD 23 (1977) 76-92
-, Gottesgedanke und menschliche Freiheit, Göttingen 1972; [2]1978
-, Grundfragen systematischer Theologie. I, Göttingen 1967 (= Gesammelte Aufsätze 1)
-, Grundfragen systematischer Theologie. II, Göttingen 1980 (= Gesammelte Aufsätze 2)
-, Grundzüge der Christologie, Gütersloh [5]1976
-, Über historische und theologische Hermeneutik: *ders.* (1967) 123-158
-, Hermeneutik und Universalgeschichte: *ders.* (1967) 91-122
-, Die Krise des Schriftprinzips: *ders.* (1967) 11-21
-, Die Offenbarung Gottes in Jesus Christus: *ders.* (Hg.) ([2]1963) 135-169
-, Person und Subjekt: *ders.* (1980) 80-95
-, Ekstatische Selbstüberschreitung als Teilhabe am göttlichen Geist: *Heitmann/Mühlen* (Hg.) (1974) 176-191
-, Stellungnahme zur Diskussion: *Robinson/Cobb* (Hg.) (1967) 285-351
-, Die Subjektivität Gottes und die Trinitätslehre. Ein Beitrag zur Beziehung zwischen Karl Barth und der Philosophie Hegels: KuD 23 (1977) 25-40
-, Systematische Theologie. I, Göttingen 1988
-, Dogmatische Thesen zur Lehre von der Offenbarung: *ders.* (Hg.) ([2]1963) 91-114
-, Was ist Wahrheit?: *ders.* (1967) 202-222
-, Wissenschaftstheorie und Theologie, Frankfurt 1987 (= stw 676)
Pannenberg W. (Hg.), Offenbarung als Geschichte, Göttingen [2]1963 ([5]1982)
Perlitt L., Bundestheologie im Alten Testament, Neukirchen 1969 (= WMANT 36)
Pesch O. H., Dogmatik im Fragment. Gesammelte Schriften, Mainz 1987
-, Fundamentaltheologie und Dogmatik. Erwägungen zu einer unvermeidlichen, aber problematischen Unterscheidung: *ders.* (1987) 18-50
-, Das Gesetz. Kommentar zu Summa Theologiae I-II 90-106, Heidelberg 1977 (= Deutsche Thomas-Ausgabe 13)
-, Theologie der Rechtfertigung bei Martin Luther und Thomas von Aquin. Versuch eines systematisch-theologischen Dialogs, Mainz 1967 (= WSAMA.T 4)
Pesch R., Das Abendmahl und Jesu Todesverständnis, Freiburg 1978 (= QD 80)

-, Zur Exegese Gottes durch Jesus von Nazareth. Eine Auslegung des Gleichnisses vom Vater und den beiden Söhnen (Lk 15,11-32): *ders.* (1976) 140-198

-, Jesus. Ort der Erfahrung Gottes, Freiburg 1976

-, Jesu ureigene Taten. Ein Beitrag zur Wunderfrage, Freiburg 1970

-, Wie Jesus das letzte Abendmahl hielt. Der Grund der Eucharistie, Freiburg ³1979

Peterson E., Monotheismus als politisches Problem: *ders.* (1951) 45-148

-, Theologische Traktate, München 1951

Peukert H. (Hg.), Diskussion zur »politischen Theologie«, Mainz 1969

Pfeil H., Die Frage nach der Veränderlichkeit und Geschichtlichkeit Gottes: MThZ 31 (1980) 1-23

Pittenger W. N., The Divine Trinity, Philadephia 1977

-, Trinity and process: Some comments in reply: TS 33 (1971) 290-296

Pöltner G. (Hg.), Personale Freiheit und pluralistische Gesellschaft, Freiburg 1981

Pollard T. E., The impassibility of God: SJTh 8 (1955) 360

Popkes W., Christus Traditus. Eine Untersuchung zum Begriff der Dahingabe im Neuen Testament, Göttingen 1967

Porter L. B., On Keeping »Persons« in the Trinity: A Linguistic Approach to Trinitarian Thought: ThS 41 (1980) 530-548

Preuß H. D., Jahweglaube und Zukunftserwartung, Stuttgart 1969

Przywara E., Analogia entis. Metaphysik. Ur-Struktur und All-Rhythmus, Einsiedeln 1962 [1932] (= Schriften 3)

-, Art. Analogia entis (Analogie): LThK I, ²1957, 468-473

-, Art. Analogia entis. IV. Analogia entis als metaphysischer Zentralbegriff: *Rahner* (Hg.), HTTL I (1972) 97-99

-, Art. Analogia fidei: LThK I, ²1957, 473-476

-, Religionsphilosophische Schriften, Einsiedeln 1962 (= Schriften 2)

Puntel L. B., Analogie und Geschichtlichkeit. I. Philosophiegeschichtlich-kritischer Versuch über das Grundproblem der Metaphysik, Freiburg 1969 (= PhE 4)

-, Die Trinitätslehre G. W. F. Hegels. Zum gleichnamigen Buch von Jörg Splett: ZKTh 89 (1967) 203-213

Rad G. v., Theologie des Alten Testaments. 2 Bde., München ⁴1962

Radlbeck R., Der Personbegriff in der Trinitätstheologie der Gegenwart - untersucht am Beispiel der Entwürfe Jürgen Moltmanns und Walter Kaspers, Regensburg 1989 (= ESt N.F. 27)

Rahner K., »Abgestiegen ins Totenreich«: *ders.*, Schriften zur Theologie. VII. Zur Theologie des geistlichen Lebens, Einsiedeln 1966, 145-149

-, Art. Gott. VI. Tradition: LThK IV, ²1960, 1083-1086

-, Art. Gotteslehre. II. Systematisch: LThK IV, ²1960, 1120-1124

-, Art. Trinität: *ders./Darlap u.a.* (Hg.) (1969) 1005-1031

-, Atheismus und implizites Christentum: *ders.*, Schriften zur Theologie. VIII, Einsiedeln 1967, 187-212

-, Über den Begriff des Geheimnisses in der katholischen Theologie: *ders.*, SzTh IV (1960) 51-99

-, Zur scholastischen Begrifflichkeit der ungeschaffenen Gnade: *ders.*, SzTh I (1954) 347-375

-, Bemerkungen zur Gotteslehre in der katholischen Dogmatik: *ders.*, SzTh VIII (1967) 165-186

-, Bemerkungen zum Problem des »anonymen Christen«:SzTh X, Einsiedeln 1972, 531-546

-, Bemerkungen zum dogmatischen Traktat »De Trinitate«: *ders.*, SzTh IV (1960) 103-133

-, Der anonyme Christ: *ders.* SzTh VI (1965) 545-554

-, Das Christentum und die nichtchristlichen Religionen: *ders.*, SzTh V (1962) 136-158

-, Anonymes Christentum und Missionsauftrag der Kirche: *ders.*, SzTh IX (1970) 498-515

-, Christologie im Rahmen des modernen Selbst- und Weltverständnisses: *ders.* SzTh IX (1970) 227-241

-, Einzigkeit und Dreifaltigkeit Gottes: *ders.* (Hg.) (1983) 141-160

-, Einzigkeit und Dreifaltigkeit Gottes im Gespräch mit dem Islam: *ders.*, SzTh XIII (1978) 129-147

-, Dogmatische Erwägungen über das Wissen und Selbstbewußtsein Christi: *ders.*, SzTh V (1962) 222-245

-, Fragen der Unbegreifbarkeit Gottes nach Thomas von Aquin: *ders.*, SzTh XII (1975) 306-319

-, Um das Geheimnis der Dreifaltigkeit: *ders.*, SzTh XII (1975) 320-325

-, Der dreifaltige Gott als Urgrund der Heilsgeschichte: *Feiner/Löhrer* (Hg.), MySal II (1967) 317-401

-, Grundkurs des Glaubens. Einführung in den Begriff des Christentums, Freiburg [9]1976

-, Die zwei Grundtypen der Christologie: *ders.*, SzTh X (1972)

-, Jesus Christus - Sinn des Lebens: *ders.*, SzTh XV (1983) 206-216

-, Theologische Prinzipien der Hermeneutik eschatologischer Aussagen: *ders.*, SzTh IV (1960) 401-429

-, Probleme der Christologie heute: *ders.*, SzTh I (1954) 169-222

-, Dogmatische Randbemerkungen zur »Kirchenfrömmigkeit«: *ders.*, SzTh V (1962) 379-410

-, Schriften zur Theologie. I-XV, Einsiedeln 1954-1970; Zürich 1972-1983 (= SzTh I-XV)

-, Zur Theologie der Menschwerdung: *ders.*, Schriften zur Theologie. IV. Neuere Schriften, Einsiedeln 1960, 137-155

-, Trinität: *ders.* (Hg.) HTTL VII (1972) 339-352

-, Trinitätstheologie: *ders.* (Hg.) HTTL VII (1972) 352-360

-, Über die Verborgenheit Gottes: *ders.*, SzTh XII (1972) 285-305

-, Warum läßt Gott leiden?: *ders.*, SzTh XV (1980) 450-466

-, Weltgeschichte und Heilsgeschichte: *ders.*, SzTh V (1962) 115-135

Rahner K./Thüsing W., Christologie - systematisch und exegetisch. Arbeitsgrundlage für eine interdisziplinäre Vorlesung, Freiburg 1972 (= QD 55)

Rahner K. (Hg.), Der eine Gott und der dreieine Gott. Das Gottesverständnis bei Christen, Juden und Muslimen, München 1983

-, Herders Theologisches Taschenlexikon. 8 Bde., Freiburg 1972 (= HerBü 451-458) (= HTTL)

Rahner K./Modehn Ch./Zwiefelhofer H. (Hg.), Befreiende Theologie. Der Beitrag Lateinamerikas zur Theologie der Gegenwart, Stuttgart 1977 (= Urban Tb./T-Reihe 627)

Ratzinger J., Dogma und Verkündigung, München 1973

-, Einführung in das Christentum. Vorlesungen über das Apostolische Glaubensbekenntnis, München [3]1977 (= dtv wiss. Reihe 4094)

-, Heiliger Geist als communio. Zum Verhältnis von Pneumatologie und Spiritualität bei Augustinus: *Heitmann/Mühlen* (Hg.) (1974) 223-238

-, Der Gott Jesu Christi. Betrachtungen über den Dreieinigen Gott, München 1976 (= Reihe Doppelpunkt 17)

Ratzinger J. (Hg.), Die Frage nach Gott, Freiburg 1972 (= QD 56)

Refoule F. u.a. (Hg.), Le Christ. Visage de Dieu, Paris 1975

Reitz H., Was ist Prozeßtheologie?: KuD 16 (1970) 78-104

Riches J. (Hg.), The Analogy of Beauty. The Theology of Hans Urs von Balthasar, Edinburgh 1986

Richter V., Duns Scotus' Texte über die Einzigkeit Gottes: *Muck* (Hg.) (1989) 131-141

Ricoeur P., Der gekreuzigte Gott von Jürgen Moltmann: *Welker* (Hg.) (1979) 17-25

Riedlinger H., Vom Schmerz Gottes, Freiburg 1983

Riesenhuber K., Der anonyme Christ nach Karl Rahner: ZThK 86 (1964) 286-303

Ritschl D., Vier Reiche der »drei göttlichen Subjekte«. Bemerkungen zu Jürgen Moltmanns Trinitätslehre: EvTh 41 (1981) 463-471

Roberts L., The Collision of Rahner and Balthasar: Cont. 5 (1968) 753-757

Robertson Jr. J. C., The concept of the divine person in the thought of Charles Hartshorne and Karl Barth; Ann Arbor 1968 (phil.Diss.Mschr.)

Robinson J. M./Cobb J. B. (Hg.), Theologie als Geschichte, Zürich 1967 (= Neuland der Theologie 3)

Röper A., Die anonymen Christen, Mainz 1963

Rosenthal K., Bemerkungen zur gegenwärtigen Behandlung der Trinitätslehre: KuD (1967) 132-148

Rosse G., Jesus in seiner Verlassenheit. Der Gott unserer Zeit, München ²1984

-, An der Wurzel des christlichen Geheimnisses: der gekreuzigte und verlassene Jesus: *Hemmerle* (1989) 81-93

Roy W., The origins of trinitarian doctrine: Theol. 78 (1975) 429-430

Ruh U., Das unterscheidend Christliche in der Gottesfrage. Zu neueren Entwicklungen in der Trinitätstheologie: HerKorr 36 (1982) 187-192

Runggaldier E., Zur empirischen Deutung der Identität von Personen als Kontinuität: ThPh 63 (1988) 242-251

-, Intentionalität und personaler Selbstvollzug: *Muck* (Hg.) (1989) 255-269

Rusch W. G.(Hg.), The Trinitarian Controversy, Philadelphia 1980 (= Sources of Early Christian Thought)

Salman E., Neuzeit und Offenbarung. Studien zur trinitarischen Analogik des Christentums, Rom 1986

-, Urverbundenheit und Stellvertretung. Erwägungen zur Theologie der Sühne: MThZ 35 (1984) 17-31

-, Wer ist Gott? Zur Frage nach dem Verhältnis von Person und Natur in der Trinitätslehre: MThZ 35 (1984) 245-261

Sander H.-J., Natur und Schöpfung. Die Realität im Prozeß. A. N. Whiteheads Philosophie als Paradigma einer Fundamentaltheologie kreativer Existenz, Frankfurt 1991

Schachten W., Das Verhältnis von »immanenter« und »ökonomischer« Trinität in der neueren Theologie: FS 61 (1979) 8-27

Schadel E., Prolegomena zu einer triadischen Metaphysik. Eine Auseinandersetzung mit Heideggers Nietzscheauslegung: SJP 21/22 (1976/1977) 135-161

-, Wirklichkeit, Möglichkeit und Notwendigkeit als triadisch-transzendentale Seinsdynamik. Eine spekulative Weiterführung der physisch-kategorialen Modalanalyse Nicolai Hartmanns: *Buch* (Hg.) (1982) 274-289

Schadel E. (Hg.), Bibliotheca trinitariorum. Internationale Bibliographie trinitarischer Literatur. I. Autorenverzeichnis, Paris 1984

Schaeffler R., Glaubensreflexion und Wissenschaftslehre. Thesen zur Wissenschaftstheorie und Wissenschaftsgeschichte der Theologie, Freiburg 1980 (= QD 82)

-, Die Neubegründung der Metaphysik angesichts ihrer Kritik - eine philosophische Aufgabe im Dienst der katholischen Theologie: *Muck* (Hg.) (1989) 13-28

-, Zum Verhältnis von transzendentaler und historischer Reflexion: *Kohlenberger/Lütterfels* (Hg.) (1976) 42-76

Scharbert J., Art. Vergebung: *Fries* (Hg.) (⁴1970) [1962], 308-316 (= HThG 4)

-, Heilsmittler im Alten Testament und im Alten Orient, Freiburg 1964 (= QD 23/24)

-, Der Schmerz Gottes im Alten Testament, Bonn 1955

Scheeben M. J., Handbuch der Katholischen Dogmatik. II. Gotteslehre oder die Theologie im engeren Sinne. Hg. v. *M. Schmaus*, Freiburg ³1948 (= Gesammelte Werke 4)

Scheffczyk L., Christentum als Unmittelbarkeit zu Gott. Erwägungen zu Karl Rahners »Grundkurs des Glaubens«: IKaZ 6 (1977) 442-450

-, Lehramtliche Formulierungen und Dogmengeschichte der Trinität: *Feiner/Löhrer* (Hg.) MySal II (1967) 146-220

-, Der eine und dreifaltige Gott, Mainz 1968 (= Unser Glaube 3)

-, Schwerpunkte des Glaubens. Gesammelte Schriften zur Theologie, Einsiedeln 1977 (= Sammlung Horizonte N.F. 11)

-, Der Sinn des Filioque: IKaZ 15 (1986) 23-34

-, Uneingelöste Traditionen der Trinitätslehre: *Breuning* (Hg.) (1984) 47-72

-, Trinität: Das Specificum Christianum: *ders.* (1977) 156-173

-, Die heilsgeschichtliche Trinitätslehre des Rupert von Deuz und ihre dogmatische Bedeutung: *Betz/Fries* (Hg.) (1960) 90-118

Scheffczyk L. (Hg.), Der Mensch als Bild Gottes, Darmstadt 1969 (= WdF 124)

-, Rationalität. Ihre Entwicklung und ihre Grenzen, Freiburg 1989 (= Grenzfragen 16)

-, Wahrheit und Verkündigung. II, München 1967

Schelbert G., Sprachgeschichtliches zu »Abba«: *Casett/Keel/Schenker* (Hg.) (1981) 395-447

Schiffers N., Die »Spur des Leidens« in der Geschichte und die »Spur Gottes«: Conc(D) 8 (1972) 413-418

Schillebeeckx E., Jesus - Die Geschichte von einem Lebenden, Freiburg ³1975

-, Die Heiligung des Namens Gottes durch die Menschenliebe Jesu des Christus: *Metz* u.a. (Hg.) (1964) 43-92

Schillebeeckx E. (Hg.), Mystik und Politik. Theologie im Ringen um Geschichte und Gesellschaft. Johann Baptist Metz zu Ehren, Mainz 1988

Schilson A./Kasper W., Christologie im Präsens. Kritische Sichtung neuer Entwürfe, Freiburg 1974 (= theologisches seminar)

Schindler A., Monotheismus als politisches Problem? Erik Peterson und die Kritik der politischen Theologie, Gütersloh 1978

-, Wort und Analogie in Augustins Trinitätslehre, Tübingen 1965

Schleiermacher F., Der christliche Glaube nach den Grundsätzen der evangelischen Kirche im Zusammenhang dargestellt. Hg. v. *M. Redeker*. 2 Bde., Berlin ⁷1960

Schlesinger G. N., Devine Perfection: RelSt 21 (1985) 147-158

Schlink E., Art. Gott. VI. Dogmatisch: RGG II, ³1958, 1732-1741

-, Art. Trinität. IV. Dogmatisch: RGG VI, ³1962, 1032-1038

Schmaus M., Art. Appropriationen: LThK I, ²1957, 774

-, Katholische Dogmatik I, ⁶1960

-, Der Glaube der Kirche. II. Gott der Eine und Dreieine - der ewige Ursprung des menschgewordenen Gottessohnes, St. Ottilien ⁶1979

-, Die psychologische Trinitätslehre des heiligen Augustinus, Münster 1927

Schmid J., Im Ausstrahl der Schönheit Gottes. Die Bedeutung der Analogie in »Herrlichkeit« bei Hans Urs von Balthasar, Münsterschwarzach 1982

Schmidt E., Hegel und die kirchliche Trinitätslehre: NZSTh 24 (1982) 241-260

Schnackenburg R., Gottes Herrschaft und Reich. Eine biblisch-theologische Studie, Freiburg 1959

-, Die Johannesbriefe, Freiburg [4]1979 (= HThK 13)

-, Das Johannesevangelium. I, Freiburg [4]1979, 424 (= HThK 4/1)

Schneider Th./Ullrich L. (Hg.), Vorsehung und Handeln Gottes, Freiburg 1988

Schönborn Ch. v., Immanente und ökonomische Trinität. Zur Frage des Funktionsverlustes in der Trinitätslehre der östlichen und der westlichen Theologie: FZPhTh 27 (1980) 247-264

Schöpsdau W., Zeitlichkeit und Trinität. Theologische Anmerkungen zur Zeittheorie Schellings: EvTh 38 (1978) 37-61

Schoonenberg P., Gott als Person/als persönliches Wesen: Conc(D) 13 (1977) 172-178

-, Gott als Person und das unpersönlich Göttliche: TG 21 (1973) 115-117

-, Trinität - der vollendete Bund. Thesen zur Lehre vom dreipersönlichen Gott: Orien. 37 (1973) 115-117

-, Zur Trinitätslehre Karl Rahners: *Klinger/Wittstadt* (Hg.) (1984) 471-491

Schreier J., Die Entwicklung des israelischen »Credo«: Conc(D) 2 (1966) 757-762

Schrijver G. de, Le mervielleux accord de l'homme et de Dieu. Etude de l'analogie de l'etre chez Hans Urs von Balthasar, Leuven 1983

-, Die Analogia Entis in der Theologie Hans Urs von Balthasars. Eine genetisch-historische Studie: Bijdr. 38 (1977) 241-249

Schürmann H., Jesu ureigener Tod, Freiburg 1972

Schütz Ch., Gegenwärtige Tendenzen in der Gottes- und Trinitätslehre: *Feiner/Löhrer* (Hg.), MySal Erg.Bd. (1981) 246-371

Schützeichel H., Der Todesschrei Jesu. Bemerkungen zu einer Theologie des Kreuzes: TThZ 83 (1974) 1-16

Schunack G., Die Briefe des Johannes, Zürich 1982 (= ZBK 17)

Schulte R., Art. Unveränderlichkeit Gottes: LThK X, [2]1965, 536-537

-, Die Einzelsakramente als Ausgliederung des Wurzelsakraments: *Feiner/Löhrer* (Hg.) IV/2 (1973) 46-155

-, Die Entstehung des (Einzel-) Menschen in der Sicht des Dogmatikers: *Luyten* (Hg.) (1979) 75-76 (= Grenzfragen 8)

-, Über das Gebet. Bemerkungen über die Not des Betens heute nebst einem Versuch zu einigen Wegweisungen: Ordensnachrichten 79 (1975) 89-122

-, Zur Gottesfrage heute: ThPQ 121 (1973) 106-119

-, Die Heilstat des Vaters in Christus: *Feiner/Löhrer* (Hg.), MySal III/1 (1970) 49-88

-, Mitarbeiter Gottes. Theologische Überlegungen zur Sakramentalität des kirchlichen Amtes: *ders.* (Hg.) (1980) 391-428

-, Möglichkeitsbeweis für die Trinität?: MThZ 12 (1961) 192-204

-, Die Mysterien der »Vorgeschichte« Jesu: *Feiner/Löhrer* (Hg.), MySal III/2 (1969) 23-57

-, Prozeßtheologie. Eine neue Denkform im Glaubensverständnis?: *Scheffczyk* (Hg.) (1989) 315-366

-, Theologie und Heilsgeschehen. Zur Aufgabe heutiger Dogmatik, Essen 1969

-, Die Vorbereitung der Trinitätsoffenbarung: *Feiner/Löhrer* (Hg.), MySal II (1967) 49-84

-, Wie ist Gottes Wirken in Welt und Geschichte theologisch zu verstehen?: *Schneider/Ullrich* (Hg.) (1988) 116-167

-, Wirklichkeit und Metapher in theologischer Rede: *Luyten* (Hg.) (1986) 223-256

-, Zeit und Ewigkeit: *Böckle* u.a. (Hg.) ([2]1982) 117-184

Schulte R. (Hg.), Leiturgia - Koinonia - Diakonia. (FS *F. König*), Freiburg 1980

Schultz H. J. (Hg.), Tendenzen in der Theologie des 20. Jahrhunderts, Stuttgart 1986

Schulz W., Der Gott der neuzeitlichen Metaphysik, Pfullingen 1957

Schwager R., Der Prozeß um Gott. Zu Jürgen Moltmanns »Der gekreuzigte Gott«: Orien. 37 (1973) 190-192

Schwarz R., Gott ist Mensch. Zur Lehre von der Person bei den Ockhamisten und bei Luther: ZThK 63 (1966) 289-351

Schweizer E., Die Bergpredigt, Göttingen 1982

-, Wer ist Jesus Christus: ThLZ 99 (1974) 721-732

Schwerdtfeger N., Gnade und Welt. Zum Grundgefüge von Karl Rahners Theorie des »anonymen Christen«, Freiburg 1982

Selvatico P., Theologie der Relation. Zum Neuansatz von G. Ebelings »Dogmatik des christlichen Glaubens« beim Gebet: FZPhTh 27 (1980) 265-275

Sesboué B. (Hg.), Annoncer la mort du Seigneur, Lyon 1971

Siewerth G., Der Thomismus als Identitätssystem, Frankfurt [2]1961

Siewerth W., Die Abstraktion und das Sein nach der Lehre des Thomas von Aquin, Salzburg 1958

Simon J., Hegels Gottesbegriff: THQ 162 (1982) 82-104

Simonis W., Gott in Welt. Umrisse christlicher Gotteslehre, St. Ottilien 1988

-, Philosophische Transzendentalienlehre und kirchliches Trinitätsdogma: MThZ 24 (1973) 326-351

-, Trinität und Vernunft. Untersuchungen zur Möglichkeit einer rationalen Trinitätslehre bei Anselm, Abaelard, den Viktorinern, A. Günther und J. Frohschammer, Frankfurt 1972 (= FTS 12)

-, Über das »Werden« Gottes. Gedanken zum Begriff der ökonomischen Trinität: MThZ 33 (1982) 133-139

Simons E., Philosophie der Offenbarung in Auseinandersetzung mit »Hörer des Wortes« von Karl Rahner, Stuttgart 1966

Sobrino J., Theologisches Erkennen in der europäischen und der lateinamerikanischen Theologie: *Rahner/Modehn/Zwiefelhofer* (Hg.) (1977) 123-143

Söhngen G., Analogia entis oder analogia fidei?: WiWei 9 (1942) 91-110

-, Analogie und Metapher. Kleine Philosophie der Sprache, Freiburg 1962

-, Art. Analogie: *Fries* (Hg.) I ([4]1970) [1962], 72-85

-, Philosophische Einübung in die Theologie. Erkennen. Wissen. Glauben, Freiburg [2]1964

Söll G., Dogmenfortschritt durch neue Offenbarung? Ein Beitrag zur Geschichte und Theorie der Dogmenentwicklung: FZPhTh 18 (1971) 72-87

Sölle D., Gott und das Leiden: *Welker* (Hg.) (1979) 111-117

-, Leiden, Stuttgart 1973

Sorge E., Religion und Frau. Weibliche Spiritualität im Christentum, Stuttgart 1985

Splett J., Dialektik des Tuns - trinitarische Analogie. L'Action (Blondel) als condilectio (Richard von St. Victor)?: ThPh 61 (1986) 161-175

-, Über die Einheit von Nächsten- und Gottesliebe - leienhaft (Idiota de unitate): *Vorgrimler* (Hg.) (1979) 299-310

-, Leben als Mit-Sein. Vom trinitarisch Menschlichen, Frankfurt 1990

-, Die Trinitätslehre G. W. F. Hegels, Freiburg [3]1984

Splett J./Puntel L. B., Art. Analogia entis. I-III: *Rahner* (Hg.) I (1972) 97-99

Spörlein B., Die Leugnung der Auferstehung. Eine historisch-kritische Untersuchung zu 1 Kor 15, Regensburg 1971, 70 (= BU 7)

Stachel G., Die neue Hermeneutik. Ein Überblick, München 1968

Stead Ch., Divine Substance, Oxford 1977

Steffen W., Das Dogma vom Kreuz. Beitrag zu einer staurologischen Theologie, Gütersloh 1920

Stenger W., Beobachtungen zur Argumentationsstruktur von 1 Kor 15: Ling Bib H. 45 (1979) 90-95

Stranzinger E., Trinitätskonzeptionen in der neueren deutschen Theologie: WuW 30 (1967) 30-44

Studer B., Der Personbegriff in der frühen lehramtlichen Trinitätslehre: ThPh 57 (1982) 161-177

Teran Dutari J., Christentum und Metaphysik. Das Verhältnis beider nach der Analogielehre Erich Przywaras, München 1973

Theis R., Die Lehre von der Dreifaltigkeit Gottes bei K. Barth: FZPhTh 24 (1977) 251-290

Theunissen M., Die Dialektik der Offenbarung. Zur Auseinandersetzung Schellings und Kirkegaards mit der Religionsphilosophie Hegels: PhJ 72 (1964) 134-160

-, Hegels Lehre vom absoluten Geist als theologisch-politischer Traktat, Berlin 1970

Thüsing W., Per Christum in Deum. Studien zum Verhältnis von Christozentrik und Theozentrik in den paulinischen Hauptbriefen, Münster 1965 (= NTA 1)

Tiliette X., L'éxanition du Christ. Théologies de la kenose: *Refoule* u.a. (Hg.) (1975) 48-60

-, Der Kreuzesschrei: EvTh 43 (1983) 2-15

Tinnefeldt W., Ekstasis der Liebe und Einfaltung des Glaubens. Eine Untersuchung zur Frage nach der Einheit und Mitte christlicher Wahrheit bei Hans Urs von Balthasar, Mainz 1975

Track J., Art. Analogie: TRE II, 1978, 625-650

Treitler W., Gotteswort im Menschenwort. Das Problem theologisch-methodischen Redens nach Hans Urs von Balthasar, Wien 1988 (theol. Diss. Mschr.)

Tresmontant Cl., Biblisches Denken und hellenistische Überlieferung. Ein Versuch, Düsseldorf 1956

Troeltsch E., Glaubenslehre. Nach den Heidelberger Vorlesungen aus den Jahren 1911 und 1912. Hg. v. *M. Troeltsch*, Leipzig 1925

Udert L., Zum Begriff der Zeit in der Philosophie A. N. Whiteheads: ZPhF 21 (1967) 409-430

Unamuno M. de, Das tragische Lebensgefühl, München 1925

Valentin P., Kénose, amour et gloire. La mort du Christ dans l'esthétique théologique de Hans Urs von Balthasar: *Sesboué* (Hg.) (1971) 40-50

Vellanickal M., The Divine Sonship of Christians in the Johannine Writings, Rom 1977 (= AnBib 72)

Vobbe G., Jesus Christus. Erfindung oder Wirklichkeit?, München 1976

Vögtle A., Jesus von Nazareth: *Kottje/Moeller* (Hg.) I ([4]1983) 3-24

Vorgrimler H., Fragen zum Höllenabstieg Christi: Conc(D) 2 (1966) 70-76

-, Theologische Gotteslehre, Düsseldorf 1985

-, Hoffnung auf Vollendung. Aufriß einer Eschatologie, Freiburg 1980 (= QD 90).

-, Das Leiden Gottes: ThG 30 (1987) 20-26

-, Solidarische dogmatische Wünsche an die Politische Theologie: *Schillebeeckx* (Hg.) (1988) 185-196

Vorgrimler H. (Hg.), Wagnis Theologie, Erfahrungen mit der Theologie Karl Rahners, Freiburg 1979

Vorgrimler H./Vander Gucht R. (Hg.), Bilanz der Theologie des 20. Jahrhunderts. Perspektiven, Strömungen, Motive in der christlichen und nichtchristlichen Welt. III, Freiburg 1970

Vorländer K. (Hg.), Immanuel Kant. Sämtliche Werke. V, Hamburg 1959

Vriesen Th. C., Theologie des Alten Testaments in Grundzügen, Neukirchen 1956

Wagner F., Der Gedanke der Persönlichkeit Gottes bei Fichte und Hegel, Gütersloh 1971

Wagner G., Der Heilige Geist als offenbarmachende und vollendende Kraft. Das Zeugnis der orthodoxen Tradition: *Heitmann/Mühlen* (Hg.) (1974) 214-222

Weiss J., Der erste Kotrintherbrief, Göttingen [[9]1910] 1970

Welker M., Universalität Gottes und Relativität der Welt. Theologische Kosmologie im Dialog mit dem amerikanischen Prozeßdenken nach Whitehead, Neukirchen 1981 (= Neukirchner Beiträge zur Systematischen Theologie 1)

Welker M. (Hg.), Diskussion über Jürgen Moltmanns Buch »Der gekreuzigte Gott«, München 1979

Wendebourg D., Geist oder Energie. Zur Frage der innergöttlichen Verankerung des christlichen Lebens in der byzantinischen Theologie, München 1980 (= Münchner Monographien zur historischen und systematischen Theologie 4)

Wengst K., Der erste, zweite und dritte Brief des Johannes, Gütersloh 1978 (= Ökumenischer Taschebuchkommentar zum Neuen Testament 16)

Westermann C., Theologie des Alten Testaments in Grundzügen, Göttingen 1978

Wiederkehr D., Entwurf einer systematischen Christologie: *Feiner/Löhrer* (Hg.), MySal III/1 (1970) 477-648

-, Mysterium paschale und die Leidensgeschichte der Menschheit: *Feiner/Löhrer* (Hg.), MySal Erg.Bd. (1981) 11-43

Wiehl R., Die Komplementarität von Selbstsein und Bewußtsein: *Cramer* u.a. (Hg.) 1987

Wilcke H.-A., Das Problem des messianischen Zwischenreiches bei Paulus, Zürich 1967 (= AThANT 51)

Williams R., Balthasar and Rahner: *Riches* (Hg.) (1986) 11-34

Williams Mc W., Divine Suffering in Contemporary Theology: SJTh 33 (1980) 25-54

Winner L., Sühne im interpersonalen Vollzug. Versuch einer Erhellung des Sühnebegriffs im Anschluß an die Transzendentalphilosophie J. G. Fichtes und seine Verifikation im Rahmen der biblischen Botschaft, München 1978 (= Paderborner Theologische Studien 8)

Wipfler H., Grundfragen der Trinitätsspekulation. Die Analogie-Frage in der Trinitätslehre, Regensburg 1977

-, Die Trinitätsspekulation des Petrus von Portiers und die Trinitätsspekulation des Richard von St. Viktor. Ein Vergleich, Münster 1965

Wittschier St.-M., Kreuz - Trinität - Analogie. Trinitarische Ontologie unter dem Leitbild des Kreuzes, dargestellt als ästhetische Theologie, Würzburg 1987

Wohlmuth J., Zum Verhältnis von ökonomischer und immanenter Trinität - Eine These: ZKTh 110 (1988) 139-162

Wolff Ch., Der erste Brief des Paulus an die Korinther. Auslegung der Kapitel 8-16. II, Berlin 1982 (= ThHK 7/2)

Wolff W., Hosea, Neukirchen 1961 (= BKAT 14/1)

Wucherer-Huldenfeld A., Trinitätshäresien und die ihnen zugrunde liegenden Auffassungen von Einheit und Vielheit: WissWeltb 15 (1962) 352-361

Xhaufflaire M. A., Feuerbach und die Theologie der Säkularisation, München 1972

Zeller E., Philosophie der Griechen. II/2, Leipzig [4]1921

Ziegenaus A./Courth F./Schäfer Ph., Veritati Catholicae. (FS *L. Scheffczyk*), Aschaffenburg 1985

Zimmerli W., pais theou: *Kittel/Friedrich* (Hg.) V (1954) 653-676

Zwick E., Geschichte in Gott? Ein Versuch zur Begründung der Eigenwertigkeit der Geschichte: Eine Untersuchung über das Spannungsfeld von Trinität und Geschichte, St. Ottilien 1978 (= DiTh 27)

Studien zur systematischen und spirituellen Theologie

Herausgegeben von Gisbert Greshake, Medard Kehl und Werner Löser

Band 1: Manfred Scheuer: **Die evangelischen Räte.** Strukturprinzip systematischer Theologie bei H.U. von Balthasar, J.B. Metz und in der Theologie der Befreiung. 1990. XIII + 449 Seiten. ISBN 3-429-01296-1.

Band 2: Dagmar Heller: **Schriftauslegung und geistliche Erfahrung bei Bernhard von Clairvaux.** 1990. IX + 228 Seiten. ISBN 3-429-01332-1.

Band 3: Anneliese Herzig: **"Ordens-Christen".** Theologie des Ordenslebens in der Zeit nach dem Zweiten Vatikanischen Konzil. 1991. XI + 464 Seiten. ISBN 3-429-01369-0.

Band 4: Christoph Benke: **Unterscheidung der Geister bei Bernhard von Clairvaux.** 1991. XI + 320 Seiten. ISBN 3-429-01366-6.

Band 5: Sabine Pemsel-Maier: **Rechtfertigung durch Kirche?** Das Verhältnis von Kirche und Rechtfertigung in Entwürfen der neueren katholischen und evangelischen Theologie. 1991. XIV + 415 Seiten. ISBN 3-429-01399-2.

Band 6: Peter Scharr: **Consensus fidelium.** Zur Unfehlbarkeit der Kirche aus der Perspektive einer Konsenstheorie der Wahrheit. 1992. XI + 257 Seiten. ISBN 3-429-01465-4.

Band 7: Gerd Summa: **Geistliche Unterscheidung bei Johannes Cassian.** 1992. XI + 266 Seiten. ISBN 3-429-01468-9.

Band 8: Gerhard Marschütz: **Die verlorene Ehrfurcht.** Über das Wesen der Ehrfurcht und ihre Bedeutung für unsere Zeit. 1992. XI + 340 Seiten. ISBN 3-429-01469-7.

Band 9: Eva-Maria Faber: **Kirche zwischen Identität und Differenz.** Die ekklesiologischen Entwürfe von Romano Guardini und Erich Przywara. 1993. XI + 449 Seiten. ISBN 3-429-01491-3.

Band 10: Stefan Zekorn: **Gelassenheit und Einkehr.** Zu Grundlage und Gestalt geistlichen Lebens bei Johannes Tauler. 1993. X + 256 Seiten. ISBN 3-429-01516-2.

Band 11: Andreas Wollbold: **Therese von Lisieux.** Eine mystagogische Deutung ihrer Biographie. 1994. IX + 367 Seiten. ISBN 3-429-01601-0.

Band 12: Herbert Hecker: **Phänomenologie des Christlichen bei Edith Stein.** 1995. XII + 399 Seiten. ISBN 3-429-01642-8.

Band 13: Toni Witwer: **Die Gnade der Berufung.** Allgemeine und besondere Berufung bei Hieronymus Nadal am Beispiel der Gesellschaft Jesu. 1995. X + 299 Seiten. ISBN 3-429-01686-X.

Band 14: Peter-Felix Ruelius: **Mysterium Spes.** Gabriel Marcels Philosophie der Hoffnung und ihre Relevanz für die Eschatologie. 1995. XII + 412 Seiten. ISBN 3-429-01687-8.

Band 15: Josef Freitag: **Geist-Vergessen - Geist-Erinnern.** Vladimir Losskys Pneumatologie als Herausforderung westlicher Theologie. 1995. XVI + 459 Seiten. ISBN 3-429-01688-6.

Band 16: Roland Faber: **Der Selbsteinsatz Gottes.** Grundlegung einer Theologie des Leidens und der Veränderlichkeit Gottes. 1995. XII + 472 Seiten. ISBN 3-429-01689-4.